· 西北大学“双一流”建设项目资助
Sponsored by First-class Universities and Academic Programs of Northwest University
· 国家自然科学基金面上项目“数字化交互平台产品和客户体验旅程及客户投入的作用机理研究”（72172123）
· 国家自然科学基金面上项目“数字化驱动的开放式创新获益与治理机制及其协同效应:基于价值组合逻辑的研究”（72172125）
· 国家自然科学基金面上项目“小我还是大我？领导者自私行为的内涵、测量、成因和抑制研究”（72172124）
· 国家自然科学基金面上项目“跨团队边界情景下不同共享型多团队系统领导模式研究：基于领导力双重属性视角”（72172122）
· 国家自然科学基金面上项目“大规模突发事件下有服务等级的应急设施选址策略研究”（72271198）

现代管理理论与方法创新论坛

（2023）

李纯青　张　洁◎主编

中国经济出版社
CHINA ECONOMIC PUBLISHING HOUSE
北京

图书在版编目（CIP）数据

现代管理理论与方法创新论坛．2023／李纯青，张洁主编．--北京：中国经济出版社，2024.5

ISBN 978－7－5136－7683－0

Ⅰ．①现… Ⅱ．①李…②张… Ⅲ．①管理学－文集 Ⅳ．①C93－53

中国国家版本馆 CIP 数据核字（2024）第 053781 号

责任编辑　张利影
责任印制　马小宾
封面设计　华　子

出版发行　中国经济出版社
印 刷 者　北京科信印刷有限公司
经 销 者　各地新华书店
开　　本　710mm×1000mm　1/16
印　　张　48.25
字　　数　646 千字
版　　次　2024 年 5 月第 1 版
印　　次　2024 年 5 月第 1 次
定　　价　168.00 元
广告经营许可证　京西工商广字第 8179 号

中国经济出版社　**网址** http://epc.sinopec.com/epc/　**社址** 北京市东城区安定门外大街 58 号　**邮编** 100011
本版图书如存在印装质量问题，请与本社销售中心联系调换（联系电话：010－57512564）

前　言

《现代管理理论与方法创新论坛（2023）》是西北大学经济管理学院工商管理学科在“新兴技术驱动的管理变革与管理创新”这一特色方向上的研究成果，主要反映了新兴技术（包括大数据、人工智能、移动互联网、云计算、物联网、区块链、元宇宙等）对当代管理变革与管理创新的影响。本书收录了工商管理学科领域中不同方向和团队的优秀论文，具体包括：企业管理及其数智化变革、数智化营销及商业模式创新研究、不确定环境下组织与领导有效性研究、数字化赋能及企业创新研究等七个专题。本书具有工商管理不同学科、不同方向交叉融合的特点，既有文献综述，也有对某一问题的深入细致研究；研究方法既有案例研究、扎根理论等质性研究方法，也有问卷、公开二手数据分析等定量研究方法。本书所收录的论文均具有一定的理论价值和现实意义，对未来的相关研究也具有一定的参考价值，集中体现了西北大学经济管理学院工商管理学科的特色——新兴技术驱动的管理变革与管理创新。

本书分为七篇，共收录 37 篇论文，各篇所讨论话题及收录的论文如下。

第一篇“企业管理及其数智化变革”共收录5篇论文，包括：洪嘉琪撰写的《数字化转型背景下组织中的悖论：研究述评与展望》（10628字）、郝志娟撰写的《虚拟办公情境下工作团队的研究综述和未来展望》（10458字）、常洁撰写的《数字化背景下企业协作的研究进展和文献综述》（10377字）、陈思慧撰写的《团队韧性研究现状、热点及趋势——基于VOSviewer的可视化分析》（11018字）、马钏佳撰写的《数字化应用范围与企业成长——双元学习与开放式创新的中介作用》（10686字）。

第二篇“数智化营销及商业模式创新研究”共收录3篇论文，包括：赵紫晗撰写的《内容营销对品牌忠诚的影响研究——基于心理契约的中介作用》（10021字）、李金凤撰写的《中国传统与现代文化混搭产品的消费者广告态度研究》（10223字）、覃丽君撰写的《初步探索短视频顾客灵感的ERP效应》（10014字）。

第三篇“不确定环境下组织与领导有效性研究”共收录1篇论文，即毛鑫元撰写的《领导者自私行为研究：本土量表编制及其信效度分析》（11120字）。

第四篇“数字化赋能及企业创新研究”共收录6篇论文，包括：匡明慧撰写的《战略导向、商业模式创新与企业成长绩效——环境动态性与数字互补性资产的差异化作用机制》（10144字）、郑豪撰写的《制造业企业绿色创新水平驱动因素的组态分析》（10001字）、马洁撰写的《连锁董事网络位置对企业创新绩效的影响——基于企业数字化水平调节作用的研究》（10010字）、朱书琴撰写的《高管薪酬促进了企业绿色技术创新吗?》（10034字）、陈曦撰写的《实质性创新还是策略性创新——企业ESG表现对绿色创新绩效的影响》（10011字）、李甜玉撰写的《绿色知识共创视角下网络嵌入对企业绿色双元创新的影响研究》（10023字）。

第五篇“数字经济时代的会计、审计、财务问题研究”共收录8篇论文，包括：陈璐撰写的《企业数字化转型能降低权益资本成本吗？——基于中国A股上市公司的经验证据》（10136字）、张涵诗撰写的《数字化转型能否促进企业碳减排？——基于中国上市工业企业的经验证据》（10065字）、杜虹敬撰写的《企业数字化转型、信息披露质量和在职消费》（10281字）、席婉茹撰写的《数字化监管对审计师业务风险感知的影响研究——基于“金税三期”的准自然实验证据》（10193字）、杨璐撰写的《数字化税收征管对企业金融化的影响研究——基于“金税三期”工程的准自然实验》（10098字）、华书棋撰写的《数字化转型同群效应对企业高质量发展的影响研究》（10153字）、衡亮撰写的《企业ESG表现对审计师谨慎性的影响研究》（9665字）、苗梦露撰写的《企业数字化转型对企业ESG表现的影响研究》（10006字）。

第六篇“文旅融合与西部创新实践”共收录8篇论文，包括：沈媛撰写的《SPP理论视角下区域品牌竞争优势形成的动态机制——基于武功县区域品牌建设的案例研究》（10836字）、杨瑶撰写的《数字经济对乡村旅游发展的影响——基于中介和空间溢出效应的实证研究》（10045字）、谢旭莲撰写的《时间压力对冲动性购买的“双刃剑”效应研究——基于精细加工可能性模型》（10726字）、闫莹莹撰写的《国内文旅融合研究概况、热点及趋势——基于Citespace软件的知识图谱分析》（10047字）、王晨撰写的《西部地区文旅产业耦合发展评价及影响因素研究》（10590字）、吴泉蓉撰写的《黄河国家文化公园文旅产业融合效率分析及组态机制研究》（10061字）、张乐新撰写的《黄河流域文化和旅游产业融合水平及其影响因素研究》（10268字）、伏慧鑫撰写的《西北五省（区）非物质文化遗产空间分布特征及旅游活化研究》（10572字）。

第七篇“技术经济和大数据决策”共收录6篇论文，包括：李淑琴撰写的《大数据技术下的企业风险传染效应研究——基于知识图谱视角》（10049 字）、赵丽丽撰写的《考虑服务转介的双层级应急设施选址策略研究》（10177 字）、张怡撰写的《不确定井喷需求下考虑容量限制的备货和调货策略研究》（10258 字）、郭政芳撰写的《政府奖惩机制下企业绿色技术创新三方演化博弈与仿真分析》（10234 字）、薛双雨撰写的《复杂网络视角下股票市场行业间风险溢出及拓扑结构分析》（10071 字）、陈倩倩撰写的《数字经济背景下我国区域创新能力的预测及评价研究——基于生成对抗网络模型》（10096 字）。

本书的出版离不开西北大学经济管理学院对工商管理学科发展的大力支持，离不开各位老师的悉心指导，离不开各位硕士生的不懈努力，也离不开编辑老师的默默付出。本书收录的论文如有不足之处，敬请读者提出宝贵意见。

目　录

第一篇　企业管理及其数智化变革

第二篇　数智化营销及商业模式创新研究

第三篇　不确定环境下组织与领导有效性研究

第四篇　数字化赋能及企业创新研究

第五篇　数字经济时代的会计、审计、财务问题研究

第七篇　技术经济和大数据决策

第一篇

企业管理及其数智化变革

数字化转型背景下组织中的悖论：研究评述与展望①

洪嘉琪

摘要： 数字化浪潮在为组织注入发展动力的同时，也出现一系列相互矛盾的竞争需求。本文基于悖论理论视角，在梳理已有文献的基础上试图对数字化转型背景下组织中的悖论关系以及管理层对这些悖论关系的动态管理过程进行综合评述。首先，本文结合既有的悖论研究框架和数字化情境下的新特征，将组织在数字化转型中的悖论问题划分为学习悖论（learning paradoxes）、组织悖论（organizing paradoxes）、归属悖论（belonging paradoxes）、执行悖论（performing paradoxes）和数字技术更新悖论五类。其次，本文依据悖论分离和整合策略梳理出不同悖论问题对应的解决机制。最后，本文基于五对张力关系以及悖论协同机制提出数字化时代悖论管理的未来研究方向。本文的研究对传统企业的数字化转型实践具有重要的参考价值。

关键词： 数字化转型；悖论理论；悖论管理

作者简介： 洪嘉琪（2000— ），山西大同人，西北大学经济管理学院 2022 级企业管理专业硕士研究生。

---

① 本文由谭乐老师指导完成。谭乐，西北大学经济管理学院副教授，硕士研究生导师，研究方向：领导科学、组织行为与人力资源管理。基金项目：教育部人文社会科学研究规划基金项目“悖论式领导的前因及对适应性绩效的多重影响机制研究”（项目编号：19YJA630064）；陕西省社会科学基金项目“数字化准备度对陕西制造业企业组织韧性的影响研究”（项目编号：2022R309）。

一、引言

近年来，在数字经济的浪潮下，传统企业的数字化转型已然由一种战略前瞻升格为生存与发展的必选项（Singh and Hess，2017）。然而，数字技术在为企业提供发展契机的同时，也给管理实践带来了前所未有的挑战。由于企业管理能力发展滞后于数字技术变革，数字技术与企业原有业务和资源难以兼容，企业在转型过程中通常会面临许多技术和组织问题，这可能会加剧企业内部的紧张局势和竞争需求（Beverungen et al.，2021）。因此，在数字化情境下，组织如何有效应对这些矛盾和张力对其生存及发展至关重要，这也成为学界和业界亟待解决的关键问题。

目前，关于悖论理论的研究已取得了一些进展。主流悖论研究主要聚焦于传统情境下，将悖论视作两极矛盾要素间持续的反应，并发现组织在不同活动中会表现出诸如“探索—利用”“稳定—变革”和“创新—效率”等不同的悖论要素（罗瑾琏等，2021；林海芬等，2020；Schad et al.，2016）。随着对数字化领域研究的持续深入，部分学者开始关注数字化转型过程中传统组织要素与数字要素间的持续性冲突，并尝试将悖论理论嵌入数字基础设施建设及数字化转型的情境中（Montealegre et al.，2019；Smith and Beretta，2021）。已有研究发现，组织在数字化变革的过程中面临着现有能力与数字能力（Lanzolla et al.，2021）、自主与控制（Smith and Beretta，2021）、竞争与合作（Menz et al.，2021）、经济目标与社会目标（Mishra et al.，2022）等冲突。现有文献对数字化情境下的悖论问题及协同机制进行了初步探讨，但缺乏对该主题的系统性整理。因此，本文对数字化转型背景下组织中的悖论问题进行系统回顾和评述，归纳并剖析当前研究的逻辑体系，以构建数字化情境下组织悖论的整体框架。

本文采用系统文献综述法对这一前沿问题进行文献检索，以“digital transformation” “paradoxical tensions” “fourth industrial revolution” “technological paradox”为检索词在 Web of Science、SCI－HUB、Google Scholar 进行题名、关键词和摘要搜索；同时，以“数字化悖论”“技术更新悖论”“数字化转型 & 矛盾”为检索词在中国知网进行题名、关键词和摘要搜索。本文内容涵盖上述检索得到的质性类文章、评述性文章以及这些评述性文章中引用的重要质性研究。通过筛选和剔除，最终得到相关中英文文献 45 篇。通过分析和梳理上述文献，本文首先回顾悖论理论与数字化转型两个方面的研究；其次总结归纳数字化情境下的悖论问题及应对策略；最后根据现有研究的不足对未来研究方向进行展望。本文的贡献在于明晰了数字化情境下悖论研究的现状和发展脉络、存在的不足及未来可能的研究方向，拓展了悖论理论在数字化领域的应用边界，为后续深化不同情境下的悖论研究提供了参考和借鉴。

二、研究概述

（一）组织中的悖论

悖论，是指同时并持续存在、相互矛盾又相互关联的元素（Smith and Lewis，2011），这些元素单独看似乎合乎逻辑，但并列时是不合理甚至是荒谬的。学者在既有研究的基础上对悖论进行了分类，典型代表是 Smith 和 Lewis（2011）将悖论分为学习悖论、组织悖论、归属悖论和执行悖论四类。悖论可以作为潜在的紧张关系嵌入组织运营过程，当触发某类因素后，这种紧张关系会变得显著和突出，从而激化组织内部矛盾并阻碍组织的创新和变革。因此，管理层能否有效地平衡悖论从而实现矛盾两极的协同增效直接关乎组织命运。

就悖论的应对策略而言，现有研究指出悖论不同于组织管理中典型的“非此即彼”困境，可以通过协同两极要素解决紧张局势（Smith and Beretta，2021）。因此，组织需要在接受悖论的基础上，以分离、整合和动态平衡等策略推动悖论形成递归的良性循环（Schad et al.，2016）。然而，空间或时间维度上的分割并不能完全解决悖论问题，有效的悖论管理需要组织积极整合悖论要素以实现矛盾两极的优势（罗瑾琏等，2018）。此外，悖论要素间此消彼长，互依关系持续变化，这启示管理层同时采取分离与整合策略兼顾悖论两极，进而实现动态平衡。

综上所述，虽然现有研究对悖论的触发因素、类型及应对机制等进行了初步探讨，但组织悖论与情境因素密切相关，相关研究缺乏对数字化情境下悖论关系及其协同机制的整体性解构和梳理。

（二）数字化转型与组织中的悖论

随着数字技术的不断涌现和发展，数字化正逐步改变企业的生产和管理方式，这无疑会使企业面临传统组织要素与数字要素间的多重悖论关系。数字化转型，是指通过信息、计算、通信和连接技术组合触发实体属性的重大变化，进而改善实体的过程（Vial，2019）。这不仅是数字技术的简单应用，而且是企业组织管理方式、生产管理模式、商业管理模式等在内的全方位变革（戚聿东、肖旭，2020）。因此，数字化转型要求组织同时探索和利用商业机会以适应动态变化的外部环境（Benitez et al.，2018）。

鉴于组织数字化转型涉及不同组织要素的动态演进，部分学者基于Smith 和 Lewis（2011）的研究框架探讨了组织在转型过程中面临的紧张局势。Berger－Remy 等（2021）在营销组织转型的研究中，确定了三组冲突——传统营销技能与数字营销技能、专业知识与全局观点、以顾客为中心与以品牌为中心。Savhn 等（2018）界定了沃尔沃在数字化转型过程中存在的四组悖论：现有与必要的能力、产品与流程关注、内部与外部协作、控制与灵活。Thorén 等（2018）指出，报业公司在转型过程中面临内外部利益相关者的紧张关系。虽然这些研究证实数字化转型存在竞争性需求，但它们不同的术语和背景需要我们进一步梳理组织转型过程中产生了哪些共同竞争需求。

此外，数字化有别于传统的信息技术（IT），IT 变革是基于确定性需求，通过优化内部资源提高企业的生产和管理效率（陈雪频，2021），而数字化转型则侧重于满足客户需求、提供创新服务及扩大用户群体等（Mergel，2019）。这种区别也反映在组织设计中，企业通常会创建一个独立单元或"敏捷 IT 治理结构"负责数字化转型（Toutaoui et al.，2022），这种双模式结构无疑会导致传统 IT 和数字化之间的矛盾张力。因此，本文将组织数字化转型中的悖论问题划分为学习悖论、组织悖论、归属悖论、执行悖论和数字技术更新悖论五类，并在此基础上总结管理层是如何兼顾上述悖论的矛盾要素以实现协同增效的。

三、数字化转型背景下组织中的悖论问题相关研究

通过文献回顾发现，尽管已有部分学者开始探讨数字化情境下的悖论关系，并取得了一定成果，但该课题研究仍处于起步阶段，缺乏系统的分析框架对既有研究成果进行有效整合和拓展。因此，本文根据当前研究的逻辑体系，将数字化转型背景下"碎片化"的悖论问题归纳为学习悖论、组织悖论、归属悖论、执行悖论以及数字技术更新悖论五类。

（一）学习悖论

首先，数字化转型提供了组织对新技术学习和对原有主导逻辑更替的最佳契机，客观上要求员工学习先进的数字知识和技能以补充、替代现有能力（Lanzolla et al.，2021）。然而，这可能会因员工希望继续使用熟悉的结构和技术的愿望而受到阻碍。Polites 和 Karahanna（2012）指出，尽管员工认为新兴技术具有相对优势，但由于对高转换成本和认知成本的感知，他们可能会抵制采用新技术，这无疑加剧了现有技术既

定使用模式与使用新技术相关新需求之间的紧张关系。可见，新的数字技能可能与组织中已经存在并长期发展起来的现有技能相悖［L1］。

其次，数字化转型不仅是一个互联网技术后端过程，而且是一个系统性工程，会对组织结构、业务模式、生产模式等产生综合性影响（姚小涛等，2022；刘洋等，2020）。刘涛和杨雅清（2017）主张企业从组织架构、业务流程和人员管理三个方面推进数字化转型。Zangiacomi 等（2020）也认为企业应全面实施 I 4.0 技术提高其核心竞争力，避免独立实施新技术。然而，部分研究表明，数字化转型通常更具渐进性，因为企业最初会专注于几个特定板块加快转型进程（Schneider and Kokshagina，2021）。这意味着组织内部的数字设施、流程和系统是随着时间的推移而逐步发展起来的。因此，企业可能面临开发数字能力的彻底、全面变革与渐进、局部变革之间的矛盾［L2］。

再次，新一代数字技术的崛起促使企业重塑和变革基础条件和原有系统（陈畴镛、许敬涵，2020）。为了实现数字化转型，企业需要探索更新的技术、技能、工作职能和角色以满足数字逻辑。但鉴于较高的创新风险和巨额的转换成本，企业通常会选择顺轨创新，通过在同一技术轨道内充分利用原有技术、知识和能力产生新技术、新知识和新能力，进而提高企业的创新能力（杜跃平等，2004）。因此，组织利用先前经验与探索新技术进行颠覆性变革之间可能存在冲突［L3］。

最后，进入数字化时代，消费者需求与过去相比变化更快、个性化特征更显著，这加剧了顾客需求的不确定性（陈剑等，2020）。面对这种复杂局面，企业必须基于数据分析不断更新产品以满足顾客的实时需要。然而，并非所有客户都愿意为数字技术提供的附加功能支付更高价格，Tóth 等（2022）提出，客户希望企业提供软件更新和升级服务以确保其数字服务保持先进水平，但鉴于更高的支付价格及与合作伙伴软件的兼容性问题，他们通常会保留原先版本。因此，企业需要适应新的市场条件，了解哪些是新的客户偏好，同时满足当前客户组合的需求［L4］。

（二）组织悖论

首先，数字经济时代组织需要打破组织壁垒，建立与数字逻辑相匹配的业务流程以构筑数字资源基础。数字技术的应用改变甚至重塑了组织业务流程（刘洋等，2020），在数字化情境下，创意产生、产品开发、产品试制与制造以及物流和销售等流程都可能会被数字技术所颠覆，组织原有业务流程与数字业务流程的底层逻辑存在矛盾，这促使企业的各个流程环节均需要变革，进而实现各类资源的跨边界流动。然而，鉴于资源限制和时间成本，企业可能会优先考虑技术实施的特定环节，这最终会导致流程之间的冲突（Mishra et al.，2022）。因此，当对技术实施的某些业务流程进行优先级排序时，就会出现紧张局势［O1］。

其次，数字化挑战了组织传统的等级权力结构，催生了“去中心化”的网格组织（谢康等，2020）。在此背景下，组织成员具有开发数字解决方案的高度自主权，能够自主选择如何在项目中组织和执行工作、使用什么资源以及如何部署资源（Smith and Beretta，2021）。但鉴于数字创新的收敛性和自生长性（刘洋等，2020），组织提供试验各种数字解决方案的自主权可能会造成数字产品和平台之间的集成与兼容性问题，这需要通过控制进一步促进一致性。因此，组织在为数字创新提供自由度的同时也要保持控制和秩序［O2］。

再次，随着数字技术的迅猛发展，以平台为导向的商业模式正在为企业带来独特的价值创造优势。然而，平台间的竞争不再是一场零和博弈，平台企业与互补者存在动态演化的竞合关系（Hoffmann et al.，2018）。这种竞合关系就像一把“双刃剑”，既能通过强强联合的生态构建与产品组合激发组织创新活力，也能促进创新竞合关系演化为创新竞争关系。因此，能否有效协同与互补者的竞合关系对组织而言是一项挑战，组织面临着基于平台的竞争与合作之间的紧张关系［O3］。

最后，人工智能给企业人力资本带来了威胁与挑战。第四次工业革命与以往所有技术革命最显著的区别在于，这一轮技术革命淘汰的不是生产资料，而是“人”这一生产力。智能算法的纯粹理性和高计算能力使其在某些情况下已成为优于人类的潜在决策者（陈冬梅等，2020）。计算机可以在正确的时间和地点自动做出决定，几乎或者根本不需要人为干预。这与追求权力下放和授权的组织结构形成对比，并可能在组织授权和采用基于数据驱动的决策之间产生矛盾［O4］。

（三）归属悖论

首先，数字化转型赋予员工区别于传统角色的新职能角色。数字化信息、计算、沟通和连接等应用给员工带来了全新的工作模式，甚至改变了员工的工作性质（姚小涛等，2022），促使员工运用新的数字技能解决日益复杂的业务问题。同样，数字化转型也对企业的 IT 员工提出了双重要求，其不仅需要负责数据集成和技术维护等本职工作，还要积极应对业务和管理决策场景（Dremel et al.，2017）。因此，数字化转型客观上要求员工在不放弃旧角色的同时接受和适应新角色，这加剧了员工多重职能与工作身份之间的归属悖论［B1］。

其次，数字技术的深化应用推动企业由封闭性的竞争模式转向开放式的共生模式（陈冬梅等，2020）。在此模式下，企业与参与主体通过数据互通、技术赋能实现数字情境下的价值互换、价值组合和价值共享（刘洋等，2020）。然而，在与合作伙伴进行信息共享时，企业的数据隐私和安全可能会受到威胁。例如，Nayernia 等（2022）认为，企业过度依赖外部数字技术提供商可能会存在风险，因为与内部生产流程相关的数据和专业知识会泄露。因此，企业在努力加强与合作伙伴协作的同时，应尽量确保数据安全［B2］。

最后，组织内部横向和纵向间的矛盾冲突可能是其在转型过程中面临的挑战之一。从横向来看，部门之间的利益诉求冲突及协作竞争关系使其很难基于数字化转型达成一致的目标（Dieste et al.，2022）。从纵向来看，企业不同层级的管理者在转型过程中扮演着不同的角色，高层管理者负责制定数字战略，中层管理者负责推动变革的实施，执行层则负责战略变革的具体操作（Floyd and Lane，2000），这种角色差异也将导致个体层面的观念冲突。因此，企业在转型过程中面临着个人层面及部门之间的紧张关系［B3］。

（四）执行悖论

近年来，环境和社会目标日益受到大众的关注。数字化转型的愿景、目标和战略通常由不同组织层级的利益主体及不同国家或地区的外部利益相关者共同制定。在战略变革的过程中，由个性与角色不同带来的认知差异、变革前景不确定性带来的心理差异以及信息不对称性带来的解释差异等都可能导致内部冲突的产生。然而，I 4.0 相关文献强调，新技术可能会阻碍企业可持续发展的绩效目标。Singh 和 Bhanot（2020）认为，I 4.0 设备的能源效率可能与企业的可持续发展目标相矛盾。例如，越来越多的物联网设备、网络和数据中心将增加能源需求，整个供应链的能源消耗预计将会增加（Kamble et al.，2019）。因此，企业在数字化转型中可能会面临运用 I 4.0 技术提高财务和运营绩效与实现可持续发展目标之间的紧张关系［P1］。

此外，数字化的双重效应也加剧了企业内外部利益相关者之间的紧张局势。新兴数字技术的应用不仅使企业获得了更多的消费端数据，还使消费者广泛参与企业的运营过程，促使松散的消费者个体聚集成有价值的群体，形成消费者增权（李辉、梁丹丹，2020）。随着消费者增权程度的提升，企业价值创造的方式正在经受严峻的挑战，企业不仅需要基于已获取的数据实时响应消费者的个性化需求，还需要整合公司的品牌资产（Berger－Remy et al.，2021）。因此，以客户为中心和以品牌为中心的紧张关系意味着企业需要平衡股东和消费者这两个关键利益相关者的需求［P2］。

（五）数字技术更新悖论

在第四次工业革命的推动下，数字化正逐步成为企业创新变革的重要突破口。企业通常会创建一个数字部门或“敏捷 IT 部门”负责数字化转型（Mergel，2019）。虽然数字部门希望在数字化的行动逻辑下运作，但其并没有与传统的 IT 部门隔离开来：它们为 IT 部门制定项目，并让 IT 人员在数字部门从事相关工作（Clarke，2020），这种重叠无疑会导致数字部门与 IT 部门之间的关系紧张。Tumbas 等（2018）认为，首席数字官的设立将会导致高管之间的权力斗争和制度矛盾。Toutaoui 等（2022）研究发现，“传统 IT”模式与专注于探索新技术的“敏捷 IT”模式在个人及组织层面上存在 5 个核心悖论，如不同 IT 模式遵循着相互竞争的目标。因此，本文认为企业在数字化转型过程中面临着数字与信息技术之间的矛盾与张力。

综上所述，企业在数字化转型过程中面临着不同的制约问题，而这些制约问题背后根源在于传统组织要素与数字要素之间的悖论关系，具体内容如图 1 所示。

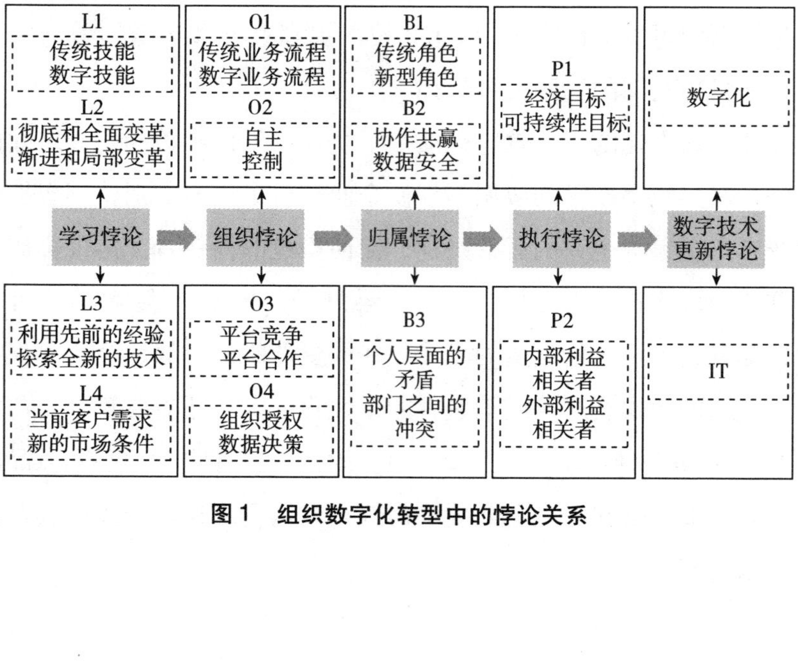

图 1　组织数字化转型中的悖论关系

四、数字化转型中的悖论协同机制

数字化转型面临传统要素与数字要素间的多重悖论关系，客观上要求组织对这些悖论关系进行协同。能否将这些悖论统一在动态发展的平衡中，实质上是一个组织核心能力的体现。因此，通过对相关文献的梳理，本文进一步提炼出数字化情境下不同悖论关系对应的协同机制。

（一）学习悖论的协同机制

面对组织传统认知与数字化认知之间的冲突，管理者应深刻把握两者相互依存的特点（王象路等，2023）。Berger – Remy 等（2021）指出，企业应及时制订培训和教育计划提高员工的数字技能，不断深化组织对数字化变革的认识。此外，企业可以通过建立一个具有一定独立性且推动组织系统变革的部门，引导整个组织的结构性变革（王冰、毛基业，2021）。同时，采用具有可伸缩性、互操作性和可延展性的技术，有助于企业向数字化转型。最后，模块化的生产方式使企业能够对产品的边界、结构和模块内部标准进行调整，从而创造多样化的产品更好地满足顾客的异质化需求（Kamble et al. ，2018）。

（二）组织悖论的协同机制

对于传统业务流程与数字业务流程之间的冲突，从悖论分离策略来看，企业应拟定试点流程以减少数字化变革中出现的偏差对其他业务流程的连锁反应（Nambisan et al. ，2017）；从悖论整合策略来看，企业可以布局数字平台，打破各业务流程间的数据壁垒进而实现资源共享。此外，企业应适当提供数字开发过程中的自主权，最终目标是在一个物联网平台上运行所有的数字应用程序（Smith and Beretta，2021）。同样，企业也可以通过悖论平衡平台间的竞合关系。基于悖论分离策略，平台企业应寻找互补性企业，利用“搭便车”方式获取专有知识进而打造独特的竞争优势；基于悖论整合策略，企业需要与共生伙伴形成相互赋能的价值共同体，最终实现协同型价值共创（王象路等，2023）。最后，确定关键角色并明确员工职责，有利于缓解组织授权和算法决策之间的紧张关系（Pessot et al.，2021）。

（三）归属悖论的协同机制

首先，对数字化战略的清晰描述和对转型目标的明确定义有助于促进员工对于新角色的接受和认同（Mishra et al.，2022）。其次，在实现价值共创的过程中，管理者应谨慎选择合作伙伴，以便在不泄露相关信息的情况下从合作中获益。企业也可以通过绘制网络图评估风险和关键因素，以确保开放合作中的数据安全问题（Xu et al.，2018）。最后，企业应培育员工与管理层对数字化转型的共同心态（Agrawal et al.，2020），鼓励部门之间拥抱竞争，强化部门间的协调与交流，从而有效降低个人与部门之间基于不同角色和目标而引发的矛盾及张力。

（四）执行悖论的协同机制

为了在不影响财务绩效的情况下实现企业的可持续发展目标，企业可以通过监测能源消耗模式、使用可再生能源以及采用低能耗设备等方式降低 I 4.0 基础设施产生的能源消耗（Singh and Bhanot，2020），提高绿色创新能力，从而实现经济目标和环境社会责任目标的有效协同。此外，企业可以通过悖论整合策略有效调和股东与消费者的潜在需求冲突。具体来说，企业应基于消费者评价数据了解真实的市场需求，提供更高质量的产品和服务（李辉、梁丹丹，2020），同时利用数据加强自身品牌建设，提高品牌影响力。

（五）数字技术更新悖论的协同机制

为了有效调和 IT 与数字之间的紧张关系，Tumbas 等（2018）确定了 3 种不同的应对策略，即嫁接、桥接和解耦。嫁接，是指通过将数字实践与现有的 IT 部门紧密结合实现组织的数字化转型，涉及调整和合并这两个部门，使其以一种同时适应现有逻辑和数字逻辑的方式共同工作。桥接，是指在现有的职能部门之间建立联系，它专注于连接不同的组织单元，同时保持各个单元的独立性。在这种情况下，数字部门通常充当组织中其他两个部门的边界“扳手”。解耦，是指将数字实践与现有功能单元分离，构建一个独立的、孪生的、平行的 IT 结构。这种方法旨在缩短组织的创新生命周期，但它在数字能力需要融入其他组织单位的情况下往往很难长期维持。因此，企业需要根据自身实际灵活地调整管理方法，以便更好地应对复杂的形势。

综上所述，本文基于组织在数字化转型中面临的各种悖论关系构建了相应的悖论协同机制，具体如图 2 所示。

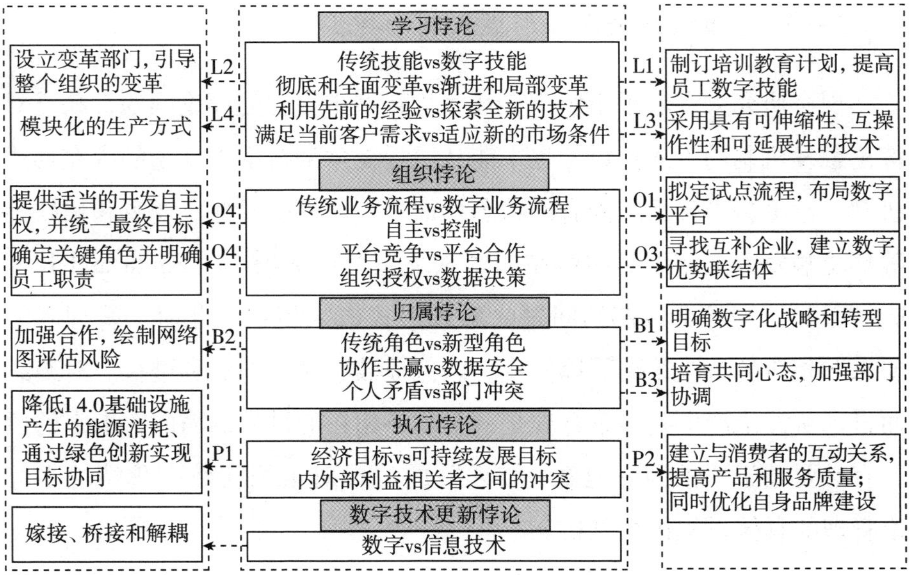

图 2　悖论协同机制

五、结论及研究展望

本文通过文献综述的形式，全面回顾了数字化情境下组织悖论的相关研究成果，系统梳理了组织在数字化转型过程中面临的悖论关系及相应的协同机制。目前，研究虽已取得了一些成果，但该主题研究仍存在以下不足之处：第一，以往研究大多聚焦于对悖论关系的识别及管理上，缺乏对其触发因素的探讨；第二，组织中的悖论关系是动态演化的，已有研究忽视了组织悖论随数字实践的演化过程；第三，已有研究在研究设计上存在不足，例如，纵向和定性研究居多，实证研究较少。可见，该领域仍存在诸多研究空间有待进一步探索。因此，本文建议未来的研究聚焦于以下三个方面。

（一）对组织悖论内在形成机制的挖掘

现有研究大多着眼于组织在数字化转型中存在的悖论问题，缺乏对悖论触发机制的深入探讨，也未能从过程视角剖析组织悖论的内在形成机制。悖论是当代组织固有的状态特征之一，当多元性、变革和稀缺性等环境触发因素使组织中潜在的紧张关系变得突出时（Smith and Lewis，2011），悖论会以制约问题的表现形式嵌入组织。此时，管理者需要采取相应的解决策略予以回应，以保证数字实践的顺利进行。对组织而言，从悖论产生到悖论管理是一个环环相扣的过程，因此，未来的研究有必要基于“前因—现象—结果”的逻辑对组织在数字化情境下悖论管理的具体过程进行剖析。

（二）关注不同悖论之间的动态转化

已有研究大多是基于静态视角分析组织中的悖论关系，缺乏对不同悖论间动态演化过程的关注。例如，Soh 等（2019）研究发现，组织悖论会随着数字实践的发展而动态演化。在数字能力探索阶段，执行悖论和归属悖论尤为突出。随着组织内部数字能力的发展，组织需要对系统和流程进行重大变革。此时，学习悖论和组织悖论浮出水面，新的数字系统及流程设计的实施使学习和组织的紧张关系在发展阶段变得突出。可见，未来可进一步从动态视角聚焦数字化转型背景下组织内部不同悖论关系之间的相互作用。

（三）进一步完善和丰富相关研究方法

当前，关于数字化情境下的悖论研究大都停留在定性研究层面，学者主要采用案例研究法探索组织在转型期间存在的紧张关系，这种方法的局限性在于研究结果的普适性。此外，虽然学者通过纵向研究法、扎根方法以及案例研究等质性方法确定了组织中存在的多种悖论关系，但并没有揭示它们对组织的重要性。因此，未来可考虑引进定量研究方法进一步完善定性研究的结果。

总之，日趋动态复杂的环境使悖论成为组织的新常态，组织需要深刻认识悖论管理对数字化转型的重要价值。深入挖掘数字化情境下组织悖论的内在形成机制及作用机制，建立悖论管理的系统性框架，对组织的生存与发展具有重要的理论指导意义。

参考文献

[1]陈畴镛,许敬涵．制造企业数字化转型能力评价体系及应用[J]．科技管理研究,2020,40(11):46－51.

[2]陈冬梅,王俐珍,陈安霓．数字化与战略管理理论:回顾、挑战与展望[J]．管理世界,2020,36(5):220－236,20.

[3]陈剑,黄朔,刘运辉．从赋能到使能:数字化环境下的企业运营管理[J]．管理世界,2020,36(2):117－128,222.

[4]陈雪频．从信息化改造到数字化转型,中国企业行至何处？[J]．上海国资,2021(5):74－78.

[5]杜跃平,高雄,赵红菊．路径依赖与企业顺沿技术轨道的演化创新[J]．研究与发展管理,2004(4):52－57.

[6]李辉,梁丹丹．企业数字化转型的机制、路径与对策[J]．贵州社会科学,2020,370(10):120－125.

[7]林海芬,刘宏双,郭珊杉,等．组织发展过程中稳定与变革的悖论性关系案例研究[J]．管理学报,2020,17(2):166－176.

[8]刘涛,杨雅清．数字化时代企业组织的转型之路[J]．信息通信技术,2017,11(2):8－15.

[9]刘洋,董久钰,魏江．数字创新管理:理论框架与未来研究[J]．管理世界,2020,36(7):198－217,219.

[10]罗瑾琏,唐慧洁,李树文,等．科创企业创新悖论及其应对效应研究[J]．管理世界,2021,37(3):8,105－122.

[11]戚聿东,肖旭．数字经济时代的企业管理变革[J]．管理世界,2020,36(6):135－152,250.

[12]王冰,毛基业．传统企业如何通过内部创业实现数字化转型:基于资源匹配的战略演化视角[J]．管理评论,2021,33(11):43－53.

[13]王象路,罗瑾琏,李树文,等．组织数字化变革的悖论关系与协同机制研究[J]．中国人力资源开发,2023,40(2):112－125.

[14]谢康,吴瑶,肖静华．数据驱动的组织结构适应性创新:数字经济的创新逻辑(三)[J]．北京交通大学学报(社会科学版),2020,19(3):6－17.

[15]姚小涛,亓晖,刘琳琳,等．企业数字化转型:再认识与再出发[J]．西安交通大学学报(社会科学版),2022,42(3):1－9.

[16]AGRAWAL P,NARAIN R,ULLAH I. Analysis of barriers in implementation of digital transformation of supply chain using interpretive structural modelling approach[J]. Journal of modelling in management,2020,15(1): 297－317.

[17]BENITEZ J,LLORENS J,BRAOJOS J. How information technology influences opportunity exploration and exploitation firm's capabilities[J]. Information & management,2018,55(4): 508－523.

[18]BERGER－REMY F,LAPORTE M E,AIMÉ I. The reconfiguration of mar-

keting organization in the age of digital transformation: a paradox perspective[J]. Mrev management revue,2021,32(2): 108 – 127.

[19]BEVERUNGEN D,BUIJS J C A M,BECKER J,et al. Seven paradoxes of business process management in a hyper – connected world[J]. Business & information systems engineering,2021(63): 145 – 156.

[20] CLARKE A. Digital government units: what are they, and what do they mean for digital era public management renewal? [J]. International public management journal,2020,23(3): 358 – 379.

[21]DREMEL C,WULF J,HERTERICH M M,et al. How AUDI AG established big data analytics in its digital transformation[J]. MIS quarterly executive,2017,16(2): 81 – 100.

[22]FAIRHURST G T. Reflections: return paradox to the wild? Paradox interventions and their implications[J]. Journal of change management,2019,19(1): 6 – 22.

[23]FLOYD S W,LANE P J. Strategizing throughout the organization: managing role conflict in strategic renewal[J]. Academy of management review,2000,25(1): 154 – 177.

[24]HOFFMANN W,LAVIE D,REUER J J,et al. The interplay of competition and cooperation[J]. Strategic management journal,2018,39(12): 3033 – 3052.

[25]KAMBLE S S,GUNASEKARAN A,PAREKH H,et al. Modeling the internet of things adoption barriers in food retail supply chains[J]. Journal of retailing and consumer services,2019(48): 154 – 168.

[26]KAMBLE S S,GUNASEKARAN A,SHARMA R. Analysis of the driving and dependence power of barriers to adopt industry 4. 0 in Indian manufacturing industry[J]. Computers in industry,2018(101): 107 – 119.

[27]LANZOLLA G,PESCE D,TUCCI C L. The digital transformation of search and recombination in the innovation function: tensions and an integrative framework [J]. Journal of product innovation management,2021,38(1): 90 – 113.

[28]LEWIS M W. Exploring paradox: toward a more comprehensive guide[J]. Academy of management review,2000,25(4): 760 – 776.

[29]MENZ M,KUNISCH S,BIRKINSHAW J,et al. Corporate strategy and the theory of the firm in the digital age[J]. Journal of management studies,2021,58(7):

1695 – 1720.

[30]MERGEL I. Digital service teams in government[J]. Government information quarterly,2019,36(4): 101389.

[31]MISHRA R,SINGH R K,SONG M. Managing tensions in resilience development:a paradox theory perspective on the role of digital transformation[J]. Journal of enterprise information management,2022 (ahead – of – print).

[32]MONTEALEGRE R,IYENGAR K,SWEENEY J. Understanding ambidexterity: managing contradictory tensions between exploration and exploitation in the evolution of digital infrastructure[J]. Journal of the association for information systems,2019,20(5): 647 – 680.

[33]NAMBISAN S,LYYTINEN K,MAJCHRZAK A,et al. Digital innovation management[J]. MIS quarterly,2017,41(1): 223 – 238.

[34]NAYERNIA H,BAHEMIA H,PAPAGIANNIDIS S. A systematic review of the implementation of industry 4.0 from the organisational perspective [J]. International journal of production research,2022,60(14): 4365 – 4396.

[35]PESSOT E,ZANGIACOMI A,BATTISTELLA C,et al. What matters in implementing the factory of the future: insights from a survey in european manufacturing regions[J]. Journal of manufacturing technology management, 2021, 32 (3): 795 – 819.

[36]POLITES G L,KARAHANNA E. Shackled to the status quo: the inhibiting effects of incumbent system habit,switching costs,and inertia on new system acceptance[J]. MIS quarterly,2012,36(1): 21 – 42.

[37]PUTNAM L L,FAIRHURST G T,BANGHART S. Contradictions,dialectics,and paradoxes in organizations: a constitutive approach[J]. Academy of management annals,2016,10(1): 65 – 171.

[38]SCHAD J,LEWIS M W,RAISCH S,et al. Paradox research in management science: looking back to move forward[J]. Academy of management annals,2016,10(1): 5 – 64.

[39]SCHNEIDER S,KOKSHAGINA O. Digital transformation: what we have learned (thus far) and what is next[J]. Creativity and innovation management,2021,30(2): 384 – 411.

[40]SINGH R, BHANOT N. An integrated DEMATEL – MMDE – ISM based approach for analysing the barriers of IoT implementation in the manufacturing industry [J]. International journal of production research, 2020, 58(8): 2454 – 2476.

[41]SINGH A, HESS T. How chief digital officers promote the digital transformation of their companies[J]. MIS quarterly executive, 2017, 16(1): 1 – 17.

[42]SMITH P, BERETTA M. The gordian knot of practicing digital transformation: coping with emergent paradoxes in ambidextrous organizing structures[J]. Journal of product innovation management, 2021, 38(1): 166 – 191.

[43]SMITH W K, LEWIS M W. Toward a theory of paradox: a dynamic equilibrium model of organizing [J]. Academy of management review, 2011, 36(2): 381 – 403.

[44]THORÉN C, ÅGERFALK P J, ROLANDSSON B. Voicing the puppet: accommodating unresolved institutional tensions in digital open practices[J]. Organization studies, 2018, 39(7): 923 – 945.

[45]TÓTH Z, SKLYAR A, KOWALKOWSKI C, et al. Tensions in digital servitization through a paradox lens[J]. Industrial marketing management, 2022(102): 438 – 450.

[46]TOUTAOUI J, BENLIAN A, HESS T. Managing paradoxes in bi – modal information technology functions: a multi – case study[J]. Information systems journal, 2022, 32(6): 1177 – 1202.

[47]TUMBAS S, BERENTE N, VOM BROCKE J. Digital innovation and institutional entrepreneurship: chief digital officer perspectives of their emerging role[J]. Journal of information technology, 2018, 33(3): 188 – 202.

[48]VIAL G. Understanding digital transformation: a review and a research agenda[J]. The journal of strategic information systems, 2019, 28(2): 118 – 144.

[49]XU L D, XU E L, LI L. Industry 4.0: state of the art and future trends [J]. International journal of production research, 2018, 56(8): 2941 – 2962.

[50]ZANGIACOMI A, PESSOT E, FORNASIERO R, et al. Moving towards digitalization: a multiple case study in manufacturing[J]. Production planning & control, 2020, 31(2 – 3): 143 – 157.

虚拟办公情境下工作团队的研究综述和未来展望[①]

郝志娟

摘要：随着外部不确定性（如新冠疫情）和数智化办公条件的逐渐成熟，办公情境的虚拟化程度越来越高。与传统面对面团队相比，虚拟办公情境下工作团队的内涵和形式被拓展，团队绩效、决策和创造力等团队结果也受到了影响。为了填补目前虚拟办公情境下工作团队研究的空缺，本文首先梳理了虚拟办公情境下工作团队的68篇相关文献，并基于IPO模型对虚拟办公情境下的工作团队输入、团队过程、团队结果及边界条件进行了全面系统化综合述评。进一步总结已有研究不足，从整合虚拟办公情境下工作团队研究集群、拓展虚拟办公情境下团队领导研究、探究中国传统文化对于虚拟办公情境下工作团队的影响以及延伸虚拟化工作团队的数字化效能研究四个方面提出了未来的研究方向，以推动虚拟办公情境下工作团队的相关研究，为虚拟办公情境下的工作团队提供一定的理论和实践启示。

关键词：虚拟办公；远程工作团队；虚拟团队；计算机中介团队

作者简介：郝志娟（1999—），河北邯郸人，西北大学经济管理学院硕士研究生。

---

① 本文由西北大学经济管理学院工商管理系蒿坡和谭乐老师共同指导完成。

一、引言

随着外部不确定性（如新冠疫情）和数智化办公条件的逐渐成熟，越来越多新的工作模式开始涌现，虚拟办公就是其中之一。虚拟办公在实践中得到了广泛应用。据估计，自 2016 年起，至少有 43% 的美国劳动力在一段时间内远程办公（Vyas et al.，2021），中国大量企业因新冠疫情的冲击也开始采用远程办公模式。同时，随着信息通信技术的普及，员工可以在任何有技术访问的地方工作，从而减少了对固定办公地点的依赖。比如，全球已有 50 多万家企业采用 Yammer 办公，Facebook 也推出了 Workplace 在虚拟协作领域展开竞争（Waghmare，2018）。此外，调查数据显示，96% 的商业专业人士报告使用计算机这种媒介进行频繁的工作互动，即计算机中介工作（Larson et al.，2020）。随着办公情境虚拟化程度的不断提高，新情境下的工作团队内涵和形式也发生了变化。不同于传统面对面（Face to Face，FTF）工作团队，虚拟办公情境下，工作团队成员分布在不同的时空，并通过技术媒介进行沟通，能够解决越来越复杂多变的问题，主要包括远程办公团队（telecommuting team）、虚拟团队（virtual team）和计算机中介（Computer – Mediated Work，CMW）工作团队三种形式（Raghuram et al.，2019）。

虚拟办公情境下的工作团队得到了学者的广泛关注，且从不同视角进行了文献综合述评。已有研究探讨了虚拟团队的定义，并回顾了虚拟团队的输入、过程及结果（Martins et al.，2004；杨俊辉，2008）；在远程办公中则重点关注对个体层次的影响，比如，探讨了在线远程办公对于员工工作家庭冲突、幸福感和工作绩效的影响（霍伟伟等，2020）。但由于虚拟办公情境下三种形式工作团队之间并无清晰边界，存在一定程度交叠，而现有相关研究综述仅片面地从单个形式论述，缺乏对虚拟办公情境下三种形式工作团队的整体综述，且远程办公相关研究重点关注个体层次而缺乏对于团队层次的全面探讨，难以更系统化探究虚拟办公情境下深层次的理论问题。本文将结合虚拟办公情境下工作团队的三种形式，系统化整合团队层次研究现状，基于 IPO 模型对虚拟办公情境下工作团队的过程及边界条件相关研究进行综合述评，以深层次发现虚拟办公情境下工作团队管理的潜在规律。

基于此，首先，本文从谷歌学术、EBSCO、Web of Science、中国知网（CNKI）等网站进行题名、摘要和关键词检索，分别以“虚拟办公”（virtual work）、“远程办公”（telecommuting）、“远程工作”（remote work）、“虚拟团队”、“计算机中介工作”、“计算机中介”（Computer－Mediated ，CM）等为关键词进行检索，随后手动对初步搜索到的文献进行筛选，剔除了与虚拟办公三个研究类别相关性不强及工作团队以外的文献，最终得到中英文实证研究 68 篇文献，用于进一步分析和梳理。其次，本文回顾了虚拟办公情境下工作团队的内涵及主要形式，并与 FTF 团队进行了对比；基于 IPO 模型对虚拟办公情境下的工作团队输入、团队过程、团队结果及边界条件四个方面进行了论述；总结了现有研究的不足，并从整合虚拟办公情境下工作团队研究集群、拓展虚拟办公情境下团队领导研究、探究中华优秀传统文化对虚拟办公情境下工作团队的影响以及延伸虚拟化工作团队的数字化效能研究四个方面对未来研究方向进行展望。

本文综合述评研究的理论意义在于，通过对虚拟办公情境下工作团队的系统整理和评述，填补了当前虚拟办公情境下工作团队片面化研究的空缺，厘清了虚拟办公情境下工作团队的内涵及形式，剖析了虚拟办公情境下工作团队的过程及边界条件，同时基于已有研究提出了现有研究的不足和未来可能的方向；在实践方面，越来越多的企业开始采用虚拟办公方式，针对虚拟办公情境下工作团队的综述有助于企业更高效地建立起适应虚拟办公情境的工作团队，并且帮助工作团队找到解决问题的办法，为企业实践提供一定的借鉴意义。

二、虚拟办公情境下工作团队的内涵及形式

为了应对越来越复杂多变的外部环境，办公情境虚拟化程度越来越高，虚拟办公成为一种新常态。同时，工作团队有了新内涵，即虚拟办公情境下工作团队中的成员分散在不同地方，并且对于技术十分依赖（Gibson and Gibbs，2006；O'Leary et al.，2007；Walther et al.，2005），表现出分散和技术依赖两个主要特征：分散，是指成员之间在时空上的分布程度（Baruch，2000；Hollingshead et al.，1993；O'Leary et al.，2007）；技术依赖，是指成员在工作中使用通信工具的程度（Griffith et al.,2003；Wiesenfeld et al.，2001）。

除了内涵有了新的拓展，工作团队的形式也有了新的界定，虽然分属不同的研究领域，研究焦点也各不相同，但其共同之处在于地理分散和技术依赖，主要分为远程办公团队、虚拟团队和 CMW 工作团队（Raghuram et al.，2019）：一是远程办公团队使员工能够远离主要办公室去其他地方工作；二是虚拟团队利用来自遥远地方的、分散的高素质人才通过电子方式进行协作，及时响应客户需求；三是 CMW 工作团队，即许多员工开始使用计算机媒介进行工作和互动。

与传统 FTF 工作团队相比，虚拟办公情境下的工作团队既有优势也有劣势。在虚拟办公情境下，工作团队更加高效，能够通过团队过程的层次敏感性提高团队决策准确性（Hedlund et al.，1998），或是使用能够提供更多社会背景线索的沟通媒介和新兴技术提升团队绩效和满意度（Straus et al.，1994；Blanchard，2021）；但是，与 FTF 工作团队相比，虚拟办公情境下的工作团队在人际关系上占有劣势，成员之间容易忽略非正式交流（Blanchard，2021），不利于团队内部人际关系的建立。虽然虚拟办公情境下的工作团队与传统工作团队相比存在不足，但随着时间的推移以及在团队信任、团队沟通等团队过程的帮助下，虚拟

办公情境下的工作团队也能够克服不足，高效地完成团队目标。

三、虚拟办公情境下工作团队的相关研究综述——基于IPO模型

输入—过程—结果（IPO）模型是研究团队的主要框架，能够从团队输入、团队过程和团队结果三个方面进行系统性探讨（Hackman and Morris，1975）。本文通过深入梳理已有文献发现，已有研究虽然对于虚拟办公情境下工作团队的内涵、形式以及与FTF工作团队的比较有了一定认识，但缺少全面系统性分析。因此，本文借助IPO模型，揭示团队有效性运作的“黑箱”，阐明成员间基于组织集体目标的认知、语言等相互依赖的行为，将输入转化为输出结果，接下来从团队输入、过程和结果及边界条件四个方面概述虚拟办公情境下的工作团队。

（一）虚拟办公情境下工作团队输入相关研究

团队输入变量代表了团队的设计和组成特征，已有研究探究了传播媒介/技术、团队分散、团队组成和团队领导四个方面的输入变量对团队结果的影响。

1. 传播媒介/技术

传播媒介/技术的发展为虚拟办公提供了可靠的信息系统，对虚拟办公情境下工作团队的人际关系和团队行为等有重要影响。①远程办公团队成员回复的即时性会影响领导与成员之间的信任关系（王海江等，2021），远程办公团队成员也更有动机做好印象管理（Barsness et al.，2005）。②在虚拟团队中，不同通信媒介的影响不同，使用文本电子信息能够传递团队情绪（Cheshin et al.，2011）；使用视频会议能够提高团队互动有效程度（Hambley et al.，2007）；使用社交媒体（social media）能够提高共享认知，促进团队发展（Leonardi，2018）。③CMW

工作团队使用不确定减少策略改善人际关系，促进团队成员社会情感交流（Rice et al.，1987），进而提高沟通效果（Tidwell et al.，2002）。

2. 团队分散

虚拟办公情境下，工作团队的特征之一是分散，团队分散对于团队创新有利有弊。首先，在虚拟团队中，Muethel 等（2012）发现团队地理分散可以通过计算机媒介提高团队信任，进而促进团队创新。其次，Gibson 等（2006）通过对 56 个全球航空航天工业虚拟工程团队的研究发现，地理分散与虚拟团队创新呈负相关关系。

3. 团队组成

团队成员是团队的主要组成部分，已有研究从成员的性别和认知风格出发，探究了团队组成对团队结果的影响。①关于团队成员性别，Ocker（2007）发现优势个体属于每个团队中的多数性别；②团队成员的认知风格是重要的前因变量，研究发现，具有内部、自由型和整体认知风格的人对远程工作团队具有更高的承诺（Workman et al.，2003）。总的来说，与传统的 FTF 工作团队相比，虚拟办公情境下团队成员更加多样化，能够为团队发展提供不同文化背景和地域的异质性知识，具有独特优势。

4. 团队领导

领导力对于虚拟办公情境下办公团队的成功至关重要，远程办公团队的研究集中在领导成员关系方面，在虚拟团队中则更关注不同领导风格的效果。①在远程办公团队中，领导密切沟通分享信息，并在沟通中说明期望有助于提高工作效率，促进团队共同发展（Bonet et al.，2017；Shockley et al.，2021），但有些领导对远程办公成员进行日常监控，这种行为不利于成员感知日常信任感，进而影响团队绩效（Zheng et al.，2023）。②在虚拟团队中，传统领导风格对团队结果有积极影响。变革型领导能够提升团队内部合作氛围，进而提高讨论效率、团队创造力和团队绩效（顾琴轩等，2017；Huang et al.，2010）。交易型领导能够提高团队任务凝聚力，有助于提高团队创造力和团队满意度（顾琴轩等，2017；Huang et al.，2010）。

虽然已有研究初步探讨了虚拟办公情境下工作团队中的领导风格，但现有研究缺乏探究虚拟办公情境下是否出现了新的领导力形式及其影响力。

（二）虚拟办公情境下工作团队过程相关研究

在 IPO 模型中，团队过程占据了重要位置，本文根据 Marks 等（2001）构建的团队过程分类模型，将团队过程划分为转化过程、行动过程和人际过程。

1. 转化过程

转化过程关注对过往团队成果的反思、解释以及对未来行动的准备等方面，团队中的计划制订、战略共识达成等过程有助于提高团队有效性（Dechurch et al.，2013），尤其是在虚拟办公情境工作团队成员多样化的情况下。Huang 等（2003）发现虚拟团队的目标设定与凝聚力、承诺、合作、决策质量等呈正相关关系，但对于虚拟团队来说，发展共同的愿景和使命十分困难，成员互动较少，难以建立统一的目的感（Blackburn et al.，2003），因此，正式的工作过程和战略是提高虚拟团队绩效的关键（Lurey et al.，2001），能够最大限度地促进团队规划、交流想法和就各种问题达成共识。

2. 行动过程

行动过程，是指团队实现目标的行动，在前期计划制订的基础上，已有研究发现团队成员主要通过团队沟通和知识管理实现团队目标。

（1）团队沟通

团队沟通数量是虚拟办公情境下工作团队的关键，研究发现，地理分散导致社会语境线索减少（Sproull et al.，1986），虚拟团队成员的交流少于 FTF 工作团队成员的交流总量（Bhappu et al.，1997），进而降低沟通效率和互动水平。另外，研究还发现，在CMW工作团队中成员交流减少，这种低水平的互动不利于团队发挥创造力（Leenders et al.，2003）。

（2）知识管理

团队知识的分享和获取有助于团队发挥创造力、取得较好的绩效（莫申江、谢小云，2009）。在虚拟团队中，需要团队成员对准备活动给予足够的关注，成员之间相互学习，促进个人成长、提高核心竞争力，进而提高团队有效性（Maynard et al.，2012），除此之外，当团队多样性较高时，可利用专长知识促进知识分享和知识整合（Robert et al.，2018；Klitmøller et al.，2013；Kanawattanachai et al.，2007），进而提高团队绩效和决策质量。

3. 人际过程

人际过程，是指人际关系管理的团队活动，研究主要集中在团队冲突管理和团队信任方面。

（1）团队冲突

团队冲突是一个重要的过程，因为在做出决定之前，会由于冲突产生和考虑更多的替代方案（Jehn et al.，2001）。在虚拟办公情境下，地理分散容易导致团队冲突（Hinds et al.，2005），因此，虚拟团队管理冲突方式至关重要。可以将冲突管理行为分类，减少回避、调节冲突管理行为，增加竞争、合作和妥协冲突管理行为，进而提升虚拟团队绩效（Montoya－weiss et al.，2001）。

（2）团队信任

在虚拟办公情境下，团队信任得到了广泛研究，被认为是行动有效性的决定因素（McAllister et al.，1995）。在虚拟团队研究中，主要关注了团队信任和人际信任。①团队信任可以减少团队多样性和开放性信息对团队绩效的不利影响（Pinjani et al.，2013；Mesmer－Magnus，et al.，2011）。②人际信任可以降低地理分散和技术高度依赖对团队有效性的负向作用（Muethel et al.，2012）。

（三）虚拟办公情境下工作团队结果相关研究

虚拟办公情境下工作团队结果的研究主要侧重于团队绩效、团队决策和团队创造力三个方面。

1. 团队绩效

在虚拟办公情境下，对于工作团队的绩效研究十分广泛，接下来本文分别对三种工作团队形式绩效进行综述。

①在CMW工作团队中，通过提高团队任务—技术匹配度（Fuller et al.，2009）和任务相互依赖程度（Straus et al.，1994）促进团队绩效的提升。但CMW工作团队因团队成员之间的人际关系、规范性关系等而负向影响团队绩效（Driskell et al.，2003）。总的来说，在CMW工作团队中，对于技术高度依赖于团队绩效有利有弊。

②在虚拟团队中，根据任务特征选择合适的信息通信技术类型对于提升团队绩效很重要，在执行非常规任务时使用信息通信技术（Malhotra et al.，2014）、在团队互动时使用视频会议的沟通方式（Hambley et al.，2007）都可以提高团队凝聚力和团队绩效。

③在远程办公团队中，领导与成员分离会对团队绩效产生影响（Bonet et al.，2017），比如，在远程办公时，成员汇报没有使用视频等方式，其他成员会缺乏群体归属感，不利于团队凝聚力和团队绩效的提升（Blanchard，2021）。相反地，Veinott（1999）发现，在远程办公中使用视频会议等方式能够提高团队谈判效率。

2. 团队决策

在虚拟办公情境下，团队决策得到了大量研究。研究人员一致发现，在虚拟办公情境下，工作团队完成任务需要更多时间（Cappel et al.,2000；Hollingshead et al.，1996；Weisband，1992），并且决策质量较低（Weisband，1992）。研究发现，可以在虚拟团队中通过提升团队层次敏感性、提高任务—技术匹配度以及促进知识分享和整合来提高团队决策质量（Hedlund et al.，1998；Fuller et al.，2009；Robert et al.，2018）；在远程办公团队中，领导可以利用领导—成员交换质量高的成员在团队决策中发挥影响力，进而提高团队决策质量（Gajendran and Joshi，2012）。

3. 团队创造力

在虚拟办公情境下，工作团队的创造力也得到了大量研究。首先，在远程办公团队中，团队文化紧密性有助于降低团队越轨行为和提高团队创造力（Qin et al.，2021）。其次，在虚拟团队中，团队创造力受到多种因素的影响，变革型领导和交易型领导能够促进团队创造力的提升（顾琴轩等，2021），或者通过团队成员的主动性人格构建高质量人际关系促进团队创造力的提升（余璇等，2022）。

（四）虚拟办公情境下工作团队边界条件相关研究

在虚拟办公情境下，研究人员在探究不一致的团队结果时提出了一些边界条件，主要包括任务类型和团队虚拟性。

1. 任务类型

在虚拟办公情境下，团队的任务特征（常规性和相互依赖性）对多样化的工作团队与团队绩效之间的关系起到了调节作用。一是在虚拟团队执行非常规任务（vs 常规任务）时，信息通信技术能够显著提升虚拟团队绩效（Malhotra et al.，2014）；二是在执行依赖性较高（vs 依赖性较低）的任务时，全球虚拟团队功能、深层多样性与团队信任、知识分享之间的负相关关系较弱（Pinjani，2013）。

2. 团队虚拟性

在虚拟办公情境下，工作团队的虚拟性程度是一个重要变量，团队虚拟性在新冠疫情和团队信任与团队结果之间的关系中发挥了调节作用。①低水平的团队虚拟性使新冠疫情讨论对团队越轨行为和团队创造力的负面间接影响更大（Qin et al.，2021）；②当团队虚拟性高时，团队信任对团队效能的正向关系更强（Breuer et al.，2016）。与传统 FTF 工作团队相比，团队虚拟性具有 FTF 工作团队无法复制的优势。

综合以上述评，虚拟办公情境下工作团队研究现状整合分析框架如图 1 所示。根据对虚拟办公情境下工作团队的综述发现：①团队地理分散、技术依赖以及团队组成和领导对于团队形成有重要作用，但存在媒体丰富度和数量何时最有效的问题，以及对于有效领导风格的探究尚处于初级阶段；②团队交互发展可以分为三个过程，但已有研究对于具体交互形式有不同看法，比如，在团队沟通中使用媒介虚拟性的高低和团队冲突管理的方式等；③已有研究集中在团队绩效、决策和创造力等团队结果上，大部分研究认为虚拟办公情境下的工作团队对于团队结果十分有效，但有学者认为这种有效性是在一定边界条件下才能实现的。综上所述，本文厘清了虚拟办公情境下工作团队的内涵、形式及与传统 FTF 工作团队的区别，并基于 IPO 模型剖析了虚拟办公情境下的团队输入、过程、结果及边界条件。

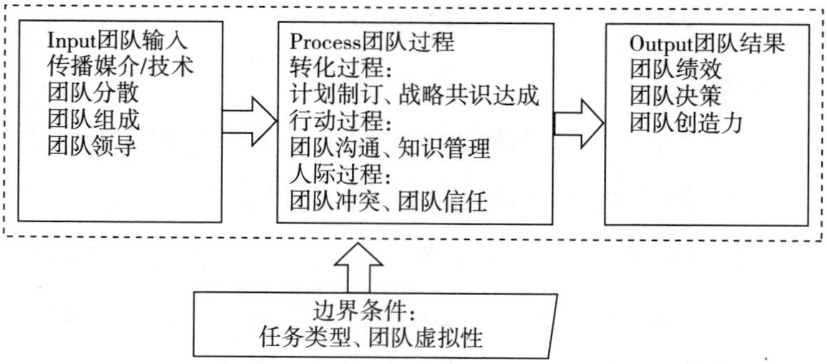

图 1　虚拟办公情境下工作团队研究现状整合分析框架

四、研究结论及未来展望

本文通过对虚拟办公情境下三种形式工作团队的全面系统化综述发

现，当前研究对于虚拟办公情境下工作团队十分重视并且取得了一定的成果，但通过述评发现该主题下的研究仍存在不足之处。具体来说，已有研究的不足之处主要体现在以下方面：一是虚拟办公情境下三种形式工作团队研究十分割裂和分散；二是虚拟办公情境下的团队领导研究缺乏新意，仍然关注传统领导力；三是虚拟办公情境下工作团队对于文化因素的关注十分有限；四是虚拟办公情境下仅仅关注技术和通信设备的作用，缺乏对数字化的全面应用。可见，关于虚拟办公情境下的工作团队研究仍有较大拓展空间，接下来本文将从以下四个方面进行展望。

（一）整合虚拟办公情境下工作团队研究集群

虚拟办公情境吸引了多学科研究者进行研究，但由于研究方法相互独立，虚拟办公情境下工作团队的研究领域被分割成不同的研究集群，即远程办公团队、虚拟团队和 CMW 工作团队，三者之间并无明确清晰的边界，因此相互独立不利于虚拟团队研究的系统可持续推进。此外，Raghuram 等（2019）提出了帮助三种团队形式互相转化的提案，鉴于虚拟办公情境下三种团队形式的交叠性及动态性，未来研究一方面可以通过综述或实证研究探讨在虚拟办公情境下三种团队形式的交集与差异，比如，对于技术和通信设备的使用存在什么相同与差异等，进而对虚拟办公情境下工作团队的研究进行整合；另一方面可以进一步探讨虚拟办公情境下三种团队形式相互转化的动态机理。

（二）拓展虚拟办公情境下团队领导研究

领导是团队成功的重要因素，虽然虚拟办公情境下团队领导的研究取得了一定的成果，但仍局限于传统的研究框架。已有研究缺乏对虚拟情境下独特团队领导力的关注，不利于虚拟情境下团队领导力的深入研究。未来研究可以关注适合虚拟团队实际情况的新型领导者，比如，屈晓倩和喜存虎（2022）认识到虚拟办公情境下的悖论式领导能解决虚拟办公中的特色问题，为虚拟办公情境下发展符合实际的团队领导力提供借鉴。

（三）探究中华优秀传统文化对虚拟办公情境下工作团队的影响

虽然学者已经关注到任务特征、团队虚拟性等边界条件的重要性，但缺乏对于文化情境的关注。虚拟办公起源于西方，相关理论更加适用于西方情境，缺乏对于中华优秀传统文化的关注。在虚拟办公情境下，工作团队在中国的发展应适应中华优秀传统文化，有学者将远程办公团队特征（数字化、分离性和灵活性）与中华优秀传统文化因素（家文化、差序格局、关系文化）结合，探讨其对于上下级信任关系的影响（李文莲、王友凤，2021）。未来，研究可以关注在中国情境下虚拟办公的特色因素，比如，具有中国特色的家长式领导如何发挥作用，或者可以对在中国传统等级思想影响下的团队成员与领导的关系进行拓展研究。

（四）延伸虚拟化工作团队的数字化效能研究

虚拟办公情境下工作团队的特征之一就是技术依赖，虽然学者关注到传播媒介或技术对虚拟办公的影响，但仅仅局限于单一的电子邮件、视频会议等沟通方式的探讨。而随着互联网技术的不断发展，组织团队变得更加网络化和虚拟化（赵曙明，2022），可同时采用远程办公团队、虚拟团队或 CMW 工作团队推动数字化转型（李磊，2021）。未来研究可以关注虚拟办公情境下工作团队对数字化转型的影响，比如，可以借助虚拟办公对技术的高度依赖激发技术研发部门创新，或者利用虚拟工作团队已形成的规模经济影响传统团队，提高企业整体数字化水平。

总之，组织行为学本身就是一门关注组织中人的心理与行为的学科，随着办公方式越来越虚拟化，工作团队也受到了影响，虚拟办公情境下工作团队具有传统 FTF 工作团队无法复制的特点，探讨其如何规避劣势和发挥优势，进而帮助成员、团队及组织可持续发展是本文综述的初衷。

参考文献

[1]顾琴轩,张冰钦．虚拟团队变革型和交易型领导对团队创造力的影响机理:共享领导视角[J]．中国人力资源开发,2017,377(11):6－16,107.

[2]霍伟伟,龚靖雅,李鲜苗,等．主动及被动模式下在线远程办公影响效果研究述评与展望[J]．中国人力资源开发,2020,37(8):6－21.

[3]李文莲,王友凤．影响远程办公上下级信任的中国情境:基于传统文化视角[J]．山东工商学院学报,2021,35(6):58－65.

[4]莫申江,谢小云．团队学习、交互记忆系统与团队绩效:基于 IMOI 范式的纵向追踪研究[J]．心理学报,2009,41(7):639－648.

[5]屈晓倩,喜存虎．虚拟团队领导力研究述评与未来展望[J]．领导科学,2022(8):62－68.

[6]王海江,宋学静,龙立荣,等．远程办公情境下如何提升上级的信任感和绩效评价:解释水平理论视角下电子沟通即时性的作用[J]．管理学季刊,2021,6(2):36－56,145－146.

[7]余璇,贺彬,刘美琳,等．人际关系视角下虚拟团队主动性人格对团队创造力的影响[J]．软科学,2022,36(2):116－121.

[8]BARSNESS Z I,DIEKMANN K A,SEIDEL M D L. Motivation and opportunity: the role of remote work,demographic dissimilarity,and social network centrality in impression management[J]. Academy of management journal,2005,48(3): 401－419.

[9]BARUCH Y. Teleworking: benefits and pitfalls as perceived by professionals and managers[J]. New technology,work and employment,2000,15(1): 34－49.

[10]BHAPPU A D,GRIFFITH T L,NORTHCRAFT G B. Media effects and

communication bias in diverse groups[J]. Organizational behavior and human decision processes,1997,70(3):199-205.

[11]BLANCHARD A L. The effects of COVID-19 on virtual working within online groups[J]. Group processes & intergroup relations,2021,24(2):290-296.

[12]BONET R,SALVADOR F. When the boss is away:manager-worker separation and worker performance in a multisite software maintenance organization[J]. Organization science,2017,28(2):244-261.

[13]BREUER C,HüFFMEIER J,HERTEL G. Does trust matter more in virtual teams? A meta-analysis of trust and team effectiveness considering virtuality and documentation as moderators[J]. Journal of applied psychology,2016,101(8):1151.

[14]CAPPEL J J,WINDSOR J C. Ethical decision making:a comparison of computer-supported and face-to-face group[J]. Journal of business ethics,2000(28):95-107.

[15]CASTELLANO S,CHANDAVIMOL K,KHELLADI I,et al. Impact of self-leadership and shared leadership on the performance of virtual R&D teams[J]. Journal of business research,2021(128):578-586.

[16]CHESHIN A,RAFAELI A,BOS N. Anger and happiness in virtual teams:emotional influences of text and behavior on others' affect in the absence of non-verbal cues[J]. Organizational behavior and human decision processes,2011,116(1):2-16.

[17]DAVISON R B,HOLLENBECK J R,BARNES C M,et al. Coordinated action in multiteam systems[J]. Journal of applied psychology,2012,97(4):808.

[18]DECHURCH L A,MESMER-MAGNUS J R,DOTY D. Moving beyond relationship and task conflict:toward a process-state perspective[J]. Journal of applied psychology,2013,98(4):559.

[19]DRISKELL J E,RADTKE P H,SALAS E. Virtual teams:effects of technological mediation on team performance[J]. Group dynamics:theory,research,and practice,2003,7(4):297.

[20]FULLER R M,DENNIS A R. Does fit matter? The impact of task-technology fit and appropriation on team performance in repeated tasks[J]. Information systems research,2009,20(1):2-17.

[21] GAJENDRAN R S, JOSHI A. Innovation in globally distributed teams: the role of LMX, communication frequency, and member influence on team decisions[J]. Journal of applied psychology, 2012, 97(6): 1252.

[22] GIBSON C B, GIBBS J L. Unpacking the concept of virtuality: the effects of geographic dispersion, electronic dependence, dynamic structure, and national diversity on team innovation[J]. Administrative science quarterly, 2006, 51(3): 451 - 495.

[23] GOLDEN T D, VEIGA J F. The impact of superior - subordinate relationships on the commitment, job satisfaction, and performance of virtual workers[J]. The leadership quarterly, 2008, 19(1): 77 - 88.

[24] GRIFFITH T L, SAWYER J E, NEALE M A. Virtualness and knowledge in teams: managing the love triangle of organizations, individuals, and information technology[J]. MIS quarterly, 2003, 27(2): 265 - 287.

[25] HACKMAN J R, MORRIS C G. Group tasks, group interaction process, and group performance effectiveness: a review and proposed integration[J]. Advances in experimental social psychology, 1975(8): 45 - 99.

[26] HAMBLEY L A, O'NEILL T A, KLINE T J B. Virtual team leadership: the effects of leadership style and communication medium on team interaction styles and outcomes[J]. Organizational behavior and human decision processes, 2007, 103(1): 1 - 20.

[27] HEDLUND J, ILGEN D R, HOLLENBECK J R. Decision accuracy in computer - mediated versus face - to - face decision - making teams[J]. Organizational behavior and human decision processes, 1998, 76(1): 30 - 47.

[28] HINDS P J, MORTENSEN M. Understanding conflict in geographically distributed teams: the moderating effects of shared identity, shared context, and spontaneous communication[J]. Organization science, 2005, 16(3): 290 - 307.

[29] HOCH J E, KOZLOWSKI S W J. Leading virtual teams: hierarchical leadership, structural supports, and shared team leadership[J]. Journal of applied psychology, 2014, 99(3): 390.

[30] HUANG R, KAHAI S, JESTICE R. The contingent effects of leadership on team collaboration in virtual teams[J]. Computers in human behavior, 2010, 26(5): 1098 - 1110.

[31] HUANG W W, WEI K K, WATSON R T, et al. Supporting virtual team - building with a GSS: an empirical investigation[J]. Decision support systems, 2003, 34(4): 359 - 367.

[32] KANAWATTANACHAI P, YOO Y. The impact of knowledge coordination on virtual team performance over time[J]. MIS quarterly, 2007, 31(4): 783 - 808.

[33] KLITMØLLER A, LAURING J. When global virtual teams share knowledge: media richness, cultural difference and language commonality[J]. Journal of world business, 2013, 48(3): 398 - 406.

[34] KRAUT R E, FUSSELL S R, BRENNAN S E, et al. Understanding effects of proximity on collaboration: implications for technologies to support remote collaborative work[M]. Cambridge, MA: MIT Press, 2002: 137 - 162.

[35] LARSON B Z, VROMAN S R, MAKARIUS E E. A guide to managing your (newly) remote workers[J]. Harvard business review, 2020, 18(2): 27 - 35.

[36] LEENDERS R T A J, VAN ENGELEN J M L, KRATZER J. Virtuality, communication, and new product team creativity: a social network perspective[J]. Journal of engineering and technology management, 2003, 20(1 - 2): 69 - 92.

[37] LEONARDI P M. Social media and the development of shared cognition: the roles of network expansion, content integration, and triggered recalling[J]. Organization science, 2018, 29(4): 547 - 568.

[38] LUREY J S, RAISINGHANI M S. An empirical study of best practices in virtual teams[J]. Information & management, 2001, 38(8): 523 - 544.

[39] MAGNI M, AHUJA M K, MARUPING L M. Distant but fair: intra - team justice climate and performance in dispersed teams[J]. Journal of management information systems, 2018, 35(4): 1031 - 1059.

[40] MALHOTRA A, MAJCHRZAK A. Enhancing performance of geographically distributed teams through targeted use of information and communication technologies [J]. Human relations, 2014, 67(4): 389 - 411.

[41] MARKS M A, MATHIEU J E, ZACCARO S J. A temporally based framework and taxonomy of team processes[J]. Academy of management review, 2001, 26 (3): 356 - 376.

[42] MARUPING L M, AGARWAL R. Managing team interpersonal processes

through technology: a task – technology fit perspective[J]. Journal of applied psychology,2004,89(6): 975.

[43]MARTINS L L,GILSON L L,MAYNARD M T. Virtual teams: what do we know and where do we go from here? [J]. Journal of management,2004,30(6): 805 – 835.

[44]MESMER – MAGNUS J R,DECHURCH L A,JIMENEZ – RODRIGUEZ M,et al. A meta – analytic investigation of virtuality and information sharing in teams [J]. Organizational behavior and human decision processes,2011,115(2): 214 – 225.

[45]MONTOYA M M,MASSEY A P,LOCKWOOD N S. 3D collaborative virtual environments: exploring the link between collaborative behaviors and team performance[J]. Decision sciences,2011,42(2): 451 – 476.

[46]MONTOYA – WEISS M M,MASSEY A P,SONG M. Getting it together: temporal coordination and conflict management in global virtual teams[J]. Academy of management journal,2001,44(6): 1251 – 1262.

[47]MUETHEL M,SIEBDRAT F,HOEGL M. When do we really need interpersonal trust in globally dispersed new product development teams? [J]. R&D management,2012,42(1): 31 – 46.

[48]O'LEARY M B,CUMMINGS J N. The spatial,temporal,and configurational characteristics of geographic dispersion in teams[J]. MIS quarterly,2007,31(3): 433 – 452.

[49]POSTMES T,SPEARS R,LEA M. The formation of group norms in computer – mediated communication[J]. Human communication research,2000,26(3): 341 – 371.

[50]QIN X,YAM K C,CHEN C,et al. Talking about COVID – 19 is positively associated with team cultural tightness: implications for team deviance and creativity [J]. Journal of applied psychology,2021,106(4): 530.

[51]RAGHURAM S,HILL N S,GIBBS J L,et al. Virtual work: bridging research clusters[J]. Academy of management annals,2019,13(1): 308 – 341.

[52]RAVEENDHRAN R,FAST N J. Humans judge,algorithms nudge: the psychology of behavior tracking acceptance[J]. Organizational behavior and human deci-

sion processes,2021(164):11 -26.

[53]RICE R E,LOVE G. Electronic emotion: socioemotional content in a computer - mediated communication network[J]. Communication research,1987,14(1): 85 -108.

[54]ROBERT J L P,DENNIS A R,AHUJA M K. Differences are different: examining the effects of communication media on the impacts of racial and gender diversity in decision - making teams[J]. Information systems research,2018,29(3): 525 -545.

[55]SHOCKLEY K M,ALLEN T D,DODD H,et al. Remote worker communication during COVID -19: the role of quantity,quality,and supervisor expectation - setting[J]. Journal of applied psychology,2021,106(10): 1466.

[56]SPROULL L,KIESLER S. Reducing social context cues: electronic mail in organizational communication[J]. Management science,1986,32(11): 1492 -1512.

[57]STRAUS S G,MCGRATH J E. Does the medium matter? The interaction of task type and technology on group performance and member reactions[J]. Journal of applied psychology,1994,79(1): 87.

[58]TIDWELL L C,WALTHER J B. Computer - mediated communication effects on disclosure,impressions,and interpersonal evaluations: getting to know one another a bit at a time[J]. Human communication research,2002,28(3): 317 -348.

[59]VAN ZOONEN W D,VESTAL A. Bridging the social chasm in geographically distributed R&D teams: the moderating effects of relational strength and status asymmetry on the novelty of team innovation[J]. Organization science,2015,26(3): 811 -829.

[60]VYAS L,BUTAKHIEO N. The impact of working from home during COVID - 19 on work and life domains: an exploratory study on Hong Kong[J]. Policy design and practice,2021,4(1): 59 -76.

[61]WALTHER J B,BUNZ U. The rules of virtual groups: trust,liking,and performance in computer - mediated communication[J]. Journal of communication, 2005,55(4): 828 -846.

[62]WEISBAND S P. Group discussion and first advocacy effects in computer - mediated and face - to - face decision making groups[J]. Organizational behavior and

human decision processes,1992,53(3): 352 –380.

[63]WIESENFELD B M,RAGHURAM S,GARUD R. Organizational identification among virtual workers: the role of need for affiliation and perceived work – based social support[J]. Journal of management,2001,27(2): 213 –229.

[64]WORKMAN M,KAHNWEILER W,BOMMER W. The effects of cognitive style and media richness on commitment to telework and virtual teams[J]. Journal of vocational behavior,2003,63(2): 199 –219.

[65]WU Y,ANTONE B,SRINIVAS A,et al. Teamwork in the time of COVID – 19: creating,dissolving,and reactivating network ties in response to a crisis[J]. Journal of applied psychology,2021,106(10): 1483.

[66]YANG S W,SOLTIS S M,ROSS J R,et al. Dormant tie reactivation as an affiliative coping response to stressors during the COVID – 19 crisis[J]. Journal of applied psychology,2021,106(4): 489.

[67]ZHENG X,NIEBERLE K W,BRAUN S,et al. Is someone looking over my shoulder? An investigation into supervisor monitoring variability, subordinates' daily felt trust, and well – being[J]. Journal of organizational behavior, 2023(44): 818 –837.

数字化背景下企业协作的研究进展和文献综述①

常　洁

摘要：随着数字经济的发展，数字化转型成为企业成功的关键，但在数字化过程中企业面临着许多挑战。企业要想实现数字化，就要通过整合内外部资源提高协作能力。尽管目前关于数字化背景下企业协作已有一定研究，但是仍缺乏对已有研究的综述整合，导致难以系统揭示数字化背景下企业进行协作的机制。因此，本文整理分析了已有的与数字化背景下企业协作相关的85篇文献，从企业内、外部进行综述。首先，梳理企业内部影响协作的因素、协作过程和结果；其次，对企业外部不同协作机制进行综合述评，构建数字化背景下企业协作研究现状相关的理论整合框架；最后，指出未来研究需要拓展的方向，以实现企业数字化转型和创新。

关键词：企业数字化；数字化背景下的协作

作者简介：常洁（2000—），四川泸州人，西北大学经济管理学院2022级企业管理专业硕士研究生。

---

① 本文由西北大学经济管理学院工商管理系蒿坡、谭乐老师共同指导完成。

一、引言

随着大数据、云计算、人工智能等技术的发展，企业积极进行数字化转型以适应不断变化的环境。2022 年，中国信息通信研究院发布的《全球数字经济白皮书（2022）》显示，2021 年测算的 47 个国家数字经济增加值规模占 GDP 比重为 45.0%，数字经济成为经济发展的重要组成部分。数字经济的迅猛发展，给企业带来了巨大的竞争和机遇。如何适应不断变化的环境，并通过数字化提高企业的核心竞争力是目前企业需要思考的重要问题。

数字技术的应用打破了已有的组织内外部界限，在为跨边界协作创造更大机遇的同时（戚聿东等，2020），也给企业带来了信息过载和竞争加剧等负面影响（曹勇等，2023）。由此产生的核心问题是：在数字化革命带来的重大挑战下，企业如何实现资源整合，促使企业内外部通过协作提高自身的竞争优势，实现企业的“基业长青”？

基于此，本文认为，在数字时代下，企业如何通过协作提高数字能力十分重要。虽然关于数字化的研究已十分丰富，并对数字化转型（龚雅娴，2022）、数字化创新（魏江等，2021）等进行了相关论述，但还没有相关论述系统阐述数字化背景下企业协作的原因、过程和结果。因此，有必要对数字化背景下企业协作进行进一步的综述，以便形成研究框架拓展理论和实践。

因此，本文总结了企业内外部数字化背景下协作的相关研究，通过在中国知网、Web of Science 等网站上对“企业数字化”“数字化背景下的协作”等相关关键词进行检索，并查找相关文献，从中筛选出企业内部有关不同层级和部门等利用数字化、企业外部通过数字机制等实现协作的文献，最终得到 85 篇文献，以便进一步分析和整合。本文首先通过对收集的文献进行分析，构建了一个企业内外部数字化背景下协作的理论框架；其次通过领导力行为、内部协作模式、开放悖论问题和数字化伦理问题进行了未来研究的展望；最后通过对已有的数字化背景下企业协作文献进行整理和归纳，厘清数字化背景下企业协作的理论框架，剖析企业内外部协作的异同，明确企业内部不同部门、层级和企业外部不同主体如何实现数字化背景下的协作，为未来研究提供理论借鉴和实践意义，加快企业数字化进程。

二、数字化背景下企业协作概念内涵及形式

数字化背景下企业协作，是指通过技术手段实现多个组织或个体间远程实时的同步协作（刘朝阳，2000）。与数字化背景下的协同、合作不同之处在于，数字化背景下企业协作关注企业内外部部门、层级和各主体，而数字化背景下的协同、合作则强调企业外部通过数字技术打通各主体间战略机制等的协同和合作（李振东等，2022；孙国强等，2021）。数字化背景下企业协作主要体现企业内部各部门和层级中，以及企业外部不同主体的协作，企业内外部数字化对比如表 1 所示。

表 1　企业内外部数字化对比

数字化背景下企业协作	相同点		不同点	
	影响因素和机制	效果	主体	目标
企业内部	数字技术、领导力和平台化都会产生影响	有利于企业数字化转型、创新，增强企业组织韧性	不同部门、层级，协作团队规模小	共同实现企业最大利益
企业外部			不同利益相关者，协作团队规模大	各利益相关者为了实现各自利益而联合

（一）相同点

1. 影响因素和机制

通过对已有研究的总结和分析，本文发现数字化背景下企业内部协

作和外部协作都能通过数字技术、领导力和平台化实现。企业通过数字技术和平台化实现了组织内部各部门、各层级，以及组织外价值链中各主体之间的沟通交流和资源共享，进而提高了彼此间的协作效率。同样地，通过发挥领导职能作用，从认知到行为促使企业内外部进行协作，实现共同目标。

2. 效果

已有研究分析发现，通过数字技术等手段的作用，企业中不同部门、企业外不同利益主体之间能够进行更好的分工协作和信息、知识共享，加强不同环节的数字化连接，促进企业数字化转型和创新（王冰等，2021）。目前，关于数字化背景下企业外部协作对组织韧性作用的研究还很少，但已有研究发现企业内部协作能够连接不同部门和层级，提高企业应对危机的能力，在企业外部，主体也能通过数字化背景下的协作提高多样化资源耦合程度，增强企业组织韧性。

（二）不同点

1. 主体

通过对已有研究的分析，本文发现数字化背景下企业内部协作和外部协作在主体方面存在差异。在企业内部，协作主体是不同部门、层级，协作团队规模较小；而在企业外部，协作主体是不同利益相关者，包括企业、学校、机构等，协作团队规模更大。

2. 目标

企业是一个整体，其内部各部门间数字化下的协作主要服务于组织层面的最高目标，因而在协作过程中更注重不同部门的相互配合和协调，部门团队更容易为了企业的最大利益而退让。而在企业外部，不同利益相关者都是为了实现各自的最大利益，在协作过程中容易出现某些主体享受利益却不共享技术、信息等现象，产生“搭便车”行为（Carmelo，2019）。因此，企业需要思考如何在开放的过程中维持自己的核心竞争优势，并通过开放过程实现企业自身的创新性发展。

三、数字化背景下企业协作相关研究现状

在数字化背景下，企业内部和外部都存在数字化下的协作。在企业内部，利用数字化能够实现不同部门间的沟通和交互；在企业外部，数字化能够加强组织间利益相关者的合作共赢，实现协同共生。因此，本文综述了企业内部影响因素、过程和结果与企业外部数字化下影响机制的协作模式。

（一）数字化背景下企业内部协作

通过总结和整理，本文发现数字化背景下企业协作涵盖了输入—过程—输出三个方面，因此，本文以 IPO 模型为基础，探讨其影响因素、协作过程和协作结果。

1. 影响因素

数字化背景下企业内部协作影响因素，主要包括数字技术、领导因素和平台化。

（1）数字技术

数字技术能够发挥不同作用，促进企业数字化下的协作。①沟通和信息交流。在数字化赋能下，数字技术能消除地理差异带来的时空障碍（Fjeldstad et al.，2012；欧阳桃花等，2023），促进员工间直接沟通和信息交流（池毛毛等，2020），促进流程快速流转（肖静华等，2021），促进跨职能和部门的协同与决策。②技术能力和服务。数字技术提升研发生产部门的互联网服务能力，增进不同部门的互动交流（韩先锋等，2019），实现数字技术下的知识获取、团队协作（于文浩等，2023）和资源共享（张骁等，2019）。③协同共生。陈春花等（2022）发现，数字技术能够进行无限连接从而促进组织内不同部门和组织外各企业的协

同共生。

（2）领导因素

同时，数字化背景下的领导者也能提高企业协作能力。研究发现，具有数字化领导力的管理者能为企业内部协作发挥不同作用。①提供条件。领导者通过在企业内部为员工打造更加开放、创新的环境和授予领导权力（段柯，2020），为不同部门协作提供良好条件。②发挥数字技术作用。蔡聪裕（2021）发现，领导者能够发挥数字技术的作用，加强不同部门和人员的沟通，提高协作和决策效率。③统筹监督。Tim 等（2019）发现，领导者需要统筹企业内部数字化情况，扩大跨学科团队职能作用的同时监督部门协作。

（3）平台化

此外，平台化也在当中发挥重要作用。①促进资源共享。平台化组织架构可以消除不同部门的数据隔阂，构建畅通的横向和纵向流程（陈一华等，2021），实现信息的及时性、高效性和便利性（孙新波等，2022），促进企业各部门之间在标准、产品等资源方面的共享（郭润萍等，2021），同时避免各自为政和重复建设带来的低效、浪费（魏江等，2021），提高了部门间协作效率。②加强分工。数字平台的应用能促进不同元组织的数字化分工，有利于实现不同团队的协作（李春利等，2021）。

2. 协作过程

除了数字化背景下企业协作的影响因素外，还有研究探讨了协作过程是如何展开的，主要包括协作焦点和协作方式。

（1）协作焦点

一是以数字部门为中心。在数字化进程中，部分企业会成立数字化部门负责组织变革（欧阳桃花等，2012），并发挥其不同作用。①牵头作用。姬珅（2023）提出，企业需要设置数字化金融部门，引导其他部门进行数字化转型。②串联作用。各部门能通过数字部门进行连接，发挥该部门的作用（Fredrik et al.，2017），促进各部门协同（张帆，2022）。③资源共享。通过数字化部门的串联，不同部门能协调运营（钱雨等，2021），实现信息在组织层级和跨部门中的快速传播（陈冬梅等，2020）。④标准化。Urbinati 等（2020）发现，数字化部门能标准化数字技术，其余部门通过该技术提高彼此的协作效率。

二是各部门分散职能。此外，部分企业还将数字化职能分散到各部门实现数字化。在数字化背景下，数字产品和技术的实时反馈支持分布式但高度集成的协作模式（Porter et al.，2015），以往部门间界限更加模糊，需要采取完全连续的和迭代的方式实现协作（Brock et al.，2020；Dremel et al.，2017）。

已有研究对不同职能部门进行了探讨。李庭等（2023）发现，企业通过智慧财务管理共享体系将财务部门和其他部门联系起来，从而提升整体工作绩效。陈同扬等（2022）发现，通过人力资源数据可视化能将本部门的信息公开，让各部门了解其服务能力，进而给予支持。

（2）协作方式

一是垂直协作。除了数字化职能集中程度外，不少研究还探讨了企业内部协作方式。研究发现，企业数字化能够协调不同层次人员（刘政等，2020），从而达到控制质量的目的（程莉雅等，2022）。已有研究从不同视角探讨了数字化背景下的垂直协作。①经营管理模式角度。薛锐等（2022）发现，阿米巴模式通过对业务流程进行数字化重塑，增强部门和上下级间沟通有效性，提高沟通和协作效率。②生态系统角度。孙新波等（2022）发现，在数字化转型过程中，组织中的生态系统会打破各层级的信息不对称，促进协作而获取生态优势。

二是水平协作。钱雨等（2021）发现，数字化背景下需要更加灵活的组织结构，传统“自上而下”的层级结构与当前数字化情境不匹配，需要向水平模式转变，来消除组织中的层级阻碍和部门隔阂，促进部门的协作（戚聿东等，2020）。

3. 协作结果

已有研究表明，数字化背景下，企业内部各部门和层级协作，有利于企业数字化转型和创新，加强组织韧性。

（1）数字化转型

已有研究发现，数字化背景下的协作能够促使企业数字化转型。通过数字技术的作用，企业不同部门能分工协作，有利于各环节相互连接（王春英等，2023）和跨部门资源整合，进而实现数字化转型。

此外，还有研究从不同视角进行了阐述。①过程视角。张培等（2021）发现，企业能利用数字感知、获取和转化三个方面能力的过渡实现企业数字化转型（钱晶晶等，2021）。②战略演化视角。王冰等（2021）发现，企业从组织结构和权力的分离、调整，到组织内数字化创新，再到跨组织的外部协同，能提高组织内外部协作，实现数字化转型。

（2）数字化创新

通过数字化转型能实现企业数字化创新。数字化转型克服地理分布、层级等带来的信息传递失真和困难问题，加强信息沟通和知识共享（杜勇等，2022），促进企业内部信息的更新，提高管理效率（付剑茹等，2022），促进各部门之间的协同创新（花俊国等，2022）。此外，技术也会使企业数字化创新进程加快（鞠志萍，2006），在技术的支持下，业务与技术进行交互，进而促进创新。

（3）组织韧性

数字化背景下的协作不仅能实现企业数字化转型和创新，还能强化组织韧性。单宇等（2021）发现，企业数字化将不同部门、层级连接起来，聚合组织间不同业务单元，整合关键数据和数字资产，筛选有价值的数据和匹配客户，提高企业应对危机的能力，强化组织韧性（孟韬等，2023）。

（二）数字化背景下企业外部协作

除了内部协作外，企业外部也存在不同主体的协作。由于现有文献并没有系统阐述不同主体协作的前因，本文综述了数字化背景下企业外部协作的不同中介机制以阐述其协作关系，主要包括平台、生态、领导、价值共创和协同共生五个机制。

1. 平台机制

企业构建数字平台，能够促使高效协调机制的建立，减少双边不确定性和模糊性，规范协作行为（Falco et al.，2017），同时将与企业相关的价值主体纳入平台进行协作（彭本红等，2021），促使相关价值链主体相互联系（Rong et al.，2013；Wei et al.，2022），减少流通环节，提高各环节的协作质量和效率（Hilbolling et al.，2020），释放平台网络价值。此外，Boudreau（2010）发现，授予进入平台的权限和对平台本身加以控制，对创新有不同影响。

2. 生态机制

随着数字经济发展和环境不确定性的增加，平台化逐渐演变为生态化。Kalle 等（2016）研究发现，数字技术能够降低通信成本，整合资源，形成创新生态系统，将多边市场中各类主体纳入企业生态（Ron，2017；Jacobides et al.，2018），通过开放和多元化的外部合作形式帮助研发，建立合作共赢的战略，促进开放式创新（Warner et al.，2019）。但是，Carmelo 等（2019）发现，当平台系统成熟，且竞争加剧时，成员对满足用户需求的贡献存在更大的差异，进而导致部分企业的“搭便车”行为（Thomas，2008），只追求自身利益的最大化。

此外，技术也能够促进生态机制实现。在数字化背景下，数字技术的应用加快了数字技术平台的形成（Vial，2019），将企业价值链中的用户、其他企业联系起来（Hanelt et al.，2021；Murray et al.，2021），使企业价值链的上下游关系转变为在开放环境中的互动伙伴关系（Yoo et al.，2010）。

3. 领导机制

已有研究发现，领导者能够将企业与外部各主体联系起来加强协作关系。例如，段柯（2020）认为，领导者需要在企业外部捕捉潜在的发展机会，并与企业价值链中其他利益相关者建立潜在联系，形成外部网络关系（Dong et al.，2021），通过外部环境的不同节点向企业传递数字环境的信息，增加企业的数字资产。

4. 价值共创机制

在数字经济驱动下，企业需要进行跨界并向外界获取资源（王琳等，2022），通过技术共享、股权投资等方式和多方面领先优势（李先军，2023），实现组织间的价值共创（张明超等，2021；彭正银等，2019）。已有研究还从不同角度探讨了价值共创的作用。①运营管理框架角度。陈剑等（2020）认为，在数字化背景下，传统的垂直供应链结构和职能部门之间的界限被颠覆和打破，企业价值链中的各个主体能共同参与各个环节，实现价值共创。②模块化角度。郑帅等（2022）发现，通过模块化架构连接创新生态系统中的价值主体，能够使主体间同步，提升企业创新绩效。③战略角度。Hansen 等（2015）发现，通过全渠道战略能集成来自企业上下游的信息和知识，推动企业数字化转型。

5. 协同共生机制

已有研究发现，协同共生机制也会实现企业外部协作。李振东等（2022）从协同创新角度探究了组织的发展逻辑，认为在数字化情境下需要将企业、用户、政府等机构进行战略交互，促使各方能够为共同愿景协作共生。相反地，赵红等（2004）发现，只有与同类企业个体共生才能实现资源共享，提高企业生存概率。

综上所述，企业通过数字技术、领导因素和平台化实现企业内部各部门、层级之间的沟通交流，并表现出不同的协作焦点和协作方式，形成不同的协作结果；同时，通过平台、生态、领导、价值共创和协同共生机制加强不同企业之间的连接互通、资源共享，最终从内外部实现企业数字化，如图1所示。

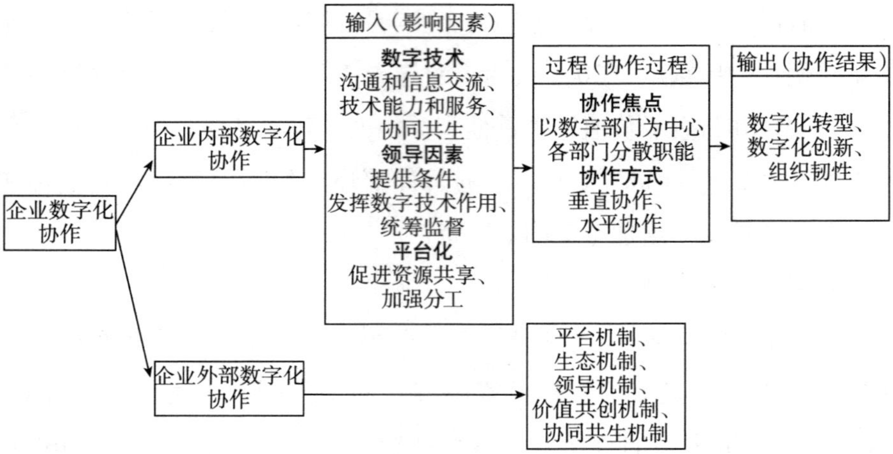

图1　数字化背景下企业协作研究

四、未来研究方向

随着数字经济的快速发展，数字化背景下的企业协作研究取得了一定成果，但仍存在以下不足之处：第一，关于企业数字化情境下领导如何发挥作用，以及如何通过领导特质、行为实现数字化协作的研究还存在一定缺失；第二，已有研究关注到企业会通过不同形式聚焦或分散数字职能来实现数字化协作，但并未探讨其形成原因、适用情境和作用效果；第三，已有研究注意到企业存在开放悖论问题，但并未提出解决措施和办法；第四，目前实践中存在一些数字化背景下的协作伦理问题，理论研究还未给予更多关注。可见，关于数字化背景下企业协作主题还有待更深一步的探讨，因此本文从以下四个方面进行展望。

（一）领导力行为

关于数字化背景下的领导力行为研究较少，更多关注数字化情境下，领导者能够提供协作环境、发挥数字技术作用促进不同部门之间的协作（姚小涛等，2022）。但是，对于领导者如何在其中发挥作用的机制还未进行深入探讨。同时，领导者特质、行为也会影响团队间协作。目前，已有研究关注到数字化情境下可适用的悖论式领导（蔡文著等，2022），未来可以拓展不同的领导者（如共享型领导）、不同的领导行为（如变革行为、领导成员交换等）如何在企业数字化情境下促进协作。

（二）内部协作模式

已有研究发现，企业会设立数字化部门或分散数字化职能促进各部门实现数字化（欧阳桃花等，2012），并探讨了其优势。但是，设立数字化部门可能导致数字化职能与其余部门的脱离，分散数字化职能也可能使各部门进度不一，难以实现总体数字化。现有研究并没有探讨哪种方式更有利于数字化背景下的企业协作，以及不同情境下是否需要采取不同的数字化实现形式，未来还需要进一步探讨。

（三）开放悖论

企业通过平台和生态系统能够将企业价值链和生态中的各个相关利益主体纳入网络，通过信息、技术共享和资源耦合实现深度合作（Ron，2017）。然而，开放式平台可能也会出现某些主体的“搭便车”行为（Carmelo et al.，2019）。但是，已有研究仅仅表明了企业开放平台会出现“双刃剑”问题，并没有探究如何在开放过程中避免信息、资源等过于共享带来的泄露问题，未来需要进一步探讨如何减缓企业开放系统导致的消极影响，提升企业间的信任度。

（四）数字化伦理

除了数字化带来的好处外，企业为了实现协作采取的“监控员工电脑”等行为也会给员工带来消极影响（于菲，2015）。但是，目前研究并没有提出有效办法保证企业员工、各部门和层级在利用数字技术进行协作的同时，减少技术带来的对员工隐私等侵犯，未来需要进一步研究。

总之，在企业进行数字化的过程中，需要从企业内外部进行协作。因此，企业如何在数字化背景下进行协作，以及如何给企业带来长远利益是本文进行研究综述的意义和初衷。

参考文献

[1]戚聿东，肖旭．数字经济时代的企业管理变革[J]．管理世界，2020，36(6)：135－152，250.

[2]曹勇，东志纯，陈炳轩，等．企业数字化边界跨越研究：现状、理论框架与展望[J/OL]．情报杂志，2023(8)：129－134.

[3]陈春花，朱丽，刘超，等．协同共生论：数字时代的新管理范式[J]．外国经济与管理，2022，44(1)：68－83.

[4]龚雅娴．企业数字化转型：文献综述与研究展望[J]．产经评论，2022，13(1)：40－47.

[5]魏江，刘嘉玲，刘洋．新组织情境下创新战略理论新趋势和新问题[J]．管理世界，2021，37(7)：13，182－197.

[6]刘朝阳．数字化协作的时代[J]．互联网周刊，2000(35)：38.

[7]杨绪红，汪文忠，王晓舟，等．企业数字化管理的理论架构与实践[J]．数量经济技术经济研究，2003(8)：98－101.

[8]许丕盛．数字化时代：企业管理新挑战[J]．企业管理，2001(2)：84－85.

[9]毛荐其，刘娜，陈雷．技术共生机理研究：一个共生理论的解释框架[J]．自然辩证法研究，2011，27(6)：36－41.

[10]欧阳桃花，丁玲，郭瑞杰．组织边界跨越与IT能力的协同演化：海尔信息系统案例[J]．中国工业经济，2012，297(12)：128－140.

[11]池毛毛,叶丁菱,王俊晶,等. 我国中小制造企业如何提升新产品开发绩效:基于数字化赋能的视角[J]. 南开管理评论,2020,23(3):63-75.

[12]肖静华,吴小龙,谢康,等. 信息技术驱动中国制造转型升级:美的智能制造跨越式战略变革纵向案例研究[J]. 管理世界,2021,37(3):161-179,225.

[13]韩先锋,宋文飞,李勃昕. 互联网能成为中国区域创新效率提升的新动能吗[J]. 中国工业经济,2019,376(7):119-136.

[14]于文浩,何佳绮,巩园园,等. 工作场所学习的数字化转型:关键行动与变革路径[J]. 现代远程教育研究,2023,35(2):40-47.

[15]李海舰,田跃新,李文杰. 互联网思维与传统企业再造[J]. 中国工业经济,2014,319(10):135-146.

[16]张骁,吴琴,余欣. 互联网时代企业跨界颠覆式创新的逻辑[J]. 中国工业经济,2019,372(3):156-174.

[17]段柯. 数字时代领导力的维度特征与提升路径[J]. 领导科学,2020,777(16):60-62.

[18]姚小涛,亓晖,刘琳琳,等. 企业数字化转型:再认识与再出发[J]. 西安交通大学学报(社会科学版),2022,42(3):1-9.

[19]蔡聪裕. 数字化转型期领导者的"无力感"表征、领导力诊断及其提升策略[J]. 领导科学,2021,800(15):55-59.

[20]陈一华,张振刚,黄璐. 制造企业数字赋能商业模式创新的机制与路径[J]. 管理学报,2021,18(5):731-740.

[21]孙新波,马慧敏,何建笃,等. 平台型企业价值创造机理及演化案例研究[J]. 管理学报,2022,19(6):801-810.

[22]郭润萍,韩梦圆,邵婷婷,等. 生态视角下数字化转型企业的机会开发机理:基于海尔和苏宁的双案例研究[J]. 外国经济与管理,2021,43(9):43-67.

[23]李春利,高良谋,安岗. 数字平台组织的本质及演进:基于分工视角[J]. 产经评论,2021,12(6):134-147.

[24]姬珅. 数字化背景下应用型人力资源专业模式思考[J]. 中国集体经济,2023,741(13):90-93.

[25]张帆. 我国中小企业数字化转型与商业模式创新研究[J]. 商业经济,2022(6):139-141.

[26]钱雨,孙新波. 数字商业模式设计:企业数字化转型与商业模式创新

案例研究[J]. 管理评论,2021,33(11):67－83.

[27]陈冬梅,王俐珍,陈安霓. 数字化与战略管理理论:回顾、挑战与展望[J]. 管理世界,2020,36(5):20,220－236.

[28]李庭,刘广鹏,付佳枫,等. 数字化转型下智慧财务管理共享体系建设研究[J]. 中国市场,2023,1144(9):196－198.

[29]陈同扬,贺文静,李婉青. 数字化时代的人力资源管理与数字化人力资源管理系统辨析[J]. 科技管理研究,2022,42(22):130－136.

[30]欧阳桃花,曹鑫. 推动企业技术创新能力和创新主体地位:基于数字化资源视角[J]. 北京航空航天大学学报(社会科学版),2023,36(2):115－123.

[31]程莉雅,胡秀群. 企业数字化发展驱动下的内部控制质量提升效应研究[J]. 现代管理科学,2022,337(6):111－119.

[32]薛锐,袁隽. 数字化赋能阿米巴经营管理体系探讨[J]. 财务与会计,2022,667(19):75－76.

[33]孙新波,李祎祯. 企业数字化转型研究:组织效能的视角[J]. 企业经济,2022,41(11):28－38.

[34]单宇,许晖,周连喜,等. 数智赋能:危机情境下组织韧性如何形成:基于林清轩转危为机的探索性案例研究[J]. 管理世界,2021,37(3):7,84－104.

[35]刘政,姚雨秀,张国胜,等. 企业数字化、专用知识与组织授权[J]. 中国工业经济,2020,390(9):156－174.

[36]王春英,陈宏民. 制造业企业进行数字化转型的动因和路径研究:基于上海电气集团的案例分析[J]. 当代经济管理,2023,45(5):43－49.

[37]张培,张苗苗. 动态能力视角下制造企业数字化转型路径:基于步科公司的案例研究[J]. 管理学季刊,2021,6(2):79－100,149－150.

[38]钱晶晶,何筠. 传统企业动态能力构建与数字化转型的机理研究[J]. 中国软科学,2021,366(6):135－143.

[39]王冰,毛基业. 传统企业如何通过内部创业实现数字化转型:基于资源匹配的战略演化视角[J]. 管理评论,2021,33(11):43－53.

[40]杜勇,娄靖. 数字化转型对企业升级的影响及溢出效应[J]. 中南财经政法大学学报,2022,254(5):119－133.

[41]付剑茹,王可. 企业数字化发展何以促进创新[J]. 产业经济评论,2022,52(5):51－69.

[42]花俊国,刘畅,朱迪．数字化转型、融资约束与企业全要素生产率[J]．南方金融,2022,551(7):54－65.

[43]鞠志萍．信息化促进企业管理创新[J]．改革与战略,2006(3):133－134.

[44]孟韬,李琦,赵非非,等．数字服务化战略如何影响企业绩效:基于组织韧性视角[J]．科学决策,2023,307(2):1－17.

[45]彭本红,黄倩倩,郑田．智能制造开放式创新平台战略异质性研究:基于扎根理论双案例视角[J]．科技进步与对策,2021,38(10):75－84.

[46]李先军．数字经济驱动大中小企业融通发展:机制、模式与路径[J]．当代财经,2023,461(4):3－14.

[47]王琳,陈志军,崔子钰．数字化转型下知识耦合如何重构组织边界:基于创业警觉的认知逻辑[J/OL]．南开管理评论,2022:1－17[2023－07－25]. https://www.doc88.com/p－41299280815410.html.

[48]张明超,孙新波,王永霞．数据赋能驱动精益生产创新内在机理的案例研究[J]．南开管理评论,2021,24(3):102－116.

[49]陈剑,黄朔,刘运辉．从赋能到使能:数字化环境下的企业运营管理[J]．管理世界,2020,36(2):117－128,222.

[50]郑帅,王海军．数字化转型何以影响枢纽企业创新绩效:基于模块化视角的实证研究[J]．科研管理,2022,43(11):73－82.

[51]彭正银,黄晓芬,隋杰．跨组织联结网络、信息治理能力与创新绩效[J]．南开管理评论,2019,22(4):187－198.

[52]李振东,张冬冬,朱子钦,等．数字化情境下的协同创新:理论框架与研究展望[J]．科学学与科学技术管理,2022,43(8):47－65.

[53]赵红,陈绍愿,陈荣秋．生态智慧型企业共生体行为方式及其共生经济效益[J]．中国管理科学,2004(6):131－137.

[54]蔡文著,周南．悖论式领导如何影响员工创造力[J]．当代财经,2022,454(9):87－99.

[55]于菲．工作场所电子监控与个人隐私权保护问题研究[J]．商,2015(4):215.

[56]孙国强,李腾．数字经济背景下企业网络数字化转型路径研究[J]．科学学与科学技术管理,2021,42(1):128－145.

[57]ADNER R. Ecosystem as structure: an actionable construct for strategy

[J]. Journal of management,2017,43(1): 39 - 58.

[58] BOUDREAU K. Open platform strategies and innovation: granting access vs. devolving control[J]. Management science,2010,56(10): 1849 - 1872.

[59] BROCK K, DEN OUDEN E, LANGERAK F, et al. Front end transfers of digital innovations in a hybrid agile - stage - gate setting[J]. Journal of product innovation management,2020,37(6): 506 - 527.

[60] CENNAMO C, SANTALÓ J. Generativity tension and value creation in platform ecosystems[J]. Organization science,2019,30(3): 617 - 641.

[61] DONG J Q, GÖTZ S J. Project leaders as boundary spanners in open source software development: a resource dependence perspective[J]. Information systems journal,2021,31(5): 672 - 694.

[62] DREMEL C, WULF J, HERTERICH M M, et al. How AUDI AG established big data analytics in its digital transformation[J]. MIS quarterly executive,2017,16(2):81 - 100.

[63] EISENMANN T R. Managing proprietary and shared platforms[J]. California management review,2008,50(4): 31 - 53.

[64] ESPOSITO DE FALCO S, RENZI A, ORLANDO B, et al. Open collaborative innovation and digital platforms[J]. Production planning & control,2017,28(16): 1344 - 1353.

[65] FJELDSTAD Ø D, SNOW C C, MILES R E, et al. The architecture of collaboration[J]. Strategic management journal,2012,33(6): 734 - 750.

[66] FOUNTAINE T, MCCARTHY B, SALEH T. Building the AI - powered organization[J]. Harvard business review,2019,97(4): 62 - 73.

[67] GREGORY VIAL. Understanding digital transformation: a review and a research agenda[J]. Journal of strategic information systems,2019,28(2) :118 - 144.

[68] HANELT A, BOHNSACK R, MARZ D, et al. A systematic review of the literature on digital transformation: insights and implications for strategy and organizational change[J]. Journal of management studies,2021,58(5): 1159 - 1197.

[69] HANSEN R, SIA S K. Hummel's digital transformation toward omnichannel retailing: key lessons learned[J]. MIS quarterly executive,2015,14(2):1 - 2.

[70] HILBOLLING S, BERENDS H, DEKEN F, et al. Complementors as connec-

tors: managing open innovation around digital product platforms[J]. R&d management,2020,50(1): 18 –30.

[71]JACOBIDES M G,CENNAMO C,GAWER A. Towards a theory of ecosystems[J]. Strategic management journal,2018,39(8): 2255 –2276.

[72]KE RONG,YONG LIN,YONGJIANG SHI, et al. Linking business ecosystem lifecycle with platform strategy: a triple view of technology,application and organisation [J]. International journal of technology management,2013,62(1): 75 –94.

[73]LI L,SU F,ZHANG W, et al. Digital transformation by SME entrepreneurs: a capability perspective[J]. Information systems journal,2018,28(6):1129 –1157.

[74]LYYTINEN K,YOO Y,BOLAND JR R J. Digital product innovation within four classes of innovation networks[J]. Information systems journal,2016,26(1): 47 –75.

[75]MURRAY A,KUBAN S,JOSEFY M, et al. Contracting in the smart era: the implications of blockchain and decentralized autonomous organizations for contracting and corporate governance[J]. Academy of management perspectives,2021,35(4): 622 –641.

[76]NYLÉN D,HOLMSTRÖM J. Digital innovation strategy: a framework for diagnosing and improving digital product and service innovation[J]. Business horizons,2015,58(1): 57 –67.

[77] PORTER M E,HEPPELMANN J E. How smart, connected products are transforming companies[J]. Harvard business review,2015,93(10): 96 –114.

[78]SINGH A,HESS T. How chief digital officers promote the digital transformation of their companies[J]. MIS quarterly executive,2017,16(1):1 –17.

[79]SMITH P,BERETTA M. The gordian knot of practicing digital transformation: coping with emergent paradoxes in ambidextrous organizing structures[J]. Journal of product innovation management,2021,38(1): 166 –191.

[80]SVAHN F,MATHIASSEN L,LINDGREN R. Embracing digital innovation in incumbent firms[J]. MIS quarterly,2017,41(1): 239 –254.

[81]URBINATI A,CHIARONI D,CHIESA V, et al. The role of digital technologies in open innovation processes: an exploratory multiple case study analysis [J]. R&D management,2020,50(1): 136 –160.

[82] WARNER K S R, WÄGER M. Building dynamic capabilities for digital transformation: an ongoing process of strategic renewal [J]. Long range planning, 2019, 52(3): 326 - 349.

[83] WEI R, VIZE R, GEIGER S. Boundary resource interactions in solution networks [J]. European journal of marketing, 2022, 56(2): 532 - 561.

[84] YOO Y, HENFRIDSSON O, LYYTINEN K. Research commentary—the new organizing logic of digital innovation: an agenda for information systems research [J]. Information systems research, 2010, 21(4): 724 - 735.

团队韧性研究现状、热点及趋势

——基于 VOSviewer 的可视化分析①

陈思慧

摘要： 近年来，团队韧性在业界和学术界备受关注。团队韧性，即团队作为一个集体抵御逆境并从中恢复的能力。目前，团队韧性相关研究呈现碎片化的特点，且缺乏系统量化综述。因此，本文以 Web of Science 核心合集数据库中与团队韧性研究密切相关的 84 篇文献数据为样本，运用 VOSviewer 软件对团队韧性研究的基本现状、热点及趋势进行可视化分析，以期为未来研究提供研究基础。结果显示：①学者大致从能力、过程和涌现状态三个视角对团队韧性的内涵进行分析；②团队韧性研究包括五个热点话题，即团队韧性对团队绩效的影响研究、团队韧性的影响因素研究、疫情背景下医疗团队的韧性发展研究、团队韧性与个体韧性的跨层次研究、运动团队的韧性发展研究；③团队韧性研究可分为三个阶段，即 2009—2013 年、2014—2019 年、2020—2023 年。最后、本文探讨了团队韧性研究的未来方

---

① 本文由谭乐老师指导完成。谭乐，西北大学经济管理学院副教授，硕士研究生导师，研究方向为领导科学、组织行为与人力资源管理，E-mail：lawwye@163.com。基金项目：教育部人文社会科学研究规划基金项目“悖论式领导的前因及对适应性绩效的多重影响机制研究”（项目编号：19YJA630064）；陕西省社会科学基金项目“数字化准备度对陕西制造业企业组织韧性的影响研究”（项目编号：2022R309）。

向，以期推动团队韧性的研究。

关键词：团队韧性；文献计量；VOSviewer

作者简介：陈思慧（2000—），陕西安康人，西北大学经济管理学院2021级企业管理专业硕士研究生。

一、引言

在日益脆弱、焦虑、非线性和费解的（BANI）环境下，工作场所中的员工和团队可能会遇到从慢性压力源（例如，满足团队工作截止日期的压力、集体疲劳和角色超载）到急性冲击（例如，虚拟团队会议期间的技术故障和团队成员之间的激烈争论）等各种不利情况（Stoverink et al.，2020）。在面对危机时，个人和团队的表现对组织效率提升至关重要（Chapman et al.，2021）。相较于其他类型的组织结构，团队被认为在抵御风险和危机方面更胜一筹，因此成为企业的首选组织形式（Stuart and Moore，2017）。组织目标的实现更多取决于团队成员作为一个集体抵抗、反弹或从逆境中恢复的能力（Chapman et al.，2021），这种能力被称为“团队韧性”（West et al.，2009）。因此，工作场所中的团队韧性成为近年来学者关注的热点话题。

目前，关于团队韧性的研究还处于起步阶段，已有研究主要集中在团队韧性的概念、影响因素和作用结果以及对一些特定团队的韧性发展问题等方面。首先，团队韧性的内涵及测量尚未统一，主要包括能力、过程和涌现状态三个研究视角。其次，团队韧性的影响因素众多（如领导与积极情绪），并且团队韧性被认为会带来非常明确、积极的后效（如团队绩效）。最后，一些特定类型的团队（如医疗团队和运动团队），经常会面临一些独特的挑战，因此，这类团队的韧性发展显得尤为重要，也引起了一些学者的针对性探讨。

为了综合这一新兴的概念，一些学者对组织环境中的团队韧性研究进行了系统回顾。Hartwig等（2020）提出了一个团队韧性的多层次概念模型，阐明了团队韧性的概念性质及其与个体韧性的关系。Chapman等（2021）对团队韧性的定义、测量和方法问题做出了评述。但这两篇综述文献都缺乏对团队韧性实证研究的系统概述。Hartmann等（2021）对韧性的已有实证研究进行了综述，但主要集中于个体韧性的已有研究，对团队韧性的已有研究涵盖得并不全面。由此可见，已有研究综述存在两个问题：一是尚存进一步补充的空间，尤其近三年来团队韧性文献数量增长较多，应在综述中体现团队韧性最新的研究成果及方向；二是已有研究综述以定性研究为主，具有一定的主观性，而量化研究综述能够更加客观地呈现该领域的研究情况。因此，有必要对团队韧性进行系统化的量化综述研究。

鉴于此，为了全面探究团队韧性的研究情况，本文结合文献计量和可视化的方法，运用VOSviewer软件分析了Web of Science核心合集数据库中与团队韧性研究密切相关的84篇文献。首先，通过发文量和高被引文献分析团队韧性研究的基本现状；其次，通过关键词共现网络图谱分析团队韧性的研究热点，并基于其在时间上的演变分析团队韧性的研究趋势；最后，通过梳理团队韧性研究十年来的基本现状和研究热点及趋势，指出未来研究的方向，以期为未来研究者提供研究基础。

二、团队韧性的概念及测量

目前，虽然学术界对于团队韧性的概念及测量尚未形成一个高度统一的标准，但大致可以从能力、过程、涌现状态三个视角将学者对团队韧性的概念界定进行归类，如表1所示。

表1　团队韧性的概念归纳

视角	代表学者	团队韧性概念
能力	West 等（2009）	是指团队从失败、挫折、冲突或可能遇到的任何其他健康威胁中恢复过来的能力
	Stephens 等（2013）	是指团队吸收来自这些挑战的压力的能力，使团队不仅能恢复到正常水平，而且能从逆境中学习和成长，变得比以前更强大
	McEwen 和 Boyd（2018）	是指一组员工管理日常工作压力并保持健康、适应变化以及积极应对未来工作挑战的能力
	Stoverink 等（2020）	是指团队从逆境中恢复过来的能力
过程	Morgan 等（2013）	是指一种动态的社会心理过程，可以保护一群人免受他们遇到的压力源的潜在负面影响，包括团队成员在遇到逆境时利用个人和集体资源积极适应的过程
	King 等（2023）	是指一组团队层面的过程——预期、应对和学习在某些条件下，这些过程可以支持团队相互依赖地工作，以恢复或超越逆境前的表现水平
涌现状态	Carmeli 等（2013）	是指一个团队相信其可以应对压力，以及团队应对、恢复和积极适应逆境的能力
	Bowers 等（2017）	是一种“二阶”的涌现状态，这种涌现状态实际上是团队中其他涌现状态的结果
	Hartmann 等（2021）	是团队的一种涌现状态，被定义为“团队的属性，这些属性在本质上通常是动态的，并且随着环境、输入、过程和结果的变化而变化”

学者对于团队韧性内涵理解的主流观点，首先是将其定义为团队应对逆境并从逆境中恢复的能力；其次是将其定义为管理逆境和适应干扰的团队过程，强调韧性的动态性；最后是将其描述为一种涌现状态，源于适应性团队过程并且可能由其他团队状态组合而成。总的来说，团队韧性的研究视角既各有侧重点，又有共通点。首先，这些定义都有一个潜在的前提，即逆境的存在是团队韧性形成和发展的前提。其次，关于团队韧性的定义大多数涉及三个要素：对逆境的积极适应、韧性的动态性和持续的团队生存能力（Meneghel et al.，2016），分别表现为具有高

韧性水平的团队能够通过适应性过程从破坏性事件中恢复过来，并表现出顽强的意志和积极的态度（McEwen and Boyd，2018）；团队在应对逆境过程中做出的是持续性预测和连续性调整，而不是针对某种挑战做出的一次性努力（Vera et al.，2017）；团队韧性的结果是更强的团队生存能力和更高的团队绩效（Meneghel et al.，2016）。

另外，与团队韧性内涵相对应的是团队韧性的测量。在能力视角下，典型代表是 West 等（2009）借鉴心理资本测量量表（Luthans et al.,2007）中关于韧性的部分开发了团队韧性测量的 3 维度 6 题项量表，认为坚定地接受现实、坚强的信念以及适应重大变化的能力是团队韧性的核心构成要素。在过程视角下，典型代表是 Morgan 等（2013）提出的团队韧性 4 个主要维度——掌握方法、社会资本、群体结构和集体效能，以及 12 个子维度——形式结构、群体规范和价值观、沟通渠道、学习导向、有效的行为反应、变化管理、群体识别、社会支持、亲社会互动、过去经验、群体凝聚力、社会说服力。在涌现状态视角下，典型代表是 Carmeli 等（2013）提出的 2 维度 6 题项量表，团队韧性可以从韧性有效信念和韧性适应能力两个方面衡量。

综上所述，学者对于团队韧性内涵、维度及测量的理解和探究的侧重点有所不同，而后续研究也是根据研究问题选择不同的研究视角切入。

三、研究方法与数据来源

（一）研究方法

本文采用文献回顾与文献计量学相结合的方法，运用 VOSviewer 软件对样本文献进行可视化分析。首先，根据 Web of Science 核心合集数据库中样本文献的引文报告对发文量和高被引文献进行分析，直观展示了团队韧性研究领域的基本现状。其次，运用 VOSviewer 软件对团队韧性的核心文献进行关键词共现分析，总结了团队韧性的研究热点。最后，运用 VOSviewer 当中的 Overlay Visualization 功能分析了团队韧性研究在时间上的演变趋势。

（二）数据来源

为了保证数据的全面性与权威性，本文的数据源来自 Web of Science 核心合集数据库。首先，对数据进行收集。为了将文献搜索限制在与工作场所团队韧性密切相关的文献，本文将两组关键词组合在一起，在检索过程中使用字段标记“TS”（主题）搜索题名、摘要和关键词，最终将检索表达式确定为：与“工作团队”相关的检索词 + 与“韧性”相关的检索词，即 TS = （work × team）AND TS = （resilience OR resiliency OR resilient）。其次，对数据进行初步筛选。①数据源选择 Web of Science 核心合集数据库，以确保包含团队韧性研究领域的主流期刊文献；②文献类型选择“Article”；③文献语种选择“English”；④检索文献的时间跨度为2001 年1 月1 日至2023 年6 月11 日（检索时间为2023 年6 月 11 日）。经过初步检索，共得到 1086 篇文献，其中包含了与团队韧性研究无关的大量文献。最后，对数据进行再次筛选。基于对文献标题和摘要的进一步阅读，判断“是否属于团队韧性研究领域”以及“是否以团队韧性为研究对象”，将符合标准的文献进行保留，以确保文献与团队韧性研究主题的密切性。经过再次筛选，最终保留了 2009—2023 年有效文献 84 篇。

四、研究现状分析

（一）发文量

从 Web of Science 核心合集数据库筛选的 84 篇样本文献年度分布见图 1。首先，从样本文献的数量来看，团队韧性的核心文献数量有限。由此可见，团队韧性的研究尚处于起步阶段。其次，团队韧性这一研究主题自2009年开始兴起，可见这一研究主题在近10年才开始被探索。最后，团队韧性在Web of Science核心合集数据库中的文献数量基本呈上升趋势，尤其在2020—2022年发文数量稳步上升，分别为14篇、17篇、19篇（2020—2022年文献数量占2009—2022年文献数量的63%），且有望在2023年进一步增长。可见，团队韧性是近年来的研究热点话题。

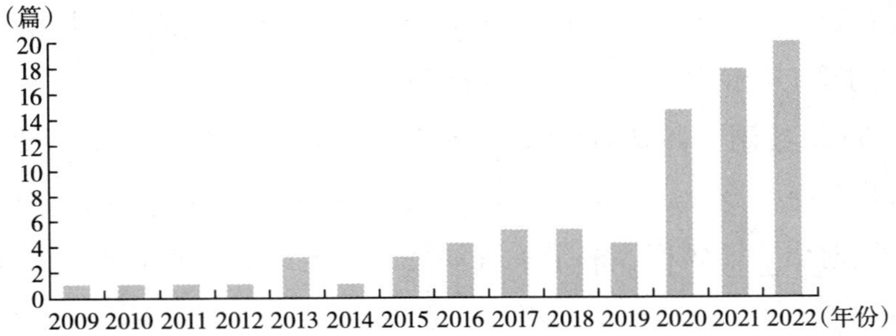

图1　团队韧性 Web of Science 核心合集数据库文献量的年度分布

资料来源：Web of Science核心合集数据库样本文献引文报告。

（二）高被引文献

在本文所选84篇样本文献中，被引次数排名前三的文献分别是Morgan等（2013）、Stephens等（2013）和West等（2009）的研究，通过这几篇高被引文献我们可以对团队韧性研究的基础文献有一个初步了解。Morgan等（2013）的研究是被引用次数最高的，研究将团队韧性定义为一种过程，并确定了团队韧性的4个主要维度，可以称为团队韧性研究在过程视角下的奠基之作。被引次数排名第二的是Stephens等（2013）的研究，他们认为人际关系中的情感表达是解释韧性的关键机制，为团队韧性的影响因素研究奠定了基础。被引次数排名第三的是West等（2009）的研究，其是团队韧性内涵探究中能力视角的典型代表，也是样本文献中最早的一篇，在团队韧性研究领域中地位显著。总之，这几篇文献是团队韧性研究的基石。

五、研究热点分析

研究热点通过 VOSviewer 中的关键词共现分析来呈现。本文选取的 84 篇样本文献共涉及 403 个关键词，出现频次为 2 次及以上的高频关键词有 86 个，排除“model”“work”等对研究主题没有实质性意义的关键词以及“team resilience”“resilience”等直接体现所处学术领域的关键词后，最终得到 44 个有效高频关键词。以此为基础，本文运用 VOSviewer 绘制了团队韧性研究关键词共现网络图谱，如图 2 所示。图 2 中，每个点代表一个关键词，点的大小表明在样本文献中与其他关键词同时出现的频率，两个关键词之间的连线表示它们在一篇文章中共现。

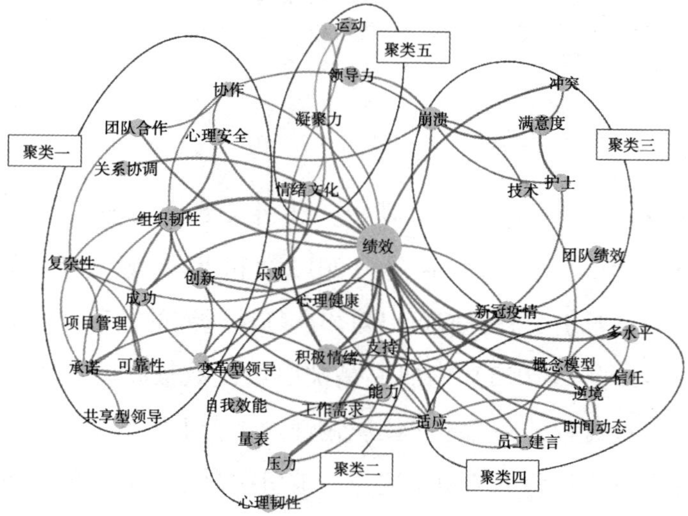

图 2　团队韧性研究关键词共现网络图谱

由图 2 可知，团队韧性研究中，有效高频关键词被分为 5 个聚类，呈现了团队韧性研究的 5 个热点：团队韧性对团队绩效的影响研究、团队韧性的影响因素研究、疫情背景下医疗团队的韧性发展研究、团队韧性与个体韧性的跨层次研究、运动团队的韧性发展研究。

（一）聚类一：团队韧性对团队绩效的影响研究

聚类一中的最大频次关键词是“performance”（绩效），还包括“success”（成功）、“innovation”（创新）等其他关键词，呈现的是“团队韧性对团队绩效的影响研究”。团队韧性被认为会带来明确的积极后效，众多研究都提出并检验了团队韧性对团队绩效的积极影响（Wang et al.，2023；Cheng et al.，2023；Chen and Zhang，2021）。而这一关系可以通过以下几点进行解释：首先，在面对意外情况和挑战时，具有较高弹性的团队会提出替代方案，并尝试用新的方案解决问题（Stephens et al.，2013），更有可能对逆境做出更灵活和适应性的反应；其次，高韧性团队倾向于将挫折作为挑战或成长的机会（Carmeli et al.,2013），在逆境中学习和提高（Alliger et al.，2015），这些从逆境中获得的知识反过来会提高团队绩效；最后，韧性团队在逆境中更易保持积极乐观的态度，能够更快从负面情境中恢复，较少受到潜在破坏性影响，其业绩将更易提高或较少受影响（West et al.，2009）。除团队绩效之外，团队韧性还会给团队层面带来一些积极结果，包括团队有效性（Dimas et al.，2018）、团队创造力（Fan et al.，2021）和团队学习（Brykman and King，2021）等。

总之，团队韧性能够带来各种积极效应，尤其与团队绩效联系紧密，对团队和组织的发展都至关重要。

（二）聚类二：团队韧性的影响因素研究

聚类二中的最大频次关键词是“positive emotions”（积极情绪），还包括“transformational leadership”（变革型领导）等其他关键词，呈现的是“团队韧性的影响因素研究”。团队韧性的影响因素诸多，其中，领导和积极情绪是受到关注最多的两个。首先，领导作为团队中的核心人物，可以为团队定下基调，刺激或阻碍团队中韧性行为的发展（Alliger et al.，2015），被认为是提高团队韧性水平的关键杠杆（Kozlowski and Ilgen，2006）。例如，变革型领导（Dimas et al.，2018）、共享型领导（Salas – Vallina et al.，2022）以及领导者的一些个人特质（Karlsen and Berg，2020）均被认为与团队韧性联系紧密。其次，积极的情绪体验可能会改善工作压力和集体压力源的负面影响，并且随着时间的推移，它可能通过团队成员的互动进一步构建集体资源，是增强团队韧性的重要因素之一（Meneghel et al.，2016；Hartmann et al.，2021）。Stephens 等（2013）的研究表明，在团队中更多地表达情绪（不论是积极情绪还是消极情绪），并以建设性或者有助于改善团队行为的方式表达出来，能够使团队在遇到挫折后更有效地应对。最后，团队信任（Pavez et al.，2021）、意义建构（Talat and Riaz，2020）、团队合作（Vera et al.，2017）等也被认为是团队韧性的重要影响因素。

总之，团队韧性的影响因素诸多，为在实践中“如何促进团队韧性的发展”提供了理论指导。

（三）聚类三：疫情背景下医疗团队的韧性发展研究

聚类三中的最大频次关键词是“burnout”（崩溃），还包括“COVID – 19”（新冠疫情）、“nurses”（护士）等其他关键词，呈现的是“疫情背景下医疗团队的韧性发展研究”。2020 年，新冠疫情的暴发给全球人民生命安全带来了严重威胁，面对这样的重大公共卫生危机事件，医疗团队承受着前所未有的压力和挑战，此时医疗团队的韧性能力就显得尤为重要，也因此引发了诸多学者的关注。例如，Reyes 等（2021）的研究指出了在新冠疫情流行期间能够帮助医疗团队保持效率的六种有效领导行为。此外，护理癌症患者的团队在临床上也会面临许多困难，这些困难因疫情而加剧，因此在疫情背景下韧性是癌症护理团队的关键资源。有研究探讨了如何通过干预促进癌症护理的韧性发展，研究结果分别表明了基于团队反身性活动的多组分干预（multi - component intervention）（Tremblay et al.，2022）和20世纪90年代首次在法国卫生系统中实施的参与式干预（participatory intervene）（Chênevert et al.，2022）都是能有效提升团队韧性水平的方式。

总之，医疗团队经常需要与增加的任务复杂性和患者数量作斗争，而疫情期间这一情况更加突出，因此，医疗团队往往需要具备较高的韧性水平以应对这些困难和挑战。

（四）聚类四：团队韧性与个体韧性的跨层次研究

聚类四中的最大频次关键词是“multilevel”（多水平），还包括“employee voice”（员工建言）、“conceptual - model”（概念模型）等其他关键词，呈现的是“团队韧性与个体韧性的跨层次研究”。学者对不同层面的韧性关系进行了探究，主要集中于“个体—团队”之间韧性关系层面。研究人员基本认同，团队韧性并不等同于个体韧性的集合（Alliger et al.，2015；Bowers et al.，2017），但团队拥有韧性强的成员可能是一种优势（Stoverink et al.，2020）。Hamsal等（2022）的研究就证实了个人韧性对团队韧性的积极影响，Hendrikx等（2022）的研究也表明了有能力应对和克服逆境的个人将营造积极影响其团队整体韧性的良好环境。但Hendrikx等（2022）的研究还显示了团队韧性不能完全通过个体韧性来解释，还包括其他个体、背景和团队层面因素的影响。反过来，团队韧性对个体韧性可能存在一个反向的跨水平效应，团队韧性可以作为团队成员个人韧性的一种资源，从而使团队成员更具韧性（Hartwig et al.，2020）。

总之，个体韧性和团队韧性之间可能存在相互交叉的影响。其中，团队韧性对个体韧性的积极效应较为明确，但个体韧性对团队韧性是否具有积极影响还有待进一步探究，甚至有学者认为团队中个体韧性的平均水平较高可能会降低团队韧性，因为团队成员可能只关注个人的应对能力而忽视团队整体的韧性能力（Hartwig et al.，2020）。

（五）聚类五：运动团队的韧性发展研究

聚类五中的最大频次关键词是“sport”（运动），还包括“leadership”（领导力）等其他关键词，呈现的是“运动团队的韧性发展研究”。运动团队通常会面临一些复杂和独特的挑战，如不利的天气、复杂的设备等（King et al.，2023），因此运动团队的韧性发展也是学者关注的一个热点。在运动团队的韧性发展研究中，Morgan 和其同事的几项研究是该领域研究的基础和代表。Morgan 等（2013）首先将团队弹性定义为一个动态的社会心理过程，并确定了精英运动队的四个主要韧性特征；Morgan 等（2015）又揭示了支撑团队韧性的五个主要社会心理过程，并且这一结果被 Sarkar 和 Page（2022）再次证实；Morgan 等（2019）探讨了高水平运动队中促进团队韧性发展的心理社会因素和策略，研究结果揭示了团队韧性发展的五个类别。此外，Kegelaers 等（2020）还探讨了如何在准备国际比赛时培养团队的韧性以及教练在其中如何发挥作用。结果表明，在比赛中，团队韧性可以表现为集体韧性态度和强有力的共同领导，同时避免沟通中断、领导失败和无法灵活适应，而教练应该通过预测挫折、使用计划策略应对中断以及从经验中学习，战略性地培养韧性。

总之，运动团队的韧性发展主要受到一些社会心理因素的影响，如社会认同、积极心态等，而教练作为运动团队的领导人，可以采取一些行动促进团队的韧性发展，如展示变革型领导行为、鼓励团队成员、培养团队认同感等。

六、研究趋势分析

本文使用 VOSviewer 当中的 Overlay Visualization 功能分析了团队韧

性研究在时间上的演变趋势，如图3所示。在图3中，深灰色代表相对久远的研究热点，浅灰色则代表刚刚兴起的研究热点，由此可以看出，团队韧性的研究兴起时间比较晚，且近几年的研究居多。基于时间网络图谱和文献回顾，本文发现团队韧性研究大致经历了三个阶段。

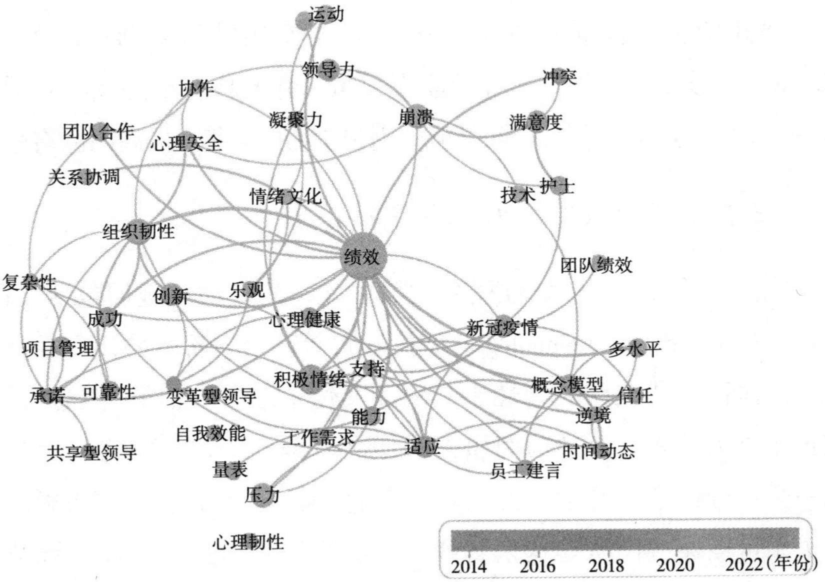

图3　团队韧性研究关键词共现时间网络图谱

（一）第一阶段：2009—2013年

在第一阶段，韧性在团队层面上的表现刚开始受到学者的关注，其关键词在图3中体现不明显。这一阶段的研究主要集中于团队韧性的内涵探讨，并开始出现研究视角的分歧，例如，West等（2009）提出了团队韧性研究的能力视角、Morgan等（2013）提出了韧性研究的过程视角、Carmeli等（2013）提出了韧性研究的涌现状态视角。虽然这一阶段的文献数量较为稀少，但这几篇研究在后续团队韧性的研究中引用频次较高，是后续研究的奠基之作。

（二）第二阶段：2014—2019 年

在第二阶段，团队韧性开始受到越来越多的关注，研究的关键词包括“performance”（绩效）、“transformational leadership”（变革型领导）等。这一阶段进一步延续和发展了第一阶段学者对团队韧性的内涵探究，并开始关注团队韧性的影响因素及作用结果。例如，Dimas 等（2018）延续了团队韧性研究的能力视角，并发现变革型领导是促进团队韧性发展的重要因素，同时团队韧性的发展有利于提高团队有效性。

（三）第三阶段：2020—2023 年

在第三阶段，团队韧性受到大量关注，研究的关键词包括“multi-level”（多水平）、“technology”（技术）等。这一阶段的研究虽然延续了第二阶段“探究团队韧性影响因素及作用结果”的研究热点，但研究模型更为深入和复杂。例如，Talat 和 Riaz（2020）构建了团队韧性的一个综合模型，研究发现了团队意义建构对团队韧性的积极影响，这一关系可以通过团队建构来解释，并受到任务相互依赖性的调节。此外，这一阶段开始关注一些特殊团队的韧性发展问题。例如，Stoverink 等（2020）探究了如何建构虚拟团队韧性，并提出了四项关键资源以及相关的领导者行动。总的来说，这一阶段的研究相对更为复杂，也为未来对特殊团队的韧性探究奠定了基础。

七、结论与展望

（一）主要结论

本文使用文献计量的方法，运用 VOSviewer 软件可视化分析来自 Web of Science 核心合集数据库的 84 篇英文样本文献。通过发文量和高被引文献分析发现，团队韧性的研究现状可以概括为：自 2009 年兴起，在2020—2023年受到大量关注，其中，Morgan等（2013）、Stephens等（2013）及West等（2009）的研究在该领域占据权威地位。通过关键词共现分析发现，团队韧性研究有五个热点：团队韧性对团队绩效的影响研究、团队韧性的影响因素研究、疫情背景下医疗团队的韧性发展研究、团队韧性与个体韧性的跨层次研究、运动团队的韧性发展研究。通过对团队韧性研究问题在时间上的演变趋势分析发现，团队韧性研究大致经历了三个阶段：第一阶段（2009—2013年），主要集中于团队韧性的内涵探究；第二阶段（2014—2019年），在深化内涵研究的基础上集中关注团队韧性的影响因素及作用结果；第三阶段（2020—2023年），在拓展团队韧性的影响因素及作用结果研究的同时开始关注一些特殊团队的韧性发展。

（二）未来展望

通过对10余年来团队韧性相关文献的定量分析，本文展示了团队韧性研究的基本现状、热点及趋势。虽然近年来团队韧性研究受到越来越多的关注，但该领域的研究仍不成熟，呈现出碎片化的特点，因此，有待在未来研究中进一步探索。具体来说，未来研究可以从以下几个方面深入。

1. 完善团队韧性的概念与测量

目前，关于团队韧性的概念尚未达成共识，学者分别从能力、过程和涌现状态等视角分析团队韧性的内涵，对团队韧性的操作化也未形成统一标准，甚至存在操作化与内涵不对应的情况。比如，Sharma等（2016）将团队韧性定义为“团队/群体在不利条件下反弹和维持的能力”，但在开发量表时以Morgan等（2013）在过程观视角下对团队韧性的测量为基础。此外，West等（2009）对团队韧性的定义属于能力观视角下的典型，但其在测量上借鉴的是心理资本测量量表（Luthans et al.，2007）中关于韧性的部分；而Luthans等（2007）强调的韧性是一种动态心理状态，更契合过程观视角下的团队韧性。因此，未来研究应进一步明确团队韧性的内涵，并在测量上与其相契合，以提高研究的信效度。

2. 关注数智化情境下的团队韧性

随着信息技术的发展和数智化进程的不断推进，团队在数智化情境下面临越来越多的挑战，这对团队应对危机的能力提出了更高要求。因此，未来研究应多关注如何在数智化情境下提升团队的韧性水平。对技术使用的高度依赖是数智化的一种典型表现，与技术相关的因素势必会对团队韧性发展产生影响，因此，未来研究可以从此处进行探讨。例如，Cheng 等（2023）针对性地探究了信息系统开发团队的韧性发展问题，研究表明，技术资本包括完善的有形基础设施资源等，对于团队能否从冲击干扰中恢复并有效地继续开发工作至关重要。此外，虚拟团队的日益发展也是数智化的一种表现。“虚拟”表现在团队成员之间由技术中介沟通以及团队成员地理位置分散性等多个方面，这些虚拟特征导致虚拟团队面临相较于面对面团队更多且更复杂的挑战。因此，韧性对于虚拟团队而言更是一项重要资产（Männistö，2018），未来研究应更多关注虚拟团队的韧性建构问题。总的来说，团队韧性的未来研究应更多关注与数智化相关的因素，为在数智化情境下发展团队韧性的实践提供指导。

3. 探究日常事件对团队韧性的影响

学者对团队韧性的内涵分析都包含了一个潜在前提，即逆境的存在是团队韧性形成和发展的前提。因此，对于团队韧性的研究通常聚焦于重大逆境事件上，而很少有学者关注到通过平凡但关键的事件也能促进团队韧性的发展。团队通常需要同时管理外部和内部的逆境，这表明团队韧性研究应该涵盖压力的两个来源，并且这两个来源通常是相互关联的（King et al.，2023）。团队应对内部日常逆境事件的能力是团队韧性的一部分，可以称为“内在韧性”（Kuntz et al.，2016）。Degbey 和 Einola（2020）的研究表明，对团队中平凡但关键事件的不同应对机制可能使团队在韧性建设方面走上截然不同的道路。通过非危机环境积极增强韧性，不仅保障了对重大逆境的积极适应，还有助于应对机制的持续改进（Degbey and Einola，2020；Kuntz et al. ，2016）。因此，团队韧性的未来研究应该更加关注如何将韧性内化，有意识地通过日常事件培养团队的韧性能力，使团队无论是面对普通事件还是重大逆境事件，都能有效处理和应对。

4. 进一步完善和丰富相关研究设计

在团队韧性这一研究领域中，实证研究相对匮乏，且通过问卷调查收集横截面的数据来支撑结论的做法仍然是主流，未来研究应尝试通过其他研究方法扩展当前研究成果，如实验法、纵向研究法以及扎根、案例研究等质性方法。这些多元化的方法已被应用于研究团队韧性的不同问题，例如，Karlsen 和 Berg（2020）通过案例研究发现了有助于提升团队韧性的领导者个人特质，King 等（2023）开发了一种独特的视频观察技术以探索国际游艇赛车队的韧性如何随着时间的推移展开。因此，未来应采用更多实证与实验相结合、质性与量化互补的方法开展研究，以获取更加稳健和更具普适性的研究结论，并用以指导促进团队韧性发展方面的管理实践。

另外，本文存在一定的局限性：样本文献来源于 Web of Science 核心合集数据库中的英文文献，未能涉及其他语言的研究。因此，本文的结论可能不够全面和精准。未来，研究可拓展语言类别及文献来源，为团队韧性研究的深度探索奠定基础。

参考文献

[1] ALLIGER G M, CERASOLI C P, TANNENBAUM S I, et al. Team resilience: how teams flourish under pressure[J]. Organizational dynamics, 2015, 44 (3): 176 - 184.

[2]BOWERS C,KREUTZER C,CANNON – BOWERS J,et al. Team resilience as a second – order emergent state: a theoretical model and research directions[J]. Frontiers in psychology,2017(8): 1360.

[3]BRYKMAN K M,KING D D. A resource model of team resilience capacity and learning[J]. Group & organization management,2021,46(4): 737 –772.

[4]CARMELI A,FRIEDMAN Y,TISHLER A. Cultivating a resilient top management team: the importance of relational connections and strategic decision comprehensiveness[J]. Safety science,2013,51(1): 148 –159.

[5]CHAPMAN M T,TEMBY P,CRANE M,et al. Team resilience emergence: perspectives and experiences of military personnel selected for elite military training [J]. European journal of social psychology,2021,51(6): 951 –968.

[6]CHEN Y,ZHANG Y. Fostering resilience in new venture teams: the role of behavioral and affective integration[J]. Group & organization management,2021,46 (4): 773 –816.

[7]CHÊNEVERT D,BROWN T L,POMEY M P,et al. Investigating a participatory intervention in multidisciplinary cancer care teams using an integrative organizational model: a study protocol[J]. Frontiers in psychology,2022(13): 798863.

[8]CHENG K T,HSU J S C,LI Y,et al. Intellectual capital and team resilience capability of information system development project teams[J]. Information & management,2023,60(1): 103722.

[9]DEGBEY W Y,EINOLA K. Resilience in virtual teams: developing the capacity to bounce back[J]. Applied psychology,2020,69(4): 1301 –1337.

[10]DIMAS I D,REBELO T,LOURENÇO P R,et al. Bouncing back from setbacks: on the mediating role of team resilience in the relationship between transformational leadership and team effectiveness[J]. The journal of psychology,2018,152 (6): 358 –372.

[11]HAMSAL M,DWIDIENAWATI D,ICHSAN M,et al. Multi – perspective approach to building team resilience in project management—a case study in indonesia [J]. Sustainability,2022,14(20): 13137.

[12]HARTMANN S,WEISS M,HOEGL M,et al. How does an emotional culture of joy cultivate team resilience? A sociocognitive perspective[J]. Journal of or-

ganizational behavior,2021,42(3):313 -331.

[13]HARTWIG A,CLARKE S,JOHNSON S,et al. Workplace team resilience: a systematic review and conceptual development[J]. Organizational psychology review,2020,10(3 -4):169 -200.

[14]HENDRIKX I E M,VERMEULEN S C G,WIENTJENS V L W,et al. Is team resilience more than the sum of its parts? A quantitative study on emergency healthcare teams during the COVID -19 pandemic[J]. International journal of environmental research and public health,2022,19(12):6968.

[15]KARLSEN J T,BERG M E. A study of the influence of project managers' signature strengths on project team resilience[J]. Team performance management: an international journal,2020,26(3/4):247 -262.

[16]KEGELAERS J,WYLLEMAN P,BLIJLEVENS S,et al. A coaches' perspectives on team resilience during major international competition[J]. International journal of sport psychology,2020,51(3):221 -246.

[17]KING E,BRANICKI L,NORBURY K,et al. Navigating team resilience: a video observation of an elite yacht racing crew[J]. Applied psychology,2023: 1 -27.

[18]KOZLOWSKI S W J,ILGEN D R. Enhancing the effectiveness of work groups and teams[J]. Psychological science in the public interest,2006,7(3):77 -124.

[19]KUNTZ J R C,NÄSWALL K,MALINEN S. Resilient employees in resilient organizations: flourishing beyond adversity[J]. Industrial and organizational psychology,2016,9(2):456 -462.

[20]LUTHANS F,AVOLIO B J,AVEY J B,et al. Positive psychological capital: measurement and relationship with performance and satisfaction[J]. Personnel psychology,2007,60(3):541 -572.

[21]MÄNNISTÖ J. Leading a team through challenges: resilience in virtual teams[D]. Oulu:University of Oulu,2018.

[22]MARKS M A,MATHIEU J E,ZACCARO S J. A temporally based framework and taxonomy of team processes[J]. Academy of management review,2001,26(3):356 -376.

[23]MCEWEN K,BOYD C M. A measure of team resilience: developing the resilience at work team scale[J]. Journal of occupational and environmental medicine,

2018,60(3): 258 -272.

[24]MENEGHEL I,MARTÍNEZ I M,SALANOVA M. Job - related antecedents of team resilience and improved team performance[J]. Personnel review,2016,45(3):505 -522.

[25]MORGAN P B C,FLETCHER D,SARKAR M. Defining and characterizing team resilience in elite sport[J]. Psychology of sport and exercise,2013,14(4): 549 -559.

[26]MORGAN P B C,FLETCHER D,SARKAR M. Developing team resilience: a season - long study of psychosocial enablers and strategies in a high - level sports team[J]. Psychology of sport and exercise,2019(45): 101543.

[27]MORGAN P B C,FLETCHER D,SARKAR M. Understanding team resilience in the world's best athletes: a case study of a rugby union world cup winning team[J]. Psychology of sport and exercise,2015(16): 91 -100.

[28]PAVEZ I,GÓMEZ H,LAULIÉ L,et al. Project team resilience: the effect of group potency and interpersonal trust[J]. International journal of project management,2021,39(6): 697 -708.

[29]REYES D L,BISBEY T,DAY D,et al. Translating 6 key insights from research on leadership and management in times of crisis[J]. BMJ leader,2021,5(4): 291 -294.

[30]SALAS - VALLINA A,ROFCANIN Y,LAS HERAS M. Building resilience and performance in turbulent times: the influence of shared leadership and passion at work across levels[J]. BRQ business research quarterly,2022,25(1): 8 -27.

[31]SARKAR M,PAGE A E. Developing individual and team resilience in elite sport: research to practice[J]. Journal of sport psychology in action,2022,13(1): 40 -53.

[32]SHARMA S,SHARMA S K. Team resilience: scale development and validation[J]. Vision,2016,20(1): 37 -53.

[33]STEPHENS J P,HEAPHY E D,CARMELI A,et al. Relationship quality and virtuousness: emotional carrying capacity as a source of individual and team resilience[J]. The journal of applied behavioral science,2013,49(1): 13 -41.

[34]STOVERINK A C,KIRKMAN B L,MISTRY S,et al. Bouncing back to-

gether: toward a theoretical model of work team resilience[J]. Academy of management review,2020,45(2): 395 -422.

[35]STUART H C,MOORE C. Shady characters: the implications of illicit organizational roles for resilient team performance[J]. Academy of management journal, 2017,60(5): 1963 -1985.

[36]TALAT A,RIAZ Z. An integrated model of team resilience: exploring the roles of team sensemaking,team bricolage and task interdependence[J]. Personnel review,2020,49(9): 2007 -2033.

[37]TREMBLAY D,TOUATI N,KILPATRICK K,et al. Building resilience in oncology teams: protocol for a realist evaluation of multiple cases[J]. Plos one,2022, 17(5): e0268393.

[38]VERA M,RODRÍGUEZ - SÁNCHEZ A M,SALANOVA M. May the force be with you: looking for resources that build team resilience[J]. Journal of workplace behavioral health,2017,32(2): 119 -138.

[39]WANG Z,LIANG Q,YAN Z,et al. The association between team resilience and team performance in nurses during COVID - 19 pandemic: a network analysis [J]. BMC nursing,2023,22(1): 54.

[40]WEST B J,PATERA J L,CARSTEN M K. Team level positivity: investigating positive psychological capacities and team level outcomes[J]. Journal of organizational behavior,2009,30(2): 249 -267.

数字化应用范围与企业成长

——双元学习与开放式创新的中介作用①

马钊佳

摘要： 数字经济背景下，数字化发展对企业来说至关重要。本文基于知识基础观，探究了数字化应用范围对企业成长的影响及相关机制，借助双元学习理论和开放式创新理论，分析了数字化应用范围对企业成长影响的中介机制，并探讨了恶性竞争对中介机制的调节作用。基于对234名企业中高层管理者的问卷调查数据，运用SPSS 24.0和Mplus 8.3软件进行数据分析，结果表明：数字化应用范围与企业成长正相关；双元学习和开放式创新在数字化应用范围与企业成长的关系中起中介作用，数字化应用范围可以通过双元学习和开放式创新促进企业成长；恶性竞争对双元学习中介效应的前端起正向调节作用，对开放式创新的中介效应不存在显著调节作用。本文基于知识管理的视角，深入分析数字化对企业成长的作用机制，补充了数字化的绩效结果研究，为实践中的企业数字化转型举措提供参考。

关键词： 数字化转型；双元学习；开放式创新

作者简介： 马钊佳（1998—），山西运城人，西北大学经济管理学

---

① 本文由张洁老师指导完成。张洁，西北大学经济管理学院副教授，博士研究生导师，研究方向：动态环境中企业战略选择、公司创新创业管理。

院 2021 级企业管理专业硕士研究生。

一、引言

随着数字技术的迅速发展，数字化转型成为企业保持可持续竞争优势的必由之路。学者针对企业数字化转型带来的影响进行了许多探讨。一方面，学者关注数字化转型的绩效结果，发现在数字化转型进程中，数字化相关能力的构建对企业的创新绩效、经济绩效（Smania et al.，2022）、客户绩效（Wielgos et al.，2021）、非财务绩效（Khin and Ho，2018）等都有积极的影响。另一方面，学者深入分析数字化转型对企业运营活动的具体影响，如企业数字化的发展会促进商业模式创新（易加斌等，2022），从而实现数据驱动增长（Ritter et al.，2020）。此外，数字化在制造企业的服务化战略中也发挥着重要作用（Calle et al.，2020）。

基于理论研究，学者倡导企业积极推进数字化发展，然而企业实践并不都能取得良好的数字化转型绩效。面对所谓的“数字化悖论”，即数字化转型能否促进企业的发展，仍需进一步探讨。并且，关于数字化与企业发展现有研究的关注点侧重于企业的行为结果，不能指导企业具体的战略行为以实现企业的发展。因此，本文将重点关注数字化对绩效结果的影响机制，从而便于企业在数字化过程中把握数字机遇并取得良好的数字化绩效，最终促进企业发展。具体而言，本文借鉴 Yoo 等（2012）的研究，通过探究企业数字技术的使用情况（数字化应用范围），了解数字化对企业成长的影响及相关机制。技术的使用促进知识的整合、创造、转移，技术是能带来经济价值的重要工具（Brauner and Becker，2006）。基于此，本文从知识基础观（Grant，1996）的视角出发，探究数字化应用范围对企业发展的影响机制。

双元学习和开放式创新是企业知识管理中两个重要的战略行动。首先，组织的双元学习理论涉及企业对新知识和已有知识的追求与应用。数字化对于实现双元性至关重要，数字技术的使用对企业的双元创新导向（Scuotto et al. ，2019）、企业内部的探索和应用活动具有积极的影响，可以有效改善探索—应用悖论（Gastaldi et al. ，2018）。在企业中同时保持高水平的探索和应用可以显著提升企业绩效。其次，开放式创新理论（Chesbrough，2003）强调了企业内外部知识资源的流动与组合。随着数字技术的发展，由信任和工业 4. 0 技术组成的数字信任在企业的开放式创新过程中产生了积极作用（Mubarak and Petraite，2020），并且随着许多数字平台的出现，企业具备了更多能力支持开放式创新过程中的共同创造（Abbate et al. ，2022）。开放式创新战略对企业发展具有普遍的意义（Chesbrough，2003）。因此，本文基于知识管理的视角，探讨双元学习和开放式创新在数字化应用范围与企业成长的关系中起怎样的作用。

此外，组织的双元学习活动和开放式创新活动都涉及了外部知识获取，因此外部环境会对两种知识获取活动产生影响。由于外部知识获取可能会触及市场中其他主体的利益，尤其是在竞争压力大的情况下，企业的学习和创新行为就会受到影响。本文借鉴魏泽龙等（2017）的研究，探究恶性竞争环境对数字化应用范围与双元学习和开放式创新关系的影响。

综上所述，本文借助知识基础观解释数字化促进企业发展的理论机制，研究模型见图 1。具体而言，本文通过实证研究，首先，验证数字化应用范围对企业成长绩效的影响；其次，验证双元学习和开放式创新是否在数字化应用范围与企业成长绩效的关系中起中介作用；最后，验证市场中的恶性竞争是否对数字化应用范围与双元学习和开放式创新关系起调节作用。

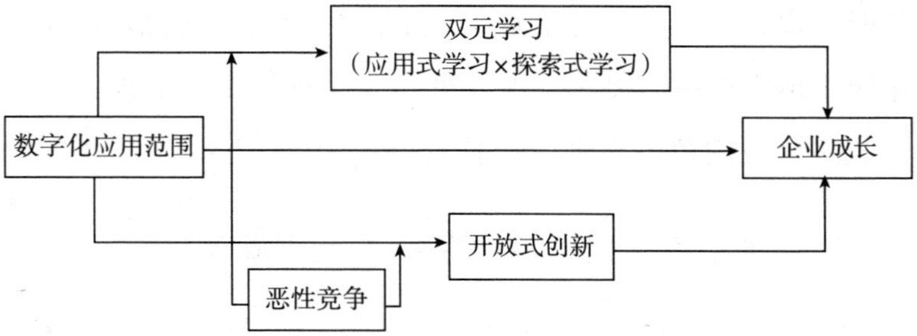

图1 研究模型

二、理论基础与研究假设

（一）数字化应用范围与企业成长

数字技术的应用对企业绩效具有积极的影响（吴非等，2021；Li et al. ,2020；Wielgos et al. , 2021；Hadi et al. , 2021）。一方面，在企业经营活动中引入数字技术可以提升数字化转型能力，进而加速企业的数字化转型（Subramaniam et al. , 2019），如工业物联网及其相关技术可以提升数字化转型能力，加速数字化转型（Ghosh et al. , 2022）。Smania 等（2022）通过对专家的调查数据得出，与数字化相关的能力是实现数字服务财务回报的必然要求。另一方面，数字技术的应用可以促进企业业务的改进，提升运营效率以及改变价值创造的方式，如优化企业现有的商业模式（Ritter et al. , 2020）、创建数字化商业模式（Gauthier et al. , 2018）、促进商业模式的创新（易加斌等，2022）、参与全球价值链分工（吕越等，2020）等。此外，数字化也有助于企业提供高级服务（Sjödin et al. , 2016），促进与客户的价值共创（Lenka et al. , 2017）。

因此，数字技术的应用促进了企业现有能力的提升以及企业业务的改进，从而实现数字经济时代企业的全面发展。为了更全面地衡量数字应用范围对企业发展的影响，本文借鉴 Haber 和 Reichel（2005）、赵忠伟等（2019）的相关研究，选择企业成长为因变量，从经济价值、社会价值和能力提升三个方面综合评价企业的综合实力变化，从而全面评价数字化应用范围的绩效结果。基于此，本文提出以下假设：

H_1：数字化应用范围对企业成长具有正向影响。

（二）数字化应用范围、双元学习与企业成长

组织双元学习理论认为，组织学习包括探索式学习和应用式学习两种类型（March，1991）。在企业中，探索式学习和应用式学习可以通过灵活设置组织结构、高管团队行为整合及柔性化管理等方法（Prieto - Pastor 和 Martin - Perez，2015）实现兼容。企业要平衡探索式学习和应用式学习的资源分配，使组织学习活动取得最优成果。

基于知识管理视角，企业数字技术的应用是组织双元学习活动积累新知识和利用旧知识的重要工具（Brauner and Becker，2006）。探索式学习和应用式学习在企业中共存，二者对资源的抢夺效应会产生所谓的探索—应用悖论，而数字技术的应用可以改善探索—应用悖论（Gastaldi et al.，2018）。首先，数字技术的应用为企业带来更多的知识和资源，不仅可以升级传统的知识资源收集方式，加速企业对知识和资源的捕获，也可以捕获不同于传统知识资源的数字知识资源，丰富企业拥有的知识和资源；其次，数字技术的应用使企业在已有知识和新知识之间建立了联系，实现不同部分的快速整合，协调各部分的知识和资源，提高效率、降低成本，让整体层面的知识创造更加容易；最后，数字技术的应用可以提升企业信息处理能力，使企业捕获到的现有领域内和领域外的知识能更好地被企业利用，从而实现企业的知识创造活动。因此，数字技术的应用可以促进双元学习水平的提升。

双元学习对企业绩效的积极作用已经得到广泛认可。应用式学习有助于企业短期绩效提升，而探索式学习则有助于企业长期绩效提升（陈逢文等，2020），并且双元学习是企业各类创新实践活动（王海花，2017；李杰义等，2021）、企业追赶（彭新敏等，2011）、生存发展

（杨杰等，2021）等的关键。因此，数字化应用范围的扩大可以为企业双元学习赋能，促进企业成长绩效提升，即双元学习在数字化应用范围与企业成长绩效之间起中介作用。基于此，本文提出以下假设：

H_2：双元学习中介数字化应用范围与企业成长间的关系。

（三）数字化应用范围、开放式创新与企业成长

开放式创新最早由 Chesbrough（2003）提出，是指企业的创新活动不能局限于传统的组织界限，而是应该让更多外部参与者参与到企业的创新活动中。按照知识流向，可以将开放式创新划分为内向型开放式创新和外向型开放式创新（Lichtenthaler，2011）。

依据知识基础观（Grant，1996），在开放式创新的过程中，数字技术的使用促进了企业内部和外部的知识资源整合、创造、转移（Brauner and Becker，2006），最终促进开放式创新成果形成。一方面，开放式创新需要企业与外部利益相关者建立联系并进行交流，数字技术的应用解除了时间和空间的制约，企业可以不受地理位置等因素的约束，与其他外部主体实现实时沟通交流，提升企业捕获信息的能力，使知识和资源的流动更加自由便捷，提高知识流动效率；另一方面，数字技术的应用增强了企业的信息处理能力，使企业可以及时把收集到的信息资源等转化为能为企业创造价值的创新成果，因此，数字化应用范围可以积极地促进企业的开放式创新。此外，华为开发者联盟平台、海尔开放创新平台等数字平台的出现为企业开放式创新、实现企业间的合作开发提供了基本支持。

通过内向型开放式创新，企业可以从外部市场获取大量有效信息，丰富企业自身的知识库，把握创新发展趋势，加快自身产品的商业化和市场化；通过外向型开放式创新，企业将自身的知识投入市场，不仅可以获取一定的收入，还可以在行业中建立发展地位和行业标准，实现内部知识资源的二次创新。因此，本文认为，数字化应用范围可以通过企

业开放式创新活动提升企业绩效，即开放式创新在数字化应用范围与企业成长的关系中起中介作用。基于此，本文提出以下假设：

H_3：开放式创新中介数字化应用范围与企业成长间的关系。

（四）恶性竞争的调节效应

基于知识基础观，双元学习（March，1991）是企业在探索新知识的同时应用旧知识，使新旧知识相互结合；开放式创新（Chesbrough，2003）是企业将企业内外部的知识相结合，涉及知识的流入和流出。二者都存在对原本不属于企业已有知识库的新知识的追求，新知识主要来源于企业外部。因此，本文认为，数字技术的应用与双元学习和开放式创新的关系受到企业外部环境的影响，通过探究市场环境中恶性竞争的程度对数字技术应用与双元学习和开放式创新关系的调节作用，本文对企业外部环境的影响进行了深入分析。

在竞争制度逐渐完善的过程中，经常出现剽窃、侵权等形式的恶性竞争，包括剽窃、不正当模仿、机会主义、不公平甚至不合法等一系列竞争行为（魏泽龙等，2017）。行业中的剽窃、侵权等机会主义行为使企业的创新成果等容易被窃取，从而使企业失去自身的竞争优势。此时，企业必须不断增强学习行为以创造有价值、稀缺、难以模仿的新知识，丰富企业知识库，从而形成企业核心竞争力（Barney，1991）。双元学习行为注重企业同时利用新知识和旧知识，丰富企业自身的知识库。因此，恶性竞争正向调节了数字技术应用对双元学习的影响。基于此，本文提出以下假设：

H_4：恶性竞争正向调节数字化应用范围与双元学习之间的关系。

开放式创新活动的进行要求打破企业边界，在吸收外部知识的同时将自身的知识向外部输送（Lichtenthaler，2011）。恶性竞争负向影响了数字技术应用对开放式创新活动的促进作用。具体而言，由于行业中制度的不完善，剽窃、侵权等行为增加，企业向外部知识输出具有极大的风险，其知识产权和创新成果无法得到保障，各企业变得保守、封闭，减少外向型开放式创新，这也使企业无法从行业中的其他企业获取相关知识资源，减少了其内向型开放式创新活动。基于此，本文提出以下假设：

H_5：恶性竞争负向调节数字化应用范围与开放式创新之间的关系。

三、研究设计

（一）样本与数据

本文通过问卷调查的方式获取研究所需的数据。问卷主要由企业中的中高层管理人员填写。调查中，要求被试者根据企业具体情况对问卷的各个题项进行回答，最终研究共收集到234份有效问卷，其中，有29.49%的被试者来自国有企业，处于信息传输、软件和信息技术服务业的企业占比49.15%。问卷的基本特征如表1所示。

表1　受访企业描述性分析（N=234）

调查项目	调查指标	调查结果/份	结果占比/%
企业年龄	3年以内	3	1.3
	3~5年	10	4.3
	6~10年	68	29.1
	11~30年	128	54.7
	31年及以上	25	10.7
企业规模	1~50人	17	7.3
	51~200人	55	23.5
	201~500人	70	29.9
	501~1000人	44	18.8
	1001~2000人	14	6.0
	2001人及以上	34	14.5

续表

调查项目	调查指标	调查结果/份	结果占比/%
主营业务年收入	100万元以下	4	1.7
	100万~1000万元	50	21.4
	1000万~1亿元	93	39.7
	1亿~10亿元	55	23.5
	10亿元及以上	32	13.7

（二）变量测量

本文的关键变量包括数字化应用范围、企业成长、双元学习、开放式创新和恶性竞争等。为了确保测量题项的信度与效度，变量测量均采用国内外学者的成熟量表，根据实际需要对个别题项进行修改。研究采取李克特量表的计分法测量变量，1~7分分别代表与企业情况的符合程度，1分表示非常不符合，7分表示非常符合，从1分到7分程度依次递增。

自变量数字化应用范围（*DA*）借鉴Yoo等（2012）的研究，包括“应用了大量数字产品或服务”等6个题项。因变量企业成长（*GR*）借鉴Haber和Reichel（2005）、赵忠伟等（2019）的相关研究，包括“公司固定资产总额有明显的增加”等10个题项。中介变量为双元学习（*AL*）和开放式创新（*OI*），其中，双元学习的（*AL*）测量包括“贵公司注重运用现有的知识技能巩固主营业务或核心产品”等6个题项；开放式创新（*OI*）借鉴Tranekjer和Knudsen（2012）的研究，共包括“企业会购买其他企业开发的技术知识和/或创新项目”等5个题项。调节变量恶性竞争（*VC*）的量表借鉴魏泽龙等（2017）的研究，共包括“市场中存在较多非法模仿新产品的不正当竞争”等5个题项。本文还选取了企业年龄（*AGE*）、企业规模（*SIZE*）、研发投入比例（*RD*）和企业发展阶段（*DEV*）作为控制变量，以便获取稳定的研究结论。

（三）问卷的信度与效度

本文运用 SPSS 24.0 和 Mplus 8.3 软件对数据进行信度和效度检验。在信度方面，本文问卷 32 个题项的 Cronbach Alpha 系数为 0.877，表明高度的一致性；数字化应用范围、企业成长、双元学习、开放式创新、恶性竞争的 Cronbach Alpha 系数分别为 0.781、0.825、0.729、0.745、0.866，组合信度 *CR* 值均超过可接受水平（0.7），说明这些变量具有较好的内部一致性。

在效度方面，本文问卷关于数字化应用范围、企业成长、双元学习、开放式创新和恶性竞争的分量表已在国内外研究中被承认具有良好的内容效度。本文问卷采用验证性因子分析检验数据与模型的匹配性，并对变量进行区分效度分析。通过 Mplus 8.3 软件对 5 个构念的测量题项进行验证性因子分析，结果如表 2 所示。表 2 中，五因子模型拟合度优于其他模型，说明本文所涉及变量区分效度良好。因此，本文所用量表的信效度以及整体理论模型的拟合度均满足要求。

表 2　验证性因子分析竞争模型

模型	χ^2	df	χ^2/df	*CFI*	*TLI*	*RMSEA*	*SRMR*
五因子模型	797.933	454	1.758	0.858	0.845	0.057	0.060
四因子模型	1306.288	458	2.852	0.651	0.622	0.089	0.099
三因子模型	1451.425	461	3.148	0.592	0.562	0.096	0.103
二因子模型	1482.237	463	3.201	0.581	0.551	0.097	0.104
单因子模型	1571.011	464	3.386	0.544	0.513	0.101	0.106

四、实证分析

（一）描述性统计分析

本文中各变量的描述性统计与 Pearson 相关系数见表 3。本文的核心变量之间基本上都存在显著的相关关系，为后续的假设检验提供了初步验证。

表 3　描述性统计分析和相关分析

变量	*DA*	*GR*	*AL*	*OI*	*VC*	*SIZE*	*AGE*	*RD*	*DEV*
DA	1								
GR	0.559***	1							
AL	0.574***	0.623***	1						
OI	0.534***	0.439***	0.297***	1					
VC	0.138*	−0.039	0.015	0.184**	1				
SIZE	0.190**	0.117	0.138*	0.158*	−0.062	1			
AGE	0.026	−0.059	0.01	−0.094	−0.035	0.375***	1		
RD	0.335***	0.289***	0.264***	0.244***	−0.109	0.309***	0.234***	1	
DEV	0.087	0.009	0.062	0.032	−0.139*	0.347***	0.507***	0.260***	1
Mean	5.591	5.556	5.753	5.130	4.708	3.360	3.690	3.300	2.410
S. D.	0.754	0.664	0.654	0.919	1.284	1.462	0.769	0.965	0.582

注：＊＊＊代表 $p<0.001$，＊＊代表 $p<0.01$，＊代表 $p<0.05$。

（二）假设检验

1. 主效应检验

直接效应和中介效应的回归结果见表 4。模型 1 是仅包含了控制变量的回归结果，模型 2 引入了自变量数字化应用范围（*DA*）。模型 2 中，数字化应用范围（*DA*）的系数为正且显著（$\beta=0.451$，$p<0.001$），表明在考虑其他因素的情况下，数字化应用范围的扩大可以促进企业成长绩效的扩大，即 H_1 得到支持。

表 4　直接效应和中介效应回归结果

变量	数字化应用范围		双元学习		开放式创新		企业成长
	模型 1	模型 2	模型 3	模型 4	模型 5	模型 6	模型 7
DA		0.451***		0.471***		0.597***	0.158**
AL							0.451***
OI							0.135**

续表

变量	数字化应用范围		双元学习		开放式创新		企业成长
	模型 1	模型 2	模型 3	模型 4	模型 5	模型 6	模型 7
常量	5.278 ***	3.074 ***	5.300 ***	2.997 ***	4.919 ***	2.001 ***	1.454 ***
AGE	-0.130 *	-0.085	-0.074	-0.027	-0.267 **	-0.207 **	-0.045
SIZE	0.040	0.010	0.040	0.009	0.099 *	0.060	-0.002
RD	0.209 ***	0.097 *	0.172 ***	0.056	0.229 ***	0.081	0.061 +
DEV	-0.027	-0.035	0.010	0.002	0.045	0.035	-0.041
R^2	0.107	0.336	0.079	0.336	0.105	0.315	0.487
调整 R^2	0.091	0.321	0.063	0.321	0.090	0.300	0.471
F	6.847	23.026	4.907	23.080	6.752	20.935	30.665

注：***代表 $p<0.001$，**代表 $p<0.01$，*代表 $p<0.05$，+代表 $p<0.1$。

2. 中介效应检验

在表4的回归结果中，模型3和模型4是以双元学习（*AL*）为中介变量的回归结果。在模型4中，数字化应用范围（*DA*）的系数为正且显著（$\beta=0.471$，$p<0.001$），表明在考虑其他因素的情况下，数字化应用范围的扩大会对企业双元学习活动产生积极影响。模型7是以企业成长为因变量，加入了数字化应用范围（*DA*），以及双元学习（*AL*）和开放式创新（*OI*）两个中介变量，其中，双元学习（*AL*）的系数为正且显著（$\beta=0.451$，$p<0.001$）。结合模型2的结果可知，双元学习在数字化应用范围与企业成长的关系中起中介作用，即 H_2 得到验证。

模型5和模型6是以开放式创新（*OI*）为中介变量的回归结果。在模型6中，数字化应用范围（*DA*）的系数为正且显著（$\beta=0.597$，$p<0.001$），表明在考虑其他控制因素的情况下，数字化应用范围的扩大会对企业开放式创新活动产生积极影响。在模型7中，开放式创新（*OI*）的系数为正且显著（$\beta=0.135$，$p<0.01$）。结合模型2的结果可知，开放式创新在数字化应用范围与企业成长绩效的关系中起中介作用，即 H_3 得到验证。

此外，本文采用Bootstrap方法进一步检验中介效应的显著性，将

Bootstrap 的样本量设为 5000，置信度为 95%，结果如表 5 所示。直接效应的置信区间为（0.0077，0.0421），双元学习的中介效应置信区间为（0.1265，0.3205），开放式创新的中介效应置信区间为（0.0370，0.1419），均不包含 0，表明双元学习和开放式创新在数字化应用范围与企业成长的关系中存在显著的部分中介作用。因此，H_2 和 H_3 得到验证。

表 5　中介效应的 Bootstrap 检验结果

效应类别	效应值	标准误	下限	上限	相对效应值/%
直接效应	0.1581	0.0588	0.0077	0.0421	35.03
中介效应双元学习	0.2125	0.0502	0.1265	0.3205	47.09
中介效应开放式创新	0.0807	0.0264	0.0370	0.1419	17.88
总效应	0.4512	0.0509	0.3509	0.5516	

3. 调节效应检验

本文通过构建交互项数字化应用范围和恶性竞争（$DA \times VC$）的方法对恶性竞争在模型中的调节效应分别进行检验，如表 6 所示。表 6 中，模型 8 至模型 11 是以双元学习为因变量，依次引入控制变量、自变量数字化应用范围、调节变量恶性竞争、交互项数字化应用范围和恶性竞争的调节效应回归结果，模型 12 至模型 15 是以开放式创新为因变量，依次引入控制变量、自变量数字化应用范围、调节变量恶性竞争、交互项数字化应用范围和恶性竞争的调节效应回归结果。在模型 11 中，交互项数字化应用范围和恶性竞争（$DA \times VC$）的系数为正且显著（$\beta = 0.128$，$p < 0.001$），表明在考虑其他控制因素的情况下，恶性竞争对双元学习中介作用前端的调节作用显著，恶性竞争可以正向调节数字化应用范围对双元学习的促进作用，即 H_4 得到验证。

在模型 15 中，交互项数字化应用范围和恶性竞争（$DA \times VC$）的系数为负，且不显著（$\beta = -0.019$，$p > 0.1$），表明在考虑其他控制因素的情况下，恶性竞争对开放式创新的中介作用前端不存在调节作用，即 H_5 没有得到验证。

表 6　调节效应回归结果

变量	双元学习				开放式创新			
	模型 8	模型 9	模型 10	模型 11	模型 12	模型 13	模型 14	模型 15
DA		0.471***	0.481***	−0.072		0.597***	0.563***	0.647**
VC			−0.027	−0.763***			0.098*	0.210
DA × *VC*				0.128***				−0.019
常量	5.300***	2.997***	3.100***	6.336***	4.919***	2.001***	1.628**	1.136
AGE	−0.074	−0.027	−0.023	−0.036	−0.267**	−0.207**	−0.221**	−0.219**
SIZE	0.040	0.009	0.008	0.011	0.099*	0.060	0.063	0.062
RD	0.172***	0.056	0.050	0.069+	0.229***	0.081	0.101+	0.098+
DEV	0.010	0.002	−0.006	−0.044	0.045	0.035	0.067	0.073
R^2	0.079	0.336	0.339	0.391	0.105	0.315	0.332	0.333
调整 R^2	0.063	0.321	0.321	0.372	0.090	0.300	0.315	0.312
F	4.907	23.080	19.380	20.712	6.752	20.935	18.832	16.115

注：***代表 $p<0.001$，**代表 $p<0.01$，*代表 $p<0.05$，+代表 $p<0.1$。

五、结论与启示

（一）研究结论

数字经济背景下的企业面临着巨大的数字挑战，企业的数字化转型发挥着至关重要的作用，数字挑战要求企业重视数字技术的应用，扩大数字化应用范围。本文通过对企业中高层管理人员的问卷调研，深入分析了数字化应用范围对企业成长的影响及作用机制，得出以下结论。

首先，数字化应用范围与企业成长绩效之间存在显著的正向关系。本文从经济价值、社会价值和能力提升三个方面综合评价了企业的综合实力变化。研究结果表明，数字化应用范围对企业绩效具有积极的影响，企业通过数字技术的应用促进数字化转型的实现，使企业在数字经济时代可以持久地发展。

其次，双元学习和开放式创新在数字化应用范围与企业成长间的关系中起着部分中介作用。本文深入探究了数字化应用范围促进企业成长的机制，发现数字化应用范围可以通过双元学习和开放式创新活动促进企业成长。双元学习和开放式创新是数字化应用范围影响企业成长的重要中介机制，数字化应用范围对企业成长的影响部分通过双元学习和开放式创新传导。

最后，恶性竞争正向调节双元学习中介机制的前端，对开放式创新的中介机制没有显著影响。本文探究了在恶性竞争环境中，数字化应用范围对企业成长的影响机制会发生什么变化。研究结果表明，恶性竞争正向调节了数字化应用范围与双元学习的关系，恶劣的竞争环境使企业更加重视双元学习活动的进行，从而形成企业独特的竞争优势；而恶性竞争对数字化应用范围与开放式创新的关系没有显著影响。

（二）理论贡献

本文的理论贡献主要体现在以下几个方面：

第一，本文通过实证检验的方式验证了数字化转型过程中数字化应用范围的积极绩效结果。目前，与数字化相关的研究尚处于不完善阶段，研究主要关注了企业数字化对企业创新绩效（吴非等，2021；Wielgos et al.，2021）、企业经济绩效（Li et al.，2020）、可持续发展绩效（Hadi et al.，2021）等的影响，缺少实证研究检验企业数字化对一个综合的企业绩效反映指标的影响。本文借鉴 Haber 和 Reichel（2005）、赵忠伟等（2019）的相关研究，从经济价值、社会价值和能力提升三个方面综合评价企业的综合实力变化，验证了数字化应用范围对企业成长绩效的促进作用，补充了企业数字化对绩效结果的研究。

第二，本文探究了数字化应用范围对企业绩效的影响机制。本文分析了双元学习和开放式创新两种企业活动在数字化应用范围对企业绩效影响中的中介作用机制，发现数字化应用范围对企业成长产生促进作用的内部原因，进一步支持了数字技术应用对企业绩效的积极影响，并且对企业数字化的相关研究进行了完善。此外，本文在双元学习和开放式创新的相关研究中，补充了数字化的前因影响研究。

第三，本文还基于外部环境中的恶性竞争情况，对数字化应用范围的作用机制进行了探讨。本文发现，恶性竞争对数字化应用范围与开放式创新的关系存在负向影响，但是不显著，这部分支持了本文的假设。数字化应用范围与双元学习的关系受到环境中恶性竞争的影响，这与本文的假设一致。之前的研究多关注企业外部环境中的环境动态性、技术变动等因素对企业数字化转型的影响，本文补充了相关的外部情境因素。

（三）实践启示

本文的研究结论为企业实践提供了以下相关启示：

第一，为企业投资数字化转型和数字技术的应用提供了支持。目前，许多企业认识到了数字化转型的重要性，并且大量投资于企业数字化转型进程中。然而，企业转型成功案例较少，甚至没有获得相应的数字化转型回报。本文验证了数字化应用范围对企业成长的积极影响，为企业的数字化转型举措树立了信心，支持企业对数字化发展的追求。

第二，本文为企业数字化转型的成功实践提供了参考。本文验证了数字化应用范围通过双元学习和开放式创新对企业成长的积极影响。企业在进行数字化转型时，要注重数字技术的应用与企业价值创造活动的结合，可以为双元学习活动和开放式创新活动赋能，从而提升企业绩效。此外，外部环境也会对企业数字化转型过程产生影响，在恶性竞争环境中，企业要更加关注通过探索式学习和应用式学习进行企业自身知识库的构建，形成独特的竞争优势；同时，避免在缺少制度保护的情况下，过度开放造成企业的损失。

（四）研究展望

本文存在一定的局限性。第一，本文采取问卷调研的方式，主要调研对象为企业的中高层管理人员，对每个企业的实际情况缺少客观数据的支持，未来的研究可以通过其他渠道收集企业的数据，对本文进行补充。第二，本文探究了双元学习和开放式创新在数字化应用范围及企业成长关系中的部分中介作用，数字化应用范围对企业成长的影响可能还存在其他类型的机制，未来的研究可以探究数字化应用范围对企业其他活动产生的影响，进一步补充企业数字化的研究。第三，本文考察了恶性竞争环境对数字化应用范围和企业绩效关系的调节效应，未来的研究可以探究企业内部和外部其他因素（如环境动态性、技术变动情况、企业组织结构、组织机制等）对数字化应用范围和企业绩效关系的调节作用。

参考文献

[1]陈逢文，付龙望，张露，等．创业者个体学习、组织学习如何交互影响企业创新行为：基于整合视角的纵向单案例研究[J]．管理世界，2020，36(3)：142－164.

[2]李杰义，万晓筱．国际策略情境、国际双元学习与后发企业创新赶超[J]．科技进步与对策，2021，38(14)：91－99.

[3]吕越，谷玮，包群．人工智能与中国企业参与全球价值链分工[J]．中国工业经济，2020(5)：80－98.

[4]彭新敏，吴晓波，吴东．基于二次创新动态过程的企业网络与组织学习平衡模式演化：海天1971—2010年纵向案例研究[J]．管理世界，2011(4)：138－149，166，188.

[5]王海花．技术复杂性会抑制双元学习对创新绩效的影响吗[J]．科技进步与对策，2017，34(16)：140－147.

[6]魏泽龙，宋茜，权一鸣．开放学习与商业模式创新：竞争环境的调节作用[J]．管理评论，2017，29(12)：27－38.

[7]吴非，胡慧芷，林慧妍，等．企业数字化转型与资本市场表现：来自股票流

动性的经验证据[J]. 管理世界,2021,37(7):10,130 – 144.

[8]杨杰,汪涛,王新. 服务外包中组织双元学习对供应商创新能力的影响:治理机制的调节作用[J]. 科技进步与对策,2021,38(20): 73 – 80.

[9]易加斌,张梓仪,杨小平,等. 互联网企业组织惯性、数字化能力与商业模式创新[J]. 南开管理评论,2022,25(5): 29 – 42.

[10]赵忠伟,李睿,朱冰洁. 组织柔性对中小型高科技企业成长影响研究[J]. 科研管理,2019,40(7): 247 – 256.

[11]ABBATE T,CODINI A,AQUILANI B,et al. From knowledge ecosystems to capabilities ecosystems: when open innovation digital platforms lead to value co – creation[J]. Journal of the knowledge economy,2022,13(1): 290 – 304.

[12]BARNEY J. Firm resources and sustained competitive advantage[J]. Journal of management,1991,17(1): 99 – 120.

[13]BRAUNER E,BECKER A. Beyond knowledge sharing: the management of transactive knowledge systems[J]. Knowledge and process management,2006,13(1): 62 – 71.

[14]CALLE A D L,FREIJE I,UGARTE J V,et al. Measuring the impact of digital capabilities on product – service innovation in spanish industries[J]. International journal of business environment,2020,11(3): 254 – 274.

[15]CHESBROUGH H W. Open innovation: the new imperative for creating and profiting from technology[M]. Boston: Harvard Business Press,2003.

[16]GASTALDI L,APPIO F P,CORSO M,et al. Managing the exploration – exploitation paradox in healthcare: three complementary paths to leverage on the digital transformation[J]. Business process management journal,2018,24(5): 1200 – 1234.

[17]GASTALDI L,LESSANIBAHRI S,TEDALDI G,et al. Companies' adoption of smart technologies to achieve structural ambidexterity: an analysis with SEM[J]. Technological forecasting and social change,2022(174): 121187.

[18]GHOSH S,HUGHES M,HODGKINSON I,et al. Digital transformation of industrial businesses: a dynamic capability approach[J]. Technovation,2022(113): 102414.

[19]GRANT R M. Toward a knowledge – based theory of the firm[J]. Strategic management journal,1996,17(S2): 109 – 122.

[20] HABER S, REICHEL A. Identifying performance measures of small ventures: the case of the tourism industry[J]. Journal of small business management, 2005, 43(3): 257 – 286.

[21] HADI S, BASKARAN S. Examining sustainable business performance determinants in malaysia upstream petroleum industry[J]. Journal of cleaner production, 2021(294): 126231.

[22] KHIN S, HO T C F. Digital technology, digital capability and organizational performance: a mediating role of digital innovation[J]. International journal of innovation science, 2018, 11(2): 177 – 195.

[23] LENKA S, PARIDA V, WINCENT J. Digitalization capabilities as enablers of value co – creation in servitizing firms[J]. Psychology & marketing, 2017, 34(1): 92 – 100.

[24] LI Y, DAI J, CUI L. The impact of digital technologies on economic and environmental performance in the context of industry 4.0: a moderated mediation model [J]. International journal of production economics, 2020(229): 107777.

[25] LICHTENTHALER U. Open innovation: past research, current debates, and future directions[J]. Academy of management perspectives, 2011, 25(1): 75 – 93.

[26] MARCH J G. Exploration and exploitation in organizational learning[J]. Organization science, 1991, 2(1): 71 – 87.

[27] MUBARAK M F, PETRAITE M. Industry 4.0 technologies, digital trust and technological orientation: what matters in open innovation? [J]. Technological forecasting and social change, 2020(161): 120332.

[28] PRIETO – PASTOR I, MARTIN – PEREZ V. Does HRM generate ambidextrous employees for ambidextrous learning? The moderating role of management support [J]. The international journal of human resource management, 2015, 26(5): 589 – 615.

[29] RITTER T, PEDERSEN C L. Digitization capability and the digitalization of business models in business – to – business firms: past, present, and future[J]. Industrial marketing management, 2020(86): 180 – 190.

[30] SCUOTTO V, ARRIGO E, CANDELO E, et al. Ambidextrous innovation orientation effected by the digital transformation: a quantitative research on fashion SMEs

[J]. Business process management journal,2019,26(5): 1121 – 1140.

[31]SJÖDIN D R,PARIDA V,KOHTAMÄKI M. Capability configurations for advanced service offerings in manufacturing firms: using fuzzy set qualitative comparative analysis[J]. Journal of business research,2016,69(11): 5330 – 5335.

[32]SMANIA G S,DE SOUSA MENDES G H,GODINHO FILHO M,et al. The relationships between digitalization and ecosystem – related capabilities for service innovation in agricultural machinery manufacturers[J]. Journal of cleaner production, 2022(343): 130982.

[33]SUBRAMANIAM M,IYER B,VENKATRAMAN V. Competing in digital ecosystems[J]. Business horizons,2019,62(1): 83 – 94.

[34]TRANEKJER T L, KNUDSEN M P. The (unknown) providers to other firms' new product development: what's in it for them? [J]. Journal of product innovation management,2012,29(6): 986 – 999.

[35]WIELGOS D M,HOMBURG C,KUEHNL C. Digital business capability: its impact on firm and customer performance[J]. Journal of the academy of marketing science,2021,49(4): 762 – 789.

[36]YOO Y,BOLAND JR R J,LYYTINEN K,et al. Organizing for innovation in the digitized world[J]. Organization science,2012,23(5): 1398 – 1408.

第二篇

数智化营销及商业模式创新研究

内容营销对品牌忠诚的影响研究

——基于心理契约的中介作用①

赵紫晗

摘要：内容营销如何促进品牌忠诚在学界已经成为一个重要议题，过往研究多从认知视角出发探讨二者之间的关系，却忽略了即时心理因素的作用。因此，本文从心理视角出发，基于SOR模型探讨了在直播情境下，内容营销通过心理契约对品牌忠诚的作用机理。实证研究结果表明：①心理契约在双方初次接触时产生，与需要较长时间沉淀的品牌认同和感知价值相比，心理契约更能反映当下内容营销对消费者的影响；②内容营销不但直接影响品牌忠诚，而且间接通过交易型心理契约和关系型心理契约影响品牌忠诚；③与娱乐型内容相比，信息型内容更能影响关系型心理契约；与信息型内容相比，娱乐型内容更能影响交易型心理契约。本文对于在信息驱动大背景下推动我国直播行业提高营销内容质量，在短时间内吸引消费者方面具有重要启示作用。

关键词：心理契约；内容营销；品牌忠诚；中介作用

---

① 本文由李纯青老师执导完成。李纯青，河南南阳人，西北大学经济管理学院教授，博士研究生导师，研究方向：关系营销和品牌管理。基金项目：国家自然科学基金项目“数字化交互平台产品的客户体验旅程及客户投入的作用机理研究”（项目编号：72172123）；国家自然科学基金项目“直播营销中社会临场感对线上从众消费的影响及作用机理研究——行为与神经生理视角”（项目编号：71802158）。

作者简介： 赵紫晗（1999—），山西临汾人，西北大学经济管理学院 2022 级企业管理专业硕士研究生。

一、引言

数字化背景下，直播带货逐渐兴起。其借助创意营销和大数据分析，获得了较好的流量转化效果，成为带货主流形式。但时趣华南区负责人陈迎曾表示：目前，直播营销中，普遍存在时间太赶、内容乏味两大痛点（王智颖，2020）。在这个信息驱动的时代，直播平台的消费者转换成本较低，品牌方留住消费者的难度越来越大（Kang et al.，2021）。此外，消费者知道自己有权选择接收什么样的信息，信息的格式是什么，以及是否相信这些内容，因此，消费者更愿意主动接受那些既有价值又有关联性的内容（贺爱忠等，2016）。从长远来看，只有优质的内容与有吸引力的品牌相结合，才能实现长期高效地吸引目标群体，完成对目标群体的营销和转化，同时塑造品牌形象，提升消费者对品牌的忠诚度。因此，在直播情境下，如何通过内容营销提高消费者对品牌的忠诚度是企业面临的重要难题。

目前，已经有很多学者研究内容营销与品牌忠诚的关系。如赵相忠（2019）为进一步提高消费者的品牌忠诚度，建立了以自变量为内容营销、以中介变量为品牌认同、以因变量为品牌忠诚的理论模型；Chen 等（2019）探讨了感知价值对品牌忠诚的影响。但是，品牌认同需要品牌在消费者心中长时间沉淀，使消费者对其产生归属感（殷建平等，2020）；感知价值是人们在获得产品或服务时所得与付出权衡之后的总体评价（田敏等，2019）。所以，无论是品牌认同还是感知价值，都无法解释短时间内直播内容营销对消费者的吸引力。

相较于传统营销的功利性，品牌方亟须关注消费者的心理需求。在直播情境下，品牌方可以从内容营销策略着手，不仅让消费者利用碎片时间缓解焦虑，还能让消费者汲取知识，收获价值，最终赢得消费者的关注。这也强调了关注消费者主观心理体验的重要性，有助于培养品牌方与消费者之间的关系。而这种关系从本质上来讲就是一份心理契约（Roehling，1997）。目前，学者大多采用社会交换理论解释消费者行为。如彭宇泓等（2021）通过社会交换理论解释了消费者在互惠原则引导下产生购买、推荐等互惠回报行为，但没有涉及直播过程中消费者的主观心理体验方面。

综上所述，本文从心理体验视角出发，将SOR模型作为主要框架，将参与直播的消费者作为研究对象，解释消费者的行为，探究内容营销对品牌忠诚的影响。通过研究消费者心理契约的中介效应，我们可以探究不同维度的内容营销如何影响心理契约，以及它们之间的差异何在，以此深入研究直播情境下的内容营销如何与消费者建立心理契约，以及如何根据消费者心理契约关系调整内容营销策略从而提高消费者的品牌忠诚度。

二、文献回顾

（一）内容营销

Handley等（2010）认为，内容营销和传播具有教育意义的内容，旨在吸引和留住客户，并通过多样化方式实现这一目标。Rebbeca等（2012）认为，内容营销的制胜法宝是提供有价值的内容，即高质量的内容，与产品信息相关联、对购买决策有帮助。所以，本文将信息型内容定义为不仅强调与产品信息相关，而且重点强调其是有价值、有教育意义、高质量的内容。Hananto（2012）认为，通过提供娱乐性的内容，消费者能感到轻松愉悦，并且产生好奇心，从而对直播持续保持兴趣。所以，本文将娱乐型内容定义为使消费者感到愉悦、轻松、好奇等有趣味性的内容。Rose等（2013）强调传递内容的价值性和娱乐性的重要性，如果至少有一个没有得到满足，就很难达到预期效果。因此，对于内容营销，本文主要围绕信息型内容和娱乐型内容两个维度展开研究。

（二）品牌忠诚

已有很多学者关注品牌忠诚，且在各个交叉领域如消费者心理学、行为学等均有涉及。部分学者将品牌忠诚定义为消费者一种特定的行为。如 Day（1970）提出品牌忠诚是顾客与品牌建立一种强烈的承诺，且产生重复购买的行为。行为的不可跟踪性会导致消费者品牌忠诚的不足。基于此，不少研究者开始涉足消费者的心理状态，尝试从消费者心理角度定义品牌忠诚，将品牌忠诚转化为消费者对于品牌的一种认知，最终转变成一种重复购买的心理承诺，从而吸引消费者的重复购买。许多学者将品牌忠诚分为两个维度，即态度忠诚与行为忠诚。其中，态度忠诚是指消费者对品牌的一种长期承诺，主要体现在价格容忍度、第一选择等方面（李惠璠等，2012）；行为忠诚则是指消费者克服障碍，并做出实际购买行为，主要体现在重复购买意向、推荐意向和交叉购买意向等方面（李惠璠等，2012）。所以，本文从品牌忠诚两个维度解释心理契约对消费者品牌忠诚的影响。

（三）心理契约

心理契约是消费者对自己与品牌方之间互惠义务的感知和信念（罗海成，2005），也是一种主观的心理体验，产生于双方初次接触时，在接触过程中形成心理预期，并在互动过程中不断发展（邓新明等，2017）。其不仅强调消费者对互惠义务的感知，还强调其心理情感体验。Robinson 等（1994）的研究将心理契约分为交易型和关系型两种。罗海成等（2005）对营销情境中的心理契约进行了研究，实证结果显示，心理契约在营销情境中有交易型与关系型两个维度。其中，交易型心理契约通常是暂时性的，当消费者希望获得短期的收益时，他们会更加关注经济的、具体的互惠关系；关系型心理契约不仅强调经济物质方面的互惠，更注重承诺和义务，并追求长期的情感关系（陈义涛等，2021）。基于上述理论背景，本文将重点探索交易型心理契约与关系型心理契约两个维度。

三、概念框架

（一）内容营销与品牌忠诚

内容营销的主要目的在于培养消费者的品牌意识，在消费者主动了解品牌的同时，为消费者带来附加价值，提高消费者忠诚度。Rose 和 Pulizzi（2013）认为，提高顾客忠诚度的核心策略在于内容营销的有效性。具体来讲，由于直播带货是一种“无聊经济”，信息型内容可以吸引消费者，促使其由陌生到关注，并增加其黏性；娱乐型内容可以增加消费者的喜爱程度，帮助消费者减压，增强消费者对互惠义务的感知，从而增加对该品牌的喜爱，由此产生品牌忠诚。

综上所述，本文提出如下假设：

H_{1a}：信息型内容正向影响品牌忠诚。

H_{1b}：娱乐型内容正向影响品牌忠诚。

（二）内容营销与心理契约

SOR 模型表明，消费者的购买行为受到外部环境和内在生理、心理因素的影响，而观看直播时，其内容则可以更深入地影响消费者的心理，从而达到满足他们获取信息和享受美好体验需求的目的，建立良好的心理契约。

具体来讲，信息型内容强调其有用性。可以让消费者了解一切与产品或服务相关的信息，在全面了解产品或服务的基础上，建立交易型心理契约，促成交易。不仅如此，信息型内容还强调其价值性。随着信息型内容的输出，其还可以满足消费者的多元化需求，使消费者对品牌方的好感与信任持续增加，逐渐与品牌方建立关系型心理契约。此外，乐趣作为一种体验的心理基础，是与解放感相结合的享乐融入状态。所以，直播间传递具有趣味性的娱乐型内容不仅使消费者对消费的沉浸式兴奋感被他人的同步感放大，还会将其从生活的烦恼中解脱出来，产生快乐的体验，建立关系型心理契约。与此同时，直播互动中的趣味性也可以提高消费者获取信息的意愿（刘平胜等，2020），从而建立交易型心理契约。

综上所述，本书提出如下假设：

H_{2a}：信息型内容正向影响关系型心理契约。

H_{2b}：信息型内容正向影响交易型心理契约。

H_{2c}：娱乐型内容正向影响关系型心理契约。

H_{2d}：娱乐型内容正向影响交易型心理契约。

（三）心理契约与品牌忠诚

从营销的角度来看，心理契约作为消费者与品牌方之间的感知协议，对预测消费者的反应或行为非常重要。不仅如此，在深入研究后，心理契约会相应地进行调整，直到关系保持相对稳定、建立忠诚的合作关系为止（Sherman et al.，2018）。在SOR模型中，消费者在各种因素的刺激下会产生相应的动机；在动机的驱使下，进而产生规避或趋近的行为。在消费者与品牌方的心理契约建立后，消费者会做出相应的反应。

具体来讲，交易型心理契约意味着消费者相信企业向其许诺的较为明确的利益，这将有助于坚定消费者的交易信念，促进交叉购买和重复购买行为。此外，消费者还可能向外传播自己的愉快消费经历，即实现行为忠诚（罗海成，2005）。另外，关系心理契约强化了消费者与企业之间的情感纽带，降低了消费者对交易条件的敏感度，从而提高了消费者对外部营销刺激的抵制能力，实现态度忠诚（罗海成，2005）。由于已经有许多学者证明了品牌忠诚的两个维度，本文不再加以赘述。

综上所述，本文提出如下假设：

H_{3a}：关系型心理契约正向影响品牌忠诚。

H_{3b}：交易型心理契约正向影响品牌忠诚。

（四）心理契约的中介作用

毋庸置疑，在新媒体迅速发展的今天，品牌直播间比比皆是，如何能从众多品牌直播间脱颖而出是亟须解决的问题。

谢莹等（2021）认为，消费者行为的起点是注意吸引，即消费者在做出购买决策之前，必然通过注意吸引趋近并了解产品信息（马非等，2005）。这表明，短时间内，消费者对直播内容的感知和心理变化至关重要，即内容营销与心理契约联系更紧密。在观看直播时，消费者会暂时停止内耗，为了纯粹的享受而积极涉入并沉浸于直播内容。此外，新颖的直播内容会吸引消费者的注意力，保持持续关注与沉浸。所以，只有优化内容营销策略（S），重点关注内容营销对消费者的直接影响作用，才能使消费者从心理视角改善自己对产品或服务甚至是品牌的初步印象，进而与消费者建立关系型心理契约或交易型心理契约（O），最终使消费者产生趋近行为，提升品牌忠诚度（R）。因此，心理契约中介于内容营销与品牌忠诚。

综上所述，本文提出如下假设：

H_{4a}：关系型心理契约在信息型内容与品牌忠诚之间起中介作用。

H_{4b}：交易型心理契约在信息型内容与品牌忠诚之间起中介作用。

H_{4c}：关系型心理契约在娱乐型内容与品牌忠诚之间起中介作用。

H_{4d}：交易型心理契约在娱乐型内容与品牌忠诚之间起中介作用。

研究的概念模型如图 1 所示。

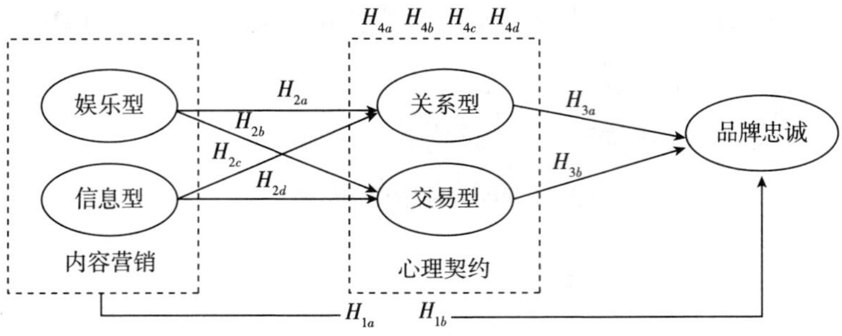

图 1　概念模型

四、研究方法

（一）数据收集

本文采用问卷调查法，编制测量题项，以及人口统计特征资料题项和甄别题项。通过问卷星随机发放问卷，共收回问卷 320 份，其中，有效问卷 293 份，有效回收率为 91.56%。样本的描述性统计结果见表 1。

表 1　描述性统计结果

人口统计变量特征		比例/%
性别	男	46.42
	女	53.58
年龄段	18～30 岁	52.56
	31～40 岁	25.94
	41～50 岁	12.63
	其余	8.87
受教育程度	高中或中专（含）以下	10.92
	大专毕业（或同等学力）	21.50
	本科毕业（或同等学力）	47.78
	研究生（含）以上	19.80

续表

人口统计变量特征		比例/%
月均可支配收入	≤1000 元	14.68
	1001 ~ 2000 元	25.60
	2001 ~ 3000 元	36.18
	≥3001 元	23.55

（二）测量工具

为保证测量工具的信度和效度，使用的测量工具均来自国内外的成熟量表。

信息型内容。采用 Wiertz 和 Ruyter（2007）的信息型内容量表，共包含 3 个题项，典型题项如："我能够从该品牌直播的内容中获取不少对我有价值的信息"。

娱乐型内容。采用 Liu 和 Arnett（2000）编制的量表，通过筛选最终共包含 4 个题项，典型题项如："我认为该品牌的直播间让我觉得轻松、好玩、有趣"。

心理契约。采用 Robinson 等（1994）开发的量表，共包含 8 个题项，典型题项如："我认为该品牌的直播间让我觉得轻松、好玩、有趣"。

品牌忠诚。借鉴李惠璠等（2012）使用的忠诚量表，共包含 6 个题项，典型题项如："即使该品牌的价格稍高于其他品牌，我还是会选择该品牌"。

本文对上述变量的测量，以 4 个控制变量为基础（性别、年龄段、受教育程度、月均可支配收入），采用 1 ~ 5 级的李克特型量表，"1"表示完全不同意，"5"表示完全同意。

五、研究结果

本文主要运用 SPSS 24.0 和 Amos 24.0 软件进行数据分析。首先，对各变量进行共同方法偏差检验，对收集的问卷数据采用 Harman 单因子检验，结果提取出特征根大于 1 的因子共 4 个，最大因子方差解释率为 39.101%（小于 40%），不存在严重的共同方法偏差问题。其次，对其进行多重共线性问题分析。结果显示，方差膨胀因子（*VIF*）在 1.744 ~ 1.963，小于临界值 10。因此，可以进行下一步检验。

（一）信度与效度分析结果

首先，本文通过使用 SPSS 24.0 软件，计算 5 个潜变量的 Cronbach's α 系数，结果显示，各分量表的系数均高于 0.70（见表 2），且关系型心理契约、品牌忠诚的系数均大于 0.8，各量表信度理想。综上所述，各量表的信度系数符合相关标准，表明问卷具有良好的信度。其次，本文进行了效度分析，结果见表 3。表 3 显示，各变量的 KMO 统计量均在 0.68 以上，显著性均为 0.000。且本文采用的测量题项均来自过往权威文献，经过多次验证，从而保证了较好的内容效度，可以进行下一步分析。

表 2　各量表的可靠性分析

量表	Cronbach's α 系数	项数
娱乐型内容	0.764	4
信息型内容	0.741	3
交易型心理契约	0.710	4
关系型心理契约	0.818	4
品牌忠诚	0.834	6

表 3　各量表的 KMO 与巴特利特球形度检验

量表	KMO	巴特利特球形度检验		
		近似卡方	自由度	显著性
娱乐型内容	0.780	271.513	6	0.000***
信息型内容	0.683	193.876	3	0.000***
交易心理契约	0.735	201.639	6	0.000***
关系心理契约	0.789	397.032	6	0.000***

续表

量表	KMO	巴特利特球形度检验		
		近似卡方	自由度	显著性
品牌忠诚	0.859	571.561	15	0.000***

注：＊＊＊代表 $p<0.01$。

（二）验证性因子分析

首先，任意两个变量之间相关系数均大于0.5，表明数据具有较好的相关性（见表4）。其次，因子分析之前需要进行KMO和巴特利特球形度检验。由表3可知，KMO统计量均在0.68以上，表明适合做因子分析。所以，下一步我们使用Amos 24.0软件，对数据进行验证性因子析。在测量模型的各拟合指标中，卡方与自由度比 $\chi^2/df=2.117$，标准残差均方和平方根SRMR＝0.049，拟合度指数GFI＝0.91，比较拟合指数CFI＝0.918，近似误差均方根RMSEA＝0.062。综上，除SRMR＜0.05外，各拟合指数均符合标准。郭庆科等（2008）提出，当样本量小于等于500时，若SRMR＞0.08，则可判断模型是错误的；若SRMR＜0.05，则可判断模型是正确的；若SRMR值位于0.05～0.08，则难以判断模型是否正确。而本文的有效样本量为293份，SRMR值为0.049，小于0.05，故可以判断本模型正确，能够进行下一步的研究。

表4　相关系数矩阵

变量	娱乐型内容	信息型内容	交易型心理契约	关系型心理契约	品牌忠诚
娱乐型内容	1.000				
信息型内容	0.612***	1.000			
交易型心理契约	0.571***	0.566***	1.000		
关系型心理契约	0.541***	0.576***	0.545***	1.000	
品牌忠诚	0.555***	0.643***	0.585***	0.569***	1.000

注：＊＊＊代表＜0.01。

（三）路径分析

根据理论假设研究，模型中各路径拟合结果见表5。结果表明：信息型内容与娱乐型内容均正向影响品牌忠诚；信息型内容与娱乐型内容分别正向影响交易型心理契约与关系型心理契约。

表5　模型中各路径拟合结果

假设	X	→	Y	标准化系数	P
H_{1a}	信息型内容	→	品牌忠诚	0.335	0.000 ***
H_{1b}	娱乐型内容	→	品牌忠诚	0.121	0.000 ***
H_{2a}	信息型内容	→	关系型心理契约	0.393	0.000 ***
H_{2b}	信息型内容	→	交易型心理契约	0.346	0.000 ***
H_{2c}	娱乐型内容	→	关系型心理契约	0.300	0.000 ***
H_{2d}	娱乐型内容	→	交易型心理契约	0.359	0.000 ***
H_{3a}	关系型心理契约	→	品牌忠诚	0.191	0.000 ***
H_{3b}	交易型心理契约	→	品牌忠诚	0.226	0.033 **

注：＊＊＊代表 $p<0.01$，＊＊代表 $p<0.05$。

（四）中介作用分析

由表5可以看出，各个检验路径在1%或5%水平上显著，接下来分析心理契约的中介作用（见表6）。基于温忠麟等（2004）的检验方法，利用SPSS 24.0软件检验二者的中介效应。首先，通过引入控制变量，对自变量内容营销与因变量品牌忠诚进行回归分析（见表6中M1、M2）。其次，检验心理契约的中介效应（见表6中M7、M8、M9、M10）。最后，分别引入控制变量，娱乐型内容、信息型内容、交易型心理契约、关系型心理契约为自变量，品牌忠诚为因变量（见表6中M3、M4、M5、M6）。回归结果表明，M1、M2中，$p<0.01$，均通过显著性水平检验。M9、M10中，$p<0.01$，此时，需要比较M3、M4中的信息型内容与娱乐型内容的回归系数 b_2（0.466、0.344）与M1、M2的回归系数 b_1（0.621、0.546），这里 b_2 的绝对值小于 b_1。

表 6　心理契约作为中介作用的回归结果

关系型心理契约	品牌忠诚						交易型心理契约			
模型	M1	M2	M3	M4	M5	M6	M7	M8	M9	M10
性别	-0.057	-0.077	-0.045	-0.057	-0.024	-0.033	-0.099	-0.110	-0.040	-0.054
年龄段	-0.058	-0.050	-0.059	-0.055	-0.073	-0.073	0.045	0.058	0.002	0.013
月均可支配收入	0.021	0.038	0.007	0.013	0.045	0.060	-0.072	-0.056	0.050	0.065
受教育程度	-0.007	-0.001	0.002	0.009	-0.004	0.001	-0.006	-0.004	-0.029	-0.025
信息型内容	0.621***		0.466***		0.450***		0.560***		0.572***	
娱乐型内容		0.546***		0.344***		0.319***		0.567***		0.538***
交易型心理契约					0.329***	0.401***				
关系型心理契约			0.294***	0.375***						
R^2	0.420	0.318	0.477	0.416	0.492	0.423	0.334	0.342	0.337	0.301
F 值	41.482***	26.712***	43.420***	33.902***	46.084***	34.962***	28.796***	29.835***	33.720***	24.776***

注：＊＊＊代表 $p<0.01$。

同理，比较交易型心理契约的两个回归系数，也符合上述说明。所以，说明两个维度心理契约中介效应显著，且为部分中介效应。H_4成立。

如表7所示，以关系型心理契约为中介，信息型内容对品牌忠诚的中介作用为0.070，娱乐型内容对品牌忠诚的中介作用为0.056，H_{4a}、H_{4c}成立。以交易型心理契约为中介，信息型内容对品牌忠诚的中介作用为0.077，娱乐型内容对品牌忠诚的中介作用为0.082，H_{4b}、H_{4d}成立。

表7 心理契约作为中介作用的分析结果

X	→	Y	总效应	直接效应	中介效应	检验结论
信息型内容	→	关系型心理契约	0.406			
娱乐型内容	→	关系型心理契约	0.321			
信息型内容	→	交易型心理契约	0.291			
娱乐型内容	→	交易型心理契约	0.309			
关系型心理契约	→	品牌忠诚	0.173			
交易型心理契约	→	品牌忠诚	0.264			
信息型内容	→关系型心理契约→	品牌忠诚	0.469	0.322	0.070	部分中介作用
信息型内容	→交易型心理契约→	品牌忠诚	0.469	0.322	0.077	部分中介作用
娱乐型内容	→关系型心理契约→	品牌忠诚	0.252	0.115	0.056	部分中介作用
娱乐型内容	→交易型心理契约→	品牌忠诚	0.252	0.115	0.082	部分中介作用

六、讨论

（一）理论贡献

本文分析了信息型内容与娱乐型内容对品牌忠诚的影响以及心理契约在内容营销与品牌忠诚之间的中介作用。对激励品牌方根据消费者的心理契约形成机制进行内容营销具有重要的理论意义。本文主要的创新点体现在以下几个方面：

第一，本文完善了内容营销与品牌忠诚之间的心理机制，最重要的是，在我们的概念化中确立了建立心理契约的重要性。目前，学者研究内容营销与品牌忠诚的关系，大多是从认知角度出发，将品牌认同、感知价值作为中介作用。无论是品牌认同还是感知价值，都忽视了在品牌直播过程中消费者心理体验的重要性。此外，注意并吸引是消费者行为的起点，这表明短时间关注内容营销对消费者的影响至关重要。研究发现，心理契约在双方初次接触时产生，与需要较长时间沉淀的品牌认同和感知价值相比，心理契约更能反映当下内容营销对消费者的影响，即内容营销与心理契约联系更紧密，回应了赵相忠等（2019）在认知方面的研究。

第二，本文从心理体验视角解释了消费者行为，补充了社会交换理论解释消费者行为的不足。过往研究多以社会交换理论为基础，探索内容营销如何通过影响消费者对优惠的感知，产生自愿行为，从而提高品牌忠诚度。但在时代背景下，关注消费者的心理需求至关重要。因此，本文进一步解释了内容营销对心理契约的作用机制。

第三，本文区别于以往学者在服务业与在线社群情境下的研究，基于直播情境，重新审视了内容营销对心理契约的影响。研究发现，直播内容直接影响消费者对品牌的感知和心理动态，进而会产生不同的心理契约，回应了陈义涛等（2021）在直播情境下对内容营销与心理契约的研究呼吁。

（二）管理启示

首先，在直播情境下，品牌方需要认识到内容营销是实现品牌忠诚的重要影响因素。品牌主播应该意识到自己在品牌和消费者之间的关系中起着举足轻重的作用，主动丰富知识储备，让策略和创意成为自己的优势。只有在轻松愉快的氛围中，辅以高质量的内容，配合高效的双向沟通，以诚为本，才能提高消费者黏性。

其次，品牌方应明确内容营销对品牌忠诚的影响过程，重视内容营销对消费者心理的影响作用。一方面，制定的内容营销策略，不应仅仅是关于产品信息的输出，还要让消费者感到新奇，渐渐卸下戒备之心接受包含在内容中的营销。另一方面，有价值的内容会减少消费者的负罪感辩护效应。通过有价值、高质量的信息型内容以及趣味型的娱乐型内容，让消费者能在碎片时间保持身心愉悦，轻松获取知识，收获价值，不会为自己消磨时间而感到内疚。

最后，品牌方应遵循心理契约建立的心理规律。一方面，以消费者为中心，重视消费者的体验。从信息型内容（如产品信息、天文地理知识、教育类话题等）着手更容易与消费者建立情感链接，从娱乐型内容（如优惠券、互动、才艺展示等）着手更容易刺激消费者产生购买意愿。另一方面，与消费者建立长期信任关系。消费者对新产品的期望和要求越来越高，保证产品或服务的质量是内容营销的前提。此外，任何一个直播模式都遵循着特定的周期规律，只有持续探索新的直播模式、持续输出新的直播内容以满足消费者需求，才能在这个领域长久立足。

（三）研究局限与未来展望

本文还存在一些局限性。首先，本文仅从静态角度研究了直播营销情境下心理契约的中介作用。未来可以从动态角度出发，采用纵向研究的方法将消费者与品牌方的心理契约会随着和品牌方关系的演进而动态变化这一要素涵纳进来，可以为心理契约的重要性提供进一步的佐证。其次，本文采用了问卷调查法，且被试均为直播消费者，未来可以采用实验法，并使用真实的消费场景，在更大的样本量中证明本文的结论。

参考文献

[1]CHEN L,QUAN X,F Y. Does non – hard – sell content really work? Leveraging the value of branded content marketing in brand building [J]. Journal of product & brand management,2019,28(7):773 – 786.

[2]KANG K,J X,GUO L Y. The dynamic effect of interactivity on customer engagement behavior through tie strength: evidence from live streaming commerce platforms [J]. International journal of information management,2021(56):102 – 251.

[3]LIU C,ARNETT K P. Exploring the factors associated with Web site success in the context of electronic commerce[J]. Information & management,2000,38(1) : 23 – 33.

[4]PHAM M T. A liberating – engagement theory of consumer fun [J]. Journal of consumer research,2022,49(1): 46 – 73.

[5]REBBECA L. What is content marketing? [J]. Advertising age,2012,83(9):65.

[6]ROBINSON S L,ROUSSEAU D M. Violating the psychological contract:not the exception but the norm [J]. Journal of organizational behavior,1994,15(3):245 – 259.

[7]ROEHLING M V. The origins and early development of the psychological contract construct [J]. Journal of management history,1997(2):204 – 217.

[8]ROSE R,PULIZZI J. Managing content marketing: the real – world guide for creating passionate subscribers to your brand [J]. Sirirajmed;com,2013(1):3 – 19.

[9]SHERMAN U P,MORLEY M J. Organizational Inputs to the formation of the expatriate psychological contract: towards an episodic understanding [J]. The International journal of human resource management,2018,29(8):1513 – 1536.

[10]WIERTZ C,DE RUYTER K. Beyond the call of duty: why customers contribute to firm - hosted commercial online communities [J]. Organization studies, 2007,28(3): 347 - 376.

[11]陈义涛,赵军伟,袁胜军．电商直播中心理契约到消费意愿的演化机制:卷入度的调节作用[J]. 中国流通经济,2021,35(11):44 - 55.

[12]邓新明,龙贤义,刘禹,等．善行必定有善报吗:消费者抵制企业社会责任行为的内在机理研究[J]. 南开管理评论,2017,20(6):129 - 139.

[13]郭庆科,李芳,陈雪霞,等．不同条件下拟合指数的表现及临界值的选择[J]. 心理学报,2008(1):109 - 118.

[14]贺爱忠,蔡玲,高杰.品牌自媒体内容营销对消费者品牌态度的影响研究[J].管理学报,2016(10):1534 - 1545.

[15]李惠璠,罗海成,姚唐．企业形象对顾客态度忠诚与行为忠诚的影响模型:来自零售银行业的证据[J]. 管理评论,2012,24(6):88 - 97.

[16]刘平胜,石永东．直播带货营销模式对消费者购买决策的影响机制[J]. 中国流通经济,2020,34(10):38 - 47.

[17]罗海成,范秀成．基于心理契约的关系营销机制:服务业实证研究[J].南开管理评论,2005(6):48 - 55.

[18]罗海成．营销情境中的心理契约及其测量[J]. 商业经济与管理,2005,164(6):37 - 41.

[19]马非,刘东明．消费者注意与企业营销策略关系分析[J]. 商业研究,2005(16):11 - 15.

[20]彭宇泓,韩欢,郝辽钢,等．直播营销中关系纽带、顾客承诺对消费者在线购买意愿的影响研究[J]. 管理学报,2021,18(11):1686 - 1694.

[21]田敏,陈艺妮,范黎娜．CSR 信息方式对消费者感知价值和品牌认同的影响:信息传递方式与信息呈现方式的作用[J]. 软科学,2019,33(1):140 - 144.

[22]王智颖．关于直播电商的 N 条解读:访时趣华南区总经理陈迎[J]. 中国广告,2020(8):46 - 49.

[23]魏剑锋,李孟娜,刘保平．电商直播中主播特性对消费者冲动购买意愿的影响[J]. 中国流通经济,2022,36(4):32 - 42.

[24]谢莹,刘昱彤,陈明亮,等．品牌消费旅程中消费者的认知心理过程:神经营销学视角[J]. 心理科学进展,2021,29(11):2024 - 2042.

[25]殷建平,王泽鹏．情怀营销、品牌认同与品牌忠诚的关系[J]．中国流通经济,2020,34(9):109－118.

[26]赵相忠,张梦．基于品牌知晓度的内容营销与品牌忠诚研究[J]．商业研究,2019(1):10－17.

中国传统与现代文化混搭产品的消费者广告态度研究①

李金凤

摘要：本文基于合法性理论，探讨了在广告情境下古今文化混搭产品的文化融合度对消费者广告态度的影响机制，并揭示了广告合法性的中介效应。本文深化了对古今文化混搭产品的文化融合度问题的理解，拓展了古今文化混搭产品的研究思路，进一步丰富了文化混搭相关理论。

关键词：文化融合度；广告合法性；广告态度；认知闭合需要

作者简介：李金凤（1996—），江西赣州人，西北大学经济管理学院2021级企业管理专业硕士研究生。

一、引言

全球化和现代化进程打破了消费的时空限制，消费者能同时体验古

---

① 本文由高鹏老师指导完成。高鹏，西北大学经济管理学院副教授，硕士研究生导师，研究方向：消费者心理与行为，E-mail：gaopeng@ nwu. edu. cn。基金项目：国家自然科学基金面上项目“短视频顾客灵感的触发机制及其对顾客融入的影响研究”（项目编号：71972156）；国家自然科学基金项目“直播营销中社会临场感对线上从众消费的影响及作用机理研究——行为与神经生理视角”（项目编号：71802158）。

今中外等异质文化的现象变得日益普遍。如今，来自不同文化传统的象征性符号常常会在相同的地点或同一产品上出现（Cui，Xu，Wang，Quall and Hu，2016），如星巴克月饼。文化混搭，即“两个或两个以上的不同文化元素在同一时空中呈现”（Chiu et al.，2011；吴莹、杨宜音、赵志裕，2014）。根据文化混搭的定义，文化混搭包含地域维度的中外文化混搭和时间维度的古今混搭。目前有关文化混搭的研究几乎都集中于中外文化混搭上，虽然涉及混搭产品（郭晓凌等，2022；何佳讯等，2014；聂春艳等，2018；He and Wang，2015）、品牌延伸（Torelli and Ahluwalia，2012）、语言线索（Morris et al.，2011）甚至企业并购（Torelli et al.，2011）等方面，却忽略了中国传统与现代文化混搭。然而，在现实生活中，随着文化自信的增强，“国潮”消费等体现传统文化价值的产品日益受到关注。

文化混搭形式多样，其中，文化混搭产品形式与消费者息息相关。目前，缺乏从企业营销传播视角对文化混搭产品进行评价的研究，而广告对产品营销起着积极的作用。通过广告，古今文化混搭产品的两种文化元素能被全面展示，帮助消费者理解产品。因此，以体现产品特性和利益的产品广告为视角对文化混搭产品进行研究是有价值的。本文以广告为研究情境，以广告合法性为中介，以认知闭合需要为调节变量，探究广告情境下古今文化混搭产品的文化融合度对消费者广告态度的影响。

二、研究综述

（一）文化混搭

文化混搭的定义有两个要点：首先，文化混搭是一种外在的环境现象，而非个体内部的心理体验。因此，个体经验与外在文化线索之间的“混搭”并不属于“文化混搭”范畴（Hao，Li，Peng，Peng and Torelli，2016）。其次，文化混搭是一种普遍的现象，只要两种或多种文化元素同时呈现，不论其是并列呈现、并无交集，还是彼此混杂乃至你中有我、我中有你，都属于文化混搭。因此，文化混搭存在丰富多样的表现形式。彭璐珞和赵娜（2015）总结了融通、附会、分理、并置、统摄、移接、转化、叠合、协同等9种具体的混搭形式。近年来，文化混搭这一外在的环境现象如何影响个体内部的心理活动，已经成为跨文化心理学研究领域关注的重点。

本文关注的古今文化混搭产品属于文化混搭的范畴。按照空间地域对文化进行划分，可分为中外文化；而按照时间对文化进行划分，则可划分为古今文化。不论是中外文化混合还是古今文化混合都属于文化混搭的研究范畴。现有文献主要聚焦于横向的文化混搭（中西之间），对纵向的文化混搭（古今之间）的研究较少。

（二）文化融合度

郭晓凌等（2022）结合以往研究认为，不仅可以在文化认同方面考察某个体内两种文化的整合程度，还可以在一个产品上考察两种文化的融合程度。因此，他提出古今文化混搭产品的文化融合度的概念，将之定义为“在古今文化混搭产品中传统文化和现代文化在多大程度上进行了充分的融合，跨越了明显的界限，实现了转化创造”。本文在此基础上，提出古今文化混搭产品的广告文化融合度概念，将其定义为“在古今文化混搭产品广告中传统文化和现代文化在多大程度上进行了充分的混合，跨越了明显的界限，实现了转化创造”。古今文化混搭产品的广告文化融合度是古今文化混搭产品的文化融合度在广告情境下的具体表现。

现有文献对文化融合度以及营销传播视角下文化混搭的评价研究较为缺乏。郭晓凌等（2022）证实，文化融合度正向影响消费者对古今文化混搭产品的评价。简予繁等（2019）以广告为视角研究了文化混搭问题，揭示了老字号品牌的流行文化广告中，文化差异会负向影响品牌真实性。而广告中反映的文化价值观如果与其激发的文化联想相容，消费者对标志性品牌的评价将会较为积极（周懿瑾，2017）。以上文献虽然涉及了文化融合或者广告中的文化信息问题的研究，但是没有以古今文化混搭产品的文化融合度为核心深入探究广告情境下的消费者态度。因此，本文有望填补现有的研究空白。

（三）广告合法性

合法性这一构念源于组织领域。合法性，是指在一个由规范、价值观、信念和定义构建的社会体系中，一个组织的行为被认为是可取的、恰当的或适宜的一般感知或假设（Suchman，1995）。广告合法性是品牌领域合法性的相关研究之一。Martin 和 Capelli（2017）将广告合法性界定为消费者对广告意图、广告策略与广告实践是否合适、有效及符合现行的社会价值观与道德规范的判断。广告合法性是一个三维概念，包括意图合法性、策略合法性和实践合法性。意图合法性，是指消费者对广告的意图是否积极、是否有利于消费者以及有助于社会的判断；策略合法性，是指消费者在看到广告时，对广告策略的有效性和适合性的判断与评价；实践合法性，是指消费者根据以往的广告经验与品牌经验，对广告是否符合社会道德、规范与期望的判断。由此可见，广告合法性的概念强调了品牌或企业自身的广告行为在消费者认知中是否妥当以及被期望。

基于合法性的评判对象，品牌领域现有的合法性研究可分为两种视角。第一种视角是将品牌、品牌主或品牌产品视为合法性的实体；第二种视角是将品牌及品牌所属企业的行为视为合法性的被判断对象，探究消费者对品牌及其所属企业行为在现行文化框架内是否合适、可理解或有益于消费者利益或社会的发展。本文以品牌的广告行为为合法性的被判断对象，建构现代品牌在对其古今文化混搭产品进行广告活动时，消费者感知广告中的文化融合度对其广告态度的影响机制。

三、研究假设

（一）文化融合度与消费者广告态度

古今文化融合度中的“融合”可能包含两种情形：第一，古代文化与现代文化体现的内涵较为接近，易于实现二者显性的融合。第二，古今文化元素的内涵虽然不同，但古代文化中的引申和象征含义可以很好地映射、隐喻到现代生活中，从而实现两种文化较为隐性的融合。若无法归入这两种情形，产品中原本既无关联，也无法隐喻暗示的传统和现代文化元素，就会因为生拼硬凑引起消费者的反感。例如，安踏《自由创造，展现 Real Me!》跑鞋广告，将李白的洒脱与现代的“Real”精神结合宣传，在向消费者展现李白风骨的同时，突出了品牌传达的现代文化价值观。当营销者采用具有不同文化象征性的元素开展营销传播活动时，如果双方文化的相容度高，则文化混搭较易为受众所接纳和认可（Tong and Hui，2011）。因此，在古今文化混搭产品的广告中，古今文化的创造性结合有利于形成积极的消费者广告态度。

综上所述，本文提出以下假设：

H_1：在古今文化混搭产品的广告中，文化融合度正向影响消费者的广告态度。

（二）广告合法性的中介作用

品牌的产品广告活动能否促进积极的消费者品牌态度或品牌行为，受到广告合法性的影响。Rui 等（2017）通过问卷调查证明，消费者感知绿色能源品牌营销传播活动中该品牌或其产品与绿色、环保、健康等概念的一致性，通过提升绿色能源品牌合法性，促进绿色能源品牌信任。根据自我决定理论，人们总是在努力满足自身对亲缘关系的需求，即寻找一种归属感以及被尊重感，而合法性的概念强调了品牌或其行为能够代表消费者向往或归属群体的价值观或信念体系，因此，品牌或其行为合法性越强，越可能成功地塑造积极的品牌态度。此外，组织领域的合法性理论认为，当某一实体行为发生变化时，合法性的获得将成为其行为的首要目的和前提，只有获得了合法性，实体行为才能获得社会认同，产生社会影响。周懿瑾（2017）指出，由于老字号品牌象征着传统文化，若老字号品牌广告采用与传统文化价值观相冲突的现代文化，会导致消费者产生文化排斥反应，从而导致品牌延伸与广告活动的失败。因此，本文提出，对于传达现代文化价值观的品牌，在采用传统文化符号进行广告活动时，创造性地统一两种文化，有利于消费者对广告内容、形式与意图进行合理性的理解，从而正向影响消费者的广告态度。

综上所述，本文提出以下假设：

H_2：在对古今文化混搭产品的广告中，广告合法性在文化融合度与消费者的广告态度之间的关系中发挥中介作用。

（三）认知闭合需要的调节作用

学者将认知闭合需要界定为“为问题寻找确定答案的动机，任意一种确切的答案都比不确定要好”（Webster and Kruglanski，1994）。认知闭合需要的发生分为“夺取”和“冻结”两个阶段。处在“夺取”阶段时，个人面临不确定性的情境，需迅速收集信息产生对目标问题的探索性假设；处在“冻结”阶段时，个体会保留在“夺取”阶段产生的假设，不会依据新的信息改变原有的认识（Kruglanski et al.，1993）。因此，认知闭合需要较高的个人，在处理信息时，不够灵敏（刘雪峰、张志学，2009），比较封闭，又尽力避免不确定性（Chernikova et al.，2017），故降低了其对新奇经验的接受程度。而认知闭合需要较低的个人，对模糊性的容忍程度较高（刘雪峰、张志学，2009），更愿意深入搜索和分析信息，且愿意给予新信息适当的权重。同时，研究发现，与低认知闭合需要的个人相比，高认知闭合需要的个人创造力低，形成的创新性产品更少（Chirumbolo et al.，2005；Chirumbolo et al.，2004）。

本文关注的古今文化混搭产品的广告体现了古今两种文化的结合，对消费者而言无疑是一种富有新意的、具有不确定性的产品信息。高认知闭合需要的消费者对不确定性接受程度低，较难发现古今文化的创造性结合，对广告中传统文化与现代文化结合的合理性理解程度低。因此，高认知闭合需要的消费者，较难感知到古今文化结合的合理性。混搭产品广告的文化融合度，有助于增加消费者对古今文化混搭的理解，从而增强了其通过广告合法性对消费者广告态度发挥的正向影响作用。依据以上分析，本文提出以下假设：

H_3：认知闭合需要调节文化混搭产品广告中文化融合度对消费者广告态度的影响。其中，认知闭合需要越低，广告合法性的中介作用越弱；认知闭合需要越高，广告合法性的中介作用越强。

四、研究设计

（一）研究对象

为了保证真实性与准确性，本文选取了一个我国现代品牌中能同时体现现代文化和传统文化的产品的平面广告作为研究对象，即安踏的采用书法元素（书法字体），蕴含我国古代诗人李白诗歌风骨的三大要素——诗、酒、剑内涵与求真的现代价值观，名为《自由创造，展现Real Me!》的跑鞋产品广告。该平面广告存在于现实当中，符合古今文化混搭的定义，并且古今文化的文化融合度较佳。

（二）变量测量

本文的关键变量包括文化融合度、广告合法性、消费者的广告态度以及认知闭合需要。本文量表均选择借鉴根据以往学者权威定义衍生出来的量表，所有量表都经过前人验证具有良好的信度和效度，确保测量题项的信度和效度。

首先，文化融合度的量表采用的是郭晓凌等（2022）的研究，包括“这则广告体现出中国传统文化和现代文化的结合”等3个测量题项；其次，广告合法性的量表来自 Martin 和 Ecapelli（2017）的研究，包括“我认为该品牌广告结合中国传统文化元素是有逻辑的”等5个题项；对于消费者广告态度的测量，采用 Mackenzie 和 Lutz（1989）的量表，包含“我认为这则广告很好”等4个题项；认知闭合需要采用借鉴 Roets 等的研究，包括“我发现我的性格适合井井有条、循规蹈矩的生活方式”等15个测量题项。本文根据需要对个别题项进行了语义和语境的修改，采用李克特七级量表展开测量。

（三）研究样本

本文调研问卷实验部分的第一个问题目的是确定受试者所选品牌产品是否具有现代文化内涵；第二个问题描述了品牌广告信息，将广告图片呈现于问卷中，并设置一定的时间使受试者对该平面广告进行观察，之后根据图片回答能否识别出广告中蕴含中国传统文化，若回答不能识别，则停止作答。研究借助调研平台 Credamo 开展样本服务收集数据，该样本服务采用随机抽样的方式，具有较强的科学性，来自我国多个省份的179名被试在调研平台 Credamo 上参与了本次调查。

本文共收集了179份问卷，排除其中无效的30份，共收集到149份有效问卷。样本年龄集中在26~35岁；就性别比例来看，男性居多；学历多数为本科；职业以企业职员居多（见表1）。

表1　描述性统计分析

项目	类别	频数/人	百分比/%
性别	男	56	37.58
	女	93	62.42

续表

项目	类别	频数/人	百分比/%
年龄	18~25 岁	27	18.12
	26~30 岁	23	15.44
	31~35 岁	81	54.36
	36~40 岁	18	12.08
学历	大专及以下	12	8.06
	本科	113	75.84
	硕士	20	13.42
	博士	4	2.68
职业	在校学生	15	10.07
	企业职员	111	74.50
	公务员或事业单位职员	12	8.05
	自由职业者	1	0.67
	其他	10	6.71
合计		149	100.00

五、研究结果

（一）信效度分析

先对本文进行验证性因子分析，检验 4 个构念的因子载荷、Cronbach's α、复合信度（*CR*）、*AVE* 是否达到阈值，目的是测量模型结构进行检验。如表 2 所示，本研究测量 M4 个构念的因子载荷均大于 0.7、Cronbach's α 大于 0.75、*CR* 大于 0.8，因此，研究信度较好。同时，所有构念的 *AVE* 都大于 0.5，表明所有构念均有较好的信度和效度。

通过探索性因子分析检验模型，发现样本的 KMO 值为 0.882，大于 0.6，自由度为 351，$p<0.000$，表明数据可以做验证性因子分析。旋转后的因子载荷矩阵析出 5 个因子，累计解释了 78.17% 的方差，表明测量模型的整体量表具有好的效度。通过验证性因子分析检验模型的

适配性情况，拟合指数为：$\chi^2/df = 2.268$，$RMSEA = 0.093$，$GFI = 0.873$，$CFI = 0.917$，$NFI = 0.898$，说明模型拟合情况良好。针对区分效度进行分析，因子间相关系数都小于各个变量的 *AVE* 平方根值，表明其有较好的区分效度，见表3。

表2　信度、效度检验结果（*N*=149）

项目	测量题项	因子载荷	Cronbach's α	*AVE*	*CR*
文化融合度	这则广告体现出中国传统文化和现代文化的结合	0.722	0.875	0.7039	0.867
	在这则广告中，中国传统文化与现代文化很好地融合在一起	0.825			
	在这则广告中，中国传统文化与现代文化有机结合为一整体	0.762			
广告合法性	我认为该品牌广告结合中国传统文化元素是有逻辑的	0.754	0.837	0.743	0.835
	我认为该品牌广告结合中国传统文化元素是合理的	0.763			
	我认为该品牌广告结合中国传统文化元素是正常的	0.843			
	我认为该品牌广告结合中国传统文化元素是符合道德的	0.864			
	我可以接受该品牌广告结合中国传统文化元素	0.792			
广告态度	我认为这则广告很好	0.747	0.753	0.7792	0.873
	这则广告让我感到愉快	0.786			
	我很喜欢这则广告	0.842			
	我认为这则广告中的信息是可信的	0.732			
认知闭合需要	我发现我的性格适合井井有条、循规蹈矩的生活方式	0.861	0.934	0.5329	0.938
	我发现形成始终如一的规律使我更好地享受生活	0.853			
	我喜欢在生活中建立一个清晰而固定的模式	0.872			
	我喜欢与熟悉的朋友在一起，因为我了解他们会做什么和怎么做	0.852			

续表

项目	测量题项	因子载荷	Cronbach's α	*AVE*	*CR*
认知闭合需要	我不喜欢与行为经常出乎意料的人打交道	0.840	0.934	0.5329	0.938
	我不喜欢不可预测的环境	0.894			
	当我做出一个决策时，我感觉如释重负	0.719			
	遇到问题时，我通常能够迅速地找到最好的解决办法	0.835			
	当我无法找到解决问题的方法时，我会变得心烦意乱	0.731			
	我不喜欢进入我无法预测的情境中	0.898			
	当我不了解生活中某件事发生的原因时，我感觉不舒服	0.840			
	我不喜欢一个人的话里有多种含义	0.793			
	我不喜欢有许多不同答案的问题	0.786			
	当有人不同意群体内其他人都认同的观点时，我很恼火	0.742			
	在形成自己的观点之前，我通常不会咨询不同的意见	0.742			

表3　各变量的 *AVE* 平方根和相关系数

变量	文化融合度	广告合法性	广告态度	认知闭合
文化融合度	0.839			
广告合法性	0.282***	0.862		
广告态度	0.342***	0.364***	0.894	
认知闭合	0.418***	0.228***	0.398***	0.73

注：＊＊＊代表 $p<0.001$，*AVE* 的平方根在矩阵对角线上。

（二）主效应和中介效应分析

1. 主效应

首先，将广告态度设为因变量；其次，加入控制变量（性别、年龄、学历、职业）；最后，将自变量，即文化融合度放入回归方程。层次回归的结果见表4。在表4中，由M2可知，文化融合度对消费者的广告态度（$r = 0.560$，$p < 0.001$）具有显著的正向影响。由此，H_1 得到验证。

2. 检验模型中的中介效应

在表4中，由M4可知，控制性别、年龄、学历及职业4个变量后，文化融合度对广告合法性有显著的正向影响（$r = 0.592$，$p < 0.001$）。同时，在M3中，控制上述4个变量后，广告合法性对消费者广告态度有显著影响（$r = 0.659$，$p < 0.001$）。当回归模型引入广告合法性时，文化融合度对消费者广告态度的回归系数为 $r = 0.299$（$p < 0.01$），广告合法性对消费者广告态度的回归系数为 $r = 0.396$（$p < 0.001$），说明广告合法性在文化融合度与消费者广告态度关系中发挥中介作用，由此，H_2 得到验证。

表4 中介效应检验

变量		广告态度（M1）	广告态度（M2）	广告态度（M3）	广告合法性（M4）	广告态度（M5）
控制变量	性别	-0.171	-0.091	-0.055	-0.083	-0.069
	年龄	0.100	0.077	-0.046	0.112	0.096
	学历	0.017	0.064	0.116	-0.019	0.019
	职业	-0.216	-0.061	-0.036	-0.087	-0.047
自变量	文化融合度		0.560***		0.592***	0.299**
中介变量	广告合法性			0.659***		0.396***
R^2		0.085	0.368***	0.482***	0.403***	0.449***
调整 R^2		0.060	0.346***	0.464***	0.382***	0.426***
F 值		$F(4, 144) = 3.343$ $p = 0.12$	$F(5, 143) = 16.626$ $p = 0.000$	$F(5, 143) = 26.66$ $p = 0.000$	$F(5, 143) = 19.316$ $p = 0.000$	$F(6, 142) = 19.282$ $p = 0.000$

注：＊＊＊代表 $p < 0.001$，＊＊代表 $p < 0.01$。

进一步地，采用Bootstrapping方法检验中介效应（见表5）。由表5可知，在检验广告合法性在文化融合度对消费者广告态度中介作用上，总效应、间接效应和直接效应都显著，且在95%的置信区间，非标准的间接效应（0.129～0.417）不包含0，中介效应存在；非标准直接效应（0.134～0.489）不包含0，表明广告合法性在文化融合度和消费者广告态度之间起到部分中介作用，由此 H_2 得到验证。

表5 Bootstrapping 中介效应分析

变量		效应	点估计	Bootstrapping Bias - Corrected 95% CI		结论
				Lower	Upper	
文化融合度	广告态度	总效应	0.584**	0.440	0.727	文化融合度→广告合法性→广告态度（中介效应存在，部分中介）
		间接效应	0.272	0.129	0.417	
		直接效应	0.311**	0.134	0.489	

注：**代表 $p<0.01$。

（三）调节效应

检验认知闭合需要在文化融合度对广告合法性影响路径中的调节作用。本文以文化融合度、认知闭合需要以及两者的交互项为自变量，以广告合法性为因变量，进行回归分析，结果如表6所示。在控制了主效应后，文化融合度与消费者认知闭合需要的交互项对广告合法性有显著影响（$\beta=0.145$，$p<0.05$），消费者认知闭合需要对文化融合度和广告合法性的关系有正向调节作用，即对于低认知闭合需要（vs 高认知闭合需要）的消费者，文化融合度通过广告合法性影响广告态度的作用路径会被收缩。由此，H_3 得到验证。

表6 调节效应检验

变量		广告合法性（M1）	广告合法性（M2）	广告合法性（M3）	广告合法性（M4）
控制变量（M5）	性别	-0.149	-0.055	-0.064	-0.09
	年龄	-0.020	-0.046	-0.060	-0.066
	学历	0.060	0.116	0.108	0.118
	职业	-0.219	-0.036	-0.013	0.000
自变量与调节变量	文化融合度			0.648***	0.614***
	认知闭合需要		0.659***	-0.016**	-0.224***

续表

变量		广告合法性（M1）	广告合法性（M2）	广告合法性（M3）	广告合法性（M4）
交互项	文化融合度×认知闭合需要				0. 145 *
R^2		0.091	0.482 ***	0.507 **	0.523 *
调整 R^2		0.066	0.464 ***	0.486 **	0.499 *
F 值		$F(4, 144)$ = 3.614 p=0.008	$F(5, 143)$ = 26.660 p=0.000	$F(6, 14)$ = 24.352 p=0.000	$F(7, 14)$ = 22.089 p=0.000

注：***代表 $p<0.001$，**代表 $p<0.01$，*代表 $p<0.05$。

六、结论与启示

（一）研究结论

广告作为现代品牌与消费者沟通的重要营销方式，在传统与现代文化混搭产品的广告活动中扮演着关键角色。本文基于组织合法性理论，对传统与现代文化混搭产品进行广告活动时，消费者感知广告中文化融合度对广告合法性与广告态度的影响路径进行了实证分析探讨。研究结果表明，在现代品牌的传统与现代文化混搭产品广告中，消费者感知的文化融合度对广告合法性与广告态度均有显著正向影响；广告合法性在消费者感知广告文化融合度与广告态度之间发挥部分中介作用；而消费者认知闭合需要显著调节了广告中感知文化融合度对广告合法性的影响，相对于高认知闭合需要消费者，低认知闭合需要消费者对文化融合度对广告态度的直接作用较弱。因此，低认知闭合需要消费者在评价文化混搭广告时，可能更能欣赏古今文化的创造性结合，较少依赖文化融合度这个变量。该研究结果具有重要的理论与实践启示。

（二）理论贡献

第一，本文以组织合法性理论为基础，探究了当消费者面对现代品牌的古今文化混搭产品广告时，将会产生怎样的广告态度，及其产生的机制，丰富了组织合法性在文化混搭研究领域的相关文献。以往组织合法性在营销领域品牌视角的研究更多地关注企业跨境商业行为，如本土品牌国际化或国际品牌本土化的研究；而广告合法性在文化混搭研究领域以广告为研究情境相关的研究较少，本文补充了这一视角的研究文献。

第二，综观现有文化混搭研究，学者主要从文化混搭的自身特征如内群体文化符号的卷入与否（Cheng，Leung and Wu，2011；Cheon，Christopolous and Hong，2016）、文化符号之间的混搭程度（Chiu，Mallorie，Keh and Law，2009；Yang，Chen，Xu，Preston and Chiu，2016）、文化符号的象征性水平（Yang et al.，2016）、文化之间的力量对比（Cheng，2010）等，以及消费者的个体特征如消费者的文化认同（Morris，Mok and Mor，2011；Shi，Shi，Luo and Cai，2016）、认知性需求（Torelli et al.，2011；Keersmaecker，Van Assche and Roets，2016）、死亡忧虑（Torelli et al.，2011）等进行探讨，而较少从企业营销传播的视角探讨如何提高消费者对文化混搭的评价。本文从营销广告的视角，研究了文化融合度对消费者广告态度的影响，揭示了广告合法性的中介作用机制。这不仅补充了文化混搭领域基于企业传播视角的研究文献，而且丰富了文化融合度的研究文献。

第三，彭璐珞等（2015）总结了消费者对文化混搭正面或负面反应经历的四种心理路径：认知流畅性、（负面）情绪体验、文化威胁感、创新感。由于文化混搭，前三种心理路径主要出现在人们对文化混搭排斥反应的研究中。因为涉及两种或两种以上的不同的文化，所以文化混搭的效果会受个体的认知流畅性作用影响。互不兼容的文化混搭在一起，会迫使个体离开其舒适区域，导致其负面情绪增强。文化威胁感一般出现在人们认为文化混搭是对本土文化的侵蚀或污染时。创新感中介会对文化混搭产品的接纳性做出反应。在文化混搭研究中，缺乏以广告合法性作为作用机制的研究。本文通过引入广告合法性作为中介，拓展了文化混搭研究在广告视角的心理机制，同时增加了文化接纳反应的心理路径。

（三）管理启示

第一，现代品牌或企业在利用传统文化资源制作古今文化混搭产品广告时，要特别注重文化融合度。在文化混搭产品中，一般情况下，两种文化的文化线索仍然比较明显，两种文化并非转化至一种全新文化，因此，这两种文化元素融合度如何，成为消费者反应的决定因素。若能深度融合，你中有我，我中有你，和谐流畅，创意斐然，消费者就会做出积极反应；相反，若是生拉硬拽，胡拼乱凑，只管拿来用上，就会导致消费者的消极反应。因此，品牌或企业在制作文化混搭广告之前，有必要在设计和文化两个方面进行专家调查，尽量使文化混搭产品在文化意义上融合，从而引发消费者的正面反应。

第二，品牌要注重古今文化混搭广告的合法性。品牌或企业采用的古今文化混搭广告要注意两种差异化文化内涵的合理性、逻辑性，使消费者易于接受，避免被认为是对中国传统文化的玷污。

第三，企业需根据消费者的认知闭合需要制定恰当的营销沟通策略。本文发现，低认知闭合需要消费者可能较少受广告合法性的影响，由此可在沟通中强调产品的独特、有趣；相反，如果消费者认知闭合需要较高，则需要突出广告文化结合的合理性，借此赢得消费者的好感。

（四）不足与展望

首先，本文仅检验了现代品牌古今文化混搭产品广告中消费者感知文化融合度对广告合法性与消费者广告态度的影响。然而，在营销实践中，除了文化融合度这一因素，还有其他因素，如广告中传统文化元素出现的次数、传统文化元素表现形式的抽象程度、在广告篇幅中所占比例等，影响文化混搭广告合法性与消费者广告态度。并且，本文情境仅限于平面广告，并未对影视广告、网络广告、互动广告等多种广告形式同时进行研究。其次，本文仅使用了线上问卷调查方法，且选择了现实的品牌与真实的广告，研究方法和样本量具有一定的局限性。因此，未来可以扩大样本数量以及使用更多样的方法进行研究，进一步对本文模型进行拓展和完善。如在研究方法上，使用实验法，设置虚拟与实际的品牌，更科学地检验影响广告合法性与消费者广告态度的因素。最后，文化分域理论表明不同文化领域的文化混搭会影响个体对文化混搭的心理反应。因此，未来研究可以在本文基础上补充研究不同文化领域文化混搭的调节作用。

参考文献

[1]ARNE ROETS,ALAIN VAN HIEL A. Item selection and validation of a brief, 15 – item version of the need for closure scale[J]. Personality and individual differences,2021,1(50):90 – 94.

[2]MACKENZIE S B,LUTZ R J . An empirical examination of the structural antecedents of attitude toward the ad in an advertising pretesting context[J]. Journal of marketing,1989,2(53):48 – 65.

[3]MARTIN ECAPELLI S. Region brand legitimacy:towards a participatory approach involving residents of a place[J]. Public management review,2017,19 (6) : 820 – 844.

[4]RUI G,LAN T. A path analysis of greenwashing in a trust crisis among Chinese energy companies:the role of brand legitimacy and brand loyalty [J]. Journal business ethics,2017,140 (2) :523 – 536.

[5]SUCHMAN M C. Managing legitimacy: strategic and institutional approaches [J]. The academy of management review,1995,20(3):57,571 – 610.

[6]TORELLI C J,CHIU C – Y. Exclusionary reactions to foreign cultures:effects of simultaneous exposure to cultures in globalized space[J]. Journal of social issue, 2011,67 (4):716 – 742.

[7]TONG Y Y,HUI P – Z. National feelings or rational dealings? The role of procedural priming on the perceptions of cross – border acquisitions [J]. Journal of social issues,2011,67 (4) :743 – 759.

[8]陈咏媛,康萤仪. 文化变迁与文化混搭的动态:社会生态心理学的视角[J]. 中国社会心理学评论,2015(1):224 – 263.

[9]郭晓凌,张逸聪,刘浩. 中国传统与现代文化混搭产品的消费者态度研究:一个有调节的双中介模型[J]. 国际商务(对外经济贸易大学学报),2022(3):140 – 156.

[10]刘建新,范秀成. 新产品加价销售影响消费者多样化寻求的复合机制[J]. 管理科学,2021,34(1):97 – 112.

[11]刘英为,汪涛,聂春艳,等. 如何应用国家文化原型实现品牌的国际化传播:基于中国品牌海外社交媒体广告的多案例研究[J]. 管理世界,2020,36(1):88 – 104,236.

[12]聂春艳,汪涛,刘英为."情有可原"还是"罪加一等":文化混搭对消费者的宽恕意愿的影响[J]. 营销科学学报,2023,3(2):20 – 36.

[13]聂春艳,汪涛,赵鹏,等. 解释框架对文化混搭产品评价的影响:比较焦点和解释策略的调节效应[J]. 心理学报,2018,50(12):1438 – 1448.

[14]彭璐珞,赵娜. 文化混搭的动理研究:混搭的反应方式、影响因素、心理后果及动态过程[J]. 中国社会心理学评论,2015(1):19 – 62.

[15]彭璐珞,郑晓莹,彭泗清. 文化混搭:研究现状与发展方向[J]. 心理科学进展,2017,25(7):1240 – 1250.

[16]吴莹,杨宜音,赵志裕. 全球化背景下的文化排斥反应[J]. 心理科学进展,2014,22(4):721 – 730.

[17]熊莎莎,汪涛,赵鹏. 跨国品牌本土化适应中的文化混搭现象:研究回顾与展望[J]. 外国经济与管理,2018,40(7):113 – 128.

[18]赵玉芳,包燕,肖子伦,等. 文化混搭对群体心理融合的影响:经验开

放性的调节作用[J]. 辽宁师范大学学报(社会科学版),2020,43(4):50－58.

[19]邹智敏,江叶诗. 文化会聚主义:一种关系型的文化心理定势[J]. 中国社会心理学评论,2015(1):63－96.

[20]周懿瑾. 当传统遇到现代:文化排斥效应对老字号现代化的影响[J]. 中国社会心理学评论,2017,1 (12):110－130.

初步探索短视频顾客灵感的ERP效应[①]

覃丽君

摘要：生活中由短视频激发顾客灵感的事例不胜枚举，当短视频内容突破消费者对产品或品牌原有认知时，顾客灵感就有可能被激发，从而促进消费者对品牌产生积极情绪或购买意图。然而，对于顾客灵感影响购买决策的具体机制目前仍不明确。依据相关文献，本文以事件相关电位（ERP）作为技术手段，系统探讨短视频顾客灵感诱发的脑机制。本研究的开展，对从神经层面上理解顾客灵感与探索行为和购买意愿间的法则网络具有重要的理论意义，对企业和营销人员更好地检验营销策略的有效性以及了解消费者行为中的认知过程具有一定的实践意义。

关键词：短视频顾客灵感；ERP；神经营销学

作者简介：覃丽君（1998—），湖北宜昌人，西北大学经济管理学院2021级企业管理专业硕士研究生。

---

① 本文由高鹏老师指导完成。高鹏，西北大学经济管理学院副教授，硕士研究生导师，研究方向：消费者心理与行为，E－mail：gaopeng@ nwu. edu. cn。基金项目：国家自然科学基金面上项目："短视频顾客灵感的触发机制及其对顾客融入的影响研究"（项目编号：71972156）；陕西省自然科学基金项目："CSR信息对消费者身份激活及响应的影响研究"（项目编号：2023－JC－YB－609）。

一、引言

自2018年以来，短视频作为一种新的社交方式呈现出“井喷式”发展趋势。相比于微博、微信等社交平台，短视频平台拥有庞大的用户基础。据CNNIC统计，截至2022年12月，短视频用户规模首次突破10亿，用户使用率高达94.8%；短视频以较短的视频长度、移动友好性、鲜明的人气动态等特征，成为人们分享快乐、获取信息以及进行购物的优质社交平台。据统计，45.2%的短视频用户通过短视频电商平台购买商品，其转化率最高（张天莉、罗佳，2019）；此外，短片制作过程相对简单，参与制作的门槛更低，可以吸引更多的用户使用和分享社交网络。基于以上优势，短视频成为移动互联网营销的“标配”（Huang，2021），成为产品与消费者互动、共创、分享的纽带；而短视频平台则成为一个吸引顾客注意力的强大工具，是一个极具灵感的社交场所（高鹏等，2020）。

当前，短视频平台已经成为一种新的营销渠道和灵感的重要来源，通过短视频了解灵感的来源，对研究人员和营销人员来说都至关重要。而有关营销领域的“顾客灵感”研究有助于将短视频和灵感联系起来，顾客灵感被描述为“顾客的一种暂时的动机状态，这种动机状态可以促使消费者从获得营销诱导性观念转变到对消费相关目标（如购买）的内在追求”（Botter et al.，2017）。高鹏等（2020）在Botter等（2017）研究的基础上，结合当下火热发展的短视频，将顾客灵感具象化，并提出了短视频顾客灵感理论。

近年来，对顾客灵感的研究主要集中于实证研究和行为实验等，探讨顾客灵感的触发机制以及与其他变量之间的关系等；而极少有在短视频背景下考察顾客灵感来源（高鹏等，2020）以及对顾客契合行为影响（何晓敏，2021）等的研究。顾客在短视频的刺激下产生顾客灵感并做出决策的大脑神经过程仍然难以捉摸。顾客灵感需要接受大脑的操控，因此对于大脑是如何整合各种信息控制和激发顾客灵感的研究是非常必要的，厘清其中的奥妙对于消费者行为与心理研究有重要的意义。此外，脑成像技术的高速发展，也在某种程度上为深入揭示短视频顾客灵感的认知机制提供了一条捷径。因此，本文将以短视频顾客灵感为核心，探讨短视频顾客灵感的脑机制以及情绪状态、大脑工作状态等因素对短视频顾客灵感影响的脑机制。

二、国内外研究现状以及问题提出

（一）短视频顾客灵感的定义以及相关研究

Thrash 和 Elliot（2003）将心理学中的灵感研究引入营销领域，并指出灵感是顾客体验的重要组成部分。高鹏等（2020）结合短视频具体情境，将顾客由营销类短视频中获得的，从接受营销引导的想法到转变为对消费相关目标内在追求的激活状态，称为“短视频顾客灵感”。短视频顾客灵感可以看作将刺激（如短视频）和灵感相关活动（如购买行为）联系起来的传递过程（Kwon and Boger，2021）。它由观念式启发和行动式启发两个维度构成，观念式启发，是指顾客接受营销诱导理念，即当客户收到关于品牌产品的新信息时，这种状态就会以某种方式激发他们对品牌产品的想象力；行动式启发，是指顾客脱离想法层面而迫切地想要实现新想法，如购买产品等。目前，已有研究探索证明：顾客灵感与品牌依恋（Park et al.，2013）、客户的愉悦感和满意度（Finn，2005）以及客户体验的流动性（Schouten et al.，2007）高度相关。但有关短视频顾客灵感具体机制还有待探讨，缺少采用神经科学方法提供的电生理证据，这些证据是通过对神经过程的观察而具体化所获取的隐藏信息，是实证研究难以获取的信息。

（二）短视频顾客灵感的前因

Botter 等（2017）提出了一个框架解释顾客灵感的前因，即来源特征和个人特征。在短视频的营销环境下，通过文献梳理将前因归纳为信息因素、社会因素、情感因素、个人特质。

1. 信息因素

短视频的生动性是产生灵感的重要前因。生动性，是指在想象上具有启发性，在情感上具有吸引力的程度（Pfeiffer and Kirkegaard, 2005）。社交媒体使企业能够在短视频中使用具体的措辞、图片、视频激发顾客的想象力，吸引其注意力。以往的研究表明，视频中具体的（相对于抽象的）措辞可以增加广告的感知生动性，这反过来对消费者的购买意愿产生积极影响（Burns et al.，1993）。生动的视频可以有效地诱导想象力（Nisbett and Ross，1980），想象力是灵感的重要元素（Thrash et al.,2017）。在社交媒体中，视频的生动性激发了消费者的想象力，拓宽了消费者的心理视野，进而增加了激发消费者灵感的可能性。

2. 社会因素

对于社会因素，灵感可能来自社会影响（如榜样的钦佩、同伴的种草等）。社会影响，是指一个人的行为受到与之互动的其他个人、组织和社会的影响程度（Friedkin，1998）。随着短视频社交媒体的日益普及，用户在社交媒体上与同龄人积极互动，其行为在很大程度上受到同龄人的影响。更重要的是，社会影响导致个人对社交网络上发布的信息变得更加好奇（Thomas and Vinuales，2017）。好奇心可被视为由外部刺激驱动的暂时动机状态（Thomas and Vinuales，2017），这是顾客灵感的基本要素。当用户在社交媒体上受到同伴视频的影响时，他们的好奇心会被激发，从而增加了从帖子中获得灵感的可能性。

3. 情感因素

研究显示，情绪能激发灵感。Finn（2005）通过再次验证得到了在消费上带来的惊喜感会引发灵感的结论。依恋是另一种能够激发顾客灵感的情感（Khoi et al.，2020），是存在于消费者和商家之间的情感纽带。依恋与顾客灵感的唤起倾向密切相关，同时含有激励因素，激发消费者的创意，对顾客灵感起到积极作用。此外，研究结果还表明，怀旧（Stephan et al.，2015）、好奇（陈晓曦等，2019）、快乐（Ven et al.，2018；高鹏等，2020）均有助于激发灵感。

4. 个人特质

研究显示，灵感被唤起还受到个人特质的影响。其包括体验开放（Thrash and Elliot，2003）、社会身份认同（Chadborn and Reysen，2018）、怀旧（Stephan et al.，2015）、观念购物（Botter et al.，2017）等。例如，社会身份认同直接影响个人为成为某个团体成员而获得灵感的方式，团体中的主导者会影响个体在群体中思考时获得灵感的频率和强度（Chadborn and Reysen，2018）。同样地，在购物体验中持享乐购物动机的消费者更倾向于追求情感、个人象征等主观感受，期待看到新产品和创新，他们更容易受到启发，也更容易接受灵感（Arnold and Reynolds，2003；Evanschitzky et al.，2014）。

（三）短视频顾客灵感的相关研究现状

近年来，研究者对顾客灵感的相关研究主要集中于实证研究和行为实验等，探讨顾客灵感的来源、触发机制及与其他变量间的关系等。例如，Gao 等（2021）借助凯利方格技术进行定性分析，构建形成路径模型，探究短视频顾客灵感的来源及其认知心理过程。也有学者关注顾客灵感的中介效应，董晓舟（2020）引入顾客灵感这一消费者心理认知层面的机制变量作为中介变量来对“感知产品创新→产品购买意向”这一经典模型进行扩展。研究结果发现，感知产品创新可以通过提升顾客灵感正面影响产品购买意向。但是，到目前为止，有关顾客灵感的认知机制学术界还未达成一致的观点，缺少借助脑电实验从神经科学层面探究短视频顾客灵感的脑机制，以及为顾客灵感的存在提供神经层面上的证据。

（四）相关的其他ERP研究

目前，有相关研究运用神经科学方法证实短视频与顾客购买意愿、短视频与顾客注意力之间的内在联系，为其提供电生理证据。例如，Soria Morillo等（2016）利用离散分类技术发现了大脑活动是如何对短视频广告的可视化做出反应的，当用户观看喜欢的广告时大脑皮层如何表现，通过脑电图设备研究大脑部分区域的激活水平。最近的研究也表明，视觉内容激发了75%以上的消费者进行购买（Chamberlain，2018）。

有大量文献研究与“灵感”互为异同的“顿悟”脑机制。灵感和顿悟均属于直觉范畴，均是指直觉活动中新奇独特的念头突然来临的心理状态。例如，Luo等（2003）利用功能性磁共振成像（fMRI）技术精准记录了人类大脑在实现顿悟一瞬间的活动状况，结果发现，顿悟过程激活了包括额叶、颞叶、前扣带回以及海马体在内的广泛脑区；邱江等（2006）设计猜谜作业，通过呈现谜语答案催化顿悟过程，发现N320主要起源于前扣带回附近，反映了提供答案瞬间新旧思路之间的认知冲突；Qiu等（2008）观察到的2000～2500毫秒的阴性被认为是“啊哈”感觉的标志，这种灵光一现被认为与理解创意广告中的新想法有关；代天恩等（2010）探讨新颖的思想“是什么时候，在大脑的什么位置产生”，研究发现，P440可能与新颖性产生有关，源定位于前额叶下回。

此外，有研究表明，视觉刺激可诱发情绪，P1成分对情绪刺激敏感，与注意的早期视觉加工有关。ENP成分对厌恶情绪敏感，本文可通过ENP成分是否出现，判断对短视频是否有厌恶情绪。LPP成分被证明对视觉图像的情绪内容敏感，振幅反映了被试对刺激材料的情感类型，即比起低唤醒度的情绪刺激，高唤醒度的情绪刺激会诱发波幅更大且位于中心——顶叶头皮处的 LPP，本文可通过 LPP 成分的波幅判断被试对刺激材料的唤醒度。就大多数动机相关变量而言，灵感和积极情绪是无法区分的，因为灵感和积极情绪都是欲望动机状态。而有研究表明，高趋近的积极情绪引起的左侧额叶皮层激活比右侧高，由此可以提出假设——短视频顾客灵感也会激活左侧额叶皮层。最后，P2 被指出可作为考察注意的有效指标，且其波幅随决策者注意资源增加而增大等，本文中可通过 P2 成分的波幅判断被试对短视频注意力的投入。

（五）神经营销学的定义以及相关研究

1. 神经营销学

经过 10 多年的发展，学者对于神经营销学的定义仍未达成一致。一些学者将神经营销视为“应用神经科学方法来分析和理解与市场和营销交流有关的人类行为”（Lee et al.，2007）；而另一些学者则将其描述为“基于神经科学方法，通过理解认知和情感在人类行为中的相互作用，专注于营销含义的领域”（Javor et al.，2013），“传统营销方法的延伸，寻求基于本能反应的更深层次的操纵”（Nemorin，2017）。综上所述，本文将采用一个对神经营销更全面的定义，“神经营销学是一个跨学科的知识分支，它基于使用神经科学的概念、理论和方法研究大脑和神经系统，以追求理解本能的人类行为，包括认知和情感、对营销刺激的反应。由此，神经营销调查产生的知识有助于营销理论的发展和进步以及营销战略的规划和实施”（Lim，2018）。

2. 神经营销学研究现状

为了解神经营销学的研究现状，我们在施卓敏等（2022）研究基础上扩展了 2021—2023 年的神经营销学文献搜索，最终检索到 2000—2023 年的 158 篇文献。其中，营销学领域期刊上的文献有 76 篇，神经科学领域期刊上的文献有 82 篇，见表 1。进一步分析发现，综述性文章在神经科学领域发表数量较少，绝大部分文章（91.46%）属于采用特定神经科学技术开展的实验研究。此外，在营销学领域期刊上发表的综述性文献占比高达42.1%，而采用ERP或其他神经技术的实证研究文章数却较少。这说明，现有的神经营销文献为如何进行强有力的神经营销实验研究仅提供了有限的指导，采用神经技术开展研究仍处于探索阶段。

表1 神经营销学相关文献集合（2000—2023年） 单位：篇

领域	主要期刊名	总文章数	综述类文章数	ERP实证研究文章数	其他神经技术实证研究文章数
神经科学领域	*Journal of Neuroscience*	16	0	9	7
	Neuroscience Letters	14	0	14	0
	Biological Psychology	15	2	9	4
	《心理学报》	7	0	7	0
	NeuroReport	6	0	6	0
	Journal of Cognitive Neuroscience	7	0	2	5
	Brain Research Bulletin	5	4	0	1
	NeuroImage	12	1	10	1
营销学领域	*Journal of Marketing Research*	28	11	5	12
	Journal of Advertising Research	14	5	5	4
	Journal of Consumer Psychology	11	3	2	6
	Journal of Consumer Research	11	6	2	3
	《管理世界》	7	6	1	0
	《南开管理评论》	2	0	2	0
	《营销科学学报》	3	1	1	1
合计		158	39	75	44

（六）问题提出

如上所述，已有研究找到了短视频顾客灵感的触发机制以及心理认知过程、证明了顾客灵感与其他变量之间的关系等，其主要集中于实证研究和行为实验等，但还有重要问题有待解决。

①短视频诱发顾客灵感的脑机制。顾客灵感是何时以及何地产生仍是个谜，观看短视频又会诱发何种ERP成分？

②情绪对短视频诱发顾客灵感脑电的影响。情绪是顾客灵感产生的重要来源之一，然而积极情绪、消极情绪、中性情绪对顾客灵感脑机制的影响又是如何？

③大脑工作状态对短视频诱发顾客灵感脑电的影响。情绪的影响，或许是通过对大脑工作状态的影响而间接发生作用的。那么，是否可以通过操纵大脑工作状态（如入静放松状态），以fMRI作为技术手段，探讨大脑的不同状态对观看短视频中消费者灵感激活效应有何影响，程度如何？

三、研究构想

本文拟以短视频广告作为外部刺激因素，主要通过ERP实验，探讨短视频顾客灵感的脑机制以及情绪、大脑工作状态对短视频顾客灵感脑电的影响。

（一）研究一：短视频诱发顾客灵感的脑机制

参考短视频广告以及顿悟脑电研究的相关文献，为本文短视频顾客灵感脑机制研究构想提供了相关的经验和证据。研究一主要是为了验证短视频顾客灵感是何时何地产生，找到短视频顾客灵感在神经层面上的证据。

实验1 本实验采用观看短视频广告的方式，记录ERP数据，进行对比分析，统计分析主效应和交互作用及其脑区激活，采用偶极子溯源分析进行定位，以初步考察短视频顾客灵感是什么时候、在什么位置产生。具体而言，实验设计如下。

1. 实验前测

第一，实验材料。为了检验实验中顾客灵感的有效性，在正式实验前进行了前测。团队根据“观念式启发”和“行动式启发”两个因素寻找具有顾客灵感的短视频，最终挑选出短视频95个，随后招募被试。让被试分别观看95个短视频，每个短视频观看结束后填写短视频顾客灵感测量题项问卷（1代表非常不同意，5代表有点同意，7代表非常同意）。

第二，操纵实验。剔除评分低于5分的短视频。其中5条短视频作为练习程序的材料，剩下的短视频作为正式测试的材料。

第三，被试。20名来自国内高校且年龄在20～25岁的右利手大学生，视力正常或矫正至正常，无任何神经或精神疾病史。

2. 实验程序

实验程序采用E－prime 3.0编写，单个试次的呈现顺序如图1所示。在实验开始前，先给被试呈现实验指导语（见图2），然后由被试按键进入正式实验。首先，在电脑屏幕中央呈现注视点（“+”图片），呈现时间为600毫秒；其次，呈现风景图片，调整被试情绪，呈现时间为2000毫秒；再次，呈现注视点（“+”图片），呈现时间为600毫秒；最后，随机呈现视频刺激，直到被试完整地看完描述广告，呈现时间为5～20秒，被试需要在此段时间通过键盘按键进行决策，按1代表“观念式启发”，按2代表“行动式启发”，不按代表“无启发”。不论被试是否按键，刺激呈现结束都会呈现空白屏1000毫秒，至此一个独立的试次结束。之后循环以上过程。

图1　实验刺激流程

实验指导语

欢迎您参加我们的实验！

假设您目前有200元的生活费余额，下个月生活费1500元将于第二天打到卡上。您正在浏览短视频App（如抖音），这时刷到了某产品的广告视频，浏览完这个视频，您将会产生以下心理活动：a.不感兴趣；b.产生兴趣，接受营销引导的新想法（观念式启发）；c.迫切想要购买产品、使用产品（行动式启发）。首先实验在电脑屏幕呈现一个白色的“+”注视点，提醒您开始实验；其次，呈现一张图片，调整您的情绪；再次，又呈现白色的“+”；最后，电脑屏幕呈现视频刺激，您需要在视频播放期间做出选择，如果对视频产生兴趣、接受营销引导的新想法（观念式启发），那么请您按键盘上的“1”键，如果对视频产生迫切购买想法（行动式启发），那么请您按键盘上的“2”键，如果对视频不感兴趣则不按键。实验过程中，您无须过多思考，只需凭您的第一印象选择即可，请您集中注意力，尽快地做出判断。

明白上述指导语后，请您坐好，将双手放在键盘上，实验要求您使用这两个键回答问题。准备好后，请根据提示进入正式的实验。

图2　实验刺激流程

3. EEG 记录和分析

根据国际 10－20 系统扩展的 64 导电极帽安装电极，并参考连接乳突。用两对电极记录垂直和水平眼电图。根据本实验的目的，分别从“观念式启发”和“行动式启发”不同启发类型的脑电图信号中提取一些特定时间窗口的信号进行纠正眼动伪影和平均。

4. 偶极子溯源分析

本文使用 BESA Version5. 0 软件，对处理后的 ERP 数据进行偶极子溯源分析。选取“观念式启发”与“行动式启发”条件诱发的 ERP 差异波，首先进行 PCA 分析，确定偶极子个数和位置，以相应的残差作为偶极子定位是否真实的评价指标。

（二）研究二：情绪对短视频诱发顾客灵感脑电的影响

情绪是顾客灵感的来源之一，研究表明，惊喜、依恋、怀旧、好奇等情绪都能激发和唤醒顾客灵感。但这些研究缺少借助脑电实验从神经科学层面探究情绪对短视频顾客灵感脑电的影响，以及为情绪是否影响顾客灵感提供神经上的证据。研究二将研究处于哪种情绪状态（积极情绪、消极情绪、中性情绪）下更利于唤起和激发顾客灵感，哪种情绪状态会抑制顾客灵感的唤起。实验将操纵被试情绪状态，以短视频作为刺激材料，将 ERP 作为技术手段，探测情绪状态对短视频诱发顾客灵感脑电影响的认知与神经机制。

实验 2　本实验采用与实验 1 基本相同的实验设计与实验范式，不同的是控制被试情绪，选取风景类视频作为中性情绪诱发材料，探索中性情绪状态下短视频顾客灵感脑机制的特点。

实验 3　本实验选取欢乐搞笑视频作为积极情绪诱发材料，探测积极情绪状态下短视频顾客灵感脑机制的特点，以及与实验 2 对比某时窗中地形图，对短视频顾客灵感反应激活的脑区程度，由此可以得出积极情绪、中性情绪哪个有利于短视频顾客灵感的产生。

实验 4　本实验选取悲伤视频作为消极情绪诱发材料，探索消极情绪状态下短视频顾客灵感脑机制的特点，以及与实验 2 和实验 3 对比某时窗中地形图，对短视频顾客灵感反应激活的脑区程度，由此可以得出积极情绪、中性情绪、消极情绪哪个有利于短视频顾客灵感的产生，哪个抑制短视频顾客灵感的产生。

（三）研究三：大脑工作状态对短视频诱发顾客灵感脑电的影响

情绪对顾客灵感的影响，或许是通过对大脑工作状态间接发生作用的。研究三在研究二之外，将更直接研究大脑的工作状态对短视频诱发顾客灵感脑电的影响。研究表明，θ 波出现在入睡和清醒之间，会突然灵机一动，这是产生灵感的脑电波。操纵大脑工作状态（如困倦状态、平静放松状态等），以 fMRI 为技术手段，探讨大脑的不同状态对短视频诱发顾客灵感脑电的认知和神经机制。

实验 5　本实验采用 fMRI 技术，研究大脑不同工作状态对短视频诱发顾客灵感影响的脑机制。例如，通过对有午睡习惯的被试是否“剥夺午睡”的控制操纵大脑的困倦程度，研究大脑困倦程度对短视频诱发顾客灵感效应影响的神经机制。

（四）研究四：预期实验结果

实验1 行为数据：本实验通过E－prime3.0软件呈现实验刺激材料，并在被试按键进行决策时记录被试的行为数据情况，行为数据分析内容包括按键选择统计和决策反应时两个指标的分析结果。

脑电数据：不同反应类型在Fz、Cz、Pz记录点诱发的ERP总平均图及地形图，如图3所示。

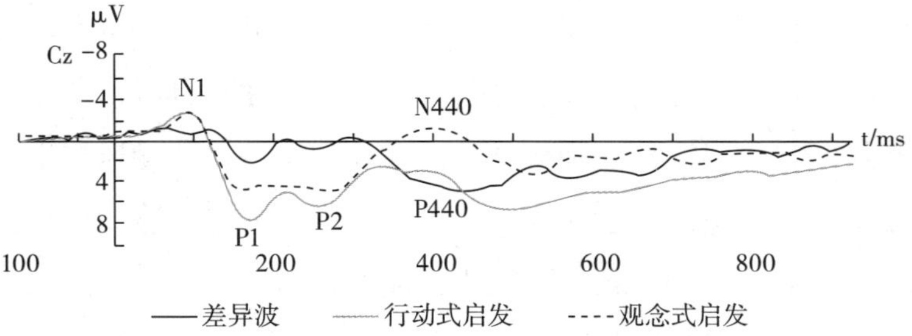

图3 总体平均ERP以及地形图

资料来源：根据代天恩（2010）进行了重新绘制。

根据实验具体平均图分析何种ERP成分被诱发，P1、P2、LPP、ENP成分是否被诱发，进而考察其任务类型的主效应是否显著。从ERP波形中，选定时程分析“行动式启发”比“观念式启发”诱发更积极还是负向的ERP偏转，主要激活的脑部区域，并通过偶极子溯源分析确定位置。

实验2、实验3、实验4 行为数据：三组实验可比较不同情绪诱发被试做出选择的差异，以及平均反应时之间的差异。

脑电数据：通过对比某时窗中地形图，对短视频顾客灵感反应激活的脑区程度，预期得出积极情绪有利于短视频顾客灵感的产生，消极情绪抑制短视频顾客灵感的产生。

实验5 大脑困倦程度会抑制顾客灵感的激发，预期P1、P2未被诱发，困倦程度下被试注意力难以被吸引。

（五）营销管理对策与方案建议

本部分将应用上述预期研究结果，给出相应的管理对策与方案建议。对于商家而言，很多顾客对产品的使用是一次性的、暂时的、缺乏持续动力的，因而商家要时刻关注用户需求以及反馈意见，对于其合理需求进行产品升级改良，保持创新；商家应该充分了解店铺粉丝的情绪易感状况，打造适用各类消费者的视频风格，注重不同内容易感人群，既要充分考虑消费者的情绪，又要注重推荐商品质量和信息内容质量本身。对于主播而言，商家在选择其带货时，要注意自身形象与产品形象的一致性，将自身定位为细分领域的高转化主播；带货风格上要有独特性和创新性，吸引消费者注意力，更容易激发顾客灵感。对于视频制作者来说，具有独特的视频剪辑风格，能够吸引用户停留。总而言之，在“流量为王”的时代，流量获取、流量变现、流量留存“三步走”战略尤为重要。对于以上任何主体来说，具有创新性和独特性是流量的关键因素，也是激发顾客灵感的关键因素。

四、理论构建

目前，短视频营销已成为商家推广产品的“标配”，神经营销学在与营销实践的结合方面已经取得了一定进展，有关顾客灵感与其他营销概念之间关系的研究也在逐步厘清。虽然已有学者指出了在短视频情境下顾客灵感的触发机制（高鹏等，2020），也有学者表明短视频顾客灵感影响顾客契合和幸福感（何晓敏，2021），但未见研究在短视频广告刺激下诱发顾客灵感的脑机制以及情绪状态、大脑工作状态对诱发顾客灵感脑电的影响研究。鉴于此，本文以神经营销、短视频营销为背景引入“顾客灵感”概念，探讨以短视频广告为刺激诱发顾客灵感的脑机制，即“短视频顾客灵感是在何时何地产生”，并基于顾客灵感理论和情绪理论探究情绪对短视频诱发顾客灵感脑电的影响；另外，还在情绪的基础上直接探讨大脑工作状态对短视频诱发顾客灵感脑电的影响。本文的主要理论观点如下：

其一，顾客灵感可能受到信息因素、社会因素、情感因素、个人特质的影响。短视频顾客灵感的来源是后续实验能成功诱发顾客灵感的关键问题。在信息因素中，短视频的生动性是灵感的重要前因。具有生动性的视频能够打动人心、激发想象，这是灵感的重要诱发因素。在社会因素中，榜样的钦佩、同伴的种草以及短视频主播都会影响顾客灵感的产生，成为灵感的触发者。在影响短视频顾客灵感的个人特质方面，消费者情绪（惊喜、快乐、怀旧等）与灵感的唤起、超越、动机等特性密切相关；具有观念购物特质的消费者更容易受到启发，更容易激发灵感。虽然顾客灵感的关键驱动因素已有相关实证和实验研究提供支持，但顾客灵感是依赖情境的，尤其在新的营销媒介环境下。本文在已有灵感研究的基础上，结合短视频营销的特点，采用事件相关电位神经生理测试方法，展开以短视频为刺激，探究顾客灵感的电生理机制，为我们通过理论分析得出短视频灵感的触发因素提供神经上的证据。研究成果有助于丰富顾客灵感理论的发展。

其二，情绪对短视频诱发顾客灵感脑电效应产生影响。从心理认知层面来看，情绪是一种快速变化的心理和生理现象，它反映了人们对不断变化的环境和情境的适应情况（罗跃嘉等，2006）。在以往的研究中，虽然已有学者探讨了情绪（如惊奇、怀旧、快乐、依恋等）对顾客灵感的刺激唤起，但少有研究从神经科学角度研究探讨情绪对顾客灵感的作用机理。因此，我们预测积极情绪将会促进短视频顾客灵感的激活，消极情绪将会抑制短视频顾客灵感的唤起。本文拟通过 ERP 方法，操纵被试情绪，通过深入分析实验结果验证我们关于情绪对短视频诱发顾客灵感脑电效应影响的预测。研究结果有助于进一步为以往情绪对灵感影响的研究提供更科学合理的解释。

其三，大脑工作状态对短视频诱发顾客灵感脑电效应产生影响。由于灵感往往是在“不经意”中发生的，正如酝酿效应的许多行为研究揭示的那样，在脑成像的研究中难以真正捕捉这样的“不经意”记录机会（而且需要“数十次”重复记录）。本文将“大脑工作状态”作为自变量加以操纵，以 fMRI 为技术手段，揭示短视频诱发顾客灵感发生的条件及其认知神经机制。

参考文献

[1]张天莉,罗佳. 短视频用户价值研究报告 2018—2019[J]. 传媒,2019(5):9 – 14.

[2]HUANG F F. Personalized marketing recommendation system of new media short video based on deep neural network data fusion[Z]. Journal of sensors,2021.

[3]高鹏,李纯青,褚玉杰,等. 短视频顾客灵感的触发机制及其对顾客融入的影响[J]. 心理科学进展,2020,28(5):731 – 745.

[4]BOTTER T et al. Customer inspiration: conceptualization, scale development, and validation[J]. Journal of marketing,2017,81(6):116 – 131.

[5]何晓敏. 短视频顾客灵感对顾客契合行为和幸福感的影响机制[D]:西安:西北大学,2021.

[6]THRASH M,ELLIOT J. Inspiration as a psychological construct[J]. Journal of personality and social psychology,2003,84(4).

[7]KWON J,BOGER C A. Influence of brand experience on customer inspiration and pro – environmental intention[J]. Curr issues tour,2021(24):1154 – 1168.

[8]PARK C W,EISINGERICH A B,PARK J W. Attachment – aversion (AA) model of customer – brand relationships[J]. Consum psychol,2013(23):229 – 248.

[9]FINN A. Reassessing the foundations of customer delight[J]. Serv. Res, 2005(8):103 – 116.

[10]SCHOUTEN J W,MCALEXANDER J H,KOENIG H F. Transcendent customer experience and brand community[J]. Journal of the academy of marketing sci-

ence,2007,35(3):357 – 368.

[11]何志华,徐舟. 短视频的制作创新[J]. 新媒体研究,2017,3(15):123 – 124.

[12]PFEIFFER J K,KIRKEGAARD K. Increased fidelity reduces poliovirus fitness and virulence under selective pressure in mice[J]. PLoS pathogens,2005,1(2):102 – 110.

[13]BURNS A C,BISWAS A,Babin L A. The operation of visual imagery as a mediator of advertising effects[J]. Journal of advertising,1993,22(2):71 – 85.

[14]FRIEDKIN N E. A structural theory of social influence[M]. Cambridge: Cambridge University Press,1998.

[15]THOMAS V L,VINUALES G. Understanding the role of social influence in piquing curiosity and influencing attitudes and behaviours in a social network environment[J]. Psychology and marketing,2017,34(9):884 – 893.

[16]STEPHAN E,SEDIKIDES C,Wildschut T,et al. Nostalgia – Evoked inspiration: mediating mechanisms and motivational implications[J]. Personality & social psychology bulletin,2015,41(10):1395 – 1410.

[17]陈晓曦,陈凤玲,李斌,等. 好奇影响灵感产生的现象与机制:认知与情绪双加工路径[J]. 心理科学进展,2019,27(1):1 – 10.

[18]VEN N,ARCHER A,ENGELEN B. More important and surprising actions of a moral exemplar trigger stronger admiration and inspiration[Z]. Journal of social psychology,2018:1 – 15.

[19]CHADBORN D,REYSEN S. Moved by the masses: a social identity perspective on inspiration[J]. Current psychology,2018,37(3):625 – 631.

[20]ARNOLD M J,REYNOLDS K E. Hedonic shopping motivations[J]. Journal of retailing,2003,79(2):77 – 95.

[21]EVANSCHITZKY H,EMRICH O,SANGTANI V,et al. Hedonic shopping motivations in collectivistic and individualistic consumer cultures[J]. International journal of research in marketing,2014,31(3):335 – 338.

[22]GAO P,JIANG H,XIE Y,et al. The triggering mechanism of short video customer inspiration – qualitative analysis based on the repertory grid technique[J]. Frontiers in psychology,2021(12).

[23]董晓舟. 感知产品创新为顾客带来灵感还是风险:基于享乐购物动机

的调节作用[J]. 管理工程学报,2020,34(5):95 - 104.

[24] SORIA MORILLO, LUIS M L M, ALVAREZ - GARCIA JUAN A., LUIS GONZALE Z - A BRIL et al. Discrete classification technique applied to TV advertisements liking recognition system based on low - cost EEG headsets[J]. Biomedical engineering online,2016,15(1): 75.

[25] CHAMBERLAIN L. Over 75% of consumers are inspired to make purchases by visual content[EB/OL]. https://geomarketing.com/over - 75 - percent - of - consumers - are - inspired - to - make - purchases - by - visual - content.

[26] LUO J, YIN JH, WEI Q. The effect of calcineurin activator, extracted from Chinese herbal medicine, on memory and immunity in mice[J]. Pharmacology, biochemistry and behavior,2003,75(4).

[27] 邱江,罗跃嘉,吴真真,等. 再探猜谜作业中“顿悟”的 ERP 效应[J]. 心理学报,2006(4): 507 - 514.

[28] QIU J, LI H, YANG D, et al. The neural basis of insight problem solving: an event - related potential study[J]. Brain and cognition,2008,68(1): 100 - 106.

[29] 代天恩,王敏,张庆林. 创造性思维新颖性的脑机制:来自 ERP 的证据[J]. 西南大学学报(自然科学版),2010,32(8):173 - 178.

[30] LEE N, BRODERICK A J, CHAMBERLAIN L. What is“neuromarketing”? A discussion and agenda for future research[J]. International journal of psychophysiology,2007,63(2):199 - 204.

[31] JAVOR A, KOLLER M, LEE N, et al. Neuromarketing and consumer neuroscience: contributions to neurology[J]. BMC neurology,2013(13).

[32] NEMORIN S. Neuromarketing and the “poor in world” consumer: how the animalization of thinking underpins contemporary market research discourses[J]. Consumption, markets and culture,2017,21(1):59 - 80.

[33] LIM W M. Demystifying neuromarketing[J]. Journal of business research, 2018(91).

[34] 施卓敏,张珊. 神经营销 ERP 研究综述与展望[J]. 管理世界,2022, 38(4): 226 - 240.

[35] 罗跃嘉,黄宇霞,李新影,等. 情绪对认知加工的影响:事件相关脑电位系列研究[J]. 心理科学进展,2006(4):505 - 510.

第三篇

不确定环境下组织与领导有效性研究

领导者自私行为研究：本土量表编制及其信效度分析[①]

毛鑫元

摘要：领导者自私行为是指领导者使用职权追求个人利益且损害组织或下属利益的行为。测量该行为有两种西方量表：一种是 Rus 团队提出的九条目量表，另一种是 Camps 团队制定的四条目量表。然而，两种量表的开发并未严格依照科学流程，且皆来自西方情境，不能完全反映中国情境中领导者自私行为的特征。据此，本文在厘清领导者自私行为的内涵和结构基础上，依照科学流程开发其本土量表：首先，通过扎根理论开发出原始条目；其次，进行 EFA、CFA、信度、区分效度和聚合效度的系列检验。最后，本文研制出包含 11 个条目的领导者自私行为本土量表，为今后在中国情境开展相关研究提供有效的测量工具，并有助于提高同类研究的质量。

关键词：领导者自私行为；扎根理论；本土量表

作者简介：毛鑫元，西北大学经济管理学院在读硕士研究生，研究方向为领导力与领导行为。

---

① 本文由杨晓老师指导完成。杨晓，西北大学经济管理学院副教授，硕士研究生导师，研究方向：领导力与领导行为。E－mail：youngshore@163. com。基金项目：国家自然科学基金面上项目“小我还是大我？领导者自私行为的内涵、测量、成因和抑制研究”（项目编号：72172124）。

一、引言

领导是组织中最重要的角色之一，也是组织研究的核心议题。领导理论聚焦于探究有效的、建设性的或成功的领导过程和行为（Kelloway et al.，2006），假定领导者是代表并维护集体利益的主体——既帮助组织实现目标，又提升下属福祉（Maner and Mead，2010）。然而，领导者不仅扮演追求集体利益的公共角色，也扮演具有利益诉求的个人角色（De Cremer and Van Dijk，2008），面临潜在的角色和利益冲突（Maner and Mead，2010），结果是部分领导者“以权谋私”，即领导者使用职权追求个人利益且损害组织或下属利益的行为，学界称为“领导者自私行为”（杨晓等，2020）。

两个西方研究团队分别开发出两种量表测量领导者自私行为。一是Rus等（2010b）提出的九条目量表，简称“R9”。该量表将两种自我牺牲型领导量表加上自我服务归因行为量表和时间分配行为量表进行整合。二是Camps等（2012）研制的四条目量表，简称“C4”。该量表由报复行为和非伦理行为两个量表改编及合成。学者在这两种量表的基础上，探索了领导者自私行为的前因、后果和作用机制，取得了丰硕的研究成果（杨晓等，2020）。

然而，这两种量表在开发时依据的领导者自私行为的内涵未被彻底厘清，且皆是通过改编或合成其他量表而来，并未严格依照从通过质性研究获取原始条目直到信效度检验等一系列的科学开发流程，使得各自内容和表述存有一些问题。同时，这两种量表来自西方情境，能否完全反映中国情境中领导者自私行为的特征（Peng et al.，2019），有待中国学者予以探索。基于此，本文将在厘清领导者自私行为内涵的基础上，通过科学的开发流程，研制出内容完整、条目准确、适合本土情境的领导者自私行为量表。

二、理论基础

（一）领导者自私行为的内涵界定

学界对领导者自私行为的内涵界定并不完全一致，现有四种。第一种是 Rus 等（2010a，2010b，2012）率先提出该构念并命名为 Leader Self－Serving Behavior，但并未给出清晰的定义，梳理系列文献，将其定义为：领导者将组织稀缺资源（如收入、奖金、时间等）较多地分配给自己而非下属的行为。第二种是 Camps 等（2012）将其界定为：领导者将自身福利与利益凌驾于组织目标和下属需求之上的行为。第三种是 De Cremer 等（2005）的定义：领导者以集体利益为代价追求个人利益的行为。第四种是 Williams（2014）的定义：领导者使用权力追求自我利益的行为。

这四种定义既有联系又有区别。首先，Rus 等初步揭示了领导者自私行为的本质，即追求自身利益而不顾及他人，但限于领导者与下属的分配关系。而 Camps 等的界定较为完整，不仅有领导者与下属间的利益关系，还引入了领导者与组织的利益关系，但限定于“组织目标”。其次，De Cremer 等的定义更精练。一是在“集体利益”的表述中，“集体”概念丰富，包含组织和下属，但在两位作者的相关实证研究中被特指为下属群体；二是该定义指出领导者与集体间的不当利益分配关系，而非和特定个体的分配关系。最后，Williams 强调了该行为的手段——权力，它指通过占有资源和惩罚而改变他人状态的能力（Barelds et al.，2018；Chen et al.，2001）。通过以上分析，本文识别出构成领导者自私行为的五要素：一是行为主体，组织中拥有正式职位的领导者；二是行为手段，组织所赋予的职权，包括但不限于获取、使用和配置资源的权力；三是行为目的，获取个人利益；四是行为对象，组织或下属；五是行为性质，损害。基于此，本文将该行为界定为：领导者通过职权获取个人利益且损害组织或下属利益的行为（杨晓等，2020）。

（二）领导者自私行为的概念维度

根据上述定义，领导者自私行为可被划分为组织导向和下属导向两个维度。近年来，学者在这两个维度上分别独立开展工作，间接印证了两个维度结构的可能性（杨晓等，2020）。一是在组织导向维度，Greenbaum 等（2018）提出领导“急功近利”行为，即领导者采取不当手段加速完成工作以获取个人利益的行为。实质上，该类行为是领导者自私行为组织导向维度的特殊表现，违背规则或选择性使用规则，是利用职权谋私的表现形式之一。二是在下属导向维度，Schmid 等（2019）提出利用式领导，认为领导者不仅会侵占下属的资源，还会变本加厉地将他们视作逐利的工具。从内涵和表现来看，该构念涉及领导者自私行为的下属导向维度。因此，本文将分别探索领导者自私行为的组织导向维度和下属导向维度。

（三）领导者自私行为与相似领导行为的辨析

1. 与自恋型领导的比较

自恋型领导是指那种可以不惜利用自身掌握的权力，去追求个人利益的领导（Khoo and Burch，2008；Resick，2009），具有好大喜功、骄傲自大、自我陶醉等特点。尽管自恋型领导也会产生领导者自私行为等负面行为，但这两个构念之间存在着很大的差异。首先，自恋型领导行为的动机是对权力和名誉的需求（Nevicka et al.，2018；Rosenthal and Pittinsky，2006）；而领导者自私行为则是对私利的需求，自身渴望从组织中获取超额的利益，而并非盲目追求权力一家独大。其次，自恋型领导深受自恋人格特质驱使，一般渴望自我提升、获得赞赏，表现出过度的野心和傲慢（Sadler－Smith et al.，2017），但存在自私行为的领导者不一定是傲慢或过于自信的。再次，自恋型领导经常陶醉在下属钦佩和恭维的氛围里，内心并不真正关心下属，甚至对来自下属的批评充满敌意；但领导者自私行为可能会损害下属的利益，表现出对有能力下属的打压，并非对一切下属都直接表现出敌意。最后，自恋型领导带来的影响是双重的，既有正面效应，也有负面效应，但总体来说，负面效应大于正面效应。领导者自私行为作为负面的领导行为，对自身、下属以及组织都会产生很明显的负面影响。

2. 与辱虐管理的比较

辱虐管理，是指下属感知到领导者持续表达充满敌意的语言以及行为，但不包括肢体上的接触（Tepper，2000）。领导者自私行为和辱虐管理既有联系又有区别。在联系方面，辱虐管理和领导者自私行为都属于负面且非伦理的领导行为范畴；且辱虐管理中包含长期的敌意行为，以及言语和非言语行为，如嘲笑、无礼对待、辱骂羞辱等，这些行为可能成为领导者自私行为中对下属利益侵害的一种表现形式。在区别方面，首先，辱虐管理是领导者为了提升自身幸福感直接针对下属的敌意行为，领导者不在乎下属感受而使下属受到直接的伤害（Haynes et al.，2015），有明确的目标（Peng et al.，2019）；但领导者自私行为的危害对象并不直接指向下属。其次，辱虐管理的特点是高度敌意，而领导者自私行为未必被视为敌意行为。再次，虽然辱虐管理内涵中不包括肢体上的敌对接触，但领导者自私行为的表现中并不排除身体接触的敌意行为。最后，辱虐管理的领导者不一定把个人目标放在首位，只是长期习惯性地敌对下属；但是自私的领导者一定会把个人目标置于他人或集体目标之上。

3. 与非伦理领导的比较

非伦理领导，是指领导者表现出非法或违反道德标准的行为和决策，以及引导下属发生不道德行为的领导方式（Brown et al.，2010）。非伦理领导和领导者自私行为的区别如下：第一，非伦理领导概念范围比领导者自私行为概念范围大。只要是违反法律或者伦理规范的行为，不管其目标是个人利益还是他人利益抑或是组织利益，都是属于非伦理领导行为，而领导者自私行为是只关注损人利己使自身获益的行为。第二，领导者产生自私行为的目的是实现个人利益最大化，而非伦理领导有时的不道德行为可能有益于组织目标的实现。第三，领导者在获取私利的过程中不会强调是否与下属产生互动，但是非伦理领导有时会通过奖励、纵容或无视不道德行为等方式诱导下属产生非伦理行为。

4. 与剥削型领导的比较

剥削型领导，是指领导者通过施加压力、操纵以及阻碍下属发展等手段实现个人私利目标的过程，其本质是利己主义并将下属作为获取个人利益的手段（Williams，2014；Schmid et al.，2019）。从剥削型领导的定义来看，这种领导最突出的特征是自私，并且是下属导向的。虽然剥削型领导和自私型领导都聚焦于领导者的自私行为，但是自私型领导是将个人利益凌驾于下属和组织利益之上，并没有明确的行为指向（Camps et al.，2012），而剥削型领导则更多是通过压榨下属实现个人目标和获取个人利益，手段更加多元（Schmid et al.，2018）。Schmid等的实证研究表明，剥削型领导是一个独立的构念，并且这一构念包含5个维度，其中第一个维度就是真实的自私行为，即领导者完全将下属视为实现个人目标和获取个人利益的工具。

（四）领导者自私行为现有测量量表评述

1. R9 量表存在的问题

R9 量表存在四个方面的问题：一是内容层次不一。该量表既包含领导者在金钱、荣誉和时间方面对下属的自私行为，也包含领导者将个人利益凌驾于团队利益和目标之上的行为，还包含一个概括性描述条目。二是组织导向维度中条目的文字描述比较笼统，行为表现不具体且不完整。三是下属导向维度的条目只涉及少数损害下属的行为，还缺乏一些如领导者对下属隐瞒有价值信息的行为、排挤有能力的下属的行为等。四是有些条目并未体现使用权力的行为，比如，追求个人利益，不在乎团队利益。

2. C4 量表存在的问题

C4 量表存在两个方面的问题：一是组织导向维度的条目与定义并不完全相符。该维度的内涵涉及凌驾组织“目标”的字眼，但相关条目只涉及“领导者破坏组织规则而伪造文件以求升迁的行为”和“使用组织资源为个人谋利的行为”。另外，伪造文件以获得升迁是否具有普遍性，值得商榷。二是下属导向维度的条目表述不准确，内容不完整。例如，有的条目描述领导者的自私特质而非行为；有的条目概括性描述领导者不体谅下属，只考虑自身利益的倾向，并未指明在各种资源分配中的自私行为，也未体现出使用职权的含义。

3. 两种量表的本土化问题

两种量表皆由西方学者开发，能否完全反映中国企业情境中领导者自私行为的特征（Peng et al.，2019），还需要进一步探索。西方社会的文化价值观与中国社会的文化价值观具有显著差异。文化价值观塑造了人们关于什么是适当、有效领导行为的观念，其中，权力距离的影响最大，高权力距离意味着人们高度服从和尊重领导者，信赖领导者的决策结果并接受其局限性（Kirkman et al.，2009）。有很多人非常崇拜权威，即便领导者的决策发生偏颇也不会反对，甚至会说服自己接受权威的决定（王庆娟、张金成，2012），而组织成员更愿服从领导者的收益分配结果，从而对领导者自私行为的判定和行为表现可能与西方存在差别。

基于以上分析，本文发现现有两种量表并未依据清晰的内涵界定，也未经过科学的开发流程，且来自西方样本和情境，这不利于在中国情境下开展领导者自私行为的形成因素和作用机制的相关研究。因此，本文将严格依照科学流程开发领导者自私行为的本土量表。具体地，研究一通过扎根理论开发量表原始条目，研究二进行 EFA、信度检验、CFA、区分效度分析。

三、领导者自私行为原始量表开发

本文通过扎根理论开发领导者自私行为原始量表的条目。扎根理论是一种需要研究者从实际观察或者文献资料中归纳并总结，进而上升到理论高度的定性研究方法。基于扎根理论，研究、借鉴郝旭光等（2021）在构建平台型领导测量体系中的研究步骤，通过理论取样、数据收集和编码过程构建领导者自私行为的本土测量量表。

（一）理论取样

理论取样是依据研究问题的需要，有目的性地选择样本（Glaser，1978）。领导者自私行为特指组织中领导者为自己谋取利益而损害组织或下属的行为，由于纪检监察工作打击的对象一般为严重侵害国有资产或下属利益的腐败行为，属于极端且显性的自私行为范畴，且同时纪检监察工作者有丰富的案例经验以及心得体会，本文选取国有企业从事纪检监察工作的负责人作为深度访谈对象，同时将西北大学在职 MBA 教育的学员作为潜在取样人群。根据理论取样的一致性和典型性原则，本文选取了 5 位国有企业从事纪检监察工作的负责人和近 70 位来自各企业的 MBA 学员作为研究对象。

（二）数据收集

本文主要通过半结构化访谈的方式进行数据收集工作。半结构化访谈，是指按照一个粗线条式的访谈提纲进行的非正式访谈，访谈者可以根据访谈时的实际情况灵活地做出调整，对于访谈的形式、地点、时间等不做具体要求。在实施访谈前，本文通过讨论的形式最终确定了包含研究背景介绍和 3 个问项的访谈提纲。

在确定访谈提纲后，我们对 5 位国有企业从事纪检监察工作的负责人和近23位来自各企业的MBA学员实施了“多对一”的半结构化深度访谈，每次访谈的时间为60～90分钟。访谈的目的在于尽可能多地获得在本土企业中常见的领导者自私行为事例和行为描述。针对受访者的回答，我们也会通过追问的方式尽可能详细地获得领导者自私行为具体表现信息。半结构化访谈的总时长约为40小时，课题组成员将所有音视频文件转化为文字形式并做成文档，最终形成约10万字的访谈文本资料。

另外，本研究负责人向授课的MBA班级讲解领导者自私行为的内涵并给出实例条目，邀请学员写出一些领导者自私行为的具体表现，最终从50多人处获得该行为的表现条目99项。

（三）编码过程

1. 开放式编码

依据理论取样的原则，我们通过逐字、逐句、逐段编码的形式对访谈的文本资料进行分析，以获取相应的概念。在开放式编码过程中，我们尽量使用原生代码，以尽可能还原受访者的原始数据，对他们提到的关于领导者自私行为表现的相关词语、语句进行编码，力求最真实地呈现中国本土企业情境下领导者自私行为，开放式编码示例见表1。

表1 研究对象的开放式编码示例

原始资料	开放式编码
	初始概念
我们单位原来有个副职，他当年跟我现在的年龄差不多，说医生跟他说他看不了电脑了，卷宗也看不了了，什么都干不了，就天天坐在那儿。在机关里面，会有这种在一个岗位工作多年后，没有太多的追求的员工。这是一种消极怠工，是当一天和尚撞一天钟的心态。 我们最近调查了一位支行行长，他涉嫌私车公养问题，他个人的车是用单位的加油卡养的，被我们调查发现了。后来，我们发现，他还套取费用，报销所有餐费发票，然后自己拿现金。到最后他拥有我们行内的一些采购权力，在采购包括集中采购评标招标过程中，让自己的亲属换个名字进行关联交易	1－1　领导者消极怠工 1－2　领导者当一天和尚撞一天钟 1－3　领导者私车公养 1－4　领导者套取费用 1－5　领导者将餐费发票拿到单位报销 1－6　领导者的发票也可能是假的 1－7　领导者掌握一些采购的权力 1－8　领导者进行关联交易 1－9　领导者为自己的亲属谋利

2. 选择性编码

选择性编码是编码过程中的第二步，是指在开放式编码获得的初始概念基础上，更加有指向和选择性地筛选初始概念，进而提取出子范畴和核心范畴。本文通过对开放式编码中提取的初始概念和 MBA 给出的 99 个行为条目进行筛选、合并、分类，最终得到了与领导者自私行为定义高度相关的 11 个子范畴，并进一步分类、归纳为 2 个核心范畴，如表 2 所示。

表 2　选择性编码结果

核心范畴	子范畴	对应的开放式编码概念
下属维度	推卸责任	A1－8　领导推卸责任给下属；A1－9　领导推卸责任，把问题、错误转移给下属；A1－12　领导在出现问题后不担责
	侵占成果	A2－1　领导侵占下属的成果或业绩；A2－3　领导为了自己的利益，转移下属的业绩
	给自己多分配利益	A1－10　领导给自己分配过多的奖金或绩效；A3－2　领导在分配奖金时，根据自己主观感受进行分配，而没有根据客观实际进行分配
	办私事	A4－1　领导给下属安排工作以外的私事；A3－4　领导利用手中的权力强迫下属为自己做私事；A5－2　领导要求下属为自己做私事
	排挤下属	A7－1　领导排挤有能力的下属；A5－4　领导会排斥能力强的下属
	侵害利益	A6－1　领导排挤不属于自己“小圈子”的下属；A8－2　领导根据自己的喜好对员工进行划分，形成自己的“小圈子”；A9－3　领导利用职权为自己的亲信谋利；A1－9　领导为自己的亲属谋利
组织维度	违反规章制度	A3－6　领导不遵守甚至突破组织的相关规章制度
	工作消极	A1－1　领导消极怠工；A1－2　领导当一天和尚撞一天钟
	侵害公司利益	A13－4　领导抢占组织整体的业绩和利益；A14－1　领导只考虑自己的业绩，不关注组织的整体发展
	放弃公司长远目标	A10－1　领导工作过程中只注重短期业绩，不注重长期业绩；A11－2　领导会为了短期绩效做出不利于组织长期发展的事
	侵占公司资源	A1－3　领导公车私养；A1－5　领导将餐费发票拿到单位报销

3. 量表条目修订

基于扎根理论，课题组得到2个维度11个条目的领导者自私行为原始量表。为了确保文本表述准确、简洁、无歧义且易于理解，课题组将该量表又返回给曾参与半结构化访谈的受访对象，请其就措辞等问题提出修改建议。同时，课题组邀请组织行为学领域的3位专家对原始量表进行审阅，并给出了修改意见。最后，综合两类群体的修改意见，经过词句、语义等方面的推敲和修订，课题组确定了包含11个问项的领导者自私行为量表（简称“Y11”）。

四、领导者自私行为量表的信度和效度检验

（一）探索性因子分析

1. 取样与测量

本次取样调查对象是来自全国各行各业的企业工作人员，共发放问卷308份，有效问卷220份。其中，男性占比42.7%，年龄在22～30岁、31～40岁、41～50岁的各占49.7%、29.8%、16.2%，受教育程度为大学本科、研究生及以上的各占55.1%、42.1%。

2. 分析过程与结果

首先，需要进行的是探索性因子分析的适合度检验。分析结果显示，KMO值为0.94，Bartlett球形度检验近似卡方值为2222.69（$p=0.000$），说明该样本数据适合进行探索性因子分析。其次，采用主成分分析法进行探索性因子分析，通过正交极大旋转法从领导者自私行为的11个题项中选取特征值大于1的题项，分析得出1个因子，特征根是7.62；总解释方差为69.29%，Cronbach's α 系数为0.96，各个题项的因子载荷如表3所示。因此，领导者自私行为量表的题项都进入了一个维度，并不是预期设想的两个维度。

表3　领导者自私行为量表各题项的因子载荷

条目	因子载荷
我的上司将其工作失误的责任推卸给下属	0.80
我的上司抢占下属创造的功劳、成果和荣誉等	0.82
我的上司在分配团队奖金、奖品等时明显倾向于他/她自己	0.79
我的上司要求下属使用个人资源（如时间、人脉等）为其办理私事	0.78
我的上司排挤、打压能力强的下属，以稳固自身地位	0.84
我的上司利用职权在选人、用人和考评等环节为亲信谋取便利，限制其他员工的正常发展机会	0.85
我的上司为获得个人利益，违反、修改或选择性使用相关规章制度	0.90
我的上司不履行或消极履行一些工作职责，以规避职位风险	0.85
我的上司利用职权与他人（如亲朋等）进行利益交换，侵害公司利益	0.85
我的上司为追求个人发展，在决策时，会牺牲公司的利益和长远目标	0.82
我的上司利用职权侵占公司资源（如公共财物等）以谋取私利	0.86

（二）验证性因子分析与区分效度检验

1. CFA检验

（1）取样与测量

本次取样调查对象是课题负责人所在学校毕业的本科生及其同事、西安和北京两所高校的MBA学生，采取线上和线下相结合的方式发放问卷。本次取样调查共发放问卷361份，获得有效问卷330份。其中，男性占比为51.2%，年龄在18~30岁、31~40岁、41~50岁的占比分别为28.7%、51.6%、18.1%，受教育程度为本科、研究生及以上的占比分别为56.6%、35.2%。

（2）CFA检验结果

本文采用最大似然法进行验证性因子分析，使用结构方程软件AMOS分析数据，如表4所示。理论模型同问卷样本的拟合程度评估采用拟合优度*RMSEA*、*GFI*、*AGFI*等绝对适配指标判断；而理论模型相对虚无模型的拟合改进程度采用*NFI*、*IFI*、*CFI*等增值适配度指标进行判断。0 <

$GFI<1$、$0<AGFI<1$，值越接近 1，表明模型拟合效果越好；$RMSEA<0.1$，说明模型拟合优度适中；$RMSEA<0.05$，说明模型拟合优度较高；*NFI*、*IFI*、*CFI* 值在 0 ~ 1，越接近 1 越好。

本文初步构建了一维度的测量模型 1，表 4 显示该测量模型拟合优度指数在 RMSEA 上表现不足。对此，本文构建了两维度的测量模型 2，表 4 显示该模型达到了理想水平，且优于模型 1。因此，本文采用领导者自私行为的两维度模型进行后续探索。

表 4　领导者自私行为本土量表的 CFA 检验

项目	*CFI*	*IFI*	*RMSEA*	*GFI*	*AGFI*
模型 1	0. 93	0. 93	0. 13	0. 85	0. 77
模型 2	0. 97	0. 97	0. 08	0. 92	0. 88

2. 区分效度检验结果

本文将领导者自私行为分别与自恋型领导、辱虐管理行为、领导者非伦理行为和剥削型领导四个相似构念进行区分效度检验，两两构念间构建一个一因子模型（分别为模型 1、模型 3、模型 5、模型 7）和一个多因子模型（分别为模型 2、模型 4、模型 6、模型 8），使用结构方程软件 AMOS 对数据进行分析，结果如表 5 所示。

表 5　领导者自私行为与相似构念间的区分效度检验

模型	所含因子	*CFI*	*IFI*	*NFI*	*RMSEA*	*GFI*	*AGFI*
模型 1	*LB*、*NA*	0. 94	0. 94	0. 93	0. 09	0. 86	0. 82
模型 2	*LB* + *NA*	0. 86	0. 86	0. 84	0. 14	0. 71	0. 62
模型 3	*LB*、*AB*	0. 96	0. 96	0. 94	0. 08	0. 89	0. 85
模型 4	*LB* + *AB*	0. 79	0. 79	0. 78	0. 19	0. 56	0. 42
模型 5	*LB*、*UB*	0. 96	0. 96	0. 94	0. 08	0. 90	0. 86
模型 6	*LB* + *UB*	0. 90	0. 90	0. 89	0. 12	0. 79	0. 73
模型 7	*LB*、*EX*	0. 95	0. 95	0. 93	0. 07	0. 85	0. 81
模型 8	*LB* + *EX*	0. 85	0. 85	0. 82	0. 12	0. 63	0. 56

注：*LB* = 本文开发的领导者自私行为；*NA* = 自恋型领导；*AB* = 辱虐管理行为；*UB* = 领导者非伦理行为；*EX* = 剥削型领导。

由表5可见，所有一因子模型都不如多因子模型在拟合度上表现好。因此，领导者自私行为与其他四个构念具有良好的区分效度。

3. 聚合效度和校标效度检验

（1）样本描述

本次取样调查的对象是西安某所高校的MBA学生和见数平台的用户，采取线上和线下相结合的方式发放问卷。本次调查分两个时点进行，第一个时点发放Y11、R9和C4三个领导自私行为问卷，第二个时点发放员工的态度和行为问卷。选取已有研究中具有明确研究结论的下属层面的后果变量，进行进一步验证。在下属的行为影响方面，学界主要探讨了对领导者越轨行为和组织公民行为的影响及其机制。在态度方面，领导者自私行为增加下属的不确定感和消极情绪（Camps et al.，2012）、减少下属的情感承诺和合作行为，增加下属离职倾向和报复意向。

本次调查第一次发放问卷434份，第二次发放问卷294份，有效配对问卷229份。其中，男性占比为40.7%，年龄在18~30岁、31~40岁的占比分别为43.2%、49.5%，受教育程度为本科、研究生及以上的占比分别为78%、14.9%。

（2）测量

领导者自私行为采用本文开发的Y11量表和西方的R9量表和C4量表。下属离开领导者的意向、下属对领导者的报复意向、越轨行为、组织公民行为、承诺和满意度6个主要变量，均选用经实证研究证实具有较好信度与效度的成熟量表，采用李克特五级量表进行测量。

（3）聚合效度检验

本文对三个领导者自私行为量表与员工的6类态度或行为进行相关性分析，结果如表6所示。

表6　变量间的聚合效度

变量	*M*	*SD*	1	2	3	4	5	6	7	8	9
*Y*11	2.68	1.03	(0.95)								

续表

变量	*M*	*SD*	1	2	3	4	5	6	7	8	9
R9	2.75	1.04	0.93	(0.95)							
C4	2.65	1.10	0.91	0.92	(0.90)						
TOR	2.80	1.14	0.46	0.43	0.39	(0.92)					
REV	1.92	0.94	0.41	0.39	0.38	0.61	(0.94)				
TRA	1.89	0.64	0.34	0.35	0.33	0.52	0.69	(0.79)			
OCB	3.35	1.08	−0.31	−0.28	−0.26	−0.55	−0.46	−0.39	(0.88)		
COM	3.37	1.14	−0.43	−0.42	−0.39	−.067	−0.59	−0.43	0.64	(0.93)	
JS	3.15	0.50	−0.27	−0.25	−0.27	−.041	−0.35	−0.15	0.43	0.68	(0.92)

注：*Y11* = 本文开发的领导者自私行为本土量表；*R9* = Rus 等开发的领导者自私行为量表；*C4* = Camps 等开发的领导者自私行为量表；*TOR* = 离开意向；*REV* = 报复意向；*TRA* = 越轨行为；*OCB* = 组织公民行为；*COM* = 情感承诺；*JS* = 满意度；$N = 229$。表中相关系数的 p 值皆为 0.000，括号中为各量表的信度。

由表 6 可知，本土量表与两个西方量表具有显著的高的相关系数，且三者分别与员工态度或行为的相关系数皆低于三者间的相关系数，显示出本土量表 Y11 良好的聚合效度；同时，本土量表与员工态度或行为的相关系数多数高于西方量表分别与后者的相关系数，显示出本土量表更好的预测度。

五、研究结论与展望

（一）研究结论

本文结合已有的研究结论，采用扎根理论方法开发出了具有良好信效度的领导者自私行为中国本土化量表，进一步丰富了其概念内涵。

第一，在生成本量表条目过程中，本文发现并总结出许多西方量表没有涵盖却独具中国特色的领导者自私行为表现。在中国的组织中，规章制度往往被视为个人行为的红线，但在访谈中课题组发现，领导者通常会为获得个人利益而违反、修改或选择性使用规章制度。这提醒我们不仅要注意组织内成员，还要关注领导者作为规章制度的制定者，可能已经过度考虑自身利益而忽视组织公平了。

第二，领导者自私行为不仅有直接攫取利益的显性表现，还有打压下属、抢占功劳荣誉、将工作失误推卸给下属等一系列隐性自私行为，这些隐性自私行为往往会由于领导与下属职位权力的不同，下属默认这些行为自身需要承受而不做出反抗。所以，开发本土化量表，将隐性自私行为的表现也纳入概念内涵，有助于在实践中提醒领导者注意自身的行为表现，提醒下属正确对待领导对自身利益的侵害，而不是默默承受。

第三，正确处理和对待领导者的自私行为，能够使领导者清醒地认识到自身的行为危害，避免其一步一步走向腐败的深渊。

（二）研究局限与展望

本文虽然遵循了较为严格的程序和标准，但仍然存在一些局限性。

第一，本文采用扎根理论方法开发本土化的领导者自私行为量表，其中的编码分析过程虽然由多名研究者和课题组成员共同完成，但分析结果不可避免地受到了研究者主观经验的影响。因此，在未来的研究中，可以号召不同领域学者引入定性分析软件作为辅助以对条目进行更准确、客观的提炼。

第二，本文在探究领导者自私行为对后果变量的影响过程中，只选取了个体层面的研究结果作为验证，而没有将团队层面、组织层面的后果变量加入验证，未来可以进一步探究该量表在团队层面以及组织层面的预测效度及适用性。

第三，领导者自私行为在国内的研究才刚刚起步，目前的研究成果相对较少。虽然本文基于扎根理论方法开发出了中国本土企业情境下的领导者自私行为量表，但只是揭开了领导者自私行为丰富研究内容的冰山一角。因此，未来的研究可以借助本文开发的测量工具，进行领导者自私行为的相关实证研究，探索这一行为的前因后果，在验证测量量表有效性的同时，不断丰富和拓展领导者自私行为的理论和实践研究。

参考文献

[1]郝旭光,张嘉祺,雷卓群,等．平台型领导:多维度结构、测量与创新行为影响验证[J]．管理世界,2021,37(1):186－199.

[2]王庆娟，张金成．工作场所的儒家传统价值观：理论、测量与效度检验[J]．南开管理评论,2012,15(4)：66－79.

[3]杨晓,刘知,谭乐,等．以权谋私:领导者自私行为的研究现状与未来展望[J]．南开管理评论,2020,23(5):213－224.

[4]BARELDS D P H,BARBARA W,STACEY S,et al. No regard for those who need it：the moderating role of follower self－esteem in the relationship between leader psychopathy and leader self－serving behavior[J]. Frontiers in psychology,2018(9)：1－12.

[5]BROWN M E,MITCHELL M S. Ethical and unethical leadership：exploring new avenues for future resarch [J]. Business ethics quarterly,2010(20):583－616.

[6]CAMPS J,DECOSTER S,STOUTEN J. My share is fair,so i don't care：the moderating role of distributive justice in the perception of leaders'self－serving behavior[J]. Journal of personnel psychology,2012,11(1)：49－59.

[7]CHEN S,LEE－CHAI A Y,BARGH J A. Relationship orientation as a moderator of the effects of social power[J]. Journal of personality and social psychology,2001,80(2)：173－187.

[8]DE CREMER D,VAN DIJK E. When and why leaders put themselves first：leader behavior in resource allocations as a function of feeling entitled[J]. European journal of social psychology,2005,35(4)：553－563.

[9]DE CREMER D,VAN DIJK E. Leader－follower effects in resource dilemmas：the roles of leadership selection and social responsibility[J]. Group processes & intergroup relations,2008,11(3)：355－369.

[10]GREENBAUM R L,MAWRITZ M B,Bonner J M,et al. Supervisor expedi-

ency to employee expediency: the moderating role of leader – member exchange and the mediating role of employee unethical tolerance[J]. Journal of organizational behavior,2018,39(4): 525 –541.

[11]HAYNES K T,JOSEFY M,HITT M A. Tipping point: managers' self – interest,greed,and altruism[J]. Journal of leadership & organizational studies,2015 (22):265 –279.

[12]KELLOWAY E K,MULLEN J,FRANCIS L. Divergent effects of transformational and passive leadership on employee safety[J]. Journal of occupational health psychology,2006,11(1): 76 –86.

[13]KIRKMAN B L,CHEN G,FARH J L,et al. Individual power distance orientation and follower reactions to transformational leaders: a cross – level,cross – cultural examination[J]. Academy of management journal,2009,52(4): 744 –764.

[14]MANER J K,MEAD N L. The essential tension between leadership and power: when leaders sacrifice group goals for the sake of self – interest[J]. Journal of personality and social psychology,2010,99(3): 482 –497.

[15]NEVICKA B,VAN VIANEN A E M,DE HOOGH A H B,et al. narcissistic leaders:an asset or a liability? Leader visibility,follower responses,and group – level absenteeism[J]. Journal of applied psychology,2018(103):703 –723.

[16]PENG J,WANG Z,CHEN X. Does self – serving leadership hinder team creativity? A moderated dual – path model[J]. Journal of business ethics,2019,159 (2): 419 –433.

[17]ROSENTHAL S A,PITTINSKY T L. Narcissistic leadership[J]. Leadership quarterly,2006(17):617 –633.

[18]RUS D,KNIPPENBERG D V,WISSE B. Leader power and leader self – serving behavior: the role of effective leadership beliefs and performance information[J]. Journal of experimental social psychology,2010,46(6): 922 –933.

[19]RUS D,KNIPPENBERG D V,Wisse B. Leader power and self – serving behavior: the moderating role of accountability[J]. The leadership quarterly,2012,23 (1): 13 –26.

[20]RUS D,KNIPPENBERG D V,WISSE B. Leader self – definition and leader self – serving behavior [J]. The leadership quarterly,2010,21(3): 509 –529.

[21]SADLER – SMITH E,AKSTINAITE V,ROBINSON G,et al. Hubristic leadership: a review[J]. Leadership,2017(13):525 – 548.

[22]SCHMID E A, VERDORFER A P, PEUS C. Different shades – different effects? Consequences of different types of destructive leadership[J]. Frontiers in psychology,2018,9(7):1289.

[23]SCHMID E A, VERDORFER A P, PEUS C. Shedding light on leaders' self – interest:theory and measurement of exploitative leadership[J]. Journal of management,2019,45(4):1401 – 1433.

[24]TEPPER B J. Consequences of abusive supervision[J]. Academy of management journal,2000(43):178 – 190.

[25]WILLIAMS M J. Serving the self from the seat of powe:goals and threats predict leaders' self – interested behavior[J]. Journal of management,2014(5):1365 – 1395.

第四篇

数字化赋能及企业创新研究

战略导向、商业模式创新与企业成长绩效

——环境动态性与数字互补性资产的差异化作用机制①

匡明慧

摘要：随着数字技术驱动行业与市场的深度融合，企业需要有意识地部署不同类型的战略，高效利用外部市场信息和数字技术资源并将创新成果商业化，推动企业不断成长。本文运用偏最小二乘的结构方程模型（PLS－SEM），研究揭示市场导向、数字化导向对企业成长绩效影响的过程机制，以及外部的环境动态性和内部的数字化互补性资产的调节作用。结果表明：①市场导向、数字化导向对企业成长绩效有显著影响；②商业模式创新在市场导向与企业成长绩效中起着中介作用，在数字化导向与企业成长绩效中起着中介作用；③内、外部情境因素产生差异化调节作用。具体来说，外部环境动态性会对商业模式创新在市场导向、数字化导向和企业成长绩效之间的中介作用产生抑制影响；内部数字化互补性资产会对商业模式创新在市场导向、数字化导向和企业成长绩效之间的中介作用产生正向影响，因此，存在被调节的中介作用。本文强化了数字技术驱动和市场拉动情境下的战略导向，基于商业模式创

① 本文是在张洁副教授的指导下完成的。基金项目：国家自然科学基金面上项目“数字化驱动的开放式创新获益与治理机制及其协同效应：基于价值组合逻辑的研究”（项目编号：72172125）；陕西省社会科学基金项目“陕西省制造业企业数字化与创新融合演进及协同治理机制研究”（项目编号：2021R042）。

新理论挖掘了影响企业成长的内在过程机制。

关键词：市场导向；数字化导向；商业模式创新；企业成长

作者简介：匡明慧（1999—），山东日照人，西北大学经济管理学院 2021 级企业管理专业硕士研究生。

一、引言

随着人工智能（如 Chat - GPT、Bing - chat 等）浪潮的强势冲击，数字技术的迅猛发展不仅带来了制度、技术及市场环境的剧烈变化，也为企业发展与成长提供了契机。数字时代下的企业面临着创新周期不断缩短、产业边界逐渐模糊、客户个性化需求不断增加等一系列问题，外部环境的不确定性与内部的资源约束加剧了企业精准定位目标市场并成功商业化的挑战。因此，企业若想在数字化驱动的市场环境中保持竞争优势并实现可持续成长，就要不断催生卓越的商业模式，进而更好地应对外部挑战，获取创新成果带来的好处（周飞等，2019）。战略导向作为企业未来发展的经营理念，反映了组织对如何提升核心竞争力的认知，在与外部环境和内部资源优势互动的过程中，必然影响商业模式创新的开展（周琪等，2020），进而在市场竞争中掌握战略主动权。

以往研究已经从能力视角、网络视角、技术和市场视角出发，探讨战略导向与企业成长绩效之间的关系，并拓展了战略导向的应用情境与相关理论（孙伟、侯锡林，2021；Zhou et al.，2021；Gotteland et al.，2020）。然而，现有研究主要存在以下不足：第一，通过部署战略导向提升技术、能力和资源不是企业的最终目的，如何将资源和技术成功商业化才是促进企业成长绩效提升的关键因素，而现有研究忽视了商业模式创新在该过程中的核心作用；第二，现有研究对数字技术在企业部署战略导向过程中发挥的作用阐述不清晰，无法解释不同战略导向如何实现企业发展的过程机制。因此，本文在数字技术驱动和市场拉动的情境下，将战略导向分为数字化导向和市场导向，探究其如何通过商业模式创新过程实现价值创造与捕获，进而对企业成长绩效产生影响。此外，有学者从发展定位视角切入，认为战略导向聚焦于企业外部环境和内部资源优势，进而定位企业未来的发展趋势。因此，本文进一步考虑外部的环境动态性与内部的数字化互补性资产的调节作用。

综上所述，本文在数字技术驱动与市场拉动的情境下，厘清了不同战略导向对企业成长绩效的作用机制，并探讨外部的环境动态性与内部的数字化互补性资产的调节作用。本文拓展了数字化情境下的战略导向，揭示了内、外部不同情境因素在该过程中的差异化影响，对于企业选择恰当的战略导向、开展商业模式创新过程、提升企业成长绩效具有现实意义。

二、文献回顾与假设提出

（一）战略导向与企业成长绩效

战略导向，是指企业对外部环境及内部资源的总体理解和认知诠释，是企业的一种经营理念（Wu et al.，2019）。企业对战略导向的合理抉择可以更好地解决市场和行业竞争、技术快速更迭、资源约束难题，进而助力企业快速发展。以往研究已经关注到战略导向对企业成长绩效的影响，但大多从资源、能力和网络等视角出发，忽视了企业成长和竞争优势形成过程中对资源和技术的商业化过程（Ancillai et al.，2023）。借鉴 Brockhoff 等（1988）和 Kindermann 等（2021）的研究，本文聚焦于数字技术驱动与市场拉动情境下的战略导向，即市场导向和数字化导向。市场导向是指企业通过关注顾客需求、竞争者动态和跨职能协调动态，及时准确地掌握市场环境动态，围绕客户需求提供产品和服务的过程；数字化导向则将数字技术发展作为企业应对外部竞争的主要创新趋势，通过感知和识别外部技术环境变化，促进企业内部知识创造和技术突破过程。

市场导向强调企业将为客户创造价值作为重要的战略认知，通过组织成员共享价值、管理有效的运营流程，及时响应外部客户需求、市场结果变化促进企业成长，进而提升企业财务绩效和能力（曾葳，2022）。首先，市场导向高的企业更关注对顾客潜在价值的挖掘和创造，结合自身资源优势提供符合市场发展趋势的产品和服务，进而获取更多商业化成果，驱动企业不断发展（Nakata et al.，2018）；其次，外部竞争者动态是影响企业成长的重要因素之一，具有高竞争者导向的企业能够快速预见市场变化，进而先于竞争对手进行营销策略调整，开发更具有竞争力的服务，甚至主导市场，进而提升企业成长绩效；最后，对外部市场信息的感知离不开组织内部的吸收利用并转化为商业化成果，而高市场导向的企业通过跨组织边界进行职能整合，利用不同领域的人才吸收外部多样化信息并与内部资源和知识进行结合优化，进而高效快速选择恰当的营销和市场战略，推动企业发展。由此，本文提出以下假设：

H_{1a}：市场导向对企业成长绩效具有显著的正向影响。

数字化导向是以数字技术为基础的战略导向，具有强数字化导向的企业使自身业务、流程、产品、服务拥有生成性、可供性和开放性等数字化特征（Yoo et al.，2012）。本文认为，数字化导向主要从两个方面促进企业不断成长：首先，从生成性和开放性的特征出发，数字化导向高的企业将数字技术作为企业技术和业务创新的主要驱动因素，促使企业内部不同职能的组织更易获得价值创造和技术结构的知识及信息，使运营与技术逻辑紧密结合；此外，数字化导向推动企业通过数字平台、标准化接口连接其他合作伙伴等，产生区别于其他企业的产品和服务，创新交易的结构和内容。其次，从可供性特征出发，通过在企业内部部署大数据、云计算和虚拟计算等技术，可以提升管理者对数字技术的感知和识别，进而结合外部市场需求和内部组织结构选择有价值的数字技术进行投资应用（Kindermann et al.，2021），减少企业的试错成本。由此，本文提出以下假设：

H_{1b}：数字化导向对企业成长绩效具有显著的正向影响。

（二）商业模式创新的中介作用

研究借鉴 Amit 和 Zott（2001）与刘洋等（2020）的观点，将数字化情境下的商业模式创新定义为企业利用数字技术和市场信息改变交易的内容、结构及治理，并将技术成果资本化进而为客户创造价值的过程。具有高市场导向的企业将充分吸取客户反馈并做出敏捷反应，促进组织成员改进产品或服务以创造更高的价值，从而促进商业模式创新（王核成、童琦，2022）。对数字技术的投资应用助力管理者深度分析外部市场数据，提升组织运营过程的敏捷性和透明度，提升管理者与营销人员信息流动的速度和质量（Cheng and Wang，2022），精准针对市场现有结构部署合适的战略，快速满足市场需求并塑造数字化驱动的价值创造和获取过程，进而促进商业模式创新。

此外，商业模式创新作为企业获取竞争优势的重要途径，对于能力提升和企业价值提升至关重要。在数字化背景下，企业需要将传统的交易方式与新的数字技术、新的市场需求相结合，灵活调整和部署原有商业模式，并在新兴数字经济中保持相关性（Soluk et al.，2021），促使企业在数字技术驱动的市场环境下快速抓住新商业机会、获取超额利润并保持实现可持续发展。商业模式创新不仅可以在面对外部环境快速变化时及时重构和配置原有商业模式，还可以利用数字技术的可重新编程性等特征，根据企业不同发展阶段、不同客户群体，灵活改变交易方式和结构，进而为企业成长提供机会窗口。由此，本文提出以下假设：

H_{2a}：商业模式创新在市场导向和企业成长绩效之间起到中介作用。

H_{2b}：商业模式创新在数字化导向和企业成长绩效之间起到中介作用。

（三）环境动态性的被调节的中介作用

企业是一个与外部环境耦合演化的动态开放系统，战略导向需要从外部商业环境和合作环境中捕获客户信息、技术更迭和竞争者动态（张永云等，2021）。当企业部署市场导向时，外部环境动态性越强，企业精准感知和识别有价值资源与信息的难度就越大，管理者需要花费更多时间掌握商业环境的变化和主导市场定位，以应对市场、政策等的不确定性（王新成等，2021）。当企业部署数字化导向时，外部环境动态性越强，技术更迭速度越快，商业模式创新周期就越短，而现有的数字技术难以应对外部市场环境变化并满足客户需求，增加了企业对于交易新内容、新结构和新方法的要求，因此，可能会出现组织衰落和竞争力下降的趋势，进而抑制企业商业模式创新发展。由此，本文提出如下假设：

H_{3a}：当外部环境动态性较高时，商业模式创新在市场导向与企业成长绩效间的中介作用会受到抑制。

H_{3b}：当外部环境动态性较高时，商业模式创新在数字化导向与企业成长绩效间的中介作用会受到抑制。

（四）数字化互补性资产的被调节的中介作用

Teece（2018）提出互补性资产概念，探讨企业在开展新业务过程中利用自身的关键资产助力创新产出。随着数字技术的不断发展，互补性资产逐渐具有了数字化特征，企业利用数字化技术与外部利益相关者形成数字化资产。本文认为，数字化互补性资产将与不同的市场信息、客户需求和数字基础设施产生互补与组合能力，对商业模式创新产生积极的协同效应。当市场导向作为自变量时，企业拥有的数字化互补性资产越高，从外部获取的异质性商业越能在互补性资产的作用下发挥组合作用（郭韬等，2022），使企业更好地理解和吸收多元化知识，创新产品和服务的内容与交易方式，促进商业模式创新发展，进而提升企业成长绩效。当数字化导向作为自变量时，管理者在组织中对数字技术的部署应用将赋能组织的流程、结构和治理过程。当企业拥有的数字化互补性资产越高时，外部技术需求与内部资源和技术越能更好地契合和捆绑，提升组织内部运营效率，推动价值创造过程及商业模式创新发展，进而促进企业成长（吴晓波等，2020）。由此，本文提出以下假设：

H_{4a}：当企业拥有较高水平数字化互补性资产时，商业模式创新在市场导向与企业成长绩效间的中介作用会得到加强。

H_{4b}：当企业拥有较高水平数字化互补性资产时，商业模式创新在数字化导向与企业成长绩效间的中介作用会得到加强。

研究理论模型如图 1 所示。

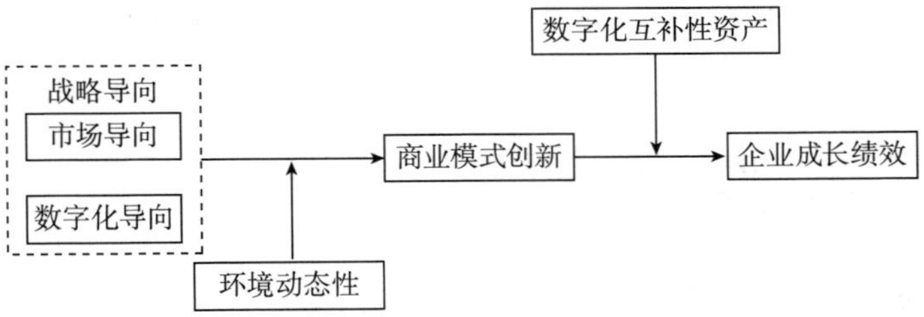

图 1　研究理论模型

三、研究设计

（一）样本选取与数据收集

本文采用问卷调研方式获取数据。为了确保问卷结构合理、内容全面、简洁易懂，研究团队向本校 MBA、EMBA 学生发放问卷进行预调研，并邀请管理学领域专家对问卷结构进行多次讨论和修改，完善后正式发放问卷。为了减少共同方法偏差问题，研究通过两种渠道收集问卷，包括问卷星付费平台发放问卷和借助研究团队关系网络以滚雪球的方式发放问卷。选取北京、上海、浙江、陕西等地的企业，主要涉及信息技术、通信设备、软件和生物制药等行业。在剔除问卷填写缺失、所有选项均一致、填写时间过短等无效问卷后，最终得到有效问卷234份。问卷的总回收率达到76.75%，总有效率为61.25%。样本特征如表1所示。

表1 样本特征

样本	类别	百分比/%	样本	类别	百分比/%
职位	高层管理者	43.59	企业规模	≤50%	7.26
	中层管理者	56.41		51% ~200%	23.50
发展阶段	初创阶段	4.70		201% ~500%	29.91
	成长阶段	49.15		>500%	39.31
	成熟阶段	46.15	研发投入	<5%	21.80
企业性质	国有企业	29.49		5% ~10%	34.19
	民营企业	56.40		10% ~30%	34.19
	外资企业	14.11		≥30%	9.83

（二）变量测量

本文调查问卷采用李克特量表七点计分法，其中，1表示“完全不同意”，7表示“完全同意”。

①市场导向。借鉴Nakata等（2018）的测量量表，从顾客导向、竞争者导向和跨职能整合3个维度衡量，共设置5个题项。

②数字化导向。借鉴Kindermann等（2021）的测量量表，共设置4个题项。

③商业模式创新。借鉴Clauss和Kesting（2017）的测量量表，共设置9个题项。

④环境动态性。借鉴Schilke（2014）的测量量表，共设置5个题项。

⑤数字化互补性资产。借鉴Christmann（2000）、张镒和刘人怀（2020）的测量量表，共设置4个题项。

⑥企业成长绩效。借鉴 Haber 和 Reichel（2005）、赵忠伟等（2019）的测量量表，包括经济价值、社会价值和能力提升三个方面，共设置 13 个题项。

（三）描述性统计与相关性分析

如表 2 所示，市场导向与商业模式创新呈显著正相关关系（$r=0.610$，$p<0.05$），数字化导向与商业模式创新呈显著正相关关系（$r=0.544$，$p<0.05$）。市场导向与企业成长绩效呈显著正相关关系（$r=0.632$，$p<0.05$），数字化导向与企业成长绩效呈显著正相关关系（$r=0.575$，$p<0.05$）。商业模式创新与企业成长绩效呈显著正相关关系（$r=0.586$，$p<0.05$），该相关性结果为后续的假设检验奠定了基础。

表 2　描述性统计与相关性分析

变量	市场导向	数字化导向	商业模式创新	数字化互补性资产	环境动态性	企业成长绩效
市场导向	1.000					
数字化导向	0.685**	1.000				
商业模式创新	0.610**	0.544**	1.000			
数字化互补性资产	0.485**	0.534**	0.675**	1.000		
环境动态性	0.173**	0.203**	0.289**	0.295**	1.000	
企业成长绩效	0.632**	0.575**	0.586**	0.506**	0.146*	1.000
平均值	5.709	5.640	5.658	5.634	5.031	5.532
标准差	0.655	0.804	0.625	0.725	0.921	0.629

注：**、*分别表示在 5%、10% 的统计水平上显著。

（四）信效度与共同方法偏差检验

首先，本文利用 SmartPLS 4.0 软件对各变量进行信效度检验。如表3所示，6 个变量各维度的 Cronbach's α 值均大于 0.7，说明量表内部一致性较高。通过验证性因子分析发现，各项目因子载荷均超过 0.7，且各变量组合信度（*CR*）值均大于 0.8，斯皮尔曼秩相关（*rho_A*）显示各潜变量存在很强的相关关系，平均方差萃取量（*AVE*）大于 0.5，表明问卷收敛效度较高。从问卷的内容效度来看，均来自权威文献的成熟量表，且由战略管理领域专家进行评价，具有较好的内容效度。如表 4 所示，利用 Fornell – Larcker 标准显示每个潜在变量的得分都高于主对角线下所示的相关性，因此具有良好的区分效度。

表 3　信效度检验

变量	Cronbach's α	*rho_A*	*CR*	*AVE*
市场导向	0. 726	0. 738	0. 871	0. 506
数字化导向	0. 716	0. 719	0. 824	0. 539
商业模式创新	0. 873	0. 778	0. 931	0. 656
环境动态性	0. 793	0. 797	0. 855	0. 596
数字化互补性资产	0. 761	0. 771	0. 898	0. 599
企业成长绩效	0. 840	0. 844	0. 871	0. 643

表 4　区分效度检验

变量	市场导向	数字化导向	商业模式创新	数字化互补性资产	环境动态性	企业成长绩效
市场导向	0. 738					
数字化导向	0. 678	0. 734				
商业模式创新	0. 617	0. 557	0. 634			
数字化互补性资产	0. 312	0. 320	0. 455	0. 629		
环境动态性	0. 484	0. 596	0. 58	0. 386	0. 707	
企业成长绩效	0. 650	0. 593	0. 600	0. 259	0. 505	0. 586

其次，本文利用 Amos24. 0 软件，采用加入共同方法因子的验证性因子分析方法，比较两模型的拟合差异情况。在加入共同因子后，$\Delta CFI = 0.013$，$\Delta GFI = 0.014$，$\Delta NFI = 0.022$，$\Delta TLI = 0.01$，$\Delta SRMR = 0.009$，$\Delta RMSEA = 0.003$。各项拟合指数变化均小于 0. 03，表明加入共同方法因子后，模型并未得到明显改善，因此不存在明显的共同方法偏差。

四、假设检验与结果分析

本文运用 PLS－SEM，本研究构造了市场导向、数字化导向、商业模式创新、数字化互补性资产和企业成长绩效的整合分析框架，如图 2 所示。潜在内生变量商业模式创新和企业成长绩效调整后的 R^2 分别为 0.537 和 0.520，显示具有较强的预测能力。

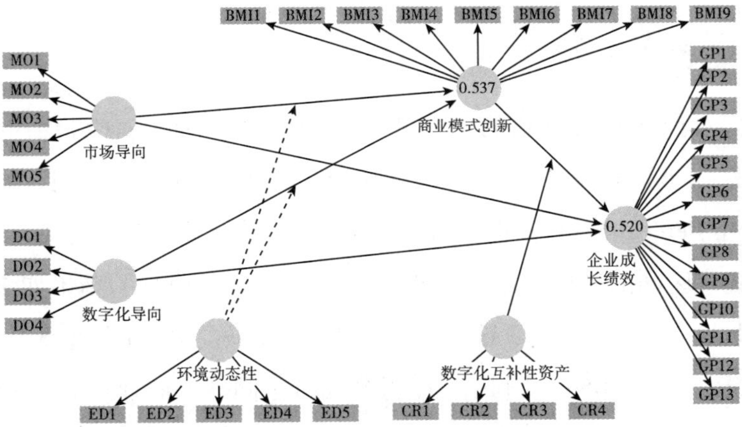

图 2　整体结构方程模式检验结果

（一）主效应检验

本文运用 SmartPLS4.0 软件验证前文假设。如表 5 所示，市场导向对企业成长绩效具有显著的正向影响（$\beta = 0.349$，$p < 0.001$），因此，H_{1a}得到支持；数字化导向对企业成长绩效具有显著的正向影响（$\beta = 0.216$，$p < 0.05$），因此，H_{1b}得到支持。市场导向与商业模式创新呈显著的正相关关系（$\beta = 0.453$，$p < 0.001$），数字化导向与商业模式创新呈显著的正相关关系（$\beta = 0.262$，$p < 0.05$），商业模式创新与企业成长绩效呈显著的正相关关系（$\beta = 0.269$，$p < 0.01$），为后续商业模式创新在不同路径上的中介效应分析奠定了基础。

表 5　结构方程模型路径结果

路径	非标准化系数	标准化系数	标准差	p 值
市场导向→企业成长绩效	0. 340	0. 349	0. 080	0. 000
数字化导向→企业成长绩效	0. 212	0. 216	0. 090	0. 019
商业模式创新→企业成长绩效	0. 273	0. 269	0. 089	0. 002
市场导向→商业模式创新	0. 443	0. 453	0. 074	0. 000
数字化导向→商业模式创新	0. 256	0. 262	0. 092	0. 005

（二）中介效应检验

本文对商业模式创新的中介效应分别进行 Bootstrap 检验中的偏移校正方法（Bootstrap Bias - corrected Method）和 Bootstrap 百分位法（Bootstrap Percentile Method）。将 Bootstrap 重复抽样的样本数量设置为5000，置信区间的置信水平设置为95%，各中介效应检验结果如表6 所示。商业模式创新在市场导向和企业成长绩效之间的中介效应显著（$\beta=0.119$，$p<0.05$），因此，H_{2a}得到支持。同理，商业模式创新在数字化导向和企业成长绩效之间的中介效应显著（$\beta=0.070$，$p<0.05$），因此 H_{2b}得到支持。

表 6　中介效应检验结果

路径	百分位法			偏移校正法		
	效应值	标准差	p 值	效应值	标准差	p 值
市场导向→商业模式创新→企业成长绩效	0. 119	0. 040	0. 002	0. 119	0. 040	0. 002
数字化导向→商业模式创新→企业成长绩效	0. 070	0. 034	0. 042	0. 070	0. 034	0. 042

（三）环境动态性的被调节的中介效应检验

运用 Bootstrap 方法中的偏移校正方法验证环境动态性的被调节的

中介效应是否存在。将 Bootstrap 重复抽样的样本数量设置为 5000，置信区间的置信水平设置为 95%，结果如表 7 所示。首先，检验环境动态性的调节作用，当环境动态性处于高水平和中等水平时，数字化导向与商业模式创新之间关系不显著。当环境动态性处于低水平时，数字化导向与商业模型创新之间关系显著（$\beta = 0.289$，$p < 0.001$）。且环境动态性水平较高，两者之间的系数从 0.289 降低为 0.008，因此，环境动态性负向调节数字化导向与商业模式创新之间的关系。同理，环境动态性负向调节市场导向与商业模式创新之间的关系。

表 7　调节效应检验结果（1）

路径	环境动态性水平	非标准化系数	标准化系数	标准差	p 值
数字化导向→商业模式创新	+1SD	-0.014	0.008	0.136	0.916
	Mean	0.138	0.148	0.080	0.083
	-1SD	0.290	0.289	0.060	0.000
数字化导向→商业模式创新→企业成长绩效	+1SD	-0.004	-0.001	0.039	0.919
	Mean	0.039	0.040	0.026	0.135
	-1SD	0.081	0.080	0.035	0.020
市场导向→商业模式创新	+1SD	0.176	0.210	0.143	0.216
	Mean	0.416	0.429	0.079	0.000
	-1SD	0.656	0.647	0.096	0.000
市场导向→商业模式创新→企业成长绩效	+1SD	0.049	0.052	0.039	0.201
	Mean	0.117	0.114	0.037	0.002
	-1SD	0.184	0.176	0.063	0.003

其次，检验环境动态性的被调节的中介作用。当数字化导向作为自变量时，环境动态性处于高水平和中等水平使商业模式创新中介效应不显著。当环境动态性处于低水平时，商业模式创新中介效应显著（$\beta = 0.080$，$p < 0.05$）。且环境动态性越强，商业模式创新的中介效应值由 0.080 下降为 -0.001，越说明环境动态性对商业模式创新的中介效应有显著的抑制作用，被调节的中介效应显著，因此，H_{3a}得到支持。同

理，H_{3b}得到支持。

（四）数字化互补性资产的被调节的中介效应检验

本文运用Bootstrap检验中的偏移校正方法验证数字化互补性资产的被调节的中介效应是否存在。将Bootstrap重复抽样的样本数量设置为5000，置信区间的置信水平设置为95%，结果如表8所示。首先，检验数字化互补性资产的调节作用，当企业拥有高水平和中等水平的数字化互补性资产时，商业模型创新与企业成长绩效之间存在显著影响（$\beta=0.332$，$p<0.001$；$\beta=0.234$，$p<0.05$）。当企业拥有低水平的数字化互补性资产时，商业模型创新与企业成长绩效之间关系不显著。当数字化互补性资产水平较高时，两者之间的系数从0.135上升为0.332，因此，数字化互补性资产正向调节商业模式创新与企业成长绩效之间的关系。

表8　调节效应检验结果（2）

路径	数字化互补性资产水平	非标准化系数	标准化系数	标准差	p值
商业模式创新→企业成长绩效	+1SD	0.338	0.332	0.095	0.000
	Mean	0.236	0.234	0.092	0.010
	-1SD	0.135	0.135	0.113	0.232
市场导向→商业模式创新→企业成长绩效	+1SD	0.144	0.142	0.044	0.001
	Mean	0.101	0.099	0.039	0.011
	-1SD	0.057	0.056	0.049	0.236
数字化导向→商业模式创新→企业成长绩效	+1SD	0.063	0.063	0.031	0.044
	Mean	0.044	0.044	0.026	0.092
	-1SD	0.025	0.026	0.026	0.335

其次，检验数字化互补性资产的被调节的中介作用。当市场导向作为自变量时，企业拥有高水平和中等水平的数字化互补性资产使商业模式创新中介效应显著（$\beta=0.142$，$p<0.01$；$\beta=0.099$，$p<0.05$）。当

企业拥有低水平的数字化互补性资产时，商业模式创新中介效应不显著。当数字化互补性资产水平较高时，商业模式创新的中介效应值由0.056上升为0.142，说明数字化互补性资产对中介效应有显著的促进作用，被调节的中介效应显著，因此，H_{4a}得到支持。同理，H_{4b}得到支持。

五、结论与讨论

（一）研究结论

企业如何通过部署不同的战略导向助力自身持续成长，是学术界和实践界关注的重点问题。本文在数字技术驱动和市场拉动情境下，探讨战略导向提升企业成长绩效的内在过程机制，以及外部的环境动态性与内部数字化互补性资产的边界作用。实证分析发现：①市场导向、数字化导向对企业成长绩效有着显著影响；②商业模式创新在市场导向与企业成长绩效中起着中介作用，在数字化导向与企业成长绩效中起着中介作用；③内、外部情境因素产生差异化调节作用。具体来说，环境动态性分别对商业模式创新在市场导向、数字化导向和企业成长绩效之间的中介作用起到抑制影响；数字化互补性资产分别对商业模式创新在市场导向、数字化导向和企业成长绩效之间的中介作用起到正向影响，因此，存在被调节的中介作用。

（二）理论贡献

本文的理论意义主要体现在以下两个方面：第一，本文将战略导向与商业模式创新整合在同一框架下，丰富了两者的协同研究。在刘洋等（2020）提出的“创新机制—创新产出—创新绩效”逻辑框架下，本文提出了技术和资源商业化应用融合下的“创新战略—创新产出—创新绩效”理论框架。企业成长绩效的提升离不开对数字技术的部署以及技术和资源的商业化过程，响应了 Knudsen 等（2021）提倡的需要关注企业在数字化情境下如何通过调整商业模式实现企业发展。第二，本文将内部的数字化互补性资产和外部的环境动态性整合在同一框架下，揭示了不同情境数字化导向与市场导向对商业模式创新产生的异质性影响，丰富了战略导向研究的过程机制和边界条件，拓展了企业成长的前因和理论情境。

（三）实践启示

本文的实践意义如下：首先，助推企业成长的关键在于培养管理者重视数字技术与商业化同步发展的前瞻性思维。在组织运营管理过程中，管理者既需要提升数字技术的智能、连接和分析等能力，也要实时感知外部市场变化、识别客户行为模式，进而解决技术层面与市场层面管理滞后的问题，建立数字技术与市场开拓的双重管理模式。更重要的是，企业要以业务驱动数字技术发展，快速吸收外部多元化信息并与内部流程、产品和服务开发过程相结合，颠覆现有价值创造与价值获取方式，创新商业模式。其次，企业要针对不同发展情境选择适当战略。一方面，当外部环境变化迅速时，管理者在部署战略导向时要关注对员工敏捷思维的培养，缩短商业模式创新周期，避免过度关注外部市场信息而忽略内部的管理协调过程。另一方面，创新过程离不开资源的部署与管理，因此企业应该关注内部数字化互补性资产的构建过程，强化企业的抗风险能力，进而实现可持续发展。

（四）局限性和未来启示

第一，本文基于市场和技术双重视角研究战略导向与企业成长绩效之间的关系，而两者之间还存在其他的理论视角，例如，动态能力、双元学习、知识管理等需要进一步探索。第二，本文主要采取实证研究方法对市场导向、数字化导向与企业成长绩效的影响过程和路径进行研究，未来可以采取案例研究方法精准针对某一行业开展研究。第三，本文主要从组织边界内外部情境出发探讨边界影响，未来可以从其他维度出发，探讨不同战略导向及其交互效应对企业发展的影响。

参考文献

[1]周飞,沙振权,孙锐. 市场导向、资源拼凑与商业模式创新的关系研究[J]. 科研管理,2019,40(1):113－120.

[2]周琪,苏敬勤,长青,等. 战略导向对企业绩效的作用机制研究:商业模式创新视角[J]. 科学学与科学技术管理,2020,41(10):74－92.

[3]孙伟,侯锡林. 创业导向、即兴能力与新创企业成长[J]. 华东经济管理,2021,35(1):8－15.

[4]ZHOU W,SU D,YANG J,et al. When do strategic orientations matter to innovation performance of green－tech ventures? The moderating effects of network positions[J]. Journal of cleaner production,2021(279):123743.

[5]GOTTELAND D,SHOCK J,SARIN S. Strategic orientations,marketing proactivity and firm market performance[J]. Industrial marketing management,2020(91):610－620.

[6]WU J,MA Z,LIU Z. The moderated mediating effect of international diversification,technological capability,and market orientation on emerging market firms' new product performance[J]. Journal of business research,2019(99):524－533.

[7]VENKATRAMAN N. Strategic orientation of business enterprises: the construct,dimensionality,and measurement[J]. Management science,1989,35(8):942－962.

[8]卢艳秋,宋昶,王向阳. 战略导向与组织结构交互的动态能力演化:基于海尔集团的案例研究[J]. 管理评论,2021,33(9):340－352.

[9]葛宝山,赵丽仪. 创业导向、精一战略与隐形冠军企业绩效[J]. 外国经济与管理,2022,44(2):117－135.

[10]郝生宾,王瑜,于渤. 资源行为视角下机会导向和创新导向对新创企

业成长的影响[J]. 系统管理学报,2021,30(6):1067 – 1078.

[11]TEECE D J. Business models,business strategy and innovation[J]. Long range planning,2010,43(2 – 3):172 – 194.

[12]AMIT R,ZOTT C. Value creation in e – business[J]. Strategic management journal,2001,22(6 – 7):493 – 520.

[13]刘洋,董久钰,魏江. 数字创新管理:理论框架与未来研究[J]. 管理世界,2020,36(7):198 – 217.

[14]BROCKHOFF K,CHAKRABARTI A K. R&D/marketing linkage and innovation strategy: some west german experience[J]. IEEE transactions on engineering management,1988,35(3):167 – 174.

[15]KINDERMANN B,BEUTEL S,DE LOMANA G G,et al. Digital orientation: conceptualization and operationalization of a new strategic orientation[J]. European management journal,2021,39(5):645 – 657.

[16]曾葳. 市场导向、竞争网络结构与新创电商企业竞争优势的互动关系探讨[J]. 商业经济研究,2022(16):88 – 91.

[17]NAKATA C,RUBERA G,IM S,et al. New product creativity antecedents and consequences: evidence from south Korea,Japan,and China[J]. Journal of product innovation management,2018,35(6):939 – 959.

[18]YOO Y,BOLAND JR R J,LYYTINEN K,et al. Organizing for innovation in the digitized world[J]. Organization science,2012,23(5):1398 – 1408.

[19]ANCILLAI C,SABATINI A,GATTI M,et al. Digital technology and business model innovation: a systematic literature review and future research agenda [Z]. Technological forecasting and social change,2023(188):122307.

[20]王核成,童琦. 市场导向与商业模式创新:大数据能力的调节效应[J]. 科技管理研究,2022,42(23):216 – 225.

[21]CHENG C,WANG L. How companies configure digital innovation attributes for business model innovation? A configurational view [Z]. Technovation, 2022 (112):102398.

[22]SOLUK J,KAMMERLANDER N,DARWIN S. Digital entrepreneurship in developing countries: the role of institutional voids[Z]. Technological forecasting and social change,2021(170):120876.

[23]张永云,郭鹏利,张生太. 失败学习与商业模式创新关系:知识管理与环境动态性的影响[J]. 科研管理,2021,42(11):90 – 98.

[24]王新成,李垣,马凤连,等. 环境动态性与创新战略选择:企业创业导向和技术能力的调节作用[J]. 研究与发展管理,2021,33(4):111 – 120.

[25]TEECE D J. Profiting from innovation in the digital economy: enabling technologies, standards, and licensing models in the wireless world[J]. Research policy,2018,47(8):1367 – 1387.

[26]郭韬,曹路苹,乔晗. 互补性资产、技术商业化能力与科技型在位企业商业模式创新:基于商业模式冰山理论的系统动力学仿真分析[J]. 系统工程理论与实践,2023(7):1 – 23.

[27]吴晓波,沈华杰,吴东. 不确定性、互补性资产与商业模式设计:新型冠状病毒肺炎疫情期间的多案例研究[J]. 科研管理,2020,41(7):189 – 200.

[28]CLAUSS T, KESTING T. How businesses should govern knowledge – intensive collaborations with universities: an empirical investigation of university professors [J]. Industrial marketing management,2017(62):185 – 198.

[29]SCHILKE O. On the contingent value of dynamic capabilities for competitive advantage: the nonlinear moderating effect of environmental dynamism [J]. Strategic management journal,2014,35(2):179 – 203.

[30]CHRISTMANN P. Effects of "best practices" of environmental management on cost advantage: the role of complementary assets[J]. Academy of management journal,2000,43(4):663 – 680.

[31]张镒,刘人怀. 互补性资产、平台领导力对双元创新的影响:基于环境复杂性的调节作用[J]. 管理评论,2020,32(10):158 – 169.

[32]赵忠伟,李睿,朱冰洁. 组织柔性对中小型高科技企业成长影响研究[J]. 科研管理,2019,40(7):247 – 256.

[33]KNUDSEN E S, LIEN L B, TIMMERMANS B, et al. Stability in turbulent times? The effect of digitalization on the sustainability of competitive advantage[J]. Journal of business research,2021(128):360 – 369.

[34]刘洋,董久钰,魏江. 数字创新管理:理论框架与未来研究[J]. 管理世界,2020,36(7):198 – 217.

制造业企业绿色创新水平驱动因素的组态分析①

郑　豪

摘要： 本文基于2021年沪深股市64家制造业企业数据，采用fsQCA方法对影响企业绿色创新水平的6个前因条件进行了组态分析。研究结果发现：①企业高、低水平绿色创新分别受到多个前因条件构成的多个组态的影响，各前因条件在不同组态中发挥不同作用，且高、低水平绿色创新的成因具有非对称性；②促使企业高水平绿色创新的组态有4种，即外部压力推动型、资源冗余自主型、高管未雨绸缪型和绿色创新理想型；③导致企业低水平绿色创新的组态有2种，即资源匮乏型和聚焦当下型。上述结论为提高企业绿色创新水平提供了有益启示。

关键词： 绿色创新；环境规制；高管团队异质性；市场竞争程度；fsQCA

作者简介： 郑豪（1997—），陕西商洛人，西北大学经济管理学院硕士研究生。

一、引言

当下环境问题日益严峻，如何在发展经济的同时减少资源消耗和环

① 本文由陈关聚老师指导完成。陈关聚，西北大学经济管理学院教授，研究方向：创新管理。

境污染成为亟须解决的难题。绿色创新作为此难题的有效解，正受到越来越多的关注（解学梅、朱琪玮，2021a；邬彩霞，2021）。2020 年 9 月，碳达峰、碳中和目标的提出，标志着我国正在为解决环境问题积极贡献中国力量。2021 年 3 月通过的“十四五”规划，更是将推动绿色发展明确作为我国未来五年发展规划的重要内容之一。企业作为经济的实体和价值的创造者，企业绿色创新成为实现碳达峰、碳中和目标，推动绿色发展的焦点和关键。但绿色创新的双重外部性特征（Bergek and Berggren，2014）以及绿色创新投入大、周期长、风险高的特点，使得企业绿色创新水平仍有待提高。

虽然已有文献从政府、资源、市场、组织、技术等方面对企业绿色创新展开了充分翔实的研究，并发现了环境规制（王洪庆、张莹，2020）、研发投入（Lee and Min ，2015）、市场竞争程度（孔令文、徐长生、易鸣，2022）、高管特征（刘钻扩、王洪岩，2021）、数字化技术（王锋正等，2022）等因素对绿色创新的影响作用，但仍有不足之处——已有研究多采用回归分析方法对企业绿色创新的驱动因素进行“净效应”分析（席龙胜、赵辉，2022），但缺少对前因条件的综合考察。Ragin（2000）指出，解释社会现象需要采取整体的分析方法，显然传统回归分析方法难以满足这一需要。故本文采用 fsQCA 方法（Ragin，2008）对沪深股市 64 家制造业企业的绿色创新水平展开分析，具体考察了企业内、外共 6 个角度的前因条件对企业高、低水平绿色创新的影响作用，研究发现了 4 种促使企业高水平绿色创新的组态和 2 种导致企业低水平绿色创新的组态。

二、理论基础与框架构建

绿色创新，是指为减少资源消耗和保护环境，采用全新的或改造已有的产品、技术和管理方法等，实现经济效益和环境效益协同增长的创新活动（Chen，2008）。绿色创新相关研究目前主要有两个方向：一是绿色创新的效应研究，考察绿色创新为企业带来的经济、环境和社会绩效（解学梅、朱琪玮，2021a）。二是绿色创新的影响因素研究，探究企业绿色创新的驱动因素，多从企业内、外部视角出发对此展开研究：内部视角多基于资源基础观（Marchi，2012）、高阶理论（刘钻扩、王洪岩，2021）等探究企业内部因素对绿色创新的驱动作用；外部视角则主要基于制度理论（汪发元、何智励，2022）、利益相关者理论（肖小虹、田庆宏、王站杰，2021）等探究企业外部因素对绿色创新的驱动作用。

本文沿用多数学者使用的内、外部视角对企业绿色创新的驱动因素展开研究。与传统研究对企业绿色创新驱动因素进行孤立的“净效应分析”不同，本文将企业内部视角与外部视角结合，对企业绿色创新的驱动因素进行整体的“组态分析”。故前因条件既要包含企业内的技术、资源等内部推动力，又要兼顾企业外的制度、市场等外部拉动力。本文综合已有文献和理论，从企业内、外部视角拟定 6 个前因条件——R&D 经费投入和 R&D 人员投入、高管团队异质性、环境规制、数字金融、市场竞争程度，探究其作为个体对绿色创新的影响作用，以及构成组态整体对绿色创新的协同机理。

（一）R&D 经费投入和 R&D 人员投入

资源基础观认为，企业的异质性资源是其竞争优势的坚实基础（Barney，1991；Hart and Stuart，1995）。绿色创新投入大、周期长、风险高等特点对企业资源需求极大，特别是企业研发投入的财务资源和人才资源。Lee 等（2015）在对日本制造业企业的研究中发现，研发投入正向影响企业绿色创新水平，认识到研发投入对绿色创新的重要性。张旭等（2017）则以中国工业企业为例，证明了研发投入对企业绿色创新的积极作用。为比较不同类型的研发资源对企业绿色创新的具体影响机理，本文将研发投入细分为 R&D 经费投入和 R&D 人员投入。

（二）高管团队异质性

高阶理论（Hambrick and Mason，1984）指出，高管决策会受其个人特征和认知习惯的影响（Chen and Nadkarni，2017），高管团队决策会受其成员生活经验、教育背景和工作履历差异的影响，学者将其归纳为年龄、教育背景和任期维度的差异，并称作“高管团队异质性”（Auh and Menguc，2005）。高管团队异质性对企业绿色创新的影响表现为：在年龄异质性维度，年龄较大的高管偏好稳健和保守，年龄较小的高管偏好高风险、高回报的决策。故高年龄异质性的高管团队可以更好地统筹风险与机遇进行绿色创新。在教育背景异质性维度，具有多层次教育背景的高管团队易对绿色创新形成多元理解，从而激发团队创造力推动绿色创新。在任期异质性维度，较长任期的高管虽拥有更多经验和资源发展绿色创新，但可能思维僵化地选择维持现状；较短任期的高管虽更富创造力和冒险精神，但缺乏经验和资源的支持。故高任期异质性的高管团队能够集合二者优势，促进企业绿色创新。综上所述，有理由认为高管团队异质性对企业绿色创新具有积极影响。

（三）环境规制

基于制度理论的环境规制被视为影响企业绿色创新的重要外部条件。与之相关的波特假说（Porter et al.，1995）受到广泛讨论。一是支持波特假说。支持者认为，环境规制是政府用强制手段规制企业节约资源、保护环境，这有利于企业绿色创新（余伟、陈强、陈华，2017）。二是反对波特假说。反对者认为，环境规制会增加企业环境成本，“挤占”企业创新投入，故不利于企业绿色创新（Gollop and Roberts，1983）。三是认为波特假说有适用条件。该观点依据动态理论，认为波特假说仅在特定条件下成立。有研究发现，环境规制与绿色创新在一定条件下呈“U”形或倒“U”形关系（张娟等，2019；彭文斌、程芳芳、路江林，2017）。本文认为，适当的环境规制有利于企业绿色创新，企业容易只顾经济效益而忽视环境效益，的确需要企业外的监督。政府作为中国特色社会主义市场经济的重要组成部分，发挥着重要的监督保障作用，政府环境规制有利于监督企业绿色生产经营。我国市场体系尚缺乏环境规制之外其他监督激励机制。

（四）数字金融

根据激励理论，良好的金融体系有利于缓解企业融资约束解决企业资金难题（胡杰、任丹阳，2017），助力企业绿色创新。金融市场充斥的信息不对称和交易成本问题，使企业融资常面临窘境，制约了企业绿色创新。为此，数字金融应运而生。与传统金融相比，数字金融从三个方面解决投融资难题：就覆盖广度，数字金融突破传统金融地理限制，依托线上平台提高投融资双方对接成功率；就使用深度，数字金融因交易成本低和便捷性强降低了企业融资门槛；就数字化程度，数字金融凭借大数据优势，一定程度解决了投融资双方因信息不对称造成的风险问题。综上所述，数字金融通过解决融资约束问题促进企业绿色创新。

（五）市场竞争程度

基于利益相关者理论，竞争者的多寡和竞争强度的高低直接影响企业利益。市场竞争程度是对企业面临竞争的度量，市场竞争程度越高，意味着企业生存压力越大，激励企业通过创新赢得竞争优势。绿色创新既能满足政府环境规制要求，又能为企业打造绿色形象赢得绿色竞争优势，因此，成为企业对抗市场竞争的不二选择。但若市场竞争过于激烈，企业就可能放弃周期长的绿色创新，转而选择其他短期战略以便抢占市场份额。孔令文等（2022）指出，竞争过于激烈或缺乏竞争均不利于企业技术创新。所以，本文认为市场竞争程度对企业绿色创新的影响需要结合其他条件综合判断。

基于以上分析，本文从企业内、外部视角出发，综合选择 R&D 经费投入、R&D 人员投入、高管团队异质性、环境规制、数字金融和市场竞争程度共 6 个前因条件，试图对企业高、低水平绿色创新的驱动因素展开研究。本文的理论框架见图 1。

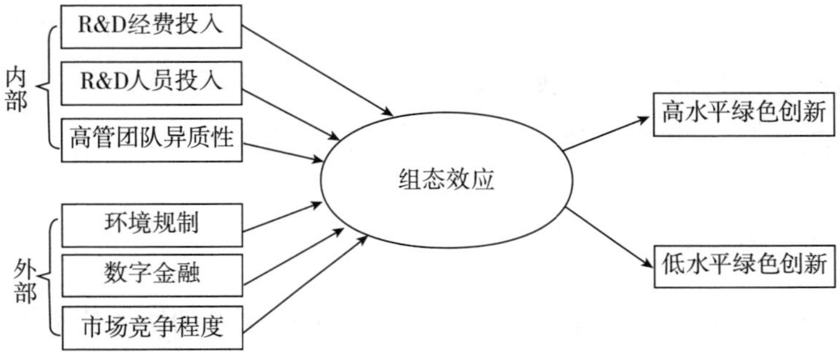

图 1　本文的理论框架

三、研究设计

（一）研究方法

本文选择 fsQCA 作为研究方法的原因有三个：一是本文前因条件数量多、关系复杂，需要使用 fsQCA 进行组态分析探索多因素间的联动匹配和互补替代关系。二是 fsQCA 方法集合了传统定性分析和定量分析的优点，既能深入分析具体案例，又具有较好的外部推广性（杜运周、贾良定，2017）。本文数据量远大于传统定性分析使用的案例数量，且探究的是企业绿色创新驱动组态，故 fsQCA 更能满足本研究需求。三是 fsQCA 可以更好地处理因果关系间的非对称性问题（Rihoux and Ragin，2009），对于本文高、低水平绿色创新的不同成因具有更大的解释力度。

（二）数据来源

出于绿色创新的滞后性考虑，本文的结果变量为制造业企业 2021 年绿色专利申请量，前因条件数据为 2020 年绿色专利申请量。初始数据包含 210 家企业，剔除缺失和异常数据，最终得到有效数据 64 组。绿色专利数据来自国家知识产权局，环境规制数据来自国家统计局，数字金融数据来自北京大学数字金融研究中心 2020 年发布的“北京大学数字普惠金融指数”，其他数据来自 CSMAR 数据库。

（三）变量测量

第一，本文选择绿色专利申请量作为企业绿色创新的代理变量。使用绿色专利申请量而非授权量，是为了减少专利审核时间的干扰。

第二，本文选择研发投入总额占营业收入比例测量 R&D 经费投入。

第三，本文选择研发人员数量占公司总人数比例测量 R&D 人员投入。

第四，本文借鉴 Yoon 等（2015）的研究，高管团队异质性包括年龄、教育背景和任期 3 个维度。高管团队异质性参考解雪梅等（2020）的方法测量。①计算高管团队年龄的标准差系数得到年龄异质性取值。②将高管团队教育背景分为博士、硕士、本科和其他四类，借鉴 Blau（1977）的异质性指数公式计算得到教育背景异质性取值，其中，p_i 代表第 i 类高管所占比例。③计算高管团队任期的标准差系数得到任期异质性取值。④将年龄、教育背景和任期的三个异质性取值代入式（1）计算得到高管团队异质性数值，该数值取值范围为 0 ~ 1，数值越大，代表该企业高管团队异质性水平越高。

$$TMTH = 1 - \sum (p_i)^2 \tag{1}$$

第五，本文借鉴张娟等（2019）的方法，选择各地区工业污染治理完成投资额与工业增加值的比值测量环境规制。

第六，本文选择数字普惠金融指数测量企业所处地区的数字金融水平。

第七，本文选择赫芬达尔指数（*HHI*）测量市场竞争程度，借鉴解维敏等（2016）的做法，使用企业年度营业总收入通过式（2）计算得到 *HHI* 指数，其中，X_i 代表行业内企业 i 的年度营业总收入。*HHI* 指数取值范围为 0 ~ 1，数值越小，代表该企业面临的市场竞争程度越高。

$$HHI = \sum \left(\frac{X_i}{X}\right)^2, X = \sum X_i \tag{2}$$

（四）变量校准

本文使用 fsQCA3.0 软件对 64 组样本数据进行校准和后续分析。变量校准是为变量赋予集合隶属度的过程，是后续分析的基础。本文根据 Ragin（2008）提出的直接校准法，将数据的 75%、50% 和 25% 分位数设为集合的完全隶属、交叉点和完全不隶属锚点。参考 Fiss（2011）的做法，将校准后等于 0.5 的真值修正为 0.5001。各变量的校准锚点与校准后的描述性统计见表 1。

表 1　校准锚点与描述性统计

变量	校准锚点			最大值	最小值	均值	标准差
	完全隶属	交叉点	完全不隶属				
绿色创新	20.750	5.500	2.000	1.000	0.020	0.461	0.404
R&D 经费投入	0.062	0.043	0.025	1.000	0.000	0.514	0.407
R&D 人员投入	0.232	0.167	0.097	1.000	0.000	0.485	0.410
高管团队异质性	0.578	0.564	0.537	1.000	0.000	0.512	0.406
环境规制	22.306	11.172	5.983	0.960	0.000	0.486	0.396
数字金融	381.610	379.530	347.810	1.000	0.000	0.451	0.389
市场竞争程度	0.961	0.947	0.886	1.000	0.020	0.520	0.402

四、研究结果

（一）必要性分析

必要性分析考察的是各前因条件是否构成结果的必要条件。通常认为，当某条件的一致性大于0.9时，该条件即构成结果的必要条件。如表2所示，所有前因条件的一致性均小于0.9，故没有前因条件构成结果的必要条件。

表2　必要性分析

前因条件	结果			
	高水平绿色创新		低水平绿色创新	
	一致性	覆盖度	一致性	覆盖度
R&D经费投入	0.661	0.593	0.458	0.481
~R&D经费投入	0.421	0.399	0.612	0.679
R&D人员投入	0.598	0.568	0.462	0.513
~R&D人员投入	0.487	0.436	0.611	0.640
高管团队异质性	0.499	0.449	0.601	0.633
~高管团队异质性	0.592	0.559	0.477	0.527
环境规制	0.584	0.553	0.522	0.579
~环境规制	0.555	0.498	0.597	0.627
数字金融	0.560	0.573	0.486	0.582
~数字金融	0.591	0.495	0.643	0.631
市场竞争程度	0.625	0.554	0.506	0.525
~市场竞争程度	0.464	0.445	0.570	0.640

注：~是布尔运算中的符号，表示逻辑关系“非”。

（二）充分性分析

充分性分析首先要确定频数阈值、一致性阈值和*PRI*值。杜运周等（2017）指出，频数阈值应保留至少75%的可观测案例，故将频数阈值设为1。参考Fiss（2011）的研究，将一致性阈值设定为0.8。Greckhamer 等（2018）认为，若 *PRI* 值低于 0.5，则组态很可能有同时子集关系，故将 *PRI* 值设定为 0.7。依据中间解和简约解确定的导致企业高、低水平绿色创新的组态见表 3。

表 3　导致企业高、低水平绿色创新的组态

前因条件	解								
	高水平绿色创新						低水平绿色创新		
	组态 1a	组态 1b	组态 1c	组态 2	组态 3	组态 4	组态 1a	组态 1b	组态 2
R&D 经费投入	●	●	•	●	•		⨂	⨂	•
R&D 人员投入	⊗			●	⊗	●	⨂	⊗	●
高管团队异质性	⨂	⨂	⨂	⨂	●		●	⊗	●
环境规制	●	●	●	⊗	⨂	●	•	⨂	⨂
数字金融	⊗		⨂	●	●	●		●	⨂
市场竞争程度		•	●		⨂	•	⨂	⨂	●
一致性	0.825	0.875	0.938	0.872	0.907	0.859	0.872	0.873	0.814
原始覆盖度	0.093	0.210	0.178	0.166	0.082	0.171	0.165	0.129	0.152
唯一覆盖度	0.022	0.025	0.053	0.074	0.033	0.052	0.133	0.103	0.135
总体解的一致性	0.868		0.867						
总体解的覆盖度	0.466		0.403						

注：●表示核心条件存在，⨂表示核心条件缺席，•表示边缘条件存在，⊗表示边缘条件缺席，空白表示该条件存在或缺席对结果无影响。

1. 企业高水平绿色创新分析

由表 3 可知，促使企业高水平绿色创新的具体组态共有 6 个，且各组态的一致性和总体解的一致性均大于 0.8，符合一致性阈值要求。本文根据 6 个组态的构成特征及逻辑将其分类为 4 种导致企业高水平绿色创新的组态，分别为：外部压力推动型、资源冗余自主型、高管未雨绸缪型和绿色创新理想型。

（1）外部压力推动型

外部压力推动型包括组态 1a、组态 1b 和组态 1c。在此类组态下，企业高水平绿色创新主要受到外部环境规制和市场竞争程度的推动作用，企业内部资源仅起支持作用。环境规制存在于 3 个组态中且均发挥核心作用，足见其对企业绿色创新的影响力之大；市场竞争程度在不同程度上对企业高水平绿色创新产生影响。R&D 经费投入存在于组态 1a 和组态 1b 中并起核心作用，但在组态 1c 中其存在或缺席对企业高水平绿色创新并无影响；R&D 人员投入缺席仅在组态 1a 中起边缘作用，在另外两个组态中对结果并无实际影响。值得注意的是，高管团队异质性在 3 个组态中均以其缺席对企业高水平绿色创新产生核心影响，与前文分析存在出入。这可能是因为当企业绿色创新受到以环境规制为核心的外部压力影响时，企业内部高管团队异质性的缺席反而会降低沟通成本、提高对环境规制的反应速度，从而促进企业高水平绿色创新，这对前文相关内容做出了新的解释和补充。根据上述分析，本文提出如下命题：

命题 1：环境规制作为外部压力的主要来源，对企业高水平绿色创新产生主要影响。

命题 2：当企业处于外部压力推动型组态下时，财务和人力资源对企业高水平绿色创新起到支持作用。

命题 3：当企业处于外部压力推动型组态下时，高管团队异质性缺席对企业高水平绿色创新起到积极作用。

（2）资源冗余自主型

资源冗余自主型对应组态 2，与外部压力推动型相反，资源冗余自主型以其充裕的内、外部资源（R&D 经费投入边缘存在，R&D 人员投入和数字金融核心存在）为绿色创新的投入保障、风险兜底，促使企业在缺乏外部压力（环境规制边缘缺席、市场竞争程度存在或缺席对结果无影响）的情况下主动发展高水平绿色创新。在该类组态下，高管团队异质性缺席仍发挥核心作用，这是因为当企业拥有充裕资源且无外部压力时，高管团队异质性缺席可能会增强高管团队的决策统一性和执行力，促进企业高水平绿色创新发展，这再次对前文高管团队异质性的分析做出新的解释和补充。根据上述分析，本文提出如下命题：

命题 4：在缺乏外部压力的情境下，企业资源冗余会促使企业主动发展高水平绿色创新。

（3）高管未雨绸缪型

高管未雨绸缪型对应组态3。在该类组态下，企业有一定的内部资源（R&D经费投入核心存在，R&D人员投入边缘缺席）和较好的外部资源（数字金融核心存在），并且明确无外部压力（环境规制和市场竞争程度核心缺席），此时，高管团队异质性核心存在的企业也会选择主动发展高水平绿色创新。与资源冗余自主型企业相比，高管未雨绸缪型企业主动发展高水平绿色创新的关键在于拥有高异质性水平的高管团队。正如前文分析，具有高异质性水平的高管团队通过年龄、教育背景和任期3个异质性维度影响企业关于绿色创新战略的选择、实施和资源配置，进而对企业绿色创新产生积极影响。此类企业虽在当下无市场竞争压力，但其高管团队能够居安思危着眼企业未来利益，积极配置企业内外资源，提前布局主动发展高水平绿色创新，为企业在未来市场中奠定竞争优势。根据上述分析，本文提出如下命题：

命题5：高管团队异质性水平高的企业，在无外部压力且有一定资源的条件下，会出于长远利益考虑主动发展高水平绿色创新。

外部压力缺席是高管未雨绸缪型企业主动发展高水平绿色创新的另一重要条件。下文企业低水平绿色创新分析会对此做出对比讨论。

（4）绿色创新理想型

绿色创新理想型对应组态4。此类组态下的企业既受到外部压力（环境规制核心存在、市场竞争程度边缘存在）迫使企业绿色创新，又恰有充足内部资源支持（R&D经费投入边缘存在，R&D人员投入核心存在）和外部资源补充（数字金融核心存在）使得企业也有意愿和能力主动发展高水平绿色创新。根据上述分析，本文提出如下命题：

命题6：外部压力和资源支持共同促进企业高水平绿色创新。

2. 企业低水平绿色创新分析

由表3可知，导致企业低水平绿色创新的具体组态共有3个，且各组态的一致性和总体解的一致性均大于0.8，符合一致性阈值要求。本文根据3个组态的构成特征及逻辑将其分类为2种导致企业低水平绿色创新的组态，分别为资源匮乏型和聚焦当下型。

（1）资源匮乏型

资源匮乏型包括组态1a和组态1b，其共同特点是企业内部资源匮乏，欠缺对绿色创新的必要支持，故企业只可能发展低水平绿色创新。具体来说，组态1a中，企业R&D经费投入和人员投入核心缺席，且又面临环境规制的绿色创新压力，故只能发挥高管团队异质性的优势，通过发展低水平绿色创新满足环境规制要求。组态1b中，仅数字金融核心存在，其余前因条件均缺席，说明数字金融作为企业外部的潜在资源，对于企业内部资源的严重匮乏补充效力有限，因此，企业只能凭借数字金融对资源的有限补充发展低水平绿色创新。根据上述分析，本文提出如下命题：

命题7：资源匮乏是企业选择低水平绿色创新的主要原因。

（2）聚焦当下型

聚焦当下型对应组态2。该类组态下的企业虽缺少数字金融的补充，但拥有较好的内部资源，与高管未雨绸缪型企业相同的是高管团队异质性也作为核心条件存在，但与之不同的是聚焦当下型企业选择低水平绿色创新战略。二者的核心差异在于市场竞争程度不同。高管未雨绸缪型市场竞争程度核心缺席，而聚焦当下型市场竞争程度核心存在。对此可能的解释是，当资源有限时，企业是否将有限资源用于发展绿色创新，发展何种水平的绿色创新主要受到该企业当下面临的市场竞争程度影响：当面临的市场竞争程度较低时（高管未雨绸缪型），企业在无须担忧当下生存问题后，就可能发展高水平绿色创新，以谋取未来竞争优势；当面临的市场竞争程度较高时（聚焦当下型），企业就可能聚焦当下以确保企业生存优先，再适度发展低水平绿色创新以满足相关要求。根据上述分析，本文提出如下命题：

命题8：当企业资源有限且市场竞争激烈时，倾向选择低水平绿色创新。

（三）稳健性检验

借鉴相关研究（张明、杜运周，2019），本文采用改动一致性阈值（将一致性阈值由0.8改为0.81）、改变*PRI*值（将*PRI*值由0.7改为0.73）、调整校准锚点（将环境规制的校准锚点由75%、50%和25%分位数调整为90%、50%和10%分位数）3种方法进行稳健性检验。3种方法检验结果的总体一致性均略微上升、总体覆盖度均略微下降，其变化均在可接受范围内；与原始组态相比，检验结果的组态虽略有改变但未发生影响结论的实质性变化。综上所述，有理由认为本文结果具有较好的稳健性。

五、研究结论与启示

（一）研究结论

本文使用fsQCA方法对沪深股市64家制造业企业的绿色创新水平进行组态分析，具体考察了企业内、外共6个角度的前因条件对企业高、低水平绿色创新的作用。研究结论如下：

企业高、低水平绿色创新受到由多个前因条件构成的多个组态的影响，各前因条件在不同组态中发挥不同作用，且高、低水平绿色创新的成因具有非对称性。

促使企业高水平绿色创新的组态有4种，分别为外部压力推动型、资源冗余自主型、高管未雨绸缪型和绿色创新理想型。外部压力和资源支持是促使企业高水平绿色创新的主要前因条件，高管团队异质性仅在特殊情境下发挥作用。

导致企业低水平绿色创新的组态有2种，分别为资源匮乏型和聚焦当下型。资源匮乏和市场竞争程度激烈是导致企业低水平绿色创新的主要前因条件。

（二）研究贡献

本文研究贡献主要体现在以下方面。

本文对于波特假说提供了组态分析方法下的有力支持；对高管团队异质性在不同情境下发挥的作用做出新的补充和解释，丰富了高阶理论中关于高管团队异质性的研究；通过组态分析的方法证实了市场竞争程度与企业绿色创新的动态关系，进一步强调竞争者作为企业利益相关者的重要组成部分会对企业战略造成重要影响。

本文较早使用fsQCA方法，从“整体”视角出发对企业绿色创新各前因条件的“组态效应”展开研究，对从“个体”视角出发研究自变量“净效应”的传统回归分析方法做出有效补充和完善；并且凭借fsQCA方法对解决因果关系非对称性问题和集合定性定量分析优点的两大优势，拓宽了绿色创新的研究思路，提供了解决相关问题的有效手段和方法。

（三）实践启示

基于研究结论的实践启示如下：

政府应进一步优化环境规制政策，以便更好地发挥对不同企业绿色创新的促进作用；同时，应加大对市场体系的完善力度，营造公平有序的良好市场竞争氛围，利用好企业间的竞争关系，引导企业积极发展绿色创新。

企业应结合自身条件和资源，发挥高管团队异质性对绿色创新的积极作用，并善于发掘和利用数字金融这一外部资源，为绿色创新提供充足的资源保障与支持。

（四）不足与展望

本文虽具有一定的贡献并提供了实践启示，但仍有不足，期待未来进一步研究的补充和完善。第一，企业绿色创新还受到除本文6个因素以外的其他众多因素影响，未来研究应进一步挖掘其他前因条件对企业绿色创新的驱动作用。第二，本文出于制造业对环境污染影响较大的考虑，重点考察了制造业企业绿色创新的驱动组态，未来研究可以根据研究需要拓宽案例选择的行业范围。

参考文献

[1]解学梅,朱琪玮．企业绿色创新实践如何破解“和谐共生”难题？[J]．管理世界,2021,37(1):128－149,9.

[2]邬彩霞．中国低碳经济发展的协同效应研究[J]．管理世界,2021,37(8):105－117.

[3]BERGEK A,BERGGREN C. The impact of environmental policy instruments on innovation a review of energy and automotive industry studies[J]. Ecological economics,2014(106): 112－123.

[4]王洪庆,张莹．贸易结构升级、环境规制与我国不同区域绿色技术创新[J]．中国软科学,2020(2):174－181.

[5]LEE K H,MIN B. Green R&D for eco－innovation and its impact on carbon emissions and firm performance[J]. Journal of cleaner production,2015(108): 534－542.

[6]孔令文,徐长生,易鸣．市场竞争程度、需求规模与企业技术创新:基于中国工业企业微观数据的研究[J]．管理评论,2022,34(1): 118－129.

[7]刘钻扩,王洪岩．高管从军经历对企业绿色创新的影响[J]．软科学,2021,35(12):74－80.

[8]王锋正,刘向龙,张蕾,等．数字化促进了资源型企业绿色技术创新吗?[J]．科学学研究,2022,40(2):332－344.

[9]席龙胜,赵辉．高管双元环保认知、绿色创新与企业可持续发展绩效[J]．经济管理,2022,44(3):139－158.

[10]RAGIN C C. Fuzzy－set social science [M]. Chicago: University of Chicago Press,2000.

[11]RAGIN C C. Redesigning social inquiry: fuzzy sets and beyond [M]. Chicago: University of Chicago Press,2008.

[12]CHEN Y S. The driver of green innovation and green image – green core competence [J]. Journal of business ethics,2008,81(3): 531 –543.

[13]解学梅,朱琪玮. 合规性与战略性绿色创新对企业绿色形象影响机制研究:基于最优区分理论视角[J]. 研究与发展管理,2021,33(4):2 –14.

[14]MARCHI V D. Environmental Innovation and R&D cooperation: empirical evidence from spanish manufacturing firms[J]. Research policy,2012,41(3): 613 –623.

[15]汪发元,何智励. 环境规制、绿色创新与产业结构升级[J]. 统计与决策,2022,38(1):73 –76.

[16]肖小虹,田庆宏,王站杰. 利益相关者环保导向能促进绿色创新吗:一个被调节的中介效应模型[J]. 科研管理,2021,42(12):159 –166.

[17]BARNEY J. Firm resources and sustained competitive advantage [J]. Journal of management,1991,17(1):99 –120.

[18]HART,STUART L. A natural – resource – based view of the firm[J]. the academy of management review,1995,20(4): 986 –1014.

[19]张旭,王宇. 环境规制与研发投入对绿色技术创新的影响效应[J]. 科技进步与对策,2017,34(17):111 –119.

[20]HAMBRICK D C,MASON P A. Upper echelons: the organization as a Reflection of its top managers[J]. The academy of management review,1984,9(2).

[21]CHEN J,NADKARNI S. It's about time! CEOs' temporal dispositions, temporal leader – ship, and corporate entrepreneurship[J]. Administrative science quarterly,2017,62(1):31 –66.

[22]AUH S,MENGUC B. Top management team diversity and innovativeness: the moderating role of interfunctional coordination[J]. Industrial marketing management,2005,34(3): 249 –261.

[23]PORTER MICHAEL E,VAN DER LINDE C. Toward a new conception of the environment – competitiveness relationship[J]. Journal of economic perspectives, 1995,9 (4): 97 –118.

[24]余伟,陈强,陈华. 环境规制、技术创新与经营绩效:基于37个工业行

业的实证分析[J]. 科研管理,2017,38(2):18-25.

[25]GOLLOP F M,ROBERTS M J. Environmental regulations and productivity growth: the case of fossil-fueled electric power generation[J]. Journal of political economy,1983,91(4): 654-674.

[26]张娟,耿弘,徐功文,等. 环境规制对绿色技术创新的影响研究[J]. 中国人口·资源与环境,2019,29(1):168-176.

[27]彭文斌,程芳芳,路江林. 环境规制对省域绿色创新效率的门槛效应研究[J]. 南方经济,2017(9):73-84.

[28]胡杰,任丹阳. 金融发展、企业特征与研发融资约束:来自中国股市的经验证据[J]. 科技进步与对策,2017,34(6):81-90.

[29]杜运周,贾良定. 组态视角与定性比较分析(QCA):管理学研究的一条新道路[J]. 管理世界,2017(6):155-167.

[30]RIHOUX B,RAGIN C C. Configurational comparative methods: Qualitative Comparative Analysis (QCA) and related techniques[M]. Thousand Oaks CA: Sage Publications,2009.

[31]YOON W,KIM S J,SONG J. Top management team characteristics and organizational creativity[J]. Review of managerial science,2015,4(10): 757-779.

[32]解学梅,王若怡,霍佳阁. 政府财政激励下的绿色工艺创新与企业绩效:基于内容分析法的实证研究[J]. 管理评论,2020,32(5):109-124.

[33]BLAU P M. Inequality and heterogeneity: a primitive theory of social structure[M]. New York: Free Press ,1977.

[34]解维敏,魏化倩. 市场竞争、组织冗余与企业研发投入[J]. 中国软科学,2016(8):102-111.

[35]FISS P C. Building better causal theories: a fuzzy set approach to typologies in organization research[J]. Academy of management journal,2011(54): 393-420.

[36]GRECKHAMER T,FURNARI S,FISS P C,et al. Studying configurations with qualitative comparative analysis: best practices in strategy and organization research[J]. Strategic organization,2018, 16(4): 482-495.

[37]张明,杜运周. 组织与管理研究中 QCA 方法的应用:定位、策略和方向[J]. 管理学报,2019,16(9):1312-1323.

连锁董事网络位置对企业创新绩效的影响
——基于企业数字化水平调节作用的研究①

马　洁

摘要：企业在连锁董事网络中所处的位置是影响企业创新绩效的重要因素。本文以2012—2021年所有A股上市公司为样本，实证研究连锁董事网络位置对企业创新绩效的影响，并探讨企业数字化水平对二者关系的调节作用。研究发现，相较于策略性创新，当企业处于连锁董事网络中心位置时，对于企业实质性创新绩效的促进作用更大；且企业数字化水平在上述关系中发挥正向调节作用。本文拓展了连锁董事网络和创新绩效的相关研究，为企业创新绩效的提升提供了一定启示。

关键词：连锁董事网络位置；创新绩效；数字化水平

作者简介：马洁（2000—），河南三门峡人，西北大学经济管理学院2022级会计学专业硕士研究生。

一、引言

创新作为企业获取竞争优势的重要战略行动，是推动企业实现高质

① 本文由汤小莉副教授指导完成。汤小莉，西北大学经济管理学院副教授，硕士研究生导师，研究方向：公司治理与创新网络、政府审计。

量发展的关键。创新的高度不确定性和较长的投资回收期，决定了企业在创新过程中需要不断地投入资源。在创新活动中，仅依赖内部资源可能会使企业面临较强的资源约束问题，因此，许多企业通过建立连锁董事网络、战略联盟和技术合作网络等关系网络获取创新活动所需的知识和资源（周建等，2021）。其中，由董事任职形成的连锁董事网络有利于企业之间交换与传递信息，缓解企业面临的资源约束。同时，企业在连锁董事网络中占据的位置各不相同，占据中心位置的企业能够获得更加丰富的外部信息和有利资源，继而促进企业创新（郑方等，2021）。在数字经济背景下，创新活动依托数字资源和环境能够发挥出更大的潜力。作为企业的一种内部资源能力，企业数字化水平的提升有利于实现企业资源的有效配置，降低企业成本，提升企业创新绩效（孙明明、王震勤，2023）。

目前，虽然已有文献研究了连锁董事网络对企业创新绩效的影响，但是这些研究在探讨企业创新绩效时，因停留在总体层面而忽略了创新结果的差异性。事实上，企业创新活动的开展有时只表现为一种策略性行为，是为了迎合政府的监管或政策，而非为了真正提升企业的创新能力，因此，创新动机的差异性会导致不同的创新结果，即创新绩效的差异。因此，本文将创新绩效区分为实质性创新绩效和策略性创新绩效两个层面，探讨连锁董事网络位置与企业创新绩效之间的关系，以及企业数字化水平对二者关系的影响。

二、文献综述

（一）连锁董事网络与企业创新绩效

连锁董事网络，是指公司董事会的董事个体以及董事之间通过至少在一个董事会同时任职建立的直接和间接联结关系的集合（谢德仁、陈运森，2012）。随着社会网络分析方法的发展以及连锁董事现象的普遍化，连锁董事网络对企业创新影响的研究也不断深入。目前，连锁董事网络与企业创新绩效的相关研究主要围绕以下观点展开。一部分学者基于资源依赖理论观进行研究。Boyd（1990）就以资源依赖理论为基础实证研究发现连锁董事网络对创新绩效具有积极影响。覃曼和马连福（2016）将资源基础观与社会嵌入理论相结合，研究发现，网络中心性能够显著促进企业创新绩效的提升。周军（2018）研究发现，独立董事网络中心度与企业创新绩效之间存在显著正相关关系，当企业独立董事具有技术背景时，二者之间的正向关系将会显著增强。张丹和郝蕊（2018）从网络中心度、网络强度和网络专业性 3 个层面考察连锁董事网络对企业技术创新绩效的影响，发现连锁董事网络能够显著促进企业技术创新绩效的提升，而且研发投入在二者之间存在中介效应。朱丽等（2017）以资源依赖理论和结构洞理论为基础进行研究，发现异质性行业的连接能够促进企业创新绩效的提升。基于董事类型的不同，Ana 和 Jpgb（2019）研究发现，当独立和行业外董事担任多个董事职位时，对企业创新具有积极的影响。Teng 等（2021）从创新绩效的趋同性角度进行研究，发现连锁董事的存在可以减少企业之间创新绩效的差异，促进关联公司之间创新绩效的趋同。另一部分学者基于委托代理理论观进行了研究，认为连锁董事网络位置与企业创新绩效之间并非正向关系，例如，Hochberg 和 Lu（2007）发现，连锁董事的自利动机会削弱企业的决策能力和质量，不利于企业创新能力的提升；李小青和王静远（2022）发现，连锁董事网络结构洞与数字化创新绩效之间存在着非线性关系，当嵌入过多的结构洞时，反而不利于企业数字化创新绩效的提升。

（二）企业数字化水平与创新绩效

数字技术的发展可以从根本上改变商业环境，对企业的行为特征以及产品与服务的创造过程产生影响（余菲菲等，2022），引发企业创新活动的变革，为企业创新提供新动能。从现有研究来看，有关企业数字化发展与创新绩效之间的研究大体可以分为两类：一是理论分析与案例研究。刘启雷等（2022）以徐州工程机械集团和陕汽集团为例进行分析，探究了数字化赋能企业创新的过程，肯定了数字化对企业创新的积极影响。二是定量实证研究。例如，Henrik 和 Rita（2021）研究发现，企业数字化水平的提高可以改善企业进行创新的技术条件，使企业创新技术的研发速度加快，从而提升企业创新绩效；Liang 和 Li（2022）研究表明，制造业企业数字化水平的提升可以显著促进其流程创新绩效和产品创新绩效的提升；Zhang 等（2022）研究发现，数字经济可以缓解资源利用的空间限制，从而有效促进创新能力和创新绩效的提升；张吉昌和龙静（2022）认为，数字化从拓展企业创新机会、提升企业创新效率及降低企业创新成本三个方面影响企业的创新绩效，并通过实证分析发现企业数字化水平可以显著促进高新技术企业创新绩效的提升。然而，还有学者认为企业数字化水平不一定正向影响创新绩效。例如，Usai 等（2021）认为，企业数字化水平的提高会使企业资源被占用，因此会抑制企业创新绩效的提升；蒋殿春和潘晓旺（2022）研究发现，数字化水平的提高有利于提升企业的高质量创新绩效，而对低质量创新绩效没有显著影响。

（三）文献述评

通过对相关文献进行梳理可以看出，现有研究主要基于资源依赖理论观探讨连锁董事网络对企业创新绩效的影响，且主要集中在创新绩效总效应层面进行研究，较少有研究从创新绩效的差异性视角探究连锁董事网络对企业实质性创新绩效和策略性创新绩效的影响。此外，企业数字化水平作为数字经济时代影响企业创新绩效的重要因素之一，鲜少有研究探讨其在连锁董事网络与企业创新绩效之间发挥的作用。因此，本文将基于已有研究，运用社会网络分析和实证分析相结合的方式构建连锁董事网络位置与企业创新绩效的关系模型，并选取企业数字化水平作为调节变量进行研究，以期在一定程度上完善现有研究，并为企业创新绩效的提升提供建设性的对策和建议。

三、理论分析与研究假设

（一）连锁董事网络位置与企业创新绩效

连锁董事网络作为一种外部关系网络的重要形式，在企业之间的信息传递和资源获取方面发挥着重大作用。企业通过连锁董事网络获取到的信息和资源可以降低企业之间的信息不对称程度，使其有效应对市场变化，及时对创新战略进行调整，从而提升创新绩效（黄灿、李善民，2019）。而企业在董事网络中获取到的知识和资源的数量、质量都会受到其在网络中所处位置的影响。一般而言，在网络中处于中心位置的企业能够与更多企业建立起联系，也就更容易找到资源供给，将其应用到企业创新活动当中。首先，根据资源依赖理论，在连锁董事网络当中处于中心位置的企业比处于边缘位置的企业能够获取到资源优势，有利于企业制定更加合理的创新策略，继而提高创新绩效。其次，根据信息传递理论，越处于连锁董事网络中心位置的企业联系到的外部企业越多，从而获得更多异质性的资源和信息（Larcker et al.，2013），进而对企业创新绩效的提升产生积极影响（Tasi，2018）。综上所述，处于连锁董事网络中心位置的企业，由于具有信息优势和资源获取优势，能够快速识别新的市场机会，做出更加正确的创新决策，提升创新绩效。

企业在创新活动中，基于创新动机的差异性会产生实质性创新行为和策略性创新行为。一般来说，虽然实质性创新行为更强调创新的质量，实现难度高、承担风险大，但能够为企业带来更高的经济效益和竞争优势。策略性创新行为，是指为了迎合政府政策采取的行为，不具有明显的贡献价值，不能实质性提升企业竞争力（张泽南等，2023）。在连锁董事网络中处于中心位置的企业，拥有更多获取各类信息的渠道和更快速获取信息的可能性，降低了企业的信息收集成本。当企业拥有充分的信息和技术资源时，具有高效益的实质性创新行为便会受到更多的关注，企业可能会进一步加大实质性创新的投入。此外，在连锁董事网络中处于中心位置的企业积累的声誉也更高（陈运森、谢德仁，2011），这类企业为了珍惜其声誉，会更加注重创新质量，实现企业的长远发展。而类似于策略性的创新行为对企业的研发能力要求较低，产生的贡献也更小，不能显著促进企业的长远发展。因此，本文推断，相较于策略性创新行为，当企业处于连锁董事网络中心位置时，实质性创新行为的促进作用更显著。

基于上述分析，本文提出如下假设：

H_1：相较于策略性创新行为，当企业处于连锁董事网络中心位置时，对企业实质性创新行为的促进作用更大。

（二）企业数字化水平的调节作用

依据资源基础理论，企业是各种资源构成的集合体。企业拥有的具有异质性、难以复制的资源能够为其创造可持续的竞争优势。数字化水平作为企业数字能力的直观体现，有利于企业打造技术优势、优化资源配置及重塑价值创造流程，为企业的创新绩效提升奠定坚实的基础。

首先，企业数字化水平的提高，能够给企业带来数字变革和丰富的、难以复制的数字资源，这为企业创新活动的开展提供了资源基础。尽管连锁董事通过外部任职能够获得丰富的资源，但是外部资源的可获取程度往往是有限的，而且企业创新绩效不仅受到连锁董事资源获取情况的影响，还受到董事会资源可利用情况的影响（李小青、王静远，2022），所以，连锁董事对于企业创新绩效产生的影响会受到焦点企业资源水平的影响。数字化水平的提升使董事会可利用资源增加，有利于推动创新项目顺利开展，提升企业创新绩效。

其次，数字化的发展有助于打破企业间的界限，促进连锁董事网络中知识和资源的传递。有研究表明，数字技术的应用使企业的信息传递更加高效（戚聿东、肖旭，2020）。从企业内部来看，随着企业数字化水平的提升，各部门的信息共享和传递效率显著提高（李雪松等，2022）；从企业外部来看，数字化水平高的企业之间能够建立起更加联通的信息网络，降低企业之间获取信息的成本，促进董事成员之间信息的交换，有利于企业创新的知识流动。

最后，数字化水平的提升会显著改变企业的组织模式，提升企业内部管理和资源配置的科学性。数字技术可以促进企业内部的扁平化管理（张国胜等，2021），营造宽松的创新氛围。此外，数字技术具有的数据集合和分析优势，能够有效减少资源错配，提升企业的运营效率，实现资源的科学整合（施炳展、李建桐，2020）。组织模式的变化会对企业的战略柔性产生深刻影响，企业的整体战略规划也将产生较大改变（黄节根等，2021），从而对董事会成员制定企业创新战略产生影响。因此，企业数字化水平作为企业创新战略实施的影响因素之一，很可能会对连锁董事网络位置与企业创新绩效之间的关系起到调节作用。

基于以上分析，本文提出如下假设：

H_2：企业数字化水平强化了连锁董事网络位置对企业创新绩效的正向影响。

四、研究设计

（一）样本选取与数据来源

本文选取2012—2021年所有A股上市公司为初始研究样本，并进行以下筛选：①剔除金融保险业上市公司；②剔除ST、*ST公司；③剔除数据缺失的公司样本；④对所有连续变量在1%和99%分位进行缩尾处理。

本文样本企业的专利数据来源于 CNRDS 数据库；连锁董事数据首先从 CSMAR 数据库收集董事信息，其次通过 UCINET 6.0 软件计算得出；财务数据均来源于 CSMAR 数据库；数字化水平数据通过对上市公司年报相关关键词进行爬取得到。本文采用数据分析软件 Stata16.0 对数据进行处理分析。

（二）变量定义

1. 被解释变量

企业创新绩效。参考黎文靖和郑曼妮（2016）的做法，实质性创新绩效（*inno*1）以企业的发明专利申请数量加 1 后取自然对数的值来衡量，策略性创新绩效（*inno*2）以实用新型专利和外观设计专利申请数量总和加 1 后取自然对数的值来衡量。

2. 解释变量

连锁董事网络位置（*degree*）。参考严若森和华小丽（2017）的研究，选用程度中心度衡量企业在连锁董事网络当中所处的位置。

3. 调节变量

企业数字化水平（*dia*）。参考赵宸宇等（2021）的做法，将上市公司年度报告中相关词汇的词频加 1 取自然对数的值作为企业数字化水平的衡量指标，具体从数字技术应用、互联网商业模式、智能制造和现代信息系统 4 个方面统计关键词的披露次数。

4. 控制变量

借鉴已有研究，本文控制了企业规模（*size*）、董事会规模（*board*）、营业收入增长率（*gro*）、资产负债率（*lev*）、总资产收益率（*roa*）、企业年龄（*age*）、产权性质（*soe*）的影响。此外，本文还控制了行业（industry）和年份（year）的影响。主要变量定义及描述如表 1 所示。

表 1　主要变量定义及描述

变量	变量名称	符号	变量描述
被解释变量	实质性创新绩效	*inno*1	发明专利申请数量加 1 的自然对数
	策略性创新绩效	*inno*2	实用新型专利和外观设计专利申请数量总和加 1 的自然对数
解释变量	连锁董事网络位置	*degree*	$degree_i = \frac{\sum_{j \neq i} x(i,j)}{(n-1)}$
调节变量	企业数字化水平	*dia*	年度报告中数字化相关词汇的词频加 1 的自然对数
控制变量	企业规模	*size*	企业总资产自然对数
	董事会规模	*board*	董事会人数
	营业收入增长率	*gro*	本年营业收入/上年营业收入 -1
	资产负债率	*lev*	总负债/总资产
	总资产收益率	*roa*	净利润/总资产平均余额
	企业年龄	*age*	ln（当年年份 - 公司上市年份 +1）
	产权性质	*soe*	国有控股企业取值为 1，其他为 0
	行业	*industry*	行业虚拟变量
	年份	*year*	年份虚拟变量

（三）模型设定

基于以上分析，本文构建模型（1）和模型（2）验证连锁董事网络位置对企业创新绩效的影响，构建模型（3）和模型（4）检验企业数字化水平的调节作用。

$$inno1_{i,t} = \beta_0 + \beta_1 degree_{i,t} + \sum_{i=2}^{8} \beta_i Controls_{i,t} + year_t + industry_i + \varepsilon_{i,t} \tag{1}$$

$$inno2_{i,t} = \beta_0 + \beta_1 degree_{i,t} + \sum_{i=2}^{8} \beta_i Controls_{i,t} + year_t + industry_i + \varepsilon_{i,t} \tag{2}$$

$$inno1_{i,t} = \beta_0 + \beta_1 degree_{i,t} + \beta_2 dia_{i,t} + \beta_3 degree_{i,t} \times dia_{i,t} + \sum_{i=4}^{10} \beta_i Controls_{i,t} + year_t + industry_i + \varepsilon_{i,t} \tag{3}$$

$$inno2_{i,t} = \beta_0 + \beta_1 degree_{i,t} + \beta_2 dia_{i,t} + \beta_3 degree_{i,t} \times dia_{i,t} + \sum_{i=4}^{10} \beta_i Controls_{i,t} + year_t + industry_i + \varepsilon_{i,t} \quad (4)$$

五、实证结果与分析

（一）描述性统计

本文主要变量的描述性统计结果见表2。企业实质性创新绩效（*inno*1）的平均值、最小值和最大值分别为1.429、0.000和5.620，策略性创新绩效（*inno*2）的平均值、最小值和最大值分别为1.526、0.000和5.781，表明不同企业的创新绩效具有较大的差异。连锁董事网络程度中心度（*degree*）的平均值、最小值和最大值分别为3.120、0.099和8.384，这表明不同企业的连锁董事能够通过网络获取资源的能力差异较大。企业数字化水平（*dia*）的最小值和最大值分别为0.000和5.844，表明企业之间的数字化水平差距较大。

表2　主要变量描述性统计

变量	样本数	中位数	标准差	最小值	最大值
*inno*1	18113	1.429	1.306	0.000	5.620
*inno*2	18113	1.526	1.493	0.000	5.781
degree	18113	3.120	2.042	0.099	8.384
dia	18113	3.017	1.167	0.000	5.844
age	18113	1.946	0.919	0.000	3.332
lev	18113	0.392	0.185	0.053	0.872
roa	18113	0.050	0.053	-0.195	0.224
soe	18113	0.302	0.459	0.000	1.000
board	18113	8.402	1.479	5.000	14.000
gro	18113	0.162	0.290	-0.514	2.135
size	18113	22.100	1.151	19.990	26.300

（二）回归结果分析

本文主效应回归结果见表3。由表3可知，程度中心度（*degree*）与企业实质性创新绩效（*inno*1）和策略性创新绩效（*inno*2）的回归系数分别为0.0284和0.0178，且均在1%的统计水平上显著，证实了H_1。

表3　基本回归结果

变量	（1）*inno*1	（2）*inno*2
degree	0.0284 *** (0.0048)	0.0178 *** (0.0053)
size	0.2573 *** (0.0121)	0.2018 *** (0.0132)
gro	-0.0443 (0.0321)	-0.1451 *** (0.0346)
roa	1.7817 *** (0.2011)	2.1471 *** (0.2262)
board	0.0219 *** (0.0067)	0.0204 *** (0.0071)
lev	0.1004 (0.0651)	0.2518 *** (0.0702)
soe	0.0787 *** (0.0238)	-0.0528 ** (0.0254)
age	-0.1908 *** (0.0125)	-0.1658 *** (0.0140)
year	控制	控制
industry	控制	控制
Constant	-5.1291 *** (0.2425)	-3.8842 *** (0.2648)
Observations	18113	18113
R-squared	0.1806	0.2549
r^2_a	0.178	0.252

注：括号内数值为标准误；***、**分别表示在1%、5%的水平上显著。

（三）调节效应

本文调节效应的回归结果见表4。由表4可知，$degree \times dia$ 的回归系数分别在5%和1%的水平上显著为正。这表明，企业数字化水平强化了连锁董事网络位置对企业实质性创新绩效和策略性创新绩效的正向影响，H_2 得到支持。

表4　调节效应回归结果

变量	（1）*inno1*	（2）*inno2*
degree × dia	0.0081** （0.0039）	0.0122*** （0.0040）
dia	0.1329*** （0.0147）	0.1060*** （0.0155）
degree	0.0022 （0.0126）	−0.0214 （0.0131）
size	0.2301*** （0.0122）	0.1767*** （0.0133）
gro	−0.0636** （0.0319）	−0.1625*** （0.0345）
roa	1.7491*** （0.1988）	2.1211*** （0.2247）
board	0.0211*** （0.0067）	0.0197*** （0.0071）
lev	0.1017 （0.0646）	0.2549*** （0.0700）
soe	0.1069*** （0.0238）	−0.0271 （0.0254）
age	−0.1874*** （0.0124）	−0.1630*** （0.0139）
year	控制	控制
industry	控制	控制

续表

变量	（1）*inno*1	（2）*inno*2
Constant	-4.7391*** （0.2453）	-3.4768*** （0.2682）
Observations	18113	18113
R-squared	0.1920	0.2623
r^2_a	0.189	0.260

注：括号内数值为标准误；***、**分别表示在1%、5%的水平上显著。

（四）稳健性检验

1. 替换解释变量

特征向量中心度（*eigenvector*）是另一衡量连锁董事网络位置的指标，其用递归加权的方法可以很好地衡量董事网络关系质量（谢德仁和陈运森，2012）。因此，本文将解释变量替换为特征向量中心度（*eigenvector*）重新进行回归，结果如表5所示。特征向量中心度（*eigenvector*）与企业实质性创新绩效（*inno*1）和策略性创新绩效（*inno*2）的回归系数分别为0.0046和0.0033，均在1%的统计水平上显著；*eigenvector*×*dia* 分别在10%和5%的水平显著为正，与前文的回归结果一致。

表5 替换被解释变量回归结果

变量	（1）*inno*1	（2）*inno*2	（3）*inno*1	（4）*inno*2
eigenvector×*dia*			0.0011* （0.0006）	0.0016** （0.0007）
dia			0.1480*** （0.0111）	0.1293*** （0.0121）
eigenvector	0.0046*** （0.0008）	0.0033*** （0.0009）	0.0011 （0.0021）	-0.0017 （0.0023）
size	0.2527*** （0.0117）	0.1967*** （0.0128）	0.2257*** （0.0118）	0.1719*** （0.0128）
gro	-0.0420 （0.0332）	-0.1427*** （0.0361）	-0.0608* （0.0330）	-0.1592*** （0.0360）

续表

变量	(1) *inno1*	(2) *inno2*	(3) *inno1*	(4) *inno2*
roa	1.7873 *** (0.2044)	2.1395 *** (0.2228)	1.7472 *** (0.2030)	2.1026 *** (0.2217)
board	0.0213 *** (0.0064)	0.0199 *** (0.0070)	0.0204 *** (0.0063)	0.0191 *** (0.0069)
lev	0.1094 * (0.0660)	0.2610 *** (0.0720)	0.1108 * (0.0656)	0.2640 *** (0.0716)
soe	0.0774 *** (0.0233)	−0.0541 ** (0.0254)	0.1057 *** (0.0232)	−0.0283 (0.0253)
age	−0.1896 *** (0.0126)	−0.1660 *** (0.0137)	−0.1864 *** (0.0125)	−0.1634 *** (0.0136)
year	控制	控制	控制	控制
industry	控制	控制	控制	控制
Constant	−4.9896 *** (0.2455)	−3.7526 *** (0.2677)	−4.6474 *** (0.2457)	−3.4198 *** (0.2685)
Observations	18113	18113	18113	18113
R − squared	0.1806	0.2551	0.1920	0.2624
r^2_a	0.178	0.253	0.189	0.260

注：括号内数值为标准误；＊＊＊、＊＊、＊分别表示在1%、5%、10%的水平上显著。

2. 替换调节变量

参考袁淳等（2021）的做法，本文采用企业数字化相关词汇频数总和除以年度报告文本总长度作为替代变量衡量企业数字化水平（*dia*1），进一步检验本文的调节效应，回归结果如表6所示。*degree* × *dia*1 分别在10%和5%的水平上显著为正，与前文回归结果一致，进一步证实了 H_2。

表6　替换调节变量回归结果

变量	(1) *inno1*	(2) *inno2*
degree × *dia*1	0.0339 * (0.0180)	0.0501 ** (0.0197)

续表

变量	（1）*inno*1	（2）*inno*2
*dia*1	0.4652 *** (0.0711)	0.1943 ** (0.0777)
degree	0.0226 *** (0.0060)	0.0084 (0.0066)
size	0.2539 *** (0.0114)	0.2002 *** (0.0125)
gro	-0.0521 (0.0330)	-0.1499 *** (0.0361)
roa	1.7778 *** (0.2037)	2.1511 *** (0.2227)
board	0.0214 *** (0.0064)	0.0203 *** (0.0070)
lev	0.1022 (0.0656)	0.2542 *** (0.0717)
soe	0.0931 *** (0.0232)	-0.0444 * (0.0254)
age	-0.1925 *** (0.0125)	-0.1671 *** (0.0137)
year	控制	控制
industry	控制	控制
Constant	-5.0305 *** (0.2382)	-3.8196 *** (0.2604)
Observations	18113	18113
R-squared	0.1869	0.2569
r^2_a	0.184	0.254

注：括号内数值为标准误；***、**、*分别表示在1%、5%、10%的水平上显著。

3. 增加控制变量

考虑到企业的创新投入也是影响企业创新绩效的关键因素，本文在控制变量中加入企业当年研发投入与营业总收入之比（*rd*）重新进行回归，回归结果如表 7 所示。由表 7 可知，程度中心度（*degree*）对企业实质性创新绩效（*inno*1）和策略性创新绩效（*inno*2）的回归系数分别为 0.0219 和 0.0163，均在 1% 的水平上显著为正，*degree* × *dia* 的回归系数分别在 10% 和 1% 的水平上显著为正，与前文结果一致，说明本文的结论是可靠的。

表 7 增加控制变量回归结果

变量	（1）*inno*1	（2）*inno*2	（3）*inno*1	（4）*inno*2
degree × *dia*			0.0069 * (0.0038)	0.0120 *** (0.0040)
dia			0.1066 *** (0.0144)	0.1013 *** (0.0156)
degree	0.0219 *** (0.0047)	0.0163 *** (0.0053)	-0.0002 (0.0122)	-0.0218 * (0.0131)
size	0.2669 *** (0.0120)	0.2039 *** (0.0133)	0.2443 *** (0.0121)	0.1793 *** (0.0133)
gro	-0.0370 (0.0318)	-0.1435 *** (0.0346)	-0.0530 * (0.0316)	-0.1606 *** (0.0345)
roa	2.2040 *** (0.1968)	2.2422 *** (0.2265)	2.1561 *** (0.1954)	2.1936 *** (0.2251)
board	0.0218 *** (0.0065)	0.0203 *** (0.0071)	0.0211 *** (0.0065)	0.0197 *** (0.0071)
lev	0.4338 *** (0.0642)	0.3268 *** (0.0711)	0.4178 *** (0.0638)	0.3113 *** (0.0709)
soe	0.1123 *** (0.0234)	-0.0452 * (0.0255)	0.1334 *** (0.0234)	-0.0223 (0.0254)
age	-0.1704 *** (0.0122)	-0.1613 *** (0.0140)	-0.1687 *** (0.0121)	-0.1596 *** (0.0139)
rd	0.0790 *** (0.0032)	0.0178 *** (0.0030)	0.0750 *** (0.0032)	0.0134 *** (0.0030)
year	控制	控制	控制	控制
industry	控制	控制	控制	控制

续表

变量	(1) *inno1*	(2) *inno2*	(3) *inno1*	(4) *inno2*
Constant	-5.6034 *** (0.2411)	-3.9910 *** (0.2656)	-5.2587 *** (0.2443)	-3.5694 *** (0.2694)
Observations	18113	18113	18113	18113
R - squared	0.2164	0.2563	0.2238	0.2631
r^2_a	0.214	0.254	0.221	0.260

注：括号内数值为标准误；＊＊＊、＊分别表示在1%、10%的水平上显著。

4. 工具变量法

连锁董事网络位置与企业创新绩效之间可能存在互为因果的关系，当企业的创新表现越好时，越容易吸引其他企业与其建立网络关系。为解决这一问题，本文使用滞后一期的连锁董事网络程度中心度作为工具变量（*L. degree*），采用工具变量法重新进行回归，回归结果如表8所示。由表8可知，工具变量不存在识别不足、弱工具变量的问题，表明了工具变量选取的合理性，而且 *L. degree* 的回归系数分别为0.0577和0.0359，均在1%的水平上显著为正，与前文的结果一致。

表8　工具变量法回归结果

变量	(1) *inno1*	(2) *inno2*
L. degree	0.0577 *** (0.0109)	0.0359 *** (0.0118)
size	0.2256 *** (0.0154)	0.1849 *** (0.0167)
gro	-0.0757 * (0.0399)	-0.1997 *** (0.0433)
roa	2.1570 *** (0.2475)	2.4424 *** (0.2685)
board	0.0263 *** (0.0076)	0.0302 *** (0.0082)
lev	0.1842 ** (0.0793)	0.2911 *** (0.0860)

续表

变量	(1) *inno1*	(2) *inno2*
soe	0.1028 *** (0.0273)	-0.0385 (0.0296)
age	-0.2557 *** (0.0183)	-0.2396 *** (0.0198)
year	控制	控制
industry	控制	控制
Constant	-4.3478 *** (0.3113)	-3.4901 *** (0.3376)
Anderson canon. corr. LM statistic	3578.824 [0.0000]	3578.824 [0.0000]
Cragg - Donald Wald F statistic	4882.214 {16.38}	4882.214 {16.38}
Observations	13238	13238
R - squared	0.1734	0.2591
r^2_a	0.170	0.256

注：括号内数值为标准误；***、**、*分别表示在1%、5%、10%的水平上显著。[ ] 内数值为 p 值，{ } 内数值为 Stock - Yogo 弱识别检验在 10% 水平上的临界值。

5. 倾向性得分匹配

本文采用倾向性得分匹配法检验样本选择偏误这一内生性问题对回归结果产生的影响。首先，将样本按照网络中心度数据的中位数分为处理组和对照组；其次，进行倾向性得分匹配，为样本组匹配除自变量以外其他控制变量基本相同的样本，结果如表 9 所示。由表 9 可知，协变量的均值在处理组和控制组间均不存在显著差异，而且 *Difference* 列的值分别为 0.1527 和 0.1243，表明处理组比控制组有明显的提升，连锁董事网络位置能够提升企业的实质性创新绩效和策略性创新绩效，与之前的回归结果一致。

表 9　倾向性得分匹配结果

变量	*Sample*	*Treated*	*Controls*	*Difference*	S. E.	*T - stat*
*inno*1	匹配前	1. 5337	1. 3488	0. 1849	0. 0195	9. 47
	ATT	1. 5318	1. 3790	0. 1527	0. 0326	4. 69
*inno*2	匹配前	1. 5818	1. 4828	0. 0991	0. 0224	4. 43
	ATT	1. 5799	1. 4557	0. 1243	0. 0371	3. 35

本文保留倾向性得分匹配成功的数据进行回归，结果如表 10 所示。回归结果表明，*degree* 的回归系数分别为 0. 0374 和 0. 0313，均在 1% 水平上显著为正，与前文回归结果一致，表明本文的实证结果具有较强的稳健性。

表 10　倾向性得分匹配成功后回归结果

变量	（1）*inno*1	（2）*inno*2
degree	0. 0374 *** （0. 0067）	0. 0313 *** （0. 0073）
size	0. 2563 *** （0. 0172）	0. 1858 *** （0. 0186）
gro	-0. 0724 （0. 0476）	-0. 1301 ** （0. 0516）
roa	2. 0875 *** （0. 3032）	1. 9553 *** （0. 3283）
board	0. 0243 *** （0. 0094）	0. 0291 *** （0. 0102）
lev	0. 0954 （0. 0958）	0. 2316 ** （0. 1038）
soe	0. 1093 *** （0. 0336）	-0. 0149 （0. 0364）
age	-0. 2006 *** （0. 0189）	-0. 1751 *** （0. 0205）
year	控制	控制
industry	控制	控制
Constant	-5. 2277 *** （0. 3598）	-3. 6820 *** （0. 3896）

续表

变量	（1）*inno1*	（2）*inno2*
Observations	8447	8447
R - squared	0. 1793	0. 2527
r^2_a	0. 173	0. 247

注：括号内数值为标准误；＊＊＊、＊＊、＊分别表示在1%、5%的水平上显著。

六、研究结论与建议

（一）研究结论

本文以资源依赖理论和信息传递理论为基础，选取 2012—2021 年所有 A 股上市公司为研究样本，实证检验连锁董事网络位置对企业实质性创新绩效和策略性创新绩效的影响，并将企业数字化水平作为调节变量进行分析，得出如下结论：相较于策略性创新，当企业处于连锁董事网络中心位置时，对于实质性创新绩效的促进作用更大；企业数字化水平在连锁董事网络位置与企业创新绩效的关系中起到正向调节作用，通过一系列稳健性检验之后，这一结果仍然成立。

（二）理论贡献

本文可能的边际贡献在于：第一，从创新结果的差异性视角阐释企业创新绩效，将创新绩效区分为实质性创新绩效和策略性创新绩效两个维度，深化连锁董事网络创新效应的相关研究；第二，将企业数字化水平作为调节变量进行研究，为企业数字化水平、连锁董事网络位置和企业创新绩效之间的关系提供经验证据。

（三）对策建议

根据以上结论，本文提出如下建议：

第一，企业要重视在连锁董事网络中所处的位置。企业在连锁董事网络当中所处的位置决定了其获取资源的能力，企业应该合理利用连锁董事网络带来的信息和资源，拓展与联结企业的合作范围，提升企业在董事网络中所处的位置，为创新能力的提高提供资源基础。

第二，企业在聘任董事时，应选择在连锁董事网络中处于中心位置的董事以提高企业自身的网络位置。企业一方面可以获取更丰富的资源和信息，降低交易成本和风险；另一方面可以利用连锁董事的声望，提升自身的影响力，获得更多的社会认同，促进企业创新绩效的提升。

第三，企业要充分激活数字化水平对连锁董事网络中心度与企业创新绩效关系的促进作用。企业需要抓住数字化发展契机，改善数字化环境，加强对数字技术的管理与应用，积极推动数字化水平的提高，为企业创新提供更加利好的条件。

参考文献

[1]周建，秦蓉，王顺昊．连锁董事任职经验与企业创新：组织冗余的调节作用[J]．研究与发展管理，2021，33(5)：40－53.

[2]郑方，单文涛，王永青．连锁董事网络与企业动态创新能力：基于多重治理情境的调节作用[J]．财经论丛，2021，278(11)：77－88.

[3]孙明明，王震勤．数字化水平、战略弹性与创新绩效：基于高新技术企业的门槛效应分析[J]．财会月刊，2023，44(5)：136－144.

[4]谢德仁，陈运森．董事网络：定义、特征和计量[J]．会计研究，2012(3)：44－51，95.

[5]BOYD B K．Corporate linkages and organizational environment：a test of the resource dependence model[J]．Strategic management journal，1990，11(6)：419－430.

[6]覃曼，马连福．企业网络中心性对政治关联创新业绩影响的中介作用[J]．系统工程，2016，34(5)：48－54.

[7]周军．社会网络视角下独立董事与企业创新绩效[J]．财经论丛，2018，232(4)：75－82.

[8]张丹,郝蕊. 连锁董事网络能够促进企业技术创新绩效吗:基于研发投入的中介效应研究[J]. 科技管理研究,2018,38(12): 183-191.

[9]朱丽,刘军,刘超,等. 异质性行业连接、网络权力与创新绩效关系研究:基于中国上市公司全网络[J]. 经济管理,2017,39(9): 35-48.

[10]ANA B, JPGB H L. The impact of interlocking directorates on innovation: the effects of business and social ties[J]. Management decision,2019,57(10).

[11]TENG Y,GIMMON E,LU W. Do interlocks lead to the convergence of interfirm innovation performance? Evidence from China[J]. SAGE open,2021,11(2).

[12]HOCHBERG Y V,LU L Y. Whom you know matters: venture capital networks and investment performance[J]. The journal of finance,2007,62(1):251-301.

[13]李小青,王静远. 连锁董事网络结构洞、团队断裂带与数字化创新绩效[J]. 北方民族大学学报,2022(6):117-126.

[14]余菲菲,曹佳玉,杜红艳. 数字化悖论:企业数字化对创新绩效的双刃剑效应[J]. 研究与发展管理,2022,34(2):1-12.

[15]刘启雷,张媛,雷雨嫣,等. 数字化赋能企业创新的过程、逻辑及机制研究[J]. 科学学研究,2022,40(1):150-159.

[16]HENRIK B,RITA F. Performance effects of digital technology adoption and product & service innovation - a process - industry perspective [Z]. Technovation, 2021(105):102275.

[17]LIANG S H,LI T T. Can digital transformation promote innovation performance in manufacturing enterprises? The mediating role of R&D capability [Z]. Sustainability,2022(17):10939

[18]ZHANG L P,XIONG K Q,GAO X Z,et al. Factors influencing innovation performance of China's high - end manufacturing clusters:dual - perspective from the digital economy and the innovation networks[Z]. Frontiers in psychology,2022(13):1012228.

[19]张吉昌,龙静. 数字化转型、动态能力与企业创新绩效:来自高新技术上市企业的经验证据[J]. 经济与管理,2022(3):74-83.

[20]USAI A,FIANO F,MESSENI P A,et al. Unveiling the impact of the adoption of digital technologies on firms' innovation performance[J]. Journal of business research,2021(133):327-336.

[21]蒋殿春,潘晓旺. 数字经济发展对企业创新绩效的影响:基于我国上市

公司的经验证据[J]. 山西大学学报(哲学社会科学版),2022,45(1):149 – 160.

[22]黄灿,李善民. 股东关系网络、信息优势与企业绩效[J]. 南开管理评论,2019,22(2):75 – 88,127.

[23]LARCKER D F,SO E C,WANG C C Y. Boardroom centrality and firm performance[J]. Journal of accounting and economics,2013,55(2 – 3): 225 – 250.

[24]TSAI F S. Knowledge heterogeneity,social capital,and organizational innovation [J]. Journal of organizational change management,2018,31(2):304 – 322.

[25]张泽南,钱欣钰,曹新伟. 企业数字化转型的绿色创新效应研究:实质性创新还是策略性创新? [J]. 产业经济研究,2023(1):86 – 100.

[26]陈运森,谢德仁. 网络位置、独立董事治理与投资效率[J]. 管理世界,2011(7):113 – 127.

[27]戚聿东,肖旭. 数字经济时代的企业管理变革[J]. 管理世界,2020,36(6):135 – 152,250.

[28]李雪松,党琳,赵宸宇. 数字化转型、融入全球创新网络与创新绩效[J]. 中国工业经济,2022(10):43 – 61.

[29]张国胜,杜鹏飞,陈明明. 数字赋能与企业技术创新:来自中国制造业的经验证据[J]. 当代经济科学,2021,43(6):65 – 76.

[30]施炳展,李建桐. 互联网是否促进了分工:来自中国制造业企业的证据[J]. 管理世界,2020,36(4):130 – 149.

[31]黄节根,吉祥熙,李元旭. 数字化水平对企业创新绩效的影响研究:来自沪深 A 股上市公司的经验证据[J]. 江西社会科学,2021,41(5):61 – 72,254 – 255.

[32]黎文靖,郑曼妮. 实质性创新还是策略性创新:宏观产业政策对微观企业创新的影响[J]. 经济研究,2016,51(4): 60 – 73.

[33]严若森,华小丽. 环境不确定性、连锁董事网络位置与企业创新投入[J]. 管理学报,2017,14(3): 373 – 381.

[34]赵宸宇,王文春,李雪松. 数字化转型如何影响企业全要素生产率[J]. 财贸经济,2021,42(7):114 – 129.

[35]严若森,华小丽,钱晶晶. 组织冗余及产权性质调节作用下连锁董事网络对企业创新投入的影响研究[J]. 管理学报,2018,15(2):217 – 229.

[36]袁淳,肖土盛,耿春晓,等. 数字化转型与企业分工:专业化还是纵向一体化[J]. 中国工业经济,2021(9):137 – 155.

高管薪酬促进了企业绿色技术创新吗？[①]

朱书琴

摘要：随着环境问题日趋严重，绿色技术创新成为推动经济和环境可持续发展的重要途径，探索其先导因素显得尤为重要。本文基于高阶理论和利益相关者理论，以2012—2021年我国A股重污染企业为样本，考察高管薪酬对企业绿色技术创新的影响，并验证了环境责任在其中的中介作用，以及政府补助对该中介作用的调节效应。结果表明：高管薪酬对企业绿色技术创新有正向显著影响；环境责任在上述过程中发挥中介作用，即高管薪酬通过影响企业环境行为为创新奠定资源基础，并进一步提高绿色技术创新能力；政府补助正向调节高管薪酬与环境责任关系，同时调节了高管薪酬通过环境责任对绿色技术创新的间接影响。本文为我国重污染企业实现高质量的绿色技术创新提供有益借鉴。

关键词：高管薪酬；绿色技术创新；环境责任；政府补助；重污染企业

作者简介：朱书琴（2000—），山西吕梁人，西北大学经济管理学院2022级技术经济及管理专业硕士研究生。

---

① 本文在白嘉老师的指导下完成。白嘉，西北大学经济管理学院副教授，硕士研究生导师，研究方向：产业技术创新、生产运营管理。

一、引言

在资源日益短缺、环境问题逐渐凸显的背景下，重污染企业亟须以绿色技术创新实现创新驱动、绿色发展转型。尽管外部刺激有效激励企业进行绿色创新，但最终的创新效率取决于内部战略决策水平与经营管理能力。面对绿色技术创新风险高、不确定性强、周期长等特征，薪酬激励是对早期创新失败的宽容，会抑制高管风险规避倾向，使其更注重绿色技术创新的长期效益，增加绿色创新投资。所以，利用高管薪酬推动企业绿色技术创新是一项可行举措，但当前关于高管薪酬促进企业绿色技术创新的研究尚未充分展开。

此外，环境责任可以增强企业与利益相关者关系，也是影响技术创新的重要因素（熊国保、罗元大、赵建彬，2020）。高管作为环保策略执行和环境信息披露的直接推进者，在薪酬激励下，其能否约束自身行为，积极履行环境责任和披露环境信息以获得环境合法性，并构建与之相适应的利益相关者网络，帮助企业应对政府和制度压力，谋求长期利益以获取更多外部资源，最终促进企业绿色技术创新，是一个值得研究的问题。

进一步地，鉴于绿色技术创新的“双重外部性”，仅依靠市场力量驱动企业创新远远不够，这为政府补贴保障其开展绿色创新提供了契机（Jaffe and Palmer，1997）。一方面，政府补贴能降低企业环保成本，受薪酬激励的高管为实现个人目标和公司长远发展，会提升补助配置效率，积极承担环境责任；另一方面，政府补贴将减少创新外部风险和缓解创新资金困境，增强高管对绿色技术创新的风险包容性与投资积极性。但已有研究中，政府补贴对公司治理结构的调节机制尚不明晰。

基于此，本文选取 A 股重污染企业为研究对象，从内部治理角度分析高管薪酬对企业绿色技术创新的影响，并探究环境责任在其中的中介作用，同时揭示政府补助对环境责任在高管薪酬与企业绿色技术创新间中介效应的调节作用。这不仅可以打开高管薪酬与绿色技术创新间的作用过程“黑箱”，还可以为重污染企业完善薪酬激励机制、基于履行环境责任转变发展思路，积极开展绿色技术创新提供新思路。

二、文献综述

（一）绿色技术创新的影响因素研究

Braun 和 Wield（1994）首次提出绿色技术创新概念，即能减少污染、节约资源、降低损耗、提高效率并减轻环境负效应的技术革新。学者在此后 20 多年围绕绿色技术创新内外影响因素展开研究。在外部动因上，基于组织合法性理论，张文卿和陈宇科（2022）证实了环境规制正向影响绿色技术创新；运用利益相关者理论，Hojnik 和 Ruzzier（2016）探讨了供应商、客户、媒体关注和竞争对手压力等的影响。而关于绿色技术创新内部影响因素的研究相对匮乏：学者一方面基于资源基础观，探究企业的能力（Lee，2010）、资源（Horbach et al.，2012）、战略（Menguc et al.，2010）等驱动因素；另一方面根据高阶理论，讨论高管认知（席龙胜、赵辉，2022）、特性、过往经历（张少喆、石浩悦，2022）等的影响。同时，对企业内部治理层面（内部控制、高管激励等）的研究也逐渐引起学术界重视。

（二）高管薪酬的相关研究

已有文献重点阐述高管薪酬对创新投入、公司绩效等的影响。王旭和徐向艺（2015）认为，契约导向的薪酬刺激高管追求货币收益，以降低委托代理成本，并激励其积极承担高价值、高风险的投资，切实提高企业绩效（耿合江，2020）。另外，企业在制定并实施薪酬激励时，鉴于技术创新风险投资回报滞后和对短期经营业绩不利等因素，应慎重采取高管降薪惩罚措施，来增强其开展研发活动的信心和努力程度（陈修德等，2015）；但杨志强和王华（2014）指出货币薪酬仅在短期内提高高管的风险承担意愿，还会使其采取盈余管理策略。

随着研究的深入，高管薪酬对环境信息披露、社会责任（含环境责任）的激励也日益受到关注。梁燕（2015）发现，高管为维持高薪酬，会更加注重企业的长远发展和环境绩效，主动向外部利益者披露环境信息和传达企业承担环境责任的良好形象；Bryan 等（2016）、张静（2017）均提出增加高管薪酬能增强企业的社会责任感。但陈建林和温正杰（2017）指出，过多的报酬会使高管专注于业绩目标，而忽视非财务目标，严重影响社会责任实现。因此，只有适当的薪酬激励才有利于企业发挥社会责任效应。

（三）政府补助的相关研究

关于政府补贴与企业绿色技术创新间的关系，存在正相关、负相关和非线性等观点。Szücs（2018）发现，绿色技术创新的高投入、高风险、正外部性等特征会阻碍企业积极性，而政府补贴能为其提供资金支持，激发其绿色创新动力。同时，李广培等（2018）认为，政府补贴帮助企业借助外部融资缓解绿色创新资金短缺问题。然而，李青原等（2020）认为，获政府补贴企业存在顺应政府的机会主义倾向，并对绿色技术创新造成挤出效应；毛其淋和许家云（2015）也认为过度使用补贴会导致公司惰性，使原本的创新资金随补助增加而下降。最后，因研究对象和方法的不同，有学者还发现政府补贴与绿色技术创新之间存在倒“U”形（张彩江、陈璐，2016）、“M”形（何凌云等，2020）等非线性关系。

综上所述，已有研究多为绿色技术创新内部或外部影响因素的宏观分析，对内外部因素联动及微观视角的研究较少。基于高管薪酬对企业技术创新和环境责任的影响，鲜有研究探讨高管薪酬与绿色技术创新的关系，且关于环境责任在高管薪酬与企业绿色技术创新之间的中介效应梳理尚不清晰。最后，未考虑政府补助在上述影响机制中的调节效应。为此，本文将高管薪酬、政府补贴等内外因素纳入企业绿色技术创新的理论分析框架，并深入挖掘环境责任在高管薪酬与绿色技术创新间的作用机制，以期统筹内外部影响因素，提高企业的绿色技术创新水平。

三、理论分析与研究假设

（一）高管薪酬与企业绿色技术创新

重污染企业常依靠独占或垄断资源获取经济效益，但在新常态下环境规制日趋严格，企业需寻找新的盈利途径应对市场变化。绿色技术创新作为企业长期获益的战略举措，其成效取得漫长、复杂且具有高度不确定性。依据委托代理理论，高管会发挥资源和信息优势做出利己决策，高风险绿色创新的收益不足以补偿风险，从而降低了其绿色创新意愿（高枝欣、许纪校，2023）。此外，因企业创新的非对称性，很难对其有效监督和评估，极易导致高管过度投资，甚至影响创新资源的使用。

在此情形下，适当的薪酬激励能增强利益趋同效应，规避高管的短视和机会主义行为，使其从企业长远角度将更多资源用于研发，引领公司开展高质量的绿色技术创新（耿合江，2020）。但激励力度并非越大越好，一旦超过合理界限，就会严重放大高管的决策权和削弱市场的监督功能，增强管理防御效应（朱德胜、张菲菲，2016）。薪酬激励还能缓解委托代理问题，吸引股东积极干预，约束高管投机行为，增强其研发投资动力。另外，企业经营面临诸多不确定和市场风险，而薪酬作为固定收入可以消除高管担忧。这有利于高管开展更多研发活动，以加强企业的绿色创新管理。据此，本文提出以下假设。

H_1：高管薪酬对企业绿色技术创新具有正向影响。

（二）高管薪酬与企业环境责任

基于高层梯队理论，在两权分离情境下，高管控制企业的经营管理权，履行环境责任主要取决于高管决策。首先，高管掌控内部资源，影响企业的环境战略规划与实施（Sharma，2000）；其次，高管支持决定公司环保战略和环境技术创新的实施（Daily and Huang，2001），而完善的薪酬激励能有效调节高管环境行为。重污染企业普遍面临政府污染罚款风险、利益相关者对其环境责任水平质疑、公众对企业形象认可度下降等问题，这要求高管采取环保措施改善环境绩效，使环境责任水平符合环保法规，以挽救企业公众形象。所以，在代理理论与利益相关者理论下，可通过高管薪酬激发企业追求环境目标。

一方面，合理的薪酬激励能弥补高管承担企业环境投资的机会成本，鼓励其履行环境责任；另一方面，薪酬激励显著促进了企业承担社会责任，以确保公司合规性与社会声誉，并维持高薪酬的稳定性（张静，2017）。尤其基于社会责任表现的直接激励可以提高社会责任绩效。而企业在依法获取经济利益时，必须承担保护生态环境的责任，这是企业社会责任理论在环保领域的延伸。所以，我们有充分理由认为高管薪酬会影响企业环境责任。据此，本文提出以下假设：

H_2：高管薪酬对企业环境责任具有正向影响。

（三）环境责任的中介作用

根据利益相关者理论，环境责任是指随着利益相关者参加，信息更加透明，企业为降低环境损害并强化与利益者间联系而实施的一系列预防措施。熊国保等（2020）指出，企业承担环境责任短期内需承担一定环保成本，但长期来看，其既满足利益相关者的环保期望和诉求，又为企业绿色技术创新赢得更多的政策扶持、货物供给和资金支持。同时，根据信号理论，企业环境责任是优质的社会声誉信号，能增强利益相关者的认同感与信任，吸引更多外部创新投资，缓解企业研发融资约束，提升绿色技术创新绩效。所以，企业环境责任是维系企业与利益相关者之间关系的桥梁。

重污染企业面临严厉的政府管制与社会监督，这要求高管应对环境污染导致的合法性问题。高薪酬要求高管满足更严苛绩效，同时会吸引社会媒体、证券机构及监管部门的关注（Benson and Davidson，2009）。在这种严格监管下，若企业高管为发展经济牺牲自然环境，就会被公众察觉。因此，短期内，面对高报酬和迫于违规成本，高管不会通过损害自然环境获取短期利益，而是主动承担环境责任，关注更高层次的绿色创新，以合理合法地实现绩效目标。据此，本文提出以下假设：

H_3：环境责任在高管薪酬与企业绿色技术创新的关系中发挥中介作用。

（四）政府补助的调节作用

重污染企业实现环境责任时的生态投资会增加运营成本，但高管作为理性经济人，会以不损害利益为前提参与更多社会环保活动。企业的环境治理资金包括内源融资和外源融资，内源融资不稳定，易受外部商业环境和企业经营能力影响。而政府补助这一外部资金渠道则通过提供资源或降低成本激励企业增加环保投资（吴成颂、黄送钦，2015）。另外，根据资源依赖理论，高管为确保企业获得政府持续性补贴，会按照政府补助意愿履行环境责任以减少相应的政治成本支出。同时，政府对重污染企业补贴越多，对其约束和监督就越强，促使高管合理利用补贴承担更多环境责任，实现企业可持续发展。所以，为满足公众监督和实现自身目标，高管会合理配置政府补助，主动将资源用于承担环境责任，让更多利益相关者受益于发展成果。据此，本文提出以下假设：

H_4：政府补助在高管薪酬与企业环境责任的关系中发挥正向调节作用。

此外，政府补助对高管薪酬通过环境责任影响企业绿色技术创新的机制也有影响。一方面，企业加强环境治理能力以响应环保政策，虽然可以规避环境处罚，但增加了环保成本。资源补偿理论认为，政府补助为企业提供充足资金，有效降低创新资金链断裂风险及高管因承担环境成本压力放弃绿色技术创新的可能性（张文卿、陈宇科，2022）。另一方面，政府资助企业是从人才优势、发展前景等因素考虑，这既向市场传递企业获得政府肯定的信号，加大外部投资者对企业绿色创新的支持力度（李广培等，2018），也使企业面临更大范围的社会监督。外部压力驱使企业承担起环境责任，推进绿色低碳生产方式，将更多资金用于企业绿色技术创新，推动企业绿色发展。据此，本文提出以下假设：

H_5：政府补助对环境责任在高管薪酬与企业绿色技术创新的中介效应发挥正向调节作用。

理论模型如图 1 所示。

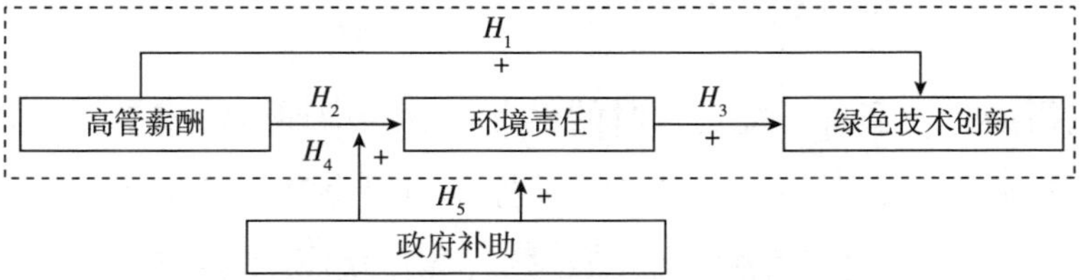

图 1　理论模型

四、研究设计

（一）数据来源

本文以 2012—2021 年重污染行业 A 股上市公司为样本，参照高枝欣和许纪校（2023）对重污染行业的界定，结合证监会 2012 版行业分类标准，选取的重污染行业代码为 B06、B07、B08、B09、B10、B11、C15、C17、C18、C19、C22、C25、C26、C27、C28、C29、C30、C31、

C32、D44。本文对所获样本数据做如下处理：①剔除所有 ST、* ST 样本；②剔除变量有缺失、不符合要求的样本；③考虑到极值对结果的影响，对所有连续型变量在 1% 和 99% 水平下 Winsorize 缩尾，最终得到 5786 个面板数据。研究涉及的企业数据主要来源于国泰安（CSMAR），环境责任数据来源于和讯网中的环境责任得分，绿色技术创新数据则来源于国家知识产权局官方网站。

（二）变量选取

1. 解释变量

高管薪酬（*Pay*）。参照现有研究做法，使用上市公司年报中前三名高管薪酬总额的对数度量高管薪酬水平。

2. 被解释变量

绿色技术创新（*GTI*）。借鉴张少喆和石浩悦（2022）的研究，以绿色专利申请量衡量企业绿色技术创新。申请绿色专利有较高的技术门槛且在申请中得到实际运用，更能真实反映企业的绿色技术创新能力。

3. 中介变量

环境责任（*EER*）。借鉴熊国保等（2020）的研究，利用和讯网发布的企业环境责任评分测度企业环境责任。

4. 调节变量

政府补助（*SUB*）。将政府补贴金额做对数处理衡量补贴强度。

5. 控制变量

借鉴陈修德等（2015）、耿合江（2020）的研究，为排除其他变量对回归模型和理论分析的影响，控制如下变量。①企业年龄（*Age*）：上市时间影响企业创新经验、综合实力。②企业性质（*SOE*）：国有企业和非国有企业因资源获取和监督不同，其绿色技术创新会有不同表现。③资产负债率（*Lev*）：资产负债率较高的企业更可能用债权人投资进行创新。④总资产净利润率（*ROA*）：反映企业绿色创新可使用的资金量。⑤企业成长性（*Growth*）：该指标越大，投入绿色创新的资金越多。⑥研发投入强度（*R&D*）：影响企业将资源和信息转化成技术创新绩效。⑦董事会规模（*Board*）：董事会规模大的企业对信息处理及创新决策的制定更有效。⑧独立董事占比（*Indep*）：独立董事利用专业技能监督和咨询企业技术创新，增加创新产出。⑨股权集中度（*Top*）：衡量企业稳定性，集中度越高，越能为绿色技术创新获取更多资源。另外，将行业类别（*IND*）和年度变量（*Year*）作为相关控制变量。

各变量的具体定义和计算方法见表1。

表1　变量定义

变量类型	变量名称	符号	定义
被解释变量	绿色技术创新	*GTI*	绿色技术创新专利申请量加1的对数
解释变量	高管薪酬	*Pay*	公司前三名高管薪酬总额的对数
中介变量	环境责任	*EER*	和讯网中社会责任评级的环境得分
调节变量	政府补助	*SUB*	当期政府补贴总额的对数
控制变量	企业年龄	*Age*	企业成立年限的对数
	企业性质	*SOE*	如企业为国有企业，取值为1；否则取值为0
	资产负债率	*Lev*	负债总额占总资产比例
	总资产净利润率	*ROA*	净利润与总资产比值
	企业成长性	*Growth*	本年营业收入增长额占上年末营业收入总额比例
	研发投入强度	*R&D*	研发投入占营业收入比例
	董事会规模	*Board*	董事会人数
	独立董事占比	*Indep*	独立董事占所有董事比例
	股权集中度	*Top*	第一大股东持股数与总股数比值
	行业类别	*IND*	行业虚拟变量
	年度变量	*Year*	年度虚拟变量

（三）模型构建

为检验高管薪酬对企业绿色技术创新的影响，本文构建的回归模型如下。

$$GTI_{it} = \alpha + \beta Pay_{it} + \beta_1 \sum Control_{it} + \sum Year + \sum IND + \varepsilon_{it} \quad (1)$$

其中，i 代表企业，t 代表年份，$Control_{it}$ 包含企业 i 在 t 年的所有控制变量；$Year$ 和 IND 分别为年份和行业固定效应；ε_{it} 为随机扰动项。

利用逐步回归法考察高管薪酬对环境责任的影响及环境责任的中介作用：

$$EER_{it} = \alpha + \beta Pay_{it} + \beta_1 \sum Control_{it} + \sum Year + \sum IND + \varepsilon_{it} \quad (2)$$

$$GTI_{it} = \alpha + \beta Pay_{it} + \beta_1 EER_{it} + \beta_2 \sum Control_{it} + \sum Year + \sum IND + \varepsilon_{it} \quad (3)$$

为检验政府补助对高管薪酬与环境责任关系的调节作用，在模型（1）的基础上加入政府补助（SUB）及其与高管薪酬的交互项（$Pay \times SUB$）：

$$EER_{it} = \alpha + \beta Pay_{it} + \beta_1 SUB_{it} + \beta_2 Pay_{it} \times SUB_{it} + \beta_3 \sum Control_{it} + \sum Year + \sum IND + \varepsilon_{it} \quad (4)$$

五、实证检验

（一）描述性统计

本文主要变量的描述性统计结果见表2。观察表2发现，绿色技术创新（*GTI*）最大值为1.503，最小值为0.000，平均值为0.221，表明重污染企业的绿色技术创新存在差异，且多数企业绿色技术创新意识不强。高管薪酬（*Pay*）波动较小，标准差为0.046，最大值为2.845，最小值为2.600，表明公司普遍重视对高管的薪酬激励。环境责任（*EER*）标准差为5.403，反映企业环境责任履行很不均衡。

表2　变量描述性统计分析

变量	样本数	均值	标准差	最小值	最大值
GTI	5786	0.221	0.402	0.000	1.503
Pay	5786	2.726	0.046	2.600	2.845
EER	5786	1.885	5.403	0.000	23.000

续表

变量	样本数	均值	标准差	最小值	最大值
SUB	5786	2.795	0.145	2.218	3.058
Age	5786	1.346	0.083	1.080	1.496
SOE	5786	0.375	0.484	0.000	1.000
Lev	5786	0.411	0.210	0.051	0.970
ROA	5786	0.040	0.064	-0.281	0.213
Growth	5786	0.056	0.256	-1.288	0.790
R&D	5786	0.029	0.025	0.000	0.158
Board	5786	8.762	1.734	5.000	15.000
Indep	5786	0.372	0.051	0.333	0.571
Top	5786	0.354	0.147	0.092	0.762

（二）相关性分析

主要变量的 Pearson 相关系数矩阵见表 3。由表 3 发现，变量间相关系数均小于 0.5，经测算，变量间 *VIF* 值不超过 3，说明没有多重共线性。此外，主要变量之间相关关系显著，表明因变量及控制变量的选取较为合理。

（三）回归分析

H_1、H_2、H_3 和 H_4 的检验结果见表 4。模型（1）显示，*Pay* 回归系数为正且在 1% 的水平上显著，表明高管薪酬促进企业的绿色技术创新，H_1 成立。模型（2）表明，高管薪酬对环境责任影响的回归系数在 1% 的水平上显著为正，即高管薪酬激励企业履行环境责任，H_2 成立。结合模型（1）、模型（2）、模型（3），在回归模型中加入中介变量环境责任后，高管薪酬与公司绿色技术创新间系数显著为正，但低于未考虑中介变量时的系数，说明公司环境责任在高管薪酬和绿色技术创新之间起到部分中介作用，H_3 成立。模型（4）在模型（2）中引入调节变量政府补助及其与高管薪酬的交互项，发现高管薪酬与政府补助的交互项显著正向影响企业环境责任，表明高管薪酬与环境责任的关系受到政府补助正向调节，H_4 成立。

表3　各变量相关系数矩阵

变量	*GTI*	*Pay*	*EER*	*SUB*	*Age*	*SOE*	*Lev*	*ROA*	*Growth*	*R&D*	*Board*	*Indep*	*Top*
GTI	1.000												
Pay	0.085***	1.000											
EER	0.107***	0.012	1.000										
SUB	0.122***	0.001	0.212***	1.000									
Age	0.013	0.151***	-0.072***	-0.108***	1.000								
SOE	0.192***	-0.039***	0.180***	0.191***	0.206***	1.000							
Lev	0.163***	-0.086***	0.085***	0.199***	0.174***	0.362***	1.000						
ROA	-0.007	0.293***	-0.007	-0.019	-0.062***	-0.184***	-0.473***	1.000					
Growth	0.012	0.125***	-0.029**	-0.046***	-0.063***	-0.127***	-0.092***	0.325***	1.000				
R&D	-0.066***	0.139***	-0.111***	-0.111***	-0.107***	-0.296***	-0.374***	0.170***	0.066***	1.000			
Board	0.173***	0.085***	0.125***	0.142***	0.040***	0.297***	0.208***	-0.021	-0.021	-0.168***	1.000		
Indep	-0.022*	0.013	-0.033**	-0.028**	0.006	-0.053***	-0.040***	-0.023*	0.001	0.030**	-0.464***	1.000	
Top	0.120***	0.007	0.097***	0.139***	-0.131***	0.231***	0.053***	0.066***	-0.008	-0.130***	0.079***	0.028**	1.000

注：***、**、*分别表示在1%、5%、10%的水平上显著。

表4　基准回归、中介效应与调节效应回归结果

变量	(1) *GTI*	(2) *EER*	(3) *GTI*	(4) *EER*
Pay	0. 562 *** (-4. 73)	2. 605 *** (-9. 95)	0. 490 *** (-4. 10)	2. 447 *** (-9. 39)
Age	-0. 212 *** (-3. 13)	0. 021 (-0. 13)	-0. 212 *** (-3. 16)	0. 028 (-0. 19)
Lev	0. 162 *** (-5. 62)	0. 080 (-1. 19)	0. 160 *** (-5. 54)	0. 045 (-0. 66)
Top	0. 001 *** (-3. 31)	0. 002 *** (-2. 59)	0. 001 *** (-3. 15)	0. 002 ** (-2. 34)
Board	0. 031 *** (-7. 56)	0. 018 ** (-1. 98)	0. 030 *** (-7. 45)	0. 017 * (-1. 86)
ROA	0. 463 *** (-5. 21)	0. 464 ** (-2. 39)	0. 450 *** (-5. 07)	0. 410 ** (-2. 11)
R&D	0. 004 ** (-2. 06)	-0. 012 *** (-2. 82)	0. 005 ** (-2. 22)	-0. 012 *** (-2. 71)
Growth	0. 027 (-1. 37)	-0. 046 (-1. 05)	0. 028 (-1. 44)	-0. 043 (-0. 98)
SOE	0. 080 *** (-6. 22)	0. 220 *** (-7. 80)	0. 074 *** (-5. 73)	0. 211 *** (-7. 50)
Indep	0. 320 *** (-2. 88)	0. 189 (-0. 72)	0. 315 *** (-2. 84)	0. 137 (-0. 52)
EER			0. 028 *** (-4. 26)	
SUB				0. 298 *** (-4. 37)
Pay × *SUB*				3. 784 *** (-2. 93)
Year	Yes	Yes	Yes	Yes
IND	Yes	Yes	Yes	Yes
R^2	0. 152	0. 187	0. 156	0. 190
N	5786	5786	5786	5786

注：＊＊＊、＊＊、＊分别表示在1%、5%、10%的水平上显著。

为探究政府补助如何调节环境责任在高管薪酬与绿色技术创新之间的中介效应，采用 Bootstrap 方法（样本量 5000，95% 置信区间，模型 7）进行验证，结果见表 5。高政府补助下的间接效应为 0.080，对应置信区间为［0.039，0.126］，未含 0；低政府补助下的间接效应为 0.054，对应置信区间为［0.028，0.083］，也未含 0。表明无论政府补助多少，高管薪酬都能通过环境责任影响企业绿色技术创新。并且，提高政府补助，还会加强高管薪酬对绿色技术创新的间接影响。因此，政府补助正向调节环境责任在高管薪酬和绿色技术创新之间的中介路径，H_5 成立。

表 5　被调节的中介作用检验结果

调节变量不同水平	效应值	标准误	置信下限	置信上限
低政府补助（M－1SD）	0.054	0.014	0.028	0.083
中政府补助（M）	0.067	0.017	0.034	0.102
高政府补助（M＋1SD）	0.080	0.022	0.039	0.126

（四）稳健性检验

本文使用变量替代法进行稳健性检验以增强研究结果可信度。鉴于目前学术界没有统一标准衡量绿色技术创新，本文将因变量替换为绿色发明专利申请量。

同时，由于可能存在内生性问题，即绿色技术创新水平高的企业会给予高管薪酬用于奖励，本文用滞后一期高管薪酬 $Pay-lag$ 代替 Pay 进行多元线性回归，回归结果见表 6。其中，各个模型中主要变量系数的正负方向和显著性无明显变化，原假设仍旧成立。因此，重污染行业企业高管薪酬对绿色技术创新的促进作用呈现稳健效果。

表 6　稳健性检验

变量	（5）*GTI*	（6）*EER*	（7）*GTI*	（8）*EER*
Pay - lag	1. 398 *** (-6. 10)	1. 995 *** (-7. 07)	1. 369 *** (-5. 90)	1. 857 *** (-6. 65)
Age	-0. 372 *** (-2. 95)	0. 037 (-0. 21)	-0. 372 *** (-2. 95)	0. 037 (-0. 21)
Lev	0. 166 *** (-3. 07)	0. 023 (-0. 32)	0. 165 *** (-3. 07)	-0. 005 (-0. 07)
Top	0. 003 *** (-4. 26)	0. 002 * (-1. 83)	0. 003 *** (-4. 21)	0. 001 (-1. 62)
Board	0. 054 *** (-6. 29)	0. 013 (-1. 32)	0. 054 *** (-6. 26)	0. 012 (-1. 26)
ROA	0. 645 *** (-3. 98)	0. 563 ** (-2. 57)	0. 637 *** (-3. 94)	0. 517 ** (-2. 36)
R&D	0. 002 (-0. 47)	-0. 010 ** (-2. 11)	0. 002 (-0. 51)	-0. 010 ** (-2. 05)
Growth	0. 014 (-0. 36)	-0. 021 (-0. 40)	0. 014 (-0. 37)	-0. 019 (-0. 35)
SOE	0. 139 *** (-5. 72)	0. 190 *** (-6. 25)	0. 136 *** (-5. 58)	0. 182 *** (-6. 00)
Indep	0. 838 *** (-3. 92)	0. 132 (-0. 46)	0. 836 *** (-3. 91)	0. 093 (-0. 33)
EER			0. 015 (-1. 10)	
SUB				0. 232 *** (-3. 31)
Pay × SUB				2. 936 ** (-2. 05)
Year	Yes	Yes	Yes	Yes
IND	Yes	Yes	Yes	Yes
R^2	0. 203	0. 165	0. 203	0. 167
N	4493	4493	4493	4493

注：＊＊＊、＊＊、＊分别代表1%、5%、10%的水平上显著。

六、结论与建议

(一)研究结论

本文利用2012—2021年中国A股重污染企业数据及绿色专利数据，考察高管薪酬对企业绿色技术创新的影响，剖析两者间作用机制，得出如下结论:

首先，高管薪酬促进企业的绿色技术创新。这源于薪酬激励迎合高管物质需求、补偿创新风险、减少绿色创新外部性阻碍，从而推动企业的绿色技术创新。

其次，环境责任是高管薪酬对企业绿色技术创新影响的重要中介机制。高管薪酬可以一定程度上减少高管短视行为，转而主动履行环境责任以维护良好企业形象，赢得公众信任与资本市场认同，获取更多外部资源促进企业绿色技术创新。

最后，政府补助缓解企业履行环境责任时的资金短缺，降低高管因承担环境成本压力放弃绿色技术创新的概率，创造有利于高管主动履行环境责任的条件，从而正向调节高管薪酬与环境责任间关系以及环境责任的中介效应。

(二)管理建议

持续的绿色技术创新是重污染企业获得长久竞争力的根本途径。通过以上研究，提出以下管理建议:

首先，优化高管薪酬契约，提升内部治理机制的绿色创新激励效应。将绿色创新业绩纳入高管薪酬体系，令高管直观感受到自身利益，激发其成为更卓越的创新者；在薪酬考核机制中引入环保义务，刺激高管履行环境责任；解决高管风险与利益不平衡问题，增强高管忠诚度，更好地吸引和留住人才，实现公司可持续发展。

其次，提高环保意识，推动绿色技术创新。高管要确立长远目标、转变经营理念、引导员工充分认识履行环境责任的必要性及实现企业社会目标的实际效益，将环境责任观念植根于企业文化；满足利益相关者的环保需求，向消费者提供健康安全的绿色产品和服务，充分利用利益相关者资源推动绿色创新。

最后，有效监督资金使用情况。提升研发补助的使用效率，充分发挥政府补助效用；强化自身在绿色技术创新中的主动性，政府补助是对企业开展绿色技术创新的激励，防止企业依赖补贴；披露政府补贴及绿色创新投入，让利益相关者明确补助资金真正用于研发创新，加强公众对政府补贴的使用监管。

参考文献

[1]熊国保，罗元大，赵建彬. 企业环境责任对创新绩效影响的实证检验[J]. 统计与决策，2020，36(21)：172－175.

[2]张文卿，陈宇科. 环境规制工具、研发补贴对绿色技术创新的影响研究[J]. 生态经济，2022，38(1)：36－46.

[3]席龙胜，赵辉. 高管双元环保认知、绿色创新与企业可持续发展绩效[J]. 经济管理，2022，44(3)：139－158.

[4]张少喆，石浩悦. 首席执行官学术经历与企业绿色技术创新[J]. 科技管理研究，2022，42(3)：135－144.

[5]王旭，徐向艺. 基于企业生命周期的高管激励最优动态配置：价值分配的视角[J]. 经济理论与经济管理，2015，35(6)：80－93.

[6]耿合江. 高管薪酬差距、内部控制与企业绿色创新：以中国制造业上市公司为例[J]. 会计之友，2020(18)：122－130.

[7]陈修德，梁彤缨，雷鹏，等. 高管薪酬激励对企业研发效率的影响效应研究[J]. 科研管理，2015，36(9)：26－35.

[8]杨志强，王华. 公司内部薪酬差距、股权集中度与盈余管理行为：基于

高管团队内和高管与员工之间薪酬的比较分析［J］. 会计研究,2014(6):57－65.

［9］梁燕. 高管薪酬与企业环境信息披露:基于石化行业上市公司的数据［J］. 财会通讯,2015(24):50－52.

［10］张静. 高管薪酬、社会责任和企业绩效相关性研究:来自房地产行业的数据［J］. 兰州大学学报(社会科学版),2017,45(2):158－167.

［11］陈建林,温正杰. 家族控制、高管激励与社会责任:基于中国家族上市公司的实证研究［J］. 南京审计大学学报,2017(3):66－74.

［12］陈莞,孙瑞云,桂海兰. 创业板上市企业社会责任履行对创新绩效的影响［J］. 科技进步与对策,2017,34(19):28－35.

［13］李广培,李艳歌,全佳敏. 环境规制、R&D 投入与企业绿色技术创新能力［J］. 科学学与科学技术管理,2018(11):61－73.

［14］李青原,肖泽华. 异质性环境规制工具与企业绿色创新激励:来自上市企业绿色专利的证据［J］. 经济研究,2020,55(9):192－208.

［15］毛其淋,许家云. 政府补贴对企业新产品创新的影响:基于补贴强度“适度区间”的视角［J］. 中国工业经济,2015(6):94－107.

［16］张彩江,陈璐. 政府对企业创新的补助是越多越好吗?［J］. 科学学与科学技术管理,2016,37(11):11－19.

［17］何凌云,黎姿,梁宵,等. 政府补贴、税收优惠还是低利率贷款:产业政策对环保产业绿色技术创新的作用比较［J］. 中国地质大学学报(社会科学版),2020,20(6):42－58.

［18］高枝欣,许纪校. 重污染企业社会责任、高管激励与绿色技术创新［J］. 资源与产业,2023,25(2):88－100.

［19］朱德胜,张菲菲. 内部控制有效性、股权制衡与公司绩效［J］. 会计之友,2016(2):94－100.

［20］吴成颂,黄送钦. 基于企业社会责任视角的政府补贴效果研究:来自中国沪市 A 股制造业的经验证据［J］. 南京审计学院学报,2015(2):92－103.

［21］JAFFE A B,PALMER K. Environmental regulation and innovation: a panel data study［J］. Review of economics & statistics,1997,79(4):610－619.

［22］BRAUN E,WIELD D. Regulation as a means for the social control of technology［J］. Technology analysis & strategic management,1994,6(3):259－272.

[23]HOJNIK J,RUZZIER M. What drives eco－innovation？A review of an emerging literature environmental innovation and societal transitions［J］. Environmental innovation and societal transitions,2016(19)：31－41.

[24]LEE C W. The effect of environmental regulation on green technology innovation through supply chain integration［J］. International journal of sustainable economy,2010,2(1)：92－112.

[25]HORBACH J,RAMMER C,RENNINGS K . Determinants of eco－innovations by type of environmental impact－the role of regulatory push/pull,technology push and market pull［J］. Ecological economics,2012,78(2)：11－27.

[26]MENGUC B,AUH S,OZANNE L. The interactive effect of internal and external factors on a proactive environmental strategy and its influence on a firm's performance［J］. Journal of business ethics,2010,94(2)：279－298.

[27]BRYAN H,ZHICHUAN（FRANK）L,DYLAN M. Corporate governance and executive compensation for corporate social responsibility［J］. Journal of business ethics,2016,136(1)：199－213.

[28]SZÜCS F. Research subsidies,industry－university cooperation and innovation［J］. Research policy,2018,47(7)：1256－1266.

[29]SHARMA S. Managerial interpretations and organizational context as predictors of corporate choice of environmental strategy［J］. Academy of management Journal,2000,43(4)：681－697.

[30]DAILY B F,HUANG S C. Achieving sustainability through attention to human resource factors in environmental management［J］. International journal of operations and production management,2001,21(12)：1539－1552.

[31]BENSON B W,DAVIDSON W N. Reexamining the managerial ownership effect on firm value［J］. Journal of corporate finance,2009,15(5)：573－586.

实质性创新还是策略性创新

——企业 ESG 表现对绿色创新绩效的影响[①]

陈　曦

摘要：良好的 ESG 表现能否有效促进企业绿色创新是值得探讨的重要命题。本文以 2016—2021 年沪深 A 股上市公司为样本，实证研究企业环境、社会和治理（ESG）表现对绿色创新绩效的影响及作用机制。研究结果表明：良好的 ESG 表现能显著提升企业的绿色创新绩效，并且对实质性绿色创新的提升效应更强。机制分析表明，分析师追踪在这一驱动过程中发挥了部分中介效应。本文进一步拓展了 ESG 表现与企业绿色创新绩效关系的研究，也为企业通过提高 ESG 表现提升绿色创新绩效提供了一定的启示。

关键词：ESG 表现；绿色创新绩效；分析师追踪

作者简介：陈曦（1999—），陕西西安人，西北大学经济管理学院 2022 级会计学专业硕士研究生。

---

① 本文由汤小莉老师指导完成。汤小莉，西北大学经济管理学院副教授，硕士研究生导师，研究方向：公司治理与创新网络。

一、引言

党的二十大报告强调，必须牢固树立和践行绿水青山就是金山银山的理念，站在人与自然和谐共生的高度谋划发展。企业作为绿色发展的实践者，不仅要注重自身经济价值的提升，也要担负起环境保护的责任。然而，企业进行绿色转型不仅资金需求大、投资风险大，而且具有一定的外部性，因而企业缺乏激励，导致绿色投资不足（胡洁等，2023）。绿色创新并非仅囿于追求经济发展，它在促进经济增长的同时也将节约能源、绿色环保等因素考虑在内，从而实现真正的绿色发展。因此，关于如何促进企业积极进行绿色创新活动的问题亟待解决。ESG取自环境（Environmental）、社会（Social）和公司治理（Governance）英文首字母，具体涵盖了企业对环境的影响、对社会的责任以及治理情况三个方面。中国证券监督管理委员会于2022年4月发布《上市公司投资者关系管理工作指引》，首次将“公司的环境、社会和治理信息”纳入其中，进一步规范上市公司信息披露行为。在国家监管机构和相关政策的引导下，学术界也对企业ESG评级给予了较多的关注。相较于传统上对企业财务绩效的评价，ESG更偏向于评价企业环境、社会责任和公司治理绩效。通过了解企业ESG信息披露情况，利益相关者可以评价企业在促进环境保护、履行社会责任以及提升治理水平等方面的表现，进而在政策引导和投资决策方面采取相应的行动。

目前，关于企业ESG表现与绿色创新绩效之间关系的研究已有一些进展。研究表明：良好的ESG表现可以促进企业绿色创新绩效的提升，这种促进作用主要在国有企业、研发能力较强的企业及所处地区市场化程度较高的企业中更为显著（项东、魏荣建，2022；王彦东和王雅琦，2023）。但遗憾的是，目前研究大多聚焦于ESG表现对企业总体绿色创新绩效的影响，鲜有文献从“增量与提质”角度（肖静、曾萍，

2023）探讨 ESG 表现对企业绿色创新数量和质量的影响是否存在差异。因此，本文将进一步研究企业 ESG 表现对策略性绿色创新（增量）和实质性绿色创新（提质）的影响，以弥补这一不足。另外，尽管现有研究对 ESG 表现影响企业绿色创新绩效的机制已有一定分析，提出良好的 ESG 表现主要通过缓解企业融资约束（张允萌，2021）、提高企业风险承担水平（王彦东、王雅琦，2023）等途径提升绿色创新绩效，但本文从分析师追踪角度出发，为理解 ESG 表现与企业绿色创新绩效的关系提供更为丰富的视角。基于此，本文以 2016—2021 年沪深 A 股上市公司为样本实证分析 ESG 表现对绿色创新总绩效、实质性绿色创新与策略性绿色创新的影响，并进一步检验了 ESG 表现通过何种机制提升企业绿色创新绩效。

二、文献综述

（一）企业 ESG 表现的经济后果研究

企业的 ESG 表现体现了企业的环保意识、社会责任的承担情况和治理水平。具体而言，E 体现了企业在环境方面的行为是否与现有政策制度一致，以及是否关注当下行为对于未来的影响等；S 体现了企业在社会方面的表现，即是否积极承担对利益相关者的责任，企业履行社会责任事关自身和社会的长远发展；G 涵盖了公司在治理结构、管理层薪酬和股东权利等方面的内容。学术界目前关于企业 ESG 表现与绿色创新的研究较少，现有研究主要集中在 ESG 表现对企业价值和财务绩效的影响。首先，在企业价值方面，相当一部分学者认为良好的 ESG 表现可以显著提升企业价值。Lo 和 Kwan（2017）探讨 ESG 表现和可持续发展措施对香港上市公司股票价值的影响。研究发现，良好的 ESG 表现会显著提升企业价值，且市场对 ESG 表现的反应比可持续发展措施更积极。Alareeni 和 Hamdan（2020）研究发现，ESG 信息披露的情况与公司价值呈正相关关系。王琳璘等（2022）提出企业 ESG 表现越好，企业价值越高。陈红和张凌霄（2023）的研究结果表明，数字化转型可以正向调节 ESG 表现对企业价值的提升作用。也有一部分学者认为企业提升 ESG 表现会给企业带来一定的负面影响，Sassen 等（2016）通过研究欧洲企业发现，提升 ESG 表现会降低企业价值。其次，在财务绩效方面，现有研究并未取得一致结论。Duque – Grisales 等（2021）研究发现，在拉丁美洲的跨国公司中，ESG 表现与财务绩效呈负相关关系。王双进等（2022）研究发现，工业企业 ESG 责任履行对财务绩效的影响呈现“U”形非线性特征，竞争战略强化二者间的“U”形关系。彭满如等（2023）研究发现，良好的 ESG 表现可以有效提升企业的财务绩效，创新能力发挥部分中介作用。最后，目前关于 ESG 表现与企业绿色创新绩效的研究较少，且大多探讨 ESG 表现对企业绿色创新总绩效的影响。张允萌（2021）发现，较好的 ESG 表现能够显著促进企业绿色技术创新且融资约束在这一驱动过程中发挥了部分中介效应。项东和魏荣建（2022）研究发现，媒体关注可以强化 ESG 信息披露对绿色创新的促进作用。王彦东和王雅琦（2023）提出良好的 ESG 表现能够显著促进企业绿色技术创新活动，风险承担水平在这一驱动过程中发挥了部分中介效应。

（二）企业绿色创新的影响因素研究

目前，学术界关于企业绿色创新绩效影响因素的研究主要分为宏观层面和微观层面。在宏观层面，学者的探讨集中于环境规制能否提高企业创新能力，此部分的理论基础主要是“波特假说”。“波特假说”提出企业通过绿色创新可以有效降低生产成本并且提高产品的质量，此部分产生的效益会抵销绿色创新所需的投入。邓玉萍等（2021）通过实证研究发现，“节能低碳”政策对企业绿色创新能力产生显著的促进作用。杨浦等（2022）以中国医药制造业公司为样本，研究结果表明，环境规制的直接效应与间接效应均对绿色创新具有显著正向作用。Cai 等（2020）研究证实，环境规制有效提升重污染行业的绿色创新绩效，并且对这些企业施加越严厉的环境规制，对其绿色创新的推动作用越明显。在微观层面，Arfi 等（2018）认为，企业对知识的认知和利用效率决定了其绿色创新能力，企业持续吸收知识有助于开拓外部市场，从而提升绿色创新绩效。王晓祺和宁金辉（2020）研究发现，企业积极披露社会责任信息将显著促进企业绿色技术创新，加速企业绿色转型。吴建组和华欣意（2021）研究表明，高管团队环境注意力正向影响企业绿色创新战略。

（三）文献述评

通过对国内外研究现状的梳理可以发现，已有研究主要集中于 ESG 带来的经济价值，如提高企业市场价值、获得更多社会资本等；关于企业绿色创新影响因素的研究则主要集中于环境规制或企业内部情况。目前，关于企业 ESG 表现对其绿色创新绩效产生何种影响的研究还相对较少，且大多聚焦于 ESG 与企业绿色创新总绩效，鲜有研究从绿色创新"增量与提质"视角探究 ESG 表现对策略性绿色创新与实质性绿色创新的影响。基于此，本文以 2016—2021 年沪深 A 股上市公司为样本，实证分析 ESG 表现对绿色创新总绩效、实质性绿色创新与策略性绿色创新的影响，并进一步检验了 ESG 表现通过何种机制提升企业绿色创新绩效。

三、理论分析与研究假设

（一）企业 ESG 表现与绿色创新绩效：影响效应分析

企业 ESG 表现体现了企业的环保意识、社会责任的承担情况和治理水平。基于利益相关者理论，企业积极承担环境责任，加大对环境管理与环保创新方面的投入，从而加强自身在绿色创新方面的优势，形成良性循环（胡曲应，2012）。企业 ESG 表现作为可以量化的指标，当企业的生产经营活动对环境或利益相关者的利益造成严重损害时，ESG 评级能够将企业的风险及时传递给利益相关者，这种监督机制会迫使企业进行绿色转型（Eliwa et al.，2019）。同时，ESG 作为企业对外披露的重要信息，可以缓解企业与利益相关者之间的信息不对称，帮助投资者及利益相关者了解企业的经营情况以及未来发展趋势。良好的 ESG 表现可以增强投资者及利益相关者的信心，为企业带来更多与绿色创新相关的资源。此外，从治理效应角度出发，ESG 信息能够直观地展示企业内部治理水平，帮助利益相关者了解管理层推进企业绿色发展的实际情况，促使管理层关注公司长远发展，避免道德风险问题导致的绿色创新资源供给不足现象（李慧云等，2022）。

综上所述，企业 ESG 表现良好表明企业的生产经营活动尽可能地平衡并满足了利益相关者的利益。因此，良好的 ESG 表现不仅有助于提升企业内部治理水平，还能帮助企业与利益相关者构建稳定的关系，使企业能够及时获取绿色创新所需的资源，从而提升绿色创新绩效。基于此，本文提出以下假设：

H_1：良好的 ESG 表现能够显著提升企业绿色创新绩效。

企业在实施绿色创新过程中，会产生不同的创新行为。本文基于创新动机的不同，借鉴黎文靖和郑曼妮（2016）的做法将绿色创新行为分为两类：一类是以获取竞争优势和提高企业价值为目的的“高质量”创新行为，称为“实质性绿色创新”，以企业绿色发明专利申请量衡量；另一类是为了迎合政府监管，追求创新数量的创新策略，称为“策略性绿色创新”，以企业绿色实用新型专利申请量来衡量。相较于策略性绿色创新，实质性绿色创新更强调绿色创新的质量，具有较大的实施难度和风险，而一旦研发成功，就会为企业带来巨大的竞争优势。具有良好 ESG 表现的企业，不仅能妥善处理与利益相关者的关系，而且具有较高的公司治理水平，能够有效减少委托代理冲突及信息不对称等问题的出现（高杰英等，2021）。同时，企业可以尽可能地减少在经营过程中道德风险、管理层短视等情况的发生，制定有利于企业长远发展的科学决策，增加绿色创新的研发投入，提高企业绿色创新质量，从而促使企业提升绿色创新绩效。

综上所述，具有良好ESG表现的企业更注重创新质量，期望从中获取更大的竞争优势，促进企业长远发展。因此，相较于为了迎合政府和监管产出的策略性绿色创新，具有良好ESG表现的企业更加关注技术含量高、能为企业带来潜在经济效益的实质性绿色创新。基于此，本文提出以下假设：

H_2：相较于策略性绿色创新，良好的ESG表现对企业实质性绿色创新的促进作用更大。

（二）企业ESG表现与绿色创新绩效：机制效应分析

基于文献梳理和上述理论分析，此部分将进一步探究良好的ESG表现通过何种机制影响企业绿色创新绩效。现有研究对ESG表现影响企业绿色创新绩效的机制已有一定分析，提出良好的ESG表现主要通过缓解企业融资约束（张允萌，2021）、提高企业风险承担水平（王彦东和王雅琦，2023）等途径提升绿色创新绩效。分析师作为市场中重要的信息中介，增加了投资者可获得的信息、提高了企业的信息披露质量，从而显著提升了市场资源的配置效率（邱洋冬，2022）。因此，本文将从分析师追踪角度出发，为理解ESG表现与企业绿色创新绩效的关系提供更丰富的视角。根据信号传递理论，具备良好ESG表现的企业为了从利益相关者和投资者处获取更多的资源以支持自身绿色创新，通常更愿意对外披露ESG信息。作为中介的分析师若能准确地将公司绿色创新活动及生产经营等情况传达给投资者，就能减少信息不对称，使市场外部参与者具有更强的动机投资前景良好的企业，对企业绿色创新绩效产生资源效应。根据委托代理理论，在公司内部，由于创新活动具有较高的不确定性及复杂性，会增加股东监督成本和难度，导致经理人有更强的动机谋取私利，从而造成股东对企业价值的低估（Bhattacharya and Ritter，1983；陈钦源等，2017）。分析师若能将企业绿色创新活动的价值信息及时准确地传达给股东，发挥外部监督功能，缓解股东与管理者的代理问题，就能有效避免高管机会主义行为，提高企业资金使用效率，从而提升管理者进行绿色创新投入的意愿和能力。基于此，本文提出以下假设：

H_3：良好的 ESG 表现通过分析师追踪形成资源效应与治理效应进而提升企业绿色创新绩效。

四、研究设计

（一）样本选择与数据来源

本文以 2016—2021 年获得商道融绿 ESG 评级的沪深上市公司为研究样本，并做如下处理：①剔除金融保险业企业；②剔除 ST、*ST 企业；③剔除主要变量有缺失值的样本公司。为了排除极端值的影响，对企业层面的连续变量进行 1% 和 99% 的缩尾处理。数据来源如下：ESG 评级数据来自 Wind 融绿 A 股上市公司 ESG 数据库，绿色专利数据来自 CNRDS 数据库，其他数据均来自 CSMAR 数据库。

（二）变量定义

1. 被解释变量

本文借鉴黎文靖和郑曼妮（2016）的做法，以绿色实用新型专利申请数量加 1 的自然对数作为策略性绿色创新（ln*patentud*）的代理变量；以绿色发明专利申请数量加 1 的自然对数作为实质性绿色创新（ln*patent*）的代理变量；以两者数量之和加 1 的自然对数作为企业绿色创新绩效（*lntotal*）的代理变量。

2. 解释变量

本文的解释变量为 ESG 表现（*ESG*）。本文参考高杰英等（2021）的研究，将本文收集的 ESG 评级结果由 C ~ A 分别赋值为 1 ~ 7，数值越大表明企业 ESG 表现越好。

3. 中介变量

本文的中介变量为分析师追踪（ln*coverage*）。本文采用分析师追踪人数加 1 的自然对数作为分析师追踪的代理变量。

4. 控制变量

参考已有学者的研究，本文选取上市年限（*ListAge*）、企业规模（*Size*）等作为控制变量。为控制行业与时间对回归结果的影响，本文设置行业（*IND*）与年度（*YEAR*）为虚拟变量。主要变量定义见表 1。

表 1　主要变量定义

类型	名称	符号	定义说明
被解释变量	绿色创新绩效	ln*total*	绿色专利申请总量加 1 的自然对数
	策略性绿色创新	ln*patentud*	绿色实用新型专利申请量加 1 的自然对数
	实质性绿色创新	ln*patent*	绿色发明专利申请量加 1 的自然对数
解释变量	ESG 表现	*ESG*	根据 ESG 评级赋分
中介变量	分析师追踪	ln*coverage*	分析师追踪人数加 1 的自然对数
控制变量	上市年限	*ListAge*	当年年份 - 上市年份 + 1
	企业规模	*Size*	年末总资产的自然对数
	资产负债率	*LEV*	期末负债/期末资产
	净资产收益率	*ROE*	净利润/净资产
	股权集中度	*TOP*1	第一大股东持股数量/总股数量
	企业成长性	*Growth*	营业收入增长额/上期营业收入
	研发投入	*RD*	企业研发投入金额加 1 的自然对数
	行业	*IND*	行业虚拟变量
	年度	*YEAR*	年度虚拟变量

（三）模型构建

针对本文研究主题及相关假设，为有效识别企业 ESG 表现对绿色创新绩效的影响，本文设定如下基准回归模型：

$$Innovation_{i,t} = \alpha_0 + \alpha_1 ESG_{i,t} + \alpha_2 Controls_{i,t} + \sum YEAR + \sum IND + \varepsilon_{i,t} \quad (1)$$

其中，$Innovation_{i,t}$指企业绿色创新，用绿色专利的申请数量来衡量。具体包含 ln*total*、ln*patentud*、ln*patent* 三个变量，分别指 i 公司 t 年度的绿色专利申请总量、绿色实用新型专利申请量、绿色发明专利申请量。$Controls_{i,t}$为一系列控制变量，$\varepsilon_{i,t}$为模型随机误差项。此外，本文还控制了行业和年度虚拟变量。

五、实证检验与结果分析

（一）描述性统计与分析

从表 2 描述性统计结果可以看出，企业绿色创新（ln*total*）绩效的均值为 2.285，最小值为 0.000，最大值为 7.060，标准差为 1.742，表明不同企业间的绿色创新绩效存在较大差异。策略性绿色创新（ln*patentud*）的最小值为 0.000，最大值为 6.096，标准差为 1.495；实质性绿色创新（ln*patent*）的最小值为 0.000，最大值为 6.585，标准差为 1.632。表明不同企业间的策略性绿色创新和实质性绿色创新均存在较大差异。ESG 表现的均值为 4.195，相当于 B 级水平，说明样本企业 ESG 表现处于中等水平，表明不同企业之间 ESG 表现存在差异。样本企业的各项财务指标和公司特征指标均具有显著差异。

表 2　描述性统计分析

变量	mean	min	max	sd	p50	*N*
ln*total*	2. 285	0. 000	7. 060	1. 742	2. 197	1146
ln*patentud*	1. 503	0. 000	6. 096	1. 495	1. 099	1146
ln*patent*	1. 892	0. 000	6. 585	1. 632	1. 792	1146
ESG	4. 195	1. 000	6. 000	1. 115	4. 000	1146
ln*coverage*	2. 589	0. 000	4. 159	1. 007	2. 773	1146
ListAge	16. 660	2. 000	30. 000	6. 346	17. 000	1146
Size	24. 630	22. 030	28. 290	1. 286	24. 450	1146
LEV	0. 500	0. 0690	0. 879	0. 188	0. 517	1146
ROE	0. 098	-1. 088	0. 367	0. 103	0. 092	1146
*TOP*1	38. 280	6. 870	74. 980	15. 730	38. 010	1146
GROWTH	0. 330	-0. 719	5. 094	0. 682	0. 157	1146
RD	17. 128	0. 000	25. 025	2. 801	17. 371	1146

（二）基准回归结果及分析

如表3基准回归结果列（1）所示，*ESG* 的回归系数为0. 129，在1%的统计水平上显著，表明良好的ESG表现显著提升了企业绿色创新绩效，验证了 H_1。由列（2）和列（3）可知，*ESG* 对 ln*patentud* 和 ln*patent* 的回归系数分别为0. 0755和0. 134，分别在5%和1%的统计水平上显著，表明相较于策略性绿色创新，良好的 *ESG* 表现对企业实质性绿色创新的推动作用更强，验证了 H_2。

表 3　基准回归结果

变量	(1) ln*total*	(2) ln*patentud*	(3) ln*patent*
ESG	0. 129 *** (3. 768)	0. 0755 ** (2. 492)	0. 134 *** (3. 917)
*TOP*1	-0. 0262 * (-1. 003)	-0. 0118 (-0. 511)	-0. 0292 * (-1. 126)

续表

变量	(1) ln*total*	(2) ln*patentud*	(3) ln*patent*
ListAge	-0.008 (-1.283)	-0.022*** (-3.947)	-0.007 (-1.049)
Size	0.654*** (15.100)	0.512*** (13.400)	0.630*** (14.640)
ROE	0.410* (1.025)	-0.033 (-0.093)	0.458* (1.154)
LEV	-0.200 (-0.724)	0.103 (0.423)	-0.551** (-2.008)
GROWTH	0.009 (0.161)	-0.108** (-2.095)	0.041 (0.702)
RD	0.157* (12.270)	0.155* (11.300)	0.153* (12.180)
Observations	1146	1146	1146
IND FE	Yes	Yes	Yes
Year FE	Yes	Yes	Yes
Adj. R^2	0.639	0.618	0.600

注：***、**、*分别表示在1%、5%和10%的水平上显著；括号内为标准误。

（三）稳健性检验

1. 解释变量滞后回归

由于擅长绿色创新的企业可能更积极地履行社会责任，更注重人与自然和谐相处，从而拥有较高的ESG表现。因此，为了解决潜在的反向因果问题，本文将ESG表现滞后一期重新回归。回归结果如表4所示，*L. ESG*对ln*total*的回归系数为0.140，在1%的水平上显著。表明良好的ESG表现显著提升了企业的绿色创新绩效，验证了H_1；*L. ESG*对ln*patentud*和ln*patent*的回归系数分别为0.091和0.148，分别在5%和1%的水平上显著，表明相较于策略性绿色创新，良好的ESG表现对实质性绿色创新的推动作用更大，再次验证了 H_2。

表 4　解释变量滞后一期的稳健性检验结果

变量	(1) lntotal	(2) lnpatentud	(3) lnpatent
L. ESG	0. 140 *** (3. 496)	0. 091 ** (2. 540)	0. 148 *** (3. 728)
*TOP*1	-0. 047 * (-1. 577)	-0. 019 (-0. 710)	-0. 057 * (-1. 917)
ListAge	-0. 012 (-1. 611)	-0. 025 *** (-3. 850)	-0. 003 (-0. 485)
Size	0. 683 *** (13. 290)	0. 532 *** (11. 550)	0. 639 *** (12. 550)
ROE	0. 276 * (0. 590)	-0. 166 (-0. 396)	0. 336 * (0. 723)
LEV	-0. 309 (-0. 958)	0. 014 (0. 049)	-0. 595 * (-1. 862)
GROWTH	-0. 016 (-0. 220)	-0. 124 * (-1. 884)	0. 022 (0. 297)
RD	0. 255 * (12. 250)	0. 113 * (10. 120)	0. 317 * (14. 360)
Observations	1057	1057	1057
R - squared	0. 678	0. 649	0. 640
IND FE	Yes	Yes	Yes
Adj. R^2	0. 654	0. 623	0. 614

注：＊＊＊、＊＊、＊分别表示在1%、5%和10%的水平上显著；括号内为标准误。

2. 改变样本区间

由于2020年是疫情暴发的初始阶段，外部经济的停滞阻碍了许多企业的正常生产经营，从而对企业的绿色创新存在非正常影响，因此，本文剔除了2020年数据。同时，由于部分企业在样本观测期间并没有进行绿色创新，为了避免这一因素对回归结果的影响，此部分本文剔除绿色创新观测值为0的数据。基于上述处理，本文对基准模型再次回归，结论依然稳健，回归结果如表5所示。*ESG* 对 ln*total*、ln*patentud* 和 ln*patent* 的回归系数分别为0.136、0.092、0.133，且均在1%的统计水平上显著，再次验证了 H_1 和 H_2。

表5　改变样本区间的稳健性检验结果

变量	(1) ln*total*	(2) ln*patentud*	(3) ln*patent*
ESG	0.136 ***	0.092 ***	0.133 ***
	(3.691)	(2.849)	(3.610)
*TOP*1	−0.018	−0.004	−0.019 *
	(−0.636)	(−0.169)	(−0.652)
ListAge	−0.007	−0.023 ***	0.007
	(−1.056)	(−3.830)	(0.101)
Size	0.647 ***	0.500 ***	0.625 ***
	(16.180)	(12.100)	(15.430)
ROE	0.377 *	−0.192	0.470 *
	(0.856)	(−0.501)	(1.073)
LEV	−0.183	0.067	−0.533 *
	(−0.598)	(0.253)	(−1.751)
GROWTH	−0.002	−0.097 *	0.018
	(−0.0301)	(−1.727)	(0.276)
RD	0.296 *	0.256 *	0.434 **
	(11.550)	(10.170)	(13.030)
Observations	985	985	985
R − squared	0.651	0.633	0.611
IND FE	Yes	Yes	Yes
YEAR FE	Yes	Yes	Yes
Adj. R^2	0.628	0.609	0.586

注：***、**、*分别表示在1%、5%和10%的水平上显著；括号内为标准误。

3. 内生性问题

为了缓解可能存在遗漏变量或者反向因果导致的内生性问题，本文借鉴王波和杨茂佳（2022）的做法，选取ESG行业年度均值作为企业

ESG 表现的工具变量进行 2SLS 回归。从理论逻辑上来看，企业 ESG 表现与所处行业的 ESG 表现具有较强的相关性，满足工具变量相关性要求；行业 ESG 表现并不会直接影响本企业的绿色创新绩效，因此，满足工具变量的外生性要求。工具变量法的回归结果如表 6 所示，K – P rk LM statistic 统计量在 1% 的水平上显著，拒绝工具变量识别不足的原假设；C – D Wald F statistic 统计量大于 Stock – Yogo，弱工具变量识别 F 检验在 10% 的显著性水平上的临界值，因此拒绝弱工具变量的原假设。上述检验结果表明本文工具变量选取的可靠性。由表 6 可知，*ESG* 的回归系数均在 1% 的水平上显著为正，表明本文 H_1 及 H_2 仍然成立。

表 6　工具变量法的回归结果

变量	First Stage	Second Stage		
	(1) *ESG*	(2) ln*total*	(3) ln*patentud*	(4) ln*patent*
ESG_IV	0.861 *** (13.66)			
ESG		0.241 *** (3.27)	0.114 *** (2.36)	0.227 *** (3.14)
控制变量	Yes	Yes	Yes	Yes
IND	Yes	Yes	Yes	Yes
YEAR	Yes	Yes	Yes	Yes
K – P rk LM statistic			160.222 ***	
C – D Wald F statistic			186.504 {16.38}	
N	1076	1076	1076	1076
R^2	0.165	0.171	0.139	0.149

注：{} 内数值为 Stock – Yogo 弱识别检验在 10% 的水平上的临界值；* * * 表示在 1% 的水平上显著；括号内为标准误。

（四）机制分析

为进一步探究良好的 ESG 表现如何促进企业绿色创新，本文构建如下模型探究分析师追踪这一机制如何影响 ESG 表现与企业绿色创新绩效的关系。

$$\ln coverage_{i,t} = \alpha_0 + \alpha_1 ESG_{i,t} + \alpha_2 Controls_{i,t} + \sum YEAR + \sum IND + \varepsilon_{i,t} \quad (2)$$

$$\ln total_{i,t} = \beta_0 + \beta_1 ESG_{i,t} + \beta_2 LNCOVERAGE_{i,t} + \beta_3 Controls_{i,t} + \sum YEAR + \sum IND + \varepsilon_{i,t} \quad (3)$$

如表 7 所示，在将分析师追踪与 ESG 表现这两个变量同时加入绿色创新绩效的回归模型后，ESG 表现与绿色创新绩效的回归系数为 0.124 且在 1% 的置信水平上显著。根据温忠麟等（2004）的研究，分析师追踪在 ESG 表现对企业创新绩效的驱动作用中发挥了中介效应，分析师将公司绿色创新活动的相关信息传达给投资者，提高了信息透明度，使外部参与者具有更强的动机投资于前景良好的企业，对企业绿色创新绩效产生资源效应；在公司内部，分析师通过将企业绿色创新活动的价值信息及时准确地传达给股东，从而减少股东与管理者的代理问题，提升管理者进行绿色创新投入的意愿和能力，由此验证了 H_3。

表 7　ESG 表现、分析师追踪与企业绿色创新绩效回归结果

变量	(1) ln*total*	(2) ln*coverage*	(3) ln*total*
ln*coverage*			0.106** (2.408)
ESG	0.129*** (3.768)	0.0471* (1.921)	0.124*** (3.625)
*TOP*1	-0.026* (-1.003)	-0.083** (-4.447)	-0.017 (-0.664)
ListAge	-0.080 (-1.283)	0.019 (0.429)	-0.082 (-1.318)
Size	0.657*** (15.100)	0.251*** (9.130)	0.624*** (13.890)

续表

变量	(1) lntotal	(2) lncoverage	(3) lntotal
ROE	0.410* (1.025)	5.236*** (18.390)	-0.144 (-0.312)
LEV	-0.200 (-0.724)	-0.430** (-2.185)	-0.154 (-0.559)
GROWTH	0.009 (0.161)	-0.046 (-1.115)	0.014 (0.245)
RD	0.157* (12.100)	0.139* (9.210)	0.182* (15.080)
Observations	1146	1146	1146
R-squared	0.658	0.504	0.660
IND FE	Yes	Yes	Yes
YEAR FE	Yes	Yes	Yes
Adj. R^2	0.639	0.477	0.641

注：***、**、*分别表示在1%、5%和10%的水平上显著；括号内为标准误。

六、研究结论与政策建议

（一）研究结论

本文以2016—2021年沪深A股上市公司为样本，从“增量与提质”的角度探究良好的ESG表现对企业绿色创新绩效产生的影响及其作用机制。研究发现，良好的ESG表现显著提升企业绿色创新绩效，且相较于策略性绿色创新，良好的ESG表现对实质性绿色创新的促进作用更强。良好的ESG表现通过分析师追踪形成资源效应与治理效应进而提升企业绿色创新绩效。

（二）理论贡献

本文的理论贡献主要体现在以下两点：一是本文从“增量与提质”

角度探讨了 ESG 表现对企业绿色创新数量和质量的影响是否存在差异，弥补现有研究大多聚焦于 ESG 表现对企业总体绿色创新绩效的影响这一不足。二是本文对关于企业 ESG 表现影响绿色创新绩效机制的文献进行了拓展补充，从分析师追踪这一视角出发，研究发现，分析师追踪通过形成资源效应与治理效应提升企业绿色创新绩效，较为系统地验证了二者的作用机制。

（三）政策及建议

企业应增加对 ESG 的投入，将 ESG 纳入公司发展战略，积极对外披露企业 ESG 情况。良好的 ESG 表现不仅能提升公司治理水平，也有助于企业与利益相关者构建和谐稳定的关系，获取与绿色创新相关的资源，提升企业绿色创新绩效。同时，企业可以配备相应的管理人员负责 ESG 板块下相关工作的管理与执行，提升企业 ESG 管理能力，积极提升 ESG 表现，促进高质量发展，推动企业绿色转型，最终实现企业可持续发展。

投资者在选择目标企业时，不仅要关注该企业的经济效益，也要关注企业在 ESG 方面的表现，综合地评估目标企业，从而做出更合理的投资决策。从投资者角度来看，要提升自身对 ESG 的认知，提高对社会风险的辨识能力，ESG 表现不仅影响企业可持续发展，也关系到投资者的投资回报。同时，机构投资者要充分发挥在资本市场上的作用和影响力，通过进行 ESG 研究、开发 ESG 相关产品、制定 ESG 投资策略逐步推动 ESG 投资在中国的主流化进程。

政府在积极引导企业履行社会责任、提升 ESG 表现的同时，应充分认识到分析师作为连接企业与市场的桥梁发挥的重要作用。分析师追踪有助于减少企业面临的信息不对称及代理问题，提高企业绿色创新绩效。因此，政府应充分发挥分析师在信息收集与传播方面的中介作用，提高市场透明度，提升资本市场对企业绿色创新的价值认同，吸引优质资源流向绿色创新活动，进而促进企业绿色转型，推动经济高质量发展。

参考文献

[1]胡洁,于宪荣,韩一鸣. ESG评级能否促进企业绿色转型:基于多时点双重差分法的验证[J]. 数量经济技术经济研究,2023,40(7):90-111.

[2]肖静,曾萍. 数字化能否实现企业绿色创新的"提质增量":基于资源视角[J]. 科学学研究,2023,41(5):925-935,960.

[3]项东,魏荣建. ESG信息披露、媒体关注与企业绿色创新[J]. 武汉金融,2022(9):61-71.

[4]李慧云,刘倩颖,李舒怡,等. 环境、社会及治理信息披露与企业绿色创新绩效[J]. 统计研究,2022,39(12):38-54.

[5]LO K Y, KWAN C L. The effect of environmental, social, governance and sustainability initiatives on stock value - examining market response to initiatives undertaken by listed companies [J]. Corporate social responsibility and environmental management, 2017, 24(6): 606-619.

[6]LINS K V, SERVAES H, TAMAYO A. Social capital, trust, and firm performance, the value of corporate social responsibility during the financial crisis [J]. Journal of finance, 2017, 72 (4): 1785-1824.

[7]ALAREENI B A, HAMDAN A. ESG impact on performance of US S&P 500 - listed firms[J]. Corporate governance international journal of business in society, 2020, 20(7): 1409-1428.

[8]PEDERSEN C, FITZGIBBONS L H, POMORSKI S. Responsible investing: the ESG - efficient frontier [J]. Journal of financial economics, 2021, 142 (2): 572-597.

[9]谢红军,吕雪. 负责任的国际投资:ESG与中国OFDI[J]. 经济研究,2022,57(3):83-99.

[10]王琳璘,廉永辉,董捷. ESG表现对企业价值的影响机制研究[J]. 证券市场导报,2022(5):23-34.

[11]陈红,张凌霄. ESG表现、数字化转型与企业价值提升[J]. 中南财经

政法大学学报,2023(3):136 - 149.

[12]SASSEN R,HINZE A, HARDECK I. Impact of ESG factors on firm risk in europe[J]. Journal of financial economics,2016,86(8):867 - 904.

[13]权小锋,吴世农,尹洪英. 企业社会责任与股价崩盘风险:“价值利器”或“自利工具”? [J]. 经济研究,2015,50(11):49 - 64.

[14]邓玉萍,王伦,周文杰. 环境规制促进了绿色创新能力吗:来自中国的经验证据[J]. 统计研究,2021,38(7):76 - 86.

[15]杨浦,王素,谷雨婷,等. 环境规制与绿色创新:来自中国医药制造业绿色经济发展的空间证据[J]. 沈阳药科大学学报,2022,39(11):1380 - 1390.

[16]CAI X,ZHU Z B,ZHANG H J,et al. Can direct environmental regulation promote green technology innovation in heavily polluting industries? Evidence from Chinese listed companies[J]. Science of the total environment,2020(746):73 - 74.

[17]吴建祖,华欣意. 高管团队注意力与企业绿色创新战略:来自中国制造业上市公司的经验证据[J]. 科学学与科学技术管理,2021,42(9):122 - 142.

[18]韩超,李鑫平. 在自动化中推动企业绿色转型:技术进步与产品重构效应[J]. 数量经济技术经济研究,2023,40(4):72 - 93.

[19] ARFI W B, HIKKEROVA L, SAHUTI M. External knowledge sources, green innovation and performance[J]. Technological forecasting & social change,2018(129):210 - 220.

[20]DENG Y,YOU D,WANG J. Optimal strategy for enterprises' green technology innovation from the perspective of political competition[J]. Journal of cleaner production,2019(235):162 - 175.

[21]胡曲应. 上市公司环境绩效与财务绩效的相关性研究[J]. 中国人口·资源与环境,2012(6):23 - 32.

[22]ELIWA Y,ABOUD A,SALE A. ESG practices and the cost of debt: evidence from EU countries[J]. Critical perspectives on accounting,2019(11):102097 - 102117.

[23]李慧云,刘倩颖,李舒怡,等. 环境、社会及治理信息披露与企业绿色创新绩效[J]. 统计研究,2022,39(12):38 - 54.

[24]黎文靖,郑曼妮. 实质性创新还是策略性创新:宏观产业政策对微观企业创新的影响[J]. 经济研究,2016(4):60 - 73.

[25]高杰英,褚冬晓,廉永辉,等. ESG 表现能改善企业投资效率吗? [J].

证券市场导报,2021(11):24－34.

[26]BHATTACHARYA S,RITTER J R. Innovation and communication:signalling with partial disclosure[J]. The review of economic studies,1983,50(2):331－346.

[27]陈钦源,马黎珺,伊志宏．分析师跟踪与企业创新绩效:中国的逻辑[J]. 南开管理评论,2017(3):15－27.

[28]刘金科,肖翊阳．中国环境保护税与绿色创新:杠杆效应还是挤出效应?[J]. 经济研究,2022,57(1):72－88.

[29]王波,杨茂佳．ESG表现对企业价值的影响机制研究:来自我国A股上市公司的经验证据[J]. 软科学,2022,36(6):78－84.

[30]温忠麟,张雷,侯杰泰,等．中介效应检验程序及其应用[J]. 心理学报,2004(5):614－620.

绿色知识共创视角下网络嵌入对企业绿色双元创新的影响研究[①]

李甜玉

摘要：基于社会网络理论和知识基础理论，探索绿色联盟背景下，网络嵌入如何影响企业绿色双元创新，并通过引入绿色知识共创深入分析其中的内在机制。本文以制造业为研究对象，运用层次回归分析和Bootstrap方法进行假设检验，研究结果发现：网络嵌入不仅正向影响绿色双元创新，而且正向影响绿色知识共创（嵌入型和联盟型绿色知识共创）；绿色知识共创的两个维度均正向影响绿色双元创新，并且分别在网络嵌入和绿色双元创新之间发挥中介作用。本文研究结果拓展了网络嵌入与企业绿色双元创新之间的中间机制，说明与绿色联盟伙伴进行绿色知识共创在推动绿色双元创新中的重要性。

关键词：绿色联盟；网络嵌入；绿色知识共创；绿色双元创新

作者简介：李甜玉（1999—），陕西宝鸡人，西北大学经济管理学院2021级技术经济及管理专业硕士研究生。

---

① 本文由陈关聚教授指导完成。陈关聚，西北大学经济管理学院教授，博士研究生导师，研究方向：技术创新管理、创新生态系统研究。基金项目：西北大学2023年研究生创新项目“环境联盟中企业权力与压力对绿色竞争力的影响研究”（项目编号：CX2023039）。

一、引言

逐渐向绿色经济和低碳经济转型，重视发展绿色新兴产业，开启绿色复苏模式成为全球多数国家的共同选择（刘薇，2012）。对此，绿色发展一直是我国生态文明建设的重要指导（徐慧等，2022）。习近平总书记在党的二十大报告中明确提出“必须牢固树立和践行绿水青山就是金山银山的理念，站在人与自然和谐共生的高度谋划发展”。绿色技术创新作为绿色发展和创新驱动两大发展理念的结合点，是提高碳排放效率、推动产业绿色转型升级的重要推力（杨浩昌等，2023），但是绿色创新的“双重外部性”可能会抑制企业开发绿色创新的意愿，导致企业缺乏绿色创新动力（邢丽云等，2022；张钢等，2013）。

已有研究表明，“双元”创新能够有效平衡绿色创新的短期利益与长期战略目标（刘景东等，2023），是化解“双重外部性”的有效创新模式，因此，探究绿色双元创新的动力因素就显得至关重要。其中，绿色利用式创新是指利用现有知识对原有绿色设计或绿色商业模式的逐步改进、拓展和提高；而绿色探索式创新是指企业采用新知识和新技术进行绿色设计或提出新绿色商业模式，从根本上改变原有技术（马美婷等，2023）。所以，绿色双元创新对企业拥有的绿色知识具有不同需求。然而，现有研究尚未深入探讨绿色知识如何激发企业绿色双元创新活力的理论机制。此外，绿色创新高风险、高投入、回报周期长（梁敏等，2022）的特点决定了企业开展绿色创新活动需要大量资源予以支撑，企业仅仅依靠独立发展难以获得长期竞争优势。

因此，结合社会网络理论，绿色联盟（Jolink et al.，2021；Niesten et al.，2020；Stadtler et al.，2017）作为产生积极环境影响的一种合作协议，能够为联盟成员提供异质性绿色知识（彭慧等，2022），企业可以通过网络嵌入从绿色联盟中获取绿色知识、丰富环境技术资源，进一步通过绿色知识共创与联盟伙伴之间进行绿色知识协作（蒋海萍等，2020），激发绿色双元创新活力（Wang et al.，2019）。尽管已有大量研究关注网络嵌入与绿色双元创新之间的关系，但尚未从绿色知识共创视角进一步探究网络嵌入与绿色双元创新之间的中间机制，分析绿色知识共创的中介影响效应。基于上述分析，本文综合社会网络理论和知识基础理论，探究绿色联盟背景下网络嵌入对绿色双元创新的影响效应，深入分析网络嵌入通过绿色知识共创影响绿色双元创新的作用机理，从而为实现企业绿色创新实践从“浅绿色”到“深绿色”的转变（解学梅等，2021）提供理论支撑。

二、理论分析与研究假设

（一）绿色联盟中企业网络嵌入对绿色双元创新的影响

现有研究多基于双重网络视角，将网络嵌入划分为结构嵌入和关系嵌入两个维度。其中，结构嵌入是指企业在网络结构中的地位，而关系嵌入是指组织在合作过程中形成的直接或间接关系以及相互理解、信任和承诺的程度（Hsueh et al.，2010）。所以，在绿色联盟中占据有利地位，建立亲密互惠的合作关系，有利于企业有效获取各种有价值的绿色资源（邢丽云等，2022）。

当企业结构嵌入程度较高时，企业往往在绿色联盟中占据中心位置，能够更加接近用户和了解用户需求（解学梅等，2020）。拥有丰富的信息渠道使企业能够接触到更多的绿色资源，并以更低的成本快速获取互补性、支持性资源（王娟茹等，2022；闫俊等，2018），为借鉴学习联盟伙伴的绿色创新行为和经验提供机遇，从而有利于绿色利用式创新的开展。同时，企业拥有较大的话语权和影响力，能够率先捕捉新市场、敏锐感知市场变化，选取资源更加丰富、绿色创新能力更强的企业作为合作伙伴，通过彼此合作深度利用绿色资源，打破企业内部形成的路径依赖，为进行绿色探索式创新活动提供新思维和新路径选择（庞娟等，2022）。据此，本文提出如下假设：

H_{1a}：企业结构嵌入正向影响绿色利用式创新。

H_{1b}：企业结构嵌入正向影响绿色探索式创新。

不同于一般的市场关系，关系嵌入体现了企业间更开放透明的信息共享以及更广泛紧密的互动（周礼等，2021）。绿色联盟中的焦点企业与其他联盟伙伴之间的强联结能够减少联盟中个体的机会主义行为，减少彼此之间的信息沟通障碍，通过增加与联盟伙伴进行知识交流和资源共享的机会（邵云飞等，2023），提升信息交换的准确性和价值性（曹勇等，2021），从而促进绿色利用式创新。此外，联盟成员间关系越密切，越容易建立起信任互惠的网络关系，越有利于彼此传递隐性知识，形成稳定且持久的合作意愿以共同开发新技术，推动绿色探索式创新，实现绿色联盟中资源价值最大化。据此，本文提出如下假设：

H_{1c}：企业关系嵌入正向影响绿色利用式创新。

H_{1d}：企业关系嵌入正向影响绿色探索式创新。

（二）绿色联盟中企业网络嵌入对绿色知识共创的影响

现有研究多基于“由外向内”和“由内向外”两种基本知识流程对知识共创进行分类。本文认为，绿色知识共创是企业在绿色联盟中与联盟伙伴之间的知识协作过程（Monagar et al.，2012），并借鉴蒋海萍等（2020）研究将其划分为嵌入型和联盟型绿色知识共创。其中，嵌入型绿色知识共创强调联盟伙伴的绿色知识流入企业内部，与原有绿色知识在企业内部进行有机整合；联盟型绿色知识共创则是指企业向联盟伙伴进行绿色知识输出，与联盟伙伴的绿色知识在企业外部进行有效整合，从而实现新绿色知识的共同创造。

企业在绿色联盟中的位置在很大程度上决定了对联盟中的绿色知识进行搜寻、获取与利用的能力（何郁冰等，2017）。企业在联盟中占据中心位置意味着具备较强的资源控制能力，有利于形成知识交流集聚（孔晓丹等，2019），从而使企业更容易获取联盟伙伴提供的绿色知识，为绿色知识共创创造了基础条件；而拥有较高的话语权便于企业精准输出现有绿色知识、表达其对绿色知识的特定需求，进而提升了绿色知识共创效率，更有助于重新整合、配置现有绿色知识，促进新绿色知识的产生。据此，本文提出如下假设：

H_{2a}：企业结构嵌入正向影响嵌入型绿色知识共创。

H_{2b}：企业结构嵌入正向影响联盟型绿色知识共创。

同时，创新生态系统中的企业可以通过彼此互信降低交易成本，以提高知识处理效率，进而提升生态系统知识共创能力（李宇等，2022）。绿色联盟中的企业可以通过自身社会关系与处于知识网络中的其他企业建立知识连接（蒋楠、赵嵩正，2016），强关系嵌入意味着各企业之间信任程度较深，合作关系相对稳定，这种紧密的联盟关系会增强绿色知识在企业与联盟伙伴之间的交流和共享，提高彼此的绿色知识交流频率，激发企业间绿色知识共享意愿，进一步促进企业绿色知识共创行为。据此，本文提出如下假设：

H_{2c}：企业关系嵌入正向影响嵌入型绿色知识共创。

H_{2d}：企业关系嵌入正向影响联盟型绿色知识共创。

在绿色联盟背景下，嵌入型绿色知识共创强调联盟伙伴的绿色知识流入企业内部，与原有绿色知识进行有机整合（蒋海萍等，2020）。所以，企业拥有的联盟伙伴越多，越容易接触到大量绿色知识，增加了其流入企业的可能性，通过不断完善现有绿色知识储备，有助于实现更大规模的绿色知识共创，推进绿色利用式创新的进行。此外，企业与联盟伙伴之间建立互惠合作关系，有利于加强企业对外部绿色知识的学习，并与原有的绿色知识重新进行整合，建立起新的绿色知识储备；而且彼此信任感的增强更有利于联盟伙伴为企业提供隐性的绿色知识，从而在更大范围开展嵌入型绿色知识共创，为顺利开展绿色探索式创新提供绿色知识基础。据此，本文提出如下假设：

H_{3a}：企业嵌入型绿色知识共创正向影响绿色利用式创新。

H_{3b}：企业嵌入型绿色知识共创正向影响绿色探索式创新。

相反，联盟型绿色知识共创则是指企业向联盟伙伴进行绿色知识输出，在企业外部与联盟伙伴共创新的绿色知识（蒋海萍等，2020）。因此，企业拥有的联盟伙伴数量越多，其输出绿色知识的范围就越大，越有助于推动联盟型绿色知识共创。通过在绿色联盟中占据中心位置、获得较高的话语权，企业自身即可作为绿色知识源将绿色知识、发展需求等精准地通过多渠道传递给联盟伙伴；彼此之间的情感信任能够确保联盟伙伴对企业输出的绿色知识及时进行整合、利用，大大提高了联盟型绿色知识共创的效率。此外，企业通过借鉴联盟伙伴的新思路、新想法缓解内部形成的路径依赖问题，为绿色双元创新创造了有利条件。据此，本文提出如下假设：

H_{3c}：联盟型绿色知识共创有利于企业进行绿色利用式创新。

H_{3d}：联盟型绿色知识共创有利于企业进行绿色探索式创新。

（三）绿色知识共创的中介效应分析

首先，网络嵌入影响企业绿色知识共创行为，其中，结构嵌入可以帮助企业占据有利位置，获得丰富的绿色知识获取渠道，一方面使企业敏锐察觉并获取绿色双元创新所需的绿色知识，通过在内部重新整合、配置绿色知识，有效提升嵌入型绿色知识共创的效率；另一方面可以使企业通过这些渠道进行绿色知识输出，有利于增加参与共创的联盟伙伴人数，由此扩大了进行联盟型绿色知识共创的范围。在绿色知识共创的过程中，联盟伙伴与企业在一定时间内频繁进行绿色知识交互，能够迅速提高自身绿色知识存量与流量，加速新绿色知识的产生，缩短绿色双元创新周期（周凌玥等，2022）。据此，本文提出如下假设：

H_{4a}：嵌入型绿色知识共创在结构嵌入和绿色利用式创新的关系之

间起中介作用。

H_{4b}：嵌入型绿色知识共创在结构嵌入和绿色探索式创新的关系之间起中介作用。

H_{4c}：联盟型绿色知识共创在结构嵌入和绿色利用式创新的关系之间起中介作用。

H_{4d}：联盟型绿色知识共创在结构嵌入和绿色探索式创新的关系之间起中介作用。

其次，企业与联盟伙伴之间保持紧密联系，能够减少绿色知识传递过程中的沟通障碍，有利于促进外部与内部绿色知识的融合（王娟茹等，2022）。联盟伙伴与企业之间建立的情感信任，有利于促进绿色知识在彼此之间进行双向流动，企业能够结合自身绿色资源状况，对不同联盟伙伴提供的异质性绿色知识进行重新整合利用，实现嵌入型绿色知识共创；同时，更精准地向外部联盟伙伴表达绿色需求，使其更容易接受内部输出的绿色知识，通过进行联盟型绿色知识共创，加快新绿色知识、新思路的产生以应对绿色创新过程带来的不确定性，调动企业绿色双元创新的积极性。据此，本文提出如下假设：

H_{4e}：嵌入型绿色知识共创在关系嵌入和绿色利用式创新的关系之间起中介作用。

H_{4f}：嵌入型绿色知识共创在关系嵌入和绿色探索式创新的关系之间起中介作用。

H_{4g}：联盟型绿色知识共创在关系嵌入和绿色利用式创新的关系之间起中介作用。

H_{4h}：联盟型绿色知识共创在关系嵌入和绿色探索式创新的关系之间起中介作用。

三、研究设计

（一）变量测度

所有研究变量均在借鉴国内外成熟量表的基础上，结合本文研究情境合理调整量表题项，采用李克特七级量表进行测度，从 1 ~ 7 分别表示“非常不符合” ~ “非常符合”。其中，网络嵌入借鉴董津津等（2020）的量表，绿色知识共创借鉴蒋海萍等（2020）、蒋楠等（2016）的量表，绿色双元创新借鉴 Hsueh 等（2010）、Jasen 等（2006）、万美好（2022）的量表。本文设置被调研者所属部门、被调研企业所在地区、企业年限、企业规模、企业性质、行业类型作为控制变量。

（二）数据来源与样本统计

本文利用问卷调查法，选取我国加入绿色联盟的制造业企业作为研究对象。通过见数平台共发放正式问卷 300 份，剔除问卷填写时间不足 5 分钟、存在明显不当的无效问卷 109 份，共获得 191 份有效问卷，有效问卷回收率 63.67%，基本特征如下：从被调研者所处部门来看，研发/设计部门最多，占 37.2%；被调研企业处于华南、华东地区的占 42.4%；企业经营年限在 20 年以上的占 33.5%；民营企业占 77.5%；300 ~ 1000 人的中型企业占 40.8%；企业处于机械设备行业的占 26.2%，处于计算机、通信和其他电子设备行业的占 20.9%，处于汽车及零部件行业的占 16.2%。

四、实证结果分析

（一）信度、效度检验

本文利用 SPSS 24.0 和 Amos 24.0 对问卷信度、效度进行检验。所有研究变量的 Cronbach'α 系数均大于 0.7，说明问卷具有较好的信度。此外，所有变量经过 KMO 和 Bartlett 球形度检验，结果显示 KMO 值为 0.806，Bartlett 球形度检验近似卡方值为 1258.455，显著性为 0.000，说明样本适合进行因子分析。通过进行探索性因子分析可知，初始特征值大于 1 的因子共有 7 个，累计解释方差变异为 64.53%，未旋转时第一个因子解释方差变异为 23.44%。同时，验证性因子分析结果为：χ^2/

df 为 1. 724，*RMSEA* 为 0. 078，*CFI* 值为 0. 883，*IFL* 值为 0. 885，*TLI* 为 0. 866，*AVE* 值大于 0. 5，*CR* 值大于 0. 8，说明量表聚敛效度处于可接受水平。表 1 对角线数据为各变量的 *AVE* 平方根值，皆大于其所在列相关系数，说明问卷具有较好的区分效度。

（二）相关性检验

本文涉及的所有变量相关性分析结果、均值及标准差如表 1 所示。其中，网络嵌入与绿色知识共创两个维度、绿色双元创新均存在显著正相关关系，绿色知识共创两个维度与绿色双元创新也存在显著正相关关系，$H_{1a} \sim H_{1d}$、$H_{2a} \sim H_{2d}$、$H_{3a} \sim H_{3d}$得到初步验证。

（三）直接效应检验

1. 网络嵌入对绿色双元创新、绿色知识共创的回归分析

网络嵌入对绿色双元创新的回归结果如表 2 所示。M1、M3、M5、M11 仅设置控制变量；M2、M4、M6、M12 分别是将嵌入型绿色知识共创、联盟型绿色知识共创、绿色利用式创新、绿色探索式创新设置为因变量，再将结构嵌入、关系嵌入放入回归模型进行回归。结果表明，首先，结构嵌入对绿色利用式创新（$\beta = 0.311$，$p < 0.001$）、绿色探索式创新（$\beta = 0.242$，$p < 0.01$）均存在显著正向影响；关系嵌入对绿色利用式创新（$\beta = 0.349$，$p < 0.001$）、绿色探索式创新（$\beta = 0.359$，$p < 0.001$）均存在显著正向影响，即 $H_{1a} \sim H_{1d}$得到验证。同时，结构嵌入对嵌入型绿色知识共创（$\beta = 0.306$，$p < 0.001$）、联盟型绿色知识共创（$\beta = 0.335$，$p < 0.001$）均存在显著正向影响；关系嵌入对嵌入型绿色知识共创（$\beta = 0.487$，$p < 0.001$）、联盟型绿色知识共创（$\beta = 0.424$，$p < 0.001$）均存在显著正向影响，即 $H_{2a} \sim H_{2d}$得到验证。

2. 绿色知识共创对绿色双元创新的回归分析

绿色知识共创的两个维度对绿色双元创新的回归结果如表 2 所示。

表 1　相关性分析结果

变量	所属部门	所在地区	经营年限	企业规模	企业性质	行业类型	结构嵌入	关系嵌入	嵌入型绿色知识共创	联盟型绿色知识共创	绿色利用式创新	绿色探索式创新
所属部门												
所在地区	-0.044											
经营年限	-0.242**	0.066										
企业规模	-0.313**	0.080	0.482**									
企业性质	0.102	-0.002	-0.024	-0.013								
行业类型	0.061	0.000	0.014	-0.035	-0.026							
结构嵌入	-0.219**	0.064	0.095	0.181*	-0.068	-0.176*	0.764					
关系嵌入	-0.189**	0.070	0.275**	0.200**	0.058	-0.068	0.552**	00.788				
嵌入型绿色知识共创	-0.149*	0.064	0.042	0.118	0.062	-0.191**	0.584**	0.637**	0.779			
联盟型绿色知识共创	-0.170*	0.138	0.042	0.087	0.044	-0.165*	0.580**	0.596**	0.603**	0.783		
绿色利用式创新	-0.174*	0.088	0.098	0.144*	0.035	-0.183*	0.585**	0.595**	0.674**	0.729**	0.745	
绿色探索式创新	-0.174*	-0.014	0.084	0.189**	0.113	-0.022	0.468**	0.402**	0.342**	0.429**	0.364**	0.732
均值	2.079	3.466	3.827	3.141	1.969	5.461	5.904	6.078	6.084	6.098	6.097	5.810
标准差	1.066	0.905	1.089	0.758	0.606	2.099	0.549	0.444	0.457	0.464	0.453	0.652

注：* * 表示在 0.01 级别（双尾）相关性显著，* 表示在 0.05 级别（双尾）相关性显著，对角线为 *AVE* 平方根值。

M5、M11 仅设置控制变量。由 M7、M13 的回归结果可以看出，嵌入型绿色知识共创对绿色利用式创新（$\beta=0.513$，$p<0.001$）、绿色探索式创新（$\beta=0.540$，$p<0.001$）均存在显著正向影响；由 M9、M15 的回归结果可以看出，联盟型绿色知共创对绿色利用式创新（$\beta=0.633$，$p<0.001$）、绿色探索式创新（$\beta=0.544$，$p<0.001$）均存在显著正向影响，即 $H_{3a}\sim H_{3d}$得到验证。

（四）绿色知识共创的中介效应检验

绿色知识共创的两个维度在网络嵌入和绿色双元创新之间的中介效应检验结果如表 2 所示。在 $H_{1a}\sim H_{1d}$、$H_{2a}\sim H_{2d}$、$H_{3a}\sim H_{3d}$得到验证的基础上，M8、M14 的回归结果显示，将嵌入型绿色知识共创设置为中介变量后，结构嵌入、关系嵌入对绿色利用式创新（$\beta=0.240$，$p<0.01$；$\beta=236$，$p<0.01$）均存在显著正向影响；结构嵌入对绿色探索式创新（$\beta=0.137$）不存在显著影响，但关系嵌入对绿色探索式创新（$\beta=0.192$，$p<0.05$）仍存在显著正向影响。同时，M10、M16 的回归结果显示，将联盟型绿色知识共创设置为中介变量后，结构嵌入、关系嵌入对绿色利用式创新（$\beta=0.159$，$p<0.05$；$\beta=0.156$，$p<0.05$）存在显著正向影响；结构嵌入对绿色探索式创新（$\beta=0.124$）不存在显著影响，但关系嵌入对绿色探索式创新（$\beta=0.210$，$p<0.01$）仍存在显著正向影响。因此，嵌入型绿色知识共创和联盟型绿色知识共创在结构嵌入和绿色利用式创新、关系嵌入与绿色利用式创新、关系嵌入与绿色探索式创新之间起部分中介作用；在结构嵌入和绿色探索式创新之间起完全中介作用，即 $H_{4a}\sim H_{4a}$得到验证。上述分析符合 Baron 和 Kenny（1986）的中介效应检验方法，所以，绿色知识共创具有显著的中介效应。此外，本文对绿色知识共创的中介效应结果采用 Bootstrap 方法进行稳健性检验，结果如表 3 所示，进一步验证了绿色知识共创的中介效应。

表 2　直接效应、中介效应的回归结果

变量	嵌入型绿色知识共创		联盟型绿色知识共创		绿色利用式创新						绿色探索式创新					
	M1	M2	M3	M4	M5	M6	M7	M8	M9	M10	M11	M12	M13	M14	M15	M16
控制变量																
所属部门	-0.123	-0.013	-0.154*	-0.048	-0.142	-0.049	-0.079	-0.046	-0.045	-0.027	-0.124	-0.040	-0.057	-0.035	-0.040	-0.023
所在地区	0.054	0.017	0.130	0.095	0.206*	0.176**	0.179**	0.172**	0.124*	0.133*	0.082	0.054	0.053	0.048	0.011	0.021
经营年限	-0.026	-0.133*	-0.016	-0.109	-0.076	-0.152*	-0.063	-0.121	-0.066	-0.103	-0.003	-0.082	0.011	-0.036	0.006	-0.043
企业规模	0.082	0.021	0.032	-0.030	0.051	-0.004	0.009	-0.009	0.031	0.009	0.046	-0.001	0.002	-0.008	0.029	0.009
企业性质	0.070	0.050	0.056	0.042	0.144*	0.135*	0.108	0.123*	0.109*	0.115*	-0.146*	-0.160**	-0.184**	-0.177**	-0.177**	-0.175**
行业类型	-0.179*	-0.099	-0.153*	-0.073	-0.044	0.027	0.047	0.051	0.053	0.061	-0.249***	-0.188**	-0.152*	-0.153**	-0.165**	-0.162**
自变量																
结构嵌入		0.306***		0.335***		0.311***		0.240**		0.159*		0.242**		0.137		0.124
关系嵌入		0.487***		0.424***		0.349***		0.236**		0.156*		0.359***		0.192*		0.210**
中介变量																
嵌入型绿色知识共创							0.513***	0.232**					0.540***	0.344***		
联盟型绿色知识共创									0.633***	0.454***					0.544***	0.353***
R^2	0.069	0.511	0.074	0.475	0.089	0.391	0.334	0.417	0.460	0.499	0.119	0.372	0.390	0.430	0.392	0.437
F	2.268	23.771	2.452	20.622	2.997	14.601	13.091	14.401	22.244	20.018	4.129	13.467	16.715	15.150	16.890	15.617
ΔR^2	0.069	0.442	0.074	0.401	0.089	0.302	0.245	0.026	0.371	0.108	0.119	0.253	0.271	0.058	0.274	0.065
ΔF	2.268	82.266	2.452	69.644	2.997	45.102	67.187	8.185	125.552	38.980	4.129	36.676	81.407	18.350	82.487	20.988

注：*表示 $p<0.05$；**表示 $p<0.01$；***表示 $p<0.001$。

表3　绿色知识共创的中介效应 Bootstrap 稳健性检验结果

路径	效应系数	标准误	95%的置信区间	
			下限	上限
结构嵌入→嵌入型绿色知识共创→绿色利用式创新	0.1835	0.0494	0.0965	0.2891
结构嵌入→嵌入型绿色知识共创→绿色探索式创新	0.2733	0.0527	0.1775	0.3851
结构嵌入→联盟型绿色知识共创→绿色利用式创新	0.2291	0.0507	0.1427	0.3443
结构嵌入→联盟型绿色知识共创→绿色探索式创新	0.2296	0.0492	0.1434	0.3366
关系嵌入→嵌入型绿色知识共创→绿色利用式创新	0.2402	0.0688	0.1163	0.3839
关系嵌入→嵌入型绿色知识共创→绿色探索式创新	0.3583	0.0634	0.2468	0.4975
关系嵌入→联盟型绿色知识共创→绿色利用式创新	0.2936	0.0615	0.1836	0.4253
关系嵌入→联盟型绿色知识共创→绿色探索式创新	0.2758	0.0641	0.1644	0.4160

注：Bootstrap 样本量为5000。

五、研究结论与启示

本文选取我国制造业企业作为研究对象，探究了绿色联盟中企业网络嵌入对绿色双元创新的影响，以及绿色知识共创在网络嵌入与绿色双元创新之间的中间机制。研究结果表明，结构嵌入和关系嵌入不仅显著正向影响企业绿色双元创新，而且显著正向影响企业与联盟伙伴进行绿色知识共创。此外，嵌入型绿色知识共创和联盟型绿色知识共创均在网络嵌入及绿色双元创新之间起中介作用。

（一）理论贡献

本文从社会网络理论出发，探究了绿色联盟中企业网络嵌入与绿色双元创新之间的关系，认为结构嵌入与关系嵌入均显著正向影响绿色双元创新。王娟茹等（2022）研究发现，相较于关系嵌入，结构嵌入对颠覆式绿色技术创新具有更显著的促进作用；而本文则发现，关系嵌入对绿色双元创新具有更显著的正向影响。原因可能在于，企业通过关系嵌入能够与绿色联盟中的联盟伙伴建立密切、互惠的合作关系，从而促进隐性绿色知识在企业与联盟伙伴之间的交流，使彼此更容易采取合作方式开发新产品、新技术。

本文研究发现，绿色知识共创在结构嵌入与绿色利用式创新、关系嵌入和绿色双元创新之间具有部分中介作用，而在结构嵌入与绿色探索式创新之间具有完全中介作用。由此说明，绿色知识在推动企业开展绿色双元创新过程中具有重要作用，进而为研究网络嵌入与绿色双元创新之间的内在机制提供了新视角。此外，绿色知识共创在结构嵌入与绿色探索式创新之间具有完全中介作用，说明当企业结构嵌入程度较高时，与联盟伙伴进行绿色知识共创在促进企业开展绿色探索式创新的过程中具有重要意义。

（二）管理启示

本文了解到大多数制造业企业会参与或组成绿色制造联盟、绿色供应链联盟、绿色研发联盟等多种绿色联盟，所以企业应当及时关注自身所在绿色联盟中的动态变化，如绿色知识、技术变化与技术更新；企业需要结合自身实际绿色发展需求，考虑是否需要更换现有联盟伙伴，寻找新的联盟伙伴或加入新的绿色联盟以扩大联盟范围；企业要充分利用自身结构优势，从而掌握丰富的信息渠道，拓宽绿色知识来源；企业不仅要加强与现有联盟伙伴之间的合作关系，还要通过扩大联盟范围建立新的伙伴关系以接触异质性绿色知识，进而通过提高绿色知识的交流频率，为进行绿色双元创新提供坚实的知识基础。

从绿色知识共创视角来看，企业通过结构嵌入和关系嵌入从绿色联盟中获取绿色知识的同时，要重视如何以较低成本实现绿色知识价值最大化。因此，企业可以与联盟中多主体进行绿色知识共创，从而将联盟中的绿色知识与现有绿色知识进行有效融合，在补充现有绿色知识的同时，促进新绿色知识的产生，不断完善绿色知识储备。值得注意的是，在进行绿色探索式创新时，企业应当充分发挥在绿色联盟中的结构优势，加大对绿色知识共创的投入，提高绿色知识共创效率，由此提高新绿色知识的产出，为进行绿色探索式创新奠定坚实的基础。

（三）研究不足与展望

本文的不足主要体现在以下方面：首先，采用问卷调查法只能获取横截面数据，在日后的研究中可以考虑采用面板数据使研究结果更加可靠；其次，本文仅控制了企业规模等变量，还应当考虑其他因素如环境规制等对企业绿色双元创新产生的影响，因此，未来可以考虑扩大控制变量范围；最后，本文虽然体现了企业通过网络嵌入从联盟伙伴处获取绿色知识，再与其进行绿色知识共创最终为绿色双元创新提供知识基础的全过程，但未考虑绿色联盟中其他情境因素对本文研究路径的影响，未来研究可以考虑是否存在边界条件能够显著提高绿色知识共创效率，如吸收能力（Todorova et al.，2007）。

参考文献

[1]BARON R M,KENNY D A. The moderator mediator variable distinction in social psychological research: conceptual,strategic,and statistical considerations [J]. Journal of personality and social psychology,1986,51(6):1173.

[2]HSUEH J T,LIN N P,LI H C. The effects of network embeddedness on service innovation performance [J]. The service industries journal,2010,30(10):1723 – 1736.

[3]JASEN J J P, VAN DEN BOSCH F A J,VOLBERDA H W. Exploratory innovation,exploitative innovation ,and performance [J]. Industrial marketing management,2006,33(5):429 – 438.

[4]JOLINK A,NIESTEN E. Credibly reducing information asymmetry: signaling on economic or environmental value by environmental alliances [J]. Long range planning,2021,54(4): 101996.

[5]MONAGAR A,JAFARNEJAD A,MOOD M M,et al. A framework to evalu-

ate customer knowledge co – creation capacity for new product development [J]. African journal of business management,2012,6(21): 6401 –6414.

[6]NIESTEN E,JOLINK A. Motivations for environmental alliances: generating and internalizing environmental and knowledge value [J]. International Journal of management reviews,2020,22(4): 356 –377.

[7]STADTLER L,LIN H. Moving to the next strategy stage: examining firms' awareness,motivation and capability drivers in environmental alliances [J]. Business strategy and the environment,2017,26(6): 709 –730.

[8]TODOROVA G,DURISIN B. Absorptive capacity: valuing are conceptualization [J]. Academy of management review,2007(3):774 –786.

[9]刘薇. 国内外绿色创新与发展研究动态综述 [J]. 中国环境管理干部学院学报,2012,22(5):17 –20.

[10]曹勇,刘弈,谷佳,等. 网络嵌入、知识惯性与双元创新能力:基于动态视角的评述 [J]. 情报杂志,2021,40(3):174,182 –186.

[11]蒋楠,赵嵩正. 知识连接、知识距离与知识共创关系研究 [J]. 情报科学,2016,34(6):138 –142,154.

[12]何郁冰,张迎春. 网络嵌入性对产学研知识协同绩效的影响 [J]. 科学学研究,2017,35(9):1396 –1408.

[13]闫俊,葛宝山,董保宝. 高科技新创企业关系嵌入与结构嵌入的交互对绩效的影响:双元创新的中介效用研究 [J]. 南方经济,2018(10):27 –48.

[14]习近平. 高举中国特色社会主义伟大旗帜为全面建设社会主义现代化国家而团结奋斗:在中国共产党第二十次全国代表大会上的报告 [M]. 北京:人民出版社,2022.

[15]徐慧,刘希,刘嗣明. 推动绿色发展,促进人与自然和谐共生:习近平生态文明思想的形成发展及在二十大的创新 [J]. 宁夏社会科学,2022,236(6):5 –19.

[16]孔晓丹,张丹. 创新网络知识流动对企业创新绩效的影响研究:基于网络嵌入性视角 [J]. 预测,2019,38(2):45 –51.

[17]蒋海萍,许皓,叶岚. 多主体参与和产品创新绩效:知识共创的复合中介机制 [J]. 科学学与科学技术管理,2020,41(7):22 –37.

[18]杨浩昌,钟时权,李廉水. 绿色技术创新与碳排放效率:影响机制及回弹效应[J/OL]. 科技进步与对策,2023(8):1 –9[2023 –04 –13]. DOI:/0. 6049/kjjbydc. 202301006/.

[19]解学梅,王宏伟. 网络嵌入对企业创新绩效的影响机理:一个基于非研发创新的有调节中介模型 [J]. 管理工程学报,2020,34(6):13－28.

[20]董津津,陈关聚. 创新网络嵌入性、社区意识对企业创新绩效的影响 [J]. 科技进步与对策,2020,37(5):77－86.

[21]解学梅,朱琪玮. 企业绿色创新实践如何破解“和谐共生”难题? [J]. 管理世界,2021,37(1):9,128－149.

[22]周礼,金晨晨. 网络嵌入对企业绿色创新的影响与作用机制:吸收能力的中介作用 [J]. 科技进步与对策,2021,38(5):79－86.

[23]彭慧,沈能. 集聚情景下网络惯例对绿色供应链异质性知识共享的影响:以生态工业园为例 [J]. 中国管理科学,2022,30(6):233－243.

[24]邢丽云,俞会新,任相伟. 网络嵌入、绿色动态能力与企业绿色创新:环境规制和管理者环境注意力的调节作用 [J]. 科技进步与对策,2022,39(14):105－113.

[25]刘景东,许琦,伍慧敏. 网络情境下企业双元能力的动态适应与创新绩效 [J/OL]. 管理工程学报,2023(3):1－10[2022－12－14].

[26]邵云飞,谢丽. 网络结构嵌入对企业突破性创新绩效的影响:以生物医药上市企业为例 [J]. 科技进步与对策,2023(18).

[27]周凌玥,綦良群,徐莹莹. 用户介入对装备制造企业服务创新绩效的影响研究:知识共创的中介效应与网络能力的调节效应 [J]. 管理评论,2022,34(4):119－130.

[28]梁敏,曹洪军,王小洁. 高管环保认知、动态能力与企业绿色创新绩效:环境不确定性的调节效应 [J]. 科技管理研究,2022,42(4):209－216.

[29]王娟茹,刘童心. 网络嵌入、资源协奏对颠覆式绿色技术创新的影响 [J]. 科技进步与对策,2022,39(16):48－57.

[30]张钢,张小军. 绿色创新研究的几个基本问题 [J]. 中国科技论坛,2013(4):12－15,20.

[31]庞娟,马艺铭. 外部网络嵌入与企业双元创新:基于有意识的知识溢出视角[J]. 科技创业月刊,2022,35(1):9－18.

[32]万美好. 供应链视角下制度压力对双元绿色创新的影响[D]. 长春:吉林大学,2022.

[33]马美婷,吴小节,汪秀琼. 高管团队技术印记与企业绿色双元创新:环境注意力的中介作用[J]. 系统管理学报,2023(5):976－994.

第五篇

数字经济时代的会计、审计、财务问题研究

企业数字化转型能降低权益资本成本吗？

——基于中国A股上市公司的经验证据①

陈 璐

摘要： 以人工智能为代表的数字技术的迅猛发展为实体企业转型升级提供了强大动力，这能否真正帮助企业解决长期存在的“融资贵”问题？本文基于2013—2021年沪深A股上市公司的数据，实证研究了企业数字化转型对权益资本成本的影响。本文研究结果表明，企业数字化转型显著降低了权益资本成本；路径机制检验发现，财务稳定性和会计信息质量发挥部分中介作用，即企业数字化转型通过提高财务稳定性和会计信息质量降低了权益资本成本；异质性分析发现，在技术密集度较高、机构投资者持股比例较大以及行业竞争较强的企业中，数字化转型对权益资本成本的降低作用更显著。本文补充了企业数字化转型的经济后果和权益资本成本的影响因素相关研究，同时，为推动传统企业转型升级和优化资本市场资源配置提供参考。

关键词： 企业数字化转型；权益资本成本；财务稳定性；会计信息质量

作者简介： 陈璐（1999—），陕西商洛人，西北大学经济管理学院2022级会计学专业硕士研究生。

① 本文由吴泷教授指导完成。吴泷，西北大学经济管理学院教授，硕士研究生导师，研究方向：人力资源会计。

一、引言

数字时代下，以人工智能为代表的数字技术被应用于企业的各个方面，推动企业的转型与发展，国家也出台了《关于推进“上云用数赋智”行动 培育新经济发展实施方案》等政策以推进传统产业数字化转型。可见，无论是从企业发展角度还是国家战略高度，数字化转型都至关重要。企业作为宏观经济下的微观构成，是数字化转型的核心载体，其转型行为深刻影响自身的经营管理活动，并必不可少地映射到资本市场活动中（吴非等，2021）。作为衡量资本市场资源配置效率的重要指标，权益资本成本体现了企业筹集权益资本时投资者要求的必要报酬率。然而，“融资贵”是企业长期存在的核心痛点和制约企业发展的核心问题，如何降低融资成本一直是学术界和实务界共同关注的热点话题。现有研究从权益资本成本角度对影响企业融资的因素展开了广泛探讨，但鲜有研究关注企业数字化转型对权益资本成本的影响。数字化转型一方面具有失败风险率高、投资回收期长等特征；另一方面能发挥优势完善内部运营，优化企业的经营管理，这势必在一定程度上影响企业的资金获取效率。那么，企业数字化转型能否显著降低权益资本成本，其路径机制又是什么？这些问题亟待深入探讨。

鉴于此，本文以 2013—2021 年沪深 A 股上市公司的数据实证研究了企业数字化转型对权益资本成本的影响。结果表明，企业数字化转型显著降低了权益资本成本；路径机制检验揭示了企业数字化转型通过提高财务稳定性和会计信息质量降低了权益资本成本；异质性分析发现，在技术密集度较高、机构投资者持股比例较大以及行业竞争较强的企业中，数字化转型对权益资本成本的降低作用更显著。

本文的边际贡献在于：第一，丰富了企业数字化转型的经济后果和权益资本成本的影响因素相关研究，对相关领域研究做出补充；第二，通过中介机制模型检验了企业数字化转型影响权益资本成本的路径机制，有利于厘清两者之间的作用逻辑；第三，考虑了企业异质性特征的影响，为鼓励不同企业进行数字化转型提供参考价值，也为优化资本市场资源配置做出一定贡献。

二、文献回顾

（一）企业数字化转型相关研究

数字化转型是企业高质量发展的必由之路，诸多学者将其作为研究重点，在企业数字化转型的驱动因素和经济后果方面取得了丰富的研究成果。从驱动因素来看，管理层数字化意识、员工数字化思维、科学合理的管理团队、技术能力等资源禀赋作为内部要素推动企业的数字化转型（姚小涛等，2022）；市场激励、政策驱动和法律监管等则作为外部力量加速企业的数字化转型（唐松等，2022）。然而，数字化转型是手段，不是目的，初心是帮助企业解决问题、创造价值。因此，更多研究聚焦在企业数字化转型的经济后果上。其中，诸多学者肯定了企业数字化转型带来的积极作用，如提升公司治理水平（陈德球等，2022）和会计信息可比性（聂兴凯等，2022）、增强企业风险应对能力（王羲等，2023）以及赋能企业价值创造（王永进等，2017），这些无疑能降低投资者风险感知，提振投资者信心，从而对降低权益资本成本产生积极影响。当然，也有少数学者指出，数字化转型成功率低，数字技术可能与企业原有资源和业务难以融合，并不能显著促进绩效增长（戚聿东等，2020），从而不会显著影响权益资本成本。数字化转型是企业为适应外部环境变迁、提升核心竞争力，利用人工智能等数字技术对自身的业务流程、组织结构、商业模式和战略思维进行全面重塑的价值创造过程，这个过程能够实现与利益相关者的密切关联和价值共创（钱晶晶等，2021），因而企业数字化转型对权益资本成本的影响亟待解答。

（二）权益资本成本相关研究

权益资本成本作为融资企业为筹集权益资本向投资者承诺的必要报酬率，并不是由其自身决定，而是由市场“发现”，投资者会根据掌握的信息对企业进行评估，在权衡收益与风险后做出决策。现有研究主要从微观层面和宏观层面对权益资本成本的影响因素进行了探索。从微观层面来看，这些因素可概括为经营表现、会计信息质量和代理问题（Myers and Majluf，1984；Cull and Xu，2003；Ashbaugh – Skaife et al.，2006）。首先，当企业存在较大的经营不确定性以及较高的负债率时，其财务困境风险会随之上升，投资者会抬高回报率以补偿风险溢价，导致权益资本成本增加（Suijs，2008）。其次，信息是资产价格形成的关键要素，会计信息是帮助投资者评估决策的关键依据，其质量直接影响权益资本成本，如良好的会计稳健性、会计信息可比性都能作为信号传递手段和治理机制，降低权益资本成本（王静等，2013；张永杰等，2019），会计信息透明度的提高也有助于降低权益资本成本（汪炜等，2004）。此外，投资者会出于管理者可能损害股东利益的考虑提高必要回报率，因此，代理冲突严重的企业权益资本成本相对较高（叶康涛等，2004）。对此，诸多研究发现，高水平的公司治理和独立审计作为有效的治理机制能通过缓解代理冲突降低权益资本成本（杨淑蕊，2018；魏卉等，2020）。从宏观层面来看，环境不确定性（陈峻等，2015）、市场化进程（李慧云等，2016）、法律制度环境（肖作平，2016）等外部因素也会对权益资本成本产生一定影响。相关文献的梳理为本文奠定了良好的基础，也为解释和寻找降低企业融资成本、优化资本市场资源配置的“良方”提供了充足的经验证据。

三、理论分析与研究假设

(一)企业数字化转型对权益资本成本的影响分析

本文认为，企业数字化转型虽然在初期面临的不确定性可能较大，不能与企业原有资源和业务完全融合，但随着不断适应和调整，企业数字化转型最终能够发挥其优势，通过影响经营表现和会计信息质量，实现企业与投资者的密切关联和价值共创，从而对降低权益资本成本产生显著的积极影响。从经营表现来看，第一，数字技术赋能生产实践，在降低成本的同时提高了生产效率、资源使用效率和创新效率（白福萍等，2022），有利于企业的业绩稳步向好；第二，数字化转型过程中搭建了系统精确的大数据平台，能够降低信息获取难度并提高信息利用效率，更好地服务于经营决策，降低企业的财务风险（赵娜等，2022）；第三，数字化转型能够提高内部控制质量，降低经营风险（周蕾等，2022），即企业数字化转型可以实现“降本增效”和弱化风险，向资本市场释放良好信号，增强投资者信心，从而降低权益资本成本。从会计信息质量来看，一方面，数字技术能够实现流程和信息的标准化，有利于提高管理层在会计估计和会计政策上的透明度；另一方面，数字技术能够强化内部监督，遏制管理层及各职能人员的舞弊行为，有助于提高会计信息质量，降低投资者面临的信息风险，进而降低权益资本成本。基于此，本文提出以下假设：

H_1：企业数字化转型能够显著降低权益资本成本。

(二)企业数字化转型影响权益资本成本的路径机制分析

1. 企业数字化转型通过提高财务稳定性降低权益资本成本

基于利益相关者理论，股东投资者作为最直接、最核心的利益相关者，高度关注企业的风险，并据此确定投资回报率，从而形成权益资本成本。如前文所述，企业数字化转型对财务稳定性有重要影响。首先，数字化转型能够增强信息挖掘和精细化管理能力，极大地降低了企业的市场交易成本，并能通过“内通”和“外联”，实现生产效率提升和价值链延伸。如 ERP 与智能工厂和智能装备的无缝集成，使信息、资金和物质资源得到一体化管理，极大地提升了生产和管理效率；价值链延伸有助于实现资源的充分利用以及大规模的生产和定制，提升企业竞争力，为稳定和提高财务绩效提供可能。其次，数字化转型使企业获取“全数据”成为可能，并提升数据分析和整合能力，更好地服务于经营决策，从而有效控制风险水平（徐细雄等，2023）。最后，数字化转型有助于实现控制活动智能化、提升信息与沟通有效性、及时识别并评估风险以及强化内部监督机制，通过提升整体的内部控制水平为企业的财务稳定提供保证，有效地避免了企业陷入财务困境，从而增强了投资者对企业前景的信心，最终会降低权益资本成本。因此，本文提出以下假设：

H_{2a}：企业数字化转型通过提升财务稳定性降低权益资本成本。

2. 企业数字化转型通过提高会计信息质量降低权益资本成本

基于信息不对称理论，居于信息劣势的投资者出于对风险的考虑，会要求企业对会计信息做出更详尽准确的披露，并提升相应的期望报酬率，导致权益资本成本上涨。而企业数字化转型有助于解决该问题：第一，数字技术能够通过搭建信息平台突破传统方式形成的部门间信息隔绝，提升信息交互的完整性、准确性和实时性，使投资者能及时获取信息，进而提高企业的资金获取效率并降低融资难度；第二，数据平台如财务共享中心的建立能够将非标准化、非结构化的数据数字化和信息化，形成标准化信息，并通过标准化运营增加会计估计和会计政策的透明度及谨慎性，有利于降低投资者未来预期收益的不确定性和投资回报风险，进而降低权益资本成本；第三，数字化转型不仅能重塑组织结构，还能通过搭建数据中台加强财务监督、提高内控水平，这会削弱管理层的自由裁量权，减少其操纵报表的可能性，增强会计信息的真实性和可靠性，有利于投资者了解企业的真实运营状况，降低投资者的风险，从而降低权益资本成本。因此，本文提出以下假设:

H_{2b}：企业数字化转型通过提高会计信息质量降低权益资本成本。

(三) 企业数字化转型影响权益资本成本的异质性分析

第一，考虑技术密集度的影响。高技术密集度的企业往往更具有知识和研发优势，这种优势与数字技术相适配，能够提升企业的数字化转型水平，从而更好地提升财务稳定性和会计信息质量，对权益资本成本的降低作用也更显著。第二，考虑机构投资者持股的影响。机构投资者兼具监督作用和信息优势（Bushee，1998)，能够在对数字化转型的优质企业有效识别的基础上，抑制管理层的非效率决策行为和盈余管理行为，提高财务稳定性并增强盈余信息真实性，同时降低信息不对称程度，强化企业数字化转型对权益资本成本的降低作用。第三，考虑市场竞争强度的影响。一方面，当行业市场竞争较强时，存在逃离竞争效应，企业往往会积极进行数字化转型以增强自身的竞争优势，从而更能发挥数字化优势以降低权益资本成本；另一方面，市场竞争具有外部治理效应，能够通过抑制内部组织行为的不确定性有效降低财务风险，并能提高信息的透明度，有效缓解市场信息不对称，进一步强化企业数字化转型对权益资本成本的降低作用。因此，本文提出以下假设:

H_{3a}：与技术密集度低的企业相比，企业数字化转型对权益资本成本的降低作用在技术密集度高的企业中更显著。

H_{3b}：与机构投资者持股比例较小的企业相比，企业数字化转型对权益资本成本的降低作用在机构投资者持股比例较大的企业中更显著。

H_{3c}：与行业竞争度较低的企业相比，企业数字化转型对权益资本成本的降低作用在行业竞争度较高的企业中更显著。

四、研究设计

（一）样本选择与数据来源

本文选取2013—2021年沪深A股上市公司为研究样本，并对金融保险类、ST类（包括*ST类）、PT类企业以及关键数据缺失的企业样本进行了剔除，最终得到样本观测值14644个。此外，为减轻极端值的干扰，对所有连续变量进行了1%的双侧缩尾处理。本文的分析文本数据取自上市公司年报，其他数据均取自Wind数据库和CSMAR数据库，运用Stata16.0进行数据分析。

（二）变量定义

1. 解释变量

本文参考吴非等（2021）的做法，采用文本分析技术获取年报中与企业数字化转型相关的关键词，对词频数汇总后加1取自然对数以衡量企业数字化转型程度（*DIG*）。

2. 被解释变量

本文参考毛新述等（2012）的做法，用PEG模型估计权益资本成本（*PEG*）。

3. 中介变量

财务稳定性（*Z－score*）用Altman *Z*值衡量，该值越大表明企业财务稳定性越好；如实披露是会计信息质量的基本特征，故会计信息质量（*DA*）用修正的Jones模型计算所得的可操纵利润的绝对值来衡量，该值越大表明会计信息质量越差。

4. 调节变量

技术密集度（*Tech*）以无形资产占总资产比例度量；机构投资者持股（*Invest*）以机构投资者持股比例度量；行业竞争度（*HHI*）以HHI

指数衡量，该指数越大表明行业竞争度越小。本文在异质性分析部分对调节变量进行了哑变量处理，当企业的技术密集度和机构投资者持股比例高于同年度同行业中位数，以及 HHI 指数低于同年度同行业中位数时，取值为 1，否则取值为 0。

5. 控制变量

为准确评估企业数字化转型与权益资本成本的关系，借鉴已有研究（赵峰等，2023），对影响权益资本成本的企业特征和治理结构特征进行了控制，以排除其他因素对两个变量之间关系的干扰，具体的变量定义如表 1 所示。

表 1　变量定义

变量类型	变量名称	变量符号	变量含义
被解释变量	权益资本成本	*PEG*	*PEG* 模型计算所得
解释变量	企业数字化转型程度	*DIG*	年报中涉及数字化转型关键词的词频数加 1 取自然对数
中介变量	财务稳定性	*Z - score*	Altman *Z* 值
	会计信息质量	*DA*	应计盈余管理程度
调节变量	技术密集度	*Tech*	无形资产/总资产
	机构投资者持股	*Invest*	机构投资者持股比例
	行业竞争度	*HHI*	HHI 指数
控制变量	企业年龄	*Age*	成立年限的自然对数
	企业规模	*Size*	年末总资产的自然对数
	偿债能力	*Lev*	总负债/总资产
	总资产利润率	*Roa*	净利润/资产平均总额
	现金流比率	*Cashflow*	经营活动现金流量净额/总资产
	成长能力	*Growth*	营业收入增长率
	股票流动性	*Liquid*	年平均换手率
	Beta 系数	*Beta*	系统性风险
	独立董事比例	*Independent*	独立董事人数/董事会人数
	第一大股东持股比例	*Shrcr1*	第一大股东持股比例
	产权性质	*State*	国有企业取值 1，否则取值 0
	年度效应	*Year*	年份虚拟变量
	行业效应	*Industry*	行业虚拟变量

（三）模型构建

为验证企业数字化转型对权益资本成本的影响，本文构建了模型（1）：

$$PEG_{i,t} = \alpha_0 + \alpha_1 DIG_{i,t} + \sum \alpha_i Control_{i,t} + Year_{i,t} + Industry_{i,t} + \varepsilon_{i,t} \tag{1}$$

其中，$PEG_{i,t}$为权益资本成本，$DIG_{i,t}$为企业数字化转型程度，$Controls_{i,t}$为相关控制变量；$Year_{i,t}$和$Industry_{i,t}$分别表示年份和行业虚拟变量，$\varepsilon_{i,t}$为随机干扰项。此外，考虑到企业数字化转型是一个动态过程，在稳健性部分分析对其滞后1～3期动态影响。

为检验企业数字化转型影响权益资本成本的路径机制，本文采用逐步回归法，在模型（1）的基础上构建中介效应模型以验证H_2：

$$Mediator_{i,t,n} = \beta_0 + \beta_1 DIG_{i,t} + \sum \beta_i Control_{i,t} + Year_{i,t} + Industry_{i,t} + \varepsilon_{i,t} \tag{2}$$

$$PEG_{i,t} = \delta_0 + \delta_1 DIG_{i,t} + \delta_2 Mediator_{i,t,n} + \sum \delta_i Control_{i,t} + Year_{i,t} + Industry_{i,t} + \varepsilon_{i,t} \tag{3}$$

其中，$Mediator_{i,t,n}$（$n=1$，2）为中介变量，分别代表财务稳定性和会计信息质量，其他变量与前文一致。

五、实证结果与分析

（一）描述性统计

变量的描述性统计结果见表2，其中，权益资本成本（*PEG*）的均值和中位数分别为0.106和0.102，标准差为0.037，与已有报告基本一致（赵峰等，2023）。企业数字化转型程度（*DIG*）的均值和中位数分别为1.651和1.386，标准差为1.453，表明不同企业的数字化转型程度差异较大。

表2 变量的描述性统计

变量	样本数	均值	标准差	P_{25}	P_{50}	P_{75}	最小值	最大值
PEG	14644	0.106	0.037	0.080	0.102	0.126	0.032	0.228
DIG	14644	1.651	1.453	0.000	1.386	2.639	0.000	5.323
Z-Score	14644	5.430	6.120	2.033	3.473	6.167	0.472	38.386
DA	14644	0.067	0.071	0.021	0.045	0.086	0.001	0.397
High	14644	0.046	0.050	0.018	0.034	0.056	0.000	0.327
Invest	14644	0.472	0.252	0.259	0.499	0.677	0.009	0.927
HHI	14644	0.137	0.139	0.054	0.091	0.157	0.026	0.860
Age	14644	2.848	0.329	2.639	2.890	3.091	1.792	3.466
Size	14644	22.588	1.319	21.643	22.376	23.335	20.294	26.652
Lev	14644	0.418	0.192	0.265	0.413	0.561	0.061	0.845
Roa	14644	0.054	0.046	0.023	0.047	0.077	-0.081	0.204
Cashflow	14644	0.057	0.065	0.018	0.055	0.096	-0.122	0.241
Growth	14644	0.351	0.785	-0.009	0.145	0.423	-0.585	5.211
Liquid	14644	5.701	0.729	5.228	5.741	6.227	3.720	7.198
Beta	14644	1.148	0.325	0.939	1.152	1.343	0.359	2.109
Independent	14644	0.376	0.054	0.333	0.364	0.429	0.333	0.571
Shrcr1	14644	0.346	0.149	0.230	0.326	0.445	0.087	0.750
State	14644	0.337	0.473	0.000	0.000	1.000	0.000	1.000

（二）回归结果分析

1. 企业数字化转型对权益资本成本的影响分析

多元回归分析结果见表3。可以看到，列（1）未添加任何控制变量，列（2）仅对企业特征和治理结构等变量进行了控制，列（3）在列（2）的基础上对年份进行了固定，列（4）对所有变量均进行了控制。结果发现，*DIG* 对 *PEG* 的回归系数依次为 -0.010（-4.77）、-0.015（-7.53）、-0.017（-8.70）和 -0.011（-4.68），均在

1% 水平上显著为负，进一步验证了 H_1，即企业数字化转型显著降低了权益资本成本。

表 3　企业数字化转型对权益资本成本的回归分析

变量	PEG		PEG	
	(1)	(2)	(3)	(4)
DIG	-0.010 ***	-0.015 ***	-0.017 ***	-0.011 ***
	(-4.77)	(-7.53)	(-8.70)	(-4.68)
Age		0.013	-0.002	-0.013
		(1.41)	(-0.16)	(-1.38)
Size		0.026 ***	0.037 ***	0.031 ***
		(8.13)	(11.99)	(9.88)
Lev		0.468 ***	0.415 ***	0.384 ***
		(22.60)	(20.79)	(18.65)
Roa		0.763 ***	0.616 ***	0.538 ***
		(9.59)	(8.04)	(7.05)
Cashflow		-0.495 ***	-0.453 ***	-0.369 ***
		(-9.44)	(-8.95)	(-7.29)
Growth		-0.001	0.008 **	-0.012 ***
		(-0.25)	(2.10)	(-3.16)
Liquid		-0.035 ***	0.022 ***	0.020 ***
		(-7.30)	(4.00)	(3.63)
Beta		-0.050 ***	-0.047 ***	-0.053 ***
		(-5.13)	(-4.27)	(-4.86)
Independent		0.187 ***	0.175 ***	0.129 **
		(3.48)	(3.39)	(2.54)
Shrcr1		-0.218 ***	-0.148 ***	-0.151 ***
		(-10.09)	(-7.06)	(-7.23)
State		-0.128 ***	-0.129 ***	-0.113 ***
		(-17.98)	(-18.74)	(-16.17)
Constant	1.073 ***	0.561 ***	0.122	0.292 ***
	(232.91)	(6.67)	(1.44)	(3.19)
Year	No	No	Yes	Yes

续表

变量	*PEG*		*PEG*	
	(1)	(2)	(3)	(4)
Industry	No	No	No	Yes
Observations	14644	14644	14644	14644
R^2	0.002	0.105	0.181	0.202

注：括号内为 *t* 统计量；***、**分别表示在1%、5%的水平上显著。

2. 企业数字化转型影响权益资本成本的中介效应检验

为进一步研究财务稳定性和会计信息质量的中介效应，本文将各个变量依次代入模型进行回归，结果如表 4 所示。表 4 中，*DIG* 对 *Z-score*的回归系数为0.088（2.76），在1%的水平上显著为正；*DIG* 与 *Z-score*对 *PEG* 的回归系数分别为 -0.010（-4.38）和 -0.009（-14.92），均在1%的水平上显著为负，表明财务稳定性具有部分中介作用，验证了 H_{2a}。同理，*DIG* 对 *DA* 的回归系数为 -0.001（-3.11），在1%的水平上显著为负，*DIG* 与 *DA* 对 *PEG* 的回归系数分别为-0.011（-4.60）和0.141（3.39），均在1%的水平上显著，表明会计信息质量具有部分中介作用，验证了 H_{2b}。

表4 路径机制分析

变量	*Z-Score*	*PEG*	*DA*	*PEG*
	(1)	(2)	(3)	(4)
DIG	0.088*** (2.76)	-0.010*** (-4.38)	-0.001*** (-3.11)	-0.011*** (-4.60)
Z-score		-0.009*** (-14.92)		
DA				0.141*** (3.39)
Age	-0.047 (-0.36)	-0.013 (-1.43)	0.002 (0.88)	-0.013 (-1.40)
Size	-0.300*** (-6.90)	0.029*** (9.09)	-0.002*** (-3.51)	0.032*** (9.98)

续表

变量	*Z - Score*	*PEG*	*DA*	*PEG*
	(1)	(2)	(3)	(4)
Lev	-16.654*** (-59.06)	0.235*** (10.33)	0.044*** (10.77)	0.378*** (18.28)
Roa	25.979*** (24.83)	0.771*** (9.96)	0.285*** (18.84)	0.498*** (6.45)
Cashflow	1.940*** (2.80)	-0.352*** (-7.00)	-0.280*** (-27.92)	-0.329*** (-6.35)
Growth	-0.125** (-2.39)	-0.013*** (-3.48)	0.005*** (6.04)	-0.013*** (-3.33)
Liquid	0.056 (0.75)	0.020*** (3.75)	0.003*** (2.71)	0.020*** (3.56)
Beta	0.562*** (3.76)	-0.048*** (-4.43)	0.006*** (2.83)	-0.054*** (-4.94)
Independent	1.772** (2.53)	0.145*** (2.87)	0.007 (0.73)	0.128** (2.52)
Shrcr1	-0.677** (-2.36)	-0.157*** (-7.57)	0.007 (1.62)	-0.152*** (-7.28)
State	0.418*** (4.37)	-0.109*** (-15.75)	-0.008*** (-5.68)	-0.112*** (-16.00)
Constant	15.739*** (12.59)	0.432*** (4.75)	0.051*** (2.83)	0.284*** (3.12)
Year	Yes	Yes	Yes	Yes
Industry	Yes	Yes	Yes	Yes
Observations	14644	14644	14644	14644
R - squared	0.457	0.214	0.153	0.203

注：括号内为 *t* 统计量；***、** 分别表示在 1%、5% 的水平上显著。

3. 异质性分析

异质性分析结果见表5。其中，列（1）和列（2）是按不同技术密集度分类的结果，在高技术密集度企业中，*DIG* 对 *PEG* 的回归系数为 -0.018（-5.24），在 1% 的水平上显著为负；而在低技术密集度企业中，回归系数为负，但并不显著，H_{3a}成立。列（3）和列（4）是按不同机构投资者持股比例分类的结果，在机构投资者持股比例较大的企业中，*DIG* 对 *PEG* 的回归系数为 -0.014（-4.44），在 1% 的水平上显著为负；而在机构投资者持股比例较小的企业中，*DIG* 对 *PEG* 的回归系数为 -0.007（-2.19），在 5% 的水平上显著为负，H_{3b}成立。列（5）和列（6）是按不同行业竞争度分类的结果，在高行业竞争强度企业中，*DIG* 对 *PEG* 的回归系数为 -0.018（-5.67），在 1% 的水平上显著为负；而在低行业竞争强度企业中，回归系数并不显著，H_{3c}成立。以上结果均与预期一致，即相比于技术密集度较低、机构投资者持股比例较小以及行业竞争强度较低的企业，企业数字化转型对权益资本成本的降低作用在技术密集度较高、机构投资者持股比例较大以及行业竞争强度较高的企业中更显著。

表 5 异质性分析

变量	*PEG*		*PEG*		*PEG*	
	(1) *High Tech*	(2) *Low Tech*	(3) *High Invest*	(4) *Low Invest*	(5) *High HHI*	(6) *Low HHI*
DIG	-0.018*** (-5.24)	-0.004 (-1.16)	-0.014*** (-4.44)	-0.007** (-2.19)	-0.018*** (-5.67)	-0.005 (-1.49)
Age	0.001 (0.07)	-0.024* (-1.78)	0.003 (0.27)	-0.024* (-1.71)	0.006 (0.47)	-0.035** (-2.57)
Size	0.030*** (6.80)	0.033*** (7.38)	0.029*** (7.12)	0.054*** (9.95)	0.026*** (6.15)	0.041*** (8.63)
Lev	0.374*** (12.53)	0.387*** (13.55)	0.380*** (13.54)	0.360*** (11.92)	0.392*** (13.77)	0.376*** (12.57)
Roa	0.698*** (6.24)	0.373*** (3.52)	0.545*** (5.10)	0.532*** (4.89)	0.619*** (5.80)	0.435*** (3.97)
Cashflow	-0.387*** (-5.12)	-0.342*** (-4.95)	-0.422*** (-6.06)	-0.277*** (-3.79)	-0.427*** (-6.25)	-0.297*** (-3.92)
Growth	-0.016*** (-2.90)	-0.009* (-1.67)	-0.018*** (-3.65)	-0.006 (-1.00)	-0.014** (-2.57)	-0.011* (-1.90)

续表

变量	PEG		PEG		PEG	
	(1) High Tech	(2) Low Tech	(3) High Invest	(4) Low Invest	(5) High HHI	(6) Low HHI
Liquid	0.018**	0.023***	0.028***	-0.003	0.015**	0.030***
	(2.29)	(2.90)	(3.84)	(-0.31)	(1.98)	(3.76)
Beta	-0.041***	-0.065***	-0.053***	-0.036**	-0.057***	-0.047***
	(-2.67)	(-4.16)	(-3.65)	(-2.21)	(-3.77)	(-2.94)
Independent	0.099	0.159**	0.094	0.142*	0.094	0.173**
	(1.41)	(2.14)	(1.39)	(1.83)	(1.33)	(2.34)
Shrcr1	-0.119***	-0.195***	-0.100***	-0.071*	-0.168***	-0.122***
	(-4.00)	(-6.61)	(-3.61)	(-1.94)	(-5.85)	(-3.97)
State	-0.103***	-0.123***	-0.095***	-0.109***	-0.122***	-0.103***
	(-10.42)	(-12.41)	(-11.10)	(-8.92)	(-12.62)	(-10.10)
Constant	0.269**	0.291**	0.312***	-0.145	0.414***	0.040
	(2.10)	(2.24)	(2.67)	(-0.98)	(3.30)	(0.30)
Year	Yes	Yes	Yes	Yes	Yes	Yes
Industry	Yes	Yes	Yes	Yes	Yes	Yes
Observations	7327	7317	7359	7285	7816	6828
R-squared	0.187	0.226	0.207	0.216	0.199	0.217

注：括号内为 *t* 统计量；***、**、*分别表示在1%、5%和10%的水平上显著。

4. 内生性处理和稳健性检验

（1）工具变量法

考虑可能存在的反向因果关系，本文分别将企业数字化转型的行业和年度均值（IV_1）以及地区和年度均值（IV_2）作为工具变量，使用最小二乘法（2SLS）进行回归检验，以解决内生性问题，结果如表 6 所示。表 6 中，第一阶段 *F* 值分别为 6439.690 和 4124.520，表明工具变量有效；第二阶段 *DIG* 与 *PEG* 的回归系数均在 1% 的水平上显著为负，验证了前文结论的准确性。

表6 内生性处理：工具变量回归

变量	DIG		PEG	
	第一阶段		第二阶段	
	(1)	(2)	(3)	(4)
IV_1	0.975*** (80.25)			
IV_2		0.963*** (64.22)		
DIG			-0.023*** (-6.29)	-0.015*** (-3.34)
Controls	Yes	Yes	Yes	Yes
Constant	-2.670*** (-9.43)	-1.875*** (-6.24)	0.539*** (6.38)	0.564*** (6.64)
Year	Yes	Yes	Yes	Yes
Industry	Yes	Yes	Yes	Yes
Observations	14644	14644	14644	14644
R-squared	0.345	0.264	0.104	0.105
F/ Cragg-Donald Wald F statistic	6439.690	4124.520		

注：括号内为t统计量；***表示在1%的水平上显著。

（2）替换关键变量

为保证结果的准确性，本文对关键变量进行了替换：首先，借鉴肖作平（2016）的研究，采用MPEG模型和OJN模型重新测算权益资本成本；其次，借鉴赵宸宇等（2021）对数字化转型关键词的选取，对词频汇总后加1取对数重新衡量企业数字化转型程度，结果如表7所示。表7中，回归系数均在1%的水平上显著为负，表明研究结果稳健。

表7 稳健性检验：替换关键变量

变量	MPEG	OJ	PEG
	(1)	(2)	(3)
DIG	-0.016*** (-5.17)	-0.011*** (-4.26)	

续表

变量	*MPEG* (1)	*OJ* (2)	*PEG* (3)
DIG2			-0.011*** (-3.83)
Controls	Yes	Yes	Yes
Constant	-0.038 (-0.31)	0.794*** (7.86)	0.320*** (3.51)
Year	Yes	Yes	Yes
Industry	Yes	Yes	Yes
Observations	14644	14644	14644
R-squared	0.206	0.168	0.202

注：括号内为t统计量；＊＊＊表示在1%的水平上显著。

（3）延长观测时间窗口

此外，本文对企业数字化转型影响权益资本成本的观测时间窗口进行了延长，结果如表8所示。表8中，列（1）、列（2）是对解释变量分别滞后1～3期的结果，列（4）至列（6）是对被解释变量前置1～3期的结果，回归系数均在1%的水平上显著为负，再次验证了前文的结论。

表8　稳健性检验：延长观测时间窗口

变量	(1) *PEG*	(2) *PEG*	(3) *PEG*	(4) *F.PEG*	(5) *F2.PEG*	(6) *F3.PEG*
DIG				-0.011*** (-3.98)	-0.011*** (-3.49)	-0.011*** (-3.11)
L.DIG	-0.010*** (-3.75)					
L2.DIG		-0.013*** (-4.09)				
L3.DIG			-0.017*** (-4.59)			
Controls	Yes	Yes	Yes	Yes	Yes	Yes

续表

变量	(1)	(2)	(3)	(4)	(5)	(6)
	PEG	*PEG*	*PEG*	*F. PEG*	*F2. PEG*	*F3. PEG*
Constant	0.215*	0.028	0.230	0.211*	0.261**	0.514***
	(1.94)	(0.21)	(1.59)	(1.88)	(2.01)	(3.55)
Year	Yes	Yes	Yes	Yes	Yes	Yes
Industry	Yes	Yes	Yes	Yes	Yes	Yes
Observations	9968	7866	6193	9968	7866	6193
R - squared	0.205	0.218	0.213	0.204	0.201	0.192

注：***、**、*分别表示在1%、5%、10%的水平上显著。

六、结论与启示

中国正处于数字经济发展的黄金时期，中国资本市场也正处于难得的发展机遇期，本文对2013—2021年沪深A股上市公司的数据进行实证分析，探究了企业数字化转型对权益资本成本的影响，得出如下结论：第一，企业数字化转型显著降低了权益资本成本；第二，企业数字化转型通过提高财务稳定性和会计信息质量降低了权益资本成本；第三，异质性分析发现，企业数字化转型对权益资本成本的降低效应在技术密集度较高、机构投资者持股比例较大和行业竞争强度较高的企业中更显著。

本文具有理论价值和实践指导意义。第一，本文不仅拓展了权益资本成本的影响因素和企业数字化转型的经济后果方面的文献，还深化了对资本市场效率和资本定价理论的理解，为企业行为与股权市场反应之间的关系提供了新的证据经验。第二，本文为企业制定和实施数字化战略提供了重要指导。一方面，企业应重视数字化转型的积极影响，通过树立数字化转型意识、运用数字技术、培养数字化人才等手段推动自身数字化变革，积极融入数字化转型浪潮，提高自身资源获取能力；另一方面，企业在进行数字化变革过程中，应充分利用数字技术优势，不断优化内部治理和监督机制，在提高自身经营业绩和会计信息质量的同时注重对投资者权益的保护。第三，本文对投资者决策提供了指导价值，启示投资者可以借助对数字化转型对权益资本成本影响的认识，更好地评估企业的投资价值和风险，从而做出更明智的决策。

参考文献

[1]吴非,胡慧芷,林慧妍,等. 企业数字化转型与资本市场表现:来自股票流动性的经验证据[J]. 管理世界,2021,37(7):10,130－144.

[2]姚小涛,亓晖,刘琳琳,等. 企业数字化转型:再认识与再出发[J]. 西安交通大学学报(社会科学版),2022,42(3):1－9.

[3]唐松,李青,吴非. 金融市场化改革与企业数字化转型:来自利率市场化的中国经验证据[J]. 北京工商大学学报(社会科学版),2022,37(1):13－27.

[4]陈德球,胡晴. 数字经济时代下的公司治理研究:范式创新与实践前沿[J]. 管理世界,2022,38(6):213－240.

[5]聂兴凯,王稳华,裴璇. 企业数字化转型会影响会计信息可比性吗[J]. 会计研究,2022(5):17－39.

[6]王羲,陈雪姣,曹晶,等. 数字化转型对企业高质量发展的影响:企业创新与风险承担视角[J/OL]. 科技进步与对策,2023:1－10.

[7]王永进,匡霞,邵文波. 信息化、企业柔性与产能利用率[J]. 世界经济,2017,40(1):67－90.

[8]戚聿东,蔡呈伟. 数字化对制造业企业绩效的多重影响及其机理研究[J]. 学习与探索,2020(7):108－119.

[9]钱晶晶,何筠. 传统企业动态能力构建与数字化转型的机理研究[J]. 中国软科学,2021(6):135－143.

[10]MYERS S C, MAJLUF N S. Corporate financing and investment decisions when firms have information that investors do not have[J]. Journal of financial economics,1984,13(2): 187－221.

[11]CULL R,XU L C. Who get scredit? The behavior of bureaucredit and state

banks in allocating credit to chinese state - owned enterprises[J]. Journal of development economics,2003,71(2): 533 - 599.

[12]ASHBAUGH - SKAIFE H,et al. The effects of corporate governance on firms credit ratings[J]. Journal of accounting and economics,2006,42 (1 - 2): 203 - 243.

[13]SUIJS J. On the value relevance of asymmetric financial reporting policies [J]. Journal of accounting research,2008(46):1297 - 1321.

[14]王静,郝东洋,张天西. 稳健会计信息、权益资本成本与公司投资效率:基于中国A股市场的经验性证据[J]. 经济与管理研究,2013,243(2):52 - 61.

[15]张永杰,尹林辉,酒莉莉. 会计信息可比性降低了股权融资成本吗[J]. 国际商务(对外经济贸易大学学报),2019,191(6):135 - 152.

[16]汪炜,蒋高峰. 信息披露、透明度与资本成本[J]. 经济研究,2004(7): 107 - 114.

[17]叶康涛,陆正飞. 中国上市公司股权融资成本影响因素分析[J]. 管理世界,2004(5):127 - 131,142.

[18]杨淑蕊. 公司治理对权益资本成本的影响:以A股制造业为例[J]. 时代金融,2018(29):212 - 213.

[19]魏卉,刘亚梦. 审计质量何以影响权益资本成本:基于审计的监督、信息鉴证及保险价值[J]. 中国注册会计师,2020(10):3,45 - 51.

[20]陈峻,王雄元,彭旋. 环境不确定性、客户集中度与权益资本成本[J]. 会计研究,2015(11):76 - 82,97.

[21]李慧云,刘镝. 市场化进程、自愿性信息披露和权益资本成本[J]. 会计研究,2016,339(1):71 - 78,96.

[22]肖作平. 终极所有权结构对权益资本成本的影响:来自中国上市公司的经验证据[J]. 管理科学学报,2016,19(1):72 - 86.

[23]白福萍,刘东慧,董凯云. 数字化转型如何影响企业财务绩效:基于结构方程的多重中介效应分析[J]. 华东经济管理,2022,36(9):75 - 87.

[24]赵娜,宋子祥,李珮,等. 数字化转型对企业财务风险的影响[J]. 科学决策,2022,305(12):21 - 36.

[25]周蕾,杨佳. 数字化转型对股价崩盘风险的影响研究[J]. 河南科技学院学报,2022,42(9):38 - 47.

[26]徐细雄,段玲玲,林翠梁,等. 数字化进程与企业风险防御:基于动态

能力理论视角[J/OL]. 外国经济与管理,2023(8).

[27]BUSHEE B J. The influence of institutional investors on myopic R&D investment behavior[J]. The accounting revive,1998,73(3):305 – 333.

[28]毛新述,叶康涛,张頔. 上市公司权益资本成本的测度与评价:基于我国证券市场的经验检验[J]. 会计研究,2012(11):12 – 22,94.

[29]赵峰,高娇娇,唐昭辉. 企业数字化转型与权益资本成本:提升抑或降低:来自中国资本市场的证据[J]. 金融发展研究,2023,495(3):42 – 51.

[30]赵宸宇,王文春,李雪松. 数字化转型如何影响企业全要素生产率[J]. 财贸经济,2021,42(7):114 – 129.

数字化转型能否促进企业碳减排？

——基于中国上市工业企业的经验证据①

张涵诗

摘 要： 数字化转型作为推进数字经济与实体经济融合的重要路径，不仅能助力企业高质量发展，也能促进企业碳减排，推动碳达峰、碳中和目标的实现。本文以2012—2020年中国A股上市公司中的工业企业为研究样本，探究数字化转型与企业碳减排之间的影响效应和作用机制。研究发现：数字化转型能够显著促进企业碳减排。这一结论在改变数字化转型测量方式、解释变量滞后一期、面板固定效应模型、工具变量法、样本自选择模型等一系列稳健性检验后，依然显著成立。中介效应检验表明，数字化转型可以发挥技术与信息效应，通过提高技术创新、缓解信息不对称，进而促进企业碳减排。异质性分析表明，在国有企业、环境规制更高与产品市场竞争更激烈的治理环境下的企业中，数字化转型促进企业碳减排的影响作用更明显。本文阐明了数字化转型对企业碳减排的机理，为促进企业低碳转型，推动高质量发展，实现碳达峰、碳中和目标提供了一定的实证参考。

关键词： 数字化转型；碳减排；技术效应；信息效应；治理环境

---

① 本文由韩少真副教授指导完成。韩少真，西北大学经济管理学院副教授，硕士研究生导师，管理学博士，电子邮箱：mailshaozhen@ nwu. edu. cn。

作者简介：张涵诗（2000—），浙江温州人，西北大学经济管理学院2022级会计学专业硕士研究生。

一、引言

随着经济水平的不断提高、技术的不断进步，社会迅速发展，随之而来的碳排放增加影响全球性气候变化。极端气候现象的频繁发生，不仅严重影响生态系统，还影响经济发展。因此，如何促进碳减排、缓解全球气候变暖成为目前世界各国亟须解决的重大问题。中国是世界碳排放大国，国际能源署报告指出，2021年，中国的碳排放量达到114.7亿吨，人均碳排放量居世界首位。在这一背景下，中国正努力探索经济发展与环境污染之间的平衡点。2020年9月，中国在第七十五届联合国大会上提出“中国将力争在2030年前二氧化碳排放达到峰值，努力争取2060年前实现碳中和”。2022年10月，党的二十大报告再次明确指出“推动绿色发展，促进人与自然和谐共生”的目标，习近平总书记在会议中强调要积极稳妥推进碳达峰、碳中和，有计划、分步骤实施碳达峰行动。中国作为负责任的大国，在推动经济社会稳步发展的同时，始终将“双碳”目标作为新时代创新驱动工作的重要动力。在这一背景下，探索如何实现促进碳减排具有重要意义。

要实现碳减排这一目标，中国经济需要从全方位优化升级。当前，中国经济已从高速增长阶段转向高质量发展阶段，这离不开数字经济的迅猛发展。数字经济依托于数字技术和机制创新，能够对当前中国的经济发展形势与生产结构进行优化。而数字化转型作为数字经济的重要载体，能够从推动企业创新（Nambisan et al.，2019；郑帅等，2022）、提高企业全要素生产率（Acemoglu and Restrepo，2019；黄勃等，2023）、提升环境治理水平（张昆贤等，2022）等方面优化产业结构与企业发展方式，赋能碳减排。数字化转型作为新一轮产业革命的重要动力，不仅能通过扩大创新投入、提高创新产出实现转型升级，也能缓解企业内外部信息不对称，强化内部信息流动，提高外部信息共享水平，促进企业主动参与碳减排。因此，本文从技术效应与信息效应两个层面对数字化转型对企业碳减排的作用机制进行分析，对二者的内在关联进行更加深入的研究与探讨。

在“双碳”目标的背景下，数字化转型成为推动我国绿色低碳发展、促进碳减排的重要途径。虽然目前已有部分学者对企业碳减排的影响效应进行了研究，但是这些研究主要从传统的经济形势角度展开，且主要基于宏观层面的影响因素进行分析，对数字经济背景下企业运用数字化转型促进碳减排的影响效应与机制作用尚未进行深入的研究。因此，本文拟构建面板数据研究数字化转型对企业碳减排的影响，针对数字化转型对企业碳减排的中介效应进行分析，并对不同治理环境下数字化转型对企业碳减排的影响作用进行异质性检验，为后续提高企业绿色转型、推动“双碳”目标的实现提供经验证据与政策启示。

本文的创新之处如下：①区别于现有文献主要聚焦于宏观层面，本文从微观企业视角出发，利用中国上市公司数据验证数字化转型与企业碳减排之间的因果关系，扩大中国企业数字化转型的研究范围；②本文从数字化转型的技术效应与信息效应两条路径出发，分别从创新投入与创新产出的视角和内外部信息不对称视角解释了数字化转型促进企业碳减排的内在逻辑，为“双碳”目标下数字化转型与企业碳减排的协调发展提供了理论阐述和实证依据；③本文对企业在不同治理环境下数字化转型对企业碳减排的影响差异进行了分析，丰富了现有研究内容。

二、理论分析与研究假设

（一）数字化转型通过技术效应促进企业碳减排的机制分析

在生产经营过程中，企业能够通过数字技术对企业从全产业链上下游各环节进行创新升级，从而减少企业碳排放以改善当前发展现状。数字化转型分别从创新投入与创新产出的双重视角发挥技术效应，不仅通过提高研发投入实现技术创新，而且通过改进生产方式增加创新产出，进而促进企业碳减排。企业数字化转型主要通过以下两种方式发挥技术效应：

首先，数字化转型能够缓解企业融资约束，完善企业创新资源配置。数字化转型的本质即通过依靠数字科技的迭代与创新，让企业在业务、交易、组织等多个方面实现数字化的系统演变（赵丽锦等，2022）。数字化转型能够提升企业的技术创新能力，为企业实现碳减排提供强大的动力支撑。一方面，数字技术在企业生产经营过程中的应用能够向外界释放积极信号，通过吸引更多高质量的外部投资，解决企业面临的融资约束问题，鼓励企业从市场导向出发扩大研发投入，促进节能减排；另一方面，数字化转型能够打破创新资源的边界，优化企业创新资源配置，降低技术创新成本，提高企业的创新意愿与动力（赵宸宇，2022），激励企业在节能减排领域增加研发投入，为企业持续进行减排技术研发提供支持。

其次，数字化转型能够优化改造企业生产经营过程，提升企业生产要素融合能力。基于熊彼特的创新与内生增长理论，通过研究、开发与创新活动形成的技术进步是经济增长的内生因素（Aghion et al.，2009）。数字化转型推动企业技术进步，不仅能促进企业碳效益提升，也能提高生产与管理效率，进而推动企业碳减排的实现（韩超等，2020）。一方面，数字化转型能将前沿的信息技术应用于生产经营过程以实现优化与改造，不仅能通过节能减排的技术性改造从源头上减少污染物产生，也能在生产中使用环境友好产品降低环境污染；另一方面，数字化转型能够将数字技术与其他的生产要素进行融合补充，通过信息技术升级优化企业内部合作，提高企业信息获取与传递的准确性和及时性、信息流动效率，以及企业技术创新能力（钟廷勇等，2022）。基于上述分析，本文提出以下假设：

H_1：数字化转型能够发挥技术效应，通过提高企业技术创新促进企业碳减排。

（二）数字化转型通过信息效应促进企业碳减排的机制分析

数字化转型能够利用数字信息技术加快信息的处理与流通速度，提高新旧资源和能力的内部集成与外部拓展，最终实现交易成本节约与商业价值获取（Gilch and Sieweke，2021）。数字化转型分别从内外信息不对称的双重视角发挥信息效应，不仅能提高企业内部信息流动性，也能强化外部信息反映度，进而促进企业碳减排。企业数字化转型主要通过以下两种方式发挥信息效应：

首先，数字化转型能够提高企业内部信息流通性、业务流程信息透明度。数字化转型是由数字技术引发的组织变革，它以数据作为信息载体，能够提高企业在数据采集、存储、运用等方面的能力（Hanelt et al.，2021）。企业通过数字化转型实现内部信息共享与整合，完善信息交互路径，有利于促进碳减排技术的研发、推广与应用，进而提升节能减排能力。一方面，数字化转型将大数据、人工智能与企业数据挖掘进行融合，提高企业获取海量信息的能力，从深层次挖掘数据的价值，优化企业内部信息网络与数据库，提高企业内部信息流通效率（申明浩等，2022）；另一方面，数字化转型优化企业信息获取渠道，使企业生产经营各个环节实现公开透明，不仅能提高企业与产业之间的跨界融合收益，降低协作成本，还能有效缓解股东和管理层之间的代理冲突，降低模糊操作，提高信息透明度（祁怀锦等，2020）。

其次，数字化转型能够降低外部信息不对称性，增强企业的减排意愿。在“双碳”目标的背景下，数字化转型是目前企业实现节能减排的重要方式之一，具有很强的政策性与关注度。数字化转型加强外界的监督与制衡机制，督促企业降低碳排放。一方面，数字化转型能够推动企业借助数字科技对有效数据进行处理与输出，不仅能提高信息可利用度，也能向外部市场主体释放更多承担环境责任的积极信号（吴非等，2021），有效减少委托人和代理人之间的信息偏差，降低信息不对称程度；另一方面，数字化转型能借助网络技术平台向外部“推送”信息，对外发布碳减排成果，树立企业正面形象，促进外界对企业进行监督，增强企业内部减排的意愿（Shang et al.，2023）。基于上述分析，本文提出以下假设：

H_2：数字化转型能够发挥信息效应，通过缓解信息不对称促进企业碳减排。

综上所述，数字化转型对企业碳减排的影响存在两条路径：一是数字化转型能够通过技术效应促进企业碳减排；二是数字化转型能通过信息效应促进企业碳减排。基于上述分析，本文提出以下假设：

H_3：数字化转型能够促进企业碳减排。

数字化转型促进企业碳减排的理论机制见图 1。

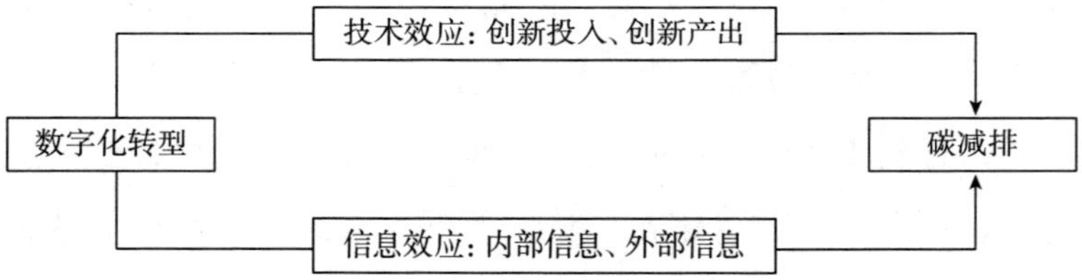

图 1　数字化转型促进企业碳减排的理论机制

三、研究设计

（一）样本选择和数据来源

本文以 2012—2020 年中国 A 股上市公司中的工业企业[①]作为初始

① 根据国家标准《国民经济行业分类》（GB/T4754—2011），工业企业包括“采矿业”“制造业”“电力、热力、燃气及水生产和供应业”三个门类。

样本，对数据进行了如下处理：①剔除 ST、PT 等交易状态异常的公司；②剔除相关变量缺失的公司，最终本文得到年度样本观测值 15162 个。此外，本文对所有连续变量进行 1% 的缩尾处理。

本文数据来源如下：①数字化转型数据来源于上市公司年报文本内容；②企业碳减排数据测算中的行业主营成本来源于《中国工业经济统计年鉴》，行业能源消耗总量数据来源于《中国能源统计年鉴》；③其他相关数据来自国泰安（CSMAR）数据库、中国研究数据服务平台（CNRDS）数据库和万得（Wind）数据库。

（二）变量设定

1. 因变量：碳减排

本文利用企业碳排放强度衡量碳减排水平（Chapple et al.，2013；沈洪涛等，2019；张婕等，2022），具体分为以下三个步骤。首先，测算单位主营成本碳排放量（CEPC），具体如式（1）所示：

$$CEPC_{jt} = \frac{ECBS_{jt}}{IMOC_{jt}} \times CO_2 \tag{1}$$

其中，*ECBS* 表示能源消耗总量（吨标准煤），*IMOC* 表示主营成本总额，*ECBS* 除以 *IMOC* 则为单位主营成本的能源消耗数量；CO_2表示每吨标准煤的二氧化碳折算系数，采用厦门节能中心指数，取值为 2.493；将单位主营成本的能源消耗数量与 CO_2 相乘，得到单位主营成本碳排放量。

其次，计算企业年度碳排放总量（CE），具体如式（2）所示：

$$CE_{it} = CEPC_{jt} \times MOC_{ijt} \tag{2}$$

其中，*CEPC* 为上文计算的单位主营成本碳排放数量，*MOC* 为企业主营成本，两者相乘则得到了企业年度碳排放总量。

最后，计算企业年度碳减排强度（INT），具体如式（3）所示：

$$INT_{it} = \frac{CE_{it}}{MOR_{ijt}} \tag{3}$$

其中，*MOR* 为企业主营收入，为克服企业规模的影响，将企业年度碳排放总量除以主营收入标准化，则为企业年度碳排放强度，可以作为碳减排强度的测量。此指标数值越小，表明碳排放的数量越少，企业碳减排的程度就越高。

2. 自变量：数字化转型

上市公司年报中的词汇用法往往能够直接反映数字化转型对企业未来发展路径的影响，从而可以更加科学合理地衡量数字化转型程度。本文参考已有研究（吴非等，2021；靳毓等，2022；刘慧等，2022），利用文本分析法，通过 Python 爬虫技术对 2012—2020 年上市公司年报中的文本内容进行关键词搜索、匹配与词频统计，最终构建数字化转型（*DIGITAL*）指标，并对该指标进行对数化处理。

3. 中介变量

（1）技术效应

本文从创新投入和创新产出的双重视角衡量技术效应，分别选取企业一年内的研发投入作为创新投入（*RD*）的代理指标，选取企业绿色专利申请总数作为创新产出（*GRD*）的代理指标。其中，研发投入与绿色专利申请总数越高，反映企业创新投入与创新产出越多。

（2）信息效应

本文从内外信息不对称的双重视角衡量信息效应，分别选取真实盈余管理指标作为反映内部信息状况（*DACC*）的代理变量，选取流动比率测量的信息不对称程度指标作为反映外部信息状况（*AI*）的代理变量。其中，真实盈余管理与信息不对称程度指标越大，反映内外部信息不对称越强。

4. 控制变量

借鉴以往研究（易露霞等，2021），本文主要对影响企业层面的固有特征与治理特征进行控制。各变量的定义如表 1 所示。

表1　变量定义

变量类型	变量名称	变量符号	变量说明
被解释变量	碳减排强度	*INT*	借鉴张婕等（2022）对碳排放强度的测量方式计算指标
解释变量	数字化转型	*DIGITAL*	借鉴吴非等（2021）对数字化转型指标的测量方式，并对指标进行对数处理
中介变量	技术效应	*RD*	企业一年内的研发投入
		GRD	企业绿色专利申请总数
	信息效应	*DACC*	真实盈余管理
		AI	流动比率，流动资产/流动负债
控制变量	企业规模	*SIZE*	总资产的自然对数
	资产负债率	*LEV*	总负债/总资产
	企业成长能力	*GROW*	（企业当期主营业务收入 - 上期主营业务收入）/上期主营业务收入 ×100
	上市年限	*AGE*	统计日期减上市日期取整加1
	股权集中度	*FIRST*	第一大股东持股比例
	两职合一	*DUAL*	董事长与总经理兼任取值为1，否则取值为0
	董事会规模	*BOARD*	董事会人数的自然对数
	产权性质	*NATURE*	国有企业取值为1，其他取值为0
	年度效应	*YearDums*	2012—2020年，8个年度虚拟变量
	行业效应	*IndustryDums*	证监会2012年行业分类代码，制造业取2位，其余行业取1位，16个行业虚拟变量

（三）模型设定

1. 数字化转型影响企业碳减排的整体效应检验

为了检验数字化转型是否会影响企业碳减排，本文构建的多元回归模型如下：

$$INT_{it} = \alpha_0 + \alpha_1 DIGITAL_{it} + \sum c_i Controls_{it-1} + IndustryDums + YearDums + \varepsilon \tag{4}$$

2. 数字化转型影响企业碳减排的中介机制检验

根据前文理论机制分析，数字化转型能够通过技术效应和信息效应促进企业碳减排。为验证上述推论，本文参考温忠麟等（2014）的方法，构建如下中介效应模型：

$$MIDDLE_{it} = \beta_0 + \beta_1 DIGITAL_{it} + \sum d_i Controls_{it-1} + IndustryDums + YearDums + \varepsilon \quad (5)$$

$$INT_{it} = \gamma_0 + \gamma_1 DIGITAL_{it} + \gamma_2 MIDDLE_{it} + \sum e_i Controls_{it-1} + IndustryDums + YearDums + \varepsilon \quad (6)$$

四、实证结果与分析

（一）描述性统计

本文主要变量的描述性统计结果见表2。表2中，企业碳减排强度（*INT*）的均值为0.487，最小值为0.000，最大值为3.889，标准差为0.588，反映企业碳减排强度在不同上市公司样本之中的差异较大。数字化转型（*DIGITAL*）的均值为1.054，最小值为0.000，最大值为6.114，标准差为1.196，表明不同上市公司的数字化发展水平存在明显差异且存在普遍偏低的现象。

表2　主要变量描述性统计

变量名称	样本数量	均值	中位数	标准差	最小值	p_{25}	p_{75}	最大值
INT	15162	0.487	0.168	0.588	0.000	0.095	0.769	3.889
DIGITAL	15162	1.054	0.693	1.196	0.000	0.000	1.792	6.114
RD	15162	16.829	17.874	4.612	0.000	16.904	18.789	21.768
GRD	15162	3.211	0.000	9.439	0.000	0.000	2.000	68.000
DACC	15162	-0.002	0.021	0.205	-0.761	-0.089	0.113	0.526
AI	15162	-95.688	-83.268	50.937	-305.728	-115.329	-60.155	-30.905
SIZE	15162	22.099	21.915	1.220	19.916	21.215	22.782	25.863
LEV	15162	0.408	0.400	0.197	0.054	0.248	0.555	0.868
GROW	15162	0.168	0.108	0.372	-0.473	-0.014	0.258	2.354
AGE	15162	11.608	10.000	6.906	2.000	5.000	17.000	31.000

续表

变量名称	样本数量	均值	中位数	标准差	最小值	p_{25}	p_{75}	最大值
FIRST	15162	34.466	32.655	14.503	8.980	23.160	43.940	74.300
DUAL	15162	0.274	0.000	0.446	0.000	0.000	1.000	1.000
BOARD	15162	2.245	2.303	0.184	0.000	2.079	2.303	2.944
NATURE	15162	0.324	0.000	0.468	0.000	0.000	1.000	1.000

（二）基准回归结果分析

为了检验数字化转型对企业碳减排的促进作用，本文采用逐步回归法进行回归分析，结果如表3所示。回归结果表明，数字化转型能够显著促进碳减排，验证了本文假设。

表3　数字化转型影响企业碳减排的回归分析

变量	（1）基准回归	（2）添加控制变量	（3）添加行业效应	（4）添加时间效应
DIGITAL	−0.133*** （−40.878）	−0.125*** （−38.375）	−0.086*** （−25.423）	−0.092*** （−26.475）
SIZE		0.056*** （11.373）	0.049*** （10.246）	0.045*** （9.301）
LEV		0.208*** （7.422）	0.287*** （10.607）	0.301*** （11.161）
GROW		−0.015 （−1.196）	−0.031*** （−2.589）	−0.034*** （−2.901）
AGE		0.006*** （6.801）	0.004*** （4.416）	0.003*** （3.902）
FIRST		0.002*** （4.902）	0.002*** （4.941）	0.002*** （5.368）
DUAL		−0.022** （−2.288）	−0.022** （−2.468）	−0.025*** （−2.709）
BOARD		0.001 （0.052）	−0.023 （−0.986）	−0.007 （−0.289）
NATURE		0.082*** （6.694）	0.081*** （6.972）	0.087*** （7.433）

续表

变量	（1）基准回归	（2）添加控制变量	（3）添加行业效应	（4）添加时间效应
年度效应	No	No	No	Yes
行业效应	No	No	Yes	Yes
常数项	0.627*** (95.204)	-0.843*** (-7.963)	-0.532*** (-4.812)	-0.458*** (-4.134)
观测值数	15162	15162	15162	15162

注：括号内为稳健 t 统计量；***、**分别表示在1%、5%的水平上显著。

（三）稳健性及内生性检验

1. 稳健性检验

为了进一步验证数字化转型显著促进企业碳减排这一结论的可靠性，本文通过以下方式对研究假设进行稳健性检验（限于篇幅，相关结果未予列示）。第一，改变数字化转型测量方式，利用数字化转型的虚拟变量代替原变量衡量数字化发展水平，若研究期间企业进行数字化转型，则 *DIGITAL_DUM* 为1；否则为0，结果与前文结论保持一致。第二，将数字化转型进行滞后一期处理，研究结论依然成立。第三，借鉴孙文远等（2022）的方法，采用面板固定效应模型进行检验，研究结论依然一致。

2. 内生性问题

本文参照李伟等（2022）的做法，利用工具变量法进行检验以缓解反向因果关系可能造成的内生性问题。本文选取同地区、同年份的企业数字化均值作为工具变量重新进行回归分析。回归结果表明，本文研究结论依然成立。

本文采用 Heckman 两阶段模型排除样本自选择导致的内生性问题。在第一阶段，本文将企业是否进行数字化转型（*DIGITAL_DUM*）的虚拟变量作为被解释变量，并利用同行业、同年份企业数字化均值（*IV*）计算出 *IMR* 比率。在第二阶段，将计算得到的 *IMR* 比率代入模型（4）

进行回归。在控制内生性后，本文的研究结论依然稳健。

五、数字化转型影响企业碳减排的机制检验

在前文的分析中，已验证数字化转型能够促进企业碳减排。在此基础上结合数字化转型在经济中的具体表现，本文对数字化转型能否通过技术效应与信息效应这两条传导路径促进企业碳减排进行中介机制检验。

（一）技术机制检验

本文分别从创新投入与创新产出的双重视角对数字化转型的技术效应机制进行中介效应检验，见表4。表4中，第（1）~（3）列为创新投入回归结果，第（4）~（6）列为创新产出回归结果。结果显示，无论是从创新投入视角还是创新产出视角，都证明数字化转型能够发挥技术效应，提高创新投入，增加创新产出，进而促进企业实现碳减排。

表4 “技术效应”中介机制的回归分析

变量	创新投入			创新产出		
	（1）*INT*	（2）*RD*	（3）*INT*	（4）*INT*	（5）*GRD*	（6）*INT*
DIGITAL	-0.092*** (-26.475)	0.263*** (11.382)	-0.087*** (-25.326)	-0.092*** (-26.475)	0.147*** (21.488)	-0.088*** (-24.952)
RD			-0.019*** (-15.297)			
GRD						-0.029*** (-5.707)
控制变量	Yes	Yes	Yes	Yes	Yes	Yes
年度/行业效应	Yes	Yes	Yes	Yes	Yes	Yes
常数项	-0.458*** (-4.134)	-18.723*** (-19.047)	-0.810*** (-7.224)	-0.458*** (-4.134)	-7.890*** (-41.728)	-0.685*** (-5.694)
观测值数	15162	15162	15162	15162	15162	15162

注：括号内为稳健 t 统计量；***表示在1%的水平上显著。

（二）信息机制检验

本文从内外信息不对称视角对数字化转型的信息效应机制进行中介效应检验，见表5。表5结果显示，无论是从内部信息视角还是外部信息视角，都证明数字化转型能够发挥信息效应，提高内部信息的流动性，强化外部信息的反映效果，进而促进企业实现碳减排。

表5 “信息效应”中介机制的回归分析

变量	内部信息			外部信息		
	（1）*INT*	（2）*DACC*	（3）*INT*	（4）*INT*	（5）*AI*	（6）*INT*
DIGITAL	-0.092*** (-26.475)	-0.017*** (-11.309)	-0.082*** (-23.694)	-0.092*** (-26.475)	-4.164*** (-13.598)	-0.085*** (-24.510)
DACC			0.587*** (29.559)			
AI						0.002*** (14.026)
控制变量	Yes	Yes	Yes	Yes	Yes	Yes
年度/行业效应	Yes	Yes	Yes	Yes	Yes	Yes
常数项	-0.458*** (-4.134)	0.214*** (5.033)	-0.584*** (-5.370)	-0.458*** (-4.134)	463.344*** (49.453)	-1.201*** (-9.322)
观测值数	15162	15162	15162	15162	15162	15162

注：括号内为稳健 t 统计量；***表示在1%的水平上显著。

六、不同治理环境下的异质性检验

企业开展碳减排活动的成本由自身承担，但减排带来的环境收益具有正外部性，这在一定程度上抑制了企业碳减排活动的积极性。因此，企业能否将数字技术充分应用于碳减排活动，往往与公司所处的治理环境密切相关。本文进一步分析了数字化转型促进碳减排的效应在不同产权性质、环境规制、产品市场竞争等治理环境下的异质性。

（一）基于产权性质的异质性检验

国有企业与非国有企业之间在治理水平上存在着天然的差异。近年来，我国不断推动数字化转型与“双碳”政策，国有企业作为政府战略实现的重要动力，能够充分发挥碳减排治理能力，在执行低碳政策、落实碳减排措施方面要优于非国有企业。因此，在国有企业中，数字化转型对碳减排的正向影响更强。基于此，本文按照产权性质利用分组和交乘项两种方式进行回归。其中，国有企业取值为1，非国有企业取值为0。此外，通过构建如下调节效应模型进行交乘项回归。

$$INT_{it} = \delta_0 + \delta_1 DIGITAL_{it} + \delta_2 ADJUST_{it} + \delta_3 DIGITAL_{it} \times ADJUST_{it} + \sum \eta_i Controls_{it-1} + IndustryDums + YearDums + \varepsilon \tag{7}$$

根据表6第（1）～（3）列，分组回归与交乘项结果均表明，在国有企业中，数字化转型对促进企业碳减排的影响作用更加显著。

表6　异质性检验：产权性质

变量	产权性质		
	分组回归		交乘项
	（1）国有企业	（2）非国有企业	（3）
DIGITAL	−0.134*** (−16.771)	−0.076*** (−20.447)	−0.079*** (−21.673)
DIGITAL × *NATURE*			−0.052*** (−6.655)
NATURE			0.133*** (9.095)
控制变量	Yes	Yes	Yes
年度/行业效应	Yes	Yes	Yes
常数项	−1.123*** (−5.970)	0.173 (1.343)	−0.500*** (−4.515)
观测值数	4917	10245	15162

注：括号内为稳健 t 统计量；＊＊＊表示在1%的水平上显著。

（二）基于环境规制的异质性检验

环境规制通过有力的环境监管能够提高企业在促进碳减排中的内在驱动力，加大企业节能减排等相关技术的投入，迫使企业提高污染预防与治理的能力。因此，企业受到的环境规制程度越高，数字化转型对企业碳减排的正向影响越大。基于此，本文利用分组和交乘项两种方式对环境规制（*HEA*）进行回归。其中，企业所在地区面临的环境规制强度采用地区环境污染治理投资情况进行衡量，环境规制高组取值为 1，环境规制低组取值为 0。

根据表 7 第（1）～（3）列，分组回归与交乘项结果都表明，环境规制会增强企业的环保意识，促使企业在进行数字化转型时加强对碳排放的治理。

表 7　异质性检验：环境规制

变量	环境规制		
	分组回归		交乘项
	（1）高	（2）低	（3）
DIGITAL	−0.122*** （−12.390）	−0.067*** （−20.037）	−0.068*** （−20.363）
DIGITAL × *HEA*			−0.052*** （−5.626）
HEA			0.262*** （15.943）
控制变量	Yes	Yes	Yes
年度/行业效应	Yes	Yes	Yes
常数项	−0.257 （−1.026）	0.197 （1.581）	−0.038 （−0.331）
观测值数	4230	9723	13953

注：括号内为稳健 t 统计量；*** 表示在 1% 的水平上显著。

（三）基于产品市场竞争的异质性分析

激烈的市场竞争会给企业造成治理压力，企业为提高自身的市场竞争力，会研发并生产更多的低碳产品以应对产品市场竞争。因此，企业面临的产品市场竞争强度越大，数字化转型对企业碳减排的影响作用越强。基于此，本文利用企业所处行业的赫芬达尔指数衡量企业面临的产品市场竞争强度（*PWC*），并进行分组与交乘项回归。其中，行业赫芬达尔指数低于分年度中位数，市场竞争较为强烈，*PWC* 取值为 1；否则，取值为 0。

根据表 8 第（1）～（3）列，分组回归与交乘项结果均说明，在激烈的产品市场竞争影响下，数字化转型提升企业碳减排的效应更为显著。

表 8　异质性检验：产品市场竞争

变量	产品市场竞争		
	分组回归		交乘项
	（1）强	（2）弱	（3）
DIGITAL	-0.103*** (-27.431)	-0.066*** (-9.017)	-0.067*** (-9.558)
DIGITAL × *PWC*			-0.037*** (-4.786)
PWC			-0.265*** (-14.340)
控制变量	Yes	Yes	Yes
年度/行业效应	Yes	Yes	Yes
常数项	-1.595*** (-10.855)	0.555*** (3.668)	-0.441*** (-3.980)
观测值数	8216	6946	15162

注：括号内为稳健 t 统计量；＊＊＊表示在 1% 的水平上显著。

七、研究结论与政策建议

本文对数字化转型对企业碳减排的影响效应与作用机制进行理论分析，并将2012—2020年中国A股上市公司中的工业企业作为样本构建面板数据，利用数字化转型指标与企业碳减排指标进行实证检验。研究发现：①数字化转型会显著促进企业碳减排，这一结论在经过稳健性检验后依旧成立，证明结果具有可靠性；②中介效应检验发现，数字化转型可以通过提高技术创新、缓解信息不对称，促进企业碳减排；③异质性分析表明，在国有企业、环境规制更高与产品市场竞争更激烈的治理环境下，数字化转型对企业碳减排的促进作用更显著。

根据本文的研究结论，提出以下政策建议：首先，利用数字化转型助力企业碳减排。企业管理者要将数字化转型作为企业发展的战略布局核心，充分发挥数字化转型在企业碳减排中的重要作用，利用数字化转型提高能源利用效率，完善生产流程，推动企业实现碳减排。其次，企业要立足于数字化转型影响企业碳减排的路径。基于技术视角，企业不仅可以通过吸引投资、完善资源配置加大研发投入，为企业碳减排提供良好基础，也可以对生产过程进行优化，利用数字技术与核心业务有机融合提高企业的绿色技术创新水平。基于信息视角，企业不仅可以完善内部数字化平台建设，优化信息获取渠道，提高内部信息获取能力，也可以健全信息披露制度，强化企业信息披露的标准化与结构化，提高外部信息反映度，促使企业进行碳减排。最后，企业要重视企业所处的不同治理环境特征。企业要清晰认识治理环境在数字化转型对企业碳减排的影响效应中发挥的作用，完善企业碳治理环境，提高碳减排意识，利用数字化转型推动企业高质量发展，助力“双碳”目标实现。

参考文献

[1]NAMBISAN S,WRIGHT M,FELDMAN M. The digital transformation of innovation and entrepreneurship: progress, challenges and key themes[J]. Research policy,2019,48(8):103773.

[2]郑帅,王海军. 数字化转型何以影响枢纽企业创新绩效:基于模块化视角的实证研究[J]. 科研管理,2022,43(11):73-82.

[3]ACEMOGLU D,RESTREPO P. Automation and new tasks: how technology displaces and reinstates labor[J]. Journal of economic perspectives,2019,33(2):3-30.

[4]黄勃,李海彤,刘俊岐,等. 数字技术创新与中国企业高质量发展:来自企业数字专利的证据[J]. 经济研究,2023,58(3):97-115.

[5]张昆贤,武常岐,陈晓蓉,等. 数字化转型对企业环境治理责任主体意识的影响研究:来自环境治理费用的经验证据[J]. 工业技术经济,2022,41(11):3-12.

[6]赵丽锦,胡晓明. 企业数字化转型的基本逻辑、驱动因素与实现路径[J]. 企业经济,2022,41(10):16-26.

[7]赵宸宇. 数字化转型对企业社会责任的影响研究[J]. 当代经济科学,2022,44(2):109-116.

[8]AGHION P,BLUNDELL R,GRIFFITH R,et al. The effects of entry on incumbent innovation and productivity[J]. Review of economics and statistics,2009,91(1):20-32.

[9]韩超,陈震,王震. 节能目标约束下企业污染减排效应的机制研究[J]. 中国工业经济,2020(10):43-61.

[10]钟廷勇,马富祺. 企业数字化转型的碳减排效应:理论机制与实证检验[J]. 江海学刊,2022(4):99-105.

[11]GILCH P M,SIEWEKE J. Recruiting digital talent: the strategic role of recruitment in organisations' digital transformation[J]. German journal of human resource management,2021,35(1):53-82.

[12]HANELT A,BOHNSACK R,MARZ D,et al. A systematic review of the liter-

ature on digital transformation: Insights and implications for strategy and organizational change[J]. Journal of management studies,2021,58(5):1159 – 1197.

[13]申明浩,谭伟杰,陈钊泳. 数字经济发展对企业创新的影响:基于A股上市公司的经验证据[J]. 南方金融,2022(2):30 – 44.

[14]祁怀锦,曹修琴,刘艳霞. 数字经济对公司治理的影响:基于信息不对称和管理者非理性行为视角[J]. 改革,2020(4):50 – 64.

[15]吴非,胡慧芷,林慧妍,等. 企业数字化转型与资本市场表现:来自股票流动性的经验证据[J]. 管理世界,2021,37(7):130 – 144.

[16]SHANG Y,RAZA S A,HUO Z,et al. Does enterprise digital transformation contribute to the carbon emission reduction? Micro – level evidence from China[J]. International review of economics & finance,2023(86):1 – 13.

[17]CHAPPLE L,CLARKSON P M,GOLD D L. The cost of carbon: capital market effects of the proposed emission trading scheme (ETS)[J]. Abacus,2013,49(1):1 – 33.

[18]沈洪涛,黄楠. 碳排放权交易机制能提高企业价值吗[J]. 财贸经济,2019,40(1):144 – 161.

[19]张婕,王凯琪,张云. 碳排放权交易机制的减排效果:基于低碳技术创新的中介效应[J]. 软科学,2022,36(5):102 – 108.

[20]靳毓,文雯,何茵. 数字化转型对企业绿色创新的影响:基于中国制造业上市公司的经验证据[J]. 财贸研究,2022,33(7):69 – 83.

[21]刘慧,白聪. 数字化转型促进中国企业节能减排了吗? [J]. 上海财经大学学报,2022,24(5):19 – 32.

[22]易露霞,吴非,常曦. 企业数字化转型进程与主业绩效:来自中国上市企业年报文本识别的经验证据[J]. 现代财经(天津财经大学学报),2021,41(10):24 – 38.

[23]温忠麟,叶宝娟. 中介效应分析:方法和模型发展[J]. 心理科学进展,2014,22(5):731 – 745.

[24]孙文远,周浩平. 数字经济对中国城市碳排放的影响效应及其作用机制[J]. 环境经济研究,2022,7(3):25 – 42.

[25]李伟,王蒙歌,唐洋. 企业数字化转型对股价同步性的影响[J]. 金融与经济,2022(11):78 – 87.

企业数字化转型、信息披露质量和在职消费[①]

杜虹敬

摘要： 随着数字信息技术的广泛应用，企业的信息披露质量得到了极大的提高，对高管的在职消费行为起到了强有力的制约作用。本文从信息不对称视角出发，探讨了企业数字化转型、信息披露质量和在职消费之间的关系。通过分析2014—2021年中国A股上市公司数据，本文发现，企业数字化转型能负向影响公司高管的在职消费行为，而信息披露质量在其中起中介作用。进一步研究发现，国有企业的产权性质和由四大会计师事务所审计将进一步增强企业数字化转型对高管在职消费行为的抑制作用，在国有企业中，信息披露质量的中介作用不复存在。本文研究证明了数字信息技术对促进信息透明和提高信息质量的正面作用，为企业在数字化转型过程中提升治理水平、降低信息不对称程度和代理成本提供了有益参考。

关键词： 数字化转型；信息披露质量；在职消费

作者简介： 杜虹敬（1999—），陕西榆林人，西北大学经济管理学院2022级企业管理专业硕士研究生。

---

① 本文由杨晓副教授指导完成。杨晓，西北大学经济管理学院副教授，硕士研究生导师，研究方向：领导力。

一、引言

近年来，以大数据、人工智能和云计算等为代表的数字信息技术发展迅速。随着各项技术的应用场景更加丰富、与实际业务的结合更加紧密，企业的数字化水平不断提高，内部控制水平不断提升，治理能力也得到了很大的提高。数字技术的广泛运用使企业收集和整理信息的能力大大提高，各类会计信息的准确性、相关性和可比性与原来相比都有了质的提升，公司内外的利益相关者获取公司信息的便利性也有了极大的提高，能够更加方便地参与到公司治理中（徐子尧等，2022；祁怀锦等，2020；程新生等，2023）。这就使得传统的委托—代理问题发生了新的变化：企业的信息透明度显著提高，由信息不对称引发的一些代理问题有了新的进展。在 Jensen 等（1976）的定义中，代理成本由委托人的监督成本、代理人的担保成本和剩余损失组成，而高管的在职消费就是一种剩余损失。那么，数字化转型能否对企业高管的在职消费行为产生影响呢？

从信息不对称视角来看，企业数字化转型挖掘了数据价值，提高了信息质量，优化了信息传递过程，降低了人为操纵和扭曲信息的可能性，为管理者谋取私利的行为增加了隐形约束（吴景泰等，2023）。数字技术的广泛运用也畅通了企业内外的信息沟通渠道，让企业内外的利益相关者能够更加及时地获取有关企业经营真实、准确的信息，并通过质询举报、舆论监督和市场交易等方式进行反馈，使他们更方便地参与到公司治理中来，纠正管理者的不当行为。随着信息透明度的提升和舆论影响力的扩大，在声誉机制的作用下，管理者也会主动控制自己的在职消费，打造清正廉洁的形象，维护自己的名誉，以免引发丑闻，影响自己在经理人市场上的地位。

二、文献回顾

在职消费，是指高管在工作过程中获得的除工资报酬之外的额外收益，包括豪华的办公场所、优质的交通服务以及餐饮娱乐费用等。现有研究对于高管的在职消费行为有着“效率观”和“代理观”两种观点。

“效率观”认为，在职消费的存在有其必然性和合理性，除了为满足自身享受需要之外，高管进行在职消费有利于各项工作的顺利开展和高效完成（Henderson et al.，2004），用于维系公司内外部各利益相关者之间关系的娱乐、宴请等费用是企业发展所必需的，能在一定程度上提升企业的市场竞争力（Ting et al.，2018）。此外，较高的在职消费能够调动高管的积极性，激励他们投入工作，有助于提高企业的生产效率（Raghuram et al.，2006）。而监督在职消费也会产生成本，如果监督成本过高，抵销了在职消费为公司带来的收益，那么一味约束高管的在职消费就并非明智之举（Fama et al.，1980）。

“代理观”则认为，公司的管理者和所有者的利益并不完全一致，高管的在职消费主要是为了满足高管自身的需要，本质上是一种代理成本，其消耗的企业资源远远大于为企业带来的经济利益（Oliver，2001）。然而，由于公司内外的信息不对称程度较高，公司的所有者难以有效管控高管的在职消费。尤其在我国的环境下，管理层的薪酬相对较少，在职消费事实上已经成为一种隐形的补偿，使我国的在职消费常年居高不下（陈冬华等，2005）。从长远来看，高管的在职消费会激化股东和管理层之间的矛盾，增加代理成本，导致企业价值降低，进而损害管理者自身的声望和利益（Cai et al.，2011）。

目前，我国的公司治理机制还不健全，高管进行超额在职消费的风气比较普遍，已有研究也多支持在职消费的“代理观”，因此，本文也从“代理观”角度展开研究。在在职消费的影响因素方面，已有研究主要从公司治理机制、管理层特质和外部治理等方面展开。

从公司治理机制角度来看，管理层权力越大、公司治理机制的缺陷越多，高管越有可能产生超额在职消费的机会主义行为（Cai et al.，2011）。从管理层特质角度来看，如果高管曾有过贫困经历、能力较强、风险偏好较低，在进行在职消费时会更加谨慎（张铁铸等，2014；王芳等，2022）。从外部治理角度来看，由高水平的会计师事务所进行审计、媒体舆论的监督能够抑制高管的自利行为，促使其降低在职消费数额（Gul et al.，2011；翟胜宝等，2015）。

进入数字经济时代，企业的治理能力得到了极大提高，外部利益相关者参与公司治理的条件也得到了极大优化，这无疑对抑制高管在职消费有深刻的意义。邵剑兵等（2023）发现，企业数字化转型能够促进中小股东参与公司治理，起到抑制高管腐败行为的作用，但类似的研究还比较少。有鉴于此，本文从数字化转型角度出发，研究其对在职消费的影响及相关机制。

三、理论分析与研究假设

（一）在职消费和企业数字化转型

企业数字化转型的本质是通过广泛应用数字信息技术提高信息处理分析能力，实现运营效率和管理能力的质的飞跃。具体而言，大数据技术能够帮助企业收集整理海量数据、深度挖掘信息价值，人工智能技术能够增强企业的分析决策能力和管理控制能力，区块链技术实现了数据的云端共享和分布式计算，大大提升了数据传输和访问的安全性，还有物联网和云计算等技术能够帮助企业改进生产流程、提高经营效率、优化管理决策，不仅提升了面向所有者、员工和外部利益相关者的信息透明度，还帮助管理者降低了决策的非理性程度，切实提高了公司治理水平（Chanias et al.，2019；Mergel et al.，2019；祁怀锦等，2020）。

数字技术的广泛应用提升了企业的正规化水平。从会计电算化到财务共享中心，企业数字化转型程度的不断提高使核算业务对纸质凭证的依赖大大降低，各项财务信息的准确性、及时性和可比性大大提高，事前、事中、事后的监督能力不断增强，有效控制了业务活动中人的主观随意性和徇私舞弊动机造成的负面影响（程新生等，2023），能够有效抑制高管的自私行为。

企业的数字化水平越高，审计治理在公司治理中发挥的作用就越突出。随着数字化技术与企业业务的融合不断深入，企业经营数据的存证、保护、验证和访问有了巨大进步，真正实现了云端存储、跨区互联和数据共享。依靠数字信息技术的辅助，审计人员可以更好地掌握企业经营的实际情况，更容易地对各项费用进行合规性分析，及时发现高管在职消费行为的不合理之处，并对此进行针对性的检查整改，遏制高管的超额在职消费行为。据此，本文提出以下假设：

H_1：企业数字化转型对在职消费有负向影响。

（二）信息披露质量的中介作用

企业数字化转型畅通了信息传递渠道，提高了信息沟通效率，从多方面提高了信息披露质量。在信息的产生与发送方面，数字信息技术的应用使信息的收集整理更趋客观化、标准化和流程化，保障了信息的真实可靠，减少了信息传递过程中的损耗和噪声干扰，保证了信息披露的完整性和准确性。在信息的接收和反馈方面，数字信息技术的普及使企业内外的利益相关者能够更加及时和低成本地获取自己想要的信息，更好地了解企业内部的运营情况，进而通过各种渠道参与到公司治理中，促进企业信息披露质量的进一步提高（Vial，2019；吴景泰等，2023；部保萍，2023）。

根据信息不对称理论，在经济社会中，信息在买卖双方中的分布是不对称的，谁掌握的信息更准确、更充分，谁就能在交易中占据优势地位。在委托—代理关系当中，相较于委托人，代理人掌握了更多信息，往往会利用自身的信息优势以不正当手段从组织当中攫取更多利益，并利用制度漏洞将其伪装成合理的管理支出。因此，要想抑制高管的在职消费行为，提高企业的信息披露质量是一个行之有效的办法。

企业的信息披露质量越高，企业利益相关者获取的企业经营管理信息就越充分，也就越能识别企业管理层的尽职程度，实现对管理层的高效监督。在数字经济背景下，企业利益相关者获取信息的成本越来越低，渠道越来越多样化，获得信息的及时性和准确性也越来越高。同时，丰富而优质的信息有助于企业利益相关者进行横向和纵向比较，推测出企业披露信息的不实之处，约束管理层的自私行为（雷啸等，2021）。据此，本文提出以下假设：

H_2：信息披露质量在企业数字化转型影响在职消费的关系中起中介作用。

四、研究设计

（一）样本选择与数据来源

由于中国的企业数字化转型浪潮在2014年前后开始爆发，本文以2014—2021年全部A股上市公司为研究样本。在数据处理过程中，首先，剔除所有的ST、*ST、PT类样本；其次，剔除金融类行业样本；最后，剔除观测值缺失样本，最终得到样本14891个。本文对所有数据进行了1%和99%分位的缩尾处理，消除极端值的影响。

（二）变量定义

1. 被解释变量

在职消费。在职消费最常用的衡量方式是将年报附注中一些子项目的费用加总作为代理变量，例如，陈冬华等（2005）的研究，通过查阅年报附注中“支付的其他与经营活动有关的现金支出”项目中的业务招待费、董事会费、汽车费、差旅费、会议费、办公费、出国培训费、通信费 8 个子项目，将这些项目的金额之和取对数，作为在职消费（*PERK*）的替代变量。

2. 解释变量

企业数字化转型。本文考察的是数字信息技术的实际运用对企业信息披露质量的影响，因而借鉴了祁怀锦等（2020）的研究，把数字化无形资产占无形资产总额的比例作为企业数字化转型程度的代理变量。具体而言，首先，本文获取了 A 股上市公司 2014—2021 年年报中无形资产及其明细项目的所有信息；其次，根据项目介绍判断其是否属于“数字化技术无形资产”；最后，加总所有数字化技术无形资产的价值，除以无形资产项目的总额，将结果作为企业数字化转型的代理变量。

3. 中介变量

信息披露质量。本文参考了 Kim 和 Verrecchia（2001）的研究，他们研究发现，如果公司披露的信息质量比较高，投资者在进行投资决策时主要依据的是公司披露的信息，因而交易量的波动不会引发收益率的震荡；如果公司披露的信息质量较低，投资者对企业披露的信息心存怀疑，就会转而观望市场上的交易量数据，交易量的起伏会引发收益率较大波动。交易量对收益率的影响系数即 *KV* 指数，*KV* 指数越高表明投资者越不信任企业披露的信息，因而对股票的交易量波动就敏感。构造 *KV* 指数的模型如下：

$$\mathrm{Ln}\left|(P_t - P_{t-1})/P_{t-1}\right| = \lambda_0 + \lambda(Vol_t/Vol_0 - 1) + \varepsilon \qquad (1)$$

式中，P_t 和 Vol_t 分别是第 t 日的股票收盘价和交易量（股数），Vol_0 是研究期间的平均日交易量。根据普通最小二乘法回归后的 λ 值构建 *KV* 指数。

4. 控制变量

通过借鉴已有研究，本文选择了资产负债率（*Lev*）、总资产收益率

（*ROA*）、净资产收益率（*ROE*）、现金流比率（*Cashflow*）、应收账款占比（*REC*）、存货占比（*INV*）、是否亏损（*Loss*）、两职合一（*Dual*）、前十大股东持股比例（*Top*10）、上市年限（*ListAge*）、管理费用率（*Mfee*）、是否四大（*Big*4）、审计意见（*Opinion*）作为控制变量。

具体变量及定义见表1。

表1　变量定义

变量	变量名称	变量定义
PERK	在职消费	年报附注中办公费、差旅费等8个明细项目的总和取对数
DT	数字化转型	年报附注披露的年末无形资产明细项中与数字化技术相关部分占无形资产总额的比例
KV	*KV*指数	信息披露质量
Lev	资产负债率	负债/总资产
ROA	总资产收益率	净利润/总资产
ROE	净资产收益率	净利润/净资产
Cashflow	现金流比率	经营活动产生的现金流量净额/总资产
REC	应收账款占比	应收账款净额与总资产的比值
INV	存货占比	存货净额与总资产的比值
Loss	是否亏损	当年净利润小于0取值1，否则取值0
Dual	两职合一	董事长与总经理是同一个人取值为1，否则取值为0
*Top*10	前十大股东持股比例	前十大股东持股数量/总股数
ListAge	上市年限	ln（当年年份－上市年份＋1）
Mfee	管理费用率	管理费用/营业收入
*Big*4	是否四大	公司经由四大（普华永道、德勤、毕马威、安永）审计取值为1，否则取值为0
Opinion	审计意见	若公司当年的财务报告被出具了标准审计意见，则取值为1；否则取值为0

（三）模型构建

本文借鉴温忠麟等（2014）对中介模型的研究，建立模型（2）、模型（3）和模型（4）对 H_1 和 H_2 进行检验，并在模型中控制了年份固定效应和行业固定效应，验证数字化转型、信息披露质量和在职消费之间的关系：

$$PERK_{it} = \alpha_0 + \alpha_1 DT_{it} + \sum_{j=2}^{14} \alpha_j Controls_{it} + \sum year_t + \sum ind_i + \varepsilon \tag{2}$$

$$KV_{it} = \alpha_0 + \alpha_1 DT_{it} + \sum_{j=2}^{14} \alpha_j Controls_{it} + \sum year_t + \sum ind_i + \varepsilon \tag{3}$$

$$PERK_{it} = \alpha_0 + \alpha_1 DT_{it} + \alpha_2 KV_{it} + \sum_{j=3}^{15} \alpha_j Controls_{it} + \sum year_t + \sum ind_i + \varepsilon \tag{4}$$

其中，$PERK_{it}$ 为被解释变量，表示在职消费；DT_{it} 为解释变量，表示数字化转型；KV_{it} 为信息披露质量；$Controls_{it}$ 为控制变量；$year_t$ 、ind_i 为虚拟变量的年份和行业。

五、实证结果

（一）描述性统计

样本主要变量的描述性统计结果见表2。在表2中，被解释变量在职消费（*PERK*）的最大值为23.00，最小值为7.51，标准差为1.33，说明样本中不同企业的在职消费水平有较大差异。解释变量企业数字化转型程度（*DT*）的最大值为1.00，最小值为0.00，标准差为0.23，说明样本中企业之间的数字化转型程度差距较大，均值为0.11，中位数为0.02，说明大多数企业的数字化转型程度较低。中介变量信息披露质量（*KV*）的最大值为2.03，最小值为0.00，标准差为0.20，说明样本中不同企业的信息披露质量存在显著差异。其余变量特征与已有文献的研究结果基本一致。

表 2　主要变量描述性统计

变量	均值	标准差	中位数	最小值	最大值	样本数
PERK	16.77	1.33	16.76	7.51	23.00	14891
DT	0.11	0.23	0.02	0.00	1.00	14891
KV	0.53	0.20	0.50	0.00	2.03	14891
Lev	0.43	0.20	0.42	0.01	1.26	14891
ROA	0.03	0.08	0.04	-1.32	0.88	14891
ROE	0.05	0.34	0.07	-29.14	2.38	14891
Cashflow	0.05	0.07	0.05	-1.94	0.68	14891
REC	0.14	0.11	0.12	0.00	0.81	14891
INV	0.14	0.12	0.11	0.00	0.93	14891
Loss	0.12	0.33	0.00	0.00	1.00	14891
Dual	0.31	0.46	0.00	0.00	1.00	14891
*Top*10	0.58	0.15	0.58	0.09	0.97	14891
ListAge	2.20	0.74	2.30	0.69	3.43	14891
Mfee	0.09	0.12	0.07	-0.76	6.73	14891
*Big*4	0.05	0.21	0.00	0.00	1.00	14891
Opinion	0.97	0.18	1.00	0.00	1.00	14891

（二）回归分析

模型（2）、模型（3）和模型（4）的回归结果见表3。列（1）中，企业数字化转型的系数为 -2.02（-4.29），在1%的水平上显著，验证了 H_1，说明企业数字化转型程度越高，越能抑制高管的在职消费行为。列（2）中，信息披露质量的系数为 -0.044（-5.83），在1%的水平上显著，说明企业的数字化转型能显著提高其信息披露质量。列（3）中，企业数字化转型的系数为 -0.160（-3.45），其绝对值信息披露质量的系数为0.944（18.50），均在1%的水平上显著，说明信息披露质量在企业数字化转型和在职消费之间存在部分中介效应，H_2 得到验证。

从回归结果可以看出，企业的数字化转型程度越高，其 *KV* 指数越低。由于 *KV* 指数反映的是市场信息，本质上是投资者对企业信息披露质量的客观认知，也就是说，当企业数字化转型程度越高时，投资者越能充分利用数字信息技术获取企业经营管理的真实信息，也就越不容易被市场情绪裹挟，因为交易量的剧烈波动而抛售股票。因此，从内部来看，企业数字化转型保证了信息的真实可靠和可溯源性，减少了徇私舞弊的空间；从外部来看，企业数字化转型便利了外部利益相关者获取企业信息的条件，增强了对管理层的监督和制约，如此内外联动，降低了企业的信息不对称程度，实现了对高管在职消费行为的有力约束。

表 3　回归结果

变量	（1）*PERK*	（2）*KV*	（3）*PERK*
DT	-0.202*** (-4.29)	-0.044*** (-5.83)	-0.160*** (-3.45)
KV	—	—	0.944*** (18.50)
Lev	1.968*** (32.11)	0.060*** (6.17)	1.911*** (31.50)
ROA	1.716*** (9.46)	0.543*** (18.76)	1.204*** (6.63)
ROE	0.147*** (4.48)	-0.006 (-1.14)	0.153*** (4.71)
Cashflow	1.400*** (9.37)	0.177*** (7.43)	1.233*** (8.33)
REC	1.174*** (10.81)	-0.053*** (-3.08)	1.224*** (11.40)
INV	0.276*** (2.62)	0.008 (0.46)	0.269*** (2.58)
Loss	0.036 (0.90)	0.025*** (4.03)	0.012 (0.30)
Dual	0.003 (0.15)	0.001 (0.27)	0.002 (0.11)
*Top*10	0.482*** (6.34)	0.058*** (4.83)	0.427*** (5.68)

续表

变量	（1）*PERK*	（2）*KV*	（3）*PERK*
ListAge	0.284*** (17.30)	0.016*** (6.02)	0.269*** (16.56)
Mfee	-0.296*** (-3.52)	-0.021 (-1.57)	-0.276*** (-3.32)
Big4	0.845*** (18.32)	0.060*** (8.20)	0.788*** (17.24)
Opinion	0.205*** (3.60)	-0.009 (-1.03)	0.214*** (3.80)
Observations	14891	14891	14891
R^2	0.238	0.139	0.255

注：***表示在1%的水平上显著；括号内为标准误。

（三）稳健性检验

1. 更换样本量

上文以全部A股上市公司为研究样本，既包括主板上市公司，也包括创业板上市公司和科创板上市公司。相较于主板上市公司，创业板上市公司和科创板上市公司规模小、上市时间短、经营状况不稳定，对回归结果的干扰较大。因此，为了保证研究结果的稳健性，本文剔除了样本中的创业板上市公司和科创板上市公司，只保留主板上市公司重新进行回归，回归结果与假设检验保持一致，支持了我们的结论，回归检验结果见表4。

表4　回归检验结果

变量	（1）*PERK*	（2）*KV*	（3）*PERK*
DT	-0.408*** (-5.00)	-0.037*** (-3.18)	-0.370*** (-4.58)
KV	—	—	1.032*** (12.33)
Lev	2.138*** (21.71)	0.055*** (3.91)	2.082*** (21.34)

续表

变量	(1) *PERK*	(2) *KV*	(3) *PERK*
ROA	2.975*** (8.76)	0.831*** (17.23)	2.118*** (6.17)
ROE	0.109*** (2.88)	-0.008 (-1.58)	0.118*** (3.15)
Cashflow	1.278*** (5.58)	0.096*** (2.96)	1.179*** (5.20)
REC	1.141*** (6.23)	-0.088*** (-3.39)	1.232*** (6.79)
INV	0.532*** (3.52)	0.009 (0.40)	0.523*** (3.50)
Loss	0.002 (0.03)	0.041*** (4.52)	-0.041 (-0.64)
Dual	-0.027 (-0.69)	-0.007 (-1.25)	-0.020 (-0.51)
Top10	0.757*** (6.43)	0.072*** (4.32)	0.683*** (5.85)
ListAge	0.271*** (10.93)	0.014*** (3.94)	0.257*** (10.46)
Mfee	-0.465*** (-4.32)	-0.013 (-0.86)	-0.451*** (-4.24)
Big4	0.876*** (14.62)	0.057*** (6.70)	0.817*** (13.74)
Opinion	0.133 (1.37)	-0.021 (-1.50)	0.155 (1.61)
Observations	7030	7030	7030
R^2	0.307	0.163	0.321

注：***表示在1%的水平上显著；括号内为标准误。

2. 倾向得分匹配法

为消除数字化转型和在职消费之间可能存在的互为因果的内生性问题，本文采用倾向得分匹配（PSM）方法，对回归结果进行检验。将企业数字化转型程度取均值，若样本中企业的数字化转型程度大于均值，则取值为1；若样本中企业的数字化转型程度小于均值，则取值为0。然后将资产负债率（*Lev*）、总资产收益率（*ROA*）和应收账款占比（*REC*）等作为协变量计算得分，进而采用1∶1近邻匹配。匹配完成后检验结果显示，各协变量的均值在实验组和控制组之间不存在显著差异，满足平衡性假设。回归结果如表5所示。列（1）中企业数字化转型的系数为 -2.04（-4.34），列（2）中信息披露质量的系数为 -0.044（-5.89），都在1%的水平上显著；列（3）中企业数字化转型的系数为 -0.163（-3.49），信息披露质量的系数为0.940（18.42），两者都在1%的水平上显著。其余变量的回归结果与前文结果基本保持一致，支持了本文结论的稳健性。

表5　基于倾向得分匹配法的分析结果

变量	（1）*PERK*	（2）*KV*	（3）*PERK*
DT	-0.204*** (-4.34)	-0.044*** (-5.89)	-0.163*** (-3.49)
KV	—	—	0.940*** (18.42)
Lev	1.979*** (32.15)	0.063*** (6.43)	1.920*** (31.49)
ROA	1.805*** (9.65)	0.577*** (19.36)	1.263*** (6.74)
ROE	0.148*** (4.50)	-0.006 (-1.15)	0.153*** (4.73)
Cashflow	1.398*** (9.31)	0.171*** (7.14)	1.237*** (8.32)
REC	1.175*** (10.78)	-0.057*** (-3.27)	1.228*** (11.40)
INV	0.274*** (2.60)	0.007 (0.42)	0.267** (2.56)

续表

变量	(1) *PERK*	(2) *KV*	(3) *PERK*
Loss	0.045 (1.12)	0.029*** (4.56)	0.017 (0.44)
Dual	0.003 (0.16)	0.001 (0.21)	0.003 (0.13)
*Top*10	0.480*** (6.31)	0.056*** (4.66)	0.427*** (5.68)
ListAge	0.284*** (17.33)	0.016*** (6.04)	0.270*** (16.60)
Mfee	-0.266** (-2.57)	-0.021 (-1.25)	-0.247** (-2.41)
*Big*4	0.846*** (18.31)	0.060*** (8.16)	0.789*** (17.24)
Opinion	0.195*** (3.42)	-0.011 (-1.23)	0.206*** (3.65)
Observations	14881	14881	14881
R^2	0.238	0.140	0.255

注：***、**分别表示在1%、5%的水平上显著。

六、进一步研究

（一）基于企业性质的分析

在我国经济体制下，国有企业和非国有企业在经营管理上有着显著差异。相比较而言，国有企业有更加有利的市场地位、更加正规的业务流程和更低的市场运营风险，通过财务造假的方式掩盖自身在职消费的可能性较低。因此，本文构建了企业数字化转型（*DT*）和是否为国有企业（*SOE*）的交乘项，验证上市公司性质对企业数字化转型和在职消费之间关系的影响差异，回归结果如表6所示。列（1）中，企业数字化转型和是否为国有企业的交乘项（*DT* × *SOE*）的回归系数为 -0.632

（-7.00），在1%的水平上显著，而对信息披露质量的影响不显著，即在国有企业中，企业数字化转型对在职消费的抑制作用被进一步放大，而信息披露质量的中介作用消失了。说明在国有企业中，企业数字化转型对在职消费的影响可能是通过提高内部控制质量和公司治理水平实现的。

表6　基于企业性质的回归结果

变量	（1）*PERK*	（2）*KV*	（3）*PERK*
DT	-0.048 （-0.92）	-0.045*** （-5.44）	-0.005 （-0.10）
DT×*SOE*	-0.632*** （-7.00）	0.005 （0.37）	-0.638*** （-7.14）
KV	—	—	0.945*** （18.56）
Lev	1.983*** （32.39）	0.060*** （6.16）	1.926*** （31.78）
ROA	1.748*** （9.64）	0.542*** （18.75）	1.235*** （6.81）
ROE	0.146*** （4.46）	-0.006 （-1.14）	0.152*** （4.69）
Cashflow	1.401*** （9.39）	0.177*** （7.43）	1.234*** （8.35）
REC	1.178*** （10.86）	-0.053*** （-3.08）	1.228*** （11.46）
INV	0.302*** （2.87）	0.007 （0.44）	0.295*** （2.84）
Loss	0.035 （0.87）	0.025*** （4.03）	0.011 （0.27）
Dual	-0.007 （-0.33）	0.001 （0.30）	-0.008 （-0.38）
*Top*10	0.496*** （6.53）	0.058*** （4.82）	0.441*** （5.87）
ListAge	0.296*** （17.97）	0.016*** （5.94）	0.281*** （17.25）

续表

变量	(1) *PERK*	(2) *KV*	(3) *PERK*
Mfee	-0.299 *** (-3.56)	-0.021 (-1.56)	-0.280 *** (-3.36)
*Big*4	0.850 *** (18.45)	0.060 *** (8.19)	0.793 *** (17.37)
Opinion	0.217 *** (3.82)	-0.009 (-1.04)	0.226 *** (4.03)
Observations	14891	14891	14891
R^2	0.240	0.139	0.258

注：＊＊＊表示在1%的水平上显著；括号内为标准误。

（二）基于事务所规模的分析

外部审计是上市公司信息披露质量的重要影响因素，作为一种外部监督力量，能有效降低企业内外的信息不对称程度。四大会计师事务所是审计行业的标杆，在专业能力、职业道德和认知水平等方面都显著高于其他会计师事务所，能够有效提升企业的信息披露质量，从而抑制高管的在职消费行为。本文构建了企业数字化转型（*DT*）和是否为四大会计师事务所审计（*Big*4）的交乘项，探究会计师事务所规模对企业数字化转型和在职消费之间关系的作用差异，回归结果如表7所示。列（1）中，企业数字化转型和是否为四大会计师事务所审计的交乘项（*DT*×*Big*4）的回归系数为-0.835（-3.83）；列（2）中，企业数字化转型和是否为四大会计师事务所审计的交乘项（*DT*×*Big*4）的回归系数为-0.080（-2.31）。两者都在1%的水平上显著，说明由四大会计师事务所对公司进行审计，更能提升企业的信息披露质量，抑制高管的在职消费行为。

表7　基于事务所规模的回归结果

变量	(1) *PERK*	(2) *KV*	(3) *PERK*
DT	-0.169 *** (-3.53)	-0.041 *** (-5.32)	-0.130 *** (-2.76)

续表

变量	（1）*PERK*	（2）*KV*	（3）*PERK*
DT × *Big*4	-0.835*** (-3.83)	-0.080*** (-2.31)	-0.759*** (-3.52)
KV	—	—	0.940*** (18.44)
Lev	1.963*** (32.04)	0.060*** (6.13)	1.907*** (31.44)
ROA	1.715*** (9.46)	0.543*** (18.76)	1.205*** (6.64)
ROE	0.146*** (4.47)	-0.006 (-1.15)	0.152*** (4.69)
Cashflow	1.403*** (9.40)	0.177*** (7.44)	1.237*** (8.36)
REC	1.185*** (10.92)	-0.052*** (-3.02)	1.234*** (11.49)
INV	0.284*** (2.70)	0.008 (0.50)	0.276*** (2.65)
Loss	0.036 (0.91)	0.025*** (4.04)	0.012 (0.31)
Dual	0.002 (0.11)	0.001 (0.25)	0.002 (0.07)
*Top*10	0.480*** (6.31)	0.058*** (4.81)	0.425*** (5.65)
ListAge	0.283*** (17.28)	0.016*** (6.00)	0.269*** (16.54)
Mfee	-0.304*** (-3.61)	-0.022 (-1.62)	-0.284*** (-3.41)
*Big*4	0.942*** (17.90)	0.070*** (8.29)	0.877*** (16.80)
Opinion	0.206*** (3.63)	-0.009 (-1.01)	0.215*** (3.82)
Observations	14891	14891	14891

续表

变量	(1) *PERK*	(2) *KV*	(3) *PERK*
R^2	0. 239	0. 139	0. 256

注：＊＊＊表示在1%的水平上显著；括号内为标准误。

七、结论与启示

通过分析2014—2021年A股上市公司数据，本文研究了数字化转型对在职消费的影响及其作用机制。首先，企业的数字化转型程度越高，对其高管的在职消费行为抑制作用越强。其次，企业的数字化转型可以提高其信息披露质量，并且，信息披露质量在企业数字化转型对其在职消费行为的抑制过程中起到正向的促进作用。最后，进一步分析发现，在国有企业中，数字化转型虽然能够抑制高管的在职消费行为，但不是通过提高信息披露质量路径实现的。由四大会计师事务所审计能够增强企业数字化转型对信息披露质量的促进作用和对高管在职消费行为的抑制作用。

基于以上结论，本文得出以下启示：

第一，我国企业应该加速进行数字化转型，提升自己的内部控制水平和公司治理水平。在我国市场机制还不完善的当下，许多企业，尤其是民营企业，内部缺乏正规的监督和控制机制，管理者仍旧是依靠经验和惯例管理企业，使信息披露质量低下、高管超额在职消费等管理难题迟迟无法解决。随着我国经济高质量发展水平不断提高，传统的粗放式管理模式很难适应激烈的市场竞争。在数字经济时代，许多中小企业通过应用新兴的信息技术，以较低的成本提升自身的专业化、正规化和流程化水平。企业应加快数字化转型进程，促进组织变革，跟上时代发展的步伐。

第二，我国学者应该加强企业数字化转型对企业管理的影响研究。在大数据、云计算和区块链等技术应用越来越成熟的当下，信息和数据已然成为企业的一项资产，并且在企业经营管理中发挥的作用越来越重要。在经营者和所有者之间的信息壁垒被逐渐打破，原先一些因信息不对称引发的管理难题正在得到解决，数字化转型带来的这场产业革命亟待学者探索研究，为企业的经营管理与发展壮大提供更多、更科学的理论支持。

参考文献

[1]CAI H,FANG H,XU L. Eat,drink,firms,government:an investigation of corruption from the entertainment and travel costs of Chinese firms[J]. Journal of law and economics,2011,54(1):55 – 78.

[2]CHANIAS S,MYERS M D,HESS T. Digital transformation strategy making in pre – digital organizations:the case of a financial services provider[J]. Journal of strategic information systems,2019,28(1):17 – 33.

[3]HENDERSON M T,SPINDLER J C. Corporate heroin:a defense of perks, executive loans,and conspicuous consumption[J]. Social science electronic publishing,2004,93(6):1835 – 1883.

[4]JENSEN M,MECKLING W. Theory of the firm:managerial behavior,agency costs and ownership structure[J]. Journal of financial economics,1976,3(4): 305 – 360.

[5] KIM O, VERRECCHIA R. The relation among disclosure, returns, and trading volume information[J]. Accounting review,2001,76 (4):633 – 654.

[6]MERGEL I,EDELMANN N,HAUG N. Defining digital transformation: results from expert interviews [J] . Government information quarterly, 2019, 36 (4): 101385.

[7]RAGHURAM G,RAJAN,WULF J. Are perks purely managerial excess? [J]. Journal of financial economics,2006,79(1):1 – 33.

[8]TING H,HUANG P. CEOs' power and perks: evidence from Chinese banks [J]. Journal of economics and business,2018,97(C):19 – 27.

[9]VIAL G. Understanding digital transformation: a review and a research agenda[J]. The journal of strategic information systems,2019,28(2):118–144.

[10]GUL F,CHENG L,LEUNG T. Perks and the informativeness of stock prices in the Chinese market[J]. Journal of corporate finance,2011,17(5):1410–1429.

[11]陈冬华,陈信元,万华林. 国有企业中的薪酬管制与在职消费[J]. 经济研究,2005(2):92–101.

[12]程新生,李倩. 企业数字化转型与会计信息质量的关系:以中国A股上市公司为例[J]. 信息系统工程,2023(3):13–15.

[13]杜金柱,吴战勇. 数字经济对企业信息披露质量的影响研究[J]. 会计之友,2022(20):72–78.

[14]郜保萍. 企业数字化转型与内部控制有效性[J]. 会计之友,2023(4): 127–133.

[15]郝颖,谢光华,石锐. 外部监管、在职消费与企业绩效[J]. 会计研究,2018(8):42–48.

[16]何帆,刘红霞. 数字经济视角下实体企业数字化变革的业绩提升效应评估[J]. 改革,2019(4):137–148.

[17]雷啸,唐雪松,蒋心怡. 会计信息可比性能否抑制高管在职消费?[J]. 中央财经大学学报,2021(7):71–82.

[18]祁怀锦,曹修琴,刘艳霞. 数字经济对公司治理的影响:基于信息不对称和管理者非理性行为视角[J]. 改革,2020(4):50–64.

[19]邵剑兵,王露晔. 企业数字化转型能够抑制高管腐败吗:基于中小股东参与治理视角[J]. 上海财经大学学报,2023,25(2):64–77.

[20]屠立鹤,孙世敏,吴倩. 在职消费理论研究综述与未来展望[J]. 财会通讯,2017(1):32–37.

[21]王芳,曾春影,罗明忠. 高管的贫困经历对在职消费的影响:来自上市企业的经验证据[J]. 科学决策,2022(9):88–110.

[22]王海芳,姜道平,许莹. 数字化转型能否提高信息披露质量:基于年报可读性的研究[J]. 管理现代化,2022,42(2):58–65.

[23]王化成,高鹏,张修平. 企业战略影响超额在职消费吗? [J]. 会计研究,2019 (3):40–46.

[24]吴非,胡慧芷,林慧妍,等. 企业数字化转型与资本市场表现:来自股票流

动性的经验证据[J]. 管理世界,2021,37(7):10,130-144.

[25]吴景泰,董越. 企业数字化转型与信息披露质量:基于深交所信息披露考评数据的实证研究[J]. 经营与管理,2023(5):1-13.

[26]徐寿福,徐龙炳. 信息披露质量与资本市场估值偏误[J]. 会计研究,2015(1):40-47,96.

[27]徐子尧,张莉沙. 数字经济发展如何影响企业代理成本:来自中国制造业企业的证据[J]. 证券市场导报,2022(2):25-35.

[28]张铁铸,沙曼. 管理层能力、权力与在职消费研究[J]. 南开管理评论,2014,17(5):63-72.

[29]张永珅,李小波,邢铭强. 企业数字化转型与审计定价[J]. 审计研究,2021(3):62-71.

数字化监管对审计师业务风险感知的影响研究

——基于“金税三期”的准自然实验证据①

席婉茹

摘要：本文以我国分批实施“金税三期”这一准自然实验为研究场景，基于2011—2018年沪深两市A股上市公司审计业务的相关数据，采用双重差分法检验了数字化监管对审计师业务风险感知的影响。研究结果显示，审计师会依赖数字化监管发挥的行为约束作用降低对相关业务的风险感知，并由此减少对相关业务的审计投入。通过倾向得分匹配、变更关键变量度量、加入公司层面聚类等稳健性检验，前述结论仍然成立。进一步分析发现，数字化监管对审计师业务风险感知和审计投入的影响在审计师就职于“非四大”、审计业务所处制度环境较好时更加显著。

关键词：数字化监管；金税三期；审计师业务风险感知；审计投入

作者简介：席婉茹（1999—），陕西西安人，西北大学经济管理学院2021级会计学专业硕士研究生。

① 本文由马晨教授指导完成。马晨，西北大学经济管理学院教授，博士研究生导师，研究方向：审计、会计信息质量、公司治理。

一、引言

2021 年 3 月，《中华人民共和国国民经济和社会发展第十四个五年规划和 2035 年远景目标纲要》提出了加快数字化发展的号召："迎接数字时代，激活数据要素潜能，推进网络强国建设，加快建设数字经济、数字社会、数字政府，以数字化转型整体驱动生产方式、生活方式和治理方式变革。"2022 年 1 月，国务院印发的《"十四五"市场监管现代化规划》又进一步强调了要充分运用互联网、云计算、大数据、人工智能等现代技术手段，加快提升市场监管效能。为响应国家号召，各部门对数字化监管进行了积极的探索，例如，税务部门主导的金税工程、原银保监会开发的关联交易监管系统等。现有关于数字化监管经济后果的研究大多围绕对监管对象的直接影响展开。以"金税三期"为例，学者研究发现，税务部门推行数字化监管，提高了受监管企业的财务报告质量（王雪平，2020；孙雪娇等，2021；李增福等，2021；叶永卫等，2021），有利于受监管企业的对外投资行为（刘铠豪，2021），降低了受监管企业的融资约束程度（蔡昌等，2021），抑制了受监管企业的股价崩盘风险（徐捍军，2021）以及违规行为（纪亚方等，2023），还减少了受监管企业的关联交易（刘慧龙等，2022）。但鲜有研究关注审计师在数字化监管全面推进的背景下会做出何种反应，虽然有部分学者讨论了"金税三期"对审计定价的影响（郑建明、孙诗璐，2021；李增福、朱进，2022），但尚未得出一致结论。本文选择关注数字化监管对审计师业务风险感知的影响，原因在于，继续强化使用数字化手段提高监管效能已成为一种趋势，在这样的背景下研究审计师作为与受监管对象有紧密关系的微观个体会做出何种反应可以在一定程度上丰富对数字化监管经济效果的讨论，具有一定的理论意义。

基于此，本文选取 2011—2018 年沪深两市 A 股上市公司的审计业务为研究样本，利用“金税三期”在我国分批实施这一准自然实验，研究数字化监管对审计师业务风险感知的影响。之所以选择“金税三期”作为数字化监管的代表，是因为“金税三期”实施的影响范围较广，且分批在各地陆续上线，有助于在研究过程中更好地处理可能存在的内生性问题。研究结果表明，数字化监管降低了审计师对相关业务的风险感知，并减少了其对相关业务的审计投入。通过倾向得分匹配、变更关键变量度量、加入公司层面聚类等稳健性检验后前述结论依然成立。进一步研究发现，依靠数字化监管发挥的行为约束作用减轻自己的执业压力情况在审计师就职于“非四大”和业务本身所处制度环境较好时更容易发生。

本文贡献如下：第一，拓展了数字化监管经济后果方面的研究。近两年，随着数字中国战略的提出，学者对数字化监管的经济后果越来越关注，但相关研究大多围绕被监管对象展开（孙雪娇等，2021；李增福等，2021；刘慧龙等，2022；纪亚方等，2023），缺乏对资本市场中其他与被监管对象有紧密联系的微观个体会做出何种反应的讨论。本文选择从审计师的视角出发探讨数字化监管的影响，扩展了相关领域的文献。第二，丰富了与审计师行为影响因素相关的研究。在使用数字化手段提高监管效能的宏观趋势下，很少有学者关注到审计师行为受到的影响。本文从“金税三期”工程出发，讨论了审计师对受到数字化监管的业务在风险感知和审计投入方面做出的反应，丰富了相关领域的研究。第三，进一步探讨了数字化监管对审计师行为影响的作用路径。本文从审计师对业务的风险感知出发，为解释宏观环境影响审计师个体行为提供了新的思考方向。

二、制度背景、理论分析与研究假设

（一）制度背景

金税工程是以计算机网络为依托，将税收征管与数字化监管高度融合的信息管理系统工程的总称。截至2023年1月1日，金税一期、二期、三期工程已实施完成，四期工程正式启动。金税一期、二期工程于1994—2001年陆续上线，但存在防控税种单一、信息覆盖面小、系统功能缺失的缺陷。“金税三期”则通过多种数字化工具组合运用，弥补了前两期系统的缺陷，并用4年时间实现了全国范围的运行：2013年，重庆、山东（除青岛）、山西；2014年，广东（除深圳）、内蒙古、河南；2015年，宁夏、河北、贵州、广西、云南、湖南、青海、海南、西藏、甘肃、安徽、四川、新疆、吉林；2016年，辽宁、江西、福建、北京、天津、黑龙江、陕西、湖北、上海、江苏、浙江、山东青岛、广东深圳。三期工程目标建立“一个平台、两级处理、三个覆盖、四个系统”，是我国税收征管真正实现数字化监管的开端，具有里程碑意义。

（二）理论分析与研究假设

1. 数字化监管的风险放大作用

数字化监管的高效性、全面性和系统性，可以使监管效率和监管强度显著提升。以“金税三期”为例，数字化工具的加入，帮助税务机关实现了从源头对企业行为的实时监控，提高了监管强度；大数据技术的运用，帮助税务机关实现了各涉税部门之间的数据融合、信息共享以及涉税数据的交叉审核，提高了监管效率；数字化系统的上线，形成了“程序管人”的管理模式，规范了监管流程。监管效率和监管强度的提升、监管流程的系统化，在客观上增加了企业违规行为被发现的可能性。

2. 数字化监管的行为约束作用

数字化监管会对企业的行为产生一定的约束作用，以“金税三期”为例，已有研究指出，“金税三期”上线会降低被监管企业的盈余管理程度（王雪平，2020；孙雪娇等，2021；李增福等，2021）、抑制被监管企业的违规行为（纪亚方等，2023）和过度投资行为（李世刚、黄一松，2022）等。在理论上，以税务机关为代表的政府监管和以审计师为主导的外部审计作为两种约束机制，都会对企业的违规行为进行有效的监督（潘越等，2013；林晚发、敖小波，2018），两者的监督职能在很大程度上具有互补性。当税务机关通过上线“金税三期”对企业发挥行为约束作用时，业务本身存在重大错报的可能性会降低，外部审计的部分功能被代替。

3. 数字化监管对审计师业务风险感知的影响

数字化监管对审计师业务风险感知影响的作用路径见图 1。一方面，数字化监管的风险放大作用在审计保险职能的影响下可能会给审计师带来增量的业务风险感知、增加审计师的执业压力（薛祖云等，2004），使其对相关业务投入更多的审计努力（Simunic，1980；刘金洋、沈彦杰，2021；李晓艳等，2022）。另一方面，数字化监管的行为约束作用可能会替代部分外部审计的功能，在客观上降低审计师对业务的风险感知、缓解审计师的执业压力，使其减少对相关业务的审计投入（Simunic，1980；郑建明、孙诗璐，2021；孙雪娇等，2021）。

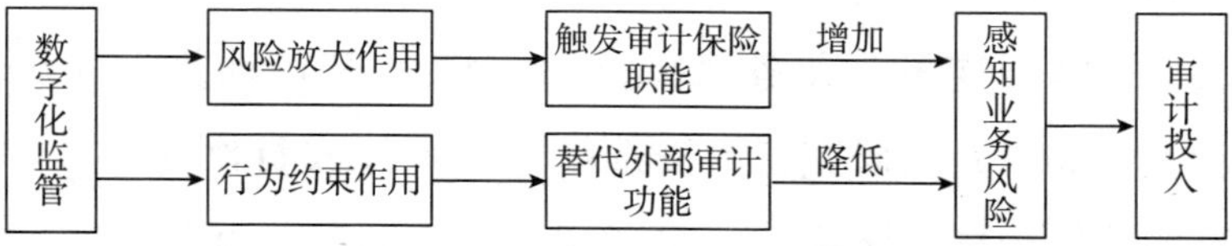

图 1 数字化监管对审计师业务风险感知影响的作用路径

基于此，本文提出如下假设：

H_{1a}：在其他条件不变的情况下，审计师会对受数字化监管的客户感知到更高的业务风险。

H_{1b}：在其他条件不变的情况下，审计师会对受数字化监管的客户感知到更低的业务风险。

H_{2a}：在其他条件不变的情况下，审计师会对受数字化监管的客户增加审计投入。

H_{2b}：在其他条件不变的情况下，审计师会对受数字化监管的客户减少审计投入。

三、研究设计

（一）样本选择和数据来源

参考李晓艳等（2022）的研究，本文选取2011—2018年沪深两市A股上市公司的审计业务为样本，样本期间涵盖数字化监管实施的前两年、前一年、当年、后一年和后两年。在剔除了金融业样本、ST类样本、主要变量存在缺失的样本、资产和所有者权益小于0的样本后，最终得到“业务—年份”样本观测值14876个。为了避免极端值的影响，本文还对所有连续变量进行了上下1%分位的Winsorise缩尾处理。上市公司相关财务数据、审计数据均来源于国泰安（CSMAR）数据库。

（二）变量定义

1. 被解释变量

本文的被解释变量为业务风险感知（*PR*）和审计投入（*Invest*）。借鉴陈正威（2023）的研究，本文选择异常审计收费作为审计师感知业务风险的替代变量，异常审计收费利用余玉苗等（2020）的残差法计算得出。借鉴洪金明等（2021）的研究，本文选择上一年会计年度结束日与审计报告出具日时间间隔的自然对数衡量审计投入。

2. 解释变量

本文的主要解释变量是数字化监管（*GTP*），被审计单位所在地上线“金税三期”当年及以后取值为1；否则，取值为0。

3. 控制变量

借鉴陈正威（2023）、洪金明等（2021）的研究，本文控制了一系列可能影响审计师业务风险感知和审计投入的企业层面因素及审计层面因素，同时控制了年份固定效应和行业固定效应。具体变量定义见表1。

表1 变量定义

变量类型	变量名称	符号	变量定义
被解释变量	业务风险感知	*PR*	异常审计收费，借鉴余玉苗等（2020）的残差法计算得出
	审计投入	*Invest*	上一年会计年度结束日与审计报告出具日时间间隔的自然对数
解释变量	数字化监管	*GTP*	虚拟变量，被审计单位所在地上线“金税三期”当年及以后取值为1；否则，取值为0
控制变量	公司规模	*Size*	总资产取自然对数
	资产负债率	*Lev*	总负债/总资产
	资产收益率	*Roa*	净利润/总资产
	流动比率	*Curr*	流动资产/流动负债
	速动比率	*Quick*	速动资产/流动负债
	应收账款占比	*Rec*	应收账款/总资产
	存货占比	*Inv*	存货/总资产
	现金流状况	*Cfo*	经营活动现金净流量/总资产
	公司成长性	*Growth*	营业收入增长率
	独立董事比例	*Indep*	独立董事人数/董事会人数
	董事会规模	*Board*	董事会人数的自然对数
	股权集中度	*Top*1	第一大股东的持股比例
	股权制衡度	*Balance*	第二大股东至第五大股东持股数之和/第一大股东持股数
	上市年限	*Age*	被审计单位上市年限加1取自然对数
	盈余管理情况	*DA*	可操纵应计利润的绝对值
	高管薪酬	*Mpay*	被审计单位高管薪酬总额取自然对数
	是否亏损	*Loss*	虚拟变量，被审计单位当年净利润为负取值为1；否则，取值为0

续表

变量类型	变量名称	符号	变量定义
控制变量	产权性质	*Soe*	虚拟变量，若被审计单位为国有企业取值为1；否则，取值为0
	两职合一	*Dual*	虚拟变量，若被审计单位董事长和总经理为同一人取值为1；否则，取值为0
	事务所类型	*Big4/Big10*	虚拟变量，若审计师就职于“四大”或“十大”则取值为1；否则，取值为0
	审计任期	*Tenure*	事务所为被审计单位提供审计服务年限的自然对数
	审计师变更	*Achange*	虚拟变量，若当年审计业务发生审计师变更则取值为1；否则，取值为0
	审计意见	*Op*	虚拟变量，审计师当年出具非标准的审计意见取值为1；否则，取值为0
	行业效应	*Industry*	18个行业哑变量，根据证监会2012年行业分类代码划分，制造业取2位，其余行业取1位
	年份效应	*Year*	2011—2018年7个年度哑变量

（三）模型设计

“金税三期”工程的分批试点可以被视为一种准自然实验，为研究数字化监管的治理效应提供了便利。因此，本文选择采用多期双重差分法，构建模型（1）探究数字化监管对审计师业务风险感知的影响：

$$PR = \alpha_0 + \alpha_1 GTP + \alpha_i Controls + Year + Industry + \varepsilon_1 \quad (1)$$

为了进一步研究数字化监管是否会影响审计师对业务的投入，且影响是否通过审计师对业务的风险感知发生变化，本文又构建了模型（2）、模型（3）验证 H_2：

$$Invest = \beta_0 + \beta_1 GTP + \beta_i Controls + Year + Industry + \varepsilon_2 \quad (2)$$

$$Invest = \gamma_0 + \gamma_1 GTP + \gamma_2 PR + \gamma_i Controls + Year + Industry + \varepsilon_3 \quad (3)$$

H_1 重点关注系数 α_1 及其显著性：当 α_1 显著为正时，H_{1a}成立，说明数字化监管增加了审计师对业务的风险感知；当 α_1 显著为负时，H_{1b}

成立，说明数字化监管降低了审计师对业务的风险感知。H_2 重点关注系数 β_1 及其显著性：当 β_1 显著为正时，H_{2a}成立；当 β_1 显著为负时，H_{2b}成立。若 α_1 、β_1 均显著为正，且 γ_2 显著，则说明由于数字化监管带来了更高的风险感知，审计师增加了对相关业务的审计投入；若 α_1 、β_1 显著为负，且 γ_2 显著，则说明由于数字化监管带来了更低的风险感知，审计师减少了对相关业务的审计投入。

四、实证结果

（一）描述性统计

主要变量的描述性统计结果见表 2。由表 2 可知，业务风险感知（*PR*）的最小值为 -0. 940、最大值为 1. 008、标准差为 0. 389，审计投入（*Invest*）的最小值为 3. 611、最大值为 4. 787、标准差为 0. 221，说明审计师对不同业务的风险感知和审计投入有较大差异。数字化监管（*GTP*）的均值为 0. 601，说明样本中有 60. 1% 处于数字化监管环境中。其余变量的描述性统计结果与已有研究基本一致。

表 2　主要变量描述性统计

变量	样本数	均值	标准差	最小值	p_{25}	中位数	p_{75}	最大值
PR	14876	0. 000	0. 389	-0. 940	-0. 260	-0. 007	0. 250	1. 008
Invest	14876	4. 549	0. 221	3. 611	4. 454	4. 605	4. 736	4. 787
GTP	14876	0. 601	0. 490	0. 000	0. 000	1. 000	1. 000	1. 000
Size	14876	22. 136	1. 256	19. 887	21. 228	21. 962	22. 850	26. 048
Lev	14876	0. 416	0. 206	0. 050	0. 247	0. 405	0. 572	0. 869
Roa	14876	0. 038	0. 053	-0. 190	0. 014	0. 036	0. 064	0. 185
Curr	14876	2. 527	2. 630	0. 309	1. 163	1. 696	2. 781	17. 151
Quick	14876	2. 004	2. 411	0. 183	0. 753	1. 235	2. 164	15. 583
Rec	14876	0. 123	0. 104	0. 000	0. 037	0. 101	0. 182	0. 471
Inv	14876	0. 148	0. 138	0. 000	0. 061	0. 113	0. 183	0. 723

续表

变量	样本数	均值	标准差	最小值	p_{25}	中位数	p_{75}	最大值
Cfo	14876	0.042	0.068	-0.159	0.005	0.042	0.082	0.230
Growth	14876	0.402	1.018	-0.711	-0.025	0.146	0.454	7.165
Indep	14876	37.463	5.280	33.330	33.330	33.330	42.860	57.140
Board	14876	2.128	0.194	1.609	1.946	2.197	2.197	2.639
*Top*1	14876	34.701	14.468	9.310	23.305	32.820	44.330	73.830
Balance	14876	0.708	0.588	0.029	0.250	0.544	1.012	2.763
Age	14876	2.130	0.784	0.693	1.609	2.197	2.890	3.258
DA	14876	0.075	0.082	0.001	0.023	0.049	0.096	0.443
Tenure	14876	1.710	0.827	0.000	1.099	1.792	2.303	3.135
Mpay	14876	15.183	0.698	13.444	14.729	15.152	15.621	17.087
*Big*4	14876	0.051	0.220	0.000	0.000	0.000	0.000	1.000
Loss	14876	0.091	0.288	0.000	0.000	0.000	0.000	1.000
Soe	14876	0.345	0.475	0.000	0.000	0.000	1.000	1.000
Dual	14876	0.277	0.448	0.000	0.000	0.000	1.000	1.000
Achange	14876	0.622	0.485	0.000	0.000	1.000	1.000	1.000
Op	14876	0.025	0.157	0.000	0.000	0.000	0.000	1.000

（二）回归结果分析

1. 数字化监管对审计师业务风险感知的影响

数字化监管对审计师业务风险感知影响的回归结果见表3。基准回归结果如列（1）所示，解释变量 *GTP* 的系数为 -0.104，在1%的水平上显著；列（2）在列（1）的基础上加入公司层面相关的控制变量，解释变量 *GTP* 的系数为 -0.103，在1%的水平上显著；列（3）在列（2）的基础上加入审计层面相关的控制变量，解释变量 *GTP* 的系数为 -0.085，在1%的水平上显著。列（1）、列（2）、列（3）的结果表明，数字化监管行为约束作用替代了部分外部审计的功能，降低了审计师对业务的风险感知、缓解了审计师的执业压力，支持 H_{1b}。

表 3　数字化监管对审计师行为影响的回归分析

变量	(1)	(2)	(3)
	PR	*PR*	*PR*
GTP	-0.104*** (-8.002)	-0.103*** (-7.901)	-0.085*** (-6.875)
Size		0.002 (0.440)	-0.026*** (-6.473)
Lev		0.014 (0.522)	0.036 (1.363)
Roa		0.093 (0.993)	0.173* (1.928)
Curr		0.002 (0.185)	-0.008 (-0.759)
Quick		-0.002 (-0.150)	0.010 (0.881)
Rec		-0.017 (-0.456)	-0.011 (-0.315)
Inv		-0.002 (-0.054)	0.092** (2.079)
Cfo		-0.023 (-0.420)	-0.118** (-2.223)
Growth		-0.000 (-0.039)	0.004 (1.269)
Indep		0.000 (0.392)	-0.001 (-0.808)
Board		0.034 (1.570)	0.040* (1.959)
*Top*1		0.000 (0.130)	-0.001 (-1.586)
Balance		-0.006 (-0.626)	-0.019** (-2.257)
Age		0.011* (1.800)	-0.000 (-0.015)

续表

变量	(1)	(2)	(3)
	PR	PR	PR
Mpay		-0.003 (-0.565)	-0.018*** (-3.166)
Loss		0.027* (1.794)	0.018 (1.277)
Soe		-0.063*** (-7.132)	-0.062*** (-7.414)
Dual		0.015** (2.001)	0.013* (1.799)
DA		-0.016 (-0.380)	-0.017 (-0.433)
Tenure			0.037*** (9.603)
Big4			0.571*** (38.027)
Achange			0.002 (0.247)
Op			0.141*** (6.925)
_cons	-0.001 (-0.045)	-0.081 (-0.776)	0.720*** (7.011)
Industry	Yes	Yes	Yes
Year	Yes	Yes	Yes
N	14876	14876	14876
adj. R^2	0.003	0.006	0.099

注：***、**和*分别表示在1%、5%和10%的水平上显著；括号内为标准误。

2. 数字化监管对审计投入的影响

为了进一步讨论数字化监管是否会影响审计师对相关业务的投入，且该影响是否由于审计师对相关业务的风险感知发生变化，本文基于模型（2）、模型（3）进行了回归，结果见表4。

列（1）显示，当被解释变量为审计投入（*Invest*）时，解释变量 *GTP* 的系数在 5% 的水平上显著为负；列（2）显示，当审计师对业务的风险感知（*PR*）作为控制变量加入数字化监管和审计投入的回归中时，其系数仍然显著。模型（1）、模型（2）、模型（3）的回归结果和 Soble 检验结果均表明，审计师由于感知到了更低的业务风险，减少了对受数字化监管客户的审计投入。

表 4　数字化监管对审计投入影响的回归分析

变量	(1)	(2)
	Invest	*Invest*
GTP	-0.018** (-2.484)	-0.015** (-2.130)
PR		0.030*** (6.253)
Size	0.024*** (10.274)	0.025*** (10.605)
Lev	-0.034** (-2.225)	-0.035** (-2.298)
Roa	-0.319*** (-6.142)	-0.325*** (-6.249)
Curr	0.015** (2.522)	0.016** (2.564)
Quick	-0.018*** (-2.665)	-0.018*** (-2.714)
Rec	0.057*** (2.756)	0.057*** (2.776)
Inv	-0.036 (-1.417)	-0.039 (-1.526)
Cfo	-0.124*** (-4.041)	-0.121*** (-3.931)
Growth	-0.000 (-0.132)	-0.000 (-0.197)

续表

变量	(1)	(2)
	Invest	Invest
Indep	-0.000 (-0.879)	-0.000 (-0.839)
Board	0.007 (0.558)	0.005 (0.458)
*Top*1	0.000 (1.600)	0.000* (1.684)
Balance	-0.001 (-0.139)	-0.000 (-0.024)
Age	-0.017*** (-4.907)	-0.017*** (-4.913)
Mpay	-0.004 (-1.242)	-0.003 (-1.081)
Loss	0.019** (2.352)	0.019** (2.289)
Soe	-0.028*** (-5.763)	-0.026*** (-5.380)
Dual	0.006 (1.442)	0.006 (1.351)
DA	-0.027 (-1.148)	-0.026 (-1.127)
Tenure	0.001 (0.348)	-0.000 (-0.144)
*Big*4	-0.060*** (-6.911)	-0.077*** (-8.469)
Achange	-0.003 (-0.818)	-0.003 (-0.832)
Op	0.063*** (5.382)	0.059*** (5.025)
_cons	4.168*** (70.121)	4.147*** (69.735)

续表

变量	(1)	(2)
	Invest	*Invest*
Industry	Yes	Yes
Year	Yes	Yes
N	14876	14876
adj. R^2	0.061	0.064
Sobel *Z*	-4.626***	

注：***、**和*分别表示在1%、5%和10%的水平上显著；括号内为标准误。

（三）稳健性检验

1. 平行趋势检验

主回归结果证明，数字化监管显著降低了审计师对业务的风险感知和审计投入，但运用双重差分模型进行政策效应评估应当满足平行趋势假设，即如果政策冲击不存在，审计师对受到数字化监管的业务与未受到数字化监管的业务在风险感知和审计投入上应该有一致的变化趋势。因此，为了检验数字化监管上线以前是否满足平行趋势假设，本文构建了五个年度虚拟变量，即 *Before2*、*Before1*、*Current*、*After1*、*After2*，分别代表"金税三期"上线的前两年及以前年度、前一年、当年、后一年、后两年及以后年度，运用前述五个年度虚拟变量替换模型（1）、模型（2）中的解释变量 *GTP* 进行回归，并选择数字化监管实施前一年作为基期。平行趋势检验结果如表5所示，*Before2* 的系数不显著，符合平行趋势假设。

表5　平行趋势检验结果

变量	(1)	(2)
	PR	*Invest*
Before2	0.065 (1.526)	-0.006 (-0.709)
Current	-0.044*** (-3.064)	-0.017** (-2.015)

续表

变量	(1)	(2)
	PR	*Invest*
*After*1	−0.079*** (−5.041)	−0.024*** (−2.599)
*After*2	−0.143*** (−8.387)	−0.026*** (−2.666)
_*cons*	0.678*** (6.563)	4.175*** (69.666)
Industry	Yes	Yes
Controls	Yes	Yes
Year	Yes	Yes
N	14876	14876
adj. R^2	0.103	0.061

注：***、**分别表示在1%、5%的水平上显著；括号内为标准误。

2. PSM－DID 检验

为了使得到的结果更加稳健，缓解可能存在的样本选择偏误问题，本文又采用倾向得分匹配和双重差分模型相结合（PSM－DID）的方法，重新评估了数字化监管对审计师的业务风险感知及审计投入的影响。首先，以公司规模、资产负债率、资产收益率、流动比率、速动比率、应收账款占比、存货占比、现金流状况、成长性作为特征变量，采用 Logit 模型进行一对一匹配，得到观测值 11876 个。其次，基于匹配后的样本进行回归，结果如表 6 所示，与主回归结果基本一致。

表 6　PSM－DID 结果

变量	(1)	(2)
	PR	*Invest*
GTP	−0.086*** (−6.978)	−0.019** (−2.497)
_*cons*	0.630*** (5.504)	4.130*** (60.143)

续表

变量	(1)	(2)
	PR	*Invest*
Controls	Yes	Yes
Industry	Yes	Yes
Year	Yes	Yes
N	11876	11876
adj. R^2	0.104	0.048

注：***、**分别表示在1%、5%的水平上显著；括号内为标准误。

3. 变更关键变量度量

由于数字化监管的政策效果可能存在一定的滞后性，即数字化监管上线后，程序设备调试、人员培训、新老软件数据对接等方面可能导致系统运行需要一定的磨合期。本文参考郑建明和孙诗璐（2021）的研究对解释变量滞后一期进行回归，结果如表7所示。GTP_{-1}的系数仍显著为负，表明在考虑到数字化监管的作用可能存在滞后性的情况下，本文的结论依然稳健。

表7　变更关键变量度量结果

变量	(1)	(2)
	PR	*Invest*
GTP_{-1}	-0.080*** (-6.917)	-0.013** (-1.997)
_*cons*	0.723*** (7.038)	4.168*** (70.110)
Controls	Yes	Yes
Industry	Yes	Yes
Year	Yes	Yes
N	14876	14876
adj. R^2	0.099	0.061

注：***、**分别表示在1%、5%的水平上显著；括号内为标准误。

4. 加入公司层面聚类

为了排除模型中可能存在的异方差问题，本文采用公司层面的聚类分析进行了检验，回归结果如表8所示。加入公司层面的聚类后，解释变量 *GTP* 的系数仍然显著为负，与主回归结果一致，证明了本文结论的稳健性。

表8　公司层面聚类结果

变量	(1)	(2)
	PR	*Invest*
GTP	-0.085*** (-5.550)	-0.018** (-2.045)
_*cons*	0.720*** (3.446)	4.168*** (46.919)
Controls	Yes	Yes
Industry	Yes	Yes
Year	Yes	Yes
N	14876	14876
adj. R^2	0.099	0.061

注：***、**分别表示在1%、5%的水平上显著；括号内为标准误。

（四）进一步研究

1. 事务所规模的异质性

事务所规模可以在一定程度上反映审计师的专业素养（Deangelo，1981；李仙、聂丽洁，2006；Francis et al.，2009），并且事务所规模越大审计师行为越容易受到"深口袋"理论和声誉机制的约束（Moore and Scott，1989；Dye，1993；于鹏，2007）。当审计师就职于"四大"时，一般认为其自身能力较强且执业过程较为规范；当审计师就职于"非四大"时，一般认为其自身能力相对较弱，较容易借用外部监督的工作减轻执业压力。因此，本文预计审计师在就职于"非四大"时，其对业务的风险感知和投入更容易受到数字化监管的影响。相关分组回归结果显示（见表9），数字化监管对审计师业务风险感知和审计投入的影响在"非四大"的样本中更加显著，说明"非四大"的审计师更容易依靠数字化监管发挥的行为约束作用减轻自己的执业压力。

表 9　审计师背靠事务所规模的异质性分析

变量	(1) *Big4* = 1	(2) *Big4* = 0	(3) *Big4* = 1	(4) *Big4* = 0
	PR	*PR*	*Invest*	*Invest*
GTP	−0.094 (−1.495)	−0.083*** (−6.626)	0.014 (0.562)	−0.020*** (−2.722)
_*cons*	−0.793 (−1.639)	0.973*** (9.213)	4.442*** (23.301)	4.111*** (65.711)
Controls	Yes	Yes	Yes	Yes
Industry	Yes	Yes	Yes	Yes
Year	Yes	Yes	Yes	Yes
N	756	14120	756	14120
adj. R^2	0.223	0.038	0.217	0.059

注：＊＊＊表示在1%的水平上显著；括号内为标准误。

2. 制度环境的异质性

在制度环境较好的情形下，监管效率更高（何凌云、陶东杰，2020；盛智明、周仁磊，2021）。因此，本文预计当业务所处地区制度环境较好时，数字化监管更容易影响审计师。为验证前述猜测，本文引入王小鲁等（2017）发布的中国市场化指数衡量制度环境进行分组，当业务所处地区对应的市场化指数大于均值时，认为制度环境较好，*Mkt* 取值为 1；否则，取值为 0。分组回归结果如表 10 所示。当制度环境较好时，数字化监管与审计师的业务风险感知、审计投入之间的相关关系显著为负；当制度环境较差时，数字化监管与审计师业务风险感知和审计投入的相关关系为正，但并不显著。上述结果说明，当业务所处的制度环境较好时，审计师更可能依靠数字化监管发挥行为约束作用。

表 10　制度环境的异质性分析

变量	(1) *Mkt* = 1	(2) *Mkt* = 0	(3) *Mkt* = 1	(4) *Mkt* = 0
	PR	*PR*	*Invest*	*Invest*
GTP	−0.097*** (−6.972)	0.046 (1.220)	−0.030*** (−3.743)	0.074 (1.170)

续表

变量	（1） *Mkt* = 1	（2） *Mkt* = 0	（3） *Mkt* = 1	（4） *Mkt* = 0
	PR	*PR*	*Invest*	*Invest*
_*cons*	0.656 *** (5.703)	0.934 *** (3.921)	4.217 *** (63.754)	3.926 *** (26.434)
Controls	Yes	Yes	Yes	Yes
Industry	Yes	Yes	Yes	Yes
Year	Yes	Yes	Yes	Yes
N	12371	2505	12371	2505
adj. R^2	0.102	0.131	0.070	0.032

注：＊＊＊表示在1%的水平上显著；括号内为标准误。

五、研究结论与启示

近两年，随着数字中国战略的提出，继续强化使用数字化手段提高监管效能已成为一种趋势。本文以“金税三期”的实施作为外生冲击，以2011—2018年我国沪深两市的A股上市公司审计业务作为研究样本，采用双重差分法检验了数字化监管对审计师业务风险感知的影响。研究结果表明，数字化监管降低了审计师对相关业务的风险感知，并因此减少了其对相关业务的审计投入；通过倾向得分匹配、变更关键变量度量、加入公司层面聚类等稳健性检验后前述结论仍然成立；进一步研究发现，数字化监管对审计师业务风险感知和审计投入的影响在审计师就职于“非四大”或业务本身所处制度环境较好时更显著。

本文的研究结论丰富了数字化监管对资本市场微观个体影响的相关研究，具有一定的理论贡献。研究结论还具有如下实践启示：第一，对审计师而言，应当充分重视数字化监管的发展趋势，有效利用针对被审计单位的数字化监管成果，在确保执业质量的前提下提高执业效率；第二，对事务所而言，应当引导审计师了解各类数字化监管制度，提高审计市场总体的资源配置效率；第三，对监管部门而言，应当加强与资本市场上各参与方的联动，丰富数字化监管的信息来源，扩大数字化监管的作用范围。

参考文献

[1]DEANGELO L E. Auditor size and audit quality[J]. Journal of a - ccounting and economics,1981,3(3).

[2]FRANCIS J R, YU M D. Big 4 office size and audit quality[J]. The accounting review,2009,84(5): 1521 - 1552.

[3]MOORE G, SCOTT W R. Auditors' legal liability, collusion with management, and investors' loss[J]. Contemporary accounting research,1989,5(2):754 - 774.

[4]RONALD A D. Auditing standards, legal liability, and auditor wealth [J]. Journal of political economy,1993,101(5).

[5]SIMUNIC D A. The pricing of audit services: theory and evidence [J]. Journal of accounting research,1980(1): 161 - 190.

[6]蔡昌,林高怡,王卉乔. 税收征管与企业融资约束:基于金税三期的政策效应分析[J]. 会计研究,2021,403(5):107 - 120.

[7]陈正威."逆向混改"影响审计师风险感知吗:基于异常审计费用视角的经验证据[J]. 中南财经政法大学学报,2023(4):28 - 400.

[8]樊勇,李昊楠. 税收征管、纳税遵从与税收优惠:对金税三期工程的政策效应评估[J]. 财贸经济,2020,41(5):51 - 66.

[9]洪金明,林润雨,崔志坤. 企业风险承担水平、审计投入与审计意见[J]. 审计研究,2021,221(3):96 - 105.

[10]胡仙芝,李婷. 现代政府监管的模式变迁与数字化改革路径[J]. 新视野,2022,234(6):47 - 53.

[11]纪亚方,梁日新,池亚楠. 大数据税收征管能抑制企业违规行为吗:基于"金税三期"的准自然实验分析[J]. 当代财经,2023,459(2):43 - 54.

[12]李世刚,黄一松. 大数据税收征管能抑制企业过度投资吗? [J]. 税务研究,2022,444(1):118 - 123.

[13]李仙,聂丽洁. 我国上市公司IPO中审计质量与盈余管理实证研究[J]. 审计研究,2006(6):67－72.

[14]李晓艳,梁日新,李英. 大数据税收征管能否抑制企业“脱实向虚”:基于“金税三期”的准自然实验证据[J]. 现代财经(天津财经大学学报),2022,42(7):37－56.

[15]李增福,骆展聪,杜玲,等.“信息机制”还是“成本机制”:大数据税收征管何以提高了企业盈余质量[J]. 会计研究,2021,405(7):56－68.

[16]林晚发,敖小波. 企业信用评级与审计收费[J]. 审计研究,2018,203(3):95－103.

[17]刘冰熙,陶东杰,陈政弘. 征管信息化降低了企业税收不确定性吗:来自金税三期准自然实验的证据[J]. 广东财经大学学报,2022,37(6):89－103.

[18]刘慧龙,张玲玲,谢婧. 税收征管数字化升级与企业关联交易治理[J]. 管理世界,2022,38(6):158－176.

[19]刘金洋,沈彦杰. 证监会随机抽查的监管效应:溢出还是替代:基于交易所和审计师的视角[J]. 审计研究,2021,222(4):77－87.

[20]刘铠豪. 税收征管与企业对外投资:来自“金税工程三期”的证据[J]. 南方经济,2021,387(12):37－57.

[21]潘越,王宇光,戴亦一. 税收征管、政企关系与上市公司债务融资[J]. 中国工业经济,2013,305(8):109－121.

[22]盛智明,周仁磊. 制度环境与证券监管:基于2001—2018年证监会行政处罚决定书的分析[J]. 社会学研究,2021,36(6):179－199＋230.

[23]孙雪娇,翟淑萍,于苏. 大数据税收征管如何影响企业盈余管理:基于“金税三期”准自然实验的证据[J]. 会计研究,2021,399(1):67－81.

[24]王雪平. 税收执法提升了企业财务报告质量吗:基于“金税工程三期”的准自然实验[J]. 贵州财经大学学报,2020,206(3):49－60.

[25]徐捍军. 大数据税收征管降低了股价崩盘风险吗:基于“金税三期”的准自然实验[J]. 上海财经大学学报,2021,23(2):93－107.

[26]叶永卫,李佳轩,云锋. 大数据税收征管与企业会计稳健性[J]. 财贸研究,2021,32(11):72－82.

[27]易龙飞. 数字化市场监管:数字政府建设的新议程[J]. 浙江工业大学学报(社会科学版),2022,21(2):167－172.

[28]于鹏. 公司特征、国际“四大”与审计意见[J]. 审计研究,2007,136(2):53-60.

[29]余玉苗,范亚欣,周楷唐. 审计费用的事前确定、异常审计费用与审计质量[J]. 审计研究,2020(2):67-75.

[30]郑建明,孙诗璐. 税收征管与审计费用:来自“金税三期”的准自然实验证据[J]. 审计研究,2021,222(4):43-52.

[31]周美华,兰明慧,张岩. 现金股利与审计收费[J]. 审计研究,2021,224(6):116-128.

数字化税收征管对企业金融化的影响研究

——基于“金税三期”工程的准自然实验①

杨 璐

摘要： 作为外部治理的重要政策工具，税收征管的数字化发展深刻影响了企业的投资和经营行为。本文基于“金税三期”这一准自然实验，以2009—2021年A股上市公司为研究样本，采用多时点双重差分方法，实证检验了数字化税收征管对企业金融化的影响。研究表明：数字化税收征管能够抑制企业金融化，并满足平行趋势检验等稳健性检验；机制检验发现，数字化税收征管通过降低代理成本抑制了企业金融化；进一步分析发现，数字化税收征管对公司治理较差企业的金融化抑制作用更显著。本文的研究在理论上为探索企业金融化的约束机制提供了新的视角，在实践上为在大数据背景下进一步完善税收征管体制提供了经验证据。

关键词： 数字化税收征管；企业金融化；代理成本；公司治理

作者简介： 杨璐（1999—），山东烟台人，西北大学经济管理学院2022级会计学专业硕士研究生。

---

① 本文由李辉教授指导完成。李辉，西北大学经济管理学院教授，硕士研究生导师，研究方向：公司治理与会计理论。

一、引言

党的二十大报告指出，加快发展数字经济，促进数字经济和实体经济深度融合，打造具有国际竞争力的数字产业集群。实体经济是一国经济的立身之本，保持实体经济与金融协调发展是实现经济高质量发展的内在要求。但近些年来，由于金融资产周期较短且收益较高，企业更倾向于购买金融资产以期获得短期超额收益，导致企业的金融资产占比逐渐升高，金融资产配置过高会挤占实体经济的空间，使企业呈现明显的“脱实向虚”的趋势，金融资产的高风险特征会增加企业的财务风险，进而影响企业的正常生产经营活动，增加了股价崩盘风险。金融化是指非金融企业将资源更多地投资于金融资产以更多通过金融渠道而非实业经营获得利润（宋军、陆旸，2015）。若企业不断提高金融资产的占比，就会给自身正常生产经营带来巨大风险，损害股东长期利益（杜勇等，2017）的同时，还会给我国经济健康稳定发展带来威胁，甚至带来系统性风险从而引发金融危机（张成思、张步昙，2016），如何应对企业金融化问题已刻不容缓。目前，有关企业金融化的影响因素研究主要集中于公司内部治理方面，缺乏在大数据背景下外部治理机制对企业金融化影响的探讨。

党的二十大报告指出，要加快建设网络强国、数字中国。加强数字政府建设，是创新政府治理理念及方式、打开政府治理新格局、提高国家治理体系和治理能力现代化水平的重要举措。由此可见，推进政府数字化已成为数字经济时代政府发展的必然选择。近年来，数字经济的迅速发展以及数字技术的广泛运用，极大地改变了国家治理方式。在税收征管领域，数字技术优化了税收部门的征管模式，显著提高了税务部门的征税效率。税务部门积极响应推进智慧税务的号召，继续推进数字技术赋能金税工程建设，“金税三期”工程就是其中成功的典范，使我国税务部门朝着智慧税务的方向不断前进。

税收征管作为一种外部治理机制，能够提高公司治理水平。Desai等（2007）将政府引入公司治理，之后越来越多的学者开始关注政府与公司治理的关系。作为一种外部监督机制，政府部门的税收征管对公司发挥了显著的外部治理作用（曾亚敏、张俊生，2009）。税务监督体系与数字技术的有效融合深刻改变了国内的税收征管环境和企业层面的经营决策（Bird and Zolt，2008；张克中等，2020）。税务监管体系与数字技术的深度融合，有效提高了税务机关征管能力，加强了其公司治理作用（孙雪娇等，2021）。目前，鲜有研究关注数字化税收征管能否通过其外部治理作用抑制企业“脱实向虚”。

为此，本文基于“金税三期”工程这一准自然实验，选取2009—2021年中国A股上市公司作为研究样本，运用多时点双重差分方法，实证检验数字化税收征管对企业金融化的影响，并将代理成本引入其中进行机制分析。

本文的贡献如下：第一，从企业金融化的研究视角来看，以往文献主要探讨的是公司内部治理对企业金融化的影响，而本文从税收征管的数字化发展这一外部治理机制探讨其对企业金融化的作用效果，丰富了企业金融化的影响因素研究；第二，从研究方法来看，根据“金税三期”分批试点提供的这一良好的准自然实验，本文采用DID模型，在一定程度上解决了内生性问题；第三，从政策启示来看，有助于推动税收征管模式不断优化，完善公司治理，推进企业“脱虚向实”。

二、理论分析与研究假设

（一）数字化税收征管与企业金融化

现阶段，学者对企业金融化的动因和影响企业金融化的因素进行了相关研究。在动因方面，主要有“投资替代”动机和“蓄水池”动机。

“投资替代”动机的本质就是套利，即投资金融资产以获取短期超额收益（Demir，2009）；“蓄水池”动机认为，企业金融化的目的是规避流动性风险，缓解融资约束（胡奕明等，2017）。依据以上两类动机，学者进而探讨了影响企业金融化的因素。陈春华等（2021）认为，数字金融的发展可以通过抑制企业的预防性动机实现抑制企业金融化的作用；刘贯春等（2020）发现，经济政策不确定性与金融资产投资呈显著正相关关系；顾雷雷等（2020）发现，企业社会责任通过缓解企业的融资约束加剧了企业金融化程度。此外，还有管理层特征（杜勇等，2019）等对企业金融化产生影响。

对于如何防范企业金融化，从内部治理视角来看，企业并购能够抑制企业金融化（胡洁等，2022）；连锁股东通过发挥监督治理作用，约束管理层的行为，抑制企业金融化（王新光、盛宇华，2022）。从外部治理视角来看，研发费用加计扣除政策可能会通过增加企业现金流等抑制企业金融化（王晓亮等，2023）。对于如何防范企业金融化，目前多数学者主要从公司内部治理视角研究对企业金融化的影响，较少从外部治理机制展开探讨。

税收征管通过加强信息披露，提高会计信息质量，还有助于完善内部治理机制，抑制管理层的机会主义行为，发挥显著的公司治理作用。随着全球数字经济时代的来临，各国开始布局数字经济，并开始推动数字经济赋能税收征管。中国政府也在不断进行数字化税收征管的实践尝试，“金税工程”就是其中一项重要的建设工作，它是基于国内外先进经验，运用高科技手段结合我国税制管理设计的高科技管理系统，利用计算机网络对纳税状况进行严密监控。“金税三期”工程是中国推进数字化税收征管的成功典型，其通过运用数字技术，建造了一个全覆盖的现代化税收管理系统，实现了数据透明、信息共享、业务联动等运行机制，不仅能提高税收征管效率，还能实现税收优惠政策的精准落实（Li et al.，2020；樊勇等，2020），极大提升了税务部门的税收征管能力，对推动我国智慧税务建设具有里程碑意义。目前，我国学者主要基于“金税三期”工程的建设探究数字化税收征管的经济效果，主要包括对企业投融资行为（蔡昌等，2021）、企业盈余管理（李增福等，2021）和企业内部薪酬差距（魏志华等，2022）等的影响方面展开研究。那么，作为一种外部监督治理机制，税收征管与数字技术相结合会对企业金融化产生什么影响呢？

所有权和经营权分离是现代企业的重要特征，它为经理人因私而进行不当行为提供了契机。代理理论认为，企业的所有者和管理者利益并非完全一致，在缺乏有效监督的情形下，管理层出于自身利益可能产生自利动机和行为，损害所有者的利益。若公司治理环境较差，由于管理层具有一定的权力，其在面对实业投资报酬下降而金融投资报酬增长的情况时，为了满足投资人的期望，就会利用职务之便加剧自身的机会主义行为，更倾向于选择短期利润最大化。而金融投资可以在短期内获得超额收益，使企业业绩得到快速提升，促使管理层进行金融投资的动机进一步加强，加剧企业金融化，侵害股东权益。研究表明，“金税三期”工程作为推进税收征管数字化转型的重要举措，能够有效发挥公司外部的监督治理作用，数字化税收征管对税收大数据和企业经营过程进行全面监控，加强了外部监管力量，提高了企业信息透明度，降低了利益相关者与企业管理层之间的信息不对称程度，抑制了管理层的代理行为，有效弱化了管理层进行金融投资获得短期超额收益的动机及行为，抑制企业金融化。因此，本文提出以下假设：

H_1：数字化税收征管能够抑制企业金融化。

（二）数字化税收征管影响企业金融化的作用机制

企业金融化在一定程度上体现了企业对于自身长短期利益的权衡，虽然企业进行金融投资能够在短期内获得超额收益，但这会挤占实体业务的发展空间，最终给企业的长期发展带来不利影响。从公司治理角度来看，代理问题是影响企业金融化的重要因素。基于委托—代理理论，管理层可能为了资本套利而不顾股东的意愿购买金融资产，利用金融投资收益粉饰短期业绩，向投资者呈现出良好的经营状况，进而获得报酬满足私利。

数字化税收征管通过降低企业代理成本抑制企业金融化的逻辑有两点：首先，数字化税收征管对税收大数据和税收过程进行全面监控，强化了政府的外部监督机制，提高了税务部门的税收征管能力，降低了管理层利用避税活动掩盖代理成本的可能，进而降低了公司为了避税带来的代理成本（叶康涛等，2014），因为管理层通常会通过故意增加交易的复杂度等进行避税，谋取私人利益，而数字化税收征管能够利用大数据等现代信息技术，将企业涉税信息直接传递给税务机关，使税务机关能够实时掌控交易数据，增加企业避税难度，进而抑制管理层过度进行金融投资获得短期利益的机会主义行为。其次，“金税三期”工程利用大数据技术不仅提高了数据处理的准确性，而且能够将企业税务信息集中进行大量处理，同时还利用数字技术对高风险业务进行预警。当企业的财务风险显著提高时，会向股东等利益相关者传达信号引发其关注，同时进行持续性的强监管，使企业的违规成本提高，进而增加管理层利用虚假交易等不当手段隐藏代理行为的难度，并且考虑到公司声誉可能会受到威胁（杨德明、赵璨，2012；Ruiz - Verdu et al.，2021），面临监管的高强度压力，管理层会规范其自身行为，抑制过度投资金融资产的行为。由此看来，数字化税收征管能够发挥外部监管作用，弱化管理层的机会主义行为，使公司的代理成本降低，进而抑制企业金融化。因此，本文提出以下假设：

H_2：数字化税收征管通过降低代理成本，抑制企业金融化。

三、研究设计

（一）模型设定

“金税三期”首先于2013年在重庆、山西、山东（除青岛）开始上线运行，到2016年，完成了31个省份（除港澳台）的全面覆盖。“金税三期”工程具有较好的政策冲击性，其分步推行的特点为本文提供了一个较好的准自然实验。因此，本文采用了多时点双重差分法，构建模型（1），以检验数字化税收征管对企业金融化的影响。构建的模型具体如下：

$$FI_{i,t} = \alpha_0 + \alpha_1 GTP_{c,t} + \alpha_2 CV + \delta_i + \mu_j + \gamma_c + \theta_t + \varepsilon_{i,t} \tag{1}$$

其中，FI代表被解释变量企业金融化，下标i、j、c、t分别代表企业、行业、省份、年份，以$GTP_{c,t}$测度数字化税收征管，CV代表控制变量的集合。本文还控制了行业、企业、年份及省份固定效应（δ_i、μ_j、γ_c、θ_t）。变量定义说明见表1。

表1　变量定义说明

变量类型	变量名称	变量符号	变量说明
被解释变量	企业金融化	*FI*	金融资产/总资产
解释变量	数字化税收征管	*GTP*	若企业所在地区当年属于“金税三期”工程试点区，则GTP取值为1；否则，取值为0
控制变量	企业规模	*SIZE*	总资产的自然对数
	财务杠杆	*LEV*	总负债/总资产
	资产回报率	*ROA*	净利润/总资产
	企业成长性	*GROWTH*	营业收入增长率
控制变量	企业年龄	*AGE*	用样本观测值所在年份减去企业成立年份加1后取自然对数衡量
	产权性质	*SOE*	国有企业取值为1；否则，取值为0
	董事会规模	*BOARD*	期末董事会总人数取自然对数
	独立董事占比	*INDRATIO*	独立董事人数与公司董事会总人数之比

续表

变量类型	变量名称	变量符号	变量说明
控制变量	股权集中度	*TOP*1	第一大股东持股/总股本
	两职合一	*DUAL*	董事长与总经理兼任取值为1；否则，取值为0
	高管持股比例	*INSHARE*	管理层持股数量/总股数
	地区发展程度	*GDP*	企业所在省份GDP的自然对数
	地区金融发展水平	*FOR*	企业所在省份金融机构存贷款之和/GDP

（二）变量定义

1. 被解释变量

被解释变量是企业金融化（*FI*）。本文参考杜勇等（2019）的做法，使用金融资产（包括“交易性金融资产”“衍生金融资产”“发放贷款及垫款净额”“可供出售金融资产”“投资性房地产”“持有至到期投资净额”）占总资产的比例衡量企业金融化程度。

2. 解释变量

解释变量是数字化税收征管（*GTP*）。本文使用*GTP*衡量企业所在地区是否在当年实施“金税三期”工程，若企业i第t年在地区c上线，则*GTP*赋值为1；否则，为0。考虑到政策施行需要一定的过程，因此本文参考朱凯等（2021）的做法，将某地区在当年下半年开始实施“金税三期”工程视为下一年开始试点。由于其在青岛和深圳上线时间与其所在省份不同，本文对这两个城市进行单独考虑。

3. 控制变量

除了数字化税收征管外，还有许多微观企业层面的特征和宏观因素影响企业金融化程度。在微观企业层面，本文借鉴杜勇等（2019）的研究，选取了企业规模（*SIZE*）、财务杠杆（*LEV*）等作为控制变量；在宏观层面，考虑到企业金融化还会受到一些地区因素的影响，本文控制了地区发展程度（*GDP*）等地区层面的变量。

（三）样本选择与数据来源

“金税三期”工程最早上线时间为2013年，本文选取2009—2021年的A股上市公司为研究样本。本文的公司层面数据来自CSMAR数据库，宏观地区层面的数据来自历年《中国统计年鉴》。为确保研究结论的可靠性，本文对数据做了以下处理：①剔除ST、*ST类上市公司；②剔除金融行业的样本；③剔除存在关键遗漏值的样本；④剔除2013年及以后上市的公司样本。处理后共得到样本观测值23564个。为避免极端值影响实证结果，本文对所有连续变量进行了上下1%的缩尾处理。所有回归的标准误均在企业层面上进行了聚类调整。

四、实证检验

（一）描述性统计

主要变量的描述性统计见表2。由表2可知，企业金融化（*FI*）的均值为0.039，中位数为0.008，最小值为0.000，最大值为0.413，说明样本企业之间的金融化程度存在较大差异。数字化税收征管（*GTP*）的均值为0.474，这表明大约47.4%的样本企业所在地实施了数字化税收征管。控制变量的描述性统计与现有文献没有显著差异。

表2　描述性统计

变量	样本量	均值	中位数	标准差	最小值	最大值
FI	23564	0.039	0.008	0.073	0.000	0.413
GTP	23564	0.474	0.000	0.499	0.000	1.000
SIZE	23564	22.320	22.160	1.311	19.820	26.250
LEV	23564	0.446	0.444	0.207	0.055	0.899
ROA	23564	0.033	0.033	0.061	-0.258	0.189
GROWTH	23564	0.173	0.104	0.435	-0.570	2.868
AGE	23564	2.881	2.944	0.346	1.792	3.497

续表

变量	样本量	均值	中位数	标准差	最小值	最大值
SOE	23564	0. 440	0. 000	0. 496	0. 000	1. 000
BOARD	23564	2. 145	2. 197	0. 197	1. 609	2. 708
INDRATIO	23564	0. 373	0. 333	0. 053	0. 333	0. 571
*TOP*1	23564	0. 342	0. 319	0. 147	0. 091	0. 737
DUAL	23564	0. 228	0. 000	0. 420	0. 000	1. 000
INSHARE	23564	0. 094	0. 001	0. 167	0. 000	0. 649
GDP	23564	28. 830	28. 890	0. 763	26. 340	30. 150
FOR	23564	3. 620	3. 152	1. 501	1. 746	7. 875

（二）基准回归

为检验数字化税收征管对企业金融化的影响效果，本文采用模型（1）进行回归分析，回归结果如表 3 所示。列（1）至列（3）为逐步加入控制变量后的数字化税收征管对企业金融化的影响。列（1）为仅控制了企业、年份和行业固定效应之后的回归结果，数字化税收征管（*GTP*）的回归系数在 1% 的水平上显著为负；列（2）是在列（1）的基础上加入了相关企业层面的控制变量，列（3）是进一步加入了地区经济发展变量并且控制了省份固定效应。实证结果显示，数字化税收征管（*GTP*）的回归系数至少在 5% 的水平上显著为负，与预期相符。从经济意义上来看，实验组企业相对于对照组企业的金融化程度在“金税三期”工程实施后显著降低了 12. 31%（ –0. 0048/0. 039，0. 039 为表 2*FI* 的均值），这表明数字化税收征管对抑制企业金融化具有重要作用。为了检验数字化税收征管与企业金融化的因果关系，本文又将解释变量滞后一期进行回归，发现回归系数依然显著为负，验证了 H_1。总体而言，数字化税收征管对企业金融化的抑制作用在统计意义和经济意义上均通过了检验，验证了 H_1。

表 3　数字化税收征管与企业金融化回归结果

变量	(1) *FI*	(2) *FI*	(3) *FI*	(4) *AGENCY*	(5) *FI*
GTP	-0.0107*** (-4.4883)	-0.0107*** (-4.5171)	-0.0048** (-2.4613)	-0.0038* (-1.9455)	-0.0045** (-2.3164)
L. GTP	-0.0111*** (-4.6179)	-0.0111*** (-4.6248)	-0.0055*** (-2.7131)		
AGENCY					0.0806*** (3.8800)
常数项	0.0439*** (25.2692)	0.0329 (1.1845)	-0.6366** (-2.5015)	0.6609*** (3.1505)	-0.6899*** (-2.6920)
企业层面控制变量	No	Yes	Yes	Yes	Yes
地区层面控制变量	No	No	Yes	Yes	Yes
企业/年份/行业固定效应	Yes	Yes	Yes	Yes	Yes
省份固定效应	No	No	Yes		
Sobel			-0.000946***		
Bootstrap			[-0.0013643, -0.000633]		
N	23564	23564	23564	23564	23564
r^2_a	0.1544	0.1858	0.2034	0.3779	0.2076

注：***、**和*分别表示在1%、5%和10%的水平上显著；括号内为标准误。

（三）影响路径与作用机制分析

在前文的分析中提到了本文可能存在的作用路径，税收征管的数字化显著提高了税务机关的税收征管能力，还强化了政府的外部监督治理作用，提高了管理层机会主义行为的风险和成本，抑制了企业管理层的自利行为，降低了公司的代理成本，管理层会减少其投资金融资产以求短期获利的动机和行为。管理费用率（管理费用/营业收入）常用于衡量企业的代理成本，它能在一定程度上反映股东的监督成本等，该值越大表明公司的代理问题越严重。为检验代理成本的中介作用，本文构建了中介效应模型（2）和模型（3）：

$$AGENCY_{i,t} = \beta_0 + \beta_1 GTP_{c,t} + \beta_2 CV + \delta_i + \mu_j + \gamma_c + \theta_t + \varepsilon_{i,t} \quad (2)$$

$$FI_{i,t} = C_0 + C_1 GTP_{c,t} + C_2 AGENCY_{i,t} + C_3 CV + \delta_i + \mu_j + \gamma_c + \theta_t + \varepsilon_{i,t} \quad (3)$$

其中，*AGENCY* 为中介变量代理成本，其余变量定义如前所述。

中介效应回归结果如表 3 列（4）、列（5）所示，列（4）反映了企业代理成本的中介效应检验结果，数字化税收征管（*GTP*）与代理成本（*AGENCY*）的回归系数为 -0.0038，在 10% 的水平上显著为负，说明数字化税收征管显著降低了企业代理成本。列（5）表明：*AGENCY* 的系数在 1% 的水平上显著为正，*GTP* 与 *FI* 的回归系数在 5% 的水平上显著为负，说明代理成本在数字化税收征管对企业金融化的影响中起到了部分中介效应（0.0045 < 0.0048）。本文还对代理成本的中介效应进行了 Sobel 检验和 Bootstrap 检验，检验结果依然稳健，因此，支持代理成本的中介效应，验证了 H_2。

（四）异质性分析

考虑到公司本身的治理水平对企业金融化的影响较大，本文根据公司治理程度对样本进行了分组回归。数字化税收征管能够发挥较好的外部治理作用，对不同治理水平的企业可能产生不同的影响。相对于公司治理水平较高的企业，在公司治理水平较低的企业中，数字化税收征管发挥外部监督作用的空间更大，因此，可以推测其对企业金融化更能发挥显著的抑制作用。本文使用股权制衡度和分析师关注度衡量公司治理水平。股权制衡度越高，说明第一大股东受到的约束力越强，较难进行过度投资金融等机会主义行为，说明公司治理较好；而分析师关注度越高，表明企业受到越强的外部监督，企业的信息环境更加透明，说明公司治理较好。

本文参考谢露等（2021）的做法，采用第二大股东至第五大股东的持股比例/第一大股东持股比例衡量股权制衡度，而分析师关注度采用的是分析师跟踪人数。将根据股权制衡度和分析师关注度均值进行分组检验，结果如表4所示，列（1）至列（2）和列（3）至列（4）分别为股权制衡度和分析师关注度的分组检验结果。由结果可知，只有在股权制衡度低组和低分析师关注度组中，*GTP* 的系数分别在5%和1%的水平上显著为负，说明在公司治理水平较低的企业中，数字化税收征管对企业金融化的抑制效果更显著。

表4　异质性分析

变量	(1) 股权制衡度高	(2) 股权制衡度低	(3) 高分析师关注度	(4) 低分析师关注度
GTP	-0.0038 (-1.1262)	-0.0047** (-1.9808)	-0.0013 (-0.3989)	-0.0077*** (-2.9646)
控制变量	Yes	Yes	Yes	Yes
企业/年份/行业固定效应	Yes	Yes	Yes	Yes
省份固定效应	Yes	Yes	Yes	Yes
常数项	-0.5641 (-1.2389)	-0.7323** (-2.3740)	-0.7442** (-2.2414)	-0.4543 (-1.3243)
N	9347	14217	12415	11149
r^2_a	0.2022	0.2229	0.1997	0.2205

注：***、**分别表示在1%、5%的水平上显著；括号内为标准误。

（五）稳健性检验

1. 平行趋势检验

多期双重差分模型的潜在假设是实验组和对照组在事件发生之前不具有系统性的差异。为保证回归结果的有效性，本文在基准回归模型的基础上进一步检验实验组和控制组企业金融化程度在“金税三期”工程上线前是否具有平行趋势。具体地，本文构建年度虚拟变量，以 *GTP* 为1的第一年作为政策实施的第一年，构建如下模型进行实证分析：

$$FI_{i,t} = \alpha_0 + \sum_{n=-3;n\neq -1}^{n=3} \alpha_n Postyear_{c,n} + \alpha_2 CV + \delta_i + \mu_j + \gamma_c + \varepsilon_{i,t} \quad (4)$$

理论上，要想实验组和对照组满足平行趋势假设，政策施行前回归系数应均不显著。回归结果如表 5 所示。政策上线前 3 年以及前 2 年回归系数均不显著，符合平行趋势假设，满足双重差分法的前提。在“金税三期”上线的当年及之后，回归系数均显著为负，验证了数字化税收征管对企业金融化的负向显著影响。

表 5　平行趋势检验

变量	*FI*
*pre*3	0.0034 (1.2590)
*pre*2	0.0021 (1.4150)
Current	-0.0037** (-2.2964)
*post*1	-0.0099*** (-3.5311)
*post*2	-0.0060* (-1.6456)
*post*3	-0.0148*** (-3.0858)
控制变量	Yes
企业/年份/行业固定效应	Yes
省份固定效应	Yes
N	23564
r^2_a	0.2038

注：***、**和*分别表示在1%、5%和10%的水平上显著；括号内为标准误。

2. 安慰剂检验

本文还需要确保基准回归结果并非随机产生，否则本文结论就丧失了意义。为排除其他因素对结果的影响，本文将随机设定“金税三期”工程实施的年份和地区进行安慰剂检验，试点时间和处理组是随机生成的，随机模拟过程 500 次，回归系数的分布如图 1 和图 2 所示，在随机设定政策时间和试点区这两种情况下，系数的均值均接近于 0，且大部分p值在0.1以上，数字化税收征管（*GTP*）的实际估计系数（-0.0048）位于小概率事件的范围内，这说明，数字化税收征管对企业金融化的抑制作用并非偶然随机事件，本文研究结论稳健。

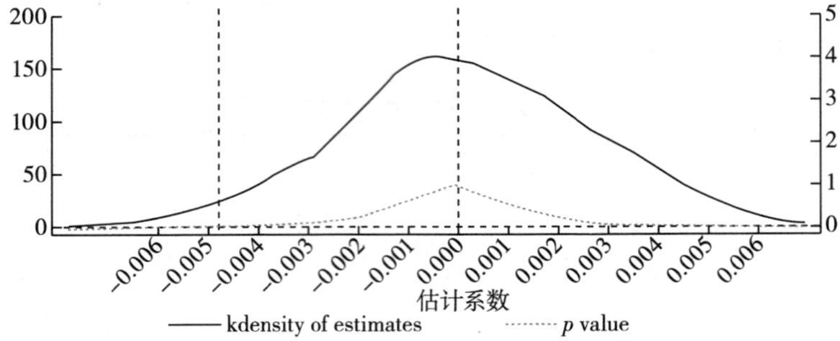

图1　随机设定政策时间

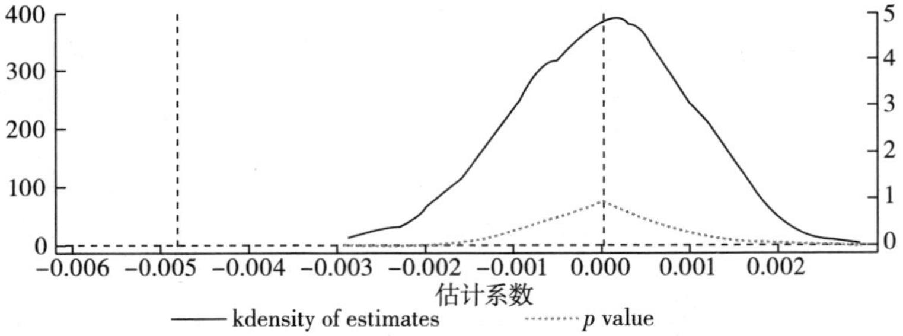

图2　随机选择试点区

3. 排除“营改增”政策的干扰

在“金税三期”工程实施期间，我国推行的其他政策改革措施可能会对其政策效应形成干扰，如“营改增”政策。“营改增”政策解决了营业税和增值税重复征税的问题，减轻了企业的税负。一方面，“营改增”政策会影响企业的盈利能力，这可能会影响企业的投资决策；另一方面，“营改增”政策能够提高企业的现金流水平，有效缓解企业的融资约束，促进企业对实体业务的投资。考虑到“营改增”政策主要是对金融业、房地产业等服务行业产生较大的影响，本文选取受这项政策影响较小的制造业、批发零售业等样本数据进行检验，结果见

表6。由表6可知，在排除“营改增”政策干扰后，*GTP* 系数依然在10%的水平上显著为负，本文结论依然稳健。

表6　“营改增”政策排除实证结果

变量	*FIN*
GTP	−0.0034* (−1.6593)
控制变量	Yes
企业/年份/行业固定效应	Yes
省份固定效应	Yes
常数项	−0.8040*** (−2.9015)
N	16325
r^2_a	0.1717

注：***、*分别表示在1%、10%的水平上显著；括号内为标准误。

五、结论与启示

本文以2009—2021年A股上市公司为研究样本，以“金税三期”工程的分批实施、逐步推行为准自然实验，采用多时点双重差分方法，分析并检验了数字化税收征管对企业金融化的影响及作用机制。研究发现，第一，数字化税收征管能够显著抑制企业金融化，通过了一系列稳健性检验；第二，机制分析表明，数字化税收征管能够加强监管，弱化管理层的机会主义行为，降低公司代理成本，进而抑制企业金融化；第三，进一步研究表明，数字化税收征管对企业金融化的抑制作用在公司治理水平较低的企业中更为显著。

基于数字经济的时代背景，本文探讨了数字化税收征管的外部治理作用对企业金融化的影响效果，不仅挖掘出“金税三期”政策的外溢作用，还为防范和治理企业金融化提供了新的外部视角，具有一定的理论贡献。基于研究结论，本文有以下启示：第一，要坚持推动税收征管数字化转型。充分发挥数字技术在税收征管对公司治理方面的作用，进一步落实“金税工程”建设，优化税收征管环境，提高税收征管能力，使我国的税收管理体系与经济发展相契合，共同推进国家治理的现代化水平提升。第二，要完善内外部相结合的监督治理机制。针对管理层的机会主义行为，企业应完善公司治理机制，提高企业的信息透明度，解决代理问题，降低代理成本，同时，政府及市场也应积极发挥外部监督治理作用。第三，对于企业金融化问题，政府应加强对实体企业的引导，使其回归实体经济。企业也应注重自身的主业经营及发展，减少金融投资，防范过度投资金融产品引发系统性风险。银行也应采取严格把控信贷等手段鼓励支持实体企业进行实体投资的借贷，促进企业健康可持续发展。

参考文献

[1]宋军，陆旸．非货币金融资产和经营收益率的U形关系：来自我国上市非金融公司的金融化证据［J］．金融研究，2015(6)：111－127.

[2]杜勇，张欢，陈建英．金融化对实体企业未来主业发展的影响：促进还是抑制［J］．中国工业经济，2017(12)：113－131.

[3]张成思，张步昙．中国实业投资率下降之谜：经济金融化视角［J］．经济研究，2016，51(12)：32－46.

[4]DESAI M A，DYCK A，ZINGALES L. Theft and taxes［J］. Journal of financial economics，2007，84(3)：591－623.

[5]曾亚敏，张俊生．税收征管能够发挥公司治理功用吗？［J］．管理世界，2009(3)：143－151＋158.

[6]BIRD R M，ZOLT E M. Technology and taxation in developing countries：from hand to mouse［J］. National tax journal，2008，61(4)：791－821.

[7]张克中，欧阳洁，李文健．缘何“减税难降负”：信息技术、征税能力与企业逃税［J］．经济研究，2020，55(3)：116－132.

[8]孙雪娇，翟淑萍，于苏．大数据税收征管如何影响企业盈余管理：基于“金税三期”准自然实验的证据［J］．会计研究，2021(1)：67－81.

[9] DEMIR F. Finanical liberalization, private investment and portfolio choice: finanicalization of real sectors in emerging markets [J]. Journal of development economics, 2009, 88(2): 314 - 324.

[10]胡奕明,王雪婷,张瑾. 金融资产配置动机:"蓄水池"或"替代":来自中国上市公司的证据 [J]. 经济研究,2017,52(1):181 - 194.

[11]陈春华,曹伟,曹雅楠,等. 数字金融发展与企业"脱虚向实" [J]. 财经研究,2021,47(9):78 - 92.

[12]刘贯春,刘媛媛,张军. 经济政策不确定性与中国上市公司的资产组合配置:兼论实体企业的"金融化"趋势 [J]. 经济学(季刊),2020,20(5):65 - 86.

[13]顾雷雷,郭建鸾,王鸿宇. 企业社会责任、融资约束与企业金融化[J]. 金融研究,2020(2):109 - 127.

[14]杜勇,谢瑾,陈建英. CEO金融背景与实体企业金融化 [J]. 中国工业经济,2019(5):136 - 154.

[15]胡洁,韩一鸣,钟咏. 企业并购能否抑制经济"脱实向虚":基于产业优化发展的视角 [J]. 技术经济,2022,41(12):144 - 156.

[16]王新光,盛宇华. 连锁股东对企业"脱实向虚"的影响研究 [J]. 管理学报,2022,19(12):1776 - 1783.

[17]王晓亮,梁丹阳,独正元. 研发费用加计扣除政策能够抑制实体企业金融化吗? [J]. 现代财经(天津财经大学学报),2023,43(2):54 - 74.

[18] LI J J, WANG X, WU Y P. Can government improve tax compliance by adopting advanced information technology? Evidence from the golden tax project Ⅲ in China [J]. Economic modelling, 2020(93): 384 - 397.

[19]樊勇,李昊楠. 税收征管、纳税遵从与税收优惠:对金税三期工程的政策效应评估 [J]. 财贸经济,2020,41(5):51 - 66.

[20]蔡昌,林高怡,王卉乔. 税收征管与企业融资约束:基于金税三期的政策效应分析 [J]. 会计研究,2021(5):107 - 120.

[21]李增福,骆展聪,杜玲,等. "信息机制"还是"成本机制":大数据税收征管何以提高了企业盈余质量 [J]. 会计研究,2021(7):56 - 68.

[22]魏志华,王孝华,蔡伟毅. 税收征管数字化与企业内部薪酬差距 [J]. 中国工业经济,2022(3):152 - 170.

[23]叶康涛,刘行. 公司避税活动与内部代理成本 [J]. 金融研究,2014(9): 158 - 176.

[24]杨德明,赵璨．媒体监督、媒体治理与高管薪酬［J］．经济研究,2012,47(6)：116－126.

[25]RUIZ－VERDU P SINGH R. Public thrift,private perks:signaling board independence with executive pay［J］. Journal of finance, 2021,76(2)：845－891.

[26]朱凯,潘舒芯,胡梦梦．智能化监管与企业盈余管理选择:基于金税三期的自然实验［J］．财经研究,2021,47(10):140－155.

[27]谢露,翟胜宝,童丽静．博彩文化与企业费用粘性［J］．会计研究,2021(5)：121－132.

数字化转型同群效应对企业高质量发展的影响研究①

华书棋

摘 要： 随着企业数字化转型的逐步深入，数字化转型同群效应得到实务界和理论界的广泛关注，成为推动企业高质量发展的关键。本文以2013—2021年我国A股非金融类上市公司为研究样本，检验同行业同群企业数字化转型对企业高质量发展的影响。实证结果显示：数字化转型同群效应对企业高质量发展具有显著正向影响，内部控制有效性在同群企业数字化转型和企业高质量发展中发挥负向调节作用，创新产出在二者之间存在中介效应。上述研究结论在替换解释变量等稳健性检验后依然成立。本文的研究成果为政府加强行业数字化基础建设、企业内部数字化决策和内部控制制度的完善提供了参考与建议。

关键词： 数字化转型同群效应；企业高质量发展；内部控制；创新产出

作者简介： 华书棋（2000—），陕西西安人，西北大学经济管理学院2022级会计学专业硕士研究生。

① 本文由李辉教授指导完成。李辉，西北大学经济管理学院教授，硕士研究生导师，研究方向：公司治理与会计理论。

一、引言

党的二十大报告指出，高质量发展是全面建设社会主义现代化国家的首要任务。“十四五”发展规划也指出要将数字化转型融入实体经济，驱动生产方式变革。随着大数据、物联与互联、云处理等新兴数字技术与实体产业的融合和渗透加速，不仅要求政府进一步深化供给侧结构性改革，加快产业融合，提升行业市场配置效率，企业作为基础微观经济单元，也要提高内部产品服务能力，加强产业链融合创新，激发企业数字化革新，从而提高全要素生产率，实现企业高质量发展。

数字化转型是企业高质量发展的必由之路，以往研究证明，数字技术在企业内的应用有助于提升生产效率、财务绩效（吴非等，2021）。但是，由于数字化转型的成本与技术门槛较高，数字化转型给企业决策和政策落实带来巨大挑战。《2022 中国民营企业数字化转型调研报告》显示，2022 年 2 月以来，超半数企业开展了数字化转型，但成效甚微，企业亟待探索数字化转型实现路径。已有学者证实了企业数字化转型尚处于初始阶段（戚聿东等，2020），数字化转型能力欠缺且战略决策缺乏前瞻性和连贯性（霍春辉等，2023）。由于所处行业地位不同，企业拥有的实体、信息资产禀赋有别，同行业内企业数字化转型的进程存在差异。但现有研究没有将单个企业置于同行业的生态系统中，缺乏企业间社会属性及同行业内企业决策相互影响的分析。

企业的高质量发展对内以提升资源配置效率促进企业实现高水平的价值创造；对外整合资源、高效响应市场需求，创造经济和社会效益。从基础发展到高质量发展转型是企业长远发展的关键。目前，已有学者对数字化转型与企业高质量发展的关系进行了探讨，但企业数字化转型决策不仅受自身能力影响，还会受到市场竞争、产业政策等因素的影响。数字化技术、数字化转型机制等在同行业同群企业之间流转，面对同群企业行为，企业会产生刺激高质量发展的正效果还是盲目决策后陷入危机，现有文献讨论不足。

基于以上分析，本文选取中国 A 股上市公司 2013—2021 年披露数字化转型和公司层面相关数据，实证检验了企业数字化转型同群效应的存在性、同群效应对企业高质量发展的影响关系及作用机制。本文的边际贡献有三个：①深化对数字化转型的整体认识，拓展同群效应理论的研究。本文基于数字化应用下研究同行业企业间的横向同群效应，侧重不同企业数字化转型的相互作用。②从组织治理和市场环境视角入手，对企业高质量发展的影响因素进行了拓展。探究企业创新产出对企业高质量发展的直接影响和间接影响，解析内部控制的调节作用，拓展了企业在不同内外部环境下数字化转型同群效应的动机研究。③为实践带来一定指导。有利于企业内部数字化政策的系统化制定和稳健化实施，为政府建设行业数字化公共平台、促进市场良性竞争提供参考。

二、文献回顾与研究假设

（一）企业数字化转型同群效应的存在性

企业主体进行战略决策会参考同群企业行为（Leary et al.，2014）。因此，企业在进行数字化决策时，必然会分析考虑自身内部禀赋和外部市场环境，分析本企业所处生命周期阶段、市场竞争位置等特征，并参照、模仿相似竞争主体的价值行为（吴娜等，2022）。特别是，同行业内企业具有相似的技术资源条件和运营机制，既在同一市场内相互竞争又共同面对行业风险，同行业同群企业的决策变动与制度革新会引发企业对其决策的模仿（王旭等，2022），促使行业内部相互影响、相互促进，呈现相对一致表现的同群效应。动态竞争理论下，企业会为获得竞争优势（任声策等，2023），在多市场、多业务中面对其他企业的竞争行为而随之做出动态反应（Xiong et al.，2018）。当感知到同群企业的数字化转型成果可能带来潜在威胁时，企业更有动机进行数字化转型，通过降低数字化决策和实施风险、提高数字化技术投入产出效率，维持行业领先地位。在信息模仿理论下，市场和环境信息受限的信息劣势企业会模仿其他信息优势企业决策以降低信息成本。信息不对称性较大的企业通过观察、模仿同群企业的数字化决策和转型实施过程，间接获知行业数字化发展信号，直接降低本企业信息搜索和决策成本。在经理人市场选择理论下，经理人自身业绩与对企业贡献在客观有效的市场上被给予合理评价，经理人为获得个人的职业声誉与市场选择，将观察、比较同行其他公司进行稳健决策。做出数字化转型决策的高管因而在决策前倾向于参考行业内同群公司的决策（方军雄，2012），依靠较好的绩效表现应对市场选择。综上所述，企业为维持市场竞争优势，实现企业低成本高质量发展的目标，会受到同行业的促进，对同行企业行为做出反应和模仿。基于以上分析，本文提出如下假设：

H_1：企业数字化转型存在行业同群效应，同行业企业数字化转型对目标企业数字化转型具有促进作用。

（二）数字化转型同群效应与企业高质量发展

现有文献集中研究数字化转型同群效应对企业内部影响的经济效果。横向同群企业数字化转型同特质企业决策行为相互作用，影响企业战略的选择和实施（陈庆江等，2021）；实现创新知识存量与创新投入的净增长。纵向同群企业数字化转型存在于供应链上下游之间，降低供应链内部竞争和摩擦成本（杜勇等，2023），促进同群企业间更稳固的联结，增加数字化转型收益（杜勇等，2023）。已有文献主要对数字化转型同群效应与企业高质量发展的益处进行了研究。在降低成本上，破除企业的“信息孤岛”处境（吴浩强等，2023），降低数字化转型推进的试错成本和决策偏误。在创造营收价值上，数字化转型同群效应能够促进企业价值链运作过程有机协同，以数字化技术提升企业内数据集成分配与作业效率，提升柔性化变革与企业价值创造能力。数字化转型同群效应也可以加强企业实现高质量发展的外部保障。一方面，数字化转型同群效应能促进数据资源跨产业边界整合。推动行业数字技术基础建设（霍春辉等，2023），降低行业内交易成本，在数字化转型初始阶段，有助于减少资源浪费，增加后续创新增量。另一方面，同群企业数字化转型加快数据在行业范围内的要素组合和优化（刘静等，2018），更新行业生产经营效率、拓展行业数字化边界，推动行业市场效率提升、创新发展，实现行业进步、企业共赢。基于上述分析，本文提出如下假设：

H_2：企业数字化转型同群效应对企业高质量发展具有促进作用。

（三）内部控制质量的调节效应

已有学者证明内部控制对企业高质量发展的正向驱动作用。通过改变控制环境、评估风险、信息与沟通等过程，企业在组织结构上能与内外部利益相关者有效沟通、降低代理风险（易露霞等，2021）；在采购、生产、销售的全产业链各环节监督控制（张广胜等，2020），提高全要素生产率水平并保证企业资产安全。内部控制质量影响企业内部治理能力，但是较高的内部控制治理可能会使企业经营决策更加稳健与保守。若内部控制有效，企业就会形成较完善的风险评估程序和战略决策机制，对于同群企业数字化转型行为更加敏感，能预估企业可能流入的收益。同时，更系统严密的内部监督和控制机制也能预测、识别盲目跟随行业转型的潜在风险。例如，照搬同群企业引入相似数字设备后，缺乏灵活调整和动态跟踪必然引起企业的营收能力下降，陷入资金投资效率低和资源浪费的困境。因而，内部控制质量较高的企业在进行数字化转型决策时，可能更源于企业内生动力，较少受同群企业行为的干扰，因同群企业影响决策而促进企业高质量发展的情况较少存在。基于以上分析，本文提出如下假设：

H_3：内部控制质量在数字化转型同群效应与企业高质量发展之间

起到负向调节作用。

（四）企业创新产出的中介效应

数字化转型同群效应促进企业创新产出。行业同群数字化能提高企业创新产出的意愿和能力。同行业间创新知识和创新经验相似，同群效应能降低信息成本，使创新成本下降时的边际收益保持增长，创新知识获取、数字化技术在行业集群中溢出和扩散（Yoo et al.，2012），有利于行业内创新信息更加开源，增强企业的创新边际价值实现能力。另外，企业在同行业同群大数据平台下的互动，能使企业在不同创新体系下识别创新思路、开拓可创新路径、获取创新成果，通过创新资源的互补实现创新产出增加。企业创新产出增加推动企业实现高质量发展。第一，创新产出以企业生产效率和服务质量的提升实现产品服务的独特化，提高企业核心竞争能力。第二，数字化创新产出通过增强企业信息处理能力、提升企业运营水平，加速企业数字化创新进程，建立及时响应、动态反馈的数字化创新落实机制，缩短研发周期促进企业双元创新。第三，创新产出能通过数字化技术平台搭建，在产业上下游间争夺市场位置，实现规模效益，增加创新收益。因此，数字化转型同群效应通过数字化要素在行业内的有机流动，带来有价值增益的融合与创新，使企业以低创新投入成本实现较高的创新产出和数字化升级，从而改善企业收益、实现高质量发展。基于上述分析，本文提出如下假设：

H_4：创新产出在数字化转型同群效应与企业高质量发展之间发挥中介效应。

三、研究设计

（一）样本选取与数据来源

本文选取2013—2021年我国主板全部A股上市公司，数据主要源于国泰安（CSMAR）数据库，数字化转型数据源于沪深交易所官网公布的企业年报，为保证分析的真实性和稳健性，对初始数据进行筛选：①剔除ST、PT和*ST股；②剔除我国金融、保险业公司数据；③剔除数据缺失或异常值。为避免极端值对结果的消极影响，本文对所有连续型变量进行上下1%的缩尾处理，并根据证监会2012年共29个二级行业划分确定同行业企业，得到同群企业样本。最终，本文通过Stata15.1软件对16731个全样本进行了实证处理。

（二）变量定义

1. 被解释变量——企业高质量发展

已有学者用人均利润、研发创新等变量衡量企业高质量发展时指标单一、可比性差。在衡量组织内部制度、生产链整合能力等难以量化的因素对企业的贡献上，计算出企业既定要素投入下相应的产出比重，以资源配置效率体现企业高质量发展。因此，本文用企业全要素生产率衡量企业高质量发展，二者同向变动。营收、劳动等带来的单位产出越高，全要素生产率就越高。本文还参考鲁晓东等（2012）的做法，用LP法测量企业全要素生产率。

$$\ln Y_{ijt} = \mu_0 + \mu_1 \ln K_{ijt} + \mu_2 \ln L_{ijt} + \mu_3 M_{ijt} + \varepsilon_{ijt} + \sum Ind + \sum Year \tag{1}$$

其中，Y为企业营业收入（亿元）；K为企业固定资产净值（亿元）；L为企业职工人数（人）；M表示中间投入，即购买商品、接受劳务支付的现金（亿元）；i、j、t分别代表企业、行业及年份，最后以残差衡量TFP。

2. 解释变量——数字化转型同群效应

本文整理A股上市企业年度报告，通过Python的Jieba分词功能对数字化转型关键词进行分词处理，随后用文本挖掘对每个企业的数字化词频提取和计数（赵宸宇，2021）。以数字技术应用、互联网商业模式、智能制造、现代信息系统相关词频反映企业数字化的发展程度。用企业数字化转型特征词出现次数的自然对数作为刻画企业数字化转型的整体指标。

数字化转型同群效应（*peerdigital*）是企业看到同行业内其他企业开启数字化转型进程，被带动进行数字化转型的程度。本文参考霍春辉等（2023）的做法，将与企业相同行业的其他企业定义为同行业同群企业，计算同行业内除本企业外的其他企业数字化转型程度均值，衡量企业数字化转型同群效应程度。

3. 中介变量——创新产出

选取企业当年专利申请数总量作为创新产出（*Patent*）度量指标。专利、实用新型和外观设计数值越大，企业创新产出能力越强，越利于企业创新和高质量发展。

4. 调节变量——内部控制质量

选用迪博数据库的内部控制指数衡量企业内部治理水平。以均值为界分组，*IC* =1 表示内部控制有效；否则，记为0。

5. 控制变量

根据相关文献，企业的组织结构、资产结构和企业性质等因素，在一定程度上代表着企业的资源禀赋和可支配的动态能力，会影响其数字化转型战略制定及实施。因此，本文共选取 11 个控制变量，其中包括年份和行业变量，见表 1。

表 1　变量定义

变量类别	变量名称	变量符号	变量定义
被解释变量	企业高质量发展	*TFP_LP*	LP 法下的全要素生产率
核心解释变量	数字化转型同群效应	*peerdigital*	二级行业下的同行业企业数字化转型均值
中介变量	创新产出	*Patent*	企业当年专利申请数加 1 的自然对数
调节变量	内部控制质量	*IC*	迪博数据库的内部控制指数

续表

变量类别	变量名称	变量符号	变量定义
控制变量	产权性质	*SOE*	国有企业 = 1，非国有企业 = 0
	高管薪酬激励	ln*top*3	ln（前三名高管薪酬总额）
	两权分离率	*sep*	（控制权比例 - 所有权比例）/控制权比例
	两职合一	*dual*	董事长和总经理是同一个人
	股权集中度	*top*1*holder*	前一大股东持股数/总股本 × 100%
	资产负债率	*LEV*	负债总额/资产总额 × 100%
	总资产收益率	*ROA*	净利润/总资产平均余额。其中，总资产平均余额 =（资产合计期末余额 + 资产合计期初余额）/2
	企业规模	*SIZE*	ln（总资产）
	企业数字化转型	*Digital*	参考赵宸宇（2021）的做法
	行业	*Industry*	虚拟变量
	年份	*Year*	虚拟变量

（三）模型构建

为了检验 H_1，数字化转型行业同群效应是否存在，以模型（2）进行回归：

$$Digital = \varphi_0 + \varphi_1 peerdigital + \varphi_2 Patent + \varphi_3 IC + \varphi_4 SOE + \varphi_5 \ln top3 + \varphi_6 sep + \varphi_7 dual + \varphi_8 top1holder + \varphi_9 LEV + \varphi_{10} ROA + \varphi_{11} SIZE + \varepsilon \quad (2)$$

为了研究数字化转型同群效应是否会影响企业高质量发展，检验 H_2，以模型（3）对全样本进行回归：

$$TFP\_LP = \alpha_0 + \alpha_1 peerdigital + \alpha_2 Patent + \alpha_3 IC + \alpha_4 SOE + \alpha_5 \ln top3 + \alpha_6 sep + \alpha_7 dual + \alpha_8 top1holder + \alpha_9 LEV + \alpha_{10} ROA + \alpha_{11} SIZE + \alpha_{12} Digital + \sum Ind + \sum Year + \varepsilon \quad (3)$$

为了检验 H_3，内部控制质量在数字化转型同群效应与企业高质量发展之间的调节效果，以模型（4）进行回归：

$$TFP\_LP = \beta_0 + \beta_1 peerdigital + \beta_2 IC + \beta_3 interact + \sum \delta Controls + \sum Ind + \sum Year + \varepsilon \quad (4)$$

为了检验H_4，本文通过逐步回归法构建创新产出能力的中介作用机制检验模型，分别以模型（5）、模型（6）和模型（7）进行回归：

$$TFP\_LP = \gamma_0 + \gamma_1 peerdigital + \sum \gamma Controls + \sum Ind + \sum Year + \varepsilon \tag{5}$$

$$Patent = \delta_0 + \delta_1 peerdigital + \sum \delta Controls + \sum Ind + \sum Year + \varepsilon \tag{6}$$

$$TFP\_LP = \sigma_0 + \sigma_1 Patent + \sigma_2 peerdigital + \sum \sigma Controls + \sum Ind + \sum Year + \varepsilon \tag{7}$$

在以上建立的模型中，*Ind* 和 *Year* 为虚拟变量，*Control* 为影响企业全要素生产率的控制变量，α_0、β_0、γ_0、δ_0 和 σ_0 为各式中的常数项，ε 为随机误差项。

四、实证结果分析

（一）描述性统计

回归模型中主要变量的描述性统计结果见表 2。表 2 中，企业全要素生产率（*TFP_LP*）的标准差为 1.020，均值为 8.480，表明样本企业整体全要素生产率水平良好，但不同企业间存在较大差异。解释变量数字化转型同群效应的均值为 27.65，小于其中位数 41.09，说明 50%以上的上市公司都存在因同群效应带动实施数字化转型的行为。

表 2　描述性统计分析结果

变量	N	mean	p_{50}	sd	min	max	range
TFP_LP	16731	8.480	8.370	1.020	6.370	11.230	4.860
peerdigital	16731	27.650	41.090	5.330	198.900	193.500	42.770
Patent	16731	1.180	0.690	1.330	0.000	5.400	5.400
IC	16731	0.770	1.000	0.420	0.000	1.000	1.000

续表

变量	N	mean	p_{50}	sd	min	max	range
SOE	16731	0. 340	0. 000	0. 470	0. 000	1. 000	1. 000
ln*top*3	16731	14. 610	14. 560	0. 680	13. 080	16. 570	3. 490
sep	16731	4. 620	0. 000	7. 490	-69. 490	60. 320	129. 800
dual	16731	0. 280	0. 000	0. 450	0. 000	1. 000	1. 000
*top*1*holder*	16731	33. 190	30. 940	14. 060	9. 090	71. 210	62. 120
LEV	16731	0. 420	0. 420	0. 190	0. 0600	0. 870	0. 810
ROA	16731	0. 040	0. 040	0. 070	-0. 260	0. 220	0. 480
SIZE	16731	22. 360	22. 180	1. 280	17. 880	28. 640	10. 760
Digital	16731	3. 080	3. 090	1. 270	0. 000	5. 950	5. 950

（二）基准回归分析

数字化转型同群效应存在性检验结果见表3。列（1）列示了同行业同群企业数字化转型对企业数字化的单独回归结果，回归系数为0.0176，并在1%的水平上显著，加入其他控制变量后，显著性水平不变。这说明，企业数字化转型存在显著的同群效应，即企业数字化转型会随同行企业数字化转型水平的提高而呈现增长趋势，验证了 H_1。

表3　数字化转型同群效应存在性检验结果

变量	(1) *Digital*	(2) *Digital*
peerdigital	0. 0176 *** (0. 000)	0. 0169 *** (0. 000)
Patent		0. 0752 *** (0. 000)
IC		0. 0834 *** (0. 000)
SOE		-0. 1955 *** (0. 000)
ln*top*3		0. 1807 *** (0. 000)

续表

变量	(1) *Digital*	(2) *Digital*
sep		-0.0045*** (0.000)
dual		0.1194*** (0.000)
top1holder		-0.0012* (0.040)
LEV		-0.1151* (0.024)
ROA		-0.2617 (0.055)
SIZE		0.1344*** (0.000)
_cons	2.3250*** (0.000)	-3.2947*** (0.000)
Year	No	No
Industry	No	No
N	17260	16731
R^2	0.327	0.373
adj. R^2	0.327	0.373

注：括号内为显著性水平 *p* 值；***和*分别表示在1%、10%的水平上显著。

为确定回归模型的方法，本文先进行 Hausman 检验，$p = 0.000 < 0.05$，拒绝原假设，采用固定效应。双重固定效应下，被解释变量、数字化转型同群效应与控制变量的回归检验结果见表4。结果显示，数字化转型同群企业对企业高质量发展的回归系数为0.0014，在5%的水平上显著。这表明，数字化转型同群效应能够提高企业全要素生产率，提高企业盈利水平和可持续发展能力。回归模型中其他控制变量的结果表明：当其他因素不变时，内部控制质量（*IC*）越好，资产负债率（*LEV*）越高、总资产收益率（*ROA*）越强，数字化转型同群效应促进

企业内部协同效果越好，全要素生产率越高，且均在 1% 水平上显著。而两职合一（*dual*）带来较为集中的控制权和较低的职能专业化程度，与被解释变量在 1% 显著水平上负相关。验证了 H_2。

表 4　数字化转型同群效应对企业高质量发展的回归结果

变量	(1) *TFP_LP*	(2) *TFP_LP*
peerdigital	0.0014 ** (0.002)	0.0013 ** (0.004)
Patent	0.0111 *** (0.001)	0.0111 *** (0.001)
IC	0.1059 *** (0.000)	0.1057 *** (0.000)
interact		-0.0011 *** (0.000)
SOE	0.0767 *** (0.000)	0.0777 *** (0.000)
ln*top*3	0.1593 *** (0.000)	0.1583 *** (0.000)
sep	0.0009 (0.100)	0.0009 (0.094)
dual	-0.0323 *** (0.000)	-0.0321 *** (0.000)
*top*1*holder*	0.0014 *** (0.000)	0.0014 *** (0.000)
LEV	0.8773 *** (0.000)	0.8817 *** (0.000)
ROA	2.0756 *** (0.000)	2.1012 *** (0.000)
SIZE	0.5085 *** (0.000)	0.5082 *** (0.000)
Digital	0.0503 *** (0.000)	0.0502 *** (0.000)

续表

	(1) *TFP_LP*	(2) *TFP_LP*
_cons	-6.1304*** (0.000)	-6.1081*** (0.000)
Year	Yes	Yes
Industry	Yes	Yes
N	16731	16731
R^2	0.763	0.764
adj. R^2	0.762	0.762

注：括号内为显著性水平 p 值；***、**分别表示在 1%、5% 的水平上显著。

（三）机制分析

1. 内部控制质量的调节效应

表 4 列（2）列示了内部控制质量作为调节变量的回归结果。本文对 *peerdigital* 和 *IC* 中心化后，交乘得到 *interact*。结果显示，同群企业数字化转型回归系数为 0.0013，交乘项系数为 -0.0011，在 1% 的水平上显著。这表示内部控制有效性削弱了数字化转型同群效应对企业高质量发展的正向促进作用。这可能是由于内部治理质量较高的企业进行数字化转型本身就较早，数字化战略的落实更侧重本企业整体战略规划，数字化转型的盲目和随意性较低。即公司内部控制质量对数字化转型同群效应与企业高质量发展具有负向调节作用，验证了 H_3。

2. 创新产出的中介效应

数字化转型行业同群效应通过提升企业创新产出影响企业高质量发展的逐步回归法下中介机制的检验结果见表 5。列（1）的 *peerdigital* 系数在 5% 的水平上显著为正，验证了数字化同群效应对企业高质量发展的直接效应。列（2）的 *peerdigital* 系数同样正向显著，说明数字化转型同群效应会促进企业创新，激发企业专利获得。列（3）数字化转型同群效应和创新产出的回归系数均表现显著。这表示，数字化转型同群效应通过创新产出能力到企业高质量发展的作用机制成立，同行数字化转型同群效应对全要素生产率的总效应为0.0148，企业创新产出在其中发挥部分中介作用。H_4 得到验证。

表5 创新产出的中介效应逐步回归法结果

变量	(1) *TFP_LP*	(2) *Patent*	(3) *TFP_LP*
peerdigital	0.0014 ** (0.002)	0.0023 * (0.032)	0.0014 ** (0.002)
Patent			0.0111 *** (0.001)
IC	0.1071 *** (0.000)	0.1127 *** (0.000)	0.1059 *** (0.000)
SOE	0.0779 *** (0.000)	0.1064 *** (0.000)	0.0767 *** (0.000)
ln*top3*	0.1608 *** (0.000)	0.1326 *** (0.000)	0.1593 *** (0.000)
sep	0.0009 (0.102)	-0.0005 (0.714)	0.0009 (0.100)
dual	-0.0325 *** (0.000)	-0.0189 (0.384)	-0.0323 *** (0.000)
top1holder	0.0014 *** (0.000)	0.0005 (0.482)	0.0014 *** (0.000)
LEV	0.8771 *** (0.000)	-0.0181 (0.777)	0.8773 *** (0.000)
ROA	2.0909 *** (0.000)	1.3739 *** (0.000)	2.0756 *** (0.000)
SIZE	0.5102 *** (0.000)	0.1537 *** (0.000)	0.5085 *** (0.000)
Digital	0.0518 *** (0.000)	0.1366 *** (0.000)	0.0503 *** (0.000)
_cons	-6.1900 *** (0.000)	-5.3270 *** (0.000)	-6.1304 *** (0.000)

续表

变量	(1) *TFP_LP*	(2) *Patent*	(3) *TFP_LP*
Year	Yes	Yes	Yes
Industry	Yes	Yes	Yes
N	16731	16731	16731
R^2	0. 763	0. 209	0. 763
adj. R^2	0. 762	0. 204	0. 762

注：括号内为显著性水平 *p* 值；＊＊＊、＊＊和＊分别表示在 1%、5% 和 10% 的水平上显著。

（四）稳健性检验

1. 替换解释变量

为减少指标度量偏误的影响，本文从解释变量测度方法有效性展开稳健性检验。借鉴易露霞等（2021）对数字化转型度量下的同行业同群企业数字化转型指标 *peerdigital2* 和霍春辉等（2023）同省份同群企业数字化转型程度 *provdigital* 作为替换变量，将其分别代入模型（1）中进行回归，结果见表 6。表 6 列（1）、列（2）中，其系数分别是 0. 0022 和 0. 0021，二者均与假设的方向性预测一致，且分别在 5%、1% 的水平上显著，稳健地符合 H_1。

2. 缩小样本区间

考虑到 2015 年金融危机可能造成的股市波动对企业行为存在影响。本文缩小样本区间，剔除 2015 年股灾年份的样本后，对主效应再次进行回归，结果如表 6 列（3）所示。解释变量影响系数为 0. 0015，在 5% 的显著性水平上促进企业高质量发展。

表 6　数字化转型同群效应对企业高质量发展的稳健性检验

变量	(1) *TFP_LP*	(2) *TFP_LP*	(3) *TFP_LP*（drop2015）
peerdigital2	0. 0022 ** （0. 006）		

续表

变量	(1) TFP_LP	(2) TFP_LP	(3) TFP_LP (drop2015)
provdigital		0.0021 *** (0.000)	
peerdigital			0.0015 ** (0.001)
Patent	0.0111 *** (0.001)	0.0112 *** (0.001)	0.0122 *** (0.000)
IC	0.1059 *** (0.000)	0.1054 *** (0.000)	0.1039 *** (0.000)
SOE	0.0767 *** (0.000)	0.0783 *** (0.000)	0.0675 *** (0.000)
ln*top3*	0.1594 *** (0.000)	0.1528 *** (0.000)	0.1548 *** (0.000)
sep	0.0009 (0.099)	0.0013 * (0.014)	0.0009 (0.126)
dual	-0.0321 *** (0.000)	-0.0352 *** (0.000)	-0.0322 *** (0.001)
top1holder	0.0014 *** (0.000)	0.0013 *** (0.000)	0.0013 *** (0.000)
LEV	0.8783 *** (0.000)	0.8869 *** (0.000)	0.8819 *** (0.000)
ROA	2.0776 *** (0.000)	2.0917 *** (0.000)	2.0439 *** (0.000)
SIZE	0.5083 *** (0.000)	0.5079 *** (0.000)	0.5111 *** (0.000)
Digital	0.0501 *** (0.000)	0.0484 *** (0.000)	0.0510 *** (0.000)
_*cons*	-6.1259 *** (0.000)	-6.0447 *** (0.000)	-6.1201 *** (0.000)
Year	Yes	Yes	Yes
Industry	Yes	Yes	Yes

续表

变量	(1) *TFP_LP*	(2) *TFP_LP*	(3) *TFP_LP*（drop2015）
N	16731	16743	15283
R^2	0.763	0.764	0.767
adj. R^2	0.762	0.763	0.765

注：括号内为显著性水平 *p* 值；＊＊＊、＊＊和＊分别表示在1%、5%和10%的水平上显著。

五、进一步分析

（一）行业竞争强度

通常来说，市场竞争强度越大，企业被挤出风险就越大，改变企业所处竞争位置的成本就越高。为维持企业已有市场份额，增强企业竞争力，行业集中度较低的企业、竞争压力大的企业更倾向于跟随同行同群企业节奏，进行数字化转型。本文以各市场竞争主体所占行业总资产百分比的平方和度量赫芬达尔指数（*HHI*），以均值划分高、低行业集中度组列示于表7列（1）、列（2）。结果表明，*HHI* = 0，当企业处于低行业集中度时，目标企业更易受到同行同群效应影响而实施数字化转型，*peerdigital* 的回归系数为0.0017，在5%的水平上显著。此时，数字化转型同群效应更能促进企业高质量发展。

（二）信息不对称程度

根据信息模仿理论，信息披露透明度对企业数字化转型有差异影响。本文参考 Hutton 等（2009）的做法，用上市公司操控性应计项目绝对值占总资产比例衡量企业信息透明度，见表7。表7列（4）结果显示，信息披露透明度低组的解释变量系数显著表现为0.0014，说明公司信息不对称越强，信息披露透明度越低，越容易对同行业同群企业的数字化转型持跟随态度，从而提升本企业高质量发展效果。

表 7 基于行业竞争和信息透明度的异质性检验

变量	(1) *HHI* = 1	(2) *HHI* = 0	(3) *Opacity* = 1	(4) *Opacity* = 0
peerdigital	0.0005 (0.589)	0.0017 ** (0.001)	0.0011 (0.249)	0.0014 ** (0.005)
Patent	0.0112 * (0.044)	0.0112 ** (0.005)	-0.0072 (0.401)	0.0108 ** (0.002)
IC	0.1055 *** (0.000)	0.1044 *** (0.000)	0.1075 *** (0.000)	0.0997 *** (0.000)
SOE	0.0814 *** (0.000)	0.0728 *** (0.000)	-0.0374 (0.137)	0.1111 *** (0.000)
ln*top*3	0.1451 *** (0.000)	0.1662 *** (0.000)	0.1815 *** (0.000)	0.1386 *** (0.000)
sep	0.0005 (0.571)	0.0012 (0.095)	-0.0002 (0.876)	0.0008 (0.173)
dual	0.0073 (0.638)	-0.0438 *** (0.000)	-0.0552 ** (0.003)	-0.0297 ** (0.004)
*top*1*holder*	0.0007 (0.162)	0.0019 *** (0.000)	0.0009 (0.207)	0.0014 *** (0.000)
LEV	0.8749 *** (0.000)	0.8809 *** (0.000)	0.8596 *** (0.000)	0.9328 *** (0.000)
ROA	2.3460 *** (0.000)	1.9685 *** (0.000)	1.3845 *** (0.000)	2.9732 *** (0.000)
SIZE	0.5201 *** (0.000)	0.5009 *** (0.000)	0.5336 *** (0.000)	0.5070 *** (0.000)
Digital	0.0257 *** (0.000)	0.0640 *** (0.000)	0.0288 ** (0.001)	0.0555 *** (0.000)
_cons	-6.1184 *** (0.000)	-5.4913 *** (0.000)	-6.8236 *** (0.000)	-5.8951 *** (0.000)
Year	Yes	Yes	Yes	Yes
Industry	Yes	Yes	Yes	Yes

续表

变量	(1) $HHI=1$	(2) $HHI=0$	(3) $Opacity=1$	(4) $Opacity=0$
N	6264	10467	3593	13138
R^2	0.785	0.750	0.602	0.758
adj. R^2	0.782	0.749	0.593	0.756

注：括号内为显著性水平 p 值；***、**和*分别表示在1%、5%和10%的水平上显著。

六、研究结论与启示

（一）研究结论

本文基于2013—2021年中国非金融类A股上市公司财务数据，研究了数字化转型同群效应对企业高质量发展的影响。从行业同群效应的角度分析企业数字化转型，探索内部治理和创新能力视角下的影响机理。主要结论如下：

第一，企业数字化转型存在显著的同行业同群效应。企业对数字化转型战略进行决策时会参照同行企业的数字化转型策略与具体实践。第二，数字化转型同群效应促进企业高质量发展。数字化转型同群效应在企业内部促进供应链协同，加快制造企业生产效率变革；在企业外部有助于实现产业上下游资源配置整合，降低沟通成本，促进行业提振效率。第三，企业内部控制质量会削弱数字化同群效应对企业高质量发展的正向关系。内部治理水平高的企业进行数字化转型多依靠强内生动力，对同群企业的模仿动机较弱。第四，企业创新产出在数字化转型刺激企业高质量发展中发挥中介效用。数字化转型行业同群效应通过增强企业创新产出能力提升企业全要素生产率，丰富了公司内部特质对被解释变量的机制路径研究。第五，受市场不完善和信息不对称等因素影响，外部环境不确定性会加剧数字化转型同群效应。数字化同群效应更易在行业集中度较低、信息披露透明度较小的企业中发生，促进企业高质量发展。

（二）研究启示

从企业层面来说，首先，增强数字化转型意识，认识到数字化转型的必要性。其次，多方考虑制定数字化转型决策，除了参考同行企业数字化进程、吸收同群企业已有数字化转型成果和经验以外，也要充分考虑企业内部的经营环境、组织结构和经营战略等，在本企业特色土壤下培植数字化转型制度，使数字化转型决策更加合理和不盲目，带动企业高质量发展。最后，建立同群企业的同盟商业联动，与同行业同群、供应链上下游企业合作互通、协同发展，在信息和技术上为企业价值链赋能，提高企业在行业中的核心地位。从政府层面来说，一是政府可以对实施数字化转型的企业加大补贴扶持力度，搭建公共数字化转型平台，为企业数字化转型提供技术支持，减少盲目同群效应；二是加强督促行业内信息公开，使处于较低市场竞争力的企业获得尽可能多的市场信息，对不当竞争和垄断交易的企业施加干预，促进行业数字化转型。

参考文献

[1]吴非，胡慧芷，林慧妍，等．企业数字化转型与资本市场表现：来自股票流动性的经验证据[J]．管理世界，2021，37(7)：10，130－144.

[2]戚聿东，蔡呈伟．数字化对制造业企业绩效的多重影响及其机理研究[J]．学习与探索，2020，42(7)：108－119.

[3]霍春辉，吕梦晓，许晓娜．数字化转型“同群效应”与企业高质量发展：基于制造业上市公司的经验证据[J]．科技进步与对策，2023，40(4)：77－87.

[4]LEARY M T，ROBERTS M R. Do peer firms affect corporate financial policy? [J]. The journal of finance，2014，69(1)：139－178.

[5]吴娜，白雅馨，安毅．主动模仿还是被动反应：商业信用同群效应研究[J]．南开管理评论，2022，25(3)：149－161.

[6]王旭,褚旭. 制造业企业绿色技术创新的同群效应研究:基于多层次情境的参照作用[J]. 南开管理评论,2022,25(2):68 - 81.

[7]任声策,刘碧莹. 专利诉讼的时空选择机理:一个基于动态竞争视角的理论框架[J]. 科技进步与对策,2023,40(1):123 - 130.

[8]刘静,王克敏. 同群效应与公司研发:来自中国的证据[J]. 经济理论与经济管理,2018,37(1):21 - 32.

[9]XIONG H,WANG P,BOBASHEV G. Multiple peer effects in the diffusion of innovations on social networks: a simulation study[J]. Journal of innovation and entrepreneurship,2018(7): 1 - 18.

[10]方军雄. 企业投资决策趋同:羊群效应抑或"潮涌现象"?[J]. 财经研究,2012,38(11):92 - 102.

[11]陈庆江,王彦萌,万茂丰. 企业数字化转型的同群效应及其影响因素研究[J]. 管理学报,2021,18(5):653 - 663.

[12]杜勇,黄丹华."同命相连":供应链网络中企业数字化转型的同群效应[J]. 财经科学,2023(3):74 - 92.

[13]杜勇,娄靖,胡红燕. 供应链共同股权网络下企业数字化转型同群效应研究[J]. 中国工业经济,2023(4):136 - 155.

[14]吴浩强,胡苏敏. 数字化转型、技术创新与企业高质量发展[J]. 中南财经政法大学学报,2023(1):136 - 145.

[15]易露霞,吴非,常曦. 企业数字化转型进程与主业绩效:来自中国上市企业年报文本识别的经验证据[J]. 现代财经(天津财经大学学报),2021,41(10):24 - 38.

[16]张广胜,孟茂源. 内部控制、媒体关注与制造业企业高质量发展[J]. 现代经济探讨,2020(5):81 - 87.

[17]YOO Y,BOLAND JR R J,LYYTINEN K,et al. Organizing for innovation in the digitized world[J]. Organization science,2012,23(5): 1398 - 1408.

[18]鲁晓东,连玉君. 中国工业企业全要素生产率估计:1999—2007[J]. 经济学(季刊),2012(2):541 - 558.

[19]赵宸宇. 数字化发展与服务化转型:来自制造业上市公司的经验证据[J]. 南开管理评论,2021,24(2):149 - 163.

[20]HUTTON A P,MARCUS A J,TEHRANIAN H. Opaque financial reports, R^2,and crash risk[J]. Journal of financial economics,2009,94(1): 67 - 86.

企业ESG表现对审计师谨慎性的影响研究[①]

衡　亮

摘要： 企业ESG表现不仅是投资者的决策依据，也是审计机构的重点关注内容。本文选择2009—2021年A股上市公司作为研究样本，探究ESG表现对审计师谨慎程度的影响。结果发现，企业ESG表现越好，审计师谨慎程度越低，减少审计师感知到的客户风险是其主要影响路径。此外，当审计师拥有较高声誉、为女性或客户重要程度较高时，ESG表现对于审计师谨慎性的负向作用得到缓解。进一步研究表明，并没有发现企业良好的ESG表现对审计师谨慎程度的负向作用导致审计质量受到损害，同时表明企业良好的ESG表现显著提升了审计质量。当企业ESG表现不稳定、波动较大时，审计师的谨慎性会在一定程度上得到提高。本文为企业ESG实践及审计师对企业ESG信息的使用提供了一定的借鉴和启示。

关键词： ESG；审计师谨慎性；客户风险

作者简介： 衡亮（1998—），江苏南京人，西北大学经济管理学院2021级会计学专业硕士研究生。

---

① 本文由马晨教授指导完成。马晨，西北大学经济管理学院教授，研究方向：审计、会计信息质量、公司治理。

一、引言

在低碳经济转型与“双碳”发展目标的推动下，环境、社会和治理（Environment、Social and Governance，ESG）理念日益渗入企业经营战略。ESG 表现能全面地反映企业在环境、社会与治理各方面职责的落实，还多用来判断企业征信与未来的经营绩效或者发展潜力（王琳璘等，2022）。目前，我国的经济责任审计主要关注被审计单位的业绩和履责，缺乏对环境、社会和公司治理三个方面的评估。但已有文献表明，良好的 ESG 表现不仅能有效改善企业经营业绩，也预示了企业的长期资本价值和可持续发展能力（Friede et al.，2015），对于审计风险的评估或许有很大参考价值，进而对审计行为产生影响。但学界关于 ESG 表现对审计师行为的影响研究较为缺乏。

本文选择 2009—2021 年 A 股上市公司作为研究样本，对 ESG 表现是否对审计师谨慎性产生影响以及影响机制、异质性分析进行实证检验。本文边际贡献如下：第一，丰富了审计视角下 ESG 表现的影响研究。已有关于企业 ESG 表现影响的研究主要围绕经营、投资和融资等方面展开（Albuquerque et al.，2019；Fatemi et al.，2018；高杰英等，2021）。不同于现有研究，本文从审计师的视角出发，研究企业 ESG 表现对审计师行为的影响。第二，丰富了影响审计师谨慎性因素的相关文献。现有研究大多是从企业特征、审计师特征、外部监管及其他视角展开论述（Lennox，2000；杨育龙等，2017；周兰、耀友福，2018）。本文则基于企业 ESG 表现，充实了关于审计师审慎性影响因素的相关文献。第三，在实践层面上，企业应当重视 ESG 行为和 ESG 披露，为企业的可持续发展奠定坚实的基础；审计师应充分关注并利用企业在 ESG 方面披露的信息，减少信息不对称，在保证审计质量的前提下，有效地配置有限审计资源，以提高审计效率。

二、文献综述

（一）ESG表现的影响研究

ESG是以非财务绩效为核心，以责任投资为理念的企业评价指标，目的在于加强公司环保理念的培养、督促管理者承担起社会责任、完善内部治理等，以此推动企业的全面可持续发展。已有文献主要从经营、投资和融资视角探讨了企业ESG表现带来的影响。从经营业绩来看，ESG表现是上市公司对外传递相关信息的一种方式。企业ESG表现越好，越有利于获取利益相关者对其的认同和信任，提升企业经营业绩（Velte，2017），提高消费者忠诚度，推动公司价值稳步提升（Albuquerque et al.，2019）。对投资活动而言，良好的ESG表现可以通过减少融资阻碍和代理成本，推动投资效率提升（高杰英等，2021）。对融资活动而言，良好的ESG表现不仅可以减少企业贷款成本（邱牧远、殷红，2019），还可以通过减少企业的财务风险降低企业权益资本成本（Dhaliwal et al.，2011）。上述对ESG表现产生的经济效果研究，多集中在企业自身发展方面，而对于ESG表现对外部审计行为的影响，目前还很少有研究。晓芳等（2021）研究发现，ESG评级发布起到外部监督作用，通过遏制信息风险和经营风险，减少审计收费。同样地，Burke等（2019）发现，当外部审计师面临ESG负面报道时，他们会对客户征收额外的审计费用。

（二）有关审计师谨慎性的研究

黄崑和张立民（2010）对审计师变更与后任审计师审慎性的影响进行分析与检验。研究发现，后任审计师对变更公司持谨慎态度，并呈逐步上升之势，且小所审计谨慎性明显小于大所。王猛和谭丽莎（2010）发现，与纯粹的A股上市公司相比较，在双重审计制度下，

AH股上市公司的审计师谨慎程度较高。樊宏涛（2020）发现，在投资者情绪激动的情况下，管理者出于迎合动机，可能会做出种种粉饰利润之举。因此，审计师不得不提高谨慎性，并通过出具非标审计意见将上市公司信息披露风险暴露于资本市场，减少自己的声誉风险。刘红霞等（2022）借助证监会随机抽取上市公司进行现场检查的准自然实验场景发现，审计师对于受到证监局随机检查的上市公司更谨慎。如果被审计单位治理水平较低、事务所信誉较高以及证监局采用放回抽样，审计师将采取更谨慎的态度。综上所述，大多数研究表明，当客户的风险水平较高时，审计师为维护自身声誉，会提高自身谨慎程度，但较少文献关注何时审计师会降低自身的谨慎性。

三、理论分析与假设提出

（一）企业ESG表现对审计师谨慎性的影响

企业ESG表现不仅对企业自身有显著影响，也为担负其财务报告鉴证任务的审计师提供了更多信息资源。按照审计风险评估模型，被审计单位本身决定着重大错报风险的发生，将影响最后的审计风险，继而对审计师的行为产生影响。良好的ESG表现能够促进企业提升盈利能力、融资能力和持续经营能力（Velte，2017；Albuquerque et al.，2019），有助于企业实现长期超额收益，有利于提高财务稳定性，缓解与利益相关者的信息不对称，有助于企业弱化管理层盈余操纵动因。与此同时，ESG绩效越高的公司，其治理机制越健全，越能有效地监督管理层为了谋求自身短期收益而无视企业长期良性发展的行为，减少高管对负面信息掩饰的可能，创造一个产生优质财务报告的良好环境。所以，公司着力改善ESG表现，有利于从根本上规避管理层出于自利动机粉饰财务报表采取的机会主义做法。审计师能以较低的成本获取更多的优质信息，并对审计工作范围进行有效控制，从而使审计师降低自身谨慎性。基于此，本文提出以下假设：

H_1：企业良好的 ESG 表现降低了审计师的谨慎性。

（二）路径机制分析

首先，基于前文分析，良好的 ESG 表现显示出企业在生产经营活动中积极践行可持续发展理念以及具有可持续发展能力。其次，根据利益相关者理论和合法性理论，ESG 的表现越出色，企业越能积极地承担起对利益相关者的责任以及与环境保护、社会治理相关的责任，这有助于赢得供应商、客户和政府部门等利益相关者的支持，从而获得稳定的经营环境，降低企业潜在的风险。最后，良好的 ESG 表现可以协助企业积累道德和声誉资本，提升企业社会地位，并通过企业社会资源效应发挥更积极的信号传递作用（赵彦锋、原盼盼，2021），从而直接降低企业风险并使审计师形成对企业低风险的感知，进而降低审计师的谨慎性。据此，本文提出以下假设：

H_2：企业良好的 ESG 表现通过减少审计师感知到的客户风险而降低审计师的谨慎性。

（三）异质性分析

根据声誉理论，声誉作为审计师的重要战略资源，可以为审计师提供有利的竞争优势（王帆、张龙平，2012）。首先，在收益方面，审计师声誉是审计师获取市场份额以及审计收费溢价的关键因素，因而审计师有动机保持谨慎性进而在审计市场获得较高的声誉。其次，在成本方面，声誉理论表明审计师声誉越高则其准租金越多，即审计失败成本更加昂贵。这意味着在审计失败案件中，高声誉审计师丧失的不是单个客户，而是众多现有客户和潜在客户。因此，审计师的声誉越高，越需要保持职业谨慎性，提供高质量审计（Francis et al.，2005；吴溪、张俊生，2012）。据此，本文提出以下假设：

H_3：较高的审计师声誉会缓解企业 ESG 表现与审计师谨慎性之间的负相关作用。

学者认为，男性和女性在风险偏好水平与风险规避态度方面存在差异，男性更倾向于寻求风险（Chin and Chi，2009；施丹、程坚，2011），而女性具有更高的风险厌恶水平。因此，女性在审计工作中可能会更加谨慎地考虑那些可能对审计报告结论产生影响的项目，并积极收集更多的资料以验证自己的观点。据此，本文提出以下假设：

H_4：女性审计项目负责人或复核人会缓解企业 ESG 表现与审计师谨慎性之间的负相关作用。

审计客户在会计师事务所业务中的价值主要体现在其所支付的审计费用在事务所收入中所占比例的高低上。审计声誉维护机制与“深口袋”理论在支持客户重要性和审计师谨慎性方面是一致的（陈波，2013）。这主要是因为，一方面审计师追求高声誉能带来潜在收益；另一方面重要客户会带来巨大风险，所以他们会提高自身谨慎性以维护自身声誉。同时对于重要客户来说，通常自身规模较大、在市场上拥有较高的关注度，有动机希望审计师增强职业谨慎性，提高审计质量，向利益相关者表明财务报表及其相关信息的公允性和可靠性。但是，签字注册会计师在经济上依赖重要客户，若一味追求审计过程的谨慎性和独立性，则必然会招致审计客户即雇主的不满，审计师为了生存和发展，可能会破坏其职业谨慎性。据此，本文提出如下假设：

H_{5a}：较高的客户重要性程度会缓解企业 ESG 表现与审计师谨慎性之间的负相关作用。

H_{5b}：较高的客户重要性程度会增强企业 ESG 表现与审计师谨慎性之间的负相关作用。

四、研究设计

（一）数据来源及样本筛选

本文选取 2009—2021 年 A 股上市公司的相关数据作为研究样本，并剔除了样本中的金融业上市公司、数据缺失样本以及在样本期间内 ST、*ST、PT、暂停上市等异常的企业。针对极端值的影响，对连续型变量进行 1% 与 99% 缩尾处理。最后，本文获得了“企业—年份”观测值 30733 个。本文所用企业 ESG 表现数据均来源于 Wind 数据库，其他数据来源于国泰安（CSMAR）数据库。

（二）变量定义

1. 被解释变量

审计师谨慎性。当审计师面临风险时，行为会更为谨慎，通常采取的对策有：出具负面的审计意见以及加大审计投入（Simunic，1980）。因此，本文参考刘红霞等（2022）的研究，采用审计费用（*AUDITFEE*）和非标准审计意见（*MAO*）衡量审计师的谨慎性。

2. 解释变量

企业 ESG 表现。本文参照高杰英等（2021）的量化方式，对华证开发的 ESG 评级数据（从优到劣依次为 AAA、AA、A、BBB、BB、B、CCC、CC、C）由低到高进行 1 ~ 9 的赋值。

3. 中介变量

客户风险（*LPR*）。借鉴韩维芳（2017）研究中的度量方法，当上市公司发生亏损或该年有违规惩罚（该数据是以 CSMAR 数据库中国上市公司违规信息情况汇总表为基础进行整理和识别的）或当年发生重大错报（本文手工剔除因会计估计、政策变更等原因发生的错报）时，*LPR* 赋值为 1；否则，为 0。

4. 调节变量

①审计师声誉（*BIG*4）。将所在事务所为国际“四大”的审计师定义为高声誉审计师，并赋值为1；否则，为0。

②审计师性别（*GENDER*1、*GENDER*2）。*GENDER*1 和 *GENDER*2 分别表示复核人性别和审计项目负责人性别。本文将女性定义为1，将男性定义为0。

③客户重要性程度（*IMPORTANT*）。用客户审计费用在事务所总体审计费用的占比衡量客户的重要性程度。

5. 控制变量

参考刘红霞等（2022）的研究，本文控制了如下可能影响非标审计意见出具和审计费用的公司特征变量、公司治理特征变量以及事务所特征变量。具体变量定义如表1所示。此外，为控制行业层面的差异和时间因素的影响，本文还控制了年度（*YEAR*）和行业（*IND*）的固定效应，并在公司层面计算聚类标准误。

表1 变量定义

变量类型	变量名称	变量符号	变量描述
被解释变量	审计费用	*AUDITFEE*	审计费用的自然对数
	非标审计意见	*MAO*	出具非标时，赋值为1；否则，为0
解释变量	ESG 表现	*ESG*	由低到高赋值为1～9
中介变量	客户风险	*LPR*	当上市公司发生亏损或该年有违规惩罚或当年发生重大错报时，*LPR* 赋值为1；否则，为0
调节变量	审计师声誉	*BIG*4	为国际“四大”时赋值为1；否则，为0
	审计师性别	*GENDER*1	复核人为女性时赋值为1；否则，为0
		*GENDER*2	项目负责人为女性时赋值为1；否则，为0
	客户重要性程度	*IMPORTANT*	客户审计费用在事务所总体审计费用的占比
控制变量	公司规模	*SIZE*	总资产的自然对数
	资产负债率	*LEV*	总负债/总资产
	营业收入增长率	*GROWTH*	营业收入增长率
	净资产收益率	*ROE*	净利润/净资产

续表

变量类型	变量名称	变量符号	变量描述
控制变量	应收账款和存货占比	*ARINV*	应收账款和存货占总资产的比例
	上市年龄	*LISTAGE*	当前日期减上市日期的自然对数
	亏损情况	*LOSS*	净利润小于0时，赋值为1；否则，为0
	董事会规模	*BOARD*	董事会人数取对数
	独立董事比例	*INDRATIO*	独立董事比例
	董事长和总经理是否两职合一	*DUAL*	是赋值为1；否则，为0
	股权集中度	*TOP10*	前十大股东持股比例
	是否为国际“四大”事务所	*BIG4*	是赋值为1；否则，为0
	是否事务所变更	*CHANGE*	是赋值为1；否则，为0
	事务所任期	*TENURE*	事务所提供审计服务年限的自然对数

（三）模型设定

本文采用非平衡面板数据进行分析。为检验 H_1，本文构建模型（1）进行检验：

$$AUDITFEE_{i,t}(MAO_{i,t}) = \beta_0 + \beta_1 ESG_{i,t} + \beta_2 Controls_{i,t} + \sum YEAR + \sum IND + \varepsilon_{i,t} \tag{1}$$

其中，*ESG* 为企业的ESG表现，*AUDITFEE* 表示审计费用，*MAO* 表示非标审计意见。i 表示每一个企业，t 表示年份，β_0 为常数项，β_1、β_2 为各变量的系数，*Controls* 为控制变量，*YEAR* 和 *IND* 为年份和行业层面的固定效应，ε 为随机扰动项。

为检验 H_2，本文参考温忠麟等（2004）的研究，构建如下中介效应模型：

$$LPR_{i,t} = \alpha_0 + \alpha_1 ESG_{i,t} + \alpha_2 Controls_{i,t} + \sum YEAR + \sum IND + \varepsilon_{i,t} \tag{2}$$

$$AUDITFEE_{i,t}(MAO_{i,t}) = \delta_0 + \delta_1 ESG_{i,t} + \delta_2 LPR_{i,t} + \delta_3 Controls_{i,t} + \sum YEAR + \sum IND + \varepsilon_{i,t} \tag{3}$$

其中，*LPR* 代表客户风险，其他变量与前文保持一致。

五、实证检验与结果分析

（一）描述性统计分析

描述性统计结果如表 2 所示，*AUDITFEE* 均值为 13. 650，标准差为 0. 665。*MAO* 均值为 0. 028，标准差为 0. 164，说明样本中 2% 的企业被出具非标审计意见。*ESG* 均值为 4. 091，标准差为 1. 110，表明样本企业 ESG 评级平均处于 B 级，样本中各企业 ESG 表现差别较大。其他变量的描述性统计结果与以往文献结果基本保持一致（刘红霞等，2022）。

表 2　全样本描述性统计

变量	*N*	Mean	SD	Min	p_{25}	p_{50}	p_{75}	Max
AUDITFEE	30733	13. 650	0. 665	11. 510	13. 220	13. 560	14. 000	18. 140
MAO	30733	0. 028	0. 164	0. 000	0. 000	0. 000	0. 000	1. 000
ESG	30733	4. 091	1. 110	1. 000	3. 000	4. 000	5. 000	8. 000
SIZE	30733	22. 170	1. 277	19. 220	21. 260	22. 000	22. 900	26. 140
LEV	30733	0. 431	0. 207	0. 049	0. 266	0. 425	0. 584	0. 937
GROWTH	30733	0. 187	0. 451	−0. 573	−0. 018	0. 113	0. 279	3. 038
ROE	30733	0. 057	0. 144	−0. 859	0. 029	0. 069	0. 115	0. 359
ARINV	30733	0. 265	0. 163	0. 008	0. 141	0. 247	0. 363	0. 733
LISTAGE	30733	2. 162	0. 799	0. 000	1. 609	2. 303	2. 833	3. 332
LOSS	30733	0. 114	0. 318	0. 000	0. 000	0. 000	0. 000	1. 000
BOARD	30733	2. 131	0. 198	1. 609	1. 946	2. 197	2. 197	2. 708
INDRATIO	30733	37. 470	5. 271	33. 330	33. 330	33. 330	42. 860	57. 140
DUAL	30733	0. 730	0. 444	0. 000	0. 000	1. 000	1. 000	1. 000
TOP10	30733	57. 990	15. 160	23. 320	47. 120	58. 800	69. 480	95. 840
BIG4	30733	0. 0550	0. 227	0. 000	0. 000	0. 000	0. 000	0. 000

续表

变量	N	Mean	SD	Min	p_{25}	p_{50}	p_{75}	Max
CHANGE	30733	0.112	0.315	0.000	0.000	0.000	0.000	1.000
TENURE	30733	1.687	0.867	0.000	1.099	1.792	2.303	3.178

（二）基本回归结果分析

基本回归结果如表3所示，本文进行分步回归并逐步列示结果。列（1）、列（3）展示了不加控制变量的回归结果，列（2）、列（4）展示了控制公司特征变量、公司治理变量、事务所特征的回归结果。*ESG*系数均在1%的水平上显著为负，说明企业良好的ESG评级会降低审计费用和减少非标审计意见的出具，即降低审计师的谨慎性，H_1得到验证。

表3　ESG表现与审计师谨慎性

变量	(1) *AUDITFEE*	(2) *AUDITFEE*	(3) *MAO*	(4) *MAO*
ESG	0.071*** (9.41)	-0.031*** (-6.74)	-0.026*** (-12.84)	-0.010*** (-7.96)
SIZE		0.393*** (42.66)		-0.008*** (-4.15)
LEV		0.015 (0.39)		0.057*** (4.76)
GROWTH		0.013** (1.96)		0.006** (2.31)
ROE		-0.133*** (-4.07)		0.095*** (4.25)
ARINV		0.070 (1.54)		-0.029** (-2.41)
LISTAGE		-0.056*** (-5.65)		0.005** (2.35)
LOSS		0.092*** (7.10)		0.253*** (19.36)

续表

变量	(1) *AUDITFEE*	(2) *AUDITFEE*	(3) *MAO*	(4) *MAO*
BOARD		-0.064 (-1.63)		0.012 (1.53)
INDRATIO		0.002 (1.20)		0.000 (0.96)
DUAL		-0.036*** (-3.13)		-0.001 (-0.58)
*TOP*10		0.001** (1.96)		0.000 (1.35)
*BIG*4		0.129*** (11.75)		0.000 (0.07)
CHANGE		0.029*** (2.61)		0.008** (2.21)
TENURE		0.036*** (4.65)		-0.001 (-0.80)
_*CONS*	12.925*** (400.29)	4.891*** (23.09)	0.141*** (12.86)	0.149*** (3.75)
YEAR	Yes	Yes	Yes	Yes
IND	Yes	Yes	Yes	Yes
N	30733	30733	30733	30733
R^2	0.143	0.586	0.033	0.237

注：***、**分别表示在1%、5%的水平上显著；括号内为 *t* 值，标准误经过公司层面 Cluster 调整。

（三）路径机制检验

基于“ESG 表现—客户风险—审计师谨慎性”的机制检验结果如表 4 所示。列（1）和列（2）结果与之前保持一致。从列（3）可以看出 *ESG* 系数显著为负，说明企业良好的 ESG 表现降低了客户风险。列（4）和列（5）展示了同时控制企业 ESG 表现（*ESG*）和客户风险（*LPR*）的回归结果，*ESG* 系数仍在 1% 的水平上显著为负，*LPR* 系数则在 1% 的水平上显著为正。结果表明，客户风险存在部分中介效应。ESG 表现较好的企业风险水平较低，更能让审计师认可与放心，从而降低了审计师的谨慎性，H_2 得到验证。

表 4　影响机制检验结果

变量	(1) *AUDITFEE*	(2) *MAO*	(3) *LPR*	(4) *AUDITFEE*	(5) *MAO*
ESG	-0.033 *** (-7.06)	-0.015 *** (-9.15)	-0.037 *** (-14.06)	-0.031 *** (-6.60)	-0.011 *** (-7.48)
LPR				0.061 *** (5.73)	0.109 *** (16.32)
CONS	4.942 *** (23.32)	0.290 *** (5.87)	0.832 *** (10.61)	4.892 *** (23.13)	0.199 *** (4.40)
CONTROLS	Yes	Yes	Yes	Yes	Yes
YEAR	Yes	Yes	Yes	Yes	Yes
IND	Yes	Yes	Yes	Yes	Yes
N	30733	30733	30733	30733	30733
R^2	0.585	0.098	0.268	0.585	0.148

注：*** 表示在 1% 的水平上显著。

（四）异质性分析

1. 审计师声誉

本文将 *BIG4* 以及其与 *ESG* 的交乘项（*ESG*×*BIG4*）加入模型（1）后回归，检验结果如表 5 所示。*ESG*×*BIG4* 在 1% 的水平上显著为正，表明当审计师声誉较高时，企业的 ESG 表现对审计师谨慎性的负向作用得到缓解，H_3 得到验证。

表 5　审计师声誉异质性分析结果

变量	(1) *AUDITFEE*	(2) *MAO*
ESG	-0.033 *** (-7.28)	-0.011 *** (-8.01)

续表

变量	(1) *AUDITFEE*	(2) *MAO*
BIG4	0.374 *** (3.00)	-0.042 ** (-2.18)
ESG × *BIG4*	0.055 ** (2.02)	0.011 *** (3.01)
_CONS	5.617 *** (29.42)	0.161 *** (3.87)
CONTROLS	Yes	Yes
YEAR	Yes	Yes
IND	Yes	Yes
N	30733	30733
R^2	0.616	0.238

注：＊＊＊、＊＊分别表示在1%、5%的水平上显著；括号内为 *t* 值，标准误经过公司层面的 Cluster 调整。

2. 审计师性别

本文将签字审计师中项目负责人性别（*GENDER*2）和复核人性别（*GENDER*1）分别与 *ESG* 进行交乘，并放入模型（1）中回归，结果如表6所示。从表6中可以发现，交乘项的回归系数都为正，但只有列（1）和列（3）通过了10%的显著性检验。说明如果项目负责人或复核人为女性，企业 ESG 表现对审计师谨慎性的负向作用能在一定程度上得到缓解。

表6　审计师性别异质性分析结果

变量	(1) *AUDITFEE*	(2) *MAO*	(3) *AUDITFEE*	(4) *MAO*
ESG	-0.037 *** (-7.09)	-0.010 *** (-6.10)	-0.037 *** (-7.09)	-0.010 *** (-6.10)
*GENDER*2	-0.025 (-0.80)	-0.004 (-0.30)		
ESG × *GENDER*2	0.013 * (1.69)	0.000 (0.18)		

续表

变量	(1) *AUDITFEE*	(2) *MAO*	(3) *AUDITFEE*	(4) *MAO*
*GENDER*1			-0.025 (-0.80)	-0.004 (-0.30)
ESG × *GENDER*1			0.013* (1.69)	0.000 (0.18)
_*CONS*	4.917*** (22.53)	0.145*** (3.36)	4.917*** (22.53)	0.145*** (3.36)
CONTROLS	Yes	Yes	Yes	Yes
YEAR	Yes	Yes	Yes	Yes
IND	Yes	Yes	Yes	Yes
N	27982	27982	28879	28879
R^2	0.581	0.231	0.581	0.231

注：***、*分别表示在1%、10%的水平上显著；括号内为 *t* 值，标准误经过公司层面的 Cluster 调整。

3. 客户重要性程度

本文将 *IMPORTANT* 以及其与 *ESG* 的交乘项（*ESG* × *IMPORTANT*）加入模型（1）后回归，结果如表7所示。*ESG* × *IMPORTANT* 的回归系数在1%的水平上显著为正，说明客户的重要性水平越高，ESG 表现对审计师谨慎性的负向影响越弱，H_{5a}得到验证。

表7　客户重要性程度异质性分析结果

变量	(1) *AUDITFEE*	(2) *MAO*
ESG	-0.044*** (-9.83)	-0.012*** (-8.09)
IMPORTANT	0.181** (2.12)	-0.057*** (-3.21)
ESG × *IMPORTANT*	0.086*** (4.34)	0.013*** (3.56)
_*CONS*	5.864*** (34.69)	0.163*** (3.86)

续表

变量	(1) *AUDITFEE*	(2) *MAO*
CONTROLS	Yes	Yes
YEAR	Yes	Yes
IND	Yes	Yes
N	30733	30733
R^2	0. 628	0. 238

注：＊＊＊、＊＊分别表示在1%、5%的水平上显著；括号内为 *t* 值，标准误经过公司层面 Cluster 调整。

（五）进一步分析

1. 审计质量影响

基于前文分析，较好的 ESG 表现降低了审计师谨慎性，那是否会对审计质量产生不利影响？本文进一步探究审计质量是否因为谨慎性的降低而受到损害。采用操控性应计利润绝对值（*ABSDA*）和是否发生错报（*MISSTATEMENT*）作为审计质量的替代衡量指标，结果如表 8 所示。可以发现，*ESG* 系数在 1% 的水平上显著为负，说明审计质量并没有因为谨慎性的降低而受到损害，同时表明，企业良好的 ESG 表现显著地提高了审计质量。

表 8　ESG 表现与审计质量

变量	(1) *ABSDA*	(2) *MISSTATEMENT*
ESG	−0. 001 *** (−3. 36)	−0. 004 *** (−3. 38)
MAO	0. 008 ** (1. 98)	0. 041 *** (3. 25)
MISSTATEMENT	0. 002 (0. 82)	
_CONS	0. 174 *** (13. 66)	0. 187 *** (5. 24)

续表

变量	(1) *ABSDA*	(2) *MISSTATEMENT*
CONTROLS	Yes	Yes
YEAR	Yes	Yes
IND	Yes	Yes
N	30654	30733
R^2	0.116	0.020

注：***、**分别表示在1%、5%的水平上显著；括号内为 *t* 值，标准误经过公司层面 Cluster 调整。

2. ESG 表现稳定性

前文发现，较好的 ESG 表现降低了审计师谨慎性。如果企业的 ESG 表现不稳定，是否会反向提高审计师的谨慎性？华证 ESG 评级体系以季度频率更新，本文通过计算企业当年 ESG 评级的标准差（*SD_ESG*）衡量企业 ESG 表现稳定性，结果如表 9 所示。结果表明，企业 ESG 表现越不稳定，审计费用越高，但 ESG 表现稳定性（*SD_ESG*）对于非标审计意见出具的影响并不显著。猜测原因是审计费用更多表示审计的投入，而审计意见表示审计的结果。ESG 表现不稳定会在一定程度上加大审计师的投入，但财务报表的质量可能更多受到其他因素的影响，而不是 ESG 表现的稳定性。

表 9　ESG 表现稳定性与审计师谨慎性

变量	(1) *AUDITFEE*	(2) *MAO*
SD_ESG	0.044*** (4.67)	0.003 (1.21)
_CONS	4.971*** (23.46)	0.184*** (4.75)
CONTROLS	Yes	Yes
YEAR	Yes	Yes
IND	Yes	Yes

续表

变量	(1) *AUDITFEE*	(2) *MAO*
N	30730	31460
R^2	0. 584	0. 234

注：＊＊＊表示在1%的水平上显著；括号内为 *t* 值，标准误经过公司层面 Cluster 调整。

（六）稳健性检验

1. 替换因变量

审计费用（*AUDITFEE*）和非标审计意见（*MAO*）不能完全代表审计师谨慎性，耗费精力越高可能审计收费越高，但是收费越高不一定代表审计投入越多，因此，本文通过替换因变量进行稳健性检验。借鉴刘笑霞等（2017）的研究，选取审计延迟（*ARL*）即资产负债表日到审计报告日之间的天数和持续经营不确定性审计意见（*GCO*）代入模型中重新进行回归，如表 10 所示。表 10 结果表明，结论和初始回归结果保持一致。

表 10　稳健性检验（替换被解释变量）

变量	(1) *GCO*	(2) *ARL*
ESG	-0. 004 *** (-3. 76)	-0. 760 *** (-5. 51)
_CONS	0. 184 *** (4. 89)	70. 205 *** (15. 27)
CONTROLS	Yes	Yes
YEAR	Yes	Yes
IND	Yes	Yes
N	29060	30654
R^2	0. 108	0. 149

注：＊＊＊表示在1%的水平上显著；括号内为 *t* 值，标准误经过公司层面 Cluster 调整。

2. 固定效应模型

为了分析审计师谨慎性的时序差异，拟采用公司、年度双向固定效应再次检验，结果如表 11 所示，与初始回归结果保持一致。

表 11 稳健性检验（固定效应模型）

变量	(1) *AUDITFEE*	(2) *MAO*
ESG	−0.024*** (−9.03)	−0.007*** (−4.61)
_CONS	5.518*** (22.55)	0.223** (2.08)
CONTROLS	Yes	Yes
YEAR	Yes	Yes
FIRM	Yes	Yes
N	30270	30270
R^2	0.903	0.428

注：***、**分别表示在 1%、5% 的水平上显著；括号内为 *t* 值，标准误经过公司层面 Cluster 调整。

3. 滞后自变量

本文将自变量（*ESG*）滞后一期以缓解模型的互为因果问题，结果如表 12 所示，与初始回归结果一致。

表 12 稳健性检验（滞后自变量）

变量	(1) *AUDITFEE*	(2) *MAO*
L. ESG	−0.029*** (−5.98)	−0.006*** (−4.23)
_CONS	4.905*** (22.63)	0.138*** (3.29)
CONTROLS	Yes	Yes
YEAR	Yes	Yes
IND	Yes	Yes
N	26298	26298

续表

变量	(1) *AUDITFEE*	(2) *MAO*
R^2	0.576	0.222

注：＊＊＊表示在1%的水平上显著；括号内为 t 值，标准误经过公司层面 Cluster 调整。

六、研究结论与启示

本文以2009—2021年A股上市公司作为研究样本，实证检验ESG表现对审计师谨慎性的影响以及路径机制、异质性分析，得到以下结论：第一，企业良好的ESG表现通过减少感知到的客户风险，降低了审计师谨慎性。第二，当审计师拥有较高的声誉或客户重要程度较高时，ESG表现对于审计师谨慎性的负向作用得到缓解，当审计项目负责人或复核人为女性时，会在一定程度上缓解企业ESG表现与审计师谨慎性之间的负相关作用。第三，在进一步分析中，没有发现企业良好的ESG表现对审计师谨慎性的负向作用导致审计质量受到损害，同时表明企业良好的ESG表现显著提升了审计质量。当企业ESG表现不稳定、波动较大时，审计师的谨慎性会在一定程度上得到提高。

本文理论和实践意义如下：

在理论层面，首先，丰富了审计视角下ESG表现的影响研究。已有关于企业ESG表现影响的研究主要围绕企业经营、投资和融资等方面展开，本文不同于现有研究，从审计师的角度出发，研究企业ESG表现对审计师行为的影响。其次，现有研究大多从企业特征、审计师特征、外部监管等方面对审计师谨慎性的影响因素展开论述，本文则基于企业ESG表现视角，发现企业良好的ESG表现通过减少审计师感知到的客户风险而降低审计师的谨慎性，充实了关于审计师谨慎性影响因素的相关文献。

在实践层面，对企业来说，应当重视 ESG 行为和 ESG 披露，切实承担 ESG 责任，摒弃认为完善 ESG 行为和披露会带来巨大成本的想法。优化企业 ESG 管理有助于降低企业风险，为企业的可持续发展奠定坚实的基础。对审计师而言，审计师应当关注包括被审计单位 ESG 表现在内的全部相关内部信息，以确保对审计风险进行全面评估。在确保审计质量的前提下，调整审计投入的大小，有效地配置有限审计资源，以提高审计效率；同时，ESG 的表现不仅是上市公司可持续能力的体现，也是审计师全面了解被审计单位及其环境、识别和评估重大错报风险、减少信息不对称、提高审计质量的重要工具。对政府部门来说，应为企业 ESG 实践营造良好的法治环境：一是强化对企业 ESG 信息披露的监管，以提升企业 ESG 实践的实质性和有效性；二是要积极推进中国特色 ESG 体系的完善，提高企业 ESG 活动和 ESG 披露质量。

参考文献

[1]王琳璘，廉永辉，董捷．ESG 表现对企业价值的影响机制研究[J]．证券市场导报，2022(5)：23－34.

[2]FRIEDE G, BUSCH T, BASSEN A. ESG and financial performance: aggregated evidence from more than 2000 empirical studies [J]. Journal of sustainable finance & investment, 2015, 5(4): 210－233.

[3]ALBUQUERQUE R, KOSKINEN Y, ZHANG C. Corporate social responsibility and firm risk: theory and empirical evidence [J]. Management science, 2019, 65(10): 4451－4469.

[4]FATEMI A, GLAUM M, KAISER S. ESG performance and firm value: the moderating role of disclosure [J]. Global finance journal, 2018(38): 45－64.

[5]高杰英，褚冬晓，廉永辉，等．ESG 表现能改善企业投资效率吗？[J]．证券市场导报，2021(11)：24－34＋72.

[6]LENNOX C. Do companies successfully engage in opinion－shopping? Evidence

from the UK [J]. Journal of accounting and economics,2000,29(3): 321 – 337.

[7]杨育龙,吴溪,陈旭霞. 中国本土会计师事务所的网站信息能揭示审计质量差异吗?[J]. 审计研究,2017(6): 67 – 75.

[8]周兰,耀友福. 媒体监督、审计师变更与审计意见购买 [J]. 管理工程学报,2018,32(2): 159 – 170.

[9]VELTE P. Does ESG performance have an impact on financial performance? Evidence from Germany [J]. Journal of global responsibility,2017,8(2):169 – 178.

[10]邱牧远,殷红. 生态文明建设背景下企业 ESG 表现与融资成本[J]. 数量经济技术经济研究,2019,36(3): 108 – 123.

[11]DHALIWAL D S,LI O Z,TSANG A,et al. Voluntary nonfinancial disclosure and the cost of equity capital: the initiation of corporate social responsibility reporting [J]. The accounting review,2011,86(1): 59 – 100.

[12]晓芳,兰凤云,施雯,等. 上市公司的 ESG 评级会影响审计收费吗:基于 ESG 评级事件的准自然实验 [J]. 审计研究,2021(3): 41 – 50.

[13]BURKE J J,HOITASH R,HOITASH U. Auditor response to negative media coverage of client environmental, social, and governance practices [J]. Accounting Horizons,2019,33(3): 1 – 23.

[14]黄崑,张立民. 监管政策、审计师变更与后任审计师谨慎性 [J]. 审计研究,2010(1): 64,65 – 74.

[15]王猛,谭丽莎. AH 股交叉上市与审计师谨慎性:基于审计意见的实证分析[J]. 财会月刊,2010(35): 68 – 70.

[16]樊宏涛. 投资者情绪与审计师谨慎性:基于异常审计费用的调节效应 [J]. 中国商论,2020(8): 219 – 223.

[17]刘红霞,李继峥,马云飙. 随机现场检查与审计师谨慎性:基于证监会对上市公司现场检查的准自然实验 [J]. 审计研究,2022(2): 94 – 106.

[18]赵彦锋,原盼盼. 企业社会地位会影响审计费用吗?[J]. 北京工商大学学报(社会科学版),2021,36(5): 77 – 88.

[19]王帆,张龙平. 审计师声誉研究:述评与展望 [J]. 会计研究,2012(11): 74 – 78 + 95.

[20]FRANCIS J R,REICHELT K,WANG D. The pricing of national and city – specific reputations for industry expertise in the US audit market [J]. The accounting

review,2005,80(1): 113 -136.

[21]吴溪,张俊生. 中国本土会计师事务所的市场地位与经济回报 [J]. 会计研究,2012(7): 80 -88 +97.

[22]CHIN C L,CHI H Y. Reducing restatements with increased industry expertise [J]. Contemporary accounting research,2009,26(3): 729 -765.

[23]施丹,程坚. 审计师性别组成对审计质量、审计费用的影响:来自中国的经验证据[J]. 审计与经济研究,2011,26(5): 38 -46.

[24]陈波. 经济依赖、声誉效应与审计质量:以会计师事务所分所为分析单位的实证研究 [J]. 审计与经济研究,2013,28(5): 40 -49.

[25]SIMUNIC D A. The pricing of audit services: theory and evidence [J]. Journal of accounting research,1980(1): 161 -190.

[26]韩维芳. 审计风险、审计师个人的经验与审计质量 [J]. 审计与经济研究,2017,32(3): 35 -45.

[27]温忠麟,张雷,侯杰泰,等. 中介效应检验程序及其应用 [J]. 心理学报,2004(5): 614 -620.

[28]刘笑霞,李明辉,孙蕾. 媒体负面报道、审计定价与审计延迟 [J]. 会计研究,2017(4): 88 -94 +6.

企业数字化转型对企业ESG表现的影响研究[①]

苗梦露

摘要：企业数字化转型能推进自身质量变革、效率变革，借助数字技术建设数字化系统，激励企业为社会创造价值，是实现经济高质量发展的重要着力点。本文以2010—2020年中国A股上市企业为研究样本，研究数字化转型对企业ESG表现的影响及作用机制。研究表明，数字化转型能够提升企业的ESG表现，这一结论在经过一系列稳健性与内生性检验后仍然成立。机制分析表明，企业数字化主要通过提升企业资源获取能力，降低内部代理冲突，从而提升企业的ESG表现。异质性分析发现，数字化转型提升ESG表现的积极效应在内部融资约束程度高和外部金融发展水平低的企业中更强，在内部控制质量差和外部市场化程度低的企业中更大。这表明，在不利的内外部资源环境和治理情境下，数字化转型能够更好地发挥资源效应和治理效应，进一步支持了数字化转型影响ESG的作用机制。本文清晰揭示了企业数字化转型提升企业ESG表现的机理，为实现经济高质量发展提供理论依据与政策启示。

关键词：企业数字化；ESG；资源效应；治理效应

---

① 本文由韩少真副教授指导完成。韩少真，西北大学经济管理学院副教授，硕士研究生导师，管理学博士，电子邮箱：mailshaozhen@nwu.edu.cn。

作者简介：苗梦露（2001—），女，河南洛阳人，西北大学经济管理学院 2022 级会计学专业研究生。

一、引言

ESG 理念兼顾环境、社会和公司治理，是高度契合中国新发展理念、乡村振兴、共同富裕等国家发展战略的多维度可持续理念，是实现经济高质量发展和可持续发展的有效抓手（李井林等，2021）。2019 年，国务院发展研究中心金融研究所与中国证券投资基金业协会联合发布《中国上市公司 ESG 评价体系研究报告》，强调研究和推广 ESG 对于贯彻新发展理念、深入推进改革、推动高质量发展具有重要意义，提出要有效发挥市场机制，推动公司践行 ESG 理念，从而推动资本市场健康发展，实现中国经济高质量发展。中国 ESG 的形成不是像国际上以市场驱动 ESG 发展，而是以监管部门引导为主。近年来，国务院国资委、证监会与证券交易所等监管机构逐步建立起 ESG 披露标准，积极推行中国上市公司践行 ESG 理念。然而，目前，中国上市公司的 ESG 信息披露数量和质量与国际水平差距较大，在中国 3000 多家 A 股上市公司中，出具相关报告的仅不到 1000 家，且受制于企业本身的专业能力和成本问题，报告的质量也有待提升。因此，探寻科学路径以提升企业 ESG 表现具有重要现实意义。

数字化转型是逆全球化背景下、剧烈市场变化环境下、国家数字经济战略驱动下微观企业发展转危为机的新路径（单宇等，2021），企业进行数字化转型是大势所趋（Vial，2019）。对企业而言，数字化转型带来的不是单纯的技术层面建设，而是企业系统性的、整体性的转型升级（Nambisan et al.，2019）。2017 年，中国共产党第十九次全国代表大会明确提出，我国经济已由高速增长阶段转向高质量发展阶段，正处在转变发展方式、优化经济结构、转换增长动力的攻关期。数字科技赋能企业转型升级，驱动企业以数字嵌入、数字涉入整合信息与资源，实现资本利用效率、内部控制环境与组织资源基础的改善（陈庆江等，2021），在促进企业绿色创新、提升企业资源获取能力、改善公司治理等方面发挥着积极作用，为企业高质量发展提供了强大动能（宋德勇等，2022）。不仅如此，数字技术对于提升企业 ESG 表现也发挥着至关重要的作用。企业可以利用数字技术实现融合发展，缓解融资约束（Bollaert et al.，2021）、赋能技术创新（Li and Jia，2018），提升企业践行 ESG 理念的能力；同时，数字化转型在供应商、企业和客户间建立起网状供应链（杨金玉等，2022），弱化企业代理冲突，推进改善企业与消费者、股东等利益相关者之间的关系，增强企业践行 ESG 理念的动力。然而，现有文献鲜有将数字化转型与企业 ESG 表现纳入同一框架展开分析。作为经济高质量发展的新动能，数字化转型是否有助于提升企业 ESG 表现？如果是，其影响机制又如何？对上述问题进行深入探讨为推动数字化转型的必要性提供了新的经验证据，具有重要的实践意义。

本文可能的研究贡献如下：第一，丰富了企业数字化转型研究领域的研究，识别数字化转型的微观经济后果，为推进企业数字化转型和促进经济高质量发展提供了理论依据与实践启示；第二，从企业提升自身 ESG 表现的能力与动力角度入手，分析了企业数字化通过资源效应与治理效应影响企业 ESG 表现，为企业开展 ESG 实践、提高自身 ESG 表现提供可行路径；第三，在进一步分析中，对企业数字化影响企业 ESG 表现进行了差异分析，明晰了企业数字化转型的较优作用条件，丰富了现有研究。

二、理论分析与研究假设

（一）企业数字化转型与企业 ESG 表现

ESG 发展理念使企业经营不再仅仅专注于财务业绩，还包含对员工、消费者、社会公众、股东等利益相关者的利益保护，治理结构，治理风险，环境表现等多个维度的综合评价，兼顾企业环境、社会和公司治理绩效。从环境维度来看，企业需要积极开展绿色创新，提高资源与能源的利用率，以提升生产经营中的环境绩效，降低生产带来的环境成本；从社会维度来看，企业应当重视与外部社会的内在联系，及时捕获并解决社会问题，重构企业与社会的连接关系（肖红军等，2021）；从公司治理维度来看，公司应当完善企业管理结构，合理分配股东、董事会、管理层权力。综合来看，ESG 实践具有长期性、复杂性的普遍特征，在短期内很难产生明显的经济效益（靳毓等，2022），因而企业践行 ESG 理念的积极性不高；ESG 实践存在一定的外部性，需要大量的成本投入，因而企业践行 ESG 理念的资源不足。企业自身的能力与动机在一定程度上限制了企业 ESG 表现的提升。虽然企业 ESG 实践在短期内表现为支出增加、利润减少，对企业没有直接的经济效益，但从长期来看可以提升企业声誉，吸引外部投资（Chen et al.，2023），增强企业的竞争优势。类似地，数字化转型也可以使企业长期受益。吴江等（2021）将数字化视为以信息技术为基础，以领导者数字化意识、员工态度、多元化管理团队和消费者需求为引导，结合企业的数字战略、组织文化与组织资源等，最终实现技术层面、任务层面、参与者层面与组织层面创新的一个完整过程。可以说，在数字化转型过程中，企业做出的变革可以从多个维度改善 ESG 评价体系，进而提升企业的 ESG 表现。本文认为，数字化转型主要通过资源效应、治理效应两条途径提升企业 ESG 表现。

首先，企业数字化转型可以发挥资源效应，通过增强企业的资源获取能力，增加企业内部资源，为企业提升 ESG 表现提供能力基础。一方面，传统资源基础理论强调企业是一种资源的集合体，认为资源是企业能力的基础，拥有更多资源的企业则更有可能承担社会责任（Gregory，2022；钱明等，2016），积极开展 ESG 实践。另一方面，企业良好的 ESG 表现要在一段时间后才能对企业产生正面影响，对于实践当期来说，企业相关活动消耗企业的资源（李正，2006），可能导致企业财务资源被挤占，使企业陷入资金紧张的局面。而数字化转型可以显著提高企业的现金持有量，明显改善企业资源不足的问题。原因有两点：第一，在数字化时代，数字技术在各领域被广泛应用，进而形成新技术、新商业模式（Hanelt et al.，2021），推动产业结构升级。此时，企业就会增加现金储备作为顺应产业结构升级、实现自身整体生产结构调整的资本供给。第二，数字化转型通过保持企业竞争优势、降低经营成本、降低运营风险助力企业成长（倪克金、刘修岩，2021），助力企业日常交易增加。而企业为了节省交易成本和避免流动性短缺，会留存较高比例的现金资产（谭志东等，2022），为企业开展 ESG 实践提供资源基础。

其次，企业数字化转型可以发挥治理效应，通过强化内部监督机制，缓解企业代理冲突（张钦成、杨明增，2022），从而为企业提升 ESG 表现提供动力基础。在现代产权制度下，管理者经营权与股东所有权的分离引发代理问题（Jensen and Meckling，1976）。一方面，信息不对称现象的存在加大了代理问题出现的可能性，是管理层短视问题的源头。而管理层短视行为的存在阻碍了企业的长远发展，不利于推进企业践行 ESG。另一方面，管理层如果为了个人声誉过于关注企业的社会活动，就会分散工作精力，引发公司与利益相关者的冲突，反而会对 ESG 实践产生负面效应。而数字化转型有助于缓解企业代理冲突，原因主要在于：第一，企业数字化的核心就是信息技术的使用，能够改变信息的传播方式和传递效率，从信息流层面直接降低信息不对称程度，进而缓解代理冲突；第二，数字技术的应用使数据传播全过程可视化，降低了委托人监督的难度和成本，既避免了管理层短视问题影响企业践行 ESG，又规范了管理层的过度社会行为，为企业提升 ESG 表现提供了动力基础。

据此，本文提出以下假设：

H_1：企业数字化转型可以显著提升企业 ESG 表现。

根据 H_1 的理论分析，本文推测企业数字化转型可以提升企业的 ESG 表现。但数字化转型影响企业 ESG 表现的作用效果会因企业自身特征的不同而有所差别。对于已具有相对优势的企业而言，数字化转型可能仅为“锦上添花”，效果相对较弱；而对于有较大提升空间的企业而言，数字化转型更可能体现为“雪中送炭”，收获更大（侯德帅等，2023）。此外，企业数字化转型是企业在市场环境快速变动背景下，利用数字技术对产品、服务或商业模式进行数字化创新的战略行为。企业数字化转型来源于外部环境，自然会受外部环境的影响。对此，本文将从企业内外部视角着手做进一步讨论分析。

（二）企业内外部资源效应视角：融资约束与金融发展水平的调节效应

从企业内外部的资源效应视角来看，数字化转型能够增加企业资源，为企业践行 ESG 理念提供资源能力基础，进而提升企业的 ESG 表现。一方面，企业自身融资约束程度较高代表其难以向外界筹集资金，面临更大的资源约束。另一方面，我国金融发展水平持续提高，提高了金融体系的市场化水平，拓宽了社会融资渠道（陈耿等，2015）。然而，中国各地区金融发展水平呈现出明显的非均衡发展态势，在金融发展水平较高的地区，金融机构能够汇聚大量资金使运行效率提高，进而扩大对企业的投资规模，为企业提供资金支持。相反，在金融发展水平较低地区，金融机构资金相对匮乏且投资能力较弱，企业能从外部资本获取到的资源有限。数字化转型会给资源相对短缺的企业带来更多资源，资源效应可以发挥出更大作用。

据此，本文提出以下假设：

H_{2a}：相对于融资约束程度低的企业而言，数字化转型有助于提升高融资约束企业的 ESG 表现。

H_{2b}：在金融发展水平较低的区域，数字化转型有助于提升企业的

ESG 表现。

（三）企业内外部治理视角：内部控制与市场化程度的调节效应

从数字化转型的治理效应视角来看，数字化转型能够缓解代理冲突，为企业践行 ESG 理念提供动力基础，进而提升企业的 ESG 表现。一方面，高质量的内部控制包含良好的治理机构、科学的机构设置与权责分置，能使企业内部各部门之间进行有效且及时的交流，形成较好的制衡，进而减少代理问题，能在一定程度上保障数字化转型的成功（李万福等，2011）。另一方面，市场化程度是一种重要的外部治理机制。在市场化程度高的地区，资本要素市场发展水平高，监管环境相对完善，信息渠道通畅（高山行等，2018），企业透明度高，从而推进优化企业内外部治理机制。数字化转型可以在企业内外部治理机制不完善、存在严重代理问题时发挥“替代”作用，作用效果更明显。

据此，本文提出以下假设：

H_{3a}：相对于内部控制质量高的企业，数字化转型有助于提升内部控制质量低企业的 ESG 表现。

H_{3b}：在市场化程度低的区域，数字化转型有助于提升企业的 ESG 表现。

理论模型见图 1。

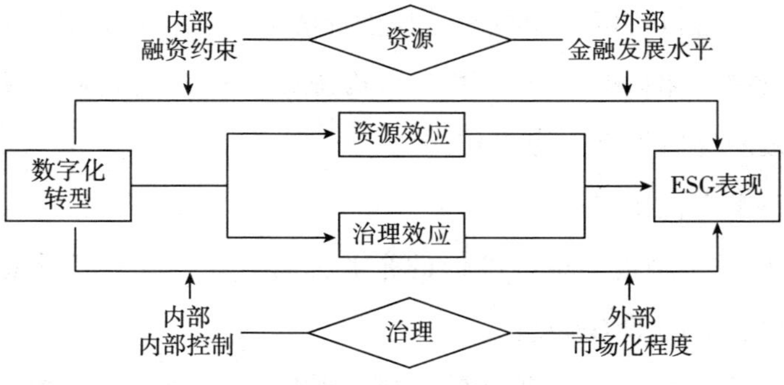

图 1　理论模型

三、研究设计

（一）样本选择和数据来源

为研究数字化转型对企业 ESG 表现的影响，本文选取 2010—2020 年中国 A 股上市公司为研究样本，并对该数据进行了如下处理：①剔除金融类行业企业；②剔除样本期内被 ST、PT 处理的上市公司当年数据；③剔除主要数据缺失样本，最终得到观测值 26091 个。为避免异常值的影响，本文对所有连续变量在 1% 和 99% 分位上进行缩尾处理。

数据来源如下：①文本分析所需年度报告来源于上海证券交易所和深圳证券交易所官网；②企业 ESG 表现数据来源于万得（WIND）数据库中的华证 ESG 评级；③其他相关数据来自国泰安（CSMAR）数据库、中国研究数据服务平台（CNRDS）数据库。

（二）变量设定

1. 被解释变量

本文选择华证 ESG 评级指数衡量企业 ESG 表现。华证 ESG 评级指数主要分为 AAA、AA、A、BBB、BB、B、CCC、CC、C 九档，本文依次赋值为 9～1，数值越大表示企业 ESG 表现越好。此外，本文将 ESG 评级缺失值赋值为 0。本文将在后文以剔除 ESG 评级缺失企业后的样本重新进行回归，进行稳健性检验。

2. 解释变量

参考吴非等（2021）的研究，本文采用上市公司年报文本分析法，运用 Python 技术抓取数字化转型关键词，并做对数化处理衡量企业数字化（*DIGITAL*）转型程度。

3. 中介变量

（1）现金流

本文参考余汉等（2023）的研究，以现金及现金等价物净增加额与总资产的比值（*CF*）作为资源效应代理变量，用于刻画企业内部资源的变化情况。

（2）代理成本

本文参考陈小辉等（2022）的研究，以代理成本（*SCOST*）作为治理效应的代理变量，企业内部代理成本越高说明代理冲突越严重。

4. 调节变量

（1）融资约束程度

本文参考肖红军等（2021）的研究，选取 *SA* 指数衡量企业的融资约束程度（*SA*），该指标绝对值越大，企业融资约束程度越高。

（2）金融发展水平

本文以樊纲、王晓鲁《中国市场化指数》中的“金融市场化程度”指数衡量金融发展水平（*FM*），数值越大说明该地区金融发展水平越高。

（3）内部控制质量

本文使用深圳迪博内部控制综合指数衡量企业内部控制质量（*IC*）。

（4）市场化程度

市场化程度（*MARKET*）用《中国分省份市场化指数报告（2016）》构建的地区市场化总指数衡量。

各个变量的类型、名称、符号和详细说明如表 1 所示。

表 1　变量定义

变量类型	变量名称	变量符号	变量说明
被解释变量	ESG	*ESG*	华证 ESG 评级指数，取值范围为 0 ~ 9
解释变量	企业数字化	*DIGITAL*	借鉴吴非等（2021）数字化转型的衡量方式计算企业数字化指数，并做对数化处理
中介变量	现金流	*CF*	现金及现金等价物的净增加额/总资产
	代理成本	*SCOST*	（管理费用 - 研发费用）/营业收入

续表

变量类型	变量名称	变量符号	变量说明
调节变量	融资约束程度	*SA*	*SA* 指数
	金融发展水平	*FM*	《中国市场化指数》中的金融市场化指数
	内部控制质量	*IC*	深圳迪博内部控制综合指数
	市场化程度	*MARKET*	《中国分省份市场化指数报告（2016）》地区市场化总指数
控制变量	企业规模	*SIZE*	总资产的自然对数
	总资产收益率	*ROA*	净利润/（期初资产总额 + 期末资产总额）/2
	资产负债率	*LEV*	总负债/总资产
	企业成长能力	*GROW*	（当期主营业务收入 - 上期主营业务收入）/上期主营业务收入 ×100
	企业能力	*AGE*	统计日期减上市日期取整加 1
	股权集中度	*FIRST*	第一大股东持股比例
	两职合一	*DUAL*	董事长与总经理兼任取值为 1；否则，为 0
	董事会规模	*BOARD*	董事会人数的自然对数
	产权性质	*NATURE*	国有企业取值为 1，其他为 0
	年度效应	*YearDums*	2010—2020 年，11 个年度虚拟变量
	行业效应	*IndustryDums*	证监会 2012 年行业分类代码，16 个行业虚拟变量

（三）模型设定

1. 基准回归检验模型

为了检验企业数字化能否影响企业 ESG 表现，本文构建多元回归模型如下：

$$ESG_{it} = \alpha_0 + \alpha_1 DIGITAL_{it} + \sum \alpha_i CONTROL_{it-1} + IndustryDums + YearDums + \varepsilon \tag{1}$$

2. 中介机制检验模型

为了检验企业数字化转型影响企业 ESG 表现的作用机制，本文借助温忠麟等（2004）的依次检验法开展研究，具体模型如下：

$$MED_{it} = \beta_0 + \beta_1 DIGITAL_{it} + \sum \beta_i CONTROL_{it-1} +$$

$$IndustryDums + YearDums + \varepsilon \quad (2)$$

$$ESG_{it} = \gamma_0 + \gamma_1 DIGITAL_{it} + \gamma_2 MED_{it} + \sum \gamma_i CONTROL_{it-1} + IndustryDums + YearDums + \varepsilon \quad (3)$$

3. 调节效应检验模型

本文通过分组回归方式进行调节效应检验。依据调节变量的年度中位数将样本分为高组（取值为1）和低组（取值为0），基于模型（1）进行分组回归，关注分组回归的差异性。

四、实证结果与分析

（一）描述性统计

本文主要变量的描述性统计结果如表2所示。表2中，*ESG* 的均值为3.984，最小值为0.000，最大值为8.000，这表明在A股上市公司中，企业ESG表现整体水平偏低，差异较大；*DIGITAL* 的均值为1.169，最小值为0.000，最大值为6.114，标准差为1.315，这表明A股上市公司数字化发展水平整体偏低且不同公司之间数字化程度存在较大差异。

表2　描述性统计

变量	*N*	Mean	P_{50}	sd	Min	Max
ESG	26091	3.984	4.000	1.240	0.000	8.000
DIGITAL	26091	1.169	0.693	1.315	0.000	6.114
SIZE	26091	22.123	21.950	1.291	19.661	26.094
ROA	26091	0.039	0.036	0.054	−0.193	0.196
LEV	26091	0.434	0.428	0.208	0.053	0.898
GROW	26091	0.202	0.112	0.514	−0.561	3.705
AGE	26091	12.196	11.000	6.987	2.000	31.000
FIRST	26091	34.790	32.800	14.938	8.750	74.960
DUAL	26091	0.250	0.000	0.433	0.000	1.000

续表

变量	N	Mean	P_{50}	sd	Min	Max
BOARD	26091	2. 249	2. 303	0. 199	0. 000	2. 944
NATURE	26091	0. 381	0. 000	0. 486	0. 000	1. 000

（二）基准回归结果分析

为验证企业数字化对企业 ESG 表现的影响，本文采用逐步回归法，依次加入控制变量、行业固定效应与年度固定效应，结果如表 3 所示，验证了 H_1。

表 3　基准回归结果

变量	(1) *ESG*	(2) *ESG*	(3) *ESG*	(4) *ESG*
DIGITAL	0. 047 *** (7. 866)	0. 037 *** (6. 484)	0. 037 *** (5. 487)	0. 035 *** (5. 116)
控制变量	No	Yes	Yes	Yes
年度效应	No	No	No	Yes
行业效应	No	No	Yes	Yes
常数项	3. 929 *** (391. 604)	-1. 760 *** (-11. 459)	-2. 257 *** (-13. 974)	-2. 304 *** (-14. 172)
观测值数	26091	26091	26091	26091

注：括号内为稳健 t 统计量；＊＊＊表示在 1% 的水平上显著。

（三）稳健性检验

1. 改变企业数字化的测量方式

本文用新的二分变量指标替换原来的连续变量指标进行稳健性检验。如果一家企业进行了数字化转型，则令 *DIGITAL_DUM* = 1；否则，为 0。检验结果与前文保持一致。

2. 滞后一期解释变量

考虑到企业数字化影响企业 ESG 表现可能存在时间上的滞后性，

本文将滞后一期的企业数字化做解释变量重新检验，回归结果说明了本文结论的稳健性。

3. 剔除 ESG 评级缺失企业

为了排除 ESG 评级缺失样本的干扰，本文剔除 ESG 评级缺失企业后重新进行回归，见表 4。表 4 列（3）结果进一步证明了结论的稳健性。

表 4　稳健性检验

变量	(1) *ESG*	(2) *ESG*	(3) *ESG*
DIGITAL_DUM	0.085 *** (5.435)		
L. DIGITAL		0.030 *** (4.198)	
DIGITAL			0.026 *** (4.261)
控制变量	Yes	Yes	Yes
年度/行业效应	Yes	Yes	Yes
常数项	−2.338 *** (−14.376)	−2.312 *** (−14.207)	−1.860 *** (−12.322)
观测值数	26091	26091	25593

注：括号内为稳健 t 统计量；＊＊＊表示在 1% 的水平上显著。

4. 控制企业策略性信息披露行为的影响

为了排除企业夸大其真实数字化程度的策略性披露行为干扰，本文执行了如下测试：①参考马慧和陈胜蓝（2022）的研究，采用沪深交易所信息披露考评结果衡量企业信息披露质量（*Dis_Scor*），仅保留考评结果为优秀或良好的样本重新进行回归；②参考肖土盛等（2022）的研究，额外控制可以衡量企业会计信息质量的盈余激进度（*Earn_Agg*）与盈余平滑度（*Earn_Smooth*）（见表 5）。表 5 结果说明结论仍然成立。

表5　稳健性检验

变量	(1) *ESG*	(2) *ESG*
DIGITAL	0.029 *** (3.712)	0.052 *** (5.768)
Earn_Agg	No	Yes
Earn_Smooth	No	Yes
控制变量	Yes	Yes
年度/行业效应	Yes	Yes
常数项	-1.898 *** (-8.735)	-2.837 *** (-14.570)
观测值数	16400	16598

注：括号内为稳健 t 统计量；＊＊＊表示在1%的水平上显著。

（四）内生性检验

1. 工具变量法

本文可能存在反向因果问题，即ESG表现好的企业会更倾向于进行数字化转型。为了排除反向因果关系导致的内生性问题，本文将同行业同年份的企业数字化均值（*IV*）作为工具变量重新检验，结果如表6列（1）、列（2）所示，结论依旧成立。

2. 准自然实验法

本文借鉴易露霞等（2021）的研究，将企业分批次逐步推动数字化转型行为视为一个极佳的准自然试验，采用准自然实验的方法构建多时点双重差分模型以消除内生性的影响，结果如表6列（3）所示，证明了结论的稳健性。

3. 倾向得分匹配法

为了解决样本自选择问题，本文借鉴李琦等（2021）的做法，先根据企业是否进行数字化转型将样本分为两组，再选取企业特征变量为匹配协变量进行1:1匹配，以尽可能消除两组企业间的特征差异，结果如表 6 列（4）所示，与前文结果保持一致。

表 6　内生性检验

变量	(1) DIGITAL	(2) ESG	(3) ESG	(4) ESG
IV	0.031*** (19.476)			
DIGITAL		0.153*** (2.641)	0.065*** (2.735)	0.031*** (2.702)
控制变量	Yes	Yes	Yes	Yes
年度/行业效应	Yes	Yes	Yes	Yes
常数项	-2.293*** (-15.113)	-2.021*** (-9.257)	0.426 (0.650)	-2.584*** (-10.888)
观测值数	26091	26091	12056	13464

注：括号内为稳健 t 统计量；＊＊＊表示在 1% 的水平上显著。

五、机制检验

（一）资源效应机制检验

如表 7 所示，列（1）至列（3）为资源效应的机制检验结果，表明数字化转型显著增加了企业的现金流，且企业拥有的现金等资源的增加可以提升企业的 ESG 表现，资源效应机制得到验证。

表 7　机制检验

变量	(1) ESG	(2) CF	(3) ESG	(4) ESG	(5) SCOST	(6) ESG
DIGITAL	0.035*** (5.116)	0.002*** (4.887)	0.034*** (4.970)	0.035*** (5.116)	-0.003*** (-8.503)	0.029*** (4.281)
CF			0.473*** (4.904)			
SCOST						-1.824*** (-13.488)
控制变量	Yes	Yes	Yes	Yes	Yes	Yes

续表

变量	(1) *ESG*	(2) *CF*	(3) *ESG*	(4) *ESG*	(5) *SCOST*	(6) *ESG*
年度/行业效应	Yes	Yes	Yes	Yes	Yes	Yes
常数项	-2.304 *** (-14.172)	0.072 *** (6.508)	-2.338 *** (-14.395)	-2.304 *** (-14.172)	0.401 *** (37.522)	-1.552 *** (-9.412)
观测值数	26091	26091	26091	26091	26088	26088

注：括号内为稳健 t 统计量；* * * 表示在1%的水平上显著。

（二）治理效应机制检验

本文进行了治理效应机制识别检验，结果见表7列（4）至列（6）。企业数字化转型显著降低了企业的代理成本，且降低代理成本有助于提升企业的ESG表现，治理效应存在。

六、异质性检验

（一）企业内外部资源视角：融资约束与金融发展水平的调节效应检验

前文检验结果证实了 H_1。接下来，本文利用分组回归检验 H_{2a} 和 H_{2b}，结果如表8所示。从表8中可以看到，融资约束高、位于金融发展水平低地区的企业 *DIGITAL* 系数更大且更显著，说明假设成立。

表8　异质性检验——内外部资源视角

变量	(1) 高组	(2) 低组	(3) 高组	(4) 低组
DIGITAL	0.034 *** (4.585)	0.028 (1.416)	0.017 * (1.766)	0.051 *** (5.212)
控制变量	Yes	Yes	Yes	Yes
年度/行业效应	Yes	Yes	Yes	Yes

续表

变量	(1) 高组	(2) 低组	(3) 高组	(4) 低组
常数项	-2.191*** (-12.661)	-3.090*** (-6.407)	-1.759*** (-6.002)	-2.626*** (-13.117)
观测值	23171	2920	12168	13923

注：括号内为稳健 t 统计量；***、*分别表示在1%、10%的水平上显著。

（二）企业内外部治理视角：内部控制与市场化程度的调节效应检验

H_{3a}与H_{3b}的分组回归检验结果如表9所示。从表9中可以看到，内部控制质量、市场化程度低组的 *DIGITAL* 系数更大且更显著，说明假设成立。

表9　异质性检验——内外部治理视角

变量	(1) 高组	(2) 低组	(3) 高组	(4) 低组
DIGITAL	0.025*** (2.881)	0.031*** (2.928)	0.021*** (2.848)	0.064*** (3.232)
控制变量	Yes	Yes	Yes	Yes
年度/行业效应	Yes	Yes	Yes	Yes
常数项	-1.742*** (-8.168)	-2.086*** (-8.359)	-2.214*** (-12.030)	-2.521*** (-6.708)
观测值	13039	13045	21212	4879

注：括号内为稳健 t 统计量；***表示在1%的水平上显著。

七、研究结论与政策建议

本文以2010—2020年中国A股上市公司为研究样本，开展企业数字化对企业ESG表现的影响研究。研究发现，企业数字化转型能够显著提升企业ESG表现，且经过一系列稳健性与内生性检验后，结论仍然稳健。机制检验发现，数字化转型能够通过提升企业资源获取能力，缓解内部代理冲突，提升企业的 ESG 表现。异质性分析结果表明，数字化对企业 ESG 表现的提升效应在融资约束高、金融发展水平低的资源受限企业与内控质量低、市场化程度低的治理缺失企业中，作用效果更明显。

根据研究结论，本文提出以下政策建议：首先，从企业角度出发。企业既是宏观经济发展的微观主体，又是中观产业发展的基本组织，是实现经济高质量发展、构建数字中国的关键主体。意识的成功转变是企业实现战略目标的必要因素，企业必须充分认识到数字化转型可以提升企业各项能力与表现，从而提升自身竞争力。企业要保障数字战略的核心地位，把握数字化转型机遇，促进组织流程的信息化改造与升级，将企业社会责任内化于企业各个环节，实现企业高质量发展与经济效益的双赢，以应对新时代的经济挑战。同时，管理者要把握不同组织特征下数字化转型对企业的内在影响，充分利用数字化转型与地区市场环境、政府力量的互补作用，助力企业全面高质量发展。其次，从政府角度出发。政府要处理好与企业之间的关系，在保证企业主体作用的同时，更好地发挥政府作用。政府要建立能够鼓励与支持企业数字化转型的制度环境，加强对企业数字化转型必备技术、设备等基础设施的建设，开展财政支持数字化转型企业、项目试点工作。在实现数字经济的过程中，利用企业数字化转型推动企业高质量发展。此外，ESG 理念进入中国时间较晚，在中国企业间的竞争力与国际上认可度都不高。政府应该配合监管机构、行业协会逐步完善中国企业 ESG 信息披露机制，引导企业提高其 ESG 表现并自觉披露 ESG 信息，提高 ESG 在中国的认可度，引导投资者践行 ESG 投资理念，进而倒逼企业提升自身 ESG 表现。

参考文献

[1]BOLLAERT H,LOPEZ－DE－SILANES F,SCHWIENBACHER A. Fintech and access to finance[J]. Journal of corporate finance,2021(68):101941.

[2]CHEN S,HAN X,ZHANG Z. Esg investment in china:doing well by doing good[J]. Pacific－basin finance journal,2023(77):101907.

[3]GREGORY R P. Esg activities and firm cash flow[J]. Global finance journal,2022(52):100698.

[4]HANELT A,BOHNSACK R,MARZ D. A systematic review of the literature on digital transformation:insights and implications for strategy and organizational change[J]. Journal of management studies,2021,58(5):1159－1197.

[5]JENSEN M C,MECKLING W H. Theory of the firm:managerial behavior,agency costs and ownership structure[J]. Journal of financial economics,1976(4):305－360.

[6]LI M,JIA S. Resource orchestration for innovation:the dual role of information technology[J]. Technology analysis & strategic management,2018,30(10):1136－1147.

[7]NAMBISAN S,WRIGHT M,FELDMAN M. The digital transformation of innovation and entrepreneurship:progress,challenges and key themes[J]. Research policy,2019,48(8):103773.

[8]VIAL G. Understanding digital transformation:a review and a research agenda[J]. The journal of strategic information systems,2019,28(2):118－144.

[9]陈耿,刘星,辛清泉. 信贷歧视、金融发展与民营企业银行借款期限结构[J]. 会计研究,2015(4):40－46.

[10]陈庆江,王彦萌,万茂丰. 企业数字化转型的同群效应及其影响因素研究[J]. 管理学报,2021(5):653－663.

[11]陈小辉,张红伟,吴永超. 数字经济如何影响企业内部控制质量[J]. 财经论丛(浙江财经学院学报),2022(11):71－80.

[12]单宇,许晖,周连喜,等. 数智赋能:危机情境下组织韧性如何形成:基

于林清轩转危为机的探索性案例研究[J]. 管理世界,2021(3): 84-104.

[13]高山行,肖振鑫,高宇. 企业制度资本对新产品开发的影响研究:市场化程度与竞争强度的调节作用[J]. 管理评论,2018(9): 110-120.

[14]侯德帅,王琪,张婷婷,等. 企业数字化转型与客户资源重构[J]. 财经研究,2023(2):110-124.

[15]靳毓,文雯,何茵. 数字化转型对企业绿色创新的影响:基于中国制造业上市公司的经验证据[J]. 财贸研究,2022(7): 69-83.

[16]李井林,阳镇,陈劲,等. ESG促进企业绩效的机制研究:基于企业创新的视角[J]. 科学学与科学技术管理,2021(9): 71-89.

[17]李琦,刘力钢,邵剑兵. 数字化转型、供应链集成与企业绩效:企业家精神的调节效应[J]. 经济管理,2021(10): 5-23.

[18]李万福,林斌,宋璐. 内部控制在公司投资中的角色:效率促进还是抑制?[J]. 管理世界,2011(2): 81-99.

[19]李正. 企业社会责任与企业价值的相关性研究:来自沪市上市公司的经验证据[J]. 中国工业经济,2006(2): 77-83.

[20]马慧,陈胜蓝. 企业数字化转型、坏消息隐藏与股价崩盘风险[J]. 会计研究,2022(10): 31-44.

[21]倪克金,刘修岩. 数字化转型与企业成长:理论逻辑与中国实践[J]. 经济管理,2021(12): 79-97.

[22]钱明,徐光华,沈弋. 社会责任信息披露、会计稳健性与融资约束:基于产权异质性的视角[J]. 会计研究,2016(5): 9-17.

[23]宋德勇,朱文博,丁海. 企业数字化能否促进绿色技术创新:基于重污染行业上市公司的考察[J]. 财经研究,2022(4): 34-48.

[24]谭志东,赵洵,潘俊,等. 数字化转型的价值:基于企业现金持有的视角[J]. 财经研究,2022(3): 64-78.

[25]温忠麟,张雷,侯杰泰等. 中介效应检验程序及其应用[J]. 心理学报,2004(5): 614-620.

[26]吴非,胡慧芷,林慧妍,等. 企业数字化转型与资本市场表现:来自股票流动性的经验证据[J]. 管理世界,2021(7): 130-144.

[27]吴江,陈婷,龚艺巍,等. 企业数字化转型理论框架和研究展望[J]. 管理学报,2021(12): 1871-1880.

[28]肖红军,阳镇,刘美玉．企业数字化的社会责任促进效应:内外双重路径的检验[J]．经济管理,2021(11):52-69.

[29]肖土盛,吴雨珊,亓文韬．数字化的翅膀能否助力企业高质量发展:来自企业创新的经验证据[J]．经济管理,2022(5):41-62.

[30]杨金玉,彭秋萍,葛震霆．数字化转型的客户传染效应:供应商创新视角[J]．中国工业经济,2022(8):156-174.

[31]易露霞,吴非,常曦．企业数字化转型进程与主业绩效:来自中国上市企业年报文本识别的经验证据[J]．现代财经(天津财经大学学报),2021(10):24-38.

[32]余汉,黄爽,宋增基．国有股权对民营企业数字化转型的影响:基于上市公司的经验证据[J]．中国软科学,2023(3):140-149.

[33]张钦成,杨明增．企业数字化转型与内部控制质量:基于"两化融合"贯标试点的准自然实验[J]．审计研究,2022(6):117-128.

第六篇

文旅融合与西部创新实践

SPP 理论视角下区域品牌竞争优势形成的动态机制

——基于武功县区域品牌建设的案例研究①

沈 媛

摘要：打造具有可持续竞争优势的区域品牌，对促进区域经济发展、提升区域竞争力有重要的意义。然而，关于区域如何打造具有竞争优势的区域品牌研究仍然处于探索阶段，具体的机制和过程等方面亟待深化研究。因此，本文基于SPP理论，以武功县区域品牌为例，从优势来源（S）、部署资源以获得独特的位置优势（P）以及获得的品牌绩效（P）三个方面解构了区域品牌竞争优势形成的动态过程。本文认为，区域品牌竞争优势的获得是个长周期、根据环境变化不断动态调整的过程。区域品牌不仅需要识别优势来源，引入新资源，还需要建立与资源相对应的模式，通过感知、抓取、资源重组构建应对环境变化的动态能力，才能促进区域品牌获得竞争优势并实现可持续发展，提升区域竞争力。

关键词：SPP 理论；区域品牌竞争优势；资源编排；动态能力

作者简介：沈媛（2000—），宁夏固原人，西北大学经济管理学院2022级企业管理专业硕士研究生。

---

① 本文由李纯青教授执导完成。李纯青，河南南阳人，西北大学经济管理学院教授，博士研究生导师，研究方向：关系营销和品牌管理。

一、引言

随着区域品牌在农业、工业以及服务业等业态的现代化、精品化进程的推进，政府高度重视区域品牌的发展。2022 年，《国家发展改革委等部门关于新时代推进品牌建设的指导意见》明确提出支持培育产业和区域品牌。近些年，区域品牌的构建成为学术界讨论的一大热点，现有研究基于区域品牌的概念（程虹等，2023）、驱动机制（陆娟等，2022）、形成路径（董银果等，2022）、品牌竞争力等（王文龙，2018）展开了广泛的讨论。同时，许多区域也投入区域品牌建设，区域品牌数量呈现不断上涨的趋势。然而，区域品牌建设存在很多问题，例如，区域品牌中的“搭便车”行为不利于区域品牌可持续发展，因此，产生了品牌维护机制的研究（耿献辉等，2023）；区域品牌发展不平衡问题，资源不足的区域建立品牌难度大（郭美晨，2020）。在此背景下，区域如何利用资源打造具有可持续竞争优势的区域品牌是值得关注的问题。本质上，建立具有竞争力的品牌就是希望通过品牌调动区域发展需要的资源、促进区域经济发展和提升区域竞争力，那么建立具有可持续竞争优势的品牌就是必要的。区域品牌竞争力的研究主要存在以下不足。一方面，关于区域公用品牌的竞争优势研究集中于竞争力评估上，就如何打造品牌可持续竞争优势的研究较为缺乏。另一方面，从实践来看，建立区域品牌竞争优势的重点在于协调区域产业内外部资源形成区域综合实力，并在不断发展的动态环境中打造相应的能力增强区域品牌实力，提升品牌美誉度和影响力。鉴于此，本文基于 SPP 理论，研究政府如何通过资源编排和动态能力构建打造具有可持续竞争优势的品牌。

二、文献综述

（一）区域品牌竞争优势

区域品牌竞争优势是评估区域竞争力的重要标志，是打造区域品牌的核心目标。目前，已经有很多关于区域品牌竞争优势的研究。首先，影响区域品牌竞争力的因素主要有资源基础能力（齐昕等，2015）、区域主体协同程度（汪波等，2012）、产业发展能力、品牌管理能力（徐俊昌，2012）等。其次，关于区域品牌的重要意义，Uzelac 等（2022）提出，品牌化农产品在农村等欠发达地区中发挥的经济提升作用尤为显著；何强等（2023）以农产品公用品牌为例，提出农产品地理标志带来的品牌效应正逐渐成为推动当地农业发展的重要力量。最后，关于区域品牌竞争力提升路径以及评价指标，王文龙（2018）研究了中国地理标志农产品品牌竞争力提升路径；袁胜军等（2018）在品牌力评价和要素已有研究的基础上，从心理学角度出发，根据消费者需求构建了品牌力的评价指标体系；赵书虹等（2020）在研究品牌旅游资源竞争力时，提出地方应该紧抓时机，充分发挥区域特有的旅游资源优势，提高品牌资源竞争力；叶慧等（2021）提出从区域资源、品牌管理、品牌经营主体等角度发展农产品品牌。学者采用的评价区域品牌竞争力的指标体系和方法对建立更具有普适性的评价模型具有研究价值，也对区域品牌的可持续竞争优势发展有积极的促进作用。指标体系的分析虽然能够解释区域品牌竞争优势的来源，但是就具体的机制还未进行深入研究。因此，就如何做才能提升区域品牌竞争优势的问题亟待探索和解决。

（二）资源编排

资源编排理论聚焦于面向过程的行动上，有利于企业提升竞争优势和创造价值（Sirmon et al. ，2011），主要考虑资源管理与资产编排之间的紧密联系，二者都是资源基础理论和动态能力的延伸。Sirmon 等（2007）将动态环境背景下的价值创造与公司资源管理联系起来，构造了资源管理模型，包括构建资源组合、捆绑资源以建立能力，并利用能力为客户提供价值，从而获得竞争优势。而资产编排，则来源于对动态功能的研究（Adner et al.，2003），包括两个主要维度——搜索/选择和配置/部署。就区域品牌建设来说，资源的重要性格外突出。例如，众多学者提倡区域应该发掘区域特色资源，培育、建设和营销品牌以及扶持品牌经营主体，提高品牌竞争力（叶慧等，2021）。黄锋等（2023）提出区域资源禀赋是创新推广农业技术的基础，地方政府应推动公用品牌影响力建设。然而，目前与区域品牌资源相关的研究仅提到资源禀赋的重要性，或者是资源制度环境的重要性（赵卫宏等，2018），对于如何从资源视角建立区域品牌竞争优势的研究是相对缺乏的。当区域建设区域品牌并引入新的资源时，其资源使用模式和谁能获得资源会影响其资源的使用效率。Sutter 等（2023）在资源化理论中提出优先级、互补性和支架可以协调引入新资源与访问模式之间的冲突，提升资源利用效率。本文则提出区域品牌建立竞争优势不仅需要识别资源优势，还需要管理和整合资源，充分发挥资源的效益，新资源与使用模式之间的一致性可以提升资源使用效率。

（三）动态能力

资源基础理论认为，具有 VRIO 性质的资源是企业获得竞争优势的关键，但是随着环境的变化，企业必须构建新的资源或能力适应其变化，因此，动态能力理论应运而生，其是指能够在不断变化的环境中“持续创造、扩展、升级、保护和保持企业独特的资产基础”的能力（Teece，2007）。动态能力理论指出，外部环境培育、整合及内部资源重构有助于打破核心能力刚性，从而保持企业竞争优势（黄俊等，2018）。关于组织动态能力的研究还包括双元动态能力等（刘洋等，

2011）。Sett 等（2018）将市场导向作为企业的动态能力，包括感知机会和威胁、抓住机会或防范威胁以及与环境变化同步地重新配置企业资源的能力，并认为这几种能力有助于市场导向型企业利用环境不确定性，维持优异的绩效。品牌竞争力提升是企业在动态市场竞争环境中持续优化经营策略组合的结果（张峰等，2022），然而关于品牌动态能力的研究相对较少，都是一些比较基础的研究，如构建品牌知识体系（高婧，2005）和农业技术创新与推广（黄锋等，2023）。通过梳理品牌竞争优势（竞争力）以及动态能力的相关研究，我们发现，国内外关于企业动态能力的研究已经有丰富的积累。然而，品牌作为企业能力以及为企业带来竞争优势的重要组成部分，将动态能力与品牌竞争力结合起来的研究仍不足。本文提出通过部署资源能够构建应对环境变化的动态能力，促进区域品牌可持续发展。

三、研究方法

（一）样本及方法选择

本文主要目的在于从资源和动态能力的角度解释区域品牌竞争优势获得的机制。基于研究问题，案例样本应该具有以下特征：①区域品牌的知名度和竞争优势；②建立区域品牌过程涉及多种资源的利用；③具有一定的动态能力；④鉴于资料的可获得性，该区域要有能够提供数据资料的能力。陕西省武功县地处关中平原腹地，该县借助物资集散枢纽的优势，抢抓电商新风口，首创的“买西北·卖全国”模式成为全国县域电商八大模式之一，成功创建“西北电商第一县”的区域品牌。经过十多年的发展，以农产品精深加工为重点的电商物流“首位产业”不仅成为当地一张叫响全国的名片，更成为拉动县域经济高质量发展的重要引擎。武功县区域品牌竞争优势的获得契合理论，因此，本文选择武功县作为研究对象。

由于区域品牌竞争优势是在建立区域品牌的过程中动态实现的，实现过程时间跨度长、涉及范围广，需要考虑相关情境因素，对于这类问题适合采用案例研究方法。

（二）数据收集

本研究的数据来源包括一手数据和二手数据。具体来说，一手数据包括对武功县区域品牌有重要作用的参与者进行访谈，二手数据通过网站等其他渠道收集整理。本文遵循“三角验证”原则，即每一事实、现象或观点至少有三个数据来源，确保数据资料的可信度。一手数据主要基于战略定位、发展机制等区域品牌建设内容展开访问，具体见表1。

表1　一手数据来源

数据来源	访谈对象	编码	访谈内容	次数/次	时长/分钟
政府	武功县电子商务服务中心主任	F1	武功县电商发展历程、持续的政策支持、资源带动等	1	35
科研人员	陕西新丝路电子商务研究院院长	F2	武功县战略定位、发展机制以及区域公共品牌转型等	2	130
企业	西域美农学院负责人	F3	企业对武功县区域品牌的认知和企业发挥的作用等	1	30
	西域美农负责品牌副总	F4	区域产业、电商发展、供应链、企业与区域的相互作用等	1	30
其他	西部网“三农”传媒中心主任	F5	媒体在武功县区域品牌发展过程的作用等	1	15
	武功县微艾电子商务有限公司总经理	F6	武功县对外界的吸引力，电商氛围、品牌建设等	1	30

二手数据来源主要包括武功县政府官网报道、书籍、新闻报道等多个渠道，具体见表2。

表 2　二手数据

数据来源	类别	具体名称	编码
内部来源	文档	《武功县电子商务白皮书》等	G1
外部来源	书籍	《农村电商：互联网 + 三农案例与模式》等	H1
	政府官网报道	从“武功产·武功造”看武功电商发展新变化；激发电商发展活力，助力稳住经济大盘等	H2
	新闻报道	陕西网、西部网、今日头条等报道的新闻	H3
	行业报告	《“数商兴农”：从阿里平台看农产品电商高质量发展》等	H4
	文献	从知网等数据库收集到的文献	H5

（三）数据分析

本文对原始数据资料应用一阶分析（体现当事人的声音）和二阶分析（反映研究者的声音）的结构化数据分析方法，产生严谨的质性分析结果，展示数据与新归纳概念之间的联系并形成聚合构念。具体步骤为：首先根据访谈数据（访谈对象的词语）的分类形成一阶概念，其次形成主题（二阶）和聚合构念（毛基业，2020）。为保证案例分析的信度与效度，本文在数据分析过程中采用“理论—数据—模型”之间反复迭代的过程方法，基于收集的案例数据，结合文献，最终推导出区域品牌获得竞争优势的理论模型。

四、案例分析与发现

根据武功县的具体实践和 SPP 理论框架，本文从三个部分展开分析：第一部分为区域品牌建立的优势来源；第二部分为武功县如何部署资源以获得区域品牌的位置优势；第三部分为品牌绩效。通过对武功县区域品牌竞争优势获得过程的解构，重点突出区域如何通过资源编排和动态能力构建以获得区域品牌竞争优势。

（一）识别资源——优势来源

根据案例对象实践情况，在品牌建立初期，区域的重点在于识别区域品牌优势来源，主要表现在资源禀赋和关键能力上（见表3）。资源禀赋是指一个国家或地区在生产力和资源方面的天然禀赋，而关键能力是指协同和利用资源的特性，即区域建立品牌不仅要有基础的资源支撑，还要有运用资源的能力。

表3　区域品牌优势来源的典型引据

典型证据援引	二阶主题	一阶概念	典型引据
优势来源	资源禀赋	农业资源	典型的农业大县，开创了中华农耕文明之先河，农产品资源比较丰富
		地理资源	不管是高速、铁路，还是机场，离武功都很近。武功县隶属陕西省咸阳市，位于关中平原腹地，具有独特的交通区位优势
		人力资源	武功县有43万人口。武功既是传统农业大县，也是工业小县
	关键能力	学习能力	学习和引进东南沿海地区先进理念
		创新能力	汇聚西北网货为我所用，有效解决了武功县电商农产品网货“卡脖子”问题，实现了经济要素在武功县的流动聚合，这是相较于其他地区发展电商的突破
		管理能力	凡涉及武功县电商的事项，“马上就办、特事特办、办就办好”，充分体现了武功速度

1. 资源禀赋

2013年，武功县面临“农产品难买难卖”和群众增收难题。在农产品电商发展的巨大机遇面前，武功县果断选择发展电子商务产业，引进了新的资源——电商资源。武功县特地开展战略定位大会，聚集各类专家，确定武功县电商发展之路。经过充分分析，武功县充分利用已有优势成功走上电商发展之路，也确定了“西北电商第一县”的品牌目标，具体见表3资源禀赋部分。

2. 关键能力

仅仅识别优势资源还不够，更重要的是具有运用资源的相关能力。例如，武功县敲定电商发展之路后，向具有先进电商理念的地区学习，且极具创新性，利用其区位优势提出电商发展模式，支撑起区域品牌的建设。除此之外，武功县具有极强的管理能力，表现在政府能立即将有关电商的一切事宜落实到位，有关电商的问题能立即得到解决，始终强调“武功效率”，营造出了极强的电商发展氛围，真正做到了敢喊口号也敢实干，这是武功县区域品牌建设成功的原因之一。总之，武功县区域品牌建设成功原因不仅在于对资源禀赋的发掘，还在于有运用其资源的关键能力。

（二）部署资源——位置优势

位置优势区别于优势来源，主要指部署资源得到的在位优势，包括低成本优势和差异化优势（Day et al.，1988）。区域品牌面临的环境是多变的、动态的，因此，为了维持区域品牌竞争优势，必须建立相应的动态能力才能获得低成本优势或者差异化优势。企业中，市场导向是竞争优势的来源（Sett，2018），同样地，在建立区域品牌时不仅要看自己有什么，还要观察与该区域有相似定位的竞争对手的做法以及区域品牌建设参与主体的需求变化。区域通过构建感知、抓取和资源重组的动态能力帮助区域建立使用资源的模式，洞察环境不确定性，维持优异的品牌绩效（见表4）。

表4　区域品牌位置优势的典型引据

聚合构念	二阶主题	一阶概念	典型引据
位置优势	感知	寻求机会	只有通过把电商供应链建立起来，让电商链条上的相关企业在武功县把根扎下来，武功县电商发展才能长盛不衰
		避免威胁	如今各地纷纷发展农村电商，一些方法很容易复制，使武功县面临竞争压力

续表

聚合构念	二阶主题	一阶概念	典型引据
位置优势	抓取	价值主张设计	要争取做以农副产品精深加工为主的电商物流首位产业，打造西部地区最大的农副产品线上、线下集散地
		业务重点设计	在产业的业态上，不断引导所有电商企业紧跟中国电商产业发展趋势
		价值网络设计	政府搭台，企业唱戏，然后平台和社会参与。 主流媒体对武功一直是持续跟进，就是跟我们共成长，持续跟进。 西部的省份实际上对于武功的认知度也是越来越高
	资源重组	资源获取	不断开展电商人才培训会、抓培训，多形式、分层次开展电商培训活动。 新疆果业集团签订“疆果进陕”合作协议，并在西北五省（区）优势产区设立电商收发直营点，销售新疆干果等40多类2500多种农产品。借力杨凌自贸区和综合保税区跨境电商产业园发展
		资源捆绑	实施“武功优鲜”地产品生产加工项目，加快推动当地产业线上、线下融合发展，引导当地产品深加工，扩大垂直电商领域武功产品供给比例
		资源配置	为整个电商产业的发展提供配套； 一二三产联动围绕电商做生态

1. 感知

感知，是指区域利用市场机会或者抵御市场威胁的能力。武功县先前“买西北，卖全国”的电商模式很成功，武功县也确实打出“西北电商第一县”的品牌。然而，随着越来越多的县域做起电商，轻资产的电商模式太容易被模仿复制，不具有核心竞争力，在武功县的电商企业很容易流失。武功县也觉察到了电商的新机会，正如武功县电商服务中心副主任所说的：“我们现在存在的武功电商产业发展优势是我们依托工业园区做的……国家的、各地的电商产业都像雨后春笋一样在发展，我们也看到了自己的短板，例如，基础设施承载能力还有待提升。”因此，武功县不断地补短板，更加精准地掌握西部地区农特产品的发展与规模，以及农特产品在武功县的情况，以便更好地引导产业的发展，促使电商企业转向重资产模式，真正扎根于武功县，目的在于“使武功电商走得更远”。

2. 抓取

抓取，是指在意识到机会和威胁时，区域需要根据环境变化制定相应的市场反应策略，包括价值主张设计，即区域需要保持区域品牌发展必需的重要资源；业务重点设计，即调整与市场变化匹配的业务重点；而价值网络设计需要考虑与谁合作以获取重要的资源。该阶段明确了发展区域品牌的优先级以及需要什么样的互补资源。武功县在意识到电商模式遇到瓶颈之后，就着手调整电商模式，如武功县电商中心副主任所说：“实际上产业发展的模式是由市场经济决定的，我们更多的是关注在产业发展的过程中存在的问题。”武功县就是“要争取做以农副产品精深加工为主的电商物流首位产业，打造西部地区最大的农副产品线上线下集散地”，这就是武功县的价值主张设计。但是，具体的业务重点是需要不断调整的，武功县就从最初“买西北，卖全国”的初级产品流通到更加精准定位电商发展的产业格局，围绕电商做生态，使电商扎根武功县。武功县不仅要进一步加大招商引资力度，还要鼓励投入生产基地等重资产的建设，提升武功县的农产品冷链仓储能力和网货供应能力，并不断宣传推广武功新模式，实现业务重点的设计。与此同时，武功也在不断完善、加强相应的价值网络设计，如表 4 所示，武功电商模式需要政府支持、龙头企业引领、相应的人才支撑以及配套的保障，武功县政府构建了一个多主体共同参与的价值网络区域品牌。

3. 资源重组

资源重组是获取、捆绑和部署内部、联盟和市场资源的组合能力（Teece ，2007），该阶段强调资源的应用。获取资源需要不同的能力集，武功县利用杠杆撬动其他地区的商品资源，例如，“武功已经和新疆、宁夏等多个西部省份签订前置仓的合作协议，有 30 多家从最早的企业自己采，到现在的政府引导采，丰富了武功电商的品类，支撑整个供应链产业的长足发展”。内部不断培训电商人才，提供人力资源以及借助电商企业和其他示范区发展不同种类的电商，获取资源。而捆绑资源在于有目的地整合资源以开发新功能。武功县在集聚其他地区特色产品时，也充分依靠电商培育本土特色产品，促进区域全面发展，例如，“引导农民发展种植、养殖产业”。资源配置，是指协调和配置资源以应对变化。武功县在做出电商模式调整后，加强供应链管理，实现资源优化配置。例如“一二三产带动，通过电商产业的发展，武功县吸引了包括国内一、二线城市所有的物流快运公司支持武功县整个产业的物流流通”；还有“我们围绕电商做生态，即电商产业发展需要什么，我们就配套做些事情”。总之，武功县对于资源的调动和能力的培育使“西北电商第一县”区域品牌能够得到持续发展。

（三）资源结果——品牌绩效

当识别资源并部署好资源后，产生的相应品牌绩效主要表现在两个方面，分别为品牌竞争优势和区域竞争力（见表5）。

表5　品牌绩效的典型引据

聚合构念	二阶主题	一阶概念	典型引据
品牌绩效	区域竞争力	品牌资产能力	武功是西北电商第一县，2016年被评为全国电商先进农村综合示范县，2021年被评为电商督查激励县
		品牌创新力	武功这个模型纯粹是“无中生有”出来的，非常具有创新性
品牌绩效	区域竞争力	独特性	现在很多区域可能更倾向于发展自己的特色产业，不会考虑再去打这种“电商第一县”的名头，因为我觉得这种很难，企业的成本也会很高
		价值性	日均发货量15万单、交易额1500万元，电商年度销售额从2014年的3.6亿元攀升到2020年的46.18亿元，上缴税收886.7万元。 对GDP贡献率达到10%以上，助力武功县人均增收987.8元
		持续性	18亿元、25.1亿元、35亿元、41.2亿元、46.2亿元、50.6亿元、55.06亿元，2016—2022年，武功县每年的电商销售额从18亿元增加至55.06亿元不断攀升

1. 品牌竞争优势

品牌竞争优势，是指区域品牌表现出的竞争对手难以模仿的能力，包括品牌资产能力和品牌创新力。武功县不仅成功打造了“西北电商第一县”区域品牌，而且取得了相当明显的可持续竞争优势，在全国县域电商模式中名列前茅，并多次获得品牌荣誉，品牌知名度较高，且该品牌具有极强的创新力。武功县依托独特的电商模式，走上不同于其他县域、以特色产品或者特色文化等为主的品牌构建之路。

2. 区域竞争力

区域竞争力，是指能支撑一个区域持久生存和发展的力量，是一个区域对资源的吸引力和市场的争夺力。由于武功县对优势资源的发掘和部署，其电商模式成为全国八大县域电商发展模式之一，具有超强的独特性，实现了从无到有，从有到专、从专到精的上升发展。“西北电商第一县”区域品牌的建立使武功县在西北地区甚至全国都有独特的地位。武功县电商带来的经济效益和社会效益也是显著的，武功县电商的交易额不断突破创新，为群众创造就业、帮助农户售卖农产品、助力乡村振兴等。这种效益并不是一时的，而是随着武功县电商发展不断巩固，具体表现为电商销售额的持续增长、主体参与度只增不减，例如，返乡创业者增加、人口回流等，多主体对武功县区域品牌建设保持着积极的态度，武功县电商仍然在蓬勃发展。

五、讨论

本文基于SPP 理论的视角，围绕区域品牌如何在动态情境下根据资源编排和动态能力的构建获得竞争优势的核心问题，针对武功县的实践，系统探索了动态情境下区域品牌形成竞争优势的来源、机制，分析了构建资源编排能力以及动态能力的重要性，最终提炼出区域品牌竞争优势获得的理论框架（见图 1），接下来的研究结论将围绕该框架展开叙述。

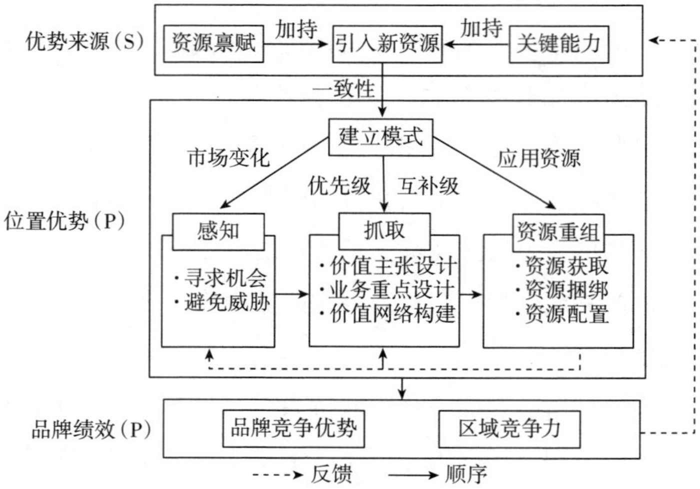

图1　SPP 理论视角下区域品牌竞争优势形成的动态过程

（一）研究结论

本文的研究结论如下：

①区域品牌竞争优势来源主要有两个，分别为资源禀赋和关键能力，在二者的加持下，区域引入建设区域品牌的新资源。

②第二阶段需要部署资源以获得不同于其他区域的位置优势，建立使用资源的模式，就如何使用引入新资源达成一致性。该阶段需要企业根据动态环境构建相应的市场化能力，及时对区域中资源进行编排和部署以获得相应的动态能力，既能洞察市场变化，又能通过抓取，对发展区域品牌的活动进行优先级排序，获取互补性资源，同时在资源重组中充分应用资源。

③品牌绩效表现在两个方面，主要为品牌竞争优势获得以及区域竞争力提升。

④区域品牌竞争优势是在长期的反馈和周期性的动态过程中获得的，如图 1 所示，区域需要不断识别优势来源，并通过感知、抓取和资

源重组觉察不同时期的机会和威胁，构建动态能力，获得不同于其他区域品牌的位置优势，最终获得品牌绩效。反过来，品牌绩效的获得有利于区域进一步获得新资源，为部署资源做准备，即区域品牌的竞争优势是一个不断动态调整的过程。

（二）理论与实践启示

首先，本文基于SPP理论建构了分析区域品牌竞争优势的框架，分别从优势来源、位置优势、品牌绩效三个方面对品牌竞争优势进行了解构，填补了以往研究只关注区域品牌竞争优势评估而造成具体机制分析的空白，并进一步将SPP理论的应用扩展至区域品牌竞争优势的分析层面，丰富了有关SPP理论的研究。其次，本文通过将资源化理论中建立资源模式的概念引入动态能力理论，直观地反映了在动态环境中引入新资源与建立一致模式的重要性，将市场环境、获得资源以及应用资源联系起来，与动态能力中的感知、抓取以及资源重组相对应。本文认为，在建立区域品牌时，政府既要通过感知察觉市场变化，也要在抓取中设置优先级和获得互补性资源，以及在资源重组时充分应用资源，这样才能获得与环境变化相匹配的动态能力，建立可持续的竞争优势。最后，本文的实践启示主要如下：第一，区域品牌建立最关键的两者是政府和企业，政府需要洞察资源优势，培养有效运用资源的关键能力，与其他区域区分开来，例如，武功县政府充分发挥管理能力，带头为电商企业营造良好的营商环境，吸引了众多电商企业入驻，促进电商发展，区域品牌也得以建立；第二，在建立区域品牌过程中，政府需要对动态环境的变化有敏锐的感知，协调好企业与其他主体的关系，行动上对资源进行相应的改变或部署，保持区域品牌的可持续性；第三，区域应该利用区域品牌绩效进一步增强优势来源和应对动态环境的能力，在不断的循环中建立具有可持续竞争优势的区域品牌，提升区域竞争力。

（三）研究展望

本文存在一些不足之处以待未来研究。

第一，本文使用的单案例研究具有一定的局限性，未来可以扩展研究对象做多案例研究。

第二，本文受到篇幅限制，对区域的动态能力构建做了笼统的分析，未来可以就感知、抓取或者资源重组做进一步拓展研究。

第三，本文仅使用定性的方法研究区域品牌竞争优势的获得机制，未来可以进一步展开定量研究查找关键的过程。

参考文献

[1]ADNER R,HELFAT C E. Corporate effects and dynamic managerial capabilities[J]. Strategic management journal,2003,24(10): 1011 –1025.

[2]DAY G S,WENSLEY R. Assessing advantage: a framework for diagnosing competitive superiority[J]. Journal of marketing,1988,52(2):1 –20.

[3]SETT R K . Market orientation firm performance link in a dynamic environment: looking inside the black box[J]. AMS review,2018,8(1):163 –179.

[4]SIRMON D G,HITT M A,IRELAND R D,et al. Resource orchestration to create competitive advantage: breadth,depth,and life cycle effects[J]. Journal of management,2011,37(5): 1390 –1412.

[5]SIRMON D G,IRELAND R D. Managing firm resources in dynamic environments to create value: looking inside the black box[J]. Academy of management review,2007,32(1):273 –292.

[6]SUTTER C,BHATT B,QURESHI I. What makes resource provision an effective means of poverty alleviation? A resourcing perspective[J]. Organization science,2023,34(1): 223 –245.

[7]TEECE D J. Explicating dynamic capabilities: the nature and microfounda-

tions of (sustainable) enterprise performance [J] . Strategic management journal, 2007,28(13): 1319 - 1350.

[8]UZELAC O, MIJATOVIĆM D, LUKINOVIĆM. The role of branding agricultural products in better market valorization[J]. Economics of agriculture, 2022, 69 (2): 613 - 625.

[9]程虹,乔怡迪,覃美华. 区域公用品牌:对基本概念的理论研究[J]. 宏观质量研究,2023,11(2):1 - 11.

[10]董银果,钱薇雯. 新发展格局下农产品品牌发展路径研究:基于农产品质量投入的视角[J]. 中国软科学,2022(8):31 - 44.

[11]高婧. 以动态能力理论为指导增强品牌持续竞争优势[J]. 当代经济科学,2005(1):103 - 105.

[12]耿献辉,牛佳,曹钰琳,等. 农产品区域公用品牌维护及可持续发展机制:基于固城湖螃蟹的案例研究[J]. 农业经济问题,2023(4):78 - 91.

[13]郭美晨. 中国品牌发展的区域差异及动态演进[J]. 数量经济技术经济研究,2020,37(4):165 - 180.

[14]何强,邓鑫,李川,等. 农产品品牌提高农业竞争力的机理与实证分析:以四川省 91 个县域的农产品地理标志为例[J]. 中国农业资源与区划,2023,44(1):241 - 252.

[15]黄锋,郭超然,曹彦能. 区域公用品牌如何创新发展:来自“潜江龙虾”农业技术创新的启示[J]. 宏观质量研究,2023,11(1):67 - 86.

[16]黄俊,郭耿轩,刘敏,等. 动态能力视阈下我国汽车制造企业智能化转型升级路径研究:对 3 家本土自主品牌车企的跨案例探讨[J]. 科技进步与对策,2018,35(23):121 - 129.

[17]刘洋,魏江,应瑛. 组织二元性:管理研究的一种新范式[J]. 浙江大学学报(人文社会科学版),2011,41(6):132 - 142.

[18]毛基业. 运用结构化的数据分析方法做严谨的质性研究:中国企业管理案例与质性研究论坛(2019)综述[J]. 管理世界,2020,36(3):221 - 227.

[19]齐昕,刘家树. 创新协同度、区域创新绩效与自主品牌竞争力[J]. 软科学,2015,29(7):56 - 59.

[20]沈鹏熠. 基于模糊综合评价法的农产品区域品牌竞争力测评[J]. 统计与决策,2012(1):80 - 82.

[21]汪波，张琳．基于 Dirichlet 模型的品牌竞争力综合评价指标体系研究[J]．天津大学学报(社会科学版)，2012，14(5)：390－395.

[22]王文龙．中国地理标志农产品品牌竞争力提升路径研究[J]．青海社会科学，2018(5)：110－116＋124.

[23]徐俊昌．城市品牌与城市竞争力的相互作用[J]．税务与经济，2012(6)：48－50.

[24]叶慧，杨海晨．自治州农产品品牌发展现状与提升策略[J]．中南民族大学学报(人文社会科学版)，2021，41(10)：48－55.

[25]袁胜军，周子祺，张剑光．品牌力评价指标体系研究[J]．经济学家，2018(3)：96－104.

[26]张峰，黄义，姚鸽，等．动态能力视角下快消品企业品牌竞争力提升研究：以青岛啤酒为例[J]．管理评论，2022，34(9)：327－338＋352.

[27]赵书虹，白梦．云南省品牌旅游资源竞争力与旅游流耦合协调特征及其影响因素分析[J]．地理科学，2020，40(11)：1878－1888.

[28]赵卫宏，孙茹．驱动企业参与区域品牌化：资源与制度视角[J]．管理评论，2018，30(12)：154－163.

数字经济对乡村旅游发展的影响

——基于中介和空间溢出效应的实证研究①

杨　瑶

摘要： 乡村旅游是旅游业的重要组成部分，对于全面推进乡村振兴战略具有重要意义。本文基于2012—2021年中国省级面板数据，采用固定效应模型、中介效应模型分析了数字经济对乡村旅游的影响及中介机制，同时进一步运用空间杜宾模型分析了数字经济对乡村旅游的空间溢出效应。研究发现：①数字经济能够直接促进乡村旅游发展；②城乡融合发展在数字经济正向影响乡村旅游的过程中起部分中介作用；③数字经济和乡村旅游均分别具有空间集聚效应，且存在空间正相关关系，同时在地理空间上呈现出高—高相邻和低—低相邻的相关程度；④数字经济对本地乡村旅游发展起到促进作用，而对周边地区乡村旅游的发展存在负溢出效应。本文拓展了乡村旅游的研究视角，并针对性地为乡村振兴背景下数字经济创新乡村旅游发展提供了决策参考。

关键词： 数字经济；乡村旅游；中介机制；空间溢出

作者简介： 杨瑶（2000—），山西运城人，西北大学经济管理学院2022级旅游管理专业硕士研究生。

---

① 本文由邵金萍教授指导完成。邵金萍，辽宁铁岭人，西北大学经济管理学院副教授。

一、引言

党的二十大报告指出要“全面推进乡村振兴”，“坚持农业农村优先发展”，“扎实推动乡村产业、人才、文化、生态、组织振兴”。在乡村振兴这一战略背景下，旅游业以其独特的产业联动效应和经济价值成为乡村振兴的重要抓手。乡村旅游成为有效推进乡村振兴的重要路径和动力来源，现有研究表明，开展乡村旅游能促进农业生态效率提升、农业高质量发展、农民增收、共同富裕等（钟漪萍等，2020；孙九霞等，2023；任红颖等，2022）。但乡村旅游资源配置效率不高、产业基础不牢固等问题仍制约其发展，进而影响乡村地区整体经济提升。

当今“互联网＋”、5G、人工智能蓬勃发展，数字经济成为第四次工业革命的重要标识和主战场。根据农业农村部、中央网络安全和信息化委员会办公室发布的《数字农业农村发展规划（2019—2025年）》，明确将在乡村地区大力发展数字化技术，着力打造数字化乡村，促进数字经济和农业农村深度融合。在“十四五”时期，文化和旅游部提出将完善旅游信息基础设施和发展智慧旅游作为重要任务，在推进数字信息基础设施过程中重点关注城乡建设差距，改善农村地区信息基础建设状况。这些利好政策为数字经济赋能乡村旅游提供了良好的发展条件。同时，国内外学者也进行了相关理论研究，均提出乡村旅游发展要重视技术创新的作用（Rodrigues et al.，2021；钟漪萍等，2022；张明明，2022）。基于此，本文将数字经济纳入乡村旅游的分析框架，探索二者的内在联系。

本文在前人研究的基础上，聚焦数字经济对乡村旅游的影响和中介机制，基于2012—2021年中国省级面板数据分析数字经济对乡村旅游的影响效应，并探讨数字经济影响乡村旅游过程中城乡融合发展的中介效应，同时进一步分析数字经济对乡村旅游的空间溢出效应，以期为数字经济背景下推动乡村旅游高质量发展、助力乡村振兴提供具有现实意义的政策参考。

二、理论分析与研究假设

（一）数字经济直接促进乡村旅游发展

本文从产业融合理论视角分析数字经济对乡村旅游的直接促进作用。首先，从产业融合所需生产要素进行分析，数字经济具有数据这一新兴生产要素，深刻影响着社会的生产生活方式。在乡村旅游发展中，数据信息传播速度快、成本低、共享性强，缓解了农业和旅游业之间存在的“数字鸿沟”问题，在一定程度上加快了资本的循环周转速度，推动乡村旅游发展。其次，从产业融合边界条件进行分析，数字经济具有信息网络这一重要载体，如电子商务平台等互联网平台，推动了产业链、供应链各环节的高效配置。在乡村旅游发展中，电子商务平台打破了地区边界，拓宽了交易范围，模糊了产业界限，催生出了新产业和新业态，使乡村旅游模式多样化、品牌化，直接推动乡村旅游的发展。最后，从产业融合的内在驱动力进行分析，数字经济发展的数字化技术推动了乡村旅游服务的创新与体验的提升，使乡村旅游的业态更加智慧化和多元化。在乡村旅游发展中，数字技术提供了新的互动模式和应用场景，不仅引导农业向绿色、高效、优质、节能等方面发展，而且更好地满足了发展旅游业的资源要求，发展出更适应现代城镇人口精神文化需求的绿色乡村旅游新业态，畅通城乡经济循环，促进乡村旅游互动发展。因此，本文提出以下假设：

H_1：数字经济直接促进乡村旅游发展。

（二）数字经济通过城乡融合发展间接带动乡村旅游

数字经济能够推动城乡之间空间和文化的融合发展，促进乡村旅游发展。首先，数字经济畅通城乡要素资源的流动，推动资源的合理配置促进乡村旅游。城乡之间人口、资金以及物质的双向流动是乡村旅游可持续发展的基础和必备条件，要素的优化组合是乡村旅游提质升级的关键（宁志中，2021）。在数字经济时代，数据要素的流动共享与平台化的商业模式为城乡之间人口和物质等资源的畅通提供了便利，同时衍生出的数字金融提高了城乡资金的流动速度和配置效率（孙涛、王硕，2023），为乡村旅游的发展提供了基础。其次，数字经济重塑城市空间，模糊地理边界促进乡村旅游发展。数字经济以较高的渗透性及广覆盖性将城市和农村的生产生活密切连接起来，如利用交通网络的数字化发展升级交通基础设施，为城乡居民出行和生活提供方便，赋能城市经济发展的溢出效应和带动效应，模糊地理边界推动乡村旅游。最后，数字经济推动城乡文化交流融合，丰富居民精神文化体验，促进乡村旅游发展。乡村地区深厚的文化底蕴和传统原真性是吸引游客开展旅游体验活动的核心要素。在数字经济时代，数字技术推动文化产业创新和产品创新，形成基于信息知识传播的交流平台，提供了文化知识共享的多元化渠道，不仅有利于城乡文化的交流融合，而且加大了乡村核心传统文化的影响力，促进乡村旅游的开展。因此，本文提出以下假设：

H_2：数字经济通过城乡融合发展间接带动乡村旅游。

三、变量说明与模型设计

（一）数据来源

考虑到数据的可得性及完整性，本文选取中国 30 个省份（除西藏外）2012—2021 年的相关数据，数据主要来源于国家统计局及各省份统计年鉴、国泰安数据库及 Wind 数据库、《中国农村统计年鉴》、《北京大学数字普惠金融指数报告》等。

（二）变量选取与测量

1. 被解释变量

乡村旅游发展水平（*RT*）。本文采用熵值法构建相关指标体系，根据已有文献和研究发展的阶段，借鉴殷章馨及陈白璧等提出的乡村旅游发展水平评价指标体系进行测度（见表1）。

表1　乡村旅游发展水平指标体系

总目标	一级指标	二级指标	权重
乡村旅游发展水平（*RT*）	农业发展	第一产业生产总值	0.116
		农村居民人均可支配收入	0.070
		农业及相关产业固定资产投资额	0.104
	旅游发展	旅游总收入	0.094
		接待旅游人数	0.106
	产业效益	旅游总收入占 GDP 的比重	0.104
		旅游总收入占第三产业产值的比重	0.092
	支撑条件	星级景区数量	0.100
		第三产业就业人数比例	0.049
		公路建设里程数	0.082
		休闲农业和乡村旅游示范县占比	0.084

2. 核心解释变量

数字经济发展水平（*DEI*）。本文借鉴现有文献对数字经济发展水平进行测算（见表2）。

表2　数字经济发展水平指标体系

总目标	一级指标	二级指标	权重
数字经济发展水平（*DEI*）	数字基础设施	每平方千米互联网宽带接入用户	0.080
		长途光缆线路长度	0.030
		每百人拥有的域名数	0.102
		每百人拥有的 IPv4 地址数	0.097

续表

总目标	一级指标	二级指标	权重
数字经济发展水平（*DEI*）	数字创新能力	信息行业 R&D 经费占 GDP 比重	0.145
		信息行业固定资产投资占总数比重	0.061
		研究生毕业人数	0.022
	数字产业规模	人均电子商务销售额	0.103
		电信业务总量占 GDP 比重	0.049
		软件业务收入占 GDP 比重	0.142
		信息行业从业人员数占就业比重	0.087
	数字技术应用	每百人使用计算机数	0.031
		每百家企业拥有网站数	0.007

3. 中介变量

城乡融合发展水平（*URI*）。本文参考田野等（2022）、舒季君等（2022）构建的指标体系，从经济、空间、社会融合的角度构建城乡融合发展水平的指标体系（见表3）。

表3　城乡融合发展水平指标体系

总目标	一级指标	二级指标	权重
城乡融合发展水平（*URI*）	经济融合	城镇人均可支配收入/农村人均可支配收入	0.036
		（第一产业产值/该产业从业人员）/（第二、第三产业产值/该产业从业人员）	0.200
	空间融合	公路运营里程/土地总面积	0.171
		私人汽车拥有量/总人口	0.546
	社会融合	城镇人均医疗/农村人均医疗	0.023
		城镇娱乐支出/农村娱乐支出	0.025

4. 控制变量

为减少遗漏变量造成的内生性问题，本文借鉴相关学者的定量研究分析选取以下控制变量：①地区经济发展水平；②文化事业费占财政支出的比重；③绿化环境建设；④产业聚集程度；⑤工业化水平。变量定义如表4所示。

表4　变量定义

变量类型	变量名称	变量代码	变量定义及测量
被解释变量	乡村旅游发展水平	*RT*	熵值法构建评价体系进行测算
核心解释变量	数字经济发展水平	*DEI*	熵值法构建评价体系进行测算
中介变量	城乡融合发展	*URI*	熵值法构建评价体系进行测算
控制变量	地区经济发展水平	*PGDP*	人均 GDP
	绿化环境建设	*Environment*	该地区绿化覆盖面积（公顷）/行政区划面积（平方千米）
	文化事业费占财政支出的比重	*Cluture*	文化事业费/财政支出
	产业聚集程度	*Industry*	就业人员数（万人）/行政区划面积（平方千米）
	工业化水平	*Industrialization*	工业增加值/GDP

（三）模型构建

1. 基准回归模型

本文使用2012—2021年中国省级面板数据分析数字经济对乡村旅游发展水平的影响，并初步使用 Hausman 检验判断，构建以下双向固定效应模型：

$$\ln RT_{it} = \beta_0 + \beta_1 \ln DEI_{it} + \beta_2 controls_{it} + u_i + v_t + \varepsilon_{it} \tag{1}$$

其中，$\ln RT_{it}$为第 i 个省份 t 年乡村旅游发展水平取对数后的数值，$\ln DEI_{it}$为第 i 个省份 t 年数字经济发展水平取对数后的数值，$controls_{it}$为一系列控制变量，u_i为不随时间变化的个体固定效应，v_t为不随个体变化的时间固定效应，ε_{it}为随机扰动项。

2. 中介效应模型

为定量识别数字经济影响乡村旅游的作用机制，本文借鉴温忠麟和叶宝娟（2014）提出的逐步检验法，进一步构建以下中介效应模型：

$$\ln URT_{it} = \alpha_0 + \alpha_1 \ln DEI_{it} + \alpha_2 controls_{it} + u_i + v_t + \varepsilon_{it} \tag{2}$$

$$\ln RT_{it} = \theta_0 + \theta_1 \ln URI_{it} + \theta_2 \ln DEI_{it} + \theta_3 controls_{it} + u_i + v_t + \varepsilon_{it} \tag{3}$$

四、基准分析与中介效应检验

（一）描述性统计

在进行基础回归之前，首先对下文实证分析所用的变量进行描述性统计。其中，核心解释变量、被解释变量以及中介变量是取对数前的原始数据，而一系列控制变量由于其原始数据波动较大进行取对数后展示，结果如表5所示。描述性统计结果显示，乡村旅游发展水平的均值和标准差分别为0.303和0.118，最大值和最小值分别为0.651和0.060；数字经济发展水平的均值和标准差分别为0.231和0.151，最大值和最小值分别为0.954和0.029，表明不同区域的乡村旅游和数字经济发展水平均存在明显的区域差异。从控制变量来看，各个变量均存在一定的差异性，但其数值都在正常范围内，不存在极端值。接下来，采用模型分析数字经济发展水平是否会对乡村旅游产生影响。

表5　描述性统计

变量	观测值	平均值	标准差	最小值	最大值
RT	300	0.303	0.118	0.060	0.651
DEI	300	0.231	0.151	0.029	0.954
URI	300	0.192	0.092	0.052	0.649
ln*PGDP*	300	12.990	0.776	10.360	14.040
ln*Industrialization*	300	−1.190	0.297	−2.295	−0.649
ln*Industry*	300	−4.349	1.309	−7.862	−1.528
ln*Environment*	300	7.512	1.600	3.700	12.080
ln*Cluture*	300	−0.810	0.260	−1.470	−0.151

（二）基础回归分析

为验证上文提出的H_1，本文采用Stata16软件对所有变量进行取对数处理以避免异方差的影响，对模型（1）进行分析，具体回归结果如

表6所示。表6列（1）在未加入控制变量时，数字经济对乡村旅游发展水平的效应为正，且在1%的水平上显著；同时，在控制一系列变量的基础上，数字经济对乡村旅游仍然在1%的显著性水平上有正向影响，因此，验证了 H_1，表明数字经济发展水平越高，对乡村旅游越有利。

表6　基础回归结果

变量	lnRT	
	(1)	(2)
ln*DEI*	0.237 *** (4.63)	0.174 ** (2.91)
ln*Industrialization*	—	0.218 *** (2.81)
ln*PGDP*	—	0.549 *** (3.39)
ln*Industry*	—	0.062 (0.41)
ln*Environment*	—	-0.009 (-0.31)
ln*Cluture*	—	0.062 (0.94)
常数项	-0.964 *** (-7.21)	-7.556 *** (-3.31)
省份	固定	固定
时间	固定	固定
观测值	300	300
修正后的 R^2	0.631	0.655

注：***、**分别表示在1%、5%的水平上显著；括号内为相对应 *t* 值。

（三）中介效应检验

本文重点关注城乡融合发展是否在数字经济对乡村旅游的影响中起中介作用，为验证 H_2，采用模型（1）至模型（3）进行分析，结果如

表7所示。表7列（1）未加入城乡融合发展水平时，数字经济对乡村旅游正向影响显著；列（3）引入城乡融合发展后，结果显示数字经济对乡村旅游在1%的显著性水平上有显著正向影响；但列（2）结果表明，数字经济对城乡融合发展的正向影响不显著，因此，进一步采用Bootstrap检验进行中介分析，结果如表8所示。直接效应和间接效应的置信区间分别为［0.0095，0.0758］和［0.0311，0.1771］，都不包含0，证明间接效应存在，即 H_2 成立，城乡融合发展在数字经济对乡村旅游影响中存在部分中介作用。

表7　逐步回归结果

变量	ln*RT*	ln*URI*	ln*RT*
	（1）	（2）	（3）
ln*DEI*	0.174** （2.91）	0.026 （0.48）	0.165*** （2.89）
ln*URI*			0.334*** （5.07）
控制变量	Yes	Yes	Yes
省份	固定	固定	固定
时间	固定	固定	时间
观测值	300	300	300
修正后的 R^2	0.655	0.670	0.685

注：***、**分别表示在1%、5%的水平上显著；括号内为相对应 *t* 值。

表8　Bootstrap中介检验结果

类型	系数值	95%置信区间
间接效应	0.040** （2.34）	［0.0095，0.0758］
直接效应	0.109*** （2.99）	［0.0311，0.1771］

注：***、**分别表示在1%、5%的水平上显著；括号内为相对应 *t* 值。

（四）内生性与稳健性处理

1. 内生性处理

为排除遗漏变量带来的内生性偏误，本文参考黄群慧（2019）的做法，选取各省份1984年每百人固定电话数量作为工具变量，回归结果见表9。表9列（1）为采用工具变量估计的第一阶段回归结果，表明使用的工具变量与数字经济在1%的显著性水平上正相关，同时K-Prk LM检验、C-D Wald检验得出的*F*统计量均远大于10，排除弱工具变量问题；列（2）为采用工具变量估计的第二阶段回归结果，ln*DEI*的系数为0.381，且在1%的水平上显著，表明数字经济能够正向影响乡村旅游的发展。

2. 稳健性处理

为确保本文基本结论的稳健性和有效性，采用如下方法进行稳健性处理。①滞后核心解释变量：考虑到数字经济的影响可能存在滞后效应，因此，加入数字经济滞后一期进行分析，列（3）表明上一期数字经济发展可能对本期乡村旅游水平影响不显著，但主效应显著为正，验证了基准回归的稳健性。②加入控制变量：在原有控制变量的基础上进一步加入产业结构水平，列（4）表明数字经济对乡村旅游影响仍显著为正，验证了基准回归的稳健性。

表9　内生性与稳健性处理结果

变量	ln*RT*			
	ln*DEI*	ln*RT*	滞后一期	加入控制变量
	(1)	(2)	(3)	(4)
ln*DEI*		0.381*** (3.15)	0.246** (2.24)	0.244** (2.21)
L. ln*DEI*			0.049 (0.58)	

续表

变量	lnRT			
	lnDEI	lnRT	滞后一期	加入控制变量
	(1)	(2)	(3)	(4)
lnIV	0.455*** (4.26)			
控制变量	控制	控制	控制	控制
省份	固定	固定	固定	固定
时间	固定	固定	固定	固定
观测值	300	300	270	300
修正后的 R^2	0.8093	0.4179	0.576	0.657

注：＊＊＊、＊＊分别表示在1%、5%的水平上显著；括号内为相对应 t 值。

五、进一步空间溢出效应分析

数字经济背景下数字技术的应用及数据要素的共享具有高渗透性、高流动性和可复制性的特点，能够打破传统的地理边界（赵涛等，2020），通过空间溢出影响其他地区的乡村旅游发展等经济活动。已有学者研究证明数字经济对区域创新能力提升（陈治、张少华，2023）、旅游发展（蔡超岳，2023）等存在正向空间溢出效应；但也有学者从数字鸿沟角度分析数字经济发展会在某些欠发达地区产生数字鸿沟进而引起负溢出效应，也就是虹吸效应（周慧，2022）。基于此，本文在考虑数字经济对乡村旅游的影响效应后进一步采用空间计量方法分析数字经济对乡村旅游的空间溢出效应。

（一）空间关联特征分析

根据地理学第一定律，越相近的事物联系越紧密。因此，本文使用的空间权重矩阵 W 遵循“距离衰减”原则，采用通用的“车相邻”方式定义，即区域间有共同边界，则记 $W_{ij}=1$；否则，为 0。在进行空间计量分析之前，对本文数字经济和乡村旅游进行空间相关性检验，即莫兰（Moran's I）指数的检验，以判断能否构建空间计量模型。全局 Moran's I 指数的计算公式如下：

$$Moran's\ I = \frac{n}{w}\frac{\sum_{i=1}^{n}\sum_{j=1}^{n}W_{ij}(X_i - \bar{X})(X_j - \bar{X})}{\sum_{i=1}^{n}(X_i - \bar{X})^2}$$

其中，n 为变量的个数，$W = \sum_{i=1}^{n}\sum_{j=1}^{n}W_{ij}$，Moran's I 取值范围在 -1 ~ 1。当 Moran's I > 0 时，表示空间正相关性，其值越大，空间相关性越明显；当 Moran's I < 0 时，表示空间负相关性，其值越小，空间差异越大；当 Moran's I = 0 时，空间呈现随机性。

全局 Moran's I 指数见表 10。表 10 结果显示，数字经济和乡村旅游指标大致在 5% 的显著性水平上为正；同时，图 1 和表 11 展示出乡村旅游及数字经济 2016 年与 2021 年的局部 Moran's I 指数散点图和 30 个省份各象限的分布情况，可以看出大多数省份样本点处在第一、第三象限，即高—高聚集和低—低聚集区域，综合判断进一步使用空间计量模型分析较为合理。

表 10　2012—2021 年数字经济与乡村旅游的全局 Moran's I 指数

年份	权重矩阵（w）	
	数字经济	乡村旅游
2012	0.321***	0.161**
2013	0.310***	0.139*
2014	0.276***	0.179**
2015	0.277***	0.185**
2016	0.283***	0.154**
2017	0.256***	0.204**
2018	0.245***	0.184**
2019	0.249***	0.224**
2020	0.291***	0.139*
2021	0.321***	0.142*

注：***、**、*分别表示在 1%、5%、10% 的水平上显著；括号内为相对应 t 值。

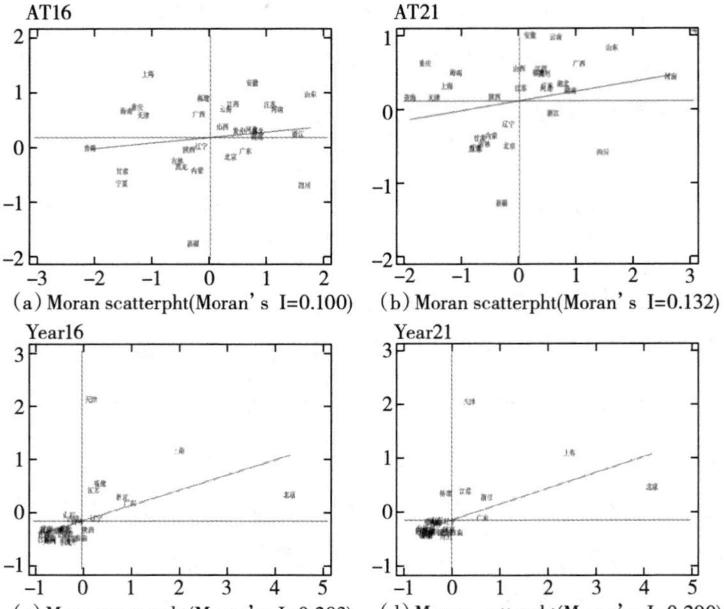

（a）Moran scatterpht(Moran' s I=0.100)　（b）Moran scatterpht(Moran' s I=0.132)

（c）Moran scatterpht(Moran' s I=0.283)　（d）Moran scatterpht(Moran' s I=0.290)

图 1　2016 年、2021 年乡村旅游与数字经济莫兰散点图

表 11　30 个省份 2016 年、2021 年各象限的分布情况

空间关联模式	数字经济		乡村旅游	
	2016 年	2021 年	2016 年	2021 年
H－H	北京、上海、浙江、江苏、福建、辽宁、天津	北京、上海、天津、江苏、浙江、广东	浙江、山东、湖南、江苏、安徽、江西、云南、山西、贵州、河北、湖北、河南	河南、山东、广西、云南、安徽、江西、福建、贵州、广东、河北、江苏、山西、湖南、湖北
L－H	山东、内蒙古、吉林	福建	福建、广西、重庆、天津、海南、上海	陕西、上海、重庆、海南、天津、青海

续表

空间关联模式	数字经济		乡村旅游	
	2016 年	2021 年	2016 年	2021 年
L - L	河北、山西、黑龙江、安徽、江西、河南、湖北、湖南、广东、广西、海南、重庆、四川、贵州、云南、甘肃、青海、宁夏、新疆	山东、内蒙古、吉林、河北、山西、黑龙江、安徽、江西、河南、湖北、湖南、广东、广西、重庆、四川、贵州、云南、甘肃、青海、宁夏、新疆、陕西	青海、甘肃、宁夏、吉林、黑龙江、陕西、内蒙古、辽宁、新疆	辽宁、内蒙古、甘肃、北京、黑龙江、新疆、宁夏、吉林
H - L	陕西	海南	北京、广东、四川	浙江、四川

（二）估计模型识别

为合理选择空间计量模型，首先进行 LM 检验和 LR 检验。邻接矩阵下 LM 检验结果如表 12 所示。结果认为，应选择空间滞后模型（SAR）；进一步使用 LR 检验见表 13，表示均拒绝原假设，表明空间杜宾模型（SDM）不可退化为空间滞后模型（SAR）或空间误差模型（SEM），最终建立 SDM 模型（王青等，2023）。进一步根据 Hausman 检验及拟合系数选择构建个体固定效应 SDM 模型如下：

$$\ln RT_{it} = \rho_1 \sum_{j=1}^{30} w_{ij} \ln RT_{it} + \delta_1 \ln DEI_{it} + \eta_1 \sum_{j=1}^{30} W_{ij} \ln DEI_{it} + \delta_2 controls_{it} + \eta_2 \sum_{j=1}^{30} controls_{it} + u_i + \varepsilon_{it} \tag{4}$$

表 12　空间计量模型 LM 检验

空间效应 LM 检验		数值	p 值
Spatial error	Moran's I	3.509	0.000
	Lagrange multiplier	10.290	0.001
	Robust Lagrange multiplier	0.029	0.864
Spatial lag	Lagrange multiplier	16.628	0.000
	Robust Lagrange multiplier	6.361	0.012

表 13　空间计量模型 LR 检验

LR 检验	LR 统计量	p 值
原假设：SDM 可退化为 SAR	11.2	0.0037
原假设：SDM 可退化为 SEM	28.83	0.0121

（三）空间面板估计结果

数字经济对乡村旅游的空间估计结果如表 14 所示，加入控制变量前后 *rho* 均通过 1% 的显著性检验，表明数字经济对乡村旅游发展存在明显的空间效应。具体来看，列（2）显示数字经济对本地乡村旅游发展具有正向效应，且在 5% 的水平上显著；但数字经济与空间权重矩阵的交互项系数显著为负，表明数字经济对周边地区的乡村旅游发展存在负向影响。同时，表 15 总效应分解结果中直接效应显著为正，表明数字经济正向影响本地乡村旅游发展，间接效应显著为负，表明数字经济负向影响周边地区乡村旅游发展，与上述回归结果一致。

因此，本文认为，数字经济对乡村旅游的空间溢出效应为负，即存在虹吸效应。分析原因认为，一方面，本地数字经济发展水平高导致人口、资金等资源向该地倾斜，为本地乡村旅游发展奠定良好的基础，但同时资源倾斜导致周边地区乡村旅游活动开展受到阻碍；另一方面，根据法国经济学家弗朗索瓦·佩鲁提出的增长极概念，增长以不同强度首先出现在一些增长点或增长极上，通过不同渠道向外发展进而对整个经济产生不同影响。数字经济发展同时可能产生两种效应，极化效应和扩散效应，当极化效应大于扩散效应时，形成空间上的二元经济，造成对周边地区乡村旅游的负向影响。

表 14　数字经济对乡村旅游的空间估计

变量	lnRT	
	(1)	(2)
ln*DEI*	0. 219 *** (4. 39)	0. 183 ** (2. 98)
ln*Industry*	—	0. 188 (1. 30)
ln*Environment*	—	0. 002 (0. 06)
ln*PGDP*	—	0. 462 ** (3. 02)
ln*Industrialization*	—	0. 264 *** (3. 57)
ln*Cluture*	—	-0. 023 (-1. 81)
W × ln*DEI*	-0. 143 * (-2. 52)	-0. 252 *** (-3. 45)
W × ln*Industry*	—	2. 045 *** (3. 80)
W × ln*Environment*	—	0. 317 * (2. 57)
W × ln*PGDP*	—	0. 944 (1. 86)
W × ln*Industrialization*	—	0. 049 (0. 22)
W × ln*Cluture*	—	0. 006 (0. 20)
空间效应	控制	控制
rho	0. 521 *** (10. 02)	0. 477 *** (8. 82)
Log *L*	219. 445	238. 453

续表

变量	lnRT	
	(1)	(2)
N	300	300
R^2	0.4875	0.6917

注：＊＊＊、＊＊、＊分别表示在1%、5%、10%的水平上显著；括号内为相对应 t 值。

表15　空间效应分解结果

变量	直接效应	间接效应	总效应
lnDEI	0.177** (2.87)	-0.313** (-3.26)	-0.135 (-1.68)
lnCluture	-0.023 (-1.95)	-0.011 (-0.22)	-0.034 (-0.66)
lnIndustrialization	0.276*** (3.79)	0.381 (0.84)	0.656 (1.41)
lnPGDP	0.519*** (3.56)	2.252* (2.44)	2.770** (2.90)
lnIndustry	0.312* (2.26)	4.161*** (4.54)	4.473*** (4.67)
lnEnvironment	0.020 (0.65)	0.627** (2.61)	0.647* (2.54)

注：＊＊＊、＊＊、＊分别表示在1%、5%、10%的水平上显著；括号内为相对应 t 值。

六、结论与建议

本文从理论上分析数字经济影响乡村旅游的直接效应以及城乡融合发展的中介效应，采用双重固定效应模型以及中介效应模型实证验证本文的假设；同时，进一步构建 SDM 分析数字经济的空间溢出效应，得出以下结论：①数字经济对乡村旅游的发展具有显著的正向影响，且在一系列稳健性检验后基准回归结果仍显著为正，从实证角度验证了陈萍等的结论。②城乡融合发展在数字经济正向影响乡村旅游的过程中起部分中介作用。Bootstrap 中介检验结果显示，间接效应和直接效应的置信区间均不包含 0，即城乡融合发展起到部分中介作用。③数字经济和乡村旅游都具有空间集聚效应，且存在空间正相关关系，同时在地理空间上呈现出高—高相邻和低—低相邻。④数字经济对本地乡村旅游发展起到促进作用，而对周边地区乡村旅游发展存在负溢出效应。SDM 分析结果显示，数字经济对本地乡村旅游发展的系数显著为正，但空间权重矩阵 W 与数字经济的交互项对乡村旅游发展的系数显著为负，表明对周边相邻区域存在负溢出效应；且进一步效应分解得出直接效应显著为正，间接效应显著为负，验证了上文结论。

为有效推动乡村旅游的发展，基于以上结论，本文提出以下四条建议：

第一，加强数字基础设施建设，构建乡村旅游发展载体。加快 5G 基站、数字平台、大数据中心等新基建在城乡地区的完善与均衡协调，有助于数字经济整体发展水平的提升，进而更好地推动乡村旅游发展；同时，尤其注重推进数字乡村的建设，提供产业转型、智能升级、产业融合等方面的基础保障，有助于乡村地区产业链的延伸，促进产业融合，为乡村旅游的开展提供更多的提升路径。

第二，完善数字信息与技术，提高乡村旅游数字化水平。有关部门应注重乡村数字平台的建设与信息化服务的普及，确保区域之间信息的高效流通。积极引入信息化主流技术，实现数字技术与农业、服务业的深度融合，筑牢乡村旅游数字化的发展基础。推动数字技术在乡村旅游活动中的应用，更好地将传统乡村文化与风土民俗等呈现给游客，提升旅游消费者的数字化服务体验。

第三，推动城乡融合发展，畅通乡村旅游发展路径。城乡融合发展是解决城乡发展均衡问题、破解城乡二元结构的重要措施，应积极推进城乡基础设施建设以及金融服务等向乡村地区覆盖，推动优质资源的下沉，弥补乡村公共服务等的缺失；畅通人口、资金等要素的流通渠道，确保生产要素等资源的城乡双向循环，提升资源的流通速度和配置效率。

第四，重视区域协同发展，防止虹吸效应阻碍乡村旅游。根据上述SDM模型分析结果，数字经济能促进当地乡村旅游发展，而对周边区域乡村旅游发展存在虹吸效应，阻碍其发展。基于此，在发展数字经济时，要注重区域的协同发展，有效促进不同区域优势互补，不断缩小区域间发展水平的差距，进一步避免数字经济虹吸效应的产生；着力完善数字经济监管治理体系，构建政府、平台、企业、社会、个人的多元治理格局，统筹协调公平与效率水平，确保乡村旅游持续健康发展和提质升级。

参考文献

[1]钟漪萍，唐林仁，胡平波．农旅融合促进农村产业结构优化升级的机理与实证分析：以全国休闲农业与乡村旅游示范县为例[J]．中国农村经济，2020，427(7)：80－98.

[2]孙九霞，张凌媛，罗意林．共同富裕目标下中国乡村旅游资源开发：现状、问题与发展路径[J]．自然资源学报，2023，38(2)：318－334.

[3]任红颖，邱守明，夏凡．西部脱贫地区农旅融合发展的增收效应及实现机制：基于休闲农业与乡村旅游示范县的准自然实验[J]．资源开发与市场，2022，38(10)：1256－1263.

[4]邱守明，朱永杰．旅游影响感知如何影响旅游态度：云南省4个国家公园432份农户调查的实证[J]．商业经济与管理，2018，317(3)：87－96.

[5]黄细嘉，张科，王红建，等．乡村旅游发展能否缩小城乡收入差距：来自“全国休闲农业与乡村旅游示范县”的经验证据[J]．旅游学刊，2023，38(2)：16－29.

[6]RODRIGUES S，CORREIA R F，MARTINS J．Digital marketing impact on rural destinations promotion：a conceptual model proposal [C]. Iberian Conference on

Information Systems and Technologies. IEEE,2021.

[7]钟漪萍,李颖．旅游业高质量发展水平测度与地区差异及收敛特征分析[J]．统计与决策,2022,38(21):107－112.

[8]张明明．数字经济时代乡村旅游的高质量发展策略研究[J]．商业经济,2022,556(12):94－95＋106.

[9]潘秋玲．现阶段我国乡村旅游产品的供需特征及开发[J]．地域研究与开发,1999(2):60－62.

[10]唐明贵,胡静,肖璐,等．贵州少数民族特色村寨时空演化及影响因素[J]．干旱区资源与环境,2022,36(4):177－183.

[11]郭文,黄震方,王丽．文化旅游地空间生产背景下居民社会空间感知模型与实证研究:基于对周庄古镇的调查[J]．地理研究,2015,34(4):762－774.

[12]马斌斌,陈兴鹏,马凯凯,等．中国乡村旅游重点村空间分布、类型结构及影响因素[J]．经济地理,2020,40(7):190－199.

[13]GAO J ,WU B . Revitalizing traditional villages through rural tourism: a case study of yuanjia village,shaanxi province,China [J]. Tourism management,2017,63(12):223－233.

[14]李冬花,王咏,陆林．共同富裕目标下综合乡村旅游开发的可持续生计效应:基于浙江省安吉县鲁家村的案例实证[J]．自然资源学报,2023(38):511－528.

[15]陈志军,徐飞雄．乡村旅游地旅游发展对乡村振兴的影响效应与机理:以关中地区为例[J]．经济地理,2022,42(2):231－240.

[16]孙九霞,徐新建,王宁,等．旅游对全面脱贫与乡村振兴作用的途径与模式:“旅游扶贫与乡村振兴”专家笔谈[J]．自然资源学报,2021,36(10):2604－2614.

[17]SUM M,GEOFFREY W,WANG Y N,et al. Livelihood sustainability in a rural tourism destination － Hetu Town,Anhui province,China [J]. Tourism management,2019(71):272－281.

[18]任保平,何厚聪．数字经济赋能高质量发展:理论逻辑、路径选择与政策取向[J]．财经科学,2022,409(4):61－75.

[19]荆文君,孙宝文．数字经济促进经济高质量发展:一个理论分析框架[J]．经济学家,2019(2):66－73.

[20]高振娟,赵景峰,张静,等．数字经济赋能消费升级的机制与路径选择

[J]. 西南金融,2021,483(10):44－54.

[21]师博,胡西娟. 高质量发展视域下数字经济推进共同富裕的机制与路径[J]. 改革,2022,342(8):76－86.

[22]殷章馨,唐月亮. 乡村旅游发展水平评价与障碍因素分析:以长株潭城市群为例[J]. 统计与决策,2021,37(14):54－57.

[23]陈白璧,华伟平. 乡村旅游与精准扶贫耦合评价及发展策略:以南平市为例[J]. 福建师范大学学报(哲学社会科学版),2021,230(5):82－89＋169.

[24]田野,叶依婷,黄进,等. 数字经济驱动乡村产业振兴的内在机理及实证检验:基于城乡融合发展的中介效应[J]. 农业经济问题,2022,514(10):84－96.

[25]舒季君,周建平,陈亦婷,等. 中国省域数字经济的空间演化特征及其城乡融合效应[J]. 经济地理,2022,42(8):103－111.

[26]温忠麟,叶宝娟. 中介效应分析:方法和模型发展[J]. 心理科学进展,2014,22(5):731－745.

[27]赵涛,张智,梁上坤. 数字经济、创业活跃度与高质量发展:来自中国城市的经验证据[J]. 管理世界,2020,36(10):65－76.

[28]陈治,张少华. 数字经济、空间溢出与区域创新能力提升:基于中国274座城市数据的异质性研究[J]. 管理学刊,2023,36(1):84－101.

[29]王青,侯雪峰,曾伏. 数字经济发展对城市居民消费的影响研究:基于时期异质性的空间杜宾模型[J]. 经济问题探索,2023,487(2):96－109.

时间压力对冲动性购买的“双刃剑”效应研究

——基于精细加工可能性模型①

谢旭莲

摘要：冲动性购买涉及大多数旅游者，在旅游消费中占据重要地位。以往研究对于时间压力究竟如何影响冲动性购买存在争议，忽略了这一影响的“双刃剑”效应，取决于冲动性购买的不同方面。本文基于精细加工可能性模型，以旅游购物为研究情境，探究时间压力作为冲动性购买的重要前置因素，如何经由错失恐惧作用于情感/认知冲动性购买，并检验冲动型人格特质的调节作用。通过问卷调查法在Credamo数据平台收集365份有效问卷，采用结构方程模型和Bootstrap进行实证检验。研究表明，时间压力直接或间接通过错失恐惧正向促进游客情感冲动性购买并抑制认知冲动性购买，冲动型人格特质在其中起调节作用。研究回应了时间压力与冲动性购买的模糊关系，为旅游目的地商品设计及营销策略制定提供参考。

关键词：冲动性购买；时间压力；错失恐惧；冲动型人格特质

作者简介：谢旭莲，西北大学经济管理学院在读硕士研究生。

---

① 本文由李瑛教授指导完成。李瑛，陕西西安人，西北大学经济管理学院副教授，研究方向：旅游统计和旅游影响。

一、引言

旅游目的地作为一种异地、新奇且不会长期停留的非惯常环境，使消费者购买行为显著区别于日常生活中的消费习惯和规律，从而表现出不同的认知和行为。研究显示，冲动性购买几乎涉及每个旅游者，在整体旅游消费中占比超过60%（Kollat et al.，1967）。鉴于冲动性消费对目的地管理的实用价值，冲动性购买一直是旅游领域的热门话题，学者普遍关注了环境刺激因素、情境因素、消费者个人特质以及其他调节性因素对旅游者冲动性购买的影响。此外，由于冲动性购买是一种与快速决策过程相关的，突然、自发的行为，个人做出购买决定的时间可能会在此过程中产生重要影响，因此，在情境因素中，学者更多关注了时间压力对旅游者冲动性购买的可能影响。

关于时间压力如何影响冲动性购买，已有研究给出了不同答案。一方面，低时间压力会增加冲动性购买。当时间较为充裕时，消费者可以长时间浏览选择商品，更容易受到营销环境刺激，增加冲动消费（Beatty et al.，1998）。另一方面，时间压力会增加消费者购物中的情感方面。面对时间压力，人们往往认为自己能够把握的机会在减少，出现“现在就拥有否则永远不会拥有”效应，促使旅游者做出意外购买行为。鉴于现有研究对于时间压力影响冲动性购买的广泛争议，Sohn等（2017）指出时间压力对于冲动性购买行为的影响并不是统一的，这取决于冲动性购买的不同方面。时间压力对冲动性购买有积极影响主要强调这种行为的情感方面，负面影响则集中于冲动性购买认知方面的消极探讨。因此，可以推测，时间压力对消费者存在“双刃剑”效应，既会降低冲动性购买在认知方面产生的损耗作用，也会通过影响个体情绪对购买行为产生促进作用。

精细加工可能性模型（Elaboration Likelihood Model，ELM）指出，

消费者决策形成并不总是通过理性思考，而是取决于“双重过程理论”，即中枢路径和边缘路径。在中枢路径下，人们会仔细思考并形成判断和行为；边缘路径涉及低认知思维，个体依赖情感迁移形成态度。在时间压力环境下，消费者寻求额外信息和深思熟虑的可能性受到限制，往往关注最突出、最容易获取的信息并采用启发式决策过程（低认知努力）进行决策，因此，旅游者感知到的时间压力作为一种环境刺激会引发个体倾向于情感化处理信息，并对消费行为产生差异化影响，而非笼统的正向影响冲动性购买。基于此，本研究引入错失恐惧这一反映消费者情感认知的中介变量，搭建时间压力与不同冲动性购买行为间的关系机制。此外，人格特质会影响个体压力知觉，然而尚未有研究探讨时间压力下不同冲动型特质个体的调节匹配效应。因此，本文选择冲动型人格这一稳定的性格特质作为调节变量。理论上，本文揭示了时间压力在冲动性购买中发挥的“双刃剑”效应；实践上，本文为旅游特殊环境下改进及促进消费者冲动性购买提供了行之有效的方法。

二、文献回顾与研究假设

（一）冲动性购买

目前，对于冲动性购买的定义缺乏广泛共识。Kollat 等（1967）认为，冲动性购买是一种计划外购买，其特征是“相对快速的决策和对立即占有的主观偏见”；Rook 和 Fisher（1995）指出，冲动性购买是没有事先计划，但在购物场所产生想要拥有产品并进行购买的行为。从定义中可以看出，冲动性购买是计划外的，缺乏认知思考并且主导了冲动购买的整个过程。在对冲动性购买的测量上，目前学界广泛认同的是 Li（2007）的 2 题项量表及 Verplanken 等（2001）基于认知及情感 2 维度开发的 10 题项量表。在这些不同的量表中，Verplanken 将冲动性购买划分为认知及情感两个方面，从理论上厘清冲动性购买的不同维度，更能准确反映冲动性购买的动因和社会过程，因此，本文选用 Verplanken 等（2001）的量表进行测量。

在现实生活中，能激发冲动性购买的因素很多，环境刺激因素、情境因素、消费者个人特质、其他调节性因素等都是比较典型的诱发因素。Morrin 等（2005）发现，商店陈设和气氛能够影响游客购买欲望；Shiv 等（1999）发现，商场地点、层高对游客购买具有正向影响。情境因素一直是学者研究的重点，相当多的实证研究证实文化差异、时间压力、重购成本、购买时的心情对冲动性购买的影响。除此之外，自我建构及调节导向也是常被提及的调节性因素。

综上所述，虽然冲动性购买得到国内外学者的普遍关注，相关研究不断升温，但现有关于冲动性购买的研究多聚焦于营销等惯常环境，鲜有从非惯常环境尤其是旅游情境切入进行的研究。旅游环境不同于其他环境，旅游活动的异地性及暂时性使旅游者在旅游目的地时间因素凸显。因此，研究旅游情境下时间压力对冲动性购买的形成机制将有助于深入理解个体冲动性购买行为。

（二）时间压力与冲动性购买

时间压力是零售环境中常见的现象，被视为影响消费者购买决策的重要情境变量。本文依据 Ordonez 等（1999）的观点将时间压力界定为旅游者在旅游时间限制情境下来不及完成认知加工任务而体会到的一种知觉或感受。大量文献表明，时间压力对冲动性购买存在积极影响，Aminilarim 等（2005）的研究指出，在时间压力感知下，消费者感知成本越大，越容易产生焦虑、紧张等一系列消极情绪，造成认知资源负荷，依赖直觉进行决策，容易夸大感知利得，于是倾向于冲动性购买。然而，有些学者却提出了相互矛盾的见解。Hyun 等（2016）发现，时间压力会对豪华餐厅和零售店的冲动性购买产生负面影响，因为消费的时间限制可能导致不适和风险规避倾向。此外，Baraket（2019）指出，当有更多时间时，消费者更有可能进行冲动性购买。现有研究并未给出时间压力究竟是增加还是减少冲动性购买的明确结论，这种模糊性可以解释为没有考虑到冲动性购买的两个方面，时间压力对冲动性购买的影响可能因冲动性购买是关注认知方面还是关注情感方面而有所不同。认知方面，如深思熟虑和思考；情感方面，如兴奋、紧张和后悔等情绪感受。

一些学者已经使用了认知冲动性购买和情感冲动性购买的概念。例如，Sohn 和 Lee（2017）指出，时间压力会增加情感冲动性购买，而购物参与则会直接增加认知冲动性购买。此外，认知冲动性购买与责任心、对需求的评估有关，而情感冲动性购买与缺乏独立性和行动取向有关。因此，我们推测，低时间压力会增加冲动性购买的认知方面，消费者决策思考时间越充足，个体便越有时间用于浏览购物并促进信息评估。相反，高时间压力则会增加情感冲动性购买，因为冲动性购买通常是由情感和情绪主导的，消费者更偏向直觉启发式，在决策过程中更容易冲动，据此，本文提出以下假设：

H_{1a}：时间压力正向影响情感冲动性购买。

H_{1b}：时间压力负向影响认知冲动性购买。

（三）错失恐惧的中介作用

“错失恐惧”（Fear of Missing Out）一词最初由 Voboril 等（2010）基于社交媒体提出，指担心同伴知道的比自己多的一种焦虑不安的感受。随后，Hodkindon（2019）指出，错失恐惧是一种与市场营销密切相关的概念，企业通过塑造错失恐惧的营销环境影响消费者的购买决策。错失恐惧本质是一种弥散性的焦虑感受，来源于个体对错失产品或服务短缺的感知。在错失恐惧的测量工具上，特质和状态导致的错失恐惧有所不同。现有研究多采用 Przybylski 等（2013）等开发的单维度错失恐惧量表对特质错失恐惧进行测量；针对状态错失恐惧则多采用

Wegmann 等（2017）开发的“特质—状态”2 维度 12 题项量表以及 Çelik 等（2019）等开发的单维度 5 题项量表进行测量。由于本文关注的是旅游情境中时间压力对个体当下的错失恐惧感受，因此将对旅游者的状态错失恐惧进行探讨。

随着错失恐惧研究的不断深入，在错失恐惧的前置因素中，心理需求、解释动机、稀缺性感知等都是学者关注的焦点。其中，Zhang 等（2021）发现，消费者感知数量稀缺增加了错失恐惧，而错失恐惧对冲动购买有积极的影响。此外，研究发现，错失恐惧不仅发生在线上促销情境，线下场景同样存在。与日常生活相比，从旅游环境中返回的机会成本和时间成本更高，在旅游环境中，时间压力会让消费者觉得未来可能无法获得机会，即一种“现在就拥有或永远不会拥有”的感觉。这种感觉引发了消费者对“错过”的恐惧。另外，时间压力是对消费者购买决策的一种限制，在自由受到限制时，人们会产生回旋效应认为得不到的东西才是好的，从而引发错失恐惧，据此，本文提出以下假设：

H_2：时间压力正向影响错失恐惧。

由时间压力引发的错失恐惧会导致旅游者差异化购买行为。一方面，作为一种弥散性焦虑，错失恐惧本质是一种情感体验。在害怕、焦虑等情感作用下，消费者会容易受直觉偏误的影响，不关注或较少关注否定其观点的证据，倾向情感冲动性购买。另一方面，当错失恐惧存在时，机会成本理论认为，人们会简化思维模式，压缩或抑制消费者认知资源，消费者认知闭合更偏向直觉启发式而非理性分析式。这种非理性的消费心理容易让消费者忽视产品本身的价值，从而在决策过程中降低认知冲动购买的权重。据此，本文提出以下假设：

H_{3a}：错失恐惧正向影响情感冲动性购买。

H_{3b}：错失恐惧负向影响认知冲动性购买。

H_{4a}：错失恐惧在时间压力和情感冲动性购买中起中介作用。

H_{4b}：错失恐惧在时间压力和认知冲动性购买中起中介作用。

（四）冲动型人格特质的调节作用

冲动性购买被定义为消费者自发、突然、预算外、即时的行为，是外部刺激与消费者个人特质相结合的结果。冲动性本身是内在的人格特点，通过个体的外显行为表现出来，因而，冲动特质是冲动性购买的必要前因。Patton 等（1995）认为，冲动型人格包括运动冲动型、认知冲动型和无计划冲动型 3 个维度，并据此编制了冲动型人格量表。May 等（2018）在此基础上编制了 12 维度冲动型人格特质量表。

已有研究发现，高度冲动的消费者倾向于自发和立即追求享乐体验和购买，而对非冲动个体知之甚少，因此，增加非冲动者消费一直是实践管理面临的挑战。Jeffrey 等（2007）发现，在向消费者提供“甜味”后，非冲动参与者会表现出对饼干的强烈渴望，并由此推测出将知觉和行为联系起来的无意识过程。旅游作为一个典型的非惯常环境，为探索非冲动个体冲动性购买提供了可能性。研究表明，在旅游业中，消费者更有可能表现得冲动并致力于放纵自己。旅游体验通常具有短暂性和不寻常的特点，这使非冲动型游客变得冲动，使其失去自我控制能力并无意识激活“感知—行为”（罕见—放纵）之间的联系，从而放弃通常对产品的仔细评估并依赖于特定时刻最突出的感觉或感知，产生错失恐惧。据此，本文提出以下假设：

H_5：冲动型人格特质调节了时间压力与错失恐惧的关系，对于非冲动型个体来说，时间压力对错失恐惧的正向影响更为强烈，但对于冲动型个体来说，这种正向影响相对较弱。

基于以上推论，本文依据精细加工可能性模型（ELM）构建出概念模型，如图 1 所示。研究认为，时间压力会直接或间接通过错失恐惧作用于冲动性购买，并对不同冲动性购买产生差别化影响。此外，我们还关注了人格特质类型对时间压力与冲动性购买关系的调节机制探讨，试图揭开非惯常环境下消费者的认知“黑箱”。

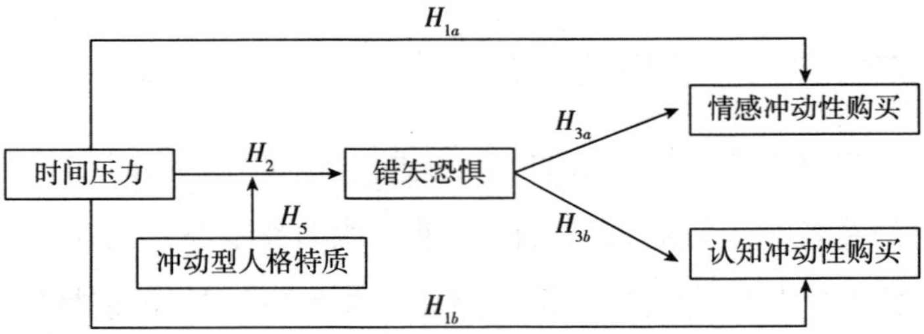

图 1　假设与研究模型

三、问卷设计与数据收集

（一）量表选取

本文选取的量表均源于现有文献中检验过的成熟量表。其中，时间压力测量题项提取自 Herrington 等（1995）编制的 3 题项时间压力量表，错失恐惧量表参考 Zhang 等（2021）改编的量表，冲动性购买参考 Verplanken 等（2001）编制的 2 维度 10 题项量表，冲动型人格特质量表则参考 Puri（1996）编制的 2 维度 12 题项量表。所有英文题项的翻译由旅游管理专业的专家和学生共同完成，问卷经过在线试点测试（A pilot – tested online），修正了题项中存在歧义的表述以形成正式调研问卷。

（二）数据收集

本文数据在中国 Credamo 见数调研平台中进行收集。2023 年 5 月 1—10 日在 Credamo 见数平台进行了多轮问卷发放，共回收问卷 380 份，其中，有效问卷 365 份，有效率 96.05%。调研样本的描述性统计分析结果如表 1 所示。

表1 描述性统计分析结果

人口学变量	分类指标	频数/个	百分比/%
性别	男	129	35.3
	女	236	64.7
年龄	20岁以下	2	0.5
	20~29岁	134	36.7
	30~39岁	191	52.3
	40~49岁	18	4.9
	50~59岁	16	4.4
	60岁及以上	4	1.1
学历	高中以下	2	0.5
	高中/中专	11	3.01
	大专/本科	264	72.3
	硕士及以上	88	24.1
月收入	≤2000元	32	8.8
	2001~4000元	39	10.7
	4001~6000元	55	15.1
	6001~8000元	54	14.8
	≥8001元	185	50.7
职业	学生	56	15.3
	工人	8	2.2
	农民	1	0.3
	公务员	13	3.6
	文体从业人员	2	0.5
	教育卫生科研人员	10	2.7
	企事业工作人员	252	69.0
	个体经营者	16	4.4
	军人	0	0
	退休人员	1	0.3
	其他	6	1.6
样本总计		365	100

四、数据分析与检验

（一）共同方法偏差检验

本文调研数据以单一线上调查问卷方法获取，可能存在共同方法偏差，因此，采用两种方式检验。首先，采用 Harman 单因子法，结果显示，未旋转的最大因子方差为 30.07%，低于 40%，表明本文的共同方法偏差在可控范围内；其次，采用标签变量法进行共同方法偏差检验，控制模型的卡方 1027.13（$df=335$）与基线模型的卡方 1023.18（$df=334$）差值为 3.95（$df=1$），$p=0.05$，不存在严重的共同方法偏差。

（二）验证性因子分析

借助 SPSS 23.0 软件对测量模型进行 KMO 检验和巴特利特球形度检验，测量模型 KMO 检验为 0.88，巴特利特球形度检验近似卡方值为 4411.12，自由度为 276，显著性为 0.00，测量模型适合进行因子分析。为检验测量模型的拟合效果，借助 Amos 26.0 软件进行测量模型检验，删除标准因子载荷小于 0.5 的 6 个题项后，得到时间压力 3 题项单因子模型、错失恐惧 5 题项单因子模型、情感冲动性购买 3 题项单因子模型、认知冲动性购买 4 题项单因子模型、冲动型人格特质 9 题项单因子模型。验证性因子分析结果如表 2 所示。除冲动型人格特质量表外，各量表 Cronbach's α 值均大于 0.7，表明本文采用的量表具有良好的稳定性。组合信度（CR）值均大于 0.6，表明量表具有较高的信度。

表 2　剔除后剩余因子标准载荷、Cronbach's α、CR、AVE 值

构念	因子载荷	可靠性系数 Cronbach's α	组合信度 CR	平均方差析出量 AVE
时间压力		0.82	0.82	0.61

续表

构念	因子载荷	可靠性系数 Cronbach's α	组合信度 *CR*	平均方差析出量 *AVE*
在旅途中，如果我想按时完成购物计划，就要抓紧时间	0.853			
在旅途中，如果必须迅速购买旅游商品，我通常会感到很有压力	0.720			
在旅途中，我通常没有足够的时间购物	0.776			
错失恐惧		0.880	0.890	0.610
当购物时间很紧张时，如果错过购买旅游商品的机会，我会感到很遗憾	0.850			
当购物时间很紧张时，如果错过购买旅游商品的机会，我会感到很焦虑	0.777			
当购物时间很紧张时，如果错过购买旅游商品的机会，我会感到很后悔	0.860			
当购物时间很紧张时，我会密切关注心仪商品的售卖情况，因为我担心很难再有机会买到它	0.780			
当购物时间很紧张时，我会关注他人的购买行为并进行从众消费，以防错过	0.625			
情感冲动性购买		0.710	0.730	0.480
在旅途中，我有时无法抑制买东西的冲动	0.819			
在旅途中，当我在商店里看到一件物美价廉的旅游商品时，我很想购买	0.706			
在旅途中，当我看到想买的东西时，我会很兴奋	0.527			
认知冲动性购买		0.890	0.890	0.670
在旅途中，当我想要购买商品时，我总是仔细考虑是否需要它	0.728			

续表

构念	因子载荷	可靠性系数 Cronbach's α	组合信度 CR	平均方差析出量 AVE
在旅途中，我通常只购买计划买的东西	0.870			
在旅途中，我喜欢在对比不同品牌的商品后再做出购买决定	0.729			
在旅途中，我通常只买真正需要的东西	0.926			
冲动型人格特质		0.680	0.710	0.290
冲动的	0.081			
奢侈的	0.212			
有远见的	0.272			
可靠的	0.785			
节制的	0.744			
易被诱惑的	0.792			
理性的	0.822			
有条不紊的	0.224			
有计划的	0.053			

此外，除情感冲动性购买及冲动型人格特质量表的 *AVE* 值低于 0.5 外，其余量表的 *AVE* 值均大于等于 0.5。然而，正如 Fornell 和 Larcker（1981）建议的，如果 *AVE* 值小于 0.5，但 *CR* 值高于 0.6，收敛效度仍然是足够的，因此，本文的聚合效度较为理想。从构念间相关系数可以看出，各构念 *AVE* 值的平方根均大于构念间的相关系数，具有较好的区分效度（见表 3）。

表 3　区分效度检验结果

变量	时间压力	错失恐惧	情感冲动性购买	认知冲动性购买	冲动型人格特质
时间压力	0.7784				
错失恐惧	0.4120***	0.7829			
情感冲动性购买	0.5850***	0.7430***	0.6945		

续表

变量	时间压力	错失恐惧	情感冲动性购买	认知冲动性购买	冲动型人格特质
认知冲动性购买	-0.5730***	-0.5320***	-0.7360***	0.8179	
冲动型人格特质	-0.0570	-0.0410	0.0270	0.0550	0.5428

注：对角线上的数值为AVE值的平方根，对角线下的数值为构念间相关系数；***表示$p<0.001$。

（三）假设检验

1. 结构方程模型检验

在进行假设检验之前，结构模型的拟合指标（$CFI=0.94$，$TLI=0.92$，$GFI=0.91$，$AGFI=0.87$，$RMSEA=0.08$），除AGFI略低于0.9以外，其余指标均达到标准，说明结构模型具有较好的拟合效果。本文利用Amos 26.0软件通过结构方程模型对上述研究假设进行检验，结果如图2所示。首先，时间压力对情感冲动性购买具有显著正向影响（$\beta_1=0.38$，$p<0.001$），对认知冲动性购买具有显著负向影响（$\beta_2=-0.46$，$p<0.001$），H_{1a}和H_{1b}成立，这表明时间压力在旅游环境特定时空条件下仍会存在，并对冲动性购买产生影响；其次，时间压力对错失恐惧产生显著正向影响（$\beta_3=0.42$，$p<0.001$），H_2得到支持，进一步佐证了错失恐惧在时间压力及冲动性购买中扮演的中介角色；最后，错失恐惧对情感冲动性购买产生显著正向影响（$\beta_4=0.60$，$p<0.001$），对认知冲动性购买产生显著负向影响（$\beta_5=-0.36$，$p<0.001$），H_{4a}和H_{4b}成立。

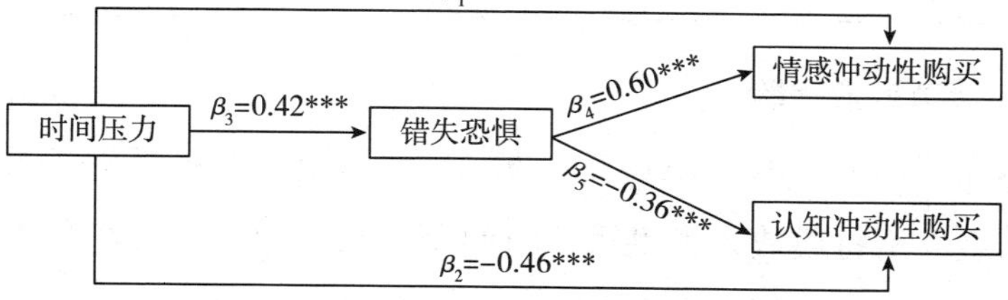

图2 路径系数

注：路径系数为变量之间的直接效应；***表示$p<0.001$。

2. 中介效应检验

为增加分析结果的稳健性，本文通过 SPSS 23.0 软件采取 Bootstrap 法进行假设检验，根据样本分布特征估计中介效应的置信区间。当间接效应 95% 的置信区间不包含 0 时，中介效应显著；反之，中介效应不显著。

本文采用 Process Model 4，对错失恐惧的中介作用进行检验，分析结果如表 4 所示。①“时间压力→情感冲动性购买”的总效应和直接效应的置信区间均不包含 0，说明直接效应存在；②“时间压力→错失恐惧→情感冲动性购买”间接效应置信区间不包含 0，说明错失恐惧在时间压力与情感冲动性购买之间发挥部分中介作用（$\beta_{错失恐惧}=0.16$）；③“时间压力→认知冲动性购买”的总效应和直接效应的置信区间均不包含 0，说明直接效应存在；④“时间压力→错失恐惧→认知冲动性购买”间接效应置信区间不包含 0，说明错失恐惧在时间压力与认知冲动性购买之间发挥部分中介作用（$\beta_{错失恐惧}=-0.14$），H_{4a}和 H_{4b}成立。

表 4　中介效应检验

效应	路径	效应值	标准差	置信区间	
				LLCI	*ULCI*
总效应	时间压力→情感冲动性购买	0.36	0.04	0.29	0.44
直接效应	时间压力→情感冲动性购买	0.20	0.03	0.13	0.26
间接效应	时间压力→错失恐惧→情感冲动性购买	0.16	0.03	0.11	0.22
总效应	时间压力→认知冲动性购买	-0.47	0.04	-0.56	-0.38
直接效应	时间压力→认知冲动性购买	-0.33	0.04	-0.42	-0.25
间接效应	时间压力→错失恐惧→认知冲动性购买	-0.14	0.02	-0.18	-0.09

3. 调节效应检验

本文使用 Process Model 7 对模型进行检验（见表 5）。结果表明，将冲动型人格特质放入模型后，时间压力与冲动型人格特质的交互项对错失恐惧的预测作用一般显著（$\beta=-0.17$），说明冲动型人格特质能够在时间压力对错失恐惧的预测作用中起调节作用。

表 5　调节效应检验

回归方程		拟合指标			系数显著性	
结果变量	预测变量	R	R - sq	F	β	t
错失恐惧		0.41	0.17	9.00		
	时间压力				0.41	6.93***
	冲动型人格特质				0.77	2.03***
	时间压力×冲动型人格特质				-0.17	-2.01**

注：90%的置信区间，＊＊表示 $p<0.05$，＊＊＊表示 $p<0.001$。

进一步进行简单斜率分析，如图 3 所示，非冲动型人格特质的旅游者在时间压力与错失恐惧关系中具有显著的正向预测作用；而对于冲动型人格特质的旅游者，时间压力虽然会对错失恐惧产生正向预测作用，但其预测作用较小，表明冲动型特质得分越低，时间压力对冲动性购买的影响就越大。

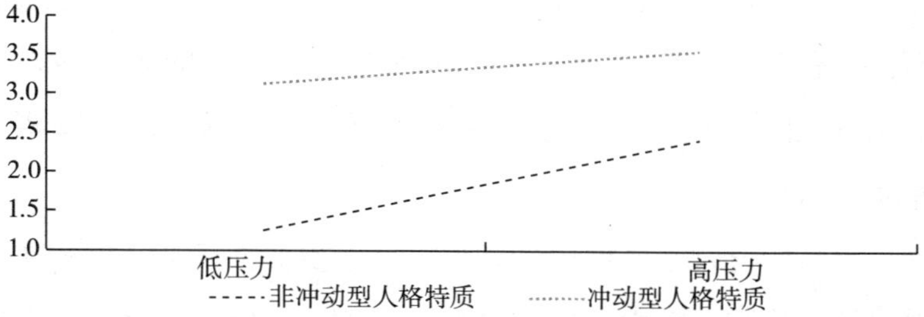

图 3　非冲动型人格特质与冲动型人格特质在时间压力与错失恐惧之间的调节作用

五、结论与讨论

（一）研究结论

本文以精细加工可能性模型为基础，将冲动性购买划分为情感及认知两个方面，构建了“时间压力→错失恐惧→情感/认知冲动性购买”的概念模型，并利用在 Credamo 见数调研平台上收集的数据，借助结构方程模型、Bootstrap 法对测量模型进行检验，得出如下研究结论：

第一，时间压力对冲动性购买的影响取决于冲动性购买的不同方面。时间压力正向促进冲动性购买的情感方面，负向抑制冲动性购买的认知方面。这与 Liu 等（2022）的发现一致，为时间压力与冲动性购买存在的模糊关系提供了新的实证支持，对朱翊敏等（2021）研究中时间压力单纯促进个体冲动性购买的观点提出疑问。时间压力在旅游环境中具有普遍性，作为一种特殊的限制性环境刺激，既会引发消费者产生焦虑、不安、机会成本感知等情感因素促进情感冲动性购买，又会产生注意力聚焦和认知负荷，无法做出正确决策抑制认知冲动性购买。

第二，错失恐惧在时间压力对冲动性购买的影响中起中介作用。时间压力作为无形资源稀缺的典型代表，在多个研究中被发现与错失恐惧存在一定联系，本文首次证实错失恐惧不仅发生在有形资源稀缺中，旅游环境中的时间压力也可以促使旅游者产生错失恐惧，导致游客对实现购买目标（买到心仪商品）的确定性和控制感降低，“现在就拥有否则永远不会拥有”的感觉更加突出。这种对错失恐惧的感知激发了旅游者产生无意识的“感知—行为”联系从而提升情感冲动性购买并降低认知冲动性购买。

第三，与传统营销环境中冲动型消费者更倾向于冲动性购买这一结论不同的是，旅游环境中返回和再次获得相同体验的机会成本及时间成本更高，非冲动型人格消费者在时间压力感知下会变得冲动而非保持理性，从而使错失恐惧增强，这一结果与王梓键（2020）的研究结果一致。此结果表明，尽管冲动型特质是个体较为稳定的性格特质，但在旅游特定环境刺激下仍会改变并使错失恐惧增强。

（二）理论贡献

第一，对冲动性购买行为进行分类型深入研究。学界对个体冲动性购买行为多采用单维度进行测量，以认知及情感两维度进行区分则由 Verplanken 等（2001）首次提出。本文通过实证数据验证了这一新的分类的合理性并解释了以往研究中不一致的结论，即时间压力对冲动性购买的影响存在“双刃剑”效应，时间压力与情感冲动性购买正相关而与认知冲动性购买负相关。一方面补充了冲动性购买的分类研究，另一方面从侧面印证了冲动性购买的快速决策过程。

第二，细化并验证了时间压力到旅游者冲动性购买的路径环节，揭示了错失恐惧在其中扮演的重要中介角色。在有关时间压力和冲动性购买的研究中，学者多遵循消费者购买决策行为的两大影响因素，对于中介的探讨集中于感知价值与感知风险两个变量，本文在以往解释链条的基础上引入错失恐惧，将时间压力引发的错失恐惧视为一种情绪，创新性构建了旅游情境下“时间压力→错失恐惧→情感/认知冲动性购买”的中介模型，不仅完善了时间压力到两类型冲动性购买的路径机制，也增加了旅游行为研究对一般消费者行为理论的特殊贡献。

第三，为促进非冲动型旅游者消费提供了旅游视角的支撑。与冲动型旅游者不同，具有非冲动型人格特征的旅游者往往表现出更高的自控能力，他们更喜欢出于功利而非享乐心理进行购买决策。因此，改变非冲动型消费者购买态度相对困难，本文通过揭示旅游环境中非冲动型消费者因时间压力变得冲动这一效应，补充了消费者心理学领域对于非冲动型消费者的相关研究。

（三）实践启示

本文对旅游目的地营销具有多重启示，具体体现在以下方面：

首先，旅游目的地应意识到时间因素在旅游环境中的重要性，并利用它促进旅游者冲动性购买（或抑制旅游者某些不健康的冲动性购买）。比如，可以在旅游景区适当设立电子显示牌提示游客当下所处时间，强化游客对时间流逝的感知；可以设置诸如“没时间看了”或“一生只有一次”等广告促使游客体验到购物时间的紧迫性。

其次，由于旅游购物中游客感知到的错失恐惧会对购买意愿及行为产生影响，旅游目的地应采取合理措施唤醒游客的错失恐惧。一方面，可以通过增加商品的丰富度、新颖度和独特性，满足游客的购物需求和期待；另一方面，旅游目的地可以通过在营销时突出商品的优势和特殊性、与各个品牌合作推出独家发售的产品并适当采取限时营销手段，让游客由于商品的重购成本高和独特性强而产生害怕买不到或担心错过的焦虑。

最后，由于非冲动型消费者可能会在时间压力感知下变得冲动，旅游目的地营销人员应充分了解不同游客人格特质，针对不同性格特质的游客采取细分营销管理。针对非冲动型游客，销售人员应尽可能地引导其感知到时间稀缺，以促使其产生错失恐惧进而做出购买决策；而对于冲动型的游客，销售人员应积极主动向其推荐新产品或新品牌，调动起游客焦虑情绪，从而提高冲动性购买意愿。

（四）研究局限与展望

尽管本研究取得了一定创新和突破，但也存在一些局限性。首先，时间压力作为一种复杂情境，可能会同时引发消费者产生积极和消极双面情绪，本研究只关注了焦虑、紧张等消极情感，事实上，随着时间压力的增加，还有可能唤起旅游者兴奋、激动、开心等积极情绪，从而影响冲动性购买行为，未来可以进一步对比积极情绪与消极情绪对旅游者冲动性购买的不同作用。其次，本研究的重点是旅游环境中时间压力对冲动性购买的影响，旅游作为一种暂时及异地性的非惯常环境，除时间因素外，空间距离也常被视作构建旅游者空间决策模型的前置要素，因此，将时间与空间因素共同置于冲动性购买的前置因素，有助于深入了解旅游这一特殊环境下消费者冲动性购买行为的内在机制。

参考文献

[1]KOLLAT D T,WILLETT R P. Costomer impulse purchasing behavior [J]. Journal of marketing research,1967,4(2):21 -31.

[2]BEATTY S E,FERRELL M E. Impulse buying: modeling its precursors [J]. Journal of retailing,1998,74(2): 169 -191.

[3]SOHN H K,LEE T J. Tourists' impulse buying behavior at duty - free shops: the moderating effects of time pressure and shopping involvement[J]. Journal of travel & tourism marketing,2017,34(3): 341 -356.

[4]ROOK D W,FISHER R J. Normative influences on impulsive buying behavior[J]. Journal of consumer research,1995,22(3): 305 -313.

[5]VERPLANKEN B,HERABADI A. Individual differences in impulse buying tendency: feeling and no thinking[J]. European journal of personality,2001(15): S71 -S83.

[6]MORRIN M,CHEBAT J C. Person - place congruency: the interactive effects of shopper style and atmospherics on consumer expenditures[J]. Journal of service research,2005,8(2): 181 -191.

[7]SHIV B,FEDORIKHIN A. Heart and mind in conflict: the interplay of affect and cognition in consumer decision making[J]. Journal of consumer research,1999, 26(3): 278 -292.

[8]LIN Y H,CHEN C F. Passengers' shopping motivations and commercial activities at airports - the moderating effects of time pressure and impulse buying tendency[J]. Tourism management,2013(36): 426 -434.

[9]ORDONEZ L D,BENSON III L,BEACH L R. Testing the compatibility test: how instructions,accountability,and anticipated regret affect prechoice screening of options[J]. Organizational behavior and human decision processes,1999,78(1): 63 -80.

[10]AMINILARIM,PAKATH R. Searching for information in a time - pressured setting: experiences with a text - based and an image based decision support system

[J]. Decision support systems,2005,41(1):37-68.

[11]HYUN S S,HAN H,KIM W. A model of patrons' impulsive ordering behaviors in luxury restaurants[J]. Asia pacific journal of tourism research,2016,21(5):541-569.

[12]BARAKET M A. A proposed model for factors affecting consumers' impulsive buying tendency in shopping malls[J]. Journal of marketing management,2019,7(1):120-134.

[13]VOBORIL,FOMO K:The Fear of Missing Out[Z]. Bloomberg,2010.

[14]HODKINDON C. "Fear of Missing Out" (FOMO) marketing appeals:a conceptual model [J]. Journal of marketing communications,2019,25(1):65-88.

[15]PRZYBYLSKI A K,MURAYAMA K,DEHAAN C R,et al. Motivational,emotional,and behavioral correlates of fear of missing out[J]. Computers in human behavior,2013,29(4):1841-1848.

[16]WEGMANN E,OBERST U,STODT B,et al. Online-specific fear of missing out and internet-use expectancies contribute to symptoms of internet-communication disorder[J]. Addictive behaviors reports,2017(5):33-42.

[17]ÇELIK I K,ERU O,COP R. The effects of consumers' FOMO tendencies on impulse buying and the effects of impulse buying on post-purchase regret:an investigation on retail stores[J]. Brain. broad research in artificial intelligence and neuroscience,2019,10(3):124-138.

[18]ZHANG J,JIANG N,TURNER J J,et al. The impact of scarcity of medical protective products on Chinese consumers' impulsive purchasing during the COVID-19 epidemic in China[J]. Sustainability,2021,13(17):9749.

[19]PATTON J H,STANFORD M S,BARRATT E S. Factor structure of the barratt impulsiveness scale[J]. Journal of clinical psychology,1995,51(6):768-774.

[20]MAY F,IRMAK C. The effects of rarity on indulgent consumption:non-impulsives indulge when low frequency is salient[J]. Journal of consumer research,2018,45(2):383-402.

[21]JEFFREY S A,HODGE R. Factors influencing impulse buying during an online purchase[J]. Electronic commerce research,2007(7):367-379.

[22]HERRINGTON J D,CAPELLA L M. Shopper reactions to perceived time

pressure[J]. International journal of retail & distribution management, 1995, 23(12): 13 – 20.

[23]PURI R. Measuring and modifying consumer impulsiveness: a cost – benefit accessibility framework[J]. Journal of consumer psychology, 1996(2):87 – 113.

[24]FORNELL C, LARCKER D F. Evaluating structural equation models with unobservable variables and measurement error[J]. Journal of marketing research, 1981, 18(1): 39 – 50.

[25]LIU X S, SHI Y, XUE N I, et al. The impact of time pressure on impulsive buying: the moderating role of consumption type[J]. Tourism management, 2022(91): 104505.

[26]朱翊敏,张洁敏. 时间压力对网络冲动性购买的影响研究:交易效用和感知风险的调节[J]. 商业经济与管理,2021(7):55 – 66.

[27]王梓键. 关于旅游过程中冲动性购买现象的研究[J]. 现代营销(下旬刊),2020(1):91 – 92.

国内文旅融合研究概况、热点及趋势

——基于 Citespace 软件的知识图谱分析①

闫莹莹

摘要：文旅融合是推进文化产业与旅游产业高质量发展的重要路径，该概念自提出以来研究热度持续上升。本文以 CNKI 上发表在 CSSCI、CSCD、北大核心收录期刊的文旅融合文献为基础，利用 Citespace 软件进行可视化分析，从时间特征、学术共同体、研究脉络、研究热点及研究趋势等方面进行总结。综合来看，文旅融合研究呈现出阶段性特点。萌芽期多以文旅融合为实践分析背景，研究成果较为碎片化；初步发展期关注文旅融合基础理论、新产业、新业态、区域发展等，研究内容不断深入；全面发展期主要探究文旅融合质量，研究视角、研究思路、研究方法逐渐多元化。结合当下经济社会现实，基于现有文旅融合研究成果的梳理，本文建议未来加强文旅融合学术共同体建设、紧跟文旅融合的数字化发展态势、推进响应国家战略需求的本土理论实践。

关键词：文旅融合；知识图谱；Citespace；演进趋势

作者简介：闫莹莹（2000—），西北大学经济管理学院硕士研究生。

---

① 本文由褚玉杰老师指导完成。褚玉杰，西北大学经济管理学院讲师，硕士研究生导师，研究方向：社区旅游影响、旅游开发与女性发展、在线旅游营销等。

一、引言

文化是旅游者活动的根本属性，是旅游资源的吸引力所在，也是旅游行业的灵魂（曹诗图等，2003）。文化与旅游的关系随着旅游业的发展被国内外学者广泛探讨，如国内的“文化旅游”“旅游文化”之辨，国外的 tourist culture、tourism culture、culture tourism、cultural tourism、heritage tourism 之别等（徐菊凤，2005）。2017 年，党的十九大报告指出，中国社会的主要矛盾已经转化为人民日益增长的美好生活需要和不平衡不充分的发展之间的矛盾，这对文化和旅游业的结合提出了更高要求。2018 年 3 月，文化部与国家旅游局合并为文化和旅游部，从行政体制上保障了文旅融合的开展，新时代背景下提出“文旅融合”可谓恰逢其时。文化与旅游的融合，不仅是经济利益的追求，更是从文旅消费行为到个体文化身份认同的升华（傅才武，2020），是实现文化强国、提升文化自信的重要路径和载体。2023 年，胡和平在全国文旅厅局长会议上提出，要推动文旅在更广范围、更深层次、更高水平上的融合，这意味着文旅融合实践将进入新阶段。

在国家对文化与旅游产业融合不断重视的背景下，学术界也开展了大量文旅融合研究。梳理文旅融合的研究成果，有利于整体把握研究脉络，深入发掘研究热点并展望未来研究动向，为后续研究提供指引。当前，文旅融合综述成果较少（徐翠蓉等，2020；张苏秋等，2020），多聚焦于 2019 年之前，但文旅融合相关研究在 2019 年及之后有大幅增长，因此，有必要整合最新的研究成果以掌握当前研究进展；同时，现有研究综述存在将“文化旅游”与“文旅融合”杂糅分析的现象，研究主题不够聚焦。综上所述，本文采用 Citespace 软件对现有文旅融合文献进行定量分析，考虑到文旅融合现实和研究的本土化特点，研究聚焦明确关注“文旅融合”本身的国内文献，梳理国内文旅融合研究进展，分析研究脉络、研究热点及研究趋势，为后续研究提供有价值的借鉴。

二、数据来源与研究方法

（一）数据来源

笔者以中国知网作为数据来源，将期刊来源限定为“CSSCI、CSCD、北大核心”收录期刊，将检索条件设置为：（主题 = 文旅融合）OR［主题 = “融合 + 耦合 + 协调 + 协同” *（文化 * 旅游）”］，检索时间截至 2023 年 5 月 10 日，得到初始文献 636 篇。剔除书评、会议、期刊目录及与研究主题不符的文献之后，共得到有效样本文献 476 篇。

（二）研究方法

本研究主要借助 Citespace 软件对文献进行相关的数据处理和计量分析。Citespace 是一款科学分析文献的信息可视化工具（李杰、陈超美，2017），本文通过发文量、发文机构、发文作者的可视化分析及关键词共现与频次等图谱制作（陈悦等，2015），对文旅融合研究相关文献进行计量分析和深入剖析，揭示该研究领域的研究脉络、研究热点及研究趋势，全面客观反映国内文旅融合研究现状，为学者深入研究提供借鉴。

三、文旅融合研究的时间特征

本文统计数据共 476 篇，通过对文献样本进行时间指标分析，得到国内文旅融合研究的历年发文量（见图 1）。

由图 1 可得，国内文旅融合相关研究自 2009 年到 2022 年整体呈现出增长态势（CNKI 显示，2023 年文旅融合文献预测量为 247 篇）。其中，2009 年、2018 年和 2021 年是重要节点。结合我国文旅融合的政策

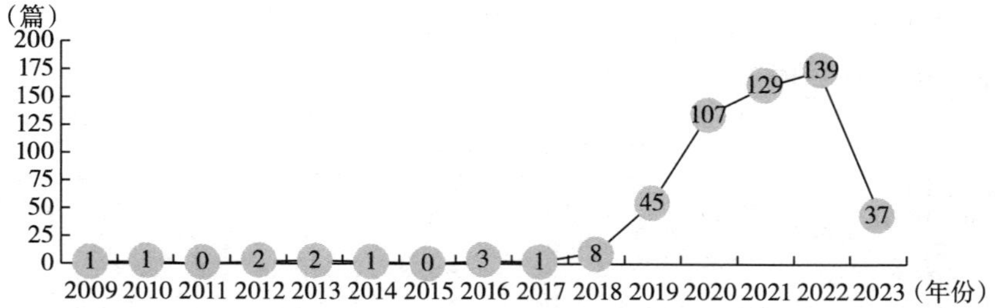

图1　2009—2023年5月国内文旅融合研究文献数量

背景可知，原国家旅游局与原文化部于2009年8月联合发布《关于促进文化与旅游结合发展的指导意见》，首次从政策上对文化与旅游融合予以高度重视。同年12月，国务院发布《关于加快旅游业发展的意见》，提出要将文化内涵嵌入旅游业发展全程。此后，国家相关政策陆续出台，文旅融合研究开始出现（桂拉旦、唐唯，2016）。2018年，从中央到地方的文化与旅游机构开启了改革重组工作，在体制机制方面开创了文旅融合的新局面。2021年，文化和旅游部发布《“十四五”文化和旅游发展规划》，提出从加强科技应用层面进一步推进文旅融合发展。在新时期，如何推动文化与旅游的实践和理论研究，成为学者关注的重要问题，研究成果稳定增长且研究内容更加丰富（蔡尚伟等，2021）。

四、文旅融合研究学者与机构可视化分析

（一）研究学者及其特点

作者共现分析可较为清晰地反映出该领域发文核心作者与其他研究者之间的合作关系（胡泽文等，2013）。由普赖斯定律可知，核心作者可由公式：$M \approx 0.749 \times \sqrt{N_{max}}$计算得出。其中，$M$为论文数量，$N_{max}$指统计年限论文发表数量最多的作者论文数量，发文数大于或等于M的可看作核心作者。由检索结果可知，$N_{max}=4$，$M \approx 1.5$，取整数2。经

计算得知共有30位核心作者，制作作者发文数量排序表（见表1），并将其生成可视化图谱（见图2）。

表1　作者发文数量排序表（$N \geq 2$）

排序	作者姓名	发文量/篇	最早出现年份	排序	作者姓名	发文量/篇	最早出现年份
1	傅才武	4	2019	16	石培华	2	2021
2	刘阳	3	2020	17	陈雅	2	2020
3	许鑫	3	2020	18	刘芮	2	2022
4	冯学钢	3	2022	19	李阳	2	2022
5	人民论坛杂志社课题组	2	2021	20	陈旭峰	2	2020
6	徐翠蓉	2	2020	21	陆明明	2	2021
7	赵嫚	2	2022	22	郑建明	2	2021
8	周睿	2	2022	23	王如忠	2	2022
9	崔凤军	2	2020	24	苗宾	2	2020
10	潘颖	2	2021	25	刘中华	2	2021
11	王慧	2	2022	26	宋河有	2	2022
12	赵玉宗	2	2020	27	侯达	2	2020
13	张继焦	2	2020	28	王秀伟	2	2021
14	孙红蕾	2	2021	29	程馨	2	2022
15	邵明华	2	2021	30	刘洋	2	2020

由表1可知，傅才武、刘阳、许鑫、冯学钢是文旅融合研究领域发文量最多的4位学者，且属于文旅融合政策提出后涌现的核心作者。作为发文量最多的学者，傅才武等（2019）主要研究了文旅融合的内涵建构、内在逻辑、模式创新、作用机制等，具有较强影响力。

由普赖斯定律可知，当核心作者发文量占总发文量的1/2时，可判定为学科高产作者群形成。计算得知，文旅融合核心作者总发文量为65篇，仅占总发文量的13.7%，因此，文旅融合研究尚未形成核心作者群。在研究学者共现知识图谱中，作者姓名节点大小反映了论文发表数量的多少，连线数量和粗细代表彼此间的协作强度。由图 2 可知，节点数为 173 个，连线数为 32 条，网络密度为 0.0022，可见文旅融合研究学者之间尚不存在较为紧密的协作网络。

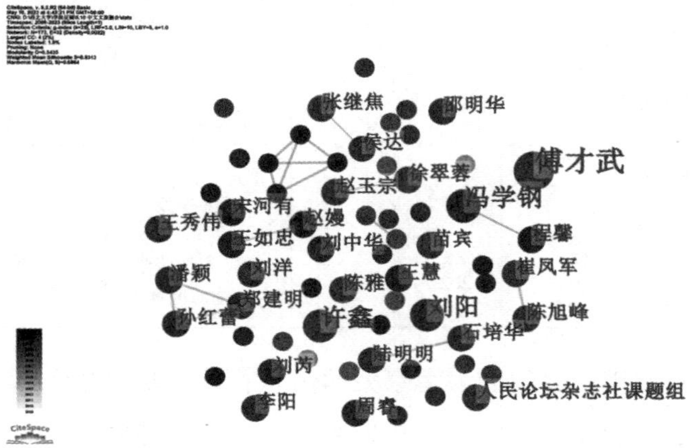

图 2　研究学者共现知识图谱

（二）研究机构及其特点

对所得文献数据进行机构网络分析，将发文量大于或等于 3 篇的机构排序列表（见表 2），并生成可视化图谱（见图 3）。

表 2　机构发文数量排序表（$N \geqslant 3$）

排序	机构名称	发文量/篇	最早出现年份	排序	机构名称	发文量/篇	最早出现年份
1	南京大学信息管理学院	10	2019	5	南京图书馆	4	2021
2	华东师范大学经济与管理学部	5	2020	6	山东大学历史文化学院	4	2020
3	武汉大学国家文化发展研究院	5	2020	7	上海大学图书情报档案系	3	2022
4	金陵图书馆	5	2022	8	上海社会科学院文学研究所	3	2021

续表

排序	机构名称	发文量/篇	最早年份	排序	机构名称	发文量/篇	最早年份
9	中国人民大学信息资源管理学院	3	2021	13	广西民族大学民族学与社会学学院	3	2020
10	中国旅游研究院	3	2020	14	江苏大学科技信息研究所	3	2021
11	内蒙古师范大学旅游学院	3	2022	15	湘潭大学公共管理学院	3	2021
12	天津市滨海新区图书馆	3	2022	16	青岛大学旅游与地理科学学院	3	2020

由表2可知，排名前四的为南京大学信息管理学院、华东师范大学经济与管理学部、武汉大学国家文化发展研究院、金陵图书馆。分析机构名称可知，高等院校是文旅融合研究机构的主体（共12个，占比75.0%）。从二级机构来看，文化或旅游类机构兼而有之，体现了文旅融合内涵的综合性和复杂性。除此之外，图书馆也是文旅融合研究的重要机构（共3个，占比18.8%），这是文旅融合背景下公共服务体系创新发展的一大特色。

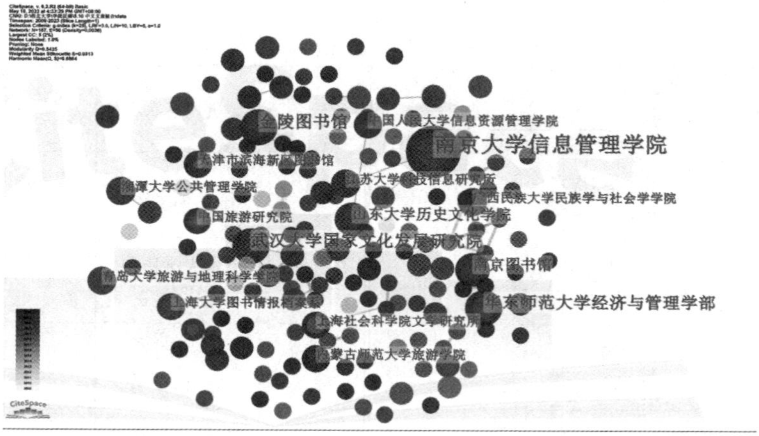

图3　研究机构共现知识图谱

从机构的合作关系来看，图3中共有节点167个，连线50条，网络密度为 0.0036。可见文旅融合研究的机构合作较少，尚未形成稳定紧密的合作关系。

五、文旅融合研究热点和演进趋势

（一）研究脉络分析

通过对国内 476 篇文旅融合相关文献的关键词共现图谱（见图 4）、关键词时间线图谱（见图 5）分析可梳理出该研究领域的脉络。

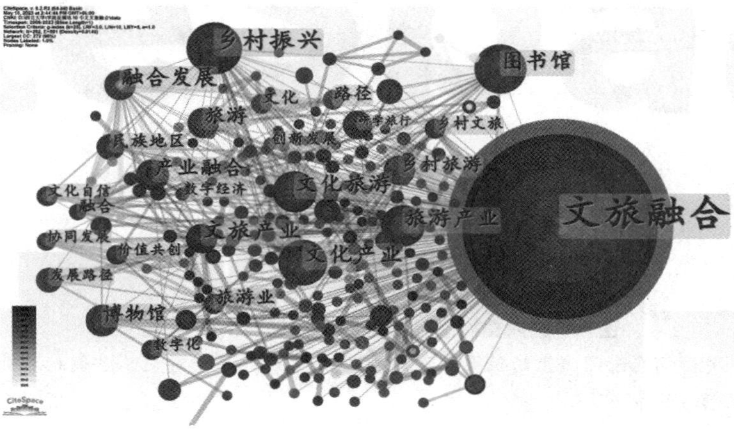

图 4　国内文旅融合研究的关键词共现图谱

注：节点大小反映该词出现频率的高低，圆圈内环的颜色深浅度对应出现年份。

由图 4 可知，共有节点 282 个，节点之间连线数为 591 条，网络密度为 0.0149。其中，节点较大的关键词有文旅融合、乡村振兴、图书馆、文化产业、旅游产业、文化旅游、博物馆等。

由图 5 可知，文旅融合研究共产生了文化产业、文旅产业、旅游产业、乡村振兴、文化、乡村旅游、图书馆、博物馆等 10 个聚类。结合图 4、图 5，可以大致推断出文旅融合的研究脉络，并划分文旅融合研究阶段。

①萌芽期（2009—2017 年）：零星出现文旅融合的相关研究，总发

文量偏少（合计 11 篇，占比 2. 3%）。2009 年，国家开始从政策层面大力推动文化产业和旅游产业融合，这一时期的研究多将文旅融合作为实践分析背景，探索文化产业与旅游产业优化的崭新路径。如周伟民（2009）从打造文化旅游产业园区、开辟历史街区旅游等方面梳理了苏州文旅融合经验，桂拉旦等（2016）提出了文旅融合型乡村旅游精准扶贫模式，凸显了文旅融合的经济价值和社会价值。

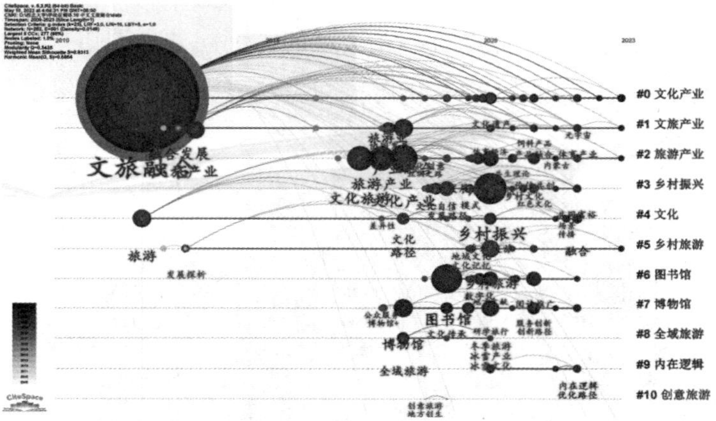

图 5　国内文旅融合研究的关键词时间线图谱

注：关键词在时间线上的位置与该词首次出现的时间相对应，右侧标签为文旅融合研究领域的聚类。

②初步发展期（2018—2020 年）：研究成果快速增长（合计 160 篇，占比 33. 6%）。自 2018 年国家文旅部门合并后，文旅融合迅速成为中国文化产业与旅游产业研究的热点。一方面，学者对文化与旅游之间的关系展开了大量探讨，代表聚类标签为文化产业、旅游产业、文旅产业等。文旅融合研究从萌芽期的背景应用逐渐转为更加深入的理论探讨，涉及文旅融合的概念（范周，2019）、关系内涵（张朝枝、朱敏敏，2020）、融合路径（王韬钦，2018）等，基础理论逐步丰富。另一方面，文旅融合思路为公共文化服务体系发展带来了新契机，与图书馆、博物馆相关的文旅融合成为研究热点（鄢莹，2019），代表聚类标签为图书馆、博物馆等，文旅融合的影响范围不断扩大。此外，这一时

期的区域研究成果也较为丰富，如文旅融合协同发展路径（陈怡宁等，2018）、融合产业链设计（王睿志，2018）等，具有一定的现实指导意义。其中，文旅融合成为解决“三农”问题的重要关注点，乡村旅游如何与文化产业统筹发展以促进乡村振兴成为研究热点，代表聚类标签为乡村旅游、乡村振兴等。

③全面发展期（2021 年至今）：研究成果稳定增长（合计 305 篇，占比 64.1%）。随着前期的实践探索和理论积累，文旅融合理念已成为共识，如何推进文化与旅游的质量评估成为学者关注的重要问题。这一时期的研究主要有三个特征：一是研究视角从静态转为动态，如探究文旅融合质量的时空演化及形成机制（张新成等，2023）、文旅融合效率的时空演化及驱动机理（陈红玲等，2022）等。二是研究思路不断创新，主要表现在数字经济如何助力文旅融合的高质量发展（刘英基等，2023），如数字文旅实现逻辑（吕臣等，2022）、文旅元宇宙的实施路径（陈意山等，2023）等。三是研究方法越来越多样化，使用定量方法对文旅融合的实践效果评估成为研究主流之一，如陈红玲等（2022）使用仁慈型交叉 DEA 效率模型、冷热点分析等方法对文旅融合效率的时空动态演化及驱动机理进行分析。研究内容更加丰富，研究主题不断深入，有力地促进了文旅融合研究领域的发展壮大。

（二）研究热点分析

关键词的频次和中介中心性能够很好地诠释研究领域的热点及内在规律（肖利斌等，2022）。国内文旅融合文献中词频最高的 20 个关键词及其中介中心性、最早出现年份见表 3。

表 3 关键词频次及中介中心性排序表（N≥5）

排序	频次/次	中介中心性	关键词	最早出现年份	排序	频次/次	中介中心性	关键词	最早出现年份
1	380	1.73	文旅融合	2012	2	32	0.06	乡村振兴	2020

续表

排序	频次/次	中介中心性	关键词	最早出现年份	排序	频次/次	中介中心性	关键词	最早出现年份
3	28	0.01	图书馆	2019	12	10	0.00	研学旅行	2020
4	25	0.02	文化产业	2018	13	9	0.05	融合发展	2013
5	21	0.02	旅游产业	2018	14	8	0.01	民族地区	2020
6	21	0.03	文化旅游	2017	15	7	0.00	阅读推广	2021
7	13	0.02	博物馆	2018	16	7	0.00	发展路径	2019
8	13	0.09	文旅产业	2013	17	7	0.00	地方文献	2020
9	12	0.04	旅游	2012	18	6	0.01	全域旅游	2018
10	12	0.04	产业融合	2018	19	5	0.00	服务创新	2021
11	11	0.00	乡村旅游	2020	20	5	0.01	协同发展	2018

由关键词最早出现年份可得，排名前二十的关键词多出现在文旅融合研究的初步发展期与全面发展期（共15个，占比75%），表明文旅融合研究在中后期产出了大量研究成果，对于该研究问题的重要性，学术界已经形成一定的共识。同时，除“文旅融合”具有1.73的高中介中心性外，其他关键词的中介中心性均低于0.1（平均为0.02）。因此，“文旅融合”不仅是文旅融合相关研究的重要关注点，也是各个研究主题之间的枢纽。然而，各研究之间的相关性较差，未形成较为紧密的联系网络。

根据上述分析，总结出国内文旅融合研究的热点如下：

（1）文旅融合基础理论研究

此类研究贯穿文旅融合研究的三个阶段，学者主要围绕文化与旅游的关系、文旅融合的内涵、融合模式、动力机制等进行探究。在政策推动和产业发展的共同作用下，文化与旅游的关系由弱变强（范周，2019）。文旅融合的内涵是资源、产品到产业的三个层次融合关系表征（张朝枝等，2020），其内在逻辑是游客通过文旅消费创造了文化体验，进而强化了个体文化身份与民族文化认同（傅才武等，2020）。文旅融合已从“体用二分”的二元阶段过渡到“体用一致”的有机融合阶段，基础理论不断丰富（傅才武，2019）。

（2）文旅融合新产业研究

从产业融合角度来看，文化与旅游之间的融合需要逐渐改变原有的产业边界和形态，最终融合成为新的产业群（耿松涛、刘玥，2023），文化创意旅游、体育文化旅游等是文旅融合催生出的新产业代表（庄志民，2020）。“影视 + 旅游”的体验式文旅融合是旅游业新的经济增长引擎（雷雷，2020），电影主题乐园、影视基地、电影节等皆是影视IP在文旅场域的创新性实践。此外，体育产业与文旅产业的融合也存在多种机制、模式及路径（汪逢生等，2022），三大产业的动态交融促进了传统产业优化升级。

（3）文旅融合新业态研究

首先，作为公共文化服务的前沿阵地，图书馆和博物馆在文旅融合发展背景下获得了新的发展机遇。一方面，学者探讨了“图书馆 + 研学旅游”（金龙，2019）、“图书馆 + 民宿”（陈锋平、朱建云，2020）、“图书馆 + 景区”（公园）（张磊等，2021）等阅读推广模式；另一方面，博物馆旅游呈现出参与主体不断扩张、参与程度不断加深、价值体系不断升级、时空边界不断扩展的趋势（王秀伟、延书宁，2021）。其次，周锦等（2021）指出，文旅融合的第二阶段关注重点由社区转为城市，并提出数字经济下城市文旅融合发展的三种模式。最后，文旅融合的提出使非物质文化遗产旅游再次受到广泛关注（钱成等，2023），推动了非物质文化遗产在旅游中的活化利用与发展。

（4）文旅融合与区域发展研究

民族地区的文旅融合研究是该类研究的重要内容。早期的旅游开发虽为民族地区注入了新的发展活力，但对社会文化产生了一定的负面影响（马晓京，2000），而“多位一体”的文旅融合模式强调民族文化的保护传承和可持续利用（孔凯、杨桂华，2020）。文旅产业的深度融合与一体化发展趋势，也是挖掘西部地区文化资源、提高旅游发展质量、促进经济结构优化的重要路径（周咪，2022）。为积极响应国家重大发展战略，学者还从文旅融合视角对城市区域发展策略进行了探讨（赵艳、卞广萌，2021），体现了文旅融合研究的政策导向特点。

（5）文旅融合效率研究

文旅融合效率直接影响我国经济与社会的高质量发展。在文旅融合研究全面发展期，从定量的角度探讨文旅融合效率的研究逐渐增多。在省域层面，孙剑锋等（2019）利用 BP 神经网络模型和耦合协调模型，对山东省 2018 年的文化资源禀赋、旅游发展水平及其耦合水平进行测度。在区域层面，洪学婷等（2020）揭示了长三角地区文化资源与旅游产业在 2000—2019 年耦合协调的时空分异、演化特征、影响因素等。在国家层面，多数学者认为中国文旅融合水平仍处于初级阶段，且存在明显的区域不协调现象（刘安乐等，2020）。

（三）研究趋势分析

通过制作国内文旅融合 2009 年至 2023 年 5 月的关键词突现图谱（见图 6），可知不同阶段的研究热点及其变化，进而对文旅融合未来发展趋势进行预测。

Top 15 Keywords with the Strongest Citation Bursts

Keywords	Year	Strength	Begin	End	2009—2023年
旅游	2012	0.89	2012	2019	
融合发展	2013	1.65	2013	2018	
文旅产业	2013	1.46	2013	2018	
文化旅游	2017	1.41	2017	2018	
文化	2018	1.34	2018	2020	
路径	2018	1.34	2018	2020	
全域旅游	2018	1.29	2018	2019	
博物馆+	2018	1.12	2018	2019	
协同发展	2018	0.72	2018	2019	
旅游产业	2018	0.68	2018	2019	
产业融合	2018	0.49	2018	2019	
协同共生	2019	0.73	2019	2020	
人才培养	2019	0.73	2019	2020	
阅读推广	2021	1.09	2021	2023	
乡村振兴	2020	0.78	2021	2023	

图 6　国内文旅融合关键词突现图谱

图 6 列出了突现性排名前 15 的关键词，展示了其突现的出现时间、强度和结束时间。近几年，文旅融合研究突现的关键词有“协同共生”“人才培养”“阅读推广”“乡村振兴”等，这几个主题是我国文旅融合领域的最新研究方向。

第一，文化与旅游的协同发展是文旅深度融合的实现路径。文化与旅游具有耦合性，需要建立区域协同、省际协同、城市群之间的协同发展载体（陆筱璐，2022），从而实现高效的网络式协同治理。然而，传统的旅游市场治理模式宏观性、体系性欠缺，在文旅融合的背景下需要构建政府、司法、行业与社会内外部协同治理的新模式（陈晓芳、薛兵旺，2022）。文化与旅游的统筹有利于文旅融合效率最大化，二者的协同路径与模式仍需深入探讨。

第二，复合型人才的培养教育是文旅深度融合的重要保障。文化和旅游在国家战略层面及产业层面的融合，带来了产业内涵、环境和功能等方面的变化，文化和旅游行业的人才培养理念也应向全球观、科技观和体系观迈进（白长虹，2019）。文旅深度融合亟须新型旅游人才，未来需要思考此背景下旅游教育在培养目标、课程设置、教学模式、实践训练等方面的相应对策。

第三，图书馆的创造性转化是文旅深度融合的关键领域。文旅融合为图书馆的阅读推广提供了新的契机，文化旅游是阅读推广的新形态，文旅阅读推广是阅读推广的新业态，旅游场景是阅读推广的新场景（康思本等，2021）。当前，图书馆的文旅融合探索仍处于起步阶段，未来需要把握阅读推广这一核心要素，进一步探索图书馆文旅经验与服务的提升和创新机制。

第四，乡村振兴仍将是文旅深度融合研究的重要议题。当前，“三农”工作重心已转为全面推进乡村振兴。在此发展背景下，文旅融合为乡村旅游产品转型升级提供了新的思路，文化加持是提升乡村旅游核心竞争力的重要环节（刘玉堂、高睿霞，2020）。以文旅融合理念助力乡村旅游发展有利于摆脱传统单一的农业景观产品供给，开发复合型的文化休闲度假产品（耿松涛、张伸阳，2021）。在全面推进乡村振兴的背景下，文旅融合赋能乡村振兴的具体路径和差异化机制仍需要进一步探索。

六、结论与建议

（一）结论

本文以国内文旅融合为研究主题，从文旅融合研究的时间特征、研究学者、研究机构、研究脉络、研究热点、研究趋势等多个角度对2009年至2023年5月发表在CNKI平台的476篇文献进行计量分析，结论如下：

①时间特征方面，国内文旅融合发文数量呈现出上升趋势，可分为萌芽期、初步发展期、全面发展期等三个阶段，各阶段之间存在较为明确的节点事件。

②学术共同体方面，文旅融合研究的研究学者和研究机构均未形成较为紧密的合作网络，研究成果较为分散。

③研究脉络方面，国内文旅融合研究呈现出阶段性特征。在研究的萌芽期，学者多以文旅融合作为研究背景，探讨文化产业与旅游产业的融合实践，研究成果较为碎片化。在研究的初步发展期，学者对文旅融合研究的基础理论、创新业态、区域发展等进行探究，研究内容不断深入。在研究的全面发展期，学者开始关注如何促进文化与旅游的深度融合。这一时期的研究呈现出研究视角动态化、研究思路创新化、研究方法多元化的特点，文旅融合研究成果数量显著提升。

④研究热点方面，国内文旅融合呈现出五大研究热点：文旅融合基础理论研究、文旅融合新产业研究、文旅融合新业态研究、文旅融合区域研究及文旅融合效率研究。总的来说，文化与旅游的深层关系和文旅

融合的内在逻辑得到了广泛探讨，基础理论逐渐丰富；文旅融合的新产业、新业态是新的发展理念结合我国高质量发展政策的有力实践，应用范围不断扩大；文旅融合区域研究为促进特殊地域的发展提供对策，地区差距逐步缩小；文旅融合效率是融合作用的量化检测，评价体系日益完善。

⑤研究趋势方面，今后将推动文旅产业在更广范围、更深层次、更高水平上的深度融合。而文化与旅游的协同发展、复合型人才的教育培养、图书馆的创造性转化及乡村振兴是当前最新的研究方向。如何促进文化与旅游的协同发展进而实现文旅深度融合目标？文旅行业对人才提出了什么样的新要求，如何有效做到人才培养和对接？图书馆与旅游将碰撞出什么样的火花？文旅融合应该怎样赋能乡村振兴，完成农业农村现代化的重任？这些问题仍有待深入探讨。

（二）建议

本文对国内文旅融合现状进行了系统梳理，并结合科学计量图谱，对该领域的研究脉络、研究热点及研究趋势等进行了分析。结合当下社会背景和发展要点，针对当前文旅融合研究的不足，提出以下建议：

①加强文旅融合研究的学术共同体建设。通过对文旅融合研究的学者与机构分析可以发现，当前我国文旅融合研究暂未形成学科高产作者群，研究学者与研究机构均未形成较为紧密的合作网络关系，研究成果呈现出碎片化、分散式特征。未来，应加强国内学者间的交流合作，还应深化国内学者与国际学者、其他科研机构之间的合作，提升中国文旅融合研究的学术层次和国际影响力。

②紧跟文旅融合的数字化发展态势。在科技革命、产业变革的浪潮下，文旅融合也迎来了新的契机。2021 年，国务院发布《“十四五”旅游业发展规划》，提出要推动智慧旅游产业，加快推动大数据、AR、VR、物联网、区块链、云计算等新技术在旅游业的应用。数字化对文

旅行业变革的影响同时体现在供给侧和需求侧（戴斌，2020），未来需要进一步探究数字文旅的发展方向与发展路径，全面提升文旅融合产业的科技创新能力。

③推进响应国家战略需求的本土理论实践。改革开放40多年来，我国文化与旅游的融合发展走过了由低到高、由浅入深的发展历程，2018年的机构改革标志着“文旅融合”这一本土性概念成为统揽文化产业与旅游产业的战略性议题。作为与国家战略政策紧密结合的产业，我国文旅融合研究应继续响应国家战略需求，不断结合乡村振兴、中国式现代化、高质量发展、共同富裕等重大战略议题，积极推进本土理论发展，促进战略驱动与理论响应相互匹配。

参考文献

[1]曹诗图,袁本华．论文化与旅游开发[J]．经济地理,2003(3):405－408＋413.

[2]徐菊凤．旅游文化与文化旅游:理论与实践的若干问题[J]．旅游学刊,2005(4):67－72.

[3]傅才武．论文化和旅游融合的内在逻辑[J]．武汉大学学报(哲学社会科学版),2020,73(2):89－100.

[4]李先跃．中国文化产业与旅游产业融合研究进展及趋势:基于Citespace计量分析[J]．经济地理,2019,39(12):212－220＋229.

[5]徐翠蓉,赵玉宗,高洁．国内外文旅融合研究进展与启示:一个文献综述[J]．旅游学刊,2020,35(8):94－104.

[6]张苏秋,顾江,王英杰．文化旅游融合发展研究知识图谱分析:基于知网CSSCI(1998—2019)数据[J]．南京社会科学,2020(4):142－149.

[7]李杰,陈超美．CiteSpace:科技文本挖掘及可视化[M]．北京:首都经济贸易大学出版社,2017.

[8]陈悦,陈超美,刘则渊,等．CiteSpace知识图谱的方法论功能[J]．科学

学研究,2015,33(2):242－253.

[9]桂拉旦,唐唯. 文旅融合型乡村旅游精准扶贫模式研究:以广东林寨古村落为例[J]. 西北人口,2016,37(2):64－68.

[10]蔡尚伟,丁锦箫. 产业融合视阈下文旅产业与数字经济融合发展现状与对策:基于对成都的考察[J]. 广西社会科学,2021(1):118－123.

[11]胡泽文,孙建军,武夷山. 国内知识图谱应用研究综述[J]. 图书情报工作,2013,57(3):131－137＋84.

[12]傅才武,申念衢. 新时代文化和旅游融合的内涵建构与模式创新:以甘肃河西走廊为中心的考察[J]. 福建论坛(人文社会科学版),2019(8):28－39.

[13]周伟民. 文旅融合构成苏州绝妙风景[N]. 中国旅游报,2009－11－30(13).

[14]范周. 文旅融合的理论与实践[J]. 人民论坛·学术前沿,2019,171(11):43－49.

[15]张朝枝,朱敏敏. 文化和旅游融合:多层次关系内涵、挑战与践行路径[J]. 旅游学刊,2020,35(3):62－71.

[16]王韬钦. 文化振兴视阈下乡村文化旅游融合发展的内生逻辑及路径选择[J]. 科技促进发展,2018,14(12):1186－1192.

[17]鄢莹. 公共图书馆文旅融合的典型实践与分析[J]. 图书与情报,2019(1):111－114.

[18]陈怡宁,唐元,范梦余. 京津冀文化旅游协同发展探索[J]. 前线,2018(9):68－70.

[19]王睿志. 全域旅游背景下的内蒙古文旅融合链设计研究[J]. 美术大观,2018(7):78－79.

[20]耿松涛,张伸阳. 乡村振兴背景下乡村旅游与文化产业协同发展研究[J]. 南京农业大学学报(社会科学版),2021,21(2):44－52.

[21]张新成,高楠,王琳艳. 中国文化和旅游产业融合质量的时空演化特征及形成机制研究[J]. 统计与决策,2023,39(7):96－100.

[22]陈红玲,郑馨,赵赞. 我国文化和旅游产业融合效率的时空动态演化及其驱动机理[J]. 资源开发与市场,2022,38(1):99－106.

[23]刘英基,邹秉坤,韩元军,等. 数字经济赋能文旅融合高质量发展:机理、渠道与经验证据[J]. 旅游学刊,2023,38(5):28－41.

[24]吕臣,王慧,李乐军,等．数字文旅融合助力乡村振兴实现逻辑、路径与对策[J]．商业经济研究,2022(23):137－140.

[25]陈意山,欧阳日辉．元宇宙与文旅产业融合发展的理论逻辑与实施路径[J]．广西社会科学,2023(2):132－140.

[26]肖利斌,郑向敏,黄文胜．国际旅游效率研究概况、热点及趋势:基于Web of Science核心合集的知识图谱分析[J]．西南民族大学学报(人文社会科学版),2022,43(1):36－45.

[27]耿松涛,刘玥．系统论视角下的文旅融合动态演进逻辑与发展路径探索[J]．学习与探索,2023(3):105－112.

[28]庄志民．复合生态系统理论视角下的文化与旅游融合实践探索:以上海为例[J]．旅游科学,2020,34(4):31－45.

[29]雷雷．影视延展:体验式文旅融合的产业赋能[J]．电影评介,2020(7):12－15.

[30]汪逢生,王凯,李冉冉．体育产业与文旅产业融合发展机制、模式及路径[J]．体育文化导刊,2022(1):85－91.

[31]金龙．文旅融合背景下公共图书馆研学旅游服务创新策略[J]．图书馆工作与研究,2019(5):123－128.

[32]陈锋平,朱建云．文旅融合新鉴:桐庐县“公共图书馆＋民宿”的实践与思考[J]．图书馆杂志,2020,39(3):107－112.

[33]张磊,周芸熠,方炜．文旅融合时代“图书馆＋景区(公园)”发展模式研究[J]．图书馆工作与研究,2021(5):106－113.

[34]王秀伟,延书宁．价值共创视角下的博物馆文旅融合:内涵、架构与趋势[J]．文化艺术研究,2021,14(3):16－24＋112.

[35]周锦,王廷信．数字经济下城市文化旅游融合发展模式和路径研究[J]．江苏社会科学,2021(5):70－77.

[36]钱成,夏志凤．泰州戏曲类非遗文旅融合的价值及途径[J]．中国戏剧,2023(2):61－63.

[37]马晓京．西部地区民族旅游开发与民族文化保护[J]．旅游学刊,2000(5):50－54.

[38]孔凯,杨桂华．民族地区乡村文旅融合路径研究[J]．社会科学家,2020(9):72－77.

[39]周咪. 粤港澳城市群文旅产业融合发展策略[J]. 社会科学家,2022(10):39－46.

[40]赵艳,卞广萌. 文旅融合视域下大运河沿线乡村产业升级路径研究[J]. 农业经济,2021(9):43－44.

[41]孙剑锋,李世泰,纪晓萌,等. 山东省文化资源与旅游产业协调发展评价与优化[J]. 经济地理,2019,39(8):207－215.

[42]洪学婷,黄震方,于逢荷,等. 长三角城市文化资源与旅游产业耦合协调及补偿机制[J]. 经济地理,2020,40(9):222－232.

[43]刘安乐,杨承玥,明庆忠,等. 中国文化产业与旅游产业协调态势及其驱动力[J]. 经济地理,2020,40(6):203－213.

[44]陆筱璐. 黄河流域文旅融合发展的横向府际协同研究[J]. 行政管理改革,2022(12):30－38.

[45]陈晓芳,薛兵旺. 文旅融合背景下旅游市场协同治理研究[J]. 学习与实践,2022,463(9):136－140.

[46]白长虹. 文旅融合背景下的行业人才培养:实践需求与理论议题[J]. 人民论坛·学术前沿,2019(11):36－42.

[47]康思本,徐红昌,夏旭. 文旅融合背景下图书馆阅读推广模式与路径研究[J]. 图书馆理论与实践,2021(5):97－104.

[48]刘玉堂,高睿霞. 文旅融合视域下乡村旅游核心竞争力研究[J]. 理论月刊,2020(1):92－100.

[49]戴斌. 数字时代文旅融合新格局的塑造与建构[J]. 人民论坛,2020(Z1):152－155.

西部地区文旅产业耦合发展评价及影响因素研究[①]

王　晨

摘要：探究文旅产业融合发展水平及其影响因素对文旅融合高质量发展具有重要意义。本文在辨析文化与旅游产业耦合协调机理基础上，根据2010—2020年西部地区文化产业和旅游产业面板数据，运用熵值、耦合协调度模型和模糊集定性比较分析等研究方法，分析了西部地区文化产业和旅游产业综合发展水平、耦合协调状况和影响因素。研究表明：①西部地区文化产业综合发展水平逐年递增但呈现明显省际差异，四川居首位，陕西和重庆等位于中间梯度，青海和宁夏最低；旅游产业综合发展水平得分普遍较低，青海和宁夏与其他地区出现断层，在极低范围内稳中有升；耦合协调等级普遍呈失调状态。②模糊集定性比较分析发现，尚不存在促进西部地区文旅高耦合协调度的必要条件，文旅产业高耦合协调度是居民消费水平、科技信息水平、对外开放水平、人力资本水平、规模和发展水平综合作用的结果；通过影响因素组合分析，最终形成解释西部11个省份高耦合协调度的8条驱动路径。

关键词：西部地区；文化产业；旅游产业；融合发展；影响因素

作者简介：王晨，陕西宝鸡人，西北大学经济管理学院2021级旅

---

① 本文由刘军胜老师指导完成。刘军胜，河南开封人，博士，讲师，硕士研究生导师，研究方向：旅游经济与旅游地理。

游管理专业硕士研究生。

一、引言

文旅融合发展是文化建设和旅游发展的内在要求与必然结果，是高质量发展的必然选择。文化产业与旅游产业密切相关、相辅相成。党的十八大以来，国家高度重视文旅产业深度融合，相继出台《关于促进文化和旅游结合发展的指导意见》《“十三五”时期文化旅游提升工程实施方案》等文件，推动文化产业与旅游产业融合发展、文化体制改革和促进旅游产业全面转型升级等工作的顺利开展。2018 年，文化部和国家旅游局合并组建文化和旅游部，从行政体制上保障文旅融合发展，开启了文化产业和旅游产业全面融合发展新篇章。同时，党的二十大报告提出，“坚持以文塑旅、以旅彰文，推进文化和旅游深度融合发展”的指导思想，强调加强文化和旅游产业深度融合是促进文旅产业高质量发展的重要手段和方向。

我国西部地区是华夏文明的源头，不仅地域广阔，而且文化资源丰富、文化形态多元。丝绸之路文化、巴蜀文化、敦煌文化、游牧文化和红色革命文化等蕴含深厚底蕴又不失活力，陕西秦始皇兵马俑和大雁塔、四川都江堰、甘肃莫高窟、西藏布达拉宫等历史文化遗迹早已成为国内外游客出行的重要目的地。但西部地区文化产业也存在诸如发展水平不高、市场需求不足等问题（张琰飞等，2013；汪永臻等，2020）。西部地区具有丰富的旅游资源，如九寨沟、玉龙雪山、布达拉宫、喀纳斯和大唐不夜城等景区让人流连忘返。2019 年（新冠疫情前），四川共接待国内外游客 2.61 亿人次，旅游总收入 1864.71 亿元，同比增长 16.8%；宁夏共接待国内外游客 5506 万人次，旅游总收入 186.11 亿元，同比增长 24.9%；新疆共接待国内外游客 2.23 亿人次，旅游总收入 418.91 亿元，同比增长 40%。从以上数据可以看出，西部地区旅游产业发展存在发展速度及发展水平差异大、不平衡等问题，这与西部地区拥有的旅游资源数量和质量匹配程度不足有关。

综上所述，文旅融合背景下，为促进西部地区文化产业与旅游产业的高质量发展，本文主要聚焦的问题是，西部地区文化产业与旅游产业发展水平如何？耦合协调发展状况如何？文旅产业协调发展的影响因素有哪些，它们之间以怎样的组合关系对耦合协调度产生影响？以期通过对上述问题的探究为西部地区文化和旅游产业协调发展提供理论与实践参考。

二、耦合机理及研究进展

（一）文化产业和旅游产业耦合发展机理

文化及相关产业，是指为社会公众提供文化、娱乐产品和服务的活动以及与其相关联活动的集合（张琰飞等，2013）。旅游产业主要包括旅行社、旅游饭店、旅游交通和旅游商品经营等行业。两大产业本质上均是满足人们精神需求的产业部门，具有很强的交叉关联性。因此，文化产业与旅游产业的内在属性决定了两者具有天然的耦合性（方忠等，2018；范红艳等，2016）。

具体地，旅游产业对文化产业的影响主要表现为扩大消费群、提供资本要素及文化传播交流平台。首先，旅游产业因汇聚众多人力、资本，在各个区域已占据优势地位，能够为文化产业发展提供基础支撑；其次，旅游市场开发和活动参与为文化产业带来了更多消费者，是文化产品消费市场的活力源泉；最后，旅游产业为文化交流和传播提供了平台，拓宽了文化资源发展的渠道，如游客在参观历史博物馆、历史遗迹、科学中心等文化场所时实现了知识探索和文化交流。另外，文化产业对旅游产业赋能主要表现为满足消费者需求多样化和促进产品创新与增值。随着人民生活水平的日益提高，游客更偏爱在旅游中同时获得精神享受和文化体验。文化产业可以助力旅游产业满足市场多样性需求，如西安“长安十二时辰”主题街区通过挖掘文化资源，开发出新的文化产业主体和旅游产品，将影视剧文化元素注入旅游产业，增强和满足了游客的旅游体验与多元化需求。此外，文化产业将文化因素融入旅游产品开发设计，实现产品创新和经济增值的同时促进了文旅产业共同繁荣发展。国家高度重视文旅产业耦合发展，提出并出台了一系列指导思想和相关文件，为其发展提供了重要政策支持和环境保障。因此，旅游与文化产业之间交叉融合，形成了相辅相成的耦合关系。文化产业与旅游产业耦合机理见图 1。

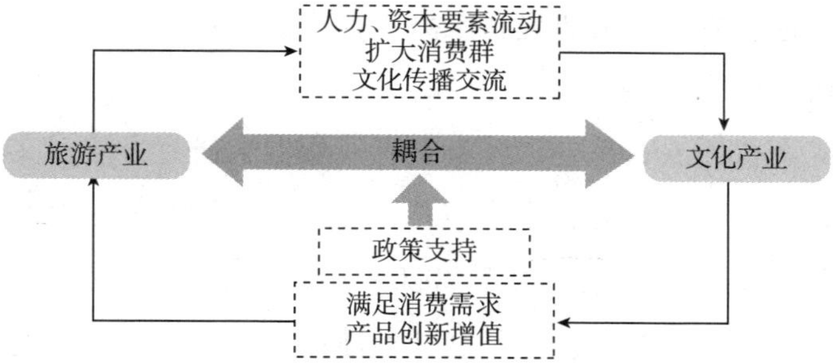

图 1　文化产业与旅游产业耦合机理

（二）研究进展

国外对文旅融合的研究较早，主要从具体文化行业或活动对旅游产业发展的影响（Connell，2012）、旅游发展与文化产业政策关系（Nelson，2015）、旅游与文化遗产关系等（Mckercher et al.，2005；Rodzi et al.，2013）方面展开研究。我国对文旅融合的研究起步相对较晚，主要聚焦于文旅融合的概念及内涵、文旅产业融合测度以及文旅产业融合动因、融合机制研究等三个方面。

在发展水平测度研究中，范红艳等（2016）依据文旅产业耦合协调机理对河南文旅产业耦合协调度进行研究。王珊珊等（2020）对西藏文旅产业耦合发展水平进行实证分析，发现两大产业综合发展水平呈逐步上升态势，但耦合协调度有待提高。王秀伟（2020）发现，大运河文化带存在文旅融合水平不高、差异大和同质化现象突出等问题。在影响因素研究中，李丽等（2020）研究了影响中国文旅融合协调发展的主要因素，发现人力资本、创新水平、对外开放水平是主要影响因素。陈红玲等（2022）运用 Tobit 模型发现经济发展、居民消费水平、地区城市化水平、信息发达程度、创新能力、政府政策支持是我国文旅产业融合效率的驱动因素。吴丽等（2021）在探讨文旅融合发展理论框架基础上，基于地理探测器数据分析，发现文化与旅游协调发展是公共资本、社会资本投入、科技手段使用、社会消费支撑等因素共同驱动的结果。

综上所述，发现已有研究在区域选择方面，对西部地区文旅产业融合发展的研究较为缺乏；在研究内容方面，对文旅融合影响因素及驱动路径的研究有待深入；另外，鲜有学者使用混合研究方法对文旅融合发展进行综合探究。鉴于此，本文以西部地区 11 个省份（由于数据可得性剔除西藏）为研究对象，根据 2010—2020 年文化和旅游产业面板数据，构建文化和旅游产业协调发展评价体系，通过耦合协调度模型对西部地区文旅产业耦合协调度进行实证研究。同时，使用模糊集定型比较分析方法探究文旅产业融合发展影响因素及组态路径。

三、研究设计

（一）指标体系构建及变量选择

评价指标的选取对客观正确评价文化与旅游产业发展水平至关重要。刘安乐等（2020）从产业融合视角出发，基于产业基础、产业人力资本和产业效应等二级指标探究中国文旅产业协调态势；王秀伟（2020）从投入和产出两个方面对大运河文化带文旅融合水平及发展态势进行分析。本文依据文化与旅游产业内涵及数据可得性，参考已有评价指标体系（张琰飞等，2013；汪永臻等，2020；王秀伟，2020；董文静等，2022；徐飞等，2021），从需求和要素供给两个方面构建西部地区文化产业与旅游产业发展水平评价指标（见表1）。

表1　文化产业与旅游产业融合发展评价指标体系

产业类型	一级指标	二级指标
文化产业	文化需求	博物馆参观人数/万人次
		艺术表演场馆观众数/万人次
		公共图书馆总流通人数/万人次
		文化产业增加值/亿元
		文化市场经营机构营业收入/千元
	文化要素供给	博物馆个数/个
		公共图书馆个数/个
		艺术表演团体机构数/个
		群众文化机构组织文艺活动次数/次
		文化市场经营机构数/个
		有线广播电视实际用户数占家庭总用户数比重/%
旅游产业	旅游需求	国内旅游接待人数/万人次
		国际旅游接待人数/万人次
		国内旅游收入/亿元
		国际旅游外汇收入/万美元
	旅游要素供给	A级景区数/个
		旅行社数/家
		星级饭店数/家
		旅行社从业人员数/人
		星级饭店从业人员数/人

（二）研究方法

根据研究主题，本研究首先运用熵值法计算指标权重及综合得分，其次基于耦合协调度模型计算耦合协调度，最后采用模糊集定性比较分析法对西部地区文旅产业融合发展影响因素进行探究。

1. 熵值法

熵值法是在综合度量现有各个评价指标提供信息量的基础上计算系统综合得分的数学方法。考虑到数据主要来自统计年鉴，故采用熵值法确定权重并进行评价。具体步骤如下：

①无纲量化处理。由于文化和旅游产业评价指标单位不统一，为确保结果准确性，采用极差标准化对数据进行无纲量化处理。公式如下：

$$x'_{ij} = (x_{ij} - x_{\min})(x_{\max} - x_{\min}) + 0.01$$

式中，$i=1, 2, \cdots, m$，为年限；$j=1, 2, \cdots, n$，为指标个数。

②确定指标权重。

$$s_{ij} = x'_{ij} / \sum_{i=1}^{m} x'_{ij}$$

$$h_j = \frac{1}{\ln m} \sum_{i=1}^{m} s_{ij} \ln s_{ij}$$

$$\alpha_i = 1 - h_i$$

$$w_j = \alpha_j / \sum_{j=1}^{n} \alpha_j$$

式中，s_{ij}为第i年第j项指标的比重；h_j为第j项指标的熵值；α_j为第j项指标的差异系数；w_j为第j项指标的权重。

③建立文化和旅游产业综合评价函数。

$$u_i = \sum_{j=1}^{n} w_j x_{ij}'$$

2. 耦合协调度评价模型

耦合是电路元件或电网络通过相互作用、相互影响、分工协作传输能量和信息的过程（盛成玉等，2012）。耦合度体现了系统或要素间相互影响的程度。耦合协调发展是系统或要素间在配合得当、互惠互利基础上从简单到复杂、从无序到有序、从低级协调优化到高级和谐共生的总体演化过程（易平等，2014）。本文将文化和旅游产业作为两个相互耦合的系统，通过测度耦合关系和协调度，反映两产业相互关联、相互影响的强弱程度。公式为：

$$C = \sqrt{u_1 \times u_2 / (u_1 + u_2)^2}$$

$$D(U_1, U_2) = \sqrt{C \times T}$$

$$T = \alpha u_1 + \beta u_2$$

式中，C 为耦合度；D 为耦合协调度；T 为综合协调指数；u_1 和 u_2 分别为旅游产业和文化产业综合得分；α 和 β 为待定系数，借鉴相关专家做法均取值0.05。

3. 模糊集定性比较分析

定性比较分析方法（QCA）主要通过布尔逻辑和代数实现对案例的充分比较和分析，能够探索多因素间的互动过程对特定现象的“联合效应”（Ragin，1987）。模糊集定性比较分析（fsQCA）是其内容之一，该方法对样本量要求较少，能够挖掘出对结果变量有解释力度的多元要素组合（孙佼佼等，2022）。因此，本文引入 fsQCA 探究前因变量是如何相互作用及共同影响西部地区文旅产业耦合水平的。

fsQCA 的研究变量一般从已有理论和前人研究中获取，以 4～7 个为宜（金永生等，2017）。本文参考相关研究成果并结合实际，选取 5 个变量探讨文旅融合发展的驱动因素（见表 2）。居民消费水平是助推文旅融合的关键，该因素选取城镇居民可支配收入表示（史桂芬等，2020）。科技信息水平是驱动文旅产业融合效率的重要因素，用邮电业务总量表示（陈红玲等，2022）。对外开放程度直接影响本地区人口、资金、技术等方面，用进出口额占地区生产总值比重反映。人力资本水平在提升文化与旅游产业竞争力中发挥关键作用，用城市从业人员平均工资表示（李丽等，2020）。规模和发展水平是文化与旅游产业持续融合的关键及保证，用人口数量表示（王笑天，2022）。

表 2　文化和旅游融合驱动因素

一级指标	代理指标
居民消费水平	城镇居民可支配收入/元
科技信息水平	邮电业务总量/亿元
对外开放程度	进出口额占地区生产总值比重/%
人力资本水平	城市从业人员平均工资/元
规模和发展水平	人口数量/万人

（三）数据来源

为系统分析和探究西部地区各省份文化产业与旅游产业耦合发展情况及其影响因素，本文根据已经确定的文化产业与旅游产业评价及驱动因素指标，选择2010—2020年西部11个省份的数据进行定量和定性分析。数据均来源于各省统计年鉴、《中国文化文物统计年鉴》、《中国文化统计年鉴》、《中国旅游统计年鉴》及旅游与文化等相关部门公布的相关数据，部分缺失数据采用均值补齐。

四、西部地区文旅产业融合协调度实证分析

（一）西部地区文化产业综合发展水平分析

根据熵值法，可测算出2010—2020年西部地区文化产业综合发展水平得分，并据此绘制发展趋势图（见图2）。从发展水平来看，西部地区文化产业发展呈现明显省际差异。其中，四川文化产业发展水平显著高于其他地区，居于首位，到2019年，综合指数已趋于0.8；陕西和重庆等位于文化产业发展中间梯度，综合发展指数介于0.1～0.4；而青海和宁夏的发展指数近11年稳定保持在0.1以下低水平范围内，这可能与其所处地理位置有关。从发展趋势来看，西部地区文化产业发展水平整体呈逐年递增态势（除2020年受新冠疫情影响外）。值得注意的是，2011年，四川文化产业高速发展，究其原因可能是该年结束了“5·12”汶川地震抗震救灾和灾后恢复工作，经济得到快速发展，居民消费能力不断提高，文化消费需求日益增长。2016年，重庆的综合发展水平提升后又迅速下降，这可能是重庆在这一年极力推进基础设施建设、铁路综合交通枢纽建设、传统文化街区和村落保护修缮等，刺激了文化消费的增长。

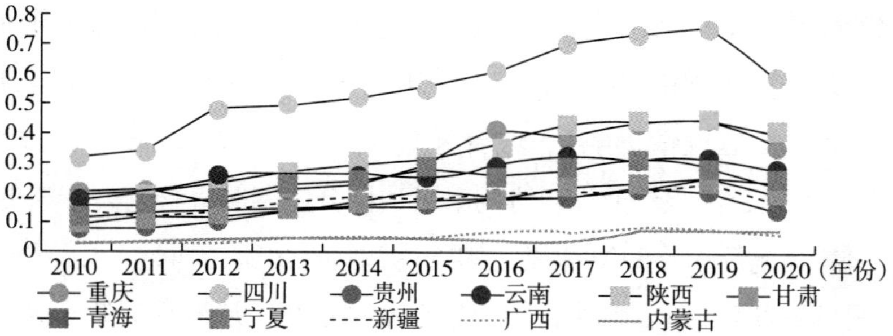

图 2　2010—2020 年西部地区文化产业综合发展水平趋势

（二）西部地区旅游产业综合发展水平分析

同理，可计算出 2010—2020 年西部地区旅游产业综合发展水平得分，并绘制发展趋势图（见图 3）。由图 3 可知，西部地区旅游产业发展水平普遍不高，近 11 年大部分省份居于 0.1 ~ 0.5，整体实力最强的云南在 2016 年以后也仅超过 0.5。但云南的综合得分在各年均明显高于其他省份。青海和宁夏的综合得分在 0.1 以下。从发展趋势来看，西部地区各省份旅游产业发展水平均在逐步提高，但云南表现出整体水平高、增长速度快等特点。青海和宁夏旅游产业发展在极低范围内稳中有升。

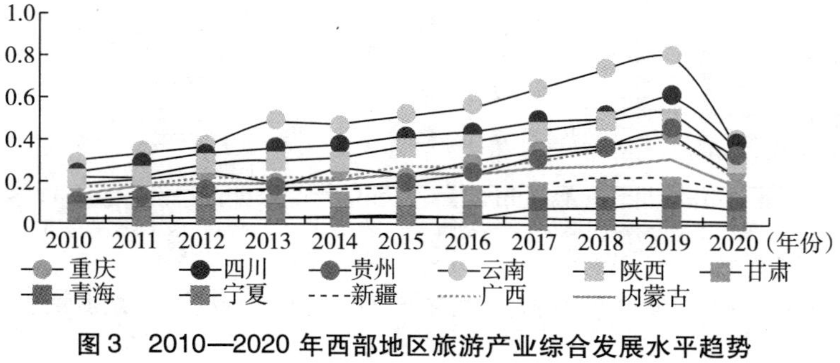

图 3　2010—2020 年西部地区旅游产业综合发展水平趋势

（三）西部地区文旅产业耦合协调度分析

基于耦合协调度模型，得到 2010—2020 年西部地区文旅产业耦合度和耦合协调度。同时，参考已有研究成果（吴冰等，2012），得到西部各省份文化和旅游产业耦合协调等级（见表3）及融合发展趋势图（见图4）。发展趋势方面，各省份2010—2019年文旅产业耦合协调度均呈现上升趋势(2020年受新冠疫情影响)，融合发展速度大致相同。从耦合协调等级(见表4)来看，文旅产业耦合协调水平和耦合协调等级普遍处于较低水平，除四川外其他各省份2020年以前均未达到勉强协调；同时，文旅融合发展出现明显的省际差异。其中，四川耦合水平最高，从濒临失调到2019年的勉强协调，取得了突破；宁夏和青海融合水平一直处于较低水平，且融合发展速度较为滞缓，耦合协调等级从极度失调发展为严重失调，虽然有所缓解，但整体仍处于西部地区最低水平和最低等级。

表3　耦合协调度等级划分标准

协调度 D	协调等级	协调度 D	协调等级
0.00～0.09	极度失调	0.50～0.59	勉强协调
0.10～0.19	严重失调	0.60～0.69	初级协调
0.20～0.29	中度失调	0.70～0.79	中级协调
0.30～0.39	轻度失调	0.80～0.89	良好协调
0.40～0.49	濒临失调	0.90～1.00	优质协调

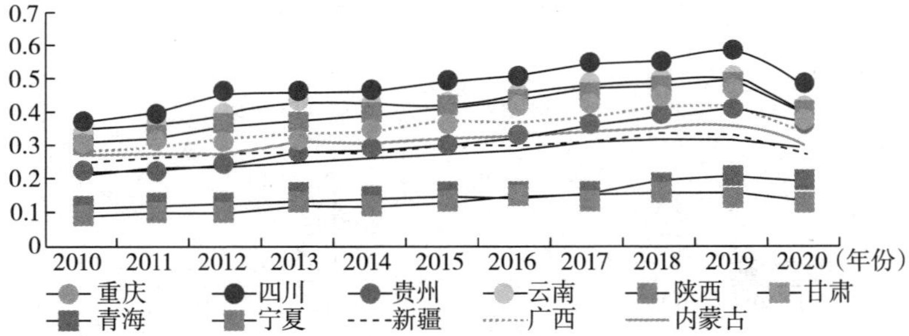

图4　2010—2020年西部地区文化产业和旅游产业耦合协调度发展趋势

表4　2010—2020年西部地区耦合协调等级

省份	2010年	2011年	2012年	2013年	2014年	2015年	2016年	2017年	2018年	2019年	2020年
重庆	轻度失调	轻度失调	轻度失调	轻度失调	轻度失调	轻度失调	濒临失调	濒临失调	濒临失调	濒临失调	轻度失调
四川	轻度失调	轻度失调	濒临失调	濒临失调	濒临失调	濒临失调	勉强协调	勉强协调	勉强协调	勉强协调	濒临失调

续表

省份	2010 年	2011 年	2012 年	2013 年	2014 年	2015 年	2016 年	2017 年	2018 年	2019 年	2020 年
贵州	中度失调	中度失调	中度失调	中度失调	中度失调	中度失调	轻度失调	轻度失调	轻度失调	濒临失调	轻度失调
云南	轻度失调	轻度失调	轻度失调	濒临失调	濒临失调	濒临失调	濒临失调	濒临失调	濒临失调	勉强协调	濒临失调
陕西	轻度失调	轻度失调	轻度失调	轻度失调	轻度失调	濒临失调	濒临失调	濒临失调	濒临失调	濒临失调	轻度失调
甘肃	中度失调	中度失调	中度失调	中度失调	中度失调	中度失调	中度失调	轻度失调	轻度失调	轻度失调	中度失调
青海	严重失调	严重失调	严重失调	严重失调	严重失调	严重失调	严重失调	严重失调	严重失调	中度失调	严重失调
宁夏	极度失调	极度失调	极度失调	严重失调	严重失调	严重失调	严重失调	严重失调	严重失调	严重失调	严重失调
新疆	中度失调	中度失调	中度失调	中度失调	中度失调	轻度失调	中度失调	轻度失调	轻度失调	轻度失调	中度失调
广西	中度失调	中度失调	轻度失调	轻度失调	轻度失调	轻度失调	轻度失调	轻度失调	濒临失调	濒临失调	轻度失调
内蒙古	中度失调	中度失调	中度失调	轻度失调	轻度失调	轻度失调	轻度失调	轻度失调	轻度失调	轻度失调	中度失调

五、西部地区文旅产业驱动因素分析

（一）数据校准

只有将原始案例数据校准为集合隶属分数后，才能进一步开展必要性与充分性的子集关系分析。校准是赋予案例特定条件隶属度的过程。模糊集校准有直接校准和间接校准两种方法。直接校准是研究人员通过判断为每个条件分配多个介于“0”和“1”之间的值（郝瑾等，2017）。间接校准为研究人员先基于理论和实践确定三个定性锚点——完全隶属、完全不隶属和交叉点，然后进行校准。根据本文数据特点，使用定性锚点进行校准，完全隶属、交叉点和不完全隶属采用样本数据的95%、50%和5%分位数，最后利用算法将这些变量转换为0～1的模糊得分。

（二）单项前因变量必要性分析

在 fsQCA 中，主要通过一致性和覆盖度判断条件变量和结果变量之间的必要性关系。一致性是对条件组合的因果关系程度进行判断（汪丽等，2021）。当一致性指标大于 0.9 时，认为条件变量是结果变量的必要条件。覆盖率越大则说明条件变量越能有效地解释结果变量。如表 5所示，影响西部地区文旅产业融合的 5 个前因变量一致性最高值为 0.848，均低于 0.9 的标准（Skaaning，2011），不构成必要条件。意味着不存在某一单项前因变量是影响西部 11 个省份文旅产业高度融合不可或缺的组成部分，因此需要将多个前因变量组合起来进行组态分析。

表 5　必要性检验

条件变量	高耦合协调度	
	一致性	覆盖度
居民消费水平	0.722	0.742
~居民消费水平	0.550	0.552
科技信息水平	0.730	0.848
~科技信息水平	0.588	0.530
对外开放程度	0.629	0.807
~对外开放程度	0.711	0.598
人力资本水平	0.684	0.710
~人力资本水平	0.579	0.575
规模和发展水平	0.844	0.910
~规模和发展水平	0.556	0.533

注：“～”表示逻辑运算的“非”。
资料来源：根据 fsQCA3.0 软件处理结果整理。

（三）条件变量组态路径分析

由上述分析可知，单项前因变量不足以解释西部地区文旅产业高耦合协调度水平形成的原因。因此，本文进一步对影响文旅产业融合的 5 个因素进行组合路径研究。将频数门槛设为 1，一致性门槛设为 0.8

（程聪等，2016），得到影响西部地区文旅产业融合的所有组态。为完整和客观地反映前因条件间的组合关系，本文选择中间解和简约解分析西部地区耦合协调度影响因素的多种组合路径。

西部11个省份高耦合协调度的8条驱动路径见表6。表6每一列代表一种可能的条件组态。基于核心变量将其归纳为H_1（H_{1a}、H_{1b}）、H_2（H_{2a}、H_{2b}、H_{2c}）和H_3（H_{3a}、H_{3b}、H_{3c}）。

表6　条件变量组合路径

变量	耦合协调度（H）							
	H_1		H_2			H_3		
	H_{1a}	H_{1b}	H_{2a}	H_{2b}	H_{2c}	H_{3a}	H_{3b}	H_{3c}
居民消费水平	●	●	●	●		⊙	⊙	
科技信息水平		⊙	●	●	●	●		⊙
对外开放程度		⊙	●	●	●		●	⊙
人力资本水平	●			●	⊙	⊙	⊙	●
规模和发展水平	●	●	●		●	●	●	●
一致性	0.990	0.996	0.960	0.961	0.986	0.981	0.997	0.960
原始覆盖度	0.575	0.343	0.372	0.433	0.320	0.353	0.411	0.419
总体覆盖度	0.782							
总体一致性	0.940							

注：●表示核心条件存在，●表示边缘条件存在；“空白”表示该条件对结果无关紧要；⊙表示核心条件缺失，⊙表示边缘条件缺失。

组态H_1中，居民消费能力和可持续发展水平共同起核心作用。H_{1a}指出高居民消费水平、高人力资本水平、高规模和发展水平为核心条件的省份可以形成高耦合协调度，即当城镇居民可支配收入、城市从业人员平均工资和人口数量都较高时，该地区文旅产业将呈现高耦合协调度。重庆和四川呈现出以上特点。H_{1b}指出高居民消费水平、高规模和发展水平为核心条件，非高科技信息水平和非高对外开放程度为边缘条件的省份可以形成高耦合协调度。代表地区为重庆和四川。与H_{1a}相比，H_{1b}不受人力资本水平的影响，只要该地区居民消费水平与规模与发展水平均较高，即使科技信息水平和对外开放程度都较低，也能使文旅产业形成高耦合协调度水平，云南为突出代表。

组态 H_2 中，科技信息水平、对外开放程度共同起核心作用。H_{2a}指出以高居民消费水平、高科技信息水平、高对外开放程度、高规模和发展水平为核心条件的省份可以形成高耦合协调度。当城镇居民可支配收入、邮电业务总量、进出口额占地区生产总值比重和人口数量都较高时，该地区就会形成文旅产业高耦合协调度。西部地区中，重庆、四川城镇居民可支配收入和人口数量最高，而重庆、陕西的邮电业务总量和进出口额占地区生产总值比重最高。因此，陕西、四川要想提高文旅产业协调度可以分别通过增加城镇居民可支配收入、提高邮电业务总量和扩大对外开放程度来达到目的。与 H_{2a}相比，H_{2b}在高人力资本水平核心条件的加持下同样可以形成高耦合协调度。典型代表地区为重庆和贵州。H_{2c}指出以高科技信息水平、高对外开放程度、高规模和发展水平为核心条件，非高人力资本水平为边缘条件的省份可以形成高耦合协调度。与 H_{2a}相比，即使没有高居民消费水平作为核心条件，在高科技信息水平、高对外开放程度与高规模和发展水平共同影响下，仍能够形成高耦合协调水平。典型代表地区为四川和陕西。

组态 H_3 中，规模和发展水平均起核心作用。H_{3a}指出以高科技信息水平、高规模和发展水平为核心条件，非高居民消费水平和非高人力资本水平为边缘条件的省份可以形成高耦合协调度。H_{3b}指出以高对外开放程度、高规模和发展水平为核心条件，非高居民消费水平和非高人力资本水平为边缘条件的省份可以形成高耦合协调度。H_{3c}指出以高人力资本水平、高规模和发展水平为核心条件，非高科技信息水平和非高对外开放程度为边缘条件的省份可以形成高耦合协调度。综上可知，人口数量是促进地区文旅产业融合的重要条件，只要人口数量多，当该地区科技信息水平、对外开放程度或者人力资本水平任意一个发展水平较高时，该地区就能呈现出高的耦合协调度水平。H_{3a}和 H_{3b}的典型代表地区为重庆和四川，而 H_{3c}的代表地区为陕西和新疆。

六、结论

第一，基于熵值法和耦合协调度评价模型得到：①西部地区文化产业综合发展水平均逐年递增但呈现明显省际差异，四川居首位，陕西和重庆位于中间梯度，青海和宁夏最低。②西部地区旅游产业综合发展水平同样呈增长态势但得分普遍较低，青海和宁夏与其他地区出现断层，在极低范围内稳中有升。③西部地区文化产业和旅游产业耦合协调度均呈现上升态势，融合发展速度大致相同，但耦合协调等级普遍呈失调状态。其中，云南文化与旅游产业耦合协调度最高，宁夏和青海最低。耦合协调等级处于较低水平，除四川外其他省份 2020 年前均未达到勉强协调。这与汪永臻等（2020）得出的西北地区文化与旅游产业发展态势总体处于失调型的观点不谋而合。

第二，通过西部地区文旅融合影响因素必要性和组态效应研究发现：①不存在促进西部地区文旅高耦合协调度的必要条件，文化产业和旅游产业高耦合协调度是居民消费水平、科技信息水平、对外开放程度、人力资本水平、规模和发展水平综合作用的结果。②将 8 个条件组态归纳为 H_1、H_2 和 H_3 三类。组态 H_1 中，居民消费能力及规模和发展能力共同起核心作用，共出现两种文旅融合高耦合协调度情况。一种是该地区保证其具有高的城镇居民可支配收入、城市从业人员平均工资和人口数量；另一种是即使邮电业务总量和进出口额占地区生产总值比重较低，但保持高水平的城镇居民可支配收入和人口数量，也能具有高耦合协调水平。组态 H_2 中，科技信息水平、对外开放程度共同起核心作用，共出现三种文旅融合高耦合协调度情况。第一种要求城镇居民可支配收入、邮电业务总量、进出口额占地区生产总值比重和人口数量都较高；第二种为高水平的城镇居民可支配收入、邮电业务总量、进出口额占地区生产总值比重和城市从业人员平均工资；第三种强调应当具有高的邮电业务总量、进出口占地区生产总值比重和人口数量，即使该地区城市从业人员平均工资可能较低。组态 H_3 中，规模和发展水平均起核心作用，同样出现三种情况，但表现出相似的特点，即人口数量可以和邮电业务总量、进出口额占地区生产总值比重以及城市从业人员平均工资在高水平下任意组合，均可以实现高的耦合协调度水平。因此，不同的组态意味着变量的不同组合路径，各地区要想使文旅产业达到高耦合协调度，可以充分结合本地区的优势进行路径选择。

参考文献

[1]张琰飞,朱海英. 西南地区文化产业与旅游产业耦合协调度实证研究[J]. 地域研究与开发,2013,32(2):16－21.

[2]汪永臻,曾刚. 西北地区文化产业和旅游产业耦合发展的实证研究[J]. 经济地理,2020,40(3):234－240.

[3]方忠,张华荣. 文化产业与旅游产业耦合发展的实证研究:以福建省为例[J]. 福建师范大学学报(哲学社会科学版),2018,208(1):39－45＋169.

[4]范红艳,薛宝琪. 河南省旅游产业与文化产业耦合协调度研究[J]. 地域研究与开发,2016,35(4):104－109.

[5]CONNELL J. Film tourism－evolution,progress and prospects[J]. Tourism management,2012,33(5):1007－1029.

[6]NELSON V. Place reputation:representing houston,texas as a creative destination through culinary culture[J]. Tourism geographies,2015,17(2):192－207.

[7]MCKERCHER B,HO P S Y,CROS H D. Relationship between tourism and cultural heritage management:evidence from Hong Kong[J]. Tourism management,2005,26(4):539－548.

[8]RODZI N I M,ZAKI S A,SUBLI S M H S. Between tourism and intangible cultural heritage[J]. Procedia－social and behavioral sciences,2013(85):411－420.

[9]王珊珊,张冰乐,周蓉. 西藏文化产业与旅游产业耦合发展的实证分析

[J]. 西藏研究,2020,181(3):23-32.

[10]王秀伟. 大运河文化带文旅融合水平测度与发展态势分析[J]. 深圳大学学报(人文社会科学版),2020,37(3):60-69.

[11]李丽,徐佳. 中国文旅产业融合发展水平测度及其驱动因素分析[J]. 统计与决策,2020,36(20):49-52.

[12]陈红玲,郑馨,赵赞. 我国文化和旅游产业融合效率的时空动态演化及其驱动机理[J]. 资源开发与市场,2022,38(1):99-106.

[13]吴丽,梁皓,虞华君. 中国文化和旅游融合发展空间分异及驱动因素[J]. 经济地理,2021,41(2):214-221.

[14]刘安乐,杨承玥,明庆忠,等. 中国文化产业与旅游产业协调态势及其驱动力[J]. 经济地理,2020,40(6):203-213.

[15]董文静,王昌森,张震. 中国文化产业与旅游产业耦合发展的时空演化及空间关联格局[J]. 西南民族大学学报(人文社会科学版),2022,43(3):23-33.

[16]徐飞,李彬. 基于耦合模型的辽宁省文化与旅游产业融合态势测度[J]. 辽宁大学学报(哲学社会科学版),2021,49(2):70-78.

[17]盛成玉,高海翔,陈颖,等. 信息物理电力系统耦合网络仿真综述及展望[J]. 电网技术,2012,36(12):100-105.

[18]易平,方世明. 地质公园社会经济与生态环境效益耦合协调度研究:以嵩山世界地质公园为例[J]. 资源科学,2014,36(1):206-216.

[19]RAGIN C C. The comparative method:moving beyond qualitative and quantitative strategies[M]. Berkeley: University of California Press,1987.

[20]孙佼佼,郭英之. 古村落旅游地居民积极感知测度与多元影响路径:以昆山市周庄为例[J]. 经济地理,2022,42(8):213-221.

[21]金永生,季桓永. 创业导向如何影响企业绩效:模糊集定性比较分析[J]. 科技进步与对策,2017,34(11):88-94.

[22]史桂芬,李真. 人口流动助推地区经济增长的机制研究:基于长三角城市群的面板数据[J]. 华东经济管理,2020,34(6):10-18.

[23]王笑天. 文化旅游产业融合发展的时空格局与影响因素分析[J]. 统计与决策,2022,38(21):98-101.

[24]吴冰,马耀峰,王晓峰. 入境旅游流与饭店业的耦合协调度分析:以西

安市为例[J]. 西北大学学报(自然科学版),2012,42(1):121－126.

[25]郝瑾,王凤彬,王璁. 海外子公司角色分类及其与管控方式的匹配效应:一项双层多案例定性比较分析[J]. 管理世界,2017,289(10):150－171.

[26]汪丽,孙海文,温嘉琪,等. 西安市游客公共交通出行满意度的影响因素与路径组合[J]. 经济地理,2021,41(7):231－239.

[27]SKAANING S E. Assessing the robustness of crisp－set and fuzzy－set QCA results[J]. Sociological methods & research,2011,40(2):391－408.

[28]程聪,贾良定. 我国企业跨国并购驱动机制研究:基于清晰集的定性比较分析[J]. 南开管理评论,2016,19(6):112－113.

黄河国家文化公园文旅产业融合效率分析及组态机制研究①

吴泉蓉

摘要：黄河国家文化公园是新时代文化强国战略要求的积极探索，是凝练民族文化价值的重要载体。本文以黄河国家文化公园沿线9省份为研究区域，运用数据包络分析（DEA）及模糊集定性比较分析（fsQCA）法，构建评价文旅产业融合的指标体系，测量二者融合效率，以组态方式探究影响文旅融合效率的多种因素及相关组合机制。结果表明，2001—2019年黄河国家文化公园沿线9省份文旅产业融合效率和技术进步指数波动幅度明显，技术效率变化指数、纯技术效率波动幅度次之，规模效率波动幅度最小。截至2019年，上游地区文旅产业融合效率较低；中游地区文旅产业融合效率较为稳定；下游地区由于投入产出不均衡，效率低下。文化旅游资源、旅游人次、交通通达度、信息化水平、人力资源水平及政府支持在早期、中期、后期通过不同的组态机制推动文旅融合效率提升。

关键词：黄河国家文化公园；文旅产业融合效率；DEA；fsQCA；组态

---

① 本文由余洁教授指导完成。余洁，湖北鄂州人，西北大学经济管理学院副教授，研究方向：区域旅游经济、丝绸之路旅游。基金项目：国家科技部“一带一路”创新人才交流外国专家项目“扩大丝路文化国际影响力　促进遗产旅游可持续发展研究”（项目编号：DL2022040003L）。

作者简介：吴泉蓉（1999—），陕西西安人，西北大学经济管理学院2022级旅游管理专业硕士研究生。

一、引言

2017年1月，中共中央办公厅和国务院办公厅印发的《关于实施中华优秀传统文化传承发展工程的意见》中首次提出规划建设一批国家文化公园。2020年10月，建设黄河国家文化公园的计划在《中共中央关于制定国民经济和社会发展第十四个五年规划和二〇三五年远景目标的建议》中被提出。随着长城、大运河、长征、黄河国家文化公园建设方案的先后出台，国家文化公园的建设体系、内涵意蕴逐渐明晰。“国家文化公园”是我国首次提出的一种建设模式，与国内外现行的国家公园管理模式和制度体系有着较大区别（张祝平，2022），这也是中国文化自信建设和经济社会发展的重要体现。

黄河是中华民族的母亲河，是孕育华夏文明的摇篮和发源地，其文化底蕴深厚、文化遗产资源富集。黄河国家文化公园以黄河为轴线，连接起青海、四川、甘肃、宁夏、内蒙古、陕西、山西、河南、山东9个省份。黄河国家文化公园的文化本位是流域文明，这也是与其他以人工修建为主的国家文化公园的最本质区别。党的二十大报告明确提出“建好用好国家文化公园”，“推进文化和旅游深度融合发展”等。相较于首批纳入建设且相关工作已取得显著进展的国家文化公园，黄河国家文化公园建设工作尚处于起步阶段，其沿线省份不同区域文化旅游资源虽特色突出，但文化遗产管理保护体系仍不完善，文旅产业链尚不完整，难以与其他产业交融渗透。立足黄河国家文化公园建设，其自身线性文化空间属性如何有效发挥作用，高效利用区域文化，促进文化交融和旅游发展，推进“国家文化和旅游融合示范区”建设的问题亟待解决。

综上所述，本文立足产业层面，利用 DEA 方法测算黄河国家文化公园沿线 9 省份 2001—2019 年文旅产业融合的静态效率与动态效率，并借助 fsQCA 法以组态的视角探究影响文旅融合效率的各个因素和路径。

二、相关研究进展

（一）文化和旅游产业融合含义研究

20 世纪 60 年代，Rosenberg 首先提出产业融合的基础是技术融合。韩顺法和李向民（2009）认为，科技进步淡化了产业边界，创新促使产业之间相互渗透、融合从而在产业边界产生新的经济增长点。Heo 等（2019）认为，供应与需求共同激发了产业边界的创新现象。Hacklin 等（2009）、Karvonen 等（2013）、Kim 等（2015）认为，产业融合加速了产业结构的重新组合，从而涌现出新产业及产品，满足消费者多样化的需求。张广海等（2012）认为，文化产业与旅游产业的融合过程可以理解为文化和旅游企业对其自身产业的再次细致划分，借助技术创新延伸至产业边界进行相互渗透，最后形成一条全新的综合性极强的价值链。

文化和旅游产业融合发展是产业融合的一种典型代表，国外学者重点对文化旅游产业融合的影响、路径、产品开发等展开研究。Saarinen 等（2014）将案例地选在博茨瓦纳，研究其文化产业发展现状，发现多样化的旅游模式与当地文化产业发展紧密关联，认为“文化 + 旅游”的模式促进当地发展，但未明确指出文化与旅游二者之间的关系；Jordan（2013）认为，目的地文化、创意等因素应该成为旅游产品中包含的因素，让创意成为旅游产品设计的重要考虑点，但文章侧重于旅游市场的可持续发展而不是文化的传承；Juzefovič（2015）认为，游客体验当地文化的魅力可以通过创意度较高的旅游产品实现，促使游客对目的地产生更多兴趣，但仅强调了旅游创意对于目的地的重要性，文化理解次之。冯健（2018）认为，“文旅融合”是一种以传统旅游业为基础的新型“旅游+”产业模式，推动“文旅融合”发展是满足人民日益增长的需求、促进旅游与文化产业转型发展的重要途径之一。刘治彦（2019）指出，由于文化与地区及人群联系较为密切，其传播受到空间及地域途径的限制，而旅游活动可以带来更多的传播人群及途径，极大地促进了目的地文化的对外传播。自此，“文旅产业融合”概念逐渐清晰。

（二）文化和旅游产业融合水平测度研究

文化产业和旅游产业作为现代服务业的支柱性产业，正逐渐成为产业结构调整和经济高质量发展的重要抓手。为准确反映研究区域的产业融合水平，利用耦合协调度模型进行测度后对空间差异性进行探讨是较为普遍的方法。张琰飞等（2012）以我国省级行政区划单位和西南省份为研究对象，利用耦合协调度，对两大产业的协调发展进行测度，结果表明融合效果省际差异明显、部分地区耦合协调度偏低、文化产业发展滞后于旅游产业，并对此提出了应对措施。翁钢民等（2016）以2005—2013年为研究期，运用探索性空间数据分析法，证明我国文化产业和旅游产业融合水平呈现明显的空间集聚特征，集聚程度在研究期内逐年递增，据此针对不同区域提出发展建议。殷为华等（2022）采用双产业系统的耦合测度模型，对2002—2017年长江经济带11个省份和三大城市群的73个地级及以上城市截面数据进行测度，分析长江经济带文旅产业融合发展水平的变化情况。

而针对文化与旅游效率研究方面，陈红玲等（2022）基于我国30个省份2008—2018年的面板数据，使用DEA及SBM模型计算各省份的旅游经济效率，采用fsQCA法，以组态的视角探究影响旅游经济效率的各个因素和路径。张鹏杨等（2021）基于超效率SBM模型对中国

2005—2018 年的旅游经济效率进行测度，并对其时空特征进行分析。研究区域旅游经济效率存在明显差异，呈现东部地区 > 西部地区 > 中部地区的分布格局。陈红玲等（2022）采用 DEA 效率模型、Tobit 模型等对 2010—2019 年我国文化产业和旅游产业融合效率的时空动态演化及驱动机理进行了全面探析。唐睿（2022）通过 DEA 模型测量了 2013—2017 年我国 30 个省份的文旅产业融合效率值，且通过空间杜宾模型分析得出全国及东、西部地区文旅产业融合效率具有正向空间溢出效应和自我强化效应。

通过对已有研究分析发现：①针对文化产业和旅游产业融合水平的研究大都以耦合协调法为主，表明文化与旅游两大产业是一种相互协调、相互依赖、相互促进的动态关联关系，效率分析主要侧重于旅游产业效率测度，文化产业效率测度甚少，相较而言，文旅融合效率分析较为缺乏；②西北地区、西南地区、长江三角洲地区是学界讨论文旅融合模式的热点区域，黄河沿线省份作为文化资源丰富的旅游带鲜少被作为整体进行研究。

三、研究设计

（一）研究区概况

《黄河国家文化公园建设保护规划》规定黄河国家文化公园涉及黄河流域沿线 9 个省份，上游包括青海、四川、甘肃、宁夏、内蒙古，中游包括陕西、山西，下游包括河南、山东，总面积 356.99 万平方千米。黄河发源于中国青海省巴颜喀拉山脉，干流全长 5464 千米，流域面积 79.5 万平方千米。

（二）指标体系的构建及数据来源

在参考现有研究成果（赵松松等，2019；唐睿，2022）基础上，依照合理性、可得性、可操作性等原则，从旅游产业和文化产业两个方面选取相应的投入产出指标构建黄河国家文化公园文旅产业融合效率的相关指标（见表1）。以企业固定资产、从业人员数量、企业数量作为投入指标，以企业营业收入作为产出指标。从业人员数量反映了企业内部的劳动力水平；企业数量反映了企业所处市场的活跃程度；企业营业收入反映了企业的主要经营成果，是利润的主要来源。为提升计算结果的信度和效度，对企业的固定资产采用永续盘存法进行调整（唐睿等，2018），公式为

$$K_{i,t} = 100[K_{i,t-1}(1-\delta_t) + I_{i,t}]/\mu_{i,t} \quad (1)$$

其中，i 为第 i 个省，t 为研究期内第 t 年，$K_{i,t}$是 i 省文旅企业 t 年的资本投入，$K_{i,t-1}$为其前一年的资本投入，δ_t 为第 t 年折旧率，$I_{i,t}$为 i 省文旅企业 t 年的固定资产投资额，$\mu_{i,t}$为 i 省 t 年的固定资产投资价格指数。折旧 δ_t 可按照金融机构法定贷款一年期利率作为资本折旧率（李正等，2013）。δ_t和 $\mu_{i,t}$的数据均来自《中国统计年鉴》。其余数据均来自《中国旅游统计年鉴》《中国文化及相关产业统计年鉴》及 EPS 数据平台的“中国文化数据库”，选取时段为 2001—2019 年，部分缺失数据利用线性插值法补全。

表 1　文旅产业融合效率投入产出指标

指标类别	投入指标	产出指标
旅游产业	旅游企业固定资产/万元	旅游企业营业收入/万元
	旅游企业从业人员数量/人	
	旅游企业数量/家	
文化产业	文化企业固定资产/万元	文化企业营业收入/万元
	文化企业从业人员/人	
	文化企业数量/家	

除了投入产出指标，文旅产业融合效率还受到多种因素的影响。在借鉴以往文献（唐睿，2022；丁雨馨等，2023；杨丽等，2021；陈红玲等，2022）的基础上，认为文旅产业融合效率主要受到文化及旅游资

源、旅游人次、交通状况、信息化水平、人力资源水平等因素的影响。

文化及旅游资源影响地区文旅融合的发展规模，应作为影响旅游产业效率的主要指标；大规模的旅游人次能够反映地区存在大量文化及旅游需求，是文化及旅游产业得以发展的基本驱动条件；交通可达性是实现文化与旅游融合的先决条件，对于旅游收入及旅游投资的增加具有重要作用；随着互联网的快速发展，移动电话成为企业和个人交流及获取信息的重要工具，有效解决了文旅产业内外部信息不对称问题。同时，由于文化及旅游产业综合性很强且涉及利益主体众多，政府介入文化及旅游产业发展并提供良好的政治环境和法治环境尤为必要。为更好地实现文化和旅游产业融合，本文探究表2所列因素对文旅产业融合效率的影响。

表2　文旅产业融合效率影响因素变量定义与测度

指标	计算方法
文旅产业融合效率（*TE*）	根据 DEA - BCC 模型得出的文旅产业融合综合效率值
文化旅游资源（*Resource*）	对国家 AAAA 级、AAAAA 级旅游景区个数，公共图书馆个数，艺术表演团体与场馆总数量赋分为1；对全国重点文物保护单位、博物馆数量赋分为2，分别用赋分乘以旅游资源数量后进行加总得到
旅游人次（*Tour*）	国内旅游人次和入境旅游人次的加总/万人次
交通通达度（*Trans*）	公路里程除以地区面积
信息化水平（*Info*）	移动电话普及率
人力资源水平（*Staff*）	以旅游院校在校生人数衡量
政府支持（*Gov*）	地方政府财政支出占 GDP 比重

（三）研究方法

1. DEA

（1）DEA - BBC 模型

DEA 是一种基于线性规划模型衡量多投入、多产出的同类型决策单元相对技术效率的非参数分析法。本文采用 Banker 等（1984）提出的产出导向且规模报酬可变的 DEA－BCC 模型对文旅产业融合效率进行测度与分析。DEA－BCC 模型中决策单元的综合技术效率（TE）可进一步细分为纯技术效率（PTE）和规模效率（SE），三者的关系如下：

$$TE = PTE \times SE \tag{2}$$

（2）Malmquist 指数

BCC 模型属于针对某一最优生产前沿面进行的静态分析，如果需要考察和观测动态效率，则需要借助 Malmquist 指数，由瑞典的 Malmquist 于 1953 年提出。在规模报酬不变的情况下，全要素生产率指数（TFP）可以分解为技术效率变化指数（EC）、技术进步指数（TC）；当规模报酬可变时，技术效率变化指数（EC）又可进一步分解为纯技术效率变化指数（PEC）、规模效率变化指数（SEC）。TFP 数学表达式如下：

$$TFP = EC \times TC = PEC \times SEC \times TC \tag{3}$$

2. fsQCA 法

定性比较分析方法（QCA）最早由 Ragin 于 1980 年提出，是一种基于集合理论，能够解决组态问题复杂因果关系的定量与定性相结合的分析方法，fsQCA 法是其中的一种类型，其提供了一种深入挖掘数据以揭示关于创业现象复杂性的精细细节的方法，其兼容于数据不对称性、变量的潜在相互依赖性，识别非对称的数据关系，并揭示了同一结果的多个等效性路径。fsQCA 法检验案例内前因变量之间的关系，并分析因变量与特定条件组合（称为组态）间关系，当一致性大于 0.9 时，将条件变量看作结果的必要条件，覆盖率越高说明解释力度越大。

四、研究结果

（一）黄河国家文化公园文旅产业融合效率评价

借助 Malmquist 指数方法测算黄河国家文化公园沿线 9 个省份

2001—2019 年的文旅产业融合效率及其分解效率的动态发展趋势（见图 1）。总的来看，黄河国家文化公园沿线 9 个省份文旅产业融合效率和技术进步指数波动幅度最大，技术效率变化指数、纯技术效率波动幅度次之，规模效率波动幅度最小。具体而言，2001—2019 年，文旅产业融合效率与其技术进步指数波动趋势基本一致，说明文旅产业融合效率的升降主要受技术发展因素影响，其中，2003—2005 年、2006—2007 年、2010—2013 年文旅产业融合效率与其技术进步指数快速下降。规模效率在 2001—2019 年平稳保持在 1 左右。技术效率变化指数与纯技术效率波动趋势基本一致，其中，在 2002—2004 年、2005—2006 年下降较快，成为阻碍文旅产业融合效率值提升的关键因素。

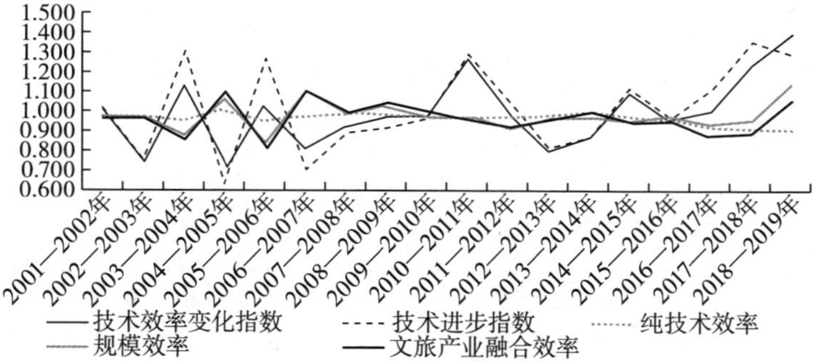

图 1　2001—2019 年黄河国家文化公园文旅产业融合动态效率及其效率分解

借助 DEA－BCC 模型对黄河国家文化公园沿线 9 个省份 2001 年、2009 年、2019 年的静态效率进行测算和比较（见表 3）。综合技术效率（*TE*）可以分解为纯技术效率（*PTE*）值和规模效率（*SE*），两者相乘数值越高，效率越高，范围在 0～1。总体来看，黄河国家文化公园文旅产业融合效率呈下降态势，从 2001 年的 0.991 下降至 2009 年的 0.983，后下降至 2019 年的 0.815；同期技术效率变化指数也呈相同趋势。但规模效率呈现出先上升后下降的态势，从 2001 年的 0.997 上升至 2009 年的 0.998，后下降至 2019 年的 0.830。2001—2009 年，黄河国家文化公园文化旅游产业处于大发展时期，自然资源、技术和资金等要素投入较多，但先进技术利用程度较低，导致综合效率下降；2011—2019 年，技术及资金等要素投入众多，文化及旅游产业发展虽规模较大但很多资源未充分利用，导致各方面效率水平有所下降。

表 3　部分年份文旅产业融合效率情况

省份	综合技术效率（*TE*）					
	2001 年	规模报酬	2009 年	规模报酬	2019 年	规模报酬
山西	0.920（*PTE*，*SE*）	递减	1.000	不变	1.000	不变
内蒙古	1.000	不变	0.852（*PTE*，*SE*）	递减	0.711（*SE*）	递增
山东	1.000	不变	1.000	不变	1.000	不变
河南	1.000	不变	1.000	不变	0.595（*PTE*，*SE*）	递减
四川	1.000	不变	1.000	不变	1.000	不变
陕西	1.000	不变	1.000	不变	1.000	不变
甘肃	1.000	不变	1.000	不变	0.512（*SE*）	递增
青海	1.000	不变	1.000	不变	0.521（*SE*）	递增
宁夏	1.000	不变	1.000	不变	1.000	不变
均值	0.991	—	0.983	—	0.815	—

注：如果括号里的字母为 *PTE*，则说明 DEA 无效由纯技术效率低下导致；如果字母为 *SE*，则说明 DEA 无效由规模效率低下导致；如果括号里同时拥有 *PTE* 和 *SE*，则 DEA 无效由纯技术效率和规模效率双重低下导致。

将黄河国家文化公园沿线省份划为上、中、下游区域来看，发展趋势不尽相同（见表 4）。上游地区文旅产业融合效率和规模效率不断下降；技术效率变化指数呈先下降后上升态势。可见，上游地区在发展中注重技术创新与应用，但因文化产业和旅游产业发展模式长期较为落后，其技术效率进步仍不能规避规模效率下降对文旅产业融合效率的影响。中游地区文旅产业融合效率、技术效率变化指数、规模效率均处于上升态势。相比上游地区，中游地区两省份以较好的经济发展水平和发展政策为基础，具有相对发展优势，文化及旅游产业积极开发先进技术，形成长期以来的规模及范围经济。下游地区文旅产业融合效率、技术效率变化指数、规模效率均呈现平稳后迅速下降的态势。究其原因，下游地区两省份尤其是山东在区域位置、经济资源、技术发展和管理经验等方面都有较强优势，初期发展已经较早占领文旅市场，发展规模迅速扩张，而后期在利用资源、创新开发等方面表现不如中游地区。

表 4　黄河国家文化公园文旅产业融合效率及其分解效率

地区	2001 年			2009 年			2019 年		
	TE	*PTE*	*SE*	*TE*	*PTE*	*SE*	*TE*	*PTE*	*SE*
上游地区	1.000	1.000	1.000	0.970	0.972	0.998	0.749	1.000	0.749
中游地区	0.960	0.974	0.985	1.000	1.000	1.000	1.000	1.000	1.000
下游地区	1.000	1.000	1.000	1.000	1.000	1.000	0.798	0.909	0.864

（二）黄河国家文化公园文旅产业融合组态机制研究

1. 必要条件分析

使用 fsQCA3.0 软件对黄河国家文化公园 2001 年、2009 年、2019 年文旅产业融合效率的 6 个前因条件进行必要条件分析，若单前因条件一致性大于 0.9，则可被认为是必要条件。经测算，文旅产业融合效率的前因条件一致性均小于0.9（见表5），因此，不能成为文旅产业融合效率的必要条件，单前因条件对融合效率解释能力较弱。

表 5　前因条件的必要性分析

前因条件	2001 年		2009 年		2019 年	
	一致性	覆盖度	一致性	覆盖度	一致性	覆盖度
Resource	0.482392	0.794417	0.521813	0.846606	0.584024	0.704832
Tour	0.453482	0.866868	0.524442	0.820004	0.646943	0.766355
Trans	0.474376	0.873880	0.519185	0.811207	0.639053	0.716814
Info	0.612352	0.774942	0.420499	0.767386	0.572189	0.725069
Staff	0.497898	0.799536	0.516557	0.852290	0.653057	0.683949
Gov	0.533640	0.871082	0.538896	0.876095	0.599606	0.686075

2. 组态的充分性及路径分析

参考已有相关 QCA 研究，设置一致性阈值为 0.8，设置案例频数值为 1。通过 fsQCA 软件算出中间解和简约解，分别确定各组态前因变量中的核心条件和边缘条件，在中间解和简约解中同时出现时，认定为核心条件，只在中间解中出现的认定为边缘条件，组态路径结果如表 6 所示。多个前因条件的不同组合构成了 2001 年、2009 年、2019 年文旅产业结构优化的 9 种条件组态，一致性及总体一致性均大于 0.8，表明这些组态是影响文旅产业效率提升的充分条件，并且 2001 年由 H_1 和 H_2 两个组态构成文旅融合效率提升的充分条件；同理，由 H_5、H_6、$H_7$3 个组态共同构成产生 2009 年文旅融合效率提升的充分条件；由 H_8、H_9 两个组态构成了 2019 年效率提升的充分条件。这也从侧面证明了组态视角下多要素联动形成的异途同归效应，各条件组态具有因果对等性，都可对文旅产业融合效率提升产生正向促进作用。如图 2 所示，在黄河国家文化公园 2001 年、2009 年、2019 年文旅融合效率提升的多个条件组态中，文化旅游资源、旅游人次、交通通达度和人力资源水平被视为核心条件，这说明一定规模的资源禀赋、旅游需求、交通条件及技术先进程度为文旅产业融合效率提升打开了快速通道。此外，随着时间的推移，人力资源被视为核心条件，说明其对黄河国家文化公园文旅融合效率提升起到重要的推动作用。

此外，稳健性检验通过改变校准阈值与一致性阈值两种方法进行。以 0.9、0.5、0.1 替换原先的 0.95、0.5、0.05 进行校准，后将一致性阈值从 0.8 调整至 0.75，调整后发现条件组态间依然具有清晰的子集关系，且总体解覆盖度及一致性等拟合参数依然符合要求，未有明显改变，达到稳健性检验标准，表明计算结果及结论仍具有稳健性。

表 6　黄河国家文化公园文旅产业融合效率组态路径

前因条件	2001 年				2009 年			2019 年	
	H_1	H_2	H_3	H_4	H_5	H_6	H_7	H_8	H_9
Resource	⨂	•	•	⨂	●	⊗	●	●	●
Tour	⨂	•	•	⨂	●	⊗	●	●	●
Trans		•		⊗	●	●	⊗	●	●
Info	•		•	⊗	⨂	•	•	⊗	●

续表

前因条件	2001 年				2009 年			2019 年	
	H_1	H_2	H_3	H_4	H_5	H_6	H_7	H_8	H_9
Staff	⊗	•	•	⊗	●	⊗	●	●	●
Gov	⊗	●	●	•		⊗	•	⊗	•
原始覆盖度	0.349	0.266	0.243	0.142	0.332	0.187	0.157	0.201	0.270
唯一覆盖度	0.248	0.084	0.046	0.041	0.213	0.079	0.008	0.071	0.140
一致性	0.996	0.985	0.995	0.964	0.996	0972	0.923	0.990	1.000
总体解覆盖度	0.793				0.681			0.341	
总体解一致性	0.972				0.977			0.994	

注：●表示核心条件存在；•表示边缘条件存在；⊗表示核心条件缺失；⊗表示边缘条件缺失。

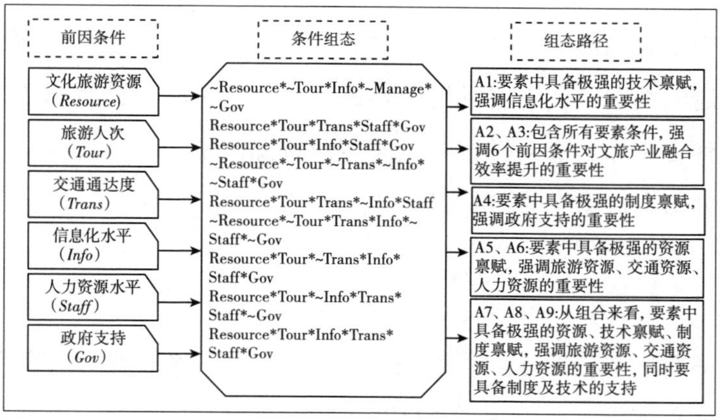

图 2　黄河国家文化公园文旅产业融合效率优化的组态路径解析

五、结论与建议

（一）结论

由 DEA - MI 模型可知，2001—2019 年黄河国家文化公园沿线 9 个省份文旅产业融合效率与其技术进步指数变化幅度基本相同，说明文旅产业融合效率的升降主要受沿线省份的技术发展进步因素影响。规模效率在2001—2019年平稳保持在1左右，技术效率变化指数与纯技术效率波动趋势基本一致。利用DEA－BBC模型测算其静态效率后，2001年、2009年和2019年融合综合效率和规模效率先保持平稳后下降，截至2019年，综合效率和规模效率值变现为中游地区最高，下游地区次之，上游地区最后的特征。上游地区限于较为落后的经济社会环境，但由于政策推动投入较多，文旅产业融合效率较低；中游地区由于各方面投入产出较为均衡，文旅产业效率较为稳定；下游地区虽有优越的地理位置、先进的技术条件，但由于投入产出不均衡，效率低下。

黄河国家文化公园文旅产业融合效率提升不是由一个前因条件决定的，而是多个条件相互组合的联动结果。细分来看，早期文旅产业融合优化强调技术禀赋的重要性，并要求其他因素同时发挥作用，共有4条路径；中期强调制度禀赋及资源禀赋的重要性，文旅融合概念提出初期需要政府的助力，同时要求资源辅助，共有3条路径；后期的2条路径要求多种要素作用齐头并进，同时避免资源浪费，导致投入与产出的不平衡，助力文旅融合效率提升。

（二）建议

效率落后省份要在利用资源，发挥经济、资源及文化特色等优势的基础上，平衡投入产出关系，减少资源浪费的同时加强与其他省份的交流、合作和共享，从而取长补短（宋瑞等，2022）。应针对其文化及旅游产业效率的不同特点，因地制宜地确定旅游发展策略。上游地区应在稳步拓展旅游规模的基础上，加强与中、下游省份及国际市场的交流与合作，加大技术引进力度，提高管理水平。甘肃应重点扩大文化及旅游业规模；青海和宁夏应借助技术引进手段，提高旅游资源利用效率和开发水平；陕西和山西则需要在维持现有技术和管理水平的基础上，引导文旅企业和部门的市场化发展；山东和河南要在充分发挥现有国际市场与技术创新等优势基础上，提高技术利用率，并加强省际协作，提高资源利用效率。

此外，各级政府部门应充分发掘旅游目的地的特色传统文化及景观，将创意融入旅游产品开发，积极打造文化旅游体验交流平台以提升黄河文化的社会影响力和传播效力，树立具有目的地文化特色的品牌IP，并通过大数据等技术进行目的地之外的形象宣传（韩若冰等，2021）。现下高素质人才对于文旅产业融合效率提升具有重要作用，积极引进文化及旅游相关学科人才，建立有效的文化旅游监测体系（王美钰等，2020），尤其是黄河国家文化公园应创新旅游发展模式，加强文化及旅游管理监督和贸易平台建设；同时，应当构建内外部协同治理模式，发挥各部门优势，推动旅游市场多方共治的深度融合（陈晓芳等，2022），优化旅游市场营商环境，开创文旅融合新局面。

参考文献

[1]张祝平．黄河国家文化公园建设：时代价值、基本原则与实现路径[J]．南京社会科学，2022，413(3)：154－161.

[2]李飞，邹统钎．论国家文化公园：逻辑、源流、意蕴[J]．旅游学刊，2021，36(1)：14－26.

[3]韩顺法，李向民．基于产业融合的产业类型演变及划分研究[J]．中国工业经济，2009(12)：66－75.

[4]HEO P S，LEE D H. Evolution patterns and network structural characteristics of industry convergence[J]. Structural change and economic dynamics，2019(51)：405－426.

[5]HACKLIN F，MARXT C，FAHRNI F. Coevolutionary cycles of convergence：an extrapolation from the ICT industry[J]. Technological forecasting and social change，2009，76(6)：723－736.

[6]KIM N,LEE H,KIM W,et al. Dynamic patterns of industry convergence: evidence from a large amount of unstructured data[J]. Research policy,2015,44(9): 1734 – 1748.

[7]KARVONEN M,KÄSSI T. Patent citations as a tool for analysing the early stages of convergence[J]. Technological forecasting and social change,2013,80(6): 1094 – 1107.

[8]张广海,孙春兰. 文化旅游产业融合及产业链构建[J]. 经济研究导刊,2012(12):152 – 154.

[9]SAARINEN J,MOSWETE N,MONARE M J. Cultural tourism: new opportunities for diversifying the tourism industry in Botswana[J]. Bulletin of geography. socio – economic series,2014 (26): 7 – 18.

[10]JORDAN L A. Managing built heritage for tourism in trinidad and tobago: challenges and opportunities[J]. Journal of heritage tourism,2013,8(1): 49 – 62.

[11]JUZEFOVIČ A. Creative tourism: the issues of philosophy,sociology and communication[J]. Creativity studies,2015,8(2): 73 – 74.

[12]冯健. "文旅融合"该从何处着手[J]. 人民论坛,2018,613(32):86 – 87.

[13]刘治彦. 文旅融合发展:理论、实践与未来方向[J]. 人民论坛·学术前沿,2019(16):92 – 97.

[14]张琰飞,朱海英. 文化产业与旅游产业耦合发展的区域差异分析:基于省际面板数据的实证研究[J]. 华东经济管理,2012,26(10):54 – 59.

[15]翁钢民,李凌雁. 中国旅游与文化产业融合发展的耦合协调度及空间相关分析[J]. 经济地理,2016,36(1):178 – 185.

[16]殷为华,刘楠楠,鲁飞宇. 长江经济带文旅产业融合发展水平测度及空间演化研究[J]. 世界地理研究,2022,31(5):1009 – 1020.

[17]陈红玲,张猛,赖姝辰. 组态视角下旅游经济效率动因及提升路径研究:基于中国 30 个省份的 fsQCA 分析[J]. 资源开发与市场,2022,38(10):1175 – 1182.

[18]张鹏杨,郑婷,黄艳梅. 中国旅游经济效率区域差异及动态演进[J]. 统计与决策,2021,37(3):98 – 102.

[19]陈红玲,郑馨,赵赞. 我国文化和旅游产业融合效率的时空动态演化及其驱动机理[J]. 资源开发与市场,2022,38(1):99 – 106.

[20]唐睿．我国文旅产业融合效率评价及动因研究:基于空间杜宾模型和门槛回归的实证分析[J]．南京财经大学学报,2022(2):23－33.

[21]丁雨馨,林璧属,林玉虾．旅游产业及其细分行业效率的关联研究:基于DEA－Tobit模型[J]．数理统计与管理,2023,42(4):1－15.

[22]杨丽,陈季君,时朋飞,等．红色旅游发展效率评价及影响因素研究:以黔北黔西红色旅游区为例[J]．自然资源学报,2021,36(11):2763－2777.

[23]赵松松,王兆峰．区域旅游发展规模与效率时空动态演化及耦合研究:以湖南省14地市(州)为例[J]．长江流域资源与环境,2019,28(10):2386－2396.

[24]唐睿．旅游企业对入境旅游市场效率的影响:基于"21世纪海上丝绸之路"五省市的实证研究[J]．暨南学报(哲学社会科学版),2018,40(3):123－132.

[25]李正,陈才,武友德,等．经济驱动结构的时空过程及其耦合特征分析:基于省际面板数据的实证[J]．地域研究与开发,2013,32(5):22－28.

[26]BANKER R D,CHARNES A,COOPER W W. Some models for estimating technical and scale inefficiencies in data envelopment analysis[J]. Management science,1984,30(9): 1078－1092.

[27]杜运周,贾良定．组态视角与定性比较分析(QCA):管理学研究的一条新道路[J]．管理世界,2017,285(6):155－167.

[28]宋瑞,胥英伟,史瑞应．黄河流域旅游产业效率评价与驱动力分析:基于DEA方法和空间杜宾模型的实证研究[J]．中国软科学,2022(11):26－36.

[29]周文涛．新时代文旅数字化治理主体责任机制[J]．社会科学家,2022,308(12):45－50.

[30]江凌．文旅新业态的生成机制、发展逻辑与高质量发展路径[J]．贵州师范大学学报(社会科学版),2023,242(3):144－160.

[31]韩若冰,黄潇婷．"日常生活"视角下黄河文化与文旅融合创新发展[J]．民俗研究,2021,160(6):43－52＋159.

[32]陈晓芳,薛兵旺．文旅融合背景下旅游市场协同治理研究[J]．学习与实践,2022,463(9):136－140.

[33]王美钰,吴忠军,侯玉霞．边境省区入境旅游效率评价及其影响因素:基于DEA－Malmquist指数和面板Tobit模型[J]．桂林理工大学学报,2020,40(3):628－636.

黄河流域文化和旅游产业融合水平及其影响因素研究①

张乐新

摘要： 本文以黄河流域9个省份为研究对象，综合运用熵权TOPSIS－耦合协调度－灰色关联度模型，测算其在2001—2019年文化产业和旅游产业的综合评价得分及二者的耦合协调度，并分析黄河流域文旅产业融合水平的影响因素。结果发现：①黄河流域文旅产业融合水平总体较低，且各省份之间差距较大；②2001—2019年，黄河流域文旅产业融合水平相对平稳，且有不同程度的提升；③影响黄河流域文旅产业融合水平的关键因素为人均GDP和全国重点文物保护单位数量。基于此，结合《黄河流域生态保护和高质量发展规划纲要》，提出未来黄河流域既要"以文塑旅，以旅彰文"推进文旅产业深度融合发展，又要强化省份间资源整合和协作，缩小文旅融合水平差距，实现黄河流域整体协调发展。

关键词： 黄河流域；文化和旅游产业；产业融合；耦合协调度；影响因素

---

① 本文由余洁教授指导完成。余洁，湖北鄂州人，西北大学经济管理学院副教授，研究方向：区域旅游经济、丝绸之路旅游。基金项目：国家科技部"一带一路"创新人才交流外国专家项目"扩大丝路文化国际影响力　促进遗产旅游可持续发展研究"（项目编号：DL2022040003L）。

作者简介：张乐新（2000—），山东泰安人，西北大学经济管理学院2022级旅游管理专业硕士研究生。

一、引言

2021年10月，中共中央、国务院印发了《黄河流域生态保护和高质量发展规划纲要》（以下简称《规划纲要》），明确提出要强化区域间资源整合和协作，建设一批展现黄河文化的旅游目的地、打造具有国际影响力的黄河文化旅游带（王坤晓等，2023）。黄河在中国历史上一直享有至高无上的地位，被称为哺育中华民族的母亲河，是中华文明的摇篮。黄河文化是产生并发展于黄河流域的一种地域性文化。黄河流经9个省份，先后跨越了青藏高原、黄土高原、北部草原河套地区、中下游平原和滨海地区，从山东奔流入海，流经地域面积广阔、地理环境复杂。不同的自然、人文环境，使黄河文化成为一个内容极其丰富、同中有异的文化系统。“十四五”规划明确指出，文化和旅游发展为实现人的全面发展、全体人民共同富裕提供有力保障，要坚持以文塑旅、以旅彰文，推动文化和旅游深度融合。随着黄河流域生态保护和高质量发展上升为国家战略，推动黄河流域文化与旅游融合高质量发展已成为必然之举（徐凤增、袭威，2022）。

文化产业与旅游产业有着较强的市场关联度以及天然的耦合性（刘凯霞等，2023）。2018年，文化和旅游部成立，推动文化和旅游融合发展的研究迅速上升为学术热点。本文以黄河流域9个省份为例，选取旅游要素、旅游绩效、文化要素以及文化绩效4个维度的18个指标，收集2001—2019年的相关指标数据，首先采用熵权TOPSIS模型对黄河流域文旅产业融合水平进行综合评价；其次利用耦合协调度模型评估产业融合发展成效；最后基于灰色关联度模型，对产业融合水平的影响因素进行分析。

二、文献综述

（一）产业融合

由于国情差异，国外并没有明确的文旅融合概念，更多的是针对产业融合的研究，因此，在研究文旅产业融合之前，本文先对产业融合进行综述。国内外对产业融合的研究主要分为产业融合概念以及融合模式与路径两个方面。

1. 产业融合概念方面

Greenstein 和 Khanna（1997）认为，产业融合是一种产业边界逐渐模糊乃至消失的状态体现，而此种状态体现主要源自对产业发展进程的适应；植草益（2001）认为，产业融合是通过技术革新和放宽限制打破行业间的壁垒，加强各行业企业间的竞争合作关系；涂静（2017）认为，产业融合指的是不同产业之间的分工内部化过程，也就是说，传统的产业间分工逐渐演变为产业内分工。

2. 产业融合模式与路径方面

Hauschildt 等（2007）指出，企业想要发展产业融合项目应该注重各个部门的联系，加快产品更新换代和技术创新，提高产品质量和产品效益，借助产业融合加快各部门之间协同进步；姜承镇（2013）在深入研究韩国济州岛农业领域相关产业发展问题时，提出济州岛地区要推进农业与旅游业深度结合；曹哲（2022）依据产业延伸带动作用的不同，探讨了农村一二三产业融合发展的顺向融合模式、双向融合模式和逆向融合模式。

（二）文旅产业融合

国内外关于文旅产业融合的研究主要是从融合动力、融合发展模式与机制以及融合水平等方面展开。

1. **融合动力方面**

赵书虹和陈婷婷（2020）明确了资源要素整合、旅游需求升级、创新变革支撑、企业管理决策是民族地区文化产业与旅游产业的融合动力。朱媛媛等（2022）指出，长江中游城市群“文—旅”产业融合发展是在资源禀赋基础力、居民消费需求力、基础设施保障力、规模效益催动力、人力资源潜在力、经济发展拉动力“六力”共同驱动下形成的。Jones（2015）在研究产业融合边界的同时，对生命周期理论模型加以推导，发现技术革新能够重新定义其边界，刺激产业活力，是文旅产业融合的动因。Markwick（2017）分析了马耳他的特点，归纳出了国际环境、政府政策、文化多样化等因素是促进当地旅游产业和经济可持续发展的动因。

2. **融合发展模式与机制方面**

程晓丽和祝亚雯（2012）研究认为，旅游产业和文化产业的融合发展通过渗透型、延伸型、重组型三种融合模式，采取完善政府机制、建设示范基地、培育产业集群、加强市场营销、重视人才培养等措施促进两者融合。Park 等（2019）指出，文化遗产旅游作为文旅融合的产物，其特点随着旅游和文化关系的变化而变化，可以解释为更广泛的社会和经济趋势的结果。Chen 等（2019）提出创意旅游已经发展成为文化旅游的一个分支，并被世界各地的旅游目的地所重视。

3. **融合水平方面**

赵嫚和王如忠（2022）采用熵权法、耦合协调度模型对中国省际文化产业和旅游产业融合水平进行了测度与分析，指出我国文化产业和旅游产业融合整体水平较低，处在中度失调阶段，区域间融合程度差异明显。程雨等（2021）利用熵权法、耦合协调度模型从产业规模、产业产出、产业接待、产业潜力 4 个维度对河南省的文旅融合发展水平进行测度和分析，指出河南省文旅产业融合发展水平呈上升趋势，整体为文化滞后型。孙剑锋等（2019）将层次分析法与 BP 神经网络模型结合，指出山东文旅融合协调发展水平总体不高，为濒临失调状态，区域融合协调程度差异明显。侯兵和周晓倩（2015）采用熵权法、耦合协调度模型对长江三角洲地区16个城市文化产业与旅游产业发展水平及两者融合发展情况进行测度，指出两大产业发展水平逐年提升，在各地融合发展的差异性不大，但耦合协调度很低。

（三）文献述评

综合分析国内外学者的相关研究成果可以发现，学界对文化产业和旅游产业融合的研究已投入充分关注与重视，但仍然存在一些不足之处。

首先，在研究方法上，对于文旅产业融合水平的研究多采用单纯的熵权法确定权重，即只通过计算指标值的离散程度确定权重，而忽略了指标之间的相对重要性，这可能导致一些重要指标被低估，或者一些次要指标被高估。而熵权－TOPSIS方法在确定权重的基础上，进一步考虑了指标值与理想解和负理想解之间的相对差异，这样可以更全面地评估指标的重要性，提高了决策的准确性和可靠性。

其次，在研究区域的选择上，研究重点往往集中在经济较为发达的地区，而对于西北内陆地区的研究较少。黄河流域是中华民族文化的主要发源地，目前对黄河流域旅游的研究主要聚焦于黄河流域旅游流网络结构特征（吴姗姗等，2020）、旅游景区空间分布特征（李冬花等，2020）、旅游生态（穆学青等，2022；王兆峰、李静怡，2022；赵敏等，2022）、旅游业高质量发展（张新成等，2020）等方面，较少学者对黄河流域文旅产业融合与发展进行研究。

因此，本文以黄河流域9个省份为研究对象，基于2001—2019年黄河流域9个省份文化产业与旅游产业相关数据，综合利用熵权TOPSIS－耦合协调度模型测算黄河流域文旅产业融合水平，并使用灰色关联度模型探索影响融合水平的关键因素，以期为黄河流域文化产业与旅游产业的融合发展提供借鉴。

三、理论基础与研究方法

（一）理论基础

1. 产业融合理论

美国 Rosenberg（1963）最早提出产业融合思想。到 20 世纪 70 年代末，实业界多次出现产业融合现象，以“电脑与通信”的融合最为常见，并逐渐引起相关学者的高度关注。秦继伟（2021）通过综合梳理前人的研究文献，从多个角度给出了一个较为完整的产业融合理论：不同产业之间原有的固定产业边界逐渐趋于模糊甚至消失，分属于两个或多个产业的企业之间有着大量的业务交叉，相互之间结成战略联盟，甚至并购重组，形成了新的产业形态。

文化与旅游产业的深度融合是时代发展的必然要求，也是二者内在天然联系的必然结果（赵敏，2020），资源丰富的文化产业能够为旅游产业提供重要的物质基础，旅游发展又为传统文化活化发展提供了安全保障。文化产业和旅游产业具有紧密的关联性及相互促进的关系，它们的融合可以创造更丰富的旅游体验、提升目的地吸引力，并促进经济增长和文化传承。

2. 耦合协调理论

耦合表示两个或多个具有因果关系的子系统通过相互作用、相互影响等方式相互连接，形成一个新系统的过程。这个过程包括子系统之间互相促进，使新系统趋向于有序共生的正效耦合，以及子系统之间相互消耗，使新系统走向无序衰退的负效耦合（刘然，2023）。“协调”可以理解为正效耦合的一种表现形式，指的是两个或多个子系统通过非线性相互影响作用产生协同效应的现象，体现了子系统内含要素之间具有良性关联。

文化产业与旅游产业的耦合协调发展既能促进资源整合和共享，推动创新和协同发展，又能促进政策和规划的一体化。通过有效的耦合协调，文旅产业可以实现更好的整体效益和综合竞争力，为人们提供更好的文化和旅游体验。因此，本文基于耦合协调理论，将文化和旅游产业看作两个系统，结合文旅融合战略以及高质量发展战略的时代背景，评价黄河流域文化产业和旅游产业发展是否处在一个协调有序的发展阶段，丰富了耦合协调理论。

（二）研究方法

1. 熵权 TOPSIS 模型

本文运用熵权 TOPSIS 法对黄河流域 9 个省份的文旅产业融合水平进行综合评价，具体步骤如下：

步骤一：构建标准化评价矩阵。

构造原始评价数据矩阵（1）：

$$X=\begin{bmatrix} x_{11} & x_{12} & \cdots & x_{1m} \\ x_{21} & x_{22} & \cdots & x_{2m} \\ \vdots & \vdots & \ddots & \vdots \\ x_{n1} & x_{n2} & \cdots & x_{nm} \end{bmatrix} \tag{1}$$

式中，x_{ij}（$i=1, 2, \cdots, n$；$j=1, 2, \cdots, m$）为评价对象 i 的第 j 个评价指标，n 为评价对象个数，m 为评价指标个数，即 $X=(x_{ij})_{m\times n}$。

本文采用极差标准化法对原始评价数据矩阵进行标准化处理，消除数量级差异造成的影响，统一评价指标之间的量纲和单位。由于本文评价指标均为正向指标，因此处理方式为式（2）：

$$r_{ij}=\frac{x_{ij}-\min(x_{ij})}{\max(x_{ij})-\min(x_{ij})}+0.0001 \tag{2}$$

式中，r_{ij}为 i 评价对象 j 评价指标的标准化值，从而得到标准化后的矩阵（3）：

$$R=\begin{bmatrix} r_{11} & r_{12} & \cdots & r_{1m} \\ r_{21} & r_{22} & \cdots & r_{2m} \\ \vdots & \vdots & \ddots & \vdots \\ r_{n1} & r_{n2} & \cdots & r_{nm} \end{bmatrix} \tag{3}$$

步骤二：确定指标权重。

首先，对标准化后的矩阵进行归一化处理，如式（4）所示：

$$P_{ij}=\frac{r_{ij}}{\sum_{i=1}^{n} r_{ij}} \tag{4}$$

其次，计算第 j 项指标的熵值 e_j、差异化系数 g_j 和熵权 ω_j，如式（5）、式（6）、式（7）所示：

$$e_j=-\frac{1}{\ln m}\sum_{i=1}^{n}(P_{ij}\times \ln P_{ij}) \tag{5}$$

$$g_j=1-e_j \tag{6}$$

$$\omega_j=\frac{g_j}{\sum_{j=1}^{m} g_j} \tag{7}$$

步骤三：构建加权规范化矩阵。

为进一步提升评价矩阵的客观性，由标准化决策矩阵 R 和权重向量 ω_j 构成加权规范化决策矩阵（8）：

$$Y=\begin{bmatrix} y_{11} & y_{12} & \cdots & y_{1m} \\ y_{21} & y_{22} & \cdots & y_{2m} \\ \vdots & \vdots & \ddots & \vdots \\ y_{n1} & y_{n2} & \cdots & y_{nm} \end{bmatrix}=\begin{bmatrix} r_{11}\omega_1 & r_{12}\omega_2 & \cdots & r_{1m}\omega_m \\ r_{21}\omega_1 & r_{22}\omega_2 & \cdots & r_{2m}\omega_m \\ \vdots & \vdots & \ddots & \vdots \\ r_{n1}\omega_1 & r_{n2}\omega_2 & \cdots & r_{nm}\omega_m \end{bmatrix} \tag{8}$$

步骤四：确定正负理想解。

令 Y^+ 为正理想解，意为评价指标 j 在所有评价对象中的最大值；Y^- 为负理想解，意为评价指标 i 在所有评价对象中的最小值，计算公式分别为式（9）、式（10）：

$$Y^{+} = \{\max_{0 \leqslant i \leqslant n} y_{ij} \mid i = 1,2,\cdots,n\} = \{y_1^{+},y_2^{+},\cdots,y_m^{+}\} \tag{9}$$

$$Y^{-} = \{\min_{0 \leqslant i \leqslant n} y_{ij} \mid i = 1,2,\cdots,n\} = \{y_1^{-},y_2^{-},\cdots,y_m^{-}\} \tag{10}$$

步骤五：计算欧氏距离。

令 D_i^{+} 为评价对象 i 与 y_i^{+} 的距离，D_i^{-} 为评价对象 i 与 y_i^{-} 的距离，计算公式分别如式（11）、式（12）所示：

$$D_i^{+} = \sqrt{\sum_{j=1}^{m} (y_j^{+} - y_{ij})^2} \tag{11}$$

$$D_i^{-} = \sqrt{\sum_{j=1}^{m} (y_j^{-} - y_{ij})^2} \tag{12}$$

式中，y_i^{+} 和 y_i^{-} 分别为第 j 个指标的最偏好方案值和最不偏好方案值。

步骤六：计算相对贴近度。

令 T_i 为贴近度，表示评价对象的文旅产业融合水平与理想解的接近程度，取值范围为［0，1］。T_i 越大，表示该评价对象的文旅产业融合水平与理想解越接近，意味着文旅产业融合水平越高。本文以 T_i 表示文旅产业融合水平的高低，依据各评价对象 T 值的计算结果进行优劣排序，计算方法为式（13）：

$$T_i = \frac{D_i^{-}}{D_i^{-} + D_i^{+}} \tag{13}$$

2. 耦合协调度模型

本文利用耦合协调度模型对围绕两者的耦合关系及协调关系开展研究，计算系统耦合协调度值包含 3 项数据值：耦合度 C、协调指数 T、耦合协调度 D，分别为式（14）、式（15）、式（16）：

$$C = 2 \times \sqrt{\frac{u_1 \cdot u_2}{(u_1 + u_2) \cdot (u_1 + u_2)}} \tag{14}$$

$$T = \alpha u_1 + \beta u_2 \tag{15}$$

$$D = \sqrt{C \times T} \tag{16}$$

式中，α 和 β 为待定系数，并且满足 $\alpha+\beta=1$。D 值越大，表明文化产业与旅游产业两个系统之间的协调度越高。整体而言，文化产业与旅游产业重要性相同，故取 $\alpha=\beta=0.5$。

3. 灰色关联度模型

为了量化评价黄河流域文化旅游产业融合水平的影响因素，识别最关键因素，本文通过构建灰色关联度模型计算各评价指标的关联度，关联度越大，表示该指标对研究省区文旅产业融合水平的影响程度越高（张建威、黄茂兴，2021）。计算步骤如下：

步骤一：本文采用初值化处理方法，对变量进行无量纲化处理，即用各数列的每个数除以各列第一个数。

步骤二：计算关联系数，见式（17）：

$$\varepsilon_i(k)=\frac{\min\limits_i\min\limits_k\left|y(k)-x_i(k)\right|+\rho\max\limits_i\max\limits_k\left|y(k)-x_i(k)\right|}{\left|y(k)-x_i(k)\right|+\rho\max\limits_i\max\limits_k\left|y(k)-x_i(k)\right|}\tag{17}$$

式中，$y(k)$ 为参考数列，代表文旅产业融合水平；$x_i(k)$ 为比较数列，代表影响文旅产业融合水平的指标值；ρ 为分辨系数，取值范围为 $[0,1]$，常取0.5；$k=1,2,\cdots,n$；$i=1,2,\cdots,m$。

步骤三：计算关联度，见式（18）：

$$\theta_i=\frac{1}{n}\sum_{k=1}^{n}\varepsilon_i(k)\tag{18}$$

四、黄河流域文化与旅游产业融合水平综合评价

（一）指标体系构建和数据来源

1. 指标体系的构建

本文以黄河流域9个省份为研究对象，通过对各省份文化和旅游产业的要素与绩效水平进行得分测算及耦合协调度评价，评估黄河流域文

旅产业融合水平。本文借鉴国内外文旅产业融合水平测度的相关研究（翁钢民等，2016；王秀伟，2020），构建黄河流域文旅产业融合水平评价指标体系（见表1）。

表1　黄河流域文旅产业融合水平评价指标体系

目标层	准则层	指标编码	指标层	指标权重
黄河流域文旅产业融合水平	旅游要素	X1	旅游企业固定资产/万元	0.044
		X2	星级饭店数/家	0.028
		X3	旅行社总数/家	0.037
		X4	旅游景区总数/个	0.045
		X5	旅游产业从业人数/人	0.053
	旅游绩效	X6	国内旅游收入/亿元	0.085
		X7	国际旅游外汇收入/万美元	0.076
		X8	国内游客接待量/万人次	0.073
		X9	入境游客接待量/万人次	0.057
		X10	旅游企业营业收入/万元	0.053
	文化要素	X11	文化及相关产业固定资产投资额/万元	0.098
		X12	艺术表演团体与场馆总数量/个	0.081
		X13	文化企业数量/家	0.037
		X14	文化产业从业人数/人	0.039
	文化绩效	X15	人均文娱项目消费支出/元	0.026
		X16	文化产业增加值/亿元	0.068
		X17	艺术表演团体演出观众人数/万人次	0.047
		X18	文物业藏品数量/件	0.052

2. 数据来源

2020年，由于新冠疫情，各产业的发展均受到不同程度的影响，为了使研究结果更科学、更严谨，选取2019年及之前的相关数据进行分析，本文收集了2001—2019年《中国文化文物统计年鉴》、《中国旅游统计年鉴》、2001—2019年黄河流域9个省份统计年鉴以及《国民经济和社会发展统计公报》等，获取到2001—2019年黄河流域文化与旅游产业发展数据。

（二）综合评价分析

利用熵权 TOPSIS 法计算得到黄河流域 9 个省份文旅产业融合水平得分结果（见表 2）。结果显示：①从时间维度来看，2001—2019 年黄河流域各省份文化旅游产业融合水平得分情况相对平稳，且均有不同程度的提升。②从整体融合水平来看，黄河流域文化与旅游产业融合水平整体偏低，得分均值高于 0.5 的只有山东、河南、四川以及陕西 4 个省份，得分低于 0.2 的占 1/3。③从区域差异来看，黄河流域文旅产业融合水平不均衡、不协调，综合评价得分均值最高达 0.684，最低仅 0.079，相差 0.605。综合评价得分的排名为山东 > 河南 > 四川 > 陕西 > 山西 > 内蒙古 > 甘肃 > 青海 > 宁夏。④从空间分布来看，黄河流域东部地区文旅产业融合水平普遍强于西部地区。

表 2　黄河流域 9 个省份文旅产业融合水平综合评价得分及位次

省份	2015 年	2016 年	2017 年	2018 年	2019 年	均值	排名
山西	0.271	0.270	0.374	0.421	0.453	0.358	5
内蒙古	0.196	0.214	0.213	0.254	0.278	0.231	6
山东	0.625	0.639	0.684	0.728	0.743	0.684	1
河南	0.531	0.584	0.607	0.645	0.702	0.614	2
四川	0.496	0.540	0.577	0.576	0.688	0.575	3
陕西	0.447	0.498	0.492	0.537	0.549	0.505	4
甘肃	0.135	0.148	0.178	0.177	0.197	0.167	7
青海	0.070	0.074	0.080	0.084	0.125	0.087	8
宁夏	0.069	0.074	0.070	0.090	0.094	0.079	9

注：由于研究年份较多，表中只列举了 2015—2019 年的数据。

（三）耦合协调度分析

耦合协调度模型的测算结果显示（见图 1），2001—2019 年黄河流域文化产业和旅游产业的耦合协调度数值偏低，但整体呈现逐渐上涨的趋势；各省份文旅产业融合水平存在显著的省际差异，黄河下游省份的文旅产业融合水平显著高于中上游省份，如 2019 年山东的耦合协调度数值为 0.625，而同期宁夏的数值仅为 0.172。

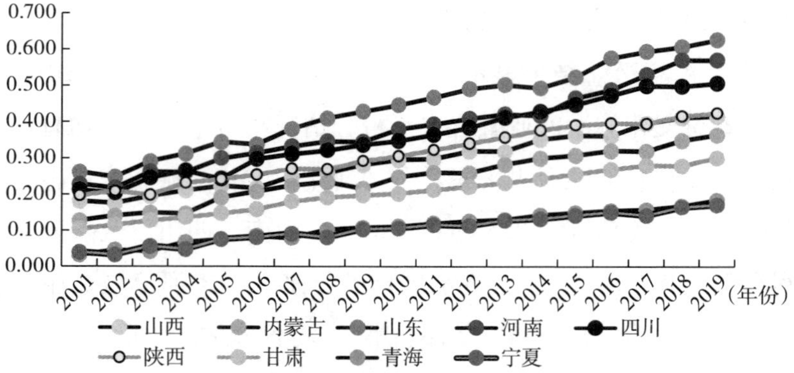

图 1　黄河流域 9 个省份 2001—2019 年文旅产业耦合协调度

参考翁钢民等（2016）的耦合协调度等级划分标准，本文采用的耦合协调度等级划分标准如表 3 所示，计算得出的黄河流域 9 个省份文旅产业耦合协调度等级及其阶段划分如表 4 所示。结果显示，黄河流域 9 个省份整体上文化产业与旅游产业耦合协调度不高，各省份之间存在“阶梯式”的差距。除内蒙古、青海以及宁夏保持稳定外，各省份耦合协调程度都得到小幅度的提升。

表 3　耦合协调度等级划分标准

耦合协调度值	耦合协调程度	等级
0.000 ~ 0.099	极度失调	1
0.100 ~ 0.199	严重失调	2
0.200 ~ 0.299	中度失调	3
0.300 ~ 0.399	轻度失调	4
0.400 ~ 0.499	濒临失调	5
0.500 ~ 0.599	勉强协调	6
0.600 ~ 0.699	初级协调	7
0.700 ~ 0.799	中级协调	8
0.800 ~ 0.899	良好协调	9
0.900 ~ 1.000	优质协调	10

表 4　黄河流域 9 个省份文旅产业耦合协调度等级及其阶段划分

省份	年份	耦合度 C	协调指数 T	耦合协调度 D	耦合协调程度	等级
山西	2016	0.971	0.134	0.361	轻度失调	4
	2017	0.977	0.160	0.395	轻度失调	4
	2018	0.966	0.174	0.411	濒临失调	5
	2019	0.956	0.180	0.415	濒临失调	5
内蒙古	2016	0.981	0.104	0.320	轻度失调	4
	2017	0.972	0.105	0.319	轻度失调	4
	2018	0.980	0.123	0.347	轻度失调	4
	2019	0.980	0.135	0.363	轻度失调	4
山东	2016	0.966	0.343	0.575	勉强协调	6
	2017	0.973	0.362	0.593	勉强协调	6
	2018	0.956	0.383	0.605	初级协调	7
	2019	0.954	0.410	0.625	初级协调	7
河南	2016	0.998	0.239	0.488	濒临失调	5
	2017	0.995	0.282	0.530	勉强协调	6
	2018	0.996	0.326	0.570	勉强协调	6
	2019	0.990	0.327	0.569	勉强协调	6
四川	2016	0.978	0.228	0.472	濒临失调	5
	2017	0.979	0.254	0.498	濒临失调	5
	2018	0.969	0.255	0.497	濒临失调	5
	2019	0.949	0.270	0.506	勉强协调	6
陕西	2016	0.987	0.159	0.396	轻度失调	4
	2017	0.970	0.160	0.394	轻度失调	4
	2018	0.988	0.174	0.415	濒临失调	5
	2019	0.986	0.182	0.424	濒临失调	5
甘肃	2016	0.998	0.072	0.269	中度失调	3
	2017	1.000	0.078	0.280	中度失调	3
	2018	0.972	0.080	0.279	中度失调	3
	2019	0.987	0.092	0.301	轻度失调	4
青海	2016	0.990	0.024	0.155	严重失调	2
	2017	0.997	0.025	0.158	严重失调	2

续表

省份	年份	耦合度 C	协调指数 T	耦合协调度 D	耦合协调程度	等级
青海	2018	1.000	0.028	0.168	严重失调	2
	2019	0.992	0.034	0.184	严重失调	2
宁夏	2016	0.952	0.024	0.151	严重失调	2
	2017	0.921	0.022	0.143	严重失调	2
	2018	0.913	0.030	0.165	严重失调	2
	2019	0.920	0.032	0.172	严重失调	2

注：由于研究年份较多，表中只列举了2016—2019年的数据。

五、黄河流域文化与旅游产业融合水平影响因素分析

（一）指标体系构建和数据来源

以所得耦合协调度作为参考数列，耦合协调度表示文化与旅游产业融合水平。参照先前学者的选取标准（王笑天，2022；刘玨玨，2023），从经济水平、政策支持、人文科技以及生态环境4个方面选取了4个指标，作为影响文化与旅游产业融合水平的因素，将其作为比较数列，探究其与黄河流域9个省份文化与旅游产业融合水平的关系。

数据均来自《中国旅游统计年鉴》、《中国文化文物统计年鉴》、各省份《国民经济和社会发展统计公报》等，具体指标如表5所示。

表5　黄河流域文化与旅游产业融合水平影响因素指标

一级指标	二级指标	单位
经济水平	人均GDP	元
政策支持	全国重点文物保护单位数量	个
人文科技	每10万人专利数	件
生态环境	森林覆盖率	%

（二）灰色关联度分析

从各评价指标关联度分析结果可知（见表6），对黄河流域9个省份的

文旅产业融合水平影响较大的指标为人均 GDP 与全国重点文物保护单位数量，均值都在 0.7 以上。影响最小的为每 10 万人专利数，均值在 0.7 以下。各指标与文旅产业融合水平的关联度大小都在 0.6 以上，表现出了很强的关联性。根据关联分析的相关理论，表明本文所选取的指标具有合理性。

表 6　影响因素与 *D* 值的关联度计算结果

地区	人均 GDP	全国重点文物保护单位数量	每 10 万人专利数	森林覆盖率
山西	0.71	0.78	0.61	0.75
内蒙古	0.73	0.71	0.62	0.70
山东	0.71	0.79	0.67	0.65
河南	0.76	0.72	0.64	0.74
四川	0.72	0.75	0.64	0.76
陕西	0.79	0.74	0.53	0.65
甘肃	0.73	0.72	0.61	0.77
青海	0.77	0.74	0.62	0.73
宁夏	0.74	0.73	0.60	0.74

六、结论与讨论

（一）结论

本文以黄河流域 9 个省份为研究对象，通过测度 2001—2019 年文旅产业的融合水平综合评价得分及其耦合协调度的等级类型，分析其文旅产业融合现状，并探索影响融合水平的关键因素，得到如下结论：

第一，黄河流域文旅产业融合水平总体较低，且各省份之间差距较大。从综合评价得分结果来看，2015—2019 年综合评价得分均值高于 0.5 的省份不到一半，表明大部分省份在文旅产业融合方面仍存在较大的改进空间；山东综合评价得分最高，宁夏最低，且与山东差距较大。从耦合协调度测算结果来看，2019 年，只有山东、河南以及四川 3 个省份达到勉强协调及以上；而严重失调的有青海与宁夏两个省份，各省份之间的不平衡现象制约了黄河流域文旅产业的融合发展。

第二，2001—2019 年，黄河流域文旅产业融合水平相对平稳，且均有不同程度的提升。根据综合评价得分的结果来看，各省份的文旅产业融合水平得分无较大幅度的波动，并且都有小幅度提升，表明各省份通过各种政策措施推动文化和旅游产业的深度融合，取得了一定的成效。从耦合协调度的测算结果来看，虽然各省份耦合协调度数值在 2001—2019 年呈现出一定的波动性，但最终都实现了不同程度的增长。政策环境、市场需求、资源配置等方面的变化可能导致耦合协调度数值的波动。

第三，影响黄河流域文旅产业融合水平的关键因素为人均 GDP 和全国重点文物保护单位数量。人均 GDP 是衡量经济繁荣程度的重要指标之一，与文旅产业融合水平有密切关系。高人均 GDP 意味着该地区经济发展较好，居民收入水平相对较高，人们有更多的消费能力和旅游需求；全国重点文物保护单位数量反映了一个地区的历史文化遗产和保护状况。文物保护单位是吸引游客和旅游活动的重要资源，较多的文物保护单位数量为黄河流域的文旅产业融合提供了丰富的资源基础。

（二）讨论

针对黄河流域文旅产业整体融合水平低、省份之间差异大等问题，《规划纲要》明确提出，推进文化和旅游深度融合发展，把文化旅游产业打造成为支柱产业；强化区域间资源整合和协作，推进全域旅游发展，建设一批展现黄河文化的标志性旅游目的地。

1. “以文塑旅，以旅彰文”，推进文旅产业深度融合发展

推进黄河流域文化产业和旅游产业融合发展的关键是紧盯黄河文化的时代价值，通过创新文旅融合载体、整合文旅资源，形成以黄河文化为核心的旅游产品体系。要丰富旅游产品的文化内涵，打造文化 IP，将文化元素融入旅游产品的规划和设计中，提升旅游的文化内涵和体验

价值。同时，要大力发展经济，提高居民收入水平和消费能力，为文旅产业提供市场需求和支持。加强文物保护与利用，注重文物的保护、修复和管理工作，将文物与旅游、文化体验相结合，打造具有吸引力和竞争力的旅游目的地和文化景点。

2. 强化省份间资源整合和协作，缩小文旅融合水平差距

黄河流域9个省份在文旅产业融合水平上存在明显差异，这是制约黄河流域文旅融合发展的重要因素。为了推动整个黄河流域文旅产业的融合发展，需要强化区域间的资源整合和协作，建立黄河流域文旅产业发展的联动机构，并搭建信息资源共享平台。联动机构由各省份的政府、旅游局、文化局等部门组成，负责协调和推进文旅产业的合作与发展，制定共同的发展规划和目标，并落实具体的实施措施。信息资源共享平台则实现了各地区资源信息的共享和交流，通过数据共享，各地了解整个流域的文旅产业发展状况，制定科学有效的发展战略和政策。

参考文献

[1]王坤晓,吴晋峰,石晓腾. 基于旅游信息关联分析的旅游目的地成长性研究:以黄河流域为例[J]. 地理科学进展,2023,42(5):867－883.

[2]徐凤增,袭威. 基于游客数字叙事的黄河旅游目的地形象与文化传播研究[J]. 河南师范大学学报(自然科学版),2022,50(5):1－8＋172.

[3]刘凯霞,王伟,程金龙. 黄河流域文化产业与旅游产业协调发展研究[J]. 洛阳师范学院学报,2023,42(3):1－7.

[4]GREENSTEIN S, KHANNA T. What does industry convergence mean? [C]. Competing in the age of digital convergence,1997:201－226.

[5]植草益. 信息通讯业的产业融合[J]. 中国工业经济,2001(2):24－27.

[6]涂静. 产业融合的经济学分析[J]. 现代管理科学,2017(8):84－86.

[7]LEI DT. Industry evolution and competence development: the imperatives of technological convergence[J]. International journal of technology management,2000,

19(7/8).

[8] HAUSCHILDT J, SALOMO S. Innovations management [M]. Munchen: Vahlen, 2007.

[9]姜承镇．济州地区农业的多方面六次产业化方案[R]．济州发展研究院，2013.

[10]曹哲．我国农村一二三产业融合发展的基本样态与创新路径研究[J]．西南金融，2022，492(7)：30－41.

[11]赵书虹，陈婷婷．民族地区文化产业与旅游产业的融合动力解析及机理研究[J]．旅游学刊，2020，35(8)：81－93.

[12]朱媛媛，周笑琦，顾江，等．长江中游城市群"文—旅"产业融合发展的空间效应及驱动机制研究[J]．地理科学进展，2022，41(5)：785－796.

[13]JONAS LIND. Ubiquitous convergence: market Redefinitions generated by technological change and the industry life cvclef [J]. Paper for the DRUID academy winter conference, 2015, 3(5): 27－29.

[14]MARKWICK M. Malta's tourism industry since 1985: diversification, culture tourism and sustainability [J]. Scot, geog, 2017(115): 227－247.

[15]程晓丽，祝亚雯．安徽省旅游产业与文化产业融合发展研究[J]．经济地理，2012，32(9)：161－165.

[16]PARK E, CHOI B K, LEE T J. The role and dimensions of authenticity in heritage tourism [J]. Tourism management, 2019(74): 99－109.

[17]CHEN C F, CHOU S H. Antecedents and consequences of perceived coolness for generation Y in the context of creative tourism—a case study of the pier 2 art Center in Taiwan [J]. Tourism management, 2019(72): 121－129.

[18]赵嫚，王如忠．中国文化产业和旅游产业融合发展动力机制与发展评价[J]．生态经济，2022，38(2)：121－129.

[19]程雨，杨淑雅，程丽．河南省文化产业与旅游产业融合发展水平的测度与评价[J]．旅游纵览，2021(13)：68－74＋98.

[20]孙剑锋，李世泰，纪晓萌，等．山东省文化资源与旅游产业协调发展评价与优化[J]．经济地理，2019，39(8)：207－215.

[21]侯兵，周晓倩．长三角地区文化产业与旅游产业融合态势测度与评价[J]．经济地理，2015，35(11)：211－217.

[22]吴姗姗,王录仓,刘海洋．黄河流域旅游流网络结构特征研究[J]．经济地理,2020,40(10):202－212.

[23]李冬花,张晓瑶,陆林,等．黄河流域高级别旅游景区空间分布特征及影响因素[J]．经济地理,2020,40(5):70－80.

[24]王兆峰,李静怡．黄河流域旅游发展与生态环境耦合协调时空演变及交互胁迫关系验证[J]．长江流域资源与环境,2022,31(2):447－460.

[25]穆学青,郭向阳,明庆忠,等．黄河流域旅游生态安全的动态演变特征及驱动因素[J]．地理学报,2022,77(3):714－735.

[26]赵敏,夏同水,马宗国．黄河流域生态保护和农业产业高质量发展评价研究[J]．长江流域资源与环境,2022,31(9):2096－2107.

[27]张新成,梁学成,宋晓,等．黄河流域旅游产业高质量发展的失配度时空格局及成因分析[J]．干旱区资源与环境,2020,34(12):201－208.

[28]ROSENBERG. Technological change in the machine tool industry,1840－1910 [J]. Journal of economic history,1963(4):414－443.

[29]秦继伟．边缘效应理论视角下冰雪产业与旅游产业融合发展策略研究[J]．经济地理,2021(11):1－15.

[30]赵敏．社会转型时期传统音乐文化与旅游产业深度融合发展研究:以“六安茶谷”建设为例[J]．安徽师范大学学报(人文社会科学版),2020,48(2):115－119.

[31]刘然．小农户衔接现代农业的供需耦合协调理论探究:基于生鲜电商为介质的视角[J]．中国特色社会主义研究,2023(1):106－118.

[32]张建威,黄茂兴．黄河流域经济高质量发展与生态环境耦合协调发展研究[J]．统计与决策,2021,37(16):142－145.

[33]翁钢民,李凌雁．中国旅游与文化产业融合发展的耦合协调度及空间相关分析[J]．经济地理,2016,36(1):178－185.

[34]王秀伟．大运河文化带文旅融合水平测度与发展态势分析[J]．深圳大学学报(人文社会科学版),2020,37(3):60－69.

[35]王笑天．文化旅游产业融合发展的时空格局与影响因素分析[J]．统计与决策,2022,38(21):98－101.

[36]刘玨玨．基于熵权 TOPSIS－耦合协调度－灰色关联度的长江经济带水资源承载力综合评价[J]．武汉大学学报(工学版),2023,56(5):532－541.

西北五省（区）非物质文化遗产空间分布特征及旅游活化研究①

伏慧鑫

摘要： 西北五省（区）是“丝绸之路经济带”国内段重要组成部分，非物质文化遗产资源丰富，对其空间分布特征和旅游活化进行研究，有助于提升西北五省（区）非物质文化遗产的保护和利用水平。运用最邻近指数、核密度估计法、空间自相关分析法测度西北五省（区）非物质文化遗产的空间分布特征，并在其基础上探究旅游活化的机制模型，提出非遗旅游活化的策略。结果表明：①西北五省（区）非物质文化遗产空间分布呈现凝聚态势，各类型非物质文化遗产在分布形态上存在着差异，传统医药集聚特征最强，传统体育、传统戏剧不具有集聚性；②西北五省（区）的非遗分布具有明显的集聚态势，东密西疏，呈现“三核一带”的分布格局；③西北五省（区）非物质文化遗产的整体空间分布存在显著的空间正相关性，但冷热点区空间分布态势不均匀，区域间发展均衡性较差；④西北五省（区）非物质文化遗产空间分布与旅游业发展存在显著的正相关关系。本文从驱动力、状态、响应三个方面构建了非物质文化遗产旅游活化动力机制模型，进而

① 本文由梁学成教授指导完成。梁学成，西北大学经济管理学院教授，博士研究生导师，旅游管理系主任，研究方向：文化旅游产业与管理，E-mail：liang-mail@163.com。

提出非物质文化遗产旅游活化策略。

关键词：旅游活化；非物质文化遗产；空间分布

作者简介：伏慧鑫（1997—），河南商丘人，西北大学经济管理学院 2021 级旅游管理专业硕士研究生。

一、引言

非物质文化遗产（Intangible Cultural Heritage）是我国劳动人民勤劳和智慧的结晶，是传统文化中传承下来的精华部分（张博等，2008）。非物质文化遗产是重要的旅游资源，旅游为非遗提供了更多的实践和应用场景，激发了非遗的升级和活力，促进了非遗的传承与活化。在文旅融合背景下，"非遗 + 旅游"逐渐延伸为一种新型产品业态，有效拓宽了文旅产品的广度及深度，同时对于加快非遗的系统性保护具有重要意义。

国外对于非遗的研究工作起步较早，早期的研究主要集中于非遗的概念、类型划分等，如 Adobe（2004）明确划分了物质和非物质文化遗产，Su（2019）运用批判性遗产研究的方法，从非遗参与者的角度研究非遗的价值和组成部分；而 Julia 等（2015）指出要结合非遗所在的环境对非遗进行划分和界定。此后，关于非遗的研究逐渐扩展至非遗的保护利用和传承，如 Yoshida（2004）从微观视角通过具体案例研究了非遗保护的具体方式和路径；Luo 等（2022）认为，旅游业的可持续发展与非物质文化遗产的保护是相辅相成的，社区参与对于维持非物质文化遗产和发展遗产旅游至关重要。非遗与旅游发展的相关研究成果也较多，如 Yang 等（2019）研究了自然遗址和文化遗址对旅游需求的促进作用，研究发现，文化遗址对旅游需求整体影响更大。

虽然我国非遗研究开始较晚，但研究成果丰富。从研究内容来看，主要涉及非遗概念、非遗保护与传承、非遗资源开发利用、非遗的分布特征及影响因素等。如向云驹（2004）全面辨析了非遗概念的产生、由来、意义等；郭永平等（2022）认为，应从非遗文化的内在脉络出发，加强对非遗相关利益群体的关注，再造区域文化共同体，促进非遗的活态传承与创新发展；江娟丽等（2019）研究了重庆市非遗空间格局，并基于空间类型提出旅游和非遗融合的开发模式。从研究方法来看，人类学、管理学、地理学的理论和方法运用较多，如张霞儿（2019）从景观人类学的视角研究了非遗特色小镇建构的路径，研究认为，非遗是对空间文化的一种独特表达；高山等（2020）研究了非遗在大数据的驱动下，管理创新范式的转变；地理学视角下，非遗研究成果丰富，研究区域以全国和省域为主，如广西、湖北、江苏等（任爽等，2023；周玄德等，2023；韩顺法等，2021），研究内容以空间分布、影响因素、旅游开发为主，如郑雪莲等（2021）研究了山东非遗的空间分布，在此基础上探究了非遗与旅游融合发展路径。

非遗旅游活化是基于遗产活化的进一步扩展，是非物质文化遗产与旅游互动协同发展的一种融合概念（王春燕等，2021），是指通过旅游的形式使非物质文化遗产再生产并加以利用的过程（龙先琼，2006）。现有关于非遗旅游活化的研究主要集中在概念、机制、路径等方面，如林琰等（2023）从找准保护与开发的平衡点、把握科技与创新的趋势、强化传统与现代培养方式的结合、注重从“造物”到“造境”的转变四个方面提出非遗活化路径；章牧（2021）从文化认同与原真性、文化再生产、价值共创三个方面提出了非物质文化遗产在旅游中的活化路径；梁章萍（2011）提出了建资源库、建培养体制、满足个性化需求、强政府作用、强科学研究、强宣传力度的活化发展策略。非遗的独特性表明，在进行非遗旅游活化时不能一概而论，而是要根据非遗的文化内涵、发展现状、分布特征等提出适宜的旅游活化路径，因此，要从具体地区的实际情况出发，找出适应当地非遗的旅游活化机制和策略。

《“十四五”非物质文化遗产保护规划》明确提出，要加强非遗区域性整体保护，提高非遗保护传承水平。目前，关于非遗区域性的研究主要集中于黄河流域、长江经济带、粤港澳大湾区等（田磊等，2022；李江敏等，2020；张涵等，2022），对于西部地区的研究较为缺乏。西北五省（区）同处于西北地理区域和丝绸之路历史文化长廊，在文化、资源、风土、人情等方面具有天然共性，旅游合作潜力巨大。基于此，本文聚焦于西北五省（区）的非物质文化遗产，采用空间分析方法和 Arc GIS 软件分析西北五省（区）非遗的空间分布特征，并在此基础上探索西北五省（区）非遗旅游活化的内在机制和发展策略。

二、数据来源与研究方法

（一）研究区概况

西北五省（区）是指陕西省、甘肃省、宁夏回族自治区（以下简称“宁夏”）、青海省、新疆维吾尔自治区（以下简称“新疆”），是西北内陆国家重要的环境屏障，行政区面积为 304.3 万平方千米，占中国国土面积的 32%。西北五省（区）非物质文化遗产资源丰富，人文风俗相通，气候、地形和地貌相似，其旅游资源具有一定的互补性和相似性（王昱茜等，2022）。随着“一带一路”倡议的纵深推进，作为国内丝绸之路的重要组成部分，西北五省（区）的旅游发展迎来了新的契机，其在区域旅游合作上做了一系列探索，如成立“丝绸之路文旅产业联盟”“丝绸之路旅游推广联盟”等。

（二）数据来源

本文以西北五省（区）的国家级非物质文化遗产为研究对象，其中，非遗数据从中国非物质文化遗产网·中国非物质文化遗产数字博物馆获取。以市级行政区为研究单元，首先将在标准地图服务网站下载的标准地图进行 Arc GIS 矢量化、地理配准和投影转换；其次对新疆、青海、甘肃、宁夏和陕西的行政边界矢量数据进行地图制作，利用百度地图坐标拾取工具获取西北五省（区）非遗的地理坐标信息，对其进行地理坐标提取和精确定位。

（三）研究方法

1. 最邻近指数

最邻近指数通过计算多要素点之间的理论距离，并基于实际最邻近距离归纳空间布局模式，分析西北五省（区）非遗资源的空间分布类型，计算公式如下：

$$d_e = \frac{1}{2\sqrt{\frac{n}{A}}}, I = \frac{\bar{d}_r}{\bar{d}_e}$$

其中，d_e 为理论最邻近距离；$\bar{d}_e$ 为理论平均最邻近距离；$\bar{d}_r$ 为实际平均最邻近距离；n 为非遗点数；A 为研究区域面积；I 为最邻近指数。当 $I < 1$ 时，非遗点为聚集分布态势；当 $I = 1$ 时，非遗点的空间分布呈随机态势；当 $I > 1$ 时，非物质文化遗产点的空间分布趋于均匀态势。

2. 核密度估计法

核密度估计法用来计算点状要素在特定范围内的单位密度，探究西北五省（区）非遗资源在地理空间上的分布密度，公式如下：

$$f(x) = \frac{1}{nh}\sum_{n}^{i=1} k\left(\frac{x - x_i}{h}\right)$$

其中，$k\left(\frac{x - x_i}{h}\right)$ 为核函数；n 为非遗数量；$h > 0$，为带宽。$f(x)$ 值越大，非遗分布越密集。

3. 空间自相关分析

空间自相关分析用于分析西北五省（区）非遗的空间分布是否存在自相关，判断其在全局层面上是否存在空间集聚，用全局 Moran's I 指数度量，计算公式如下：

$$I = \left(n / \sum_{i=1}^{n} \sum_{j=1}^{n} W_{ij}\right) \times \left[\sum_{i=1}^{n} \sum_{j=1}^{n} W_{ij}(X_i - \bar{X})(X_j - \bar{X}) / \sum_{i=1}^{n} (X_i - \bar{X})^2 \right]$$

其中，X_i 和 X_j 为区域单元 i 和 j 的观测值；n 为市级行政区数目；W_{ij} 为空间权重矩阵，I 为 Moran's I 指数。当 $I > 0$ 时，说明观测值具有聚集特征；当 $I < 0$ 时，观测值呈现离散分布态势；当 $I = 0$ 时，观测值呈现随机分布态势。

运用热点分析工具 Getis－Ord（G_i^*）进一步探究局部空间自相关情况，分析西北五省（区）非遗在局部空间的高值（热点）集聚与低值（冷点）集聚分布。

$$G_i^* = \frac{\sum_{j=1}^{n} W_{ij}(d) X_i X_j}{\sum_{j=1}^{n} X_j}$$

为便于解释和比较，对 $G_i^*(d)$ 进行标准化处理：

$$Z(G_i^*) = \frac{G_i^* - E(G_i^*)}{\sqrt{Var(G_i^*)}}$$

其中，$E(G_i^*)$ 和 $Var(G_i^*)$ 分别为 G_i^* 的数学期望和方差值；X_i 和 X_j 分别为区域 X_i、X_j 中非遗的样本点个数。如果 $Z(G_i^*) > 0$ 且显著，则说明该区域呈现高值空间集聚，为热点区；反之，如果 $Z(G_i^*) < 0$ 且显著，则说明该区域为冷点区。

三、西北五省（区）非遗空间分布特征

（一）空间分布统计

西北五省（区）非遗资源丰富，共有国家级非遗项目 430 项，占全国国家级非物质文化遗产项目总数的 12.47%，各省（区）非遗数量和类型存在差异（见表 1）。从西北五省（区）非遗数量的分布来看，新疆非遗最多，达 140 项，占西北五省（区）非遗总数的 32.56%；陕

西、青海、甘肃三地的非遗数量相当，共占比 60.93%，宁夏的非遗数量最少，为 28 项，占比为 6.51%。非遗分布趋向于民族聚居、历史文化悠久、经济较发达区域（徐柏翠等，2018），新疆是一个多民族聚居的地区，同时又位于亚洲、非洲与欧洲的交通要塞，来自不同国家、不同民族的文化碰撞使新疆非遗资源十分丰富。青海、甘肃由于少数民族较多，且地理位置独特，非遗资源较为丰富。陕西经济发展较好，非遗数量较多。宁夏由于地理面积较小，非遗数量相较于其他四省份最少。

表 1　西北五省区非遗数量分布

	传统技艺/项	传统美术/项	传统体育/项	传统舞蹈/项	传统戏剧/项	传统医药/项	传统音乐/项	民间文学/项	民俗/项	曲艺/项	总数占比/%
新疆	25	9	9	16	0	7	28	19	22	5	32.56
陕西	12	12	2	6	18	2	15	7	9	8	21.16
甘肃	12	8	1	11	11	2	12	7	12	7	19.30
宁夏	7	5	0	1	1	4	3	1	5	1	6.51
青海	11	11	3	9	3	6	15	9	17	4	20.47
总数	67	45	15	43	33	21	73	43	65	25	100.00

从西北五省（区）非遗类型的分布来看，传统音乐非遗在新疆最多，有 28 项；其次是陕西、青海、甘肃和宁夏。民俗非遗在新疆最多（22 项），其次为青海（17 项）、甘肃（12 项）、陕西（9 项），最少为宁夏（5 项）。传统技艺、传统美术、传统舞蹈、民间文学非遗五省（区）分布总量相差不大，数量最多的为新疆，宁夏最少。传统戏剧和曲艺非遗在五省（区）数量分布相差较大，其中，陕西最多，为 26 项；新疆没有传统戏剧非遗。各省份传统体育、传统医药非遗数量都较少，陕西、甘肃最少，分别为 4 项、3 项。各省份传统体育非遗数量较少，均不超过 10 项，其中，新疆最多，为 9 项；宁夏缺少该类非遗。传统音乐、民俗、传统技艺、传统舞蹈、传统美术都具有较强的展示性、参与性、体验性，这为西北五省（区）非遗旅游活化奠定了一定的物质基础。

（二）空间分布类型

运用 Arc GIS10.6 软件中的平均最邻近工具，计算得到西北五省（区）非物质文化遗产总体最邻近指数和各种类型的最邻近指数（见表 2）。结果显示，西北五省（区）非遗总量的实际平均最邻近距离 $\bar{d}_r$ 为 13.34 千米，理论平均最邻近距离 $\bar{d}_e$ 为 47.94 千米，最邻近比率 I 值为 0.278，置信度大于 99%，表明西北五省（区）非遗空间分布呈现凝聚态势，显著性较强。

表 2　西北五省（区）非遗平均最邻近指数

	传统技艺	传统美术	传统体育	传统舞蹈	传统戏剧	传统医药	传统音乐	民间文学	民俗	曲艺	总体
$\bar{d}_r$	54.78	89.46	203.60	99.94	93.47	95.92	63.15	90.33	69.74	112.80	13.34
$\bar{d}_e$	106.60	118.30	241.90	134.80	87.51	198.20	114.50	134.10	109.90	136.40	47.94
I 值	0.514	0.756	0.842	0.741	1.068	0.484	0.552	0.674	0.634	0.827	0.278
p 值	0.000	0.002	0.241	0.001	0.454	0.000	0.000	0.000	0.000	0.097	0.000

西北五省（区）各类型非遗在分布形态上存在差异，其中，传统医药的最邻近指数为 0.484，集聚性最强；其次为传统技艺、传统音乐、民俗、民间文学、传统舞蹈和传统美术非遗，其最邻近指数在 0.500～0.800，具有较强的集聚性；曲艺非遗的最邻近指数为 0.827，集聚性较弱，趋于随机分布。西北五省（区）传统体育类非遗分布数量最少，仅为 15 项，且空间分布过于分散，不具有集聚特征，传统戏剧类非遗的分布无法通过显著性检测。

（三）空间分布格局

运用 Arc GIS10.6 对西北五省（区）非遗进行核密度分析，分析其空间分布格局，测度其核点的地理空间位置。西北五省（区）的非遗分布具有明显的集聚态势，东密西疏，呈现“三核一带”的分布格局。“三核”包括高密度核心区 1 个和次密度核心区 2 个，其中，以兰州为核心，辐射甘肃中西部和青海的中东部，形成1个高密度核心区；以陕西关中地区形成一个次密度核心区；乌鲁木齐联合昌吉形成第二个次密度核心区。“一带”是以喀什地区、阿克苏地区、伊犁地区、塔城地区为主形成的新疆边界带。

（四）空间分布关联特征

1. 全局自相关

运用Arc GIS软件，以国家级非遗项目密度平均值为基础数据，以地级市为研究空间单元，计算西北五省（区）非遗空间分布全局Moran's I指数。从整体来看，Moran's I指数为$0.742>0$，且$p<0.000$，表明西北五省（区）非遗的整体空间分布存在显著的空间正相关性，即在密集分布区存在显著的集聚现象。

2. 局部自相关

为了更好地研究非遗在空间上局部聚散态势，进一步得到局部关联指数Getis－Ord（G_i^*）值，将西北五省（区）地级市非遗的分布划分为冷点区、次冷点区、次热点区、热点区4种类型，用以分析西北五省（区）非遗分布冷热点的情况。西北五省（区）非遗局部分布的关联模式呈现出明显的地理分异特征，冷点和次冷点区主要集中在西北五省（区）的中部和西南部，热点区、次热点区主要集中在西北五省（区）的东部。整体来看，西北五省（区）非遗分布以冷点区和热点区为主，次热点区和次冷点区占比较小，冷热点区空间分布态势不均匀，区域间发展均衡性较差。

四、西北五省（区）非遗旅游活化研究

（一）非遗空间分布与旅游发展的相关性分析

“非遗＋旅游”是一种有效的活态传承方式，非遗在旅游活化过程

中保持生命力，非遗的注入也有助于提升旅游地文化内涵（李江敏等，2018）。借鉴前人的研究，本文选取 2019 年西北五省（区）地级市（州）的国家级非遗项目、旅游总人数、旅游总收入、景区资源丰裕度等数据（李向强等，2023；王立明等，2022），运用 SPSS 软件对非遗空间分布与旅游发展之间的关系进行相关性分析。其中，景区资源丰裕度是通过加权模型计算得出的衡量区域旅游资源的一个综合指数（梁改童等，2021；白洋，2015）。景区资源丰裕度 $Q = 5.0q_5 + 2.5q_4 + 2.0q_{3+}$ $1.5q_2 + 1.0q_1, Q = 5.0q_5 + 2.5q_4 + 2.0q_3 + 1.5q_2 + 1.0q_1$。其中，$q_{1\sim} q_5$ 分别为西北五省（区）地级市 A ~ AAAAA 级景区的数量（孙晓，2017）。如表 3 所示，西北五省（区）非遗数量与旅游总人数、旅游总收入、旅游资源丰裕度之间具有一定的显著性（$Sig < 0.01$），存在一定的正相关关系，即旅游总人数、旅游总收入、旅游资源丰裕度可以通过非遗数量进行预测。

表 3　西北五省（区）非遗空间分布与旅游回归分析

变量	参数	旅游总人数	旅游总收入	旅游资源丰裕度
非遗数量	Sig	0.002	0.006	0.000
	R^2	0.445	0.406	0.629

（二）非遗旅游活化机制

非遗资源的集中度是旅游活化的基础，非遗资源过于分散会影响旅游开发和游客体验，这也是前文对非遗资源进行空间分析的原因。基于西北五省（区）非遗资源的空间分布特征及其与旅游发展相关性的分析，本文借鉴联合国可持续发展委员会提出的“驱动力(D)—状态(S)—响应（R）”（DSR）模型，构建非遗旅游活化动力机制模型(见图 1)。非遗在内外部环境的驱动下，通过合理开发非遗资源、融入旅游空间、市场化传承、数字化共享四个方面表征非遗旅游活化的状态，在政策制度、社会支持、市场需求等方面做出“响应”。“响应”进一步促使“状态”旅游活化，使非遗得到创新性发展，阶段性地完成非遗旅游活化任务，逐步推动 DSR 闭环反馈式非遗旅游活化循环过程。

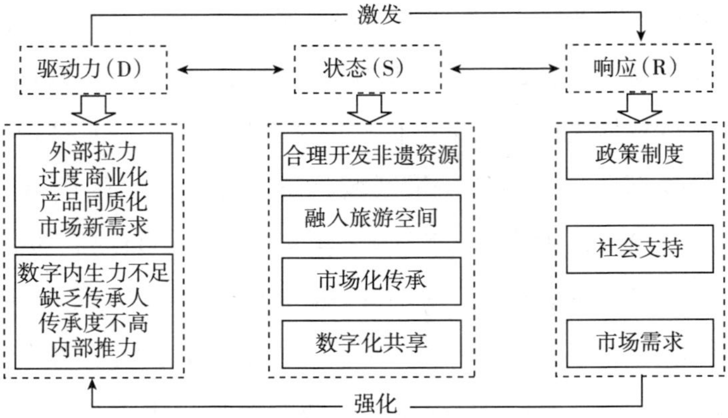

图 1　非遗旅游活化机制模型

1. 旅游活化驱动力

在非遗旅游发展的进程中，不得不正视在开发过程中过度商业化的问题，过度商业化不仅会破坏非遗的原真性和发展规律，也会降低旅游景区的吸引力。首先，随着产品体系的不断完善，产品同质化的现象越发严重，内部竞争激烈，加上目标市场对文化需求的不断升级，非遗旅游活化面临巨大的外部拉力。非遗的最大特性在于其非物质性，其大多是没有文字记载的，数字化的发展使其具有新的记载方式，但是在非遗数字化的过程中，由于缺乏信息沟通和资源共享机制，非遗档案数字库尚未完全建立起来，这为非遗旅游资源的梳理筛选定位和匹配度调试等带来了一定的困难。其次，非遗是以人为本的活态遗产，技艺难度、经济收益等一系列原因致使非遗传承人减少，非遗面临失传的境地，加上部分非遗传承度不高等问题，需要推动非遗进行旅游活化。

2. 旅游活化发展状态

在外部拉力和内部推力的共同作用下，非遗旅游活化的表征状态主要从合理开发非遗资源、融入旅游空间、市场化传承、数字化共享四个方面体现。合理开发非遗资源是非遗旅游活化的前提，过度商业化开发不仅会破坏非遗的原真性和传承保护，也会反噬旅游的发展，在非遗旅游发展中，要坚守非遗保护的原真性，找准保护与开发的平衡点，促进非遗保护与旅游开发的良性发展。融入旅游空间是非遗旅游活化的核心，非遗的有机融入一方面可以加强非遗的传承和普及；另一方面可以增强旅游目的地的特色吸引力，给旅游发展带来新的经济增长点。市场化传承是非遗旅游活化的关键，以市场需求为出发点，通过非遗传承人和旅游从业者的双向培训，引导游客在游玩过程中体验非遗项目，进而在游后对非遗进行传播。数字化共享是非遗旅游活化的基础，搭建非遗数字化传播矩阵，提升非遗数字文创产品持续创造能力，用数字科技赋能非遗传播，焕发非遗数字化传播与传承活力。

3. 旅游活化行动响应

旅游活化行动响应主要指利益相关者对非遗旅游活化采取的对策以及持有的态度等（成英文等，2013），是加速非遗旅游活化的外在刺激性因素。旅游活化行动响应包含三个方面的内容：一是以非遗、旅游行业管理者为主体的政策响应，如制定非遗旅游发展规划、成立非遗保护领导和监督小组等；二是以传承人、旅游企业为主体的社会响应，如承担非遗在融入旅游空间中的创新发展、负责非遗数字化传播等；三是以旅游者为主体的社会响应，如购买非遗旅游产品、在体验后向他人传播非遗文化等，这将促进非遗旅游更好地发展。

（三）非遗旅游活化策略

1. 融合发展，促进非遗旅游活化的适宜性发展

通过对非遗空间分布的研究可以看出，不同地区非遗项目分布类型和特征存在差异，因此，有必要依据不同地区非遗的分布特征归纳分析不同的融合发展模式。在非遗热点分布区，非遗的空间分布呈现显著的集聚状态，非遗数量较多且具有一定规模的集聚效应，其非遗文化氛围浓厚，在与旅游产业融合发展时以非遗为核心吸引物，通过打造地域集

合性的非遗文化品牌、非遗文化街区等途径将非遗有形化（周仲鸿等，2023），营造良好浓郁的非遗旅游文化氛围，带动旅游产业质的提升。在非遗冷点分布区，非遗的空间分布分散，地理集群效应不佳，很难发挥资源群体优势，在进行非遗与旅游产业融合发展时可以将旅游产业作为核心，依托自身发展良好的旅游资源，带动非遗发展，如将非遗项目融入旅游空间，让游客在游玩的同时体验非遗项目，这样不仅能丰富旅游产业的文化内涵，还能推动非遗的传承和保护。

2. 系统开发，推动非遗旅游的规模化发展

非遗难以旅游活化、难以可持续发展的一个重要原因就是缺乏规模（李向强等，2023）。西北五省（区）非遗资源分布具有明显的集聚态势，因此，可以依据非遗资源的分布特征进行合理的规模化发展。在非遗资源丰富、旅游活化价值高的高密度核心区，打造以甘肃兰州、青海西宁为核心的主中心，提炼西北非遗旅游品牌，打造少数民族非遗博物馆、非遗历史文化街区，规模化展示非遗项目。同时，打造两大副中心：一是围绕乌鲁木齐、昌吉打造以传统音乐、传统技艺为核心的非遗旅游目的地；二是围绕陕西关中地区依托景区、博物馆、民俗小镇等打造非遗体验中心，集中展示关中人民的生产生活方式和风俗习惯，建设全国知名的民俗文化旅游目的地。建设以喀什地区、阿克苏地区、伊犁地区、塔城地区为主的非遗文化走廊，主打边疆少数民族的非遗文化体验。主、副中心通过丝绸之路相连，并向低密集区辐射扩散，形成西北五省（区）非遗旅游活化的整体格局。

3. 人才为基，建立非遗市场化传承人才体系

“人”是非遗得以保护、传承、发展的基石和灵魂。在非遗旅游活化过程中，应推动非遗传承人职业化发展，解决民间非遗传承人自培养体系遇到的代表性项目传承不均衡的问题，避免陷入“艺随人亡”的危机。根据市场化需求吸引当地居民、旅游从业者、游客等，并根据其需求对其进行培训，使其参与到非遗的传承中。同时，对传承人开展专门的非遗旅游培训，提升其非遗旅游活化的创新能力，适应非遗的旅游化发展。广泛开展人才交流，组织非遗人才多参与国内外的重要文旅活动等，推动本土非遗人才拓宽视野和思路。对传承人和旅游从业者开展双向培训，增进非物质文化遗产保护领域和旅游行业相关群体之间的相互了解，加强非遗旅游活化人才体系的建设。

4. 数字创新，焕发非遗旅游传播新活力

技术的创新与发展为非遗的转换、再现与复原提供了技术支持，使非遗不再是“凝滞的文化”，而是可共享、可再生的新形态，用数字科技赋能非遗是非遗数字化未来的发展方向。搭建非物质文化遗产馆，运用 AR、AI、5G、区块链等数字影响传播技术，让传统非遗文化技艺与数字科技相结合，通过搭建沉浸式综合体验平台，重现非遗传承的生活情境和制造过程，让游客可以沉浸式体验非遗。借助新媒体传播渠道，将长视频、短视频和直播等多形式视频流融合，结合热门 IP，打造非遗旅游数字文创品牌，全方位开展非遗旅游线上活态呈现及推介。

五、结论

本文以西北五省（区）国家级非物质文化遗产为研究对象，运用最邻近指数分析法、核密度估计法、空间自相关性分析探索了西北五省（区）非遗的空间分布特征，研究结论如下：①西北五省（区）非遗资源丰富，各省份之间非遗数量和种类存在差异。西北五省（区）非遗总数的最邻近指数为 0.278，其非遗空间分布呈现凝聚态势，传统技艺、传统美术、传统舞蹈、传统医药、传统音乐、民间文学和民俗非遗具有较强的集聚性，曲艺非遗集聚性较弱，传统体育、传统戏剧不具有集聚性特征。②西北五省（区）非遗空间分布呈现“三核一带”的空间格局，高密度核心区以兰州为核心，两个次密度核心区分别是陕西关中地区、新疆乌鲁木齐和昌吉，“一带”是指以喀什地区、阿克苏地区、伊犁地区、塔城地区为主形成的新疆边界带。③西北五省（区）非遗的空间分布全局，Moran's I 指数为 0.742 > 0，且 $p < 0.000$，表明西北五省（区）非遗的整体空间分布存在显著的空间正相关性，西北五省（区）非遗分布以冷点区和热点区为主，次热点区和次冷点区占比较小，冷热点区空间分布态势不均匀，区域间发展均衡性较差。

以西北五省（区）2019 年旅游业发展相关数据为基础，运用 SPSS 软件对非遗空间分布与旅游发展之间的关系进行相关性分析，研究发现，西北五省（区）非遗空间分布与旅游业发展存在显著的正相关关系。进而从驱动力、状态、响应三个方面构建非遗旅游活化动力机制模型，非遗在内外部环境驱动下，通过合理开发非遗资源、融入旅游空间、市场化传承、数字化共享表征非遗旅游活化的状态，进而在政策制度、社会支持、市场需求等方面做出“响应”。根据提出的非遗旅游活化动力机制模型，提出融合发展促进非遗旅游活化的策略。

参考文献

[1]张博，程圩．文化旅游视野下的非物质文化遗产保护[J]．人文地理，2008,99(1):74－79.

[2]ADOBE A. Tangible and intangible heritage:from difference to conver－gence of the intangile culture heritage[J]. Museum international,2004,56(5):20－21.

[3]SU J J. Understanding the changing Intangible cultural heritage in tourism commodification: the music players' perspective from Lijiang,China [J]. Journal of tourism and cultural change,2019,17(3).

[4]JULIA,KOLESNIKOVA,ELDAR,et al. Correlation of concepts of intangible property of the state,national wealth and intangible heritage [J]. Procedia social & behavioral sciences,2015,188(1):237－241.

[5]YOSHIDA K. The museum and the intangible cultural heritage[J]. Museum international,2004(5):8－10.

[6] LUO, W Y, et al. Tourism and conserving intangible cultural heritage: residents' perspectives on protectin the nüshu female script[J]. Journal of China tourism research, 2022, 18(6): 1305 – 1329.

[7] YANG Y, XUE L, JONES T. Tourism – enhancing effect of world heritag sites: panacea or placebo? A meta – analysis[J]. Annals of tourism research, 2019 (75): 29 – 41.

[8]向云驹. 论"口头和非物质遗产"的概念与范畴[J]. 民间文化论坛, 2004(3): 69 – 73.

[9]郭永平, 行晓荣. 晋陕豫黄河流域高质量发展中非物质文化遗产的传承创新[J]. 云南民族大学学报(哲学社会科学版), 2022, 39(2): 58 – 65.

[10]江娟丽, 杨庆媛, 张忠训, 等. 重庆市非物质文化遗产的空间格局及旅游开发模式[J]. 经济地理, 2019, 39(6): 205 – 213.

[11]张霞儿. 景观人类学视角的非遗特色小镇建构路径探析[J]. 贵州民族研究, 2019, 40(3): 80 – 84.

[12]高山, 谈国新. 大数据驱动的非物质文化遗产管理范式转变研究[J]. 图书馆, 2020, 314(11): 76 – 82.

[13]任爽, 梁振然, 殷敏. 广西非物质文化遗产空间分异及开发策略[J]. 桂林理工大学学报, 2023(2): 343 – 350.

[14]周玄德, 邓祖涛, 张浩. 非物质文化遗产空间分布及旅游开发模式: 以湖北省为例[J]. 湖北经济学院学报, 2023, 21(3): 120 – 128.

[15]韩顺法, 徐鹏飞, 马培龙. 江苏非物质文化遗产的时空分布及其影响因素[J]. 地理科学, 2021, 41(9): 1598 – 1605.

[16]郑雪莲, 田磊, 张淑娴. 山东省非物质文化遗产的分布特征及旅游融合路径研究[J]. 资源开发与市场, 2021, 37(8): 998 – 1002, 1024.

[17]王春燕, 昝梅, 施国芳, 等. 新疆文化资源空间分布特征及成因分析: 以非物质文化遗产为例[J]. 干旱区地理, 2021, 44(2): 584 – 593.

[18]龙先琼. 关于非物质文化遗产的内涵、特征及其保护原则的理论思考[J]. 湖北民族学院学报(哲学社会科学版), 2006(5): 47 – 52.

[19]林琰, 李惠芬. 非物质文化遗产的保护机制与活化路径[J]. 南京社会科学, 2023, 425(3): 151 – 160.

[20]章牧. 非物质文化遗产活化研究: 基于文旅融合的视角[J]. 社会科学

家,2021(6):15-20

[21]梁章萍. 表演艺术类非物质文化遗产旅游开发的活化研究[J]. 中国商贸,2011,509(20):165-166.

[22]田磊,孙凤芝,张淑娴. 黄河流域非物质文化遗产空间分布特征及影响因素[J]. 干旱区资源与环境,2022,36(5):186-192.

[23]李江敏,赵青青,陈静. 长江经济带非物质文化遗产空间分布特征与影响因素[J]. 经济地理,2020,40(12):191-198.

[24]张涵,刘会成. 粤港澳大湾区非物质文化遗产的空间分布及其影响因素[J]. 地域研究与开发,2022,41(6):93-98.

[25]王昱茜,朱俏俏. 西北五省(区)入境旅游合作路径研究:基于丝绸之路文化遗产廊道[J]. 资源开发与市场,2022,38(6):752-760.

[26]徐柏翠,潘竟虎. 中国国家级非物质文化遗产的空间分布特征及影响因素[J]. 经济地理,2018,38(5):188-196.

[27]李江敏,李薇. 非物质文化遗产的旅游活化之道[J]. 旅游学刊,2018,33(9):11-12.

[28]李向强,刘海朦,杨梦琪,等. 三峡库区非物质文化遗产的旅游活化研究[J]. 资源开发与市场,2023(8):1057-1064.

[29]王立明,陆亦农,李啸虎,等. 新疆非物质文化遗产分布特征及旅游活化机制研究[J]. 干旱区地理,2022,45(6):1968-1977.

[30]梁改童,高敏华,白洋. 西北地区A级景区与旅游收入空间错位研究[J]. 西北大学学报(自然科学版),2021,51(2):270-278.

[31]白洋,杨晓霞,樊昊. 我国旅游资源经济转化率及其省际差异分析[J]. 西南师范大学学报(自然科学版),2015,40(6):85-90.

[32]孙晓. 黑龙江省旅游业发展的空间错位研究[J]. 西北师范大学学报(自然科学版),2017,53(4):124-128,134.

[33]成英文,张辉. 旅游转型的概念及理论框架:兼对中国旅游转型的研究[J]. 北京第二外国语学院学报,2013,35(5):1-6,63.

[34]周仲鸿,王辉,吕波. 东北三省非遗美食资源空间分布特征及旅游融合模式探析 [J]. 四川旅游学院学报,2023(3):35-39.

第七篇

技术经济和大数据决策

大数据技术下的企业风险传染效应研究
——基于知识图谱视角①

李淑琴

摘要：云计算、大数据、人工智能等新技术的高速发展，使数据呈现规模式增长，其中蕴藏着大量潜在有价值的信息与知识，为经济社会发展和企业管理提供了丰富、宝贵的知识资源。但如今面临的巨大挑战是如何从多元异质的数据中获取有价值的信息，这也成为知识管理研究的关键问题。本文从复杂网络视角出发，针对多源异质大数据，经过知识抽取、知识融合和知识存储等多步骤构建了企业关联知识图谱，可视化呈现了内部关联结构，最后基于 PageRank 算法的风险传染模拟模型对风险传染全过程进行高效的可视化模拟，为企业风险防范与智能监管等研究和实践工作提供有益参考。

关键词：知识图谱；风险管理；复杂网络；传染效应

作者简介：李淑琴（1998—），新疆乌鲁木齐人，西北大学经济管理学院 2021 级技术经济与管理专业硕士研究生。

---

① 本文由贺毅岳教授指导完成。贺毅岳，西北大学经济管理学院副教授，博士后，硕士研究生导师，研究方向：金融投资。

一、引言

云计算、人工智能、区块链、物联网等大数据技术的兴起渗透到经济社会的各个领域，推动着数字经济的发展。数据作为关键生产要素的价值日益凸显，如何在大数据背景下运用好多元异质的互联网数据，成为知识管理研究的关键问题。

随着信息技术的高速发展、投资主体的多元化以及企业的集团化经营，企业之间的关联关系越来越错综复杂，网络传染性已成为现代风险管理的核心。在投资推动型经济增长模式下，作为中国经济脊梁的企业同样是通过高负债、高投资、高成本经营，其风险日积月累，如天威集团先是孙公司贷款逾期，然后是子公司债务违约，后来发展至多家子公司债务违约，最终导致集团违约、破产重整，风险传染影响巨大。以2021年国务院国资委出台《中央企业全面风险管理指引》为标志，企业已经将风险管理作为经营管理的重要内容。当前，国家也将“三去一降一补”作为供给侧结构性改革的五大任务。因此，构建风险网络模型进而识别风险关联性也逐渐成为风险管理领域的关注点。

国际宏观经济环境面临诸多不确定因素，防范风险的积累和扩散，是一个举足轻重的时代命题。系统性风险定义的核心思想是风险的传染，即一个经济主体面临的冲击，向经济系统中的其他主体迅速传递。因此，监测和控制风险在经济主体间的传染，是当下防范化解系统性风险的重点。A股上市公司作为中国市场经济体系的重要组成部分和资本市场的核心，一直都是价值创造的主体和源泉。截至2023年，A股上市公司数量超过了4000家，总市值已经超过77万亿元。党的十九届五中全会提出了“服务好实体经济发展”新政策，而占据实体经济半壁江山的A股市场，自然成为政府转变职能、加强市场监管的重要着力点，汇聚上市公司的A股市场，其内部的关联方交易及关联关系等交织在一起，容易形成风险传染网络，构成风险传染的显性或隐性渠道，因此急需互联网大数据及相关技术支持和加强对企业的综合监管与服务。

知识图谱的出现正好解决了上述难题，本文采用知识图谱可视化技术描述知识资源及载体，通过一系列的挖掘、分析、构建、绘制和显示知识等步骤，揭示了实体之间的关系语义网络，并使用三元组将知识表达为网状的图结构，便于知识的表示、抽取、检索与推理，也能更加直观地展现多元主体间的相关关系。网络模型为研究该种风险的关联性质提供了有力工具，其研究范式将各个经济主体视作网络中的节点，风险传染关系即节点间的连边，其契合了系统性风险的内在逻辑，更好地展示了风险传染的全部过程以及被风险传染实体的影响程度，为风险传染的研究提供了有利方案。

二、文献综述和相关理论

（一）知识图谱

知识图谱（Knowledge Graph）是由一种叫作“语义网络”（semantic network）的知识库发展而来的。20 世纪 70 年代，有学者开始将语义网络与谓词逻辑融合进行研究，Simmons 等（1971）提供了一个算法将语义网络转化成谓词逻辑的形式，并且具有计算方面的优势。到了 80 年代，知识工程和算法系统成为人工智能研究的主流；90 年代，语义网络的工作集中于概念（concept）之间关系的建模，提出了术语逻辑，如 Brachman 等（2009）提出的 classic 语言以及在专家系统方面的应用。进入 21 世纪，语义网络被应用到了一个新的场景，即语义 Web。

知识图谱的概念由谷歌在 2012 年正式提出，以结构化形式描述客观世界中的实体与实体间关系，将知识表示为形如 <h，r，t> 的三元组形式，其中，h 和 t 代表实体，r 则是两者间的关系。将三元组中的头部实体与尾部实体表示为节点，将实体间的关系表示为边，就构建出了一个图形结构的知识网络。

目前，国内针对知识图谱的研究主要集中于文献的可视化分析领域，运用 CiteSpace 等软件对某一领域内的文献进行可视化分析，探讨该领域的研究热点并预测未来的研究方向。国内学者如杨志利（2017）对 2001—2016 年收录于 SSCI 数据库和 CNKI 数据库的金融市场风险领域的相关文献，主要选取国家、机构、作者和关键词四项指标，借助 CiteSpace 软件进行可视化分析。本文运用的知识图谱并不局限于一项技术，而是一项系统性的工程，具体包含知识抽取、知识融合、知识存储、知识应用等多个步骤，最终获得一个可视化呈现的复杂网络。国外学者如 Loster 等（2018）通过从文本中提取实体及关系，将结构化和非结构化的数据集成到一个特定领域并创建知识图谱，从理论上提出了一个通用知识图谱构建系统。吕华揆等（2020）运用股权数据，从知识关联角度构建了中国金融股权知识图谱，实现了金融机构间关系可视化，并在此基础上通过穿透式计算，得到了最终股权结构特征，揭示了机构之间的关联路径。

（二）风险传染

风险传染方面，对市场主体（企业、金融机构及金融市场）间风险传染和系统性风险的研究越来越多，进行建模的工具也非常丰富，其中，主要包括相关系数、以 GARCH 模型拓展出的多元方程、单一指数法、极值理论、复杂网络理论等。王永巧等（2011）利用时变 Copula 研究了中国大陆股市与国际股市间的风险传染问题。杨子晖等（2018）采用 VaR、MES、CoVaR 、CoVaR 四类主要的风险测度方法结合溢出网络探究了 A 股市场金融机构和房地产公司间的系统性风险。由于以上两项研究采用不同的分析工具与方法，对风险研究的侧重点也有所不同，但它们有一个共同之处——时间维度保持不变，是静态的，这也为研究降低了一定的难度。

根据已有文献研究发现，识别传染企业的方法有三种：一是同行业间的传染；二是同区域间的传染；三是通过关联网络间的相互传染。而传染效应的主题一直围绕企业投资行为、企业内部控制、企业股权结构等，如果某企业内部控制存在重大缺陷，那么其导致的经济后果便存在传染效应，当企业由于内部控制缺陷产生违规行为时，该企业出现股价下跌的同时会引起同行业的股价下跌。企业集团由于规模大、产业链长、多元化经营、金字塔结构等特征，风险更复杂，管控难度更大。集团运营构建的内部资本市场影响成员企业间的风险（He et al. ,2013）；集团自身特殊的金字塔结构是影响企业风险承担的重要因素（苏坤，2016）。企业集团股权结构、关联交易是中国企业典型的关系型交易模式，企业治理在集团中的作用很大，但对集团管控和治理的研究还远远不够（Colli and Colpan，2016）。

三、企业知识图谱构建及应用

根据抽取数据结构化程度的不同，本文收录了在 2022 年 8 月 1 日前全部上市的公司名单，并以其 2021 年的年报数据为基础，整合工商企业数据库等结构化数据、企业年报等半结构化数据，构建了公司知识图谱，主要包括四个部分，分别是信息抽取、知识表示、知识融合和知识存储，本文采用的知识图谱“自上而下”构建法的逻辑流程如图 1 所示。

（一）模式层构建

1. 本体论

本体论（Ontology）的概念最初源于哲学领域，而如今在人工智能界，最早给出本体定义为“给出构成相关领域词汇的基本术语和关系，以及利用这些术语和关系构成的规定这些词汇外延的规则的定义”。本体是从客观世界中抽象出来的一个概念模型，这个模型包含了某个学科领域内的基本术语和术语之间的关系（或者称为“概念以及概念之间的关系”）。

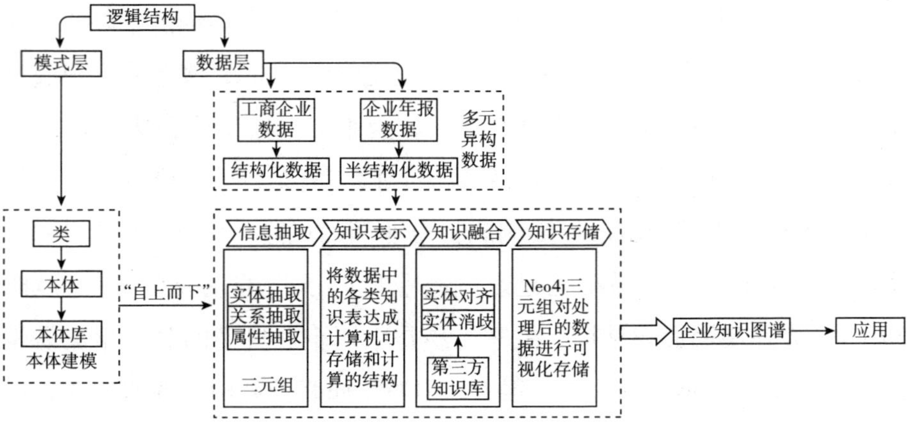

图1　知识图谱“自上而下”法构建的逻辑流程

从构建某个特定行业的本体角度来看，构建一个领域本体等同于构建该领域内的资源描述框架（Resource Description Framework，RDF）（欧石燕，2012）。RDF 的设计目的是通过对一般意义上的语义、语法和结构的支持，提供在各种不同元数据体系之间的互操作性。RDF 基本的数据模型由三种对象类型组成：资源（resource）、属性（properties）（描述资源特性或关系等）、声明（statement）（有属性及特定资源）。RDF 提供了一个统一的标准，用于描述该行业的任一实体或资源，知识图谱本身就是这些三元组数据的可视化展示。

2. 领域本体构建

本文结合企业基本数据及后续风险分析的需要，将本体分为个人本体和企业本体两类。依据企业本体进一步参考了数据源所能提供的数据类型，其三元组采用的方式为 <x，r，y> 的形式，其中，企业本体的属性主要包括公司名称、成立日期、注册地址、注册资本（万元）、经营状态、所属行业、所属概念等，个人本体主要由股东和高管组成，包含了个人姓名、学历、性别、流通股持股比例和担任职务。本文的实体类型包括普通上市公司、挂牌 ST 的上市公司、行业、概念、高管、流通股股东和其他参股控股公司；本体间的关系包括流通股持股、参股控股、行业属于、概念属于和高管属于。

（二）数据层构建

数据层是对模式层的实例化填充。数据层构建主要包括三个步骤：知识抽取、知识融合和知识存储。

1. 知识抽取

知识抽取是一种自动化地从结构化和半结构化数据中抽取实体、关系及属性的技术。本研究的数据源包括结构化数据、半结构化数据，需要从这些数据源中进行知识抽取，然后根据本体论中领域本体的概念最终形成统一的三元组结构化数据类型，基于知识图谱的应用，本文以“实体—关系—实体”三元组为主，抽取方式如图 2 所示。

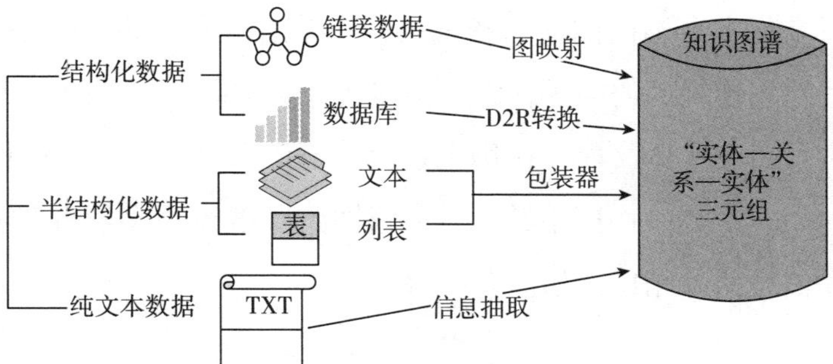

图 2　知识抽取导图

针对现有的第三方数据库的结构化数据和企业年报半结构化等基本数据，对这些语句进行中文分词人工标注训练后获取三元组数据。依据模式层本体概念的逻辑划分，最终本文构建了知识图谱所需的七大类实体和五大类关系，关系抽取的部分展示结果见表 1。

表 1　关系抽取部分展示

Sentence	relation	head	type	tail	pro_type
美的集团（000333）生产经营家用电器、电机等产品销量预增超0.5倍	主营	美的集团	COM	0	家用电器
13.32 亿，长安汽车（000625）再度收回长安新能源股权，背后有何深意	持股	长安汽车	PER	6	汽车
铝合金走高，中核钛白（002145）涨停	合作	中核钛白	COM	0	钛白合金
亚太药业（002370）拟出资购买宁波富邦股权成为其流通股股东	持股	亚太药业	COM	0	制药工程

2. 知识融合

知识融合是构建知识图谱的第二个环节，包括两个阶段，即实体消歧和实体对齐。实体消歧，是指消除命名相同但指向多个实体的歧义现象，即“一词多义”的问题。针对这类问题，本文通过提取同名实体的不同特征，利用 MD5 算法有效解决了同名实体产生歧义的问题。实体对齐，是指多个不同的命名指向同一个实体，即合并“同义词”的过程，针对实体统一的问题，同一实体在文本中会有不同的指代，但最终表示的是一个实体，如“中国中铁股份有限公司”，在文本中可能出现不同的表述，如“中国中铁”“中国铁路”等，这是指称的多样性，它与实体消歧恰好相反，如图 3 所示。

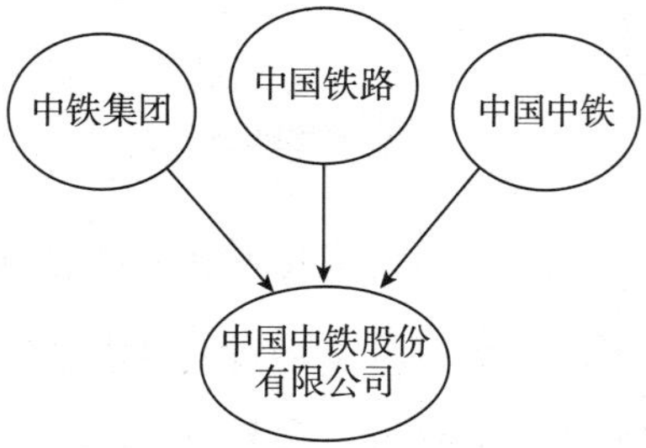

图 3　异名实体本质相同展示

3. 知识存储

知识存储是知识图谱构建过程的最后环节，由于知识图谱中储存的大多是关联密集型数据，使用图的方式展示这类数据更具直观性。它将节点与节点之间的关系以键值对的形式进行组织、索引和存储，常见的图数据库包括 Neo4j、Orient DB 和 Titan 等。本文采用 Neo4j 图数据库对知识图谱进行存储。Neo4j 图数据库中的节点表示实体，边表示实体间的关系，在导入数据时，使用官方提供的 Neo4j - import 工具进行批量导入。如汽车行业查询结果展示（见图 4）。

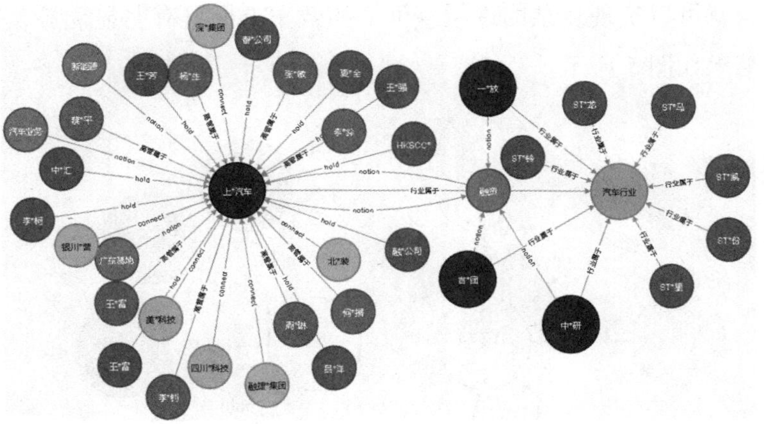

图 4　汽车行业查询结果展示

图 4 通过命令形式可视化呈现出查询的部分结果，圆形节点被用来表示实体，线形箭头被用来表示关系，用不同灰度颜色区分不同类型的实体。本文构建的上市公司知识图谱中拥有 3000 多个大类节点，本文将“上×汽车”作为研究主体，不同的节点代表与主体实体间不同的关系，灰度由深到浅依次标注为正常上市公司、挂牌 ST 的上市公司、企业所在的行业、企业所属的概念、企业高管、企业的其他参股控股公司、企业的前十大流通股股东。该上市公司知识图谱中还拥有五大类关系，分别是行业属于、概念属于、高管属于、流通股持股和其他参股控股。

（三）知识图谱应用

1. 穿透式查询

从最底层的数据角度来看，本文构建的上市公司知识图谱与传统关系型数据库并无区别。但从应用角度的查询功能来看，穿透式查询能够通过类似超链接的形式对数据直接进行搜索和定位，显著地提高了数据的查询效率。比如，在本文构建的上市公司知识图谱中，以搜索“某企业中全部高管人员的个人信息”为例，知识图谱使用者只需要通过点击节点就可以实现复杂的逐层查询，在效率方面具有明显优势，穿透式查询结果如图 5 所示。

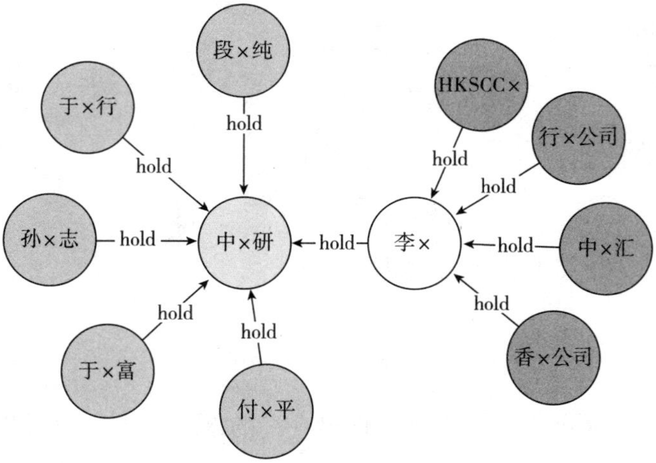

图 5　知识图谱的穿透式查询

2. 潜在关系挖掘

本文构建的拥有五大类关系的知识图谱，不同类型的关系形成的边的类型也不相同，在计算两个节点间的最短距离时，本文对节点间所有类型的边均赋值为 1，只考虑节点的出度或入度。这种赋值方法相当于只关注全部节点组成的网络结构，因此，在上市公司知识图谱中，想找到这两家企业之间的最小关系网，基于 Dijkstra 算法挖掘它们的全部最短路径，挖掘结果如图 6 所示，最终发现了三条最短路径。

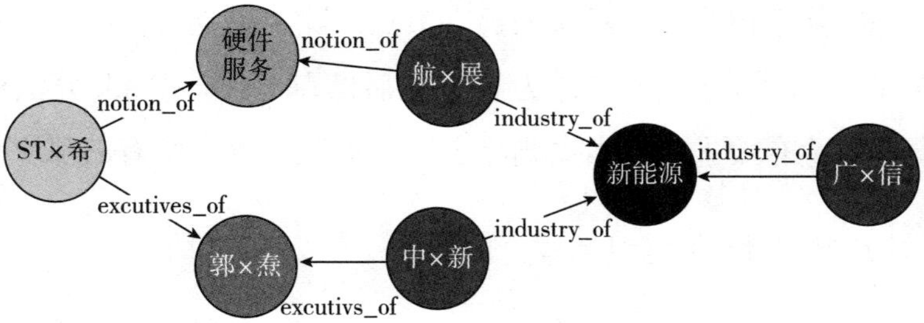

图6　基于最短路径的潜在关系挖掘展示

该算法在风险传染领域也有其独特的价值：在满足数据完整性要求的前提下，只要上市公司知识图谱使用者观察到资源交换或信息交互的舆情和新闻，就可以用该算法挖掘出资讯背后涉及的最小关系网络，因此，在面对多点式爆发的突发风险事件时，能在一定程度上评估出风险的传染范围。

四、企业风险识别及传染效应研究

（一）风险知识图谱构建

本文归纳总结了上市公司关联图谱和风险传染的特征并比较二者在节点、边方面的主要差异，根据这些差异提出企业关联图谱到风险传染图谱的演化路径，构建风险传染图谱，具体表现为三个步骤。

一是更改上市公司知识图谱中八大类节点的节点属性，将所有类型的节点全部归类为统一的、有可能感染风险的风险节点类型。

二是更改上市公司知识图谱中的单向边为双向边，如“A 高管属于 C 企业”，这一关系在关联图谱中总是以“A 高管→C 企业”显示；但在利用复杂网络研究风险传染的实际过程中，风险除遵循指向性箭头进行正向的传播外，即从“A 高管”传染至“C 企业”，还会出现一种风险逆向传播的情况。因此，得出结论：在面临突发性风险事件时，风险传染会出现逆向传播的情况。

三是剔除上市公司中所有的孤立节点。除了孤立节点外，所有节点的出度和入度均大于等于 1，为了保证后续基于 PageRank 算法的风险传染模拟实验有效进行，本文删除了企业关联图谱中所有的孤立节点。

（二）风险传染模型构建

以构建的风险传染知识图谱为数据实验平台，利用 PageRank 算法模拟突发风险事件出现时风险在复杂网络中的传染过程及结果，以算例分析的形式对突发风险事件进行识别与标注，进而对风险传染的过程和结果进行可视化分析。

1. PageRank 算法

Google 的创始人 Larry Page 提出了 PageRank 算法，这是一种根据网页重要性程度对网页搜索结果进行排序的算法，能有效模拟用户浏览网页时经历的轨迹：用户总是从一个随机的页面开始访问，并在访问结束时点击当前页面中的超链接，以概率 d 有指向性地访问下一个网页，或以概率 $1-d$ 跳转到任意随机页面开始新一轮随机游走。PageRank 算法中 PR 值的计算过程可表示为：

$$PR(V_i) = \frac{(1-d)}{N} + d\sum_{V_j \in M(V_i)} \frac{PR(V_j)}{L(V_j)} \tag{1}$$

其中，d 为阻尼系数（Dumping Factor），表示用户在访问一个页面后继续点击该页面的超链接进行浏览的可能性，$1-d$ 表示用户在访问一个页面后停止并开始随机浏览任意页面的可能性；N 为网页总页数；V_1，V_2，…，V_n 表示共同组成全部网络 G 的 n 个页面；$M(V_i)$ 表示页面 V_i 的超链接指向的全部网页集合。

2. 风险传染逻辑

风险在网络结构中的传染逻辑完全符合个性化 PageRank 算法中“随机游走”和“偏好性跳转”相结合的特征，风险传染过程的逻辑如图 7 所示。风险总是在某一个节点突然爆发，然后依据实体间的关联关系传染其他节点，即风险以风险源节点开始做随机游走运动；同时，在风险传染过程中，风险源节点持续向外输出风险，风险会向外多轮传播；最后风险传染结束受感染节点达到一个稳定的状态。

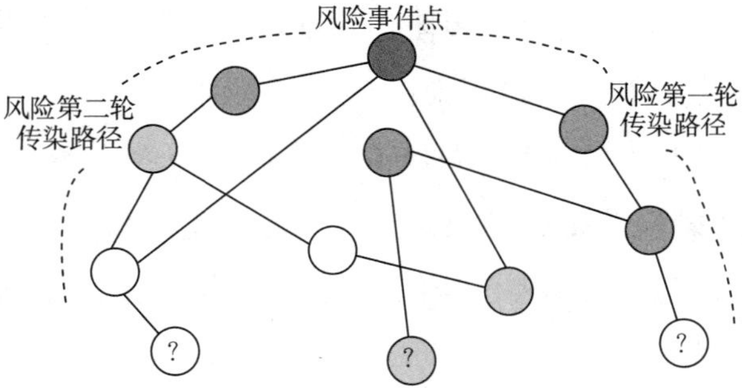

图 7　风险传染过程的逻辑

3. 风险传染模型设计

本文在阐述了 PageRank 算法原理和风险传染过程后，进一步根据风险传染逻辑设计风险传染模型，如图 8 所示。

图 8　风险传染模型设计

根据突发性风险事件在风险传染图谱中定位风险源节点，并对该风险源节点构造并输入初始 0－1 矩阵。在随机游走过程的第一步就是预先设置好偏好性节点（重启随机游走时的初始节点），模型首先将出现风险事件的企业标注为每一轮风险传染开始的风险节点，并根据已知信息采用 0－1 矩阵 U 定义风险节点赋予其重启性，若某节点出现风险事件则为 1，否则为 0：

$$U = (r(V_i))_{n\times1}, r(p_i) = \begin{cases} 1, V_i \in Red \\ 0, otherwise \end{cases} \tag{2}$$

其中，*Red* 表示风险传染图谱使用者根据突发风险事件而预先定义的风险源节点，即那些更可能或已经爆发风险的节点。

根据转化后的风险传染图谱中所有节点间的相互关联关系，构造并输入全局的初始转移概率矩阵，将该静态网络结构中的风险转移关系以矩阵 M 的形式表示，计算并输出所有节点稳定状态下的概率分布矩阵。设 $PR^{(t)}$ 表示第 t 轮风险传染后风险停留在网络中各个节点的可能性得分，则风险传染的迭代计算过程为：

$$PR^{(t+1)} = (1 - d) \times U + d \times M \times PR^{(t)} \tag{3}$$

其中，$1 - d$ 是本轮风险传染结束重启新一轮游走的概率。当两次迭代得到的 PR 值满足公式时，表示迭代过程已达到收敛状态，即风险游走过程达到稳定状态。

$$\Delta - \left| PR^{(t+1)} - PR^{(t)} \right| < \varepsilon \tag{4}$$

其中，ε 为设定的极小值。此时，迭代计算过程结束，得到的矩阵 $PR^{(t+1)}$ 就是风险传染达到稳定状态时的概率分布。根据稳定状态下的概率分布，即可排序得到最终的各节点 PR 值排名。按 PR 值得分高低对风险节点进行排序，最后通过观察、比较和分析不同重启概率下受影响节点的风险得分情况，进一步探索风险传染过程的一般规律。

（三）算例分析

对风险传染过程进行模拟，成为阻断风险事件二次扩散从而降低经济损失的关键环节。在本文构建的知识图谱基础上，运用 PageRank 算法构建企业风险传染模型，以实现对企业风险传染过程的动态模拟和风险传染结果的精准预测。本文从股权关联的角度出发，对风险在企业图谱网络中的传染扩散过程进行研究。下文以企业“中×达”对本文提出的风险传染模型进行验证。

1. 风险传染过程分析

本文构建风险传染图谱是为了拓展上市公司关联图谱面向风险模拟功能的模块，其数据源与关联图谱的数据源完全一致，两者均基于 2021 年年报数据和其他基本信息构建。基于本文构建的风险知识图谱，笔者在2021年6月10日于新闻资讯中看到一则突发风险事件：ST×研财务造假路径遭调查曝光，5年虚增营收超30多亿元。其中，×达是本文图谱中的一个上市公司节点，节点类型属于普通上市公司。首先，ST×研挂牌ST不到一年，且2021年上半年出现亏损，多次出现交易日内股价狂跌情形，又出现财务造假的较大负面舆情，符合本文对于*Red*节点的定义，故本文将其标记为风险源节点，将其设置为0－1矩阵作为个性化PageRank算法的输入之一。其次，本文基于上市公司股权关联结构，将转移概率矩阵作为PageRank算法的另一个输入。最后，可视化呈现风险不断传染直至稳定状态的经过，找到风险传染由传播到收敛变化的关键节点。

在模拟风险传染研究过程中，发现从第12轮风险传染开始，往后的传染过程中，*PR*值一直处于缓慢上升的过程却未收敛，但是风险得分的排名节点基本保持不变，通过不断重启随机游走次数，观察*PR*值对风险传染轮数的趋势分析，从中选取了较为关键的传染轮数趋势进行展示，见图9。从图9中可以看出，在前11轮中的波动剧烈，说明模拟中风险传染主要集中在前11轮，符合风险传染前期风险爆发式扩散的特性；在第11～16轮迭代中，*PR*值波动慢慢减缓，且第16～20轮迭代期间*PR*值开始趋于收敛，符合传染中期风险扩散速度减缓的特点；到第26轮后，节点间风险传染基本达到完全稳定状态，节点*PR*值几乎没有变化。

2. 风险传染结果分析

风险事件的发生还会牵连其他节点，为了进一步展示其他节点遭受冲击的具体程度，本文提取了风险传染处于完全收敛下的得分值，将其按从低到高的顺序对受感染的得分进行排序，见图10。

经历了约30轮风险传染后，所有节点受感染的概率分布达到完全收敛状态。由图10可以看出这种状态下的风险得分大致为四个模块梯度，第一梯队是从“王×军”到“李×”结束的前4位节点，相比于

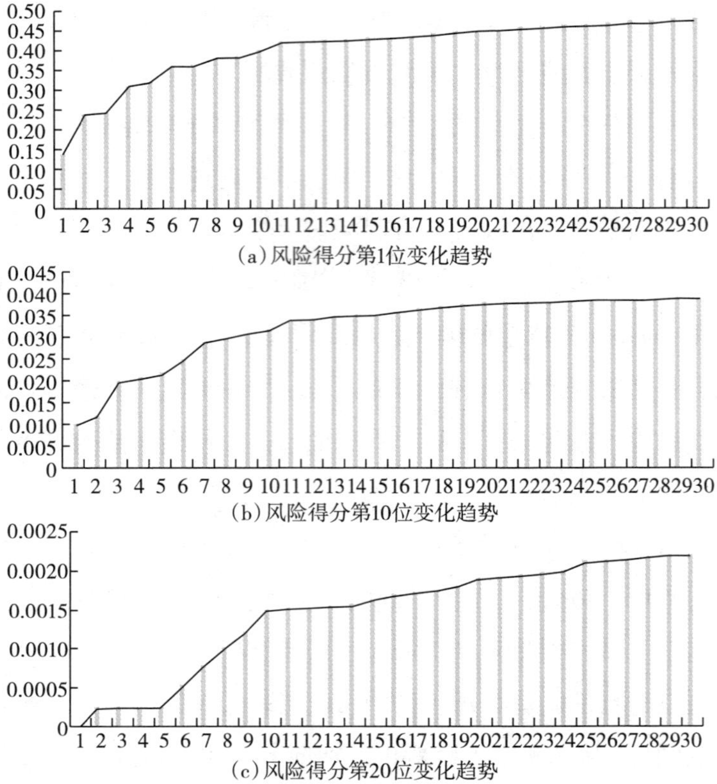

（a）风险得分第1位变化趋势

（b）风险得分第10位变化趋势

（c）风险得分第20位变化趋势

图9　风险传染轮数与 *PR* 值的变化趋势

其他节点，这一梯队的节点风险得分很高，可以初步判定为“ST×研”本次风险事件的主要感染者；第二梯队是从“楼×胜”到“陈×国”结束的6位节点，相比于第一梯队，风险的得分有所下降但是下降得不太明显，可以判定为潜在受感染者；第三梯队是从“郑×”到“成×”结束的4位节点，这一部分较上一梯度下降较为明显，但未出现断崖式下跌，可以判定为隐性受感染者；第四梯队是从“匡×鹏”到“青阳梦×”结束的5位节点，从第16位开始这些节点的风险得分出现显著下跌，且从图10中看出 *PR* 值得分趋于0，因此初步判定为受风险事件传染的可能较低，不列入本次事件的感染者。

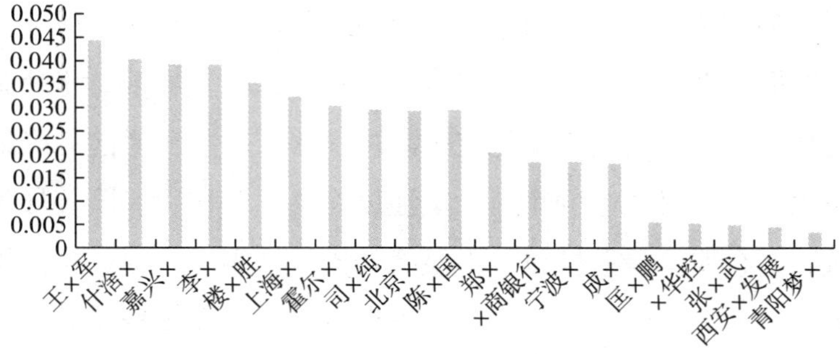

图 10　完全收敛状态下受感染企业的风险得分

五、结论与建议

本文从网络分析的角度出发，通过整合 A 股市场多源异质的大数据构建了公司知识图谱，并提出了基于 PageRank 算法的风险模拟模型，对金融风险传染进行了高效的监测和预判，为防范区域性甚至系统性金融风险打下坚实的基础。主要工作内容可以分为以下几个方面：首先，建立了上市公司关联知识图谱，依据 A 股市场结构化和非结构化的大数据整体，按照模式层向数据层的构建规则，经过知识抽取、知识融合和知识存储等步骤，覆盖了大量多元信息，探索了公司知识图谱的潜在关系挖掘能力。其次，根据构建的知识图谱搭建本文所需研究的风险知识图谱，在面对突发风险事件时，能为风险传染提供一定的可视化数据支撑。最后，在风险传染图谱数据平台上，部署 PageRank 算法对风险传染的全过程进行模拟分析并提出了具体风险传染模型的设计方法。最终以某个突发风险事件的企业为例，从风险传染前的重要节点识别、风险爆发后传染过程及结果分析等方面进行研究。

本文提出以下几点政策建议：第一，提前制定相关预案，加强重点领域的定向管控和监测，通过风险知识图谱的构建，各监管部门应充分认识到我国金融风险高度关联并呈现网络结构的特征，切实提高金融风险的防范意识，提前制定风险应对和处置预案，抑制系统性金融风险等其他风险的积累和爆发。第二，金融风险的源头不仅仅是股权关系还有企业间关联关系等，企业本身应当营造良好的经营环境、坚持企业经济健康发展，各监管部门更要稳定金融市场，及时发现风险并降低金融风险，全面了解金融风险的特点，关注风险集中和作为风险传导重要路径的区域，结合实际采取针对性风险缓释措施。第三，促进经济协调改革和发展，健全完善防范金融风险的组织和制度，立足新发展阶段，构建新发展格局，进一步释放改革红利和政策红利，有效促进各地区经济高质量发展，筑牢经济发展根基，从根源上防范系统性金融风险。

参考文献

[1]SIMMONS R F,BRUCE B C. Some relations between predicate calculus and semantic net representations of discourse [C]//International joint conference on artificial intelligence. DBLP,1971:524 – 530.

[2]SCHUBERT L K. Extending the expressive power of semantic network [J]. Artificial intelligence,1975,7(2):158 – 164.

[3] FAHLMAN, SCOTT E, et al. Cancellation in a parallel semantic network [C]. International joint conference on artificial intelligence,1981.

[4]BRACHMAN R J,BORGID A A,MCGUINNES S D L,et al. "Reducing" CLASSIC to practice: knowledge representation theory meets reality [C]// Conceptual Modeling: Foundations and Applications. SpringerVerlag,2009:436 – 465.

[5]杨志利. 金融市场风险领域的研究现状:基于 CiteSpace 的可视化分析[J]. 上海金融,2017(11):53 – 58.

[6]LOSTER M,NAUMANN F,EHMUELLER J,et al. CurEx:a system for extracting,curating,and exploring domain – specific knowledge graphs from text[C]// The 27th ACM International Conference. ACM,2018.

[7]吕华揆,洪亮,马费成. 金融股权知识图谱构建与应用[J]. 数据分析与知识发现,2020,4(5):27 – 37.

[8]王永巧,刘诗文．基于时变 Copula 的金融开放与风险传染[J]．系统工程理论与实践,2011,31(4):778 – 784.

[9]杨子晖,陈雨恬,谢锐楷．我国金融机构系统性金融风险度量与跨部门风险溢出效应研究[J]．金融研究,2018(10):19 – 37.

[10]CHEUNG Y L, RAU P R, STOURAITIS A. Tunneling, propping, and expropriation: evidence from connected party transactions in Hong Kong[J]. Journal of financial economics, 2006, 82 (2) : 343 – 386.

[11]HE J, MAO X Y. Oliver business groups in China [J]. Journal of corporate finance, 2013, 22 (1): 166 – 192.

[12]苏坤．国有金字塔层级对公司风险承担的影响:基于政府控制级别差异的分析[J]．中国工业经济,2016(6): 127 – 143.

[13]COLLI A, COLPAN A M. Business groups and corporate governance: review, synthesis, and extension [J]. Corporate governance: an international review, 2016, 24 (3) : 274 – 302.

[14]ALLEN F, GALE D M. Financial contagion[J]. Journal of political economy, 2000, 108(1): 1 – 33.

[15]ELLIOTT M, GOLUB B, JACKSON M O. Financial network and contagion [J]. American economic review, 2014, 104(10): 3115 – 3153.

[16]欧阳红兵,刘晓东．中国金融机构的系统重要性及系统性风险传染机制分析:基于复杂网络的视角[J]．中国管理科学,2015,23(10):30 – 37.

[17]SQUARTINI T, LELYVELD I, GARLASCHELLI D. Early – warning signals of topological collapse in interbank networks[J]. Scientific reports, 2013, 3(7477): 3357.

[18]陈晓军,向阳．企业风险知识图谱的构建及应用[J]．计算机科学,2020,47(11):237 – 243.

[19]黄玮强,庄新田,姚爽．基于信息溢出网络的金融机构风险传染研究[J]．系统管理学报,2018,27(2):235 – 243.

[20]钱茜,杨扬,周宗放．企业高管风险信息传播与关联信用风险传染交互影响:基于双重网络视角[J]．管理评论,2021,33(1):37 – 43.

[21]欧石燕．面向关联数据的语义数字图书馆资源描述与组织框架设计与实现[J]．中国图书馆学报,2012,38(6):58 – 71.

[22]LAEVEN L, LUC, et al. Bank size, capital, and systemic risk: some inter-

national evidence[J]. Journal of banking & finance,2016(69): 25 –34.

[23]叶丽霞. 加权和局部 PageRank 算法的研究[D]. 杭州:浙江大学,2018.

[24]朱凡微,吴明晖,应晶. 高效个性化 PageRank 算法综述[J]. 中国科技论文,2012,7(1):7 –13.

[25]郑润. 复杂网络下社区检测算法的有效性评估[D]. 南京:南京财经大学,2019.

[26]马海波. 面向风控的企业关联信息知识图谱构建与应用研究[D]. 北京:北京工业大学,2019.

[27]吕亚楠,韩华,贾承丰,等. 基于有偏向的重启随机游走链路预测算法[J]. 复杂系统与复杂性科学,2018,15(4):17 –24.

[28]PAGE L, BRIN S, MOTWANI R, et al. The PageRank citation ranking: bringing order to the Web[R]. Stanford digital libraries working paper,1998.

考虑服务转介的双层级应急设施选址策略研究[①]

赵丽丽

摘要：在地震易发地区合理规划救灾设施布局有助于提升应急救援效率，从而减少灾害损失。首先，在特定灾害情境下，基于不同层级需求服务的转介特征，本文建立了有服务能力限制的双层级应急设施选址模型，再根据地震发生的分布特点，在地震多发区域划分出有限个灾害情境，采用鲁棒优化方法建立了基于最小最大后悔值准则的应急设施选址模型。其次，针对该嵌套型双层级优化模型，本文设计了 Benders 分解算法用于大规模选址策略的计算。最后，本文对地震灾害救援的应急医疗设施选址问题进行算例分析，结果表明，该鲁棒选址策略不仅可以均衡各层级需求，而且具备较好的经济适应性。

关键词：应急设施选址；服务转介；经济性；最小最大后悔值准则；鲁棒优化

作者简介：赵丽丽，西北大学经济管理学院在读硕士研究生。

① 本文由李红梅教授指导完成。李红梅，西北大学经济管理学院副教授，研究方向：应急管理与运筹优化。

一、引言

地震灾害由于突发性强、破坏力大的特点给人们的生命财产安全造成了极大威胁。2008 年，四川省汶川县突发的 8.0 级大地震是中华人民共和国成立以来发生的破坏性最强、波及范围最广的地震。由于地震灾害的具体发生位置与受灾范围难以准确预测，人们往往在毫无准备的情况下受到侵袭，且灾害造成的交通和信息流中断是导致大量伤员无法得到及时、妥善救济的最大障碍，极易耽误伤情，造成难以弥补的遗憾。灾害发生后，从灾害中学习、总结灾害救援过程中的应急管理经验，为将来可能发生的地震灾害做预防以降低灾害损失。因此，在地震灾害多发地区部署应急救援设施是降低灾害损失、提高应急管理效率的关键。

根据历史数据，在地震灾害多发地区，灾害一般在易发区域随机发生，不同区域发生灾害对其他区域造成的影响不同。因此，在部署应急设施时，要考虑不同发生区域的灾害造成的救济需求水平的差异性和数量不确定性。以此为切入点，本文根据灾害发生区域划分灾害情境，针对救济需求特性探究最优化应急设施管理策略。首先，在特定地震灾害情境下，功能嵌套的层级化应急设施可以在满足差异化需求的同时尽量避免资源浪费，有利于实现精准管理。其次，最初划分的救济需求轻重程度是在紧急情况下初步确定的，必须考虑可能发生的误判，因此，需求者在进入设施接受专业人员再次确定需求等级后，可能需要通过服务转介进入高级设施接受更完善的服务。最后，要考虑地震灾害多发地区的整体情况，综合多种灾害情境下的需求不确定性建立整体上均衡有效的应急设施选址策略。

二、文献综述

目前，应急设施选址问题已被广泛研究，在构建选址模型时，考虑多种不确定性因素是未来研究的重点（曹琦、陈闻轩，2019）。这类问题中的不确定性主要源于需求、供应和流动网络（Dönmez et al.，2021）。需求的不确定性主要有需求水平的差异性和需求数量的不确定性，基于情境建立层级化设施选址模型可以很好地应对这两点。在层级化设施选址问题中，有一组具有服务或产品需求的客户和一组划分为多个级别的潜在设施（Ortiz - Astorquiza et al.，2018），目的在于确定在各个级别同时开放（建设）哪些设施，可以在优化目标函数的同时将需求者分配到一个或多个开放的设施序列中。

（一）层级化设施选址问题

设施选址问题中有两类基本问题：P - 中值（P - Median，PM）问题和覆盖问题，它们都可以与层级化设施选址问题相结合。

基于 PM 的层级化应急设施选址问题中，决策目标是选择确定数量的层级化设施位置，在满足所有需求的同时确保各需求点到设施的总加权距离最小（贺小容、秦江涛，2010）。医疗设施系统具有典型的层级化特征，普遍情况下可以看作一个多样流嵌套层级系统（Farahani et al.,2014），各级别医疗设施之间可以进行服务转介。陈煜婷和张惠珍（2021）为每个服务对象指派双层级医疗设施，使患者可以自行选择满足需求，以此构建考虑转诊、容量的双层级多样流选址模型。也有研究者同时考虑最小设施开放成本和最小各层设施最大工作量，构建了双目标多服务的选址分配模型，将患者分配给三层级医疗设施并通过转诊在设施间建立最佳流量，以此设计医疗网络（Maleki，Barzinpour and Pishvaee，2018）。在应急保护设施选址问题中，Aksen 和 Aras（2012）

假定防御者从 m 个不同成本的候选地点中选择设施位置以应对攻击，以最小化建造和迁移设施总成本为目标建立双层级应急保护设施固定收费选址模型。Hodgson 和 Jacobsen（2009）则认为，传统 PM 模型的距离最小化假设不能真实全面反映现实中的客户行为，现实中往往绕过能满足其需求的低级设施而进入更高级设施寻求服务。为优化其影响，他们将期望距离概念合并到层级化选址分配模型中。陶卓霖等（2016）假设需求者根据距离和设施吸引力确定选择各个设施的概率，提出重力 PM 模型，对传统 PM 模型进行改进。

覆盖选址问题中，已知各设施服务范围多用于救灾设施的选址研究。最大覆盖问题的决策目标在于选择确定数量的层级设施使服务的需求点数最多或需求量最大，而集合覆盖问题则要求在所有需求点的前提下使设施数最小或成本最小。陈志宗和尤建新（2005）基于集合覆盖模型先构建层级化城市防灾减灾基础设施，再根据层级化设施在服务能力上相对独立或相互从属的实际情况对基本模型进行升级。宋艳等（2019）假设一个需求点由多个应急设施提供不同质量水平的服务，建立应急储备设施的多级备用覆盖选址模型，并加入设施繁忙状态下由其他设施点提供服务的情况，使模型更符合实际。常征等（2022）引入反映不同建设等级下应急物资储备库对需求点服务水平和空间距离特征的引力模型，以最大系统引力和最小系统费用为目标构建全覆盖理论下的多目标选址模型，并针对设计改进蝙蝠算法进行模型求解。

然而，自然灾害背景下的应急设施选址问题，要求设施满足全部救济需求，最大覆盖选址模型难以保证这一点，而 PM 模型则要求给定选址设施的数量，这可能导致计划与实际需求难以相符。并且，大范围区域的应急救灾设施选址需要分别从局部和整体上考虑需求的不确定性和选址策略的经济性与均衡性，上述部分层级化设施选址文献虽然考虑了设施间的服务转介，但仅就需求差异性展开了研究，没有综合不同情况下的需求不确定性。

（二）基于鲁棒优化的层级化设施选址问题

鲁棒优化模型能够充分考虑多种情况下的不确定性，最终寻求对不确定性免疫的解（Bertsimas and Sim，2004）。李婷婷和宋瑞（2015）使用鲁棒优化方法处理城镇化进程中客运需求的不确定性，构建了综合客运枢纽选址的分层布局选址模型。万波和陈琴（2018）考虑层级设施选址过程中的需求不确定性因素，建立了基于鲁棒优化的层级设施选址模型，并以武汉市某区医院为例进行了算例分析。张得志等（2022）针对自然灾害发生的不确定性，研究了基于多重覆盖的应急设施多级协同布局问题，应用基数不确定集和 p－鲁棒方法构建两类鲁棒优化模型，讨论了场景内不确定需求和随机场景对设施布局的影响。这些文献虽然关注了基于情境的需求不确定性，却没有考虑层级化设施间的服务转介。在使用鲁棒优化方法分析多情境下的需求不确定性的同时，鲜少有研究涉及层级化设施间服务转介的选址模型。

本文按发生位置将地震灾害划分成有限个灾害情境、特定灾害情境，借鉴集合覆盖模型的思路，目的在于为双层级应急设施选择适宜位置，在满足所有需求的前提下使设施开放费用与需求流动费用最小。同时，为改善对需求水平的初步划分，本文对初、高级设施之间进行需求的再分配。据此建立考虑服务转介的双层级有能力限制的应急设施选址－分配模型，其中，高级设施对初级设施功能嵌套。在特定灾害情境下的最优选址决策基础上，依据最小最大后悔值准则构建基于情境的鲁棒优化模型，以制定最终的应急设施选址策略，这样既能保证应急设施对救济需求的均衡覆盖，又能提升整体策略的经济性。之后，针对模型设计 Benders 分解算法用于计算大规模选址策略，并通过为我国四川省制定用于地震灾害救援的双层级应急医疗设施选址策略进行算例实验分析。

三、考虑服务转介的双层级应急设施选址模型描述

制定地震灾害多发地区应急设施选址策略分两步进行。在局部的特定灾害情境下，先建立考虑服务转介的双层级设施选址、有能力约束的固定费用选址模型，再综合考虑所有灾害情境，建立基于不同灾害情境的最小最大后悔值的鲁棒优化模型。

（一）特定灾害情境下的设施选址模型

1. 问题描述

假设双层级应急设施在服务上功能嵌套，即应急设施在提供救济服务时，高级设施除了提供该层级特有的服务外，还能覆盖初级设施提供的服务，故高级设施的开放费用要昂贵很多。两类设施都有能力限制，每个设施都可以服务若干个需求点。在特定灾害情境下，为避免应急救援行动发生混乱，规定各需求点的初、高级需求者由其专属设施分别提供救济服务。同时，部分进入初级设施的需求者会被转介到高级设施继续接受服务，以使初、高级应急设施能够相互协同完成救援任务（地震灾害会导致部分区域交通受阻，运输压力剧增，考虑到运输资源紧张和伤情不宜耽搁等原因，本文不考虑高级设施向初级设施的服务转介），可能出现的需求流动情况如图 1 所示。特定灾害情境下建立的设施选址—分配模型，是在确保所有救济需求得到满足的前提下最大限度争取经济性，为初、高级应急设施确定最佳开放位置。

2. 符号说明

（1）集合

$\Psi = \{1,2,\cdots,M\}$：地震灾害情景 m 的集合，$m \in \Psi$。

$\Lambda = \{1,2,\cdots,I\}$：救济需求点 i 的集合，$i \in \Lambda$。

$\Omega = \{1,2,\cdots,N\}$：应急设施候选点 n 的集合，令 j 专指初级设施索

引，k 专指高级设施索引，即 $n,j,k \in \Omega$。

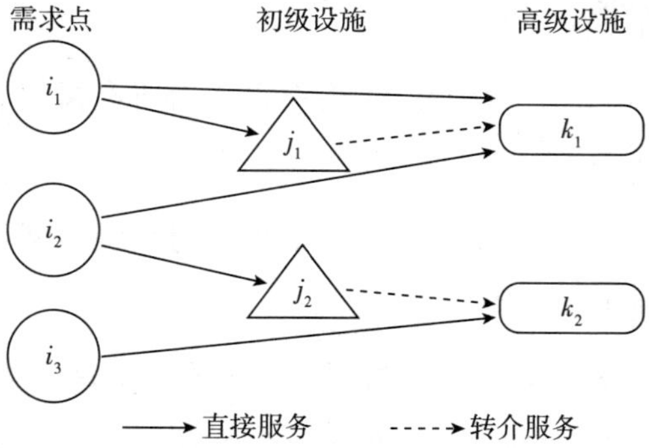

图 1　可能出现的需求流动情况

（2）参数

a_i^m、b_i^m：灾害情境 $m \in \Psi$ 下，需求点 i 中需求者对初、高级服务的需求量。

β：接受初级设施服务后，转介进入高级设施继续接受服务的需求者比例。

$u_{ij(k)}$：需求点 i 中的需求者到可提供初级服务的设施所在位置 $j(k)$ 的单位流动费用（元/人）。

w_{jk}：初级设施所在位置 j 到高级设施所在位置 k 的单位流动费用（元/人）。

c_j^m、c_k^m：分别为灾害情境 $m \in \Psi$ 下，设施候选点 $j(k)$ 处初（高）级设施的能力约束。

l_j^m、h_k^m：分别为灾害情境 $m \in \Psi$ 下，设施候选点 $j(k)$ 处开放初（高）级设施的费用。

（3）决策变量

x_j：取值为 1 时，表示在候选点 j 处开放初级设施；否则为 0。

y_k：取值为 1 时，表示在候选点 k 处开放高级设施；否则为 0。令 $X = \{x_1, \cdots, x_N\}$、$Y = \{y_1, \cdots, y_N\}$ 分别代指初高级设施选址决策集合，且选址决策 $(X,Y) \in G$。

A_{ij}^{m}：灾害情境 $m \in \Psi$ 下，当需求点 i 的初级需求被分配给初级设施 j 时为1，否则为0。

B_{ik}^{m}：灾害情境 $m \in \Psi$ 下，当需求点 i 的所有需求被分配给高级设施 k 时为1，否则为0。

C_{ik}^{m}：灾害情境 $m \in \Psi$ 下，当需求点 i 的高级需求被分配给高级设施 k 时为1，否则为0。

D_{ijk}^{m}：灾害情境 $m \in \Psi$ 下，若需求点 i 的需求进入初级设施 j 后，再转介进入其专属高级设施 k，其值为1；否则为0。

3. 模型构建

特定灾害情境 $m \in \Psi$ 下，双层级应急设施选址模型Ⅰ为：

$$F_{opt}^{m}(X,Y) = \min_{(X,Y)\in G}\left\{\sum_{j=1}^{N} l_j^m x_j + \sum_{k=1}^{N} h_k^m y_k + f^m(X,Y)\right\} \tag{1}$$

$$\text{s.t.} \sum_{j=1}^{N} A_{ij}^{m} \leqslant 1, \forall i \in \Lambda \tag{2}$$

$$\sum_{k=1}^{N} B_{ik}^{m} \leqslant 1, \forall i \in \Lambda \tag{3}$$

$$\sum_{k=1}^{N} C_{ik}^{m} \leqslant 1, \forall i \in \Lambda \tag{4}$$

$$\sum_{j=1}^{N}\sum_{k=1}^{N} D_{ijk}^{m} \leqslant 1, \forall i \in \Lambda, \forall j \in \Omega \tag{5}$$

$$\sum_{j=1}^{N} A_{ij}^{m} + \sum_{k=1}^{N} B_{ik}^{m} = 1, \forall i \in \Lambda \tag{6}$$

$$\sum_{j=1}^{N} A_{ij}^{m} = \sum_{k=1}^{N} C_{ik}^{m}, \forall i \in \Lambda \tag{7}$$

$$A_{ij}^{m} \leqslant \sum_{k=1}^{N} D_{ijk}^{m}, \forall i \in \Lambda, \forall j \in \Omega \tag{8}$$

$$A_{ij}^{m} \leqslant x_j, \forall i \in \Lambda, \forall j \in \Omega \tag{9}$$

$$B_{ik}^{m} \leqslant y_k, \forall i \in \Lambda, \forall k \in \Omega \tag{10}$$

$$C_{ik}^{m} \leqslant y_k, \forall i \in \Lambda, \forall k \in \Omega \tag{11}$$

$$D_{ijk}^{m} \leqslant x_j, \forall i \in \Lambda, \forall j \in \Omega, \forall k \in \Omega \tag{12}$$

$$D_{ijk}^{m} \leqslant y_k, \forall i \in \Lambda, \forall j \in \Omega, \forall k \in \Omega \tag{13}$$

$$\sum_{i=1}^{I} a_i^m A_{ij}^m \leqslant c_j^1 x_j, \forall j \in \Omega \tag{14}$$

$$\sum_{i=1}^{I} (a_i^m + b_i^m) B_{ik}^m + \sum_{i=1}^{I} b_i^m C_{ik}^m + \sum_{i=1}^{I} \sum_{j=1}^{N} \beta a_i^m D_{ijk}^m \leqslant c_k^2 y_k, \forall k \in \Omega \tag{15}$$

$$x_n + y_n \leqslant 1, \forall n \in \Omega \tag{16}$$

$$x_j, y_k, A_{ij}^m, B_{ik}^m, C_{ik}^m, D_{ijk}^m \in \{0,1\} \tag{17}$$

目标函数（1）中，在应急设施选址确定后，$f^m(X,Y)$ 为最优设施分配决策下的需求流动费用：

$$f^m(X,Y) = \sum_{i=1}^{I} [\sum_{j=1}^{N} a_i^m u_{ij} A_{ij}^m + \sum_{k=1}^{N} (a_i^m + b_i^m) u_{ik} B_{ik}^m + \sum_{k=1}^{N} b_i^m u_{ik} C_{ik}^m + \sum_{j=1}^{N} \sum_{k=1}^{N} \beta a_i^m w_{jk} D_{ijk}^m] \tag{1a}$$

灾害情境 $m \in \Psi$ 下，目标函数（1）为选址、分配两个阶段的总费用，由确定性选址决策下的双层级设施开放费用与需求流动费用（1a）构成。约束（2）表示为每个需求点提供初级服务的初级设施最多只能有一个，即最多只能为其分配一个初级设施。约束（3）表示为每个需求点服务的高级设施最多只能有一个，即最多只能为其分配一个高级设施。约束（4）表示为每个需求点提供高级服务的高级设施最多只能有一个，即最多只能为其分配一个高级设施。约束（5）表示需求者进入某初级设施接受服务后进行的服务转介只能通往一个高级设施。约束（6）表示各需求点的初级服务只能由一个设施（初级设施或高级设施）提供。约束（7）表示若某需求点的初级服务已经分配给初级设施提供，则需再为其分配一个高级设施以实现其高级需求的满足。约束（8）表示只要有需求者进入了某初级设施，就应该为该初级设施分配一个高级设施作为服务转介设施。约束（9）~（13）表示所有服务必须由已开放的设施提供。约束（14）~（15）是初、高级设施的能力约束。约束（16）表示同一设施候选点最多只能建立一种等级的设施。约束（17）是对所有决策变量的取值范围约束。

（二）基于最小最大后悔值的鲁棒优化模型

模型Ⅰ只考虑了某一种可能的灾害情境，考虑多种灾害情境建立选址模型才能最大限度提升应急设施对需求点覆盖的均衡性和整体应急服务的经济性。为此建立基于情境的最小最大后悔值准则的模型Ⅱ：

$$\min_{(X,Y)\in G}\max_{m\in\Psi}(F^m(X,Y)-F^m_{opt}(X,Y)) \tag{18}$$

其中

$$F^m(X,Y)=\sum_{j=1}^{N}l_j^m x_j+\sum_{k=1}^{N}h_k^m y_k+f^m(X,Y) \tag{19}$$

s. t. 约束（2）～约束（17）

模型Ⅱ的原理是先基于各情境下的最优选址方案找出任意选址方案的最大总费用后悔值 $R=\max_{m\in\Psi}(F^m(X,Y)-F^m_{opt}(X,Y))$，再选择使最大后悔值最小的方案作为最终设施选址策略，其扩展形式为：

$$\min_{X,Y,A^m_{i},B^m_{z},C^m_{ik},D^m_{ijk}} R \tag{20}$$

$$\forall M\in\Psi\begin{cases}\text{s. t. } R\geqslant\sum_{j=1}^{N}l_j^m x_j+\sum_{k=1}^{N}h_j^m y_k+f^m(X,Y)-F^m_{opt}(X,Y)\\ \text{约束（2）～约束（17）}\end{cases} \tag{21}$$

模型Ⅱ中，目标函数（20）表示选择最大总费用后悔值最小的选址方案作为最优决策。约束（21）表示最大总费用后悔值为统计范围内所有选址方案总费用与最优方案费用的最大差值。约束（2）～（17）保证任意灾害情境下的应急设施选址—分配方案均符合模型Ⅰ的要求。模型Ⅱ针对统计范围内多种灾害情境进行决策，提升了应急设施对需求点的均衡覆盖和整体策略的经济性。

四、模型求解

基于灾害情境的最小最大后悔值准则的应急设施选址模型是一个两阶段模型，计算难度较大，因此，本文设计了改进的 Benders 分解算法进行模型求解。

Benders 分解算法的思路是将复杂的原始问题分为主问题和子问题分别求解。求解过程中，将主问题的解作为对偶子问题的参数，根据对偶子问题解的情况为主问题提供 Benders 割，再通过割平面的方式不断求解带有新约束的主问题，直至主、对偶子问题目标函数值完全相同或趋近至可接受的范围即得到最优解。Benders 分解算法的子问题模型为：

$$\min_{\bar{X},\bar{Y},\bar{A}^m_*,\bar{B}^m_*,\bar{C}^m_{ik},\bar{D}^m_{ijk}} R \tag{22}$$

$$\text{s.t. } R \geqslant -F^m_{opt} + \sum_{j=1}^{N} l^m_j \bar{x}_j + \sum_{k=1}^{N} h^m_j \bar{y}_k + \sum_{i=1}^{I}\Big[\sum_{j=1}^{N} a^m_i u_{ij}\bar{A}^m_{ij} + \sum_{k=1}^{N}(a^m_i + b^m_i)u_{ik}\bar{B}^m_{ik} + \sum_{k=1}^{N} b^m_i u_{ik}\bar{C}^m_{ik} + \sum_{j=1}^{N}\sum_{k=1}^{N}\beta a^m_i w_{jk}\bar{D}^m_{ijk}\Big] \tag{23}$$

借助 Matlab 中的函数可以直接得到上述子问题模型的对偶模型。对偶子问题模型是线性规划模型，参数 $\bar{x}_j$、$\bar{y}_k$、$\bar{A}^m_{ij}$、$\bar{B}^m_{ik}$、$\bar{C}^m_{ik}$、$\bar{D}^m_{ijk}$ 为上一次迭代过程中主问题模型的最优解。由于原问题目标函数值中不含 0 ~ 1 变量，对偶子问题模型的最优目标函数值即为当前迭代的给定设施选址策略下最小最大后悔值。迭代过程中，不断更新的子问题目标函数值为原问题最优目标值的上界 UB。主问题模型构造如下：

$$\min_{X,Y,A^m_*,B^m_*,C^m_{ik},D^m_{ijk}} \eta \tag{24}$$

s. t. 约束（2）~约束（17）

$$\eta \geqslant 0 \tag{25}$$

$$r^T_t \cdot \Big\{-F^m_{opt} + \sum_{j=1}^{N} l^m_j x_j + \sum_{k=1}^{N} h^m_j y_k + \sum_{i=1}^{I}\Big[\sum_{j=1}^{N} a^m_i u_{ij}A^m_{ij} + \sum_{k=1}^{N}(a^m_i + b^m_i)u_{ik}B^m_{ik} + \sum_{k=1}^{N} b^m_i u_{ik}C^m_{ik} + \sum_{j=1}^{N}\sum_{k=1}^{N}\beta a^m_i w_{jk}\bar{D}^m_{ijk}\Big]\Big\} \leqslant 0 \quad r^T_t \in \{r^T_1, r^T_2, \cdots, r^T_T\},$$

$$\forall i \in \Lambda, \forall j \in \Omega, \forall k \in \Omega \tag{26}$$

$$u^T_s \cdot \Big\{-F^m_{opt} + \sum_{j=1}^{N} l^m_j x_j + \sum_{k=1}^{N} h^m_j y_k + \sum_{i=1}^{I}\Big[\sum_{j=1}^{N} a^m_i u_{ij}A^m_{ij} + \sum_{k=1}^{N}(a^m_i + b^m_i)u_{ik}B^m_{ik} +$$

$$\sum_{k=1}^{N} b_i^m u_{ik} C_{ik}^m + \sum_{j=1}^{N} \sum_{k=1}^{N} \beta a_i^m w_{jk} \bar{D}_{ijk}^m \Big] \Big\} \leqslant \eta \quad u_s^{\mathrm{T}} \in \{u_1^T, u_2^T, \cdots, u_S^T\},$$
$$\forall i \in \Lambda, \forall j \in \Omega, \forall k \in \Omega \tag{27}$$

主问题模型中，辅助变量 η 为子问题模型最优值，约束（25）是其取值范围。在迭代过程中，新的 Benders 割被不断加入主问题。当对偶子问题模型为无界解时，求取对偶子问题的极射线 r_t^T，从而得到主问题的一个可行割约束，即约束（26）；当对偶子问题有最优解 u_s^T 时，得到主问题的一个最优割约束，即约束（27）。主问题模型为混合整数线性规划，通过求解带有新约束的主问题为对偶子问题提供新的参变量解，主问题模型的最优目标函数值作为原模型最优值的下界 *LB* 也在不断更新。随着 Benders 割不断增多，主问题求得的下界 *LB* 不断增大，选址—分配决策也越来越接近最优解，参变量解的不断改善也会逐渐降低对偶子问题求得的上界 *UB*，最终上、下界趋于一致或收敛至可接受的范围内，算法停止并得到原问题最优解。Benders 分解算法循环框架如图 2 所示，Benders 分解算法伪代码如表 1 所示。

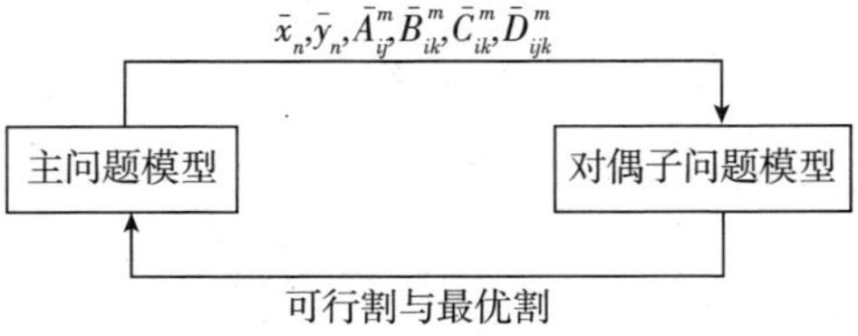

图 2　Benders 分解算法循环框架

表 1　Benders 分解算法伪代码

Benders 分解算法伪代码
1：初始化：令 $q = 1$，对于 $\forall m \in \Psi, \forall i \in \Lambda, \forall n/j/k \in \Omega$，除 $\bar{y}_1^{(0)} = \bar{B}_{i1}^{m\,(0)} = 1$ 外，变量 $\bar{x}_n^{(0)}, \bar{y}_n^{(0)}, \bar{A}_{ij}^{m\,(0)}, \bar{B}_{ik}^{m\,(0)}, \bar{C}_{ik}^{m\,(0)}, \bar{D}_{ijk}^{m\,(0)}$ 初值皆为 0
2：设置一个可接受的正数容差 ε，令 $LB = -\infty$，$UB = \infty$
3：while　$UB - LB > \varepsilon$
4：　将 $\bar{x}_n^{(q-1)}, \bar{y}_n^{(q-1)}, \bar{A}_{ij}^{m\,(q-1)}, \bar{B}_{ik}^{m\,(q-1)}, \bar{C}_{ik}^{m\,(q-1)}, \bar{D}_{ijk}^{m\,(q-1)}$ 代入对偶子问题模型求解
5：　if　对偶子问题模型无界

续表

Benders 分解算法伪代码
获取极射线 r_q^T
添加可行割约束到主问题中
else
得到对偶子问题模型的最优解
添加最优割约束到主问题中
将 UB 替换为最优值与原 UB 中的最小者
end if
求解带有新约束的主问题模型得到 $\bar{x}_n{}^{(q)}, \bar{y}_n{}^{(q)}, \bar{A}_{ij}^{m}{}^{(q)}, \bar{B}_{ik}^{m}{}^{(q)}, \bar{C}_{ik}^{m}{}^{(q)}, \bar{D}_{ijk}^{m}{}^{(q)}, \bar{\eta}^{(q)}$
更新 LB 为主问题模型最优值 $\bar{\eta}^{(q)}$
$q = q + 1$
end while
最终 $\bar{x}_n{}^{(q)}, \bar{y}_n{}^{(q)}, \bar{A}_{ij}^{m}{}^{(q)}, \bar{B}_{ik}^{m}{}^{(q)}, \bar{C}_{ik}^{m}{}^{(q)}, \bar{D}_{ijk}^{m}{}^{(q)}$ 即为最优解 $\bar{x}_n{}^{*}, \bar{y}_n{}^{*}, \bar{A}_{ij}^{m}{}^{*}, \bar{B}_{ik}^{m}{}^{*}, \bar{C}_{ik}^{m}{}^{*}, \bar{D}_{ijk}^{m}{}^{*}$
将 $\bar{x}_n{}^{*}, \bar{y}_n{}^{*}, \bar{A}_{ij}^{m}{}^{*}, \bar{B}_{ik}^{m}{}^{*}, \bar{C}_{ik}^{m}{}^{*}, \bar{D}_{ijk}^{m}{}^{*}$ 代入子问题模型求得最优值 $\bar{R}^{*}$
输出：$\bar{x}_n{}^{*}, \bar{y}_n{}^{*}, \bar{A}_{ij}^{m}{}^{*}, \bar{B}_{ik}^{m}{}^{*}, \bar{C}_{ik}^{m}{}^{*}, \bar{D}_{ijk}^{m}{}^{*}, \bar{R}^{*}$

五、算例分析

（一）数据说明

我国四川省有几个重要的地震带/区：鲜水河地震带、安宁河—则木河地震带、金沙江地震带、松潘—较场地震带、龙门山地震带、理塘地震带和木里—盐源地震区。以四川省经纬度范围（北纬 26°03′～北纬 34°19′，东经 97°21′～东经 108°12′）为边界，统计地震带/区附近地区 2009 年 1 月至 2022 年 12 月发生的 4. 5 级以上 64 场历史地震数据（4. 5 级以下的地震破坏力很弱，4. 5 级以上的地震属于易造成破坏的地震），震中涉及 28 个区县。根据这些地震的破坏力度和影响范围将地理位置相近的震中所在区县归为一个灾害区域，共划分成5个区域，每个灾害区域为一种灾害情境，如表2所示。算例目的是获得一个在所有灾害情境下都具备经济性的应急医疗设施选址策略，无论地震发生在哪个灾害区域，该应急医疗体系都能提供经济有效的救援支持。算例中的历史地震数据源于中国地震台网统一地震目录，经纬度和距离数据通过高德地图 API 获取。

表2　震中所在区县与所属灾害情境　　单位：次

灾害情境	震中所在区县	历史地震次数	灾害情境	震中所在区县	历史地震次数
$m=1$	九寨沟	4	$m=3$	康定	2
$m=1$	青川	8	$m=3$	天全	1
$m=1$	梓潼	2	$m=3$	宝兴	1
$m=1$	平武	1	$m=4$	西昌	1
$m=1$	江油	1	$m=4$	木里	1
$m=2$	汶川	4	$m=4$	理塘	2
$m=2$	北川	6	$m=4$	越西	1
$m=2$	理县	2	$m=4$	昭觉	1
$m=2$	安州	1	$m=4$	得荣	2
$m=2$	彭州	2	$m=4$	会东	1
$m=2$	什邡	2	$m=5$	石渠	1
$m=3$	芦山	12	$m=5$	白玉	1
$m=3$	汉源	1	$m=5$	炉霍	1
$m=3$	石棉	1	$m=5$	道孚	1

在地震带/区附近选择42个区县（县级市）的某一确定经纬度位置作为需求点，如表3所示。参考四川7.0级以上的历史地震数据，计算各灾害情境下的轻重伤人数在不同震中距条件下占当地常住人口的平均百分比（轻伤对应初级需求，重伤对应高级需求），如表4所示。当地常住人口与相应百分比的乘积即为各灾害情境下需求点的需求量。

表 3 需求点位置

需求点	选取经纬度	需求点	选取经纬度	需求点	选取经纬度
青川	东经 105°24′，北纬 32°58′	泸定	东经 102°23′，北纬 29°91′	芦山	东经 102°93′，北纬 30°14′
剑阁	东经 105°52′，北纬 32°29′	道孚	东经 101°13′，北纬 30°98′	宝兴	东经 102°81′，北纬 30°37′
江油	东经 104°75′，北纬 31°78′	炉霍	东经 100°68′，北纬 31°39′	汶川	东经 103°59′，北纬 31°48′
平武	东经 104°56′，北纬 32°41′	甘孜	东经 99°99′，北纬 31°62′	理县	东经 103°17′，北纬 31°44′
北川	东经 104°47′，北纬 31°62′	德格	东经 98°58′，北纬 31°81′	茂县	东经 103°85′，北纬 31°68′
什邡	东经 104°17′，北纬 31°13′	白玉	东经 98°82′，北纬 31°21′	松潘	东经 103°6′，北纬 32°66′
绵竹	东经 104°22′，北纬 31°34′	理塘	东经 100°27′，北纬 30°03′	九寨沟	东经 104°24′，北纬 33°25′
都江堰	东经 103°65′，北纬 30°98′	巴塘	东经 99°11′，北纬 30°01′	盐边	东经 101°86′，北纬 26°68′
彭州	东经 103°96′，北纬 30°99′	得荣	东经 99°29′，北纬 28°71′	西昌	东经 102°26′，北纬 27°89′
邛崃	东经 103°46′，北纬 30°41′	名山	东经 103°11′，北纬 30°07′	宁南	东经 102°76′，北纬 27°07′
崇州	东经 103°67′，北纬 30°63′	荥经	东经 102°85′，北纬 29°79′	普格	东经 102°54′，北纬 27°38′
大邑	东经 103°51′，北纬 30°57′	汉源	东经 102°65′，北纬 29°35′	冕宁	东经 102°18′，北纬 28°55′
蒲江	东经 103°51′，北纬 30°2′	石棉	东经 102°36′，北纬 29°23′	盐源	东经 101°51′，北纬 27°42′
康定	东经 101°96′，北纬 30°02′	天全	东经 102°76′，北纬 30°07′	木里	东经 101°28′，北纬 27°93′

表4　需求量占比参数　　单位：%

震中距范围	初级需求比例			高级需求比例	
	人口数≤10万人	10万人<人口数≤15万人	人口数>15万人	人口数≤15万人	人口数>15万人
震中距≤200千米	0.055	0.050	0.040	0.007	0.005
200千米<震中距≤450千米	0.040	0.030	0.020	0.005	0.003
震中距>450千米	0.020	0.010	0.008	0.003	0.002

在地震带/区附近与其有一定距离的30个区县（县级市）选取某一确定经纬度位置作为设施候选点：邛崃、丹巴、九龙、雅江、甘孜、德格、巴塘、新龙、白玉、乡城、名山、荥经、汉源、石棉、壤塘、盐边、德昌、喜德、盐源、木里、崇州、理县、黑水、广汉、三台、松潘、罗江、梓潼、剑阁、青川。在地震灾害救援时，各需求点的需求者并非同时进入其所属医疗设施接受服务，而是根据救援实际陆续为需求者提供服务并安排其转诊或适时离开后再接收新的需求者，其间设施会不断接受外部资源以补充其服务能力，因此，设施服务能力限制即为其在救援期间总共能够服务的需求者数量。规定初级设施能力上限为各灾害情境下最大的初级需求量总和，高级设施能力上限为各灾害情境下最大的需求量总和。

参考《成都市医疗服务项目与价格汇编（2016版）》中二甲医院收费标准与市场现行120救护车收费标准，规定需求点与设施点之间的单位伤患运输费用由救护车起步价、运输里程费用、院前急救费、出诊费等构成。转诊的伤患一般情况较重，因此，设施间的单位流动费用在上述基础上再加入大出血抢救费、心肺复苏抢救费、大额医药费和延迟治疗对需求者的损失。

原国家卫生计生委统计信息中心的第五次国家卫生服务调查分析报告表明，患者在基层平均出院率为90%，因此，初级医疗设施到高级医疗设施的转诊率取0.1，在计算转诊人数时对小数向上取整。

参考城市《社区卫生服务中心、站建设标准》并酌量调整，将各种医疗服务费用与设备费用都平摊进医疗设施的单位造价。规定初级医疗设施占地3000平方米，开放成本750元/平方米；高级医疗设施占地13500平方米，开放成本1000元/平方米。

（二）算例求解与对比分析

根据已知参数，使用Matlab 2019b调用优化求解器CPLEX对Benders分解算法编程实现，得到的应急设施选址决策如表5所示，各灾害情境下的相关费用如表6所示。

表5　双层级应急设施选址策略

设施级别	应急医疗设施位置
初级	甘孜、德格、巴塘、名山、汉源、盐源、剑阁
高级	德昌、崇州、罗江

表6　各灾害情景下的总费用比较　　单位：元

灾害情境	最优决策总费用	基于最小最大后悔值的模型的决策总费用	总费用差值	最小最大后悔值
情境1	2.0038×10^8	2.0430×10^8	3.92×10^6	4.53×10^6
情境2	2.2365×10^8	2.2772×10^8	4.06×10^6	
情境3	2.2729×10^8	2.3149×10^8	4.20×10^6	
情境4	1.8539×10^8	1.8992×10^8	4.53×10^6	
情境5	1.7450×10^8	1.7864×10^8	4.37×10^6	

结果表明，开放7个初级设施和3个高级设施可以满足所有应急救援需要，设施开放的总费用为5.625×10^7元。基于最小最大后悔值准则的模型所得的选址策略可以最大限度提升应急设施体系应对不同灾害情境需求时的经济性，表6显示了该模型所得选址策略与各特定灾害情境下最优选址策略总费用的差值，以便直接观察模型公平性。可以发现，该策略在各灾害情境下与最优方案的最大费用差值为4.53×10^6元，其中，情境1的费用后悔值最小，为3.92×10^6元，各情境下后悔值与最小最大

后悔值的差距都比较均匀。因此，基于最小最大后悔值的鲁棒优化模型最优解在整体研究范围内都比较公平，说明该选址策略具有较强鲁棒性，以此建立的层级化应急设施能够满足不同灾害情境下的应急救援要求。

为进一步探索基于最小最大后悔值的鲁棒优化模型在制定应急设施选址决策上的优势，考虑将其得出的应急设施选址策略与全局使用模型Ⅰ得出的应急设施选址策略进行对比分析。

在使用模型Ⅰ以最小总费用为目标计算最优选址决策时，各需求点的需求量取所有灾害情境下需求量的均值，其他数据均保持相同。最终，得出开放8个初级设施（比原模型策略多一个松潘县）和3个高级设施可以满足全部需求，设施开放费用为5.85×10^{7}元。在模型Ⅰ得出的应急设施选址策略基础上，计算各情境下发生地震时选址策略提供救援的总费用，将其与特定灾害情境下的最优选址策略总费用作差，数据如表7所示。

表7　模型Ⅰ选址决策总费用比较　　单位：元

灾害情境	最优决策总费用	模型Ⅰ决策总费用	总费用差值	最大差值
情境1	2.0038×10^{8}	2.0188×10^{8}	1.50×10^{6}	4.99×10^{6}
情境2	2.2365×10^{8}	2.2468×10^{8}	1.03×10^{6}	
情境3	2.2727×10^{8}	2.3021×10^{8}	2.94×10^{6}	
情境4	1.8538×10^{8}	1.9037×10^{8}	4.99×10^{6}	
情境5	1.7448×10^{8}	1.7746×10^{8}	2.98×10^{6}	

对比两类模型得出的应急医疗设施选址策略发现，在满足所有救济需求前提下，基于最小最大后悔值的鲁棒优化模型得出的选址策略开放费用比全局使用模型Ⅰ得出的选址策略低，且各灾害情境下的选址策略总费用之间也更加均衡。全局使用模型Ⅰ得出的设施选址策略总费用与最优策略的最大差值为4.99×10^{6}元，大于表6中的4.53×10^{6}元。这说明，相比于模型Ⅰ，使用基于最小最大后悔值的鲁棒优化模型制定应急设施选址策略对需求点覆盖更加均衡，整体上也更经济有效。

六、结论与讨论

（一）理论贡献与启示

为提升地震灾害救援的应急管理效率并降低灾害损失，本文根据历史地震发生位置在地震灾害多发地区划分出多个研究区域作为不同灾害情境，在特定灾害情境下构建考虑服务转介的双层级应急设施选址模型的基础上，综合所有灾害情境建立基于最小最大后悔值准则的选址模型，以此为地震灾害多发地区制定应急设施选址策略；并以我国四川省应对地震灾害的应急医疗设施选址问题进行算例分析，通过改进的 Benders 分解算法予以求解。

首先，本文在构建模型时，充分考虑地震灾害发生的不确定性特点，将基于最小最大后悔值准则的鲁棒优化方法与层级化设施体系相结合，并在初、高级设施间加入服务转介功能，使模型在具备应对需求数量不确定性和需求水平差异性能力的同时，还能改善紧急情况下对需求严重程度的初步误判。其次，本文分两个步骤依次建立特定情境模型和基于多情境集的鲁棒优化模型，可以将局部的区域性灾害发生特征与整体相结合，使最终决策能够更好地规避极端情境产生的极端风险，提升了应急设施选址策略的整体稳健性。最后，算例分析显示，本文提出的建模思路在丰富应急设施选址研究方法的同时也使模型更符合大范围地震多发地区灾害救援的实际情况，得出的设施选址策略能够在兼顾需求不确定性、服务转介和设施对需求均衡覆盖的基础上，最大限度减少资金投入、确保整个应急救灾设施体系经济有效。

但是，应急管理决策的顺利实施，离不开相关工作者的密切配合。若参考本文提出的模型为应急管理者规划应急设施位置提供解决思路，则需要在确定设施位置和需求分配后尽量保证运输路线的安全性，同时制定好设施服务能力补偿的动态机制，以确保应急设施体系持续稳定地工作。

（二）研究局限与不足

在地震灾害多发地区，地震发生的不确定性可能影响部分应急设施的可靠性，使其完全中断无法提供服务或失去部分服务能力，本文在建模时未考虑这一因素，之后的研究可以考虑将设施可靠性因素加入建模。此外，若需求者在某一时刻激增造成拥堵，就会降低应急设施工作效率，为改善这种情况可以考虑在建模时加入排队系统。

参考文献

[1]曹琦,陈闻轩. 应急设施选址问题研究综述[J]. 计算机工程,2019,45(12):26-37.

[2]DÖNMEZ Z,KARA B Y,KARSU Ö,et al. Humanitarian facility location under uncertainty:critical review and future prospects[J]. Omega,2021(102):102393.

[3]ORTIZ-ASTORQUIZA C,CONTRERASN I,LAPORTE G. Multi-level facility location problems[J]. European journal of operational research,2018,267(3):791-805.

[4]贺小容,秦江涛. 多层级应急系统选址模型[J]. 工业工程,2010,13(2):94-97.

[5]FARAHANI R Z,HEKMATFAR M,FAHIMNIA B,et al. Hierarchical facility location problem:models,classifications,techniques,and applications[J]. Computers & industrial engineering,2014(68):104-117.

[6]陈煜婷,张惠珍. 双层级医疗设施选址问题及禁忌搜索算法[J]. 运筹与管理,2021,30(9):56-63.

[7]MALEKI R M,BARZINPOUR F,PISHVAEE M S. A multi-objective hierarchical location-allocation model for the healthcare network design considering a referral system[J]. International journal of engineering,2018,31(2):365-373.

[8]AKSEN D,ARAS N. A bilevel fixed charge location model for facilities un-

der imminent attack [J]. Computers & operations research, 2012, 39 (7): 1364 – 1381.

[9]HODGSON M J ,JACOBSEN S K . A hierarchical location – allocation model with travel based on expected referral distances[J]. Annals of operations research, 2009,167(1):271 –286.

[10]陶卓霖,程杨,戴特奇,等. 重力 p – median 模型在设施选址中的应用及检验[J]. 系统工程理论与实践,2016,36(6):1600 – 1608.

[11]陈志宗,尤建新. 城市防灾减灾设施的层级选址问题建模[J]. 自然灾害学报,2005(2):131 –135.

[12]宋艳,滕辰妹,姜金贵. 基于改进 NSGA – Ⅱ算法的多级服务设施备用覆盖选址决策模型[J]. 运筹与管理,2019,28(1):71 –78.

[13]常征,范瀚文,张聆晔. 基于引力模型的多等级海上应急物资储备库选址研究[J]. 重庆交通大学学报(自然科学版),2022,41(8):1 –7.

[14]BERTSIMAS D ,SIM M . The price of robustness[J]. Operations research, 2004,52(1):35 –53.

[15]李婷婷,宋瑞. 国家层面综合客运枢纽分层布局鲁棒优化模型[J]. 东南大学学报(自然科学版),2015,45(1):189 –195.

[16]万波,陈琴. 不确定需求下基于鲁棒优化的层级设施选址模型[J]. 统计与决策,2018,34(6):57 –61.

[17]张得志,乔馨,李双艳,等. 考虑多重覆盖的应急设施多级协同布局鲁棒优化[J]. 控制与决策,2022,37(7):1853 –1861.

[18]国家卫生计生委统计信息中心. 2013 第五次国家卫生服务调查分析报告[M]. 北京:中国协和医科大学出版社,2015.

不确定井喷需求下考虑容量限制的备货和调货策略研究①

张　怡

摘要： 在大型电商促销活动中，合理地进行备货和调货能有效地减少企业的物流成本和库存成本。首先，在概率分布未知的条件下，采用情境集合刻画电商促销中井喷需求的不确定性。其次，以最小化备货、调货、退货和库存的总成本为目标，基于最小最大后悔准则，建立前置仓容量带限制的商品的备货和调货鲁棒优化模型。再次，对鲁棒优化模型进行等价转化，采用拉格朗日松弛算法对转换后的大规模混合整数规划模型进行求解。最后，通过算例分析验证模型和算法的有效性，相关结果能为电商促销中企业的备货和调货提供理论指导与决策支持。

关键词： 鲁棒优化；不确定需求；最小最大后悔准则；备货和调货策略

作者简介： 张怡，西北大学经济管理学院 2021 级硕士研究生。

---

① 本文由李红梅教授指导完成。李红梅，西北大学经济管理学院副教授，硕士研究生导师。

一、引言

在大型电商促销活动中，企业的销售额较平时会出现大幅增长，例如，2022年“双11”促销活动期间，天猫商城的成交额高达3434亿元，京东的成交额高达1740亿元。尽管“双11”“6·18”等大型电商促销活动的成交额在企业全年销售额中的占比逐年增加，但是利润并没有得到相应的增长。最主要的原因是，在促销活动期间商品的井喷需求量存在很强的不确定性，导致备货量很难与实际需求量相匹配，若企业无法给出有效的备货和调货策略，就会产生大量的调货、退货和库存成本，直接影响企业的利润。因此，在大型电商促销活动中，在商品需求量不确定和前置仓容量受限的情况下，如何使备货和调货总成本最小成为亟须解决的问题。

目前，在刻画不确定需求时，有两种常用的方法：一种是把不确定参数作为一个随机变量，给定其概率分布；另一种是利用不确定集的形式刻画不确定参数，进而采用鲁棒优化模型。在研究商品的备货问题时，对于不确定需求的刻画也是基于这两种方法。在给定需求的概率分布方面，当需求为正态分布时，Lagodimos（1992）研究了两级发散网络的库存配给问题，建立了服务绩效模型，并给出了优先级分配策略；Li等（2021）研究了两阶段的库存管理问题，基于消费者的需求更新和融资成本，探讨了对库存控制决策的影响。当需求为泊松分布时，Huang和Iravani（2007）研究了基于信息共享的双层供应链模型，给出了两个不同零售商的最优库存策略；Wang和Zhang（2021）研究了信息共享下两级供应链的生产和配给问题，运用时间离散化方法建立了离散时间模型，给出了最优生产和配给策略。上述文献都是给定需求的概率分布，但在概率分布未知时更多的是利用鲁棒优化方法，Bertsimas和Thiele（2006）研究了受随机需求影响的供应链库存分配问题，利用鲁棒优化方法给出了库存分配的静态决策规则；See 和 Sim（2010）研究了需求模糊下的多周期库存控制问题，利用鲁棒优化方法给出了截断线性补货策略；Jackson 等（2019）考虑隐性和显性两种风险不确定性集，建立多周期鲁棒优化模型解决单仓库、多个零售商、多周期的库存分配问题。以上相关文献都是考虑多周期的备货策略，但是大型电商促销活动与平时的销售活动存在较大不同，因此，需要提出针对需求井喷下的备货策略。

由于受到不确定需求的影响，前置仓的备货量和实际需求量会出现偏差，导致调货。在仓库横向调货方面，Tagaras 和 Vlachos（2002）针对具有不同需求分布的两个库存地点，研究了横向调运在不同需求分布和非零库存转移时间条件下的效果。Kukreja 和 Schmidt（2005）提出了一种库存控制模型，该模型考虑了不同库存地点之间的物料调运，以实现最佳的库存满足率和成本效益。李晓宏等（2008）研究在需求信息更新的条件下的调货策略，建立了协调调货模型，最大化地满足顾客需求和提高库存效率。陈敬贤等（2013）研究了多零售商横向转载问题，提出了收益共享契约机制，协调了零售商之间的横向转载和利润分配问题。但斌等（2017）研究了易逝品零售商的缺货损失问题，建立了两零售商的多销售阶段预防性横向调拨和订货模型，给出了调入与调出阈值函数。Van 等（2019）提出了两个库存地点之间的横向转运问题，给出了多个需求类别的最佳库存策略模型。在两级仓库调货的研究中，Silver（1987）提出了两次库存系统的调货问题，以总成本最小为目标，给出了考虑再分配特性的库存补充模型。参考以上文献，在大型电商促销活动中，商品的调货为工厂、中心仓向前置仓调货以及前置仓之间的横向调货。

以上文献都是基于考虑周期性备货策略，并且只考虑了一般情况下的备货和调货问题，而大型电商促销活动与平时的活动不同，周期性的策略很难满足活动期间的需求。目前，对于电商促销下的研究主要为商品配送的车辆路径问题（崔珊珊等，2013；吕俊杰、冯谦，2019），没有考虑需求不确定对电商促销中商品调度的影响。本文与前人研究的本质不同在于，考虑了不确定需求对于备货和调货成本的影响。结合电商促销活动的实际情况，在进行备货和调货时，需要考虑前置仓容量限制和中心仓的安全库存；同时，除了备货和调货成本外，还要考虑订单取消造成的损失成本和库存剩余产生的库存成本。考虑到需求的概率分布很难估计，随机优化模型不适合解决该问题，而为了解决需求不确定产生的影响，利用鲁棒优化模型建模，以总成本最小化为目标，建立电商促销中最小最大后悔值的商品备货和调货鲁棒优化模型。

二、问题描述与模型构建

（一）问题描述

查阅资料发现，目前，各大电商平台和电商企业为了保证配送时效，会在全国各大区域设置仓库。结合目前的情况，本文考虑备货和调货过程涉及多个区域，每个区域有一个中心仓、若干个前置仓，工厂负责产品的生产，并可以将商品运往任意仓库。在备货时，只能依靠相关数据对实际需求进行估计，但受到多种因素影响，实际需求很难准确预测，同时，各个前置仓存在容量限制，基于以上两个原因，备货量和实际需求量会出现较大的偏差，进而需要在消费者下单后根据实际需求量进行调货。在调货时，需要考虑调货时间，避免消费者取消订单进而产生订单取消成本，同时要更好地利用现有库存避免出现过高的库存成本。在调货过程中，同一区域的前置仓可以互相调货，中心仓可以向前置仓调货；而不同区域之间只有中心仓可以互相调货，不允许前置仓之间直接调货；工厂可以向任意仓库调货，如图 1 所示。本文的总成本包含备货成本、调货成本、库存成本和订单取消成本，最终目标是获取使总成本最小的备货和调货策略。

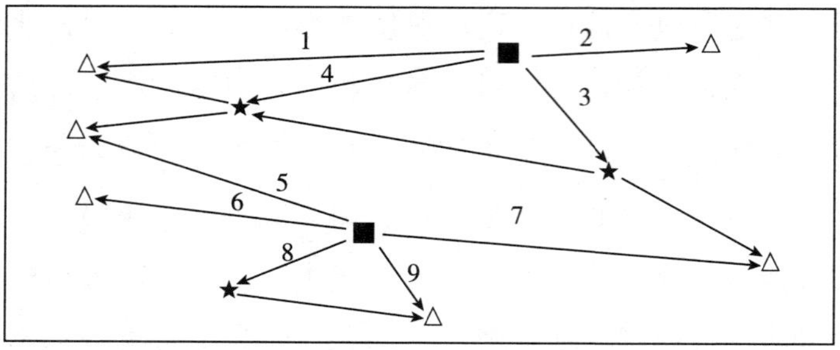

图 1　工厂和各区域内仓库分布示意

注：图中有三个区域，■表示工厂，★表示中心仓，△表示前置仓，1～9 表示备货，其余箭头表示调货。

备货前，无法得到准确的实际需求量数据。此时，利用情境估计方法，即根据电商促销中商品的历史销售数据、降价幅度、预售情况等信息的不同组合，利用经验估计方法对不确定数据进行取值，并对得到的结果进行合理的浮动，从而确定电商促销的若干种情境，以总成本的“后悔值”衡量鲁棒备货策略应用于各情境下产生的目标值与最优值的偏差，建立基于最小最大后悔值的鲁棒优化模型。

（二）模型假设与符号定义

模型的相关假设如下：

①工厂到各个仓库、各个区域仓库之间、不同区域中心仓之间的单位运价和调货时间都是已知的。

②由运输时间过长导致的订单取消单位成本是已知的。

③工厂的生产能力不受到限制，但从工厂调货时除了调货时间外还要考虑商品的生产时间。

④消费者取消订单是发生在调货的过程中，且每个前置仓调入的商品在没被取消订单时都能及时出售。

⑤所有仓库在备货前的库存都为零。如果现实中仓库在备货前已经

有库存，那么在设置参数加入模型后，模型仍然适用。

模型涉及的符号定义如表 1 所示。

表 1　符号定义

变量类型	符号	定义
集合	K	各个区域 k 的集合，$k \in K$
	Z_k	区域 k 的前置仓 i 和 j 的集合，$i \in Z_k$，$j \in Z_k$
	S	所有情境的集合，$s \in S$
	P	各个备货方案 p 的集合，$p \in P$
	O	各个工厂 o 的集合，$o \in O$
参数	w_{ki}	区域 k 第 i 个前置仓
	h_k	区域 k 的中心仓
	$c(w_{ki})$	对前置仓 w_{ki} 备货时的单位运价
	$c(h_k)$	对中心仓 h_k 备货时的单位运价
	$c(x,w_{kj})$	从工厂 o 调货到仓库 y（$y \in \{w_{ki},h_k\}$）的单位运价
	$c(h_v,h_k)$	从 x 地（$x \in \{w_{ki},h_k,h_v,o\}$）调货到仓库 w_{kj} 的单位运价
	$c_0(w_{ki})$	前置仓 w_{ki} 的单位库存持有成本
	$c_0(h_k)$	中心仓 h_k 的单位库存持有成本
	$e(w_{ki})$	前置仓 w_{ki} 的最大容量限制
	$e_0(h_k)$	中心仓 h_k 的安全库存
	$t(o,y)$	工厂 o 到仓库 y（$y \in \{w_{ki},h_k\}$）的调货时间
	$t(x,w_{kj})$	从 x 地（$x \in \{w_{ki},h_k,h_v,o\}$）到前置仓 w_{kj} 的调货时间
	$t(h_v,h_k)$	区域 v 中心仓到区域 k 中心仓的调货时间
	$n_s(w_{ki})$	需求情境 s 下，区域 k 第 i 个前置仓的实际需求
	t_1	开始取消订单的第一个时间临界值
	t_2	开始取消订单的第二个时间临界值
	c_1	取消来自前置仓和中心仓的调货订单的单位成本
	c_2	取消来自工厂的调货订单的单位成本
决策变量	$d^p(y)$	备货方案 p 下，仓库 y 的备货量
	$Q_s^p(w_{ki})$	备货方案 p，情境 s 下，前置仓 w_{ki} 的可供给量
	$l_s^p(x,w_{kj})$	备货方案 p，情境 s 下，从 x 地到前置仓 w_{kj} 的调货量
	$g_s^p(y)$	备货方案 p，情境 s 下，仓库 y 在售出商品后的剩余库存
	$q_s^p(x,w_{kj})$	备货方案 p，情境 s 下，从 x 地向前置仓 w_{kj} 调货的订单取消量

（三）确定需求下的模型构建

1. 成本分析

备货，是指在消费者下单前将商品运输至仓库。备货成本主要包括工厂对各个区域前置仓和中心仓的物流运输成本，用 DC 代表备货成本，可表示为：

$$DC = \sum_{k \in K} \sum_{i \in Z_k} d^p(w_{ki}) c(w_{ki}) + \sum_{k \in K} d^p(h_k) c(h_k) \tag{1}$$

调货成本和订单取消成本与特定情境 $s \in S$ 有关，调货成本是当某个前置仓缺货时由其他前置仓、中心仓或者工厂向其调运商品产生的运输成本，订单取消成本是消费者取消订单造成的物流运输成本的损失，用 WC_s^p 、$H_1C_s^p$ 、$H_2C_s^p$ 和 OC_s^p 代表调货成本，用 QC_s^p 代表订单取消成本，调货和订单取消成本可表示为

$$WC_s^p = \sum_{k \in K} \sum_{i \in Zk} \sum_{j \in Zki \neq j} l_s^p(w_{ki}, w_{kj})(w_{ki}, w_{kj}) \tag{2}$$

$$H_1C_s^p = \sum_{k \in K} \sum_{j \in Zk} l_s^p(h_k, W_{kj})(h_k, W_{kj}) \tag{3}$$

$$H_2C_s^p = \sum_{v \in k} \sum_{k \in Kv \neq k} \sum_{j \in Z_k} l_s^p(h_v, w_{kj})[c(h_v, h_k) + c(h_k, w_{kj})] \tag{4}$$

$$OC_s^p = \sum_{k \in K} \sum_{j \in Zk} l_s^p(o, w_{kj}) c(o, w_{kj}) \tag{5}$$

$$QC_s^p = [\sum_{k \in K} \sum_{i \in Z_k} \sum_{j \in Zki \neq j} q_s^p(w_{ki}, w_{kj}) + \sum_{k \in K} \sum_{j \in Zk} q_s^p(h_k, W_{kj}) + \sum_{v \in K} \sum_{k \in Kv \neq k} \sum_{j \in Z_k} q_s^p(h_v, w_{kj})] c_1 + \sum_{k \in K} \sum_{j \in Zk} q_s^p(o, w_{kj}) c_2 \tag{6}$$

其中，WC_s^p 表示相同区域内前置仓之间横向调货的成本；$H_1C_s^p$ 表示一个区域内中心仓向前置仓调货的成本；$H_2C_s^p$ 表示区域 v 中心仓向区域 k 中心仓调货，再由区域 k 中心仓向同区域前置仓调货的成本；OC_s^p 表示工厂向前置仓调货的成本；QC_s^p 表示订单取消成本，包含前置仓之间、中心仓到前置仓和工厂到前置仓调货的订单取消成本。

库存持有成本包括前置仓和中心仓剩余库存的库存持有成本：

$$GC_s^p = \sum_{k\in K}\sum_{i\in Z_k} g_s^p(w_{ki})c_0(w_{ki}) + \sum_{k\in K} g_s^p(h_k)c_0(h_k) \tag{7}$$

2. 模型构建

实际需求确定即电商促销中情境 $s \in S$ 是已知的。此时，只需要根据已知的需求求出最优的备货和调货策略即可，可利用模型 ST 进行计算：

$$c_s = \min(DC + WC_s^p + H_1C_s^p + H_2C_s^p + OC_s^p + QC_s^p + CG_s^p) \tag{8}$$

$$\text{s. t. } Q_s^p(w_{ki}) \geqslant 0, \forall i, \forall k \tag{9}$$

$$Q_s^p(w_{ki}) \geqslant d^p(o,w_{ki}) - n_s(w_{ki}), \forall i, \forall k \tag{10}$$

$$Q_s^p(w_{ki}) \leqslant M(1 - u_{1s}(w_{ki})), \forall i, \forall k \tag{11}$$

$$Q_s^p(w_{ki}) \leqslant [d^p(o,w_{ki}) - n_s(w_{ki})] + M(1 - u_{2s}(w_{ki})), \forall i, \forall k \tag{12}$$

$$u_{1s}(w_{ki}) + u_{2s}(w_{ki}) \geqslant 1, \forall i, \forall k \tag{13}$$

$$\sum_{j\in Z_k} l_s^p(w_{ki},w_{kj}) \leqslant Q_s^p(w_{ki}), \forall i, \forall k, i \neq j \tag{14}$$

$$d^p(w_{ki}) \leqslant e(w_{ki}), \forall k \in K, \forall i \in Z_k \tag{15}$$

$$\begin{aligned} d^p(w_{kj}) &+ \sum_{i\in Z_k} l_s^p(w_{ki},w_{kj}) + \sum_{v\in K} l_s^p(h_v,w_{kj}) + l_s^p(h_k,w_{kj}) + l_s^p(o,w_{kj}) + \\ &\sum_{i\in Z_k} q_s^p(w_{ki},w_{kj}) + \sum_{v\in K} q_s^p(h_v,w_{kj}) + q_s^p(h_k,w_{kj}) + q_s^p(o,w_{kj}) - \\ &n_s(w_{kj}) \leqslant e(w_{kj}), \forall k, \forall j \end{aligned} \tag{16}$$

$$\begin{aligned} d^p(w_{kj}) &+ \sum_{i\in Z_k} l_s^p(w_{ki},w_{kj}) + \sum_{v\in K} l_s^p(h_v,w_{kj}) + l_s^p(h_k,w_{kj}) + l_s^p(o,w_{kj}) + \\ &\sum_{i\in Z_k} q_s^p(w_{ki},w_{kj}) + \sum_{v\in K} q_s^p(h_v,w_{kj}) + q_s^p(h_k,w_{kj}) + q_s^p(o,w_{kj}) - \\ &\sum_{a\in Z_k} l_s^p(w_{kj},w_{ka}) - n_s(w_{kj}) = g_s^p(w_{kj}), \forall k, \forall j \end{aligned} \tag{17}$$

$$d^p(h_k) - \sum_{i\in Z_k} l_s^p(h_k,w_{ki}) - \sum_{v\in K}\sum_{m\in Z_v} l_s^p(h_k,w_{vm}) \geqslant e_0(h_k), \forall k, k \neq v \tag{18}$$

$$d^p(h_k) - \sum_{i\in Z_k} l_s^p(h_k,w_{ki}) - \sum_{v\in K}\sum_{m\in Z_v} l_s^p(h_k,w_{vm}) = g_s^p(h_k), \forall k, k \neq v \tag{19}$$

$$\begin{aligned} \sum_{i\in Z_k} l_s^p(w_{ki},w_{kj}) &+ \sum_{v\in K} l_s^p(h_v,w_{kj}) + l_s^p(h_k,w_{kj}) + l_s^p(o,w_{kj}) \geqslant n_s(w_{kj}) - \\ &d^p(o,w_{kj}), \forall j, \forall k, i \neq j \end{aligned} \tag{20}$$

$$q_s^p(x,w_{kj}) = \left\{0 \quad ,t(x,w_{kj})\right\} \leqslant t_1 \frac{t(x,w_{kj}) - t_1}{t_2} l_s^p(x,w_{kj}) \tag{21}$$

$$t(h_v,w_{kj}) = t(h_v,h_k) + t(h_k,w_{kj}) \tag{22}$$

$$Q_s^p(w_{ki}),d^p(o,w_{ki}),l_s^p(x,y) \in N,u_{1s}(w_{ki}),u_{2s}(w_{ki}) \in \{0,1\} \tag{23}$$

式（8）表示总成本，包含备货成本、调货成本、库存成本和订单取消成本。约束（9）～（13）表示前置仓可供给量的大小，约束（9）和约束（10）表示前置仓的可供给量一定大于等于0；约束（11）和约束（12）表示在约束（9）和约束（10）的基础上确定前置仓的可供量，M 为极大常数；约束（13）表示前置仓的可供量不存在无约束的情况，其中，$u_{1s}(w_{ki})$ 和 $u_{2s}(w_{ki})$ 为0～1变量。约束（14）表示每个前置仓调出的货物量不超过可供给量。约束（15）表示各个前置仓的备货量不能超过其容量限制。约束（16）表示各个前置仓最后的库存不能超过其容量限制。约束（17）表示各个前置仓的剩余库存量。约束（18）表示中心仓剩余库存不能低于其安全库存。约束（19）表示中心仓剩余库量。约束（20）表示前置仓调入的量要满足其额外需求量。约束（21）表示调货中由时间引起的订单取消量。约束（22）表示从区域 v 中心仓到区域 k 中心仓，然后再从区域 k 中心仓到区域 k 前置仓需要的时间总和。约束（23）表示变量的取值范围约束。从模型的目标函数和约束条件可以看出，本文建立的模型综合考虑了电商促销中物流配送应遵循的原则：经济性和需求被满足的可靠性。

三、最小最大后悔值鲁棒优化模型

大型电商促销活动中，在所有情境发生之前要完成对各个仓库的备货工作，因此，模型ST只有在考虑电商促销中的情境集合 S 时才具有实际意义，给出的备货和调货策略才能更好地为决策者提供有效指导。因此，建立基于最小最大后悔值的鲁棒优化模型以得到鲁棒备货策略和各情境下的调货策略。最小最大后悔值是管理学中不确定型决策方法之一，其基本思想是在所有可能发生的情境下，保证决策者在选择某种方案后与各实际情境的最优方案的最大差值最小。对于本文来说，建立的基于最小最大后悔值鲁棒优化模型如模型 RO 所示：

$$R(d^*, l_s^*, q_s^*) = \min_{p \in P} \max_{s \in S} [c_s(d^p) - c_s^{opt}] \tag{24}$$

为简化表示，令 $\{d, l_s, q_s\}$ 分别表示大型电商促销活动中备货和调货时的决策变量 $\{d^p(o,y), l_s^p(x,w_{kj}), q_s^p(x,w_{kj}), \forall, k, j, p, s\}$ 集合。模型 RO 中，c_s^{opt} 表示情境 $s \in S$ 下的最优成本，对实际需求的任一情境 $s \in S$，与之相关的最优决策变量 $\{d^{opt}, (l_s^{opt}, q_s^{opt})\}$ 和最优成本 c_s^{opt} 可以利用模型 SO 求解：

$$c_s^{opt} = \begin{cases} \min\limits_{d, l_s, q_s} & DC + WC_s^p + H_1 C_s^P + H_2 C_s^p + OC_s^p + QC_s^p \\ \text{s. t.} & (9) \sim (23) \end{cases} \tag{25}$$

$c_s(d^p)$ 表示选择备货策略 d^p 后运用至情境 s 下得到的目标值，可以利用模型 STO 求解：

$$c_s(d^p) = DC + \begin{cases} \min\limits_{d, l_s, q_s} & WC_s^p + H_1 C_s^P + H_2 C_s^p + OC_s^p + QC_s^p \\ \text{s. t.} & (9) \sim (23), \forall_s \in S \end{cases} \tag{26}$$

$c_s(d^p) - c_s(d^{opt})$ 表示对于特定情境 $s \in S$ 来说，选择备货策略 d^p 后，其目标总成本和在该情境 s 下的最优总成本之间的差值即后悔值，所求的目标为最小化最大后悔值，最终得到的方案（d^*, l_s^*, q_s^*）为备货策略的鲁棒解 d^*，以及鲁棒解 d^* 运用至各个情境下得到的最优调货决策 l_s^* 和相对应的订单取消量 q_s^*。

四、算法设计

由于最小最大后悔值模型无法直接求解，首先对模型进行等价转换，转换后的模型为混合整数规划模型，但大规模的混合整数规划模型求解非常困难，因此，采用拉格朗日松弛算法求解，第一步是将约束松弛到目标函数中形成拉格朗日松弛问题，第二步是利用次梯度算法对松弛问题求解。

（一）模型等价转化

由于最小最大后悔值鲁棒优化模型的目标函数（24）中包含“min - max”结构形式，因而无法直接求解。为了能求解，对目标函数进行变形，引入新的决策变量 R，加入新的约束，把原模型变形为模型 ERO：

$$\min_{p \in P} R \tag{27}$$

$$\text{s. t.} \quad (9) \sim (23)$$

$$DC + WC_s^p + H_1 C_s^p + H_2 C_s^p + OC_s^p + QC_s^p - C_s^{opt} \leqslant R, \forall s \in S \tag{28}$$

原模型的目标函数是最小化最大后悔值，而模型 ERO 的目标函数是使决策变量 R 最小，因此，需要对决策变量 R 进行约束，保证两个模型解的一致性；新添加的约束（27）的个数等于情境集合 S 的总数，表示 R 大于等于各个情境下的后悔值，因此保证了 R 的值为所有后悔值中的最大值；其余约束条件保持不变。如果模型 ERO 存在最优解，则其最优解 (d^*, l_s^*, q_s^*) 一定为最小最大后悔值鲁棒优化模型的最优解。

（二）拉格朗日松弛算法

虽然经过等价转化后的模型 ERO 已经较为简化，但是其约束条件较多而且很复杂，在求解大规模的混合整数规划时还是很困难的，因此，需要利用拉格朗日松弛算法将约束放到目标函数中，把约束（14）作为松弛约束添加到目标函数中，对应的拉格朗日松弛问题满足剩余约束，其目标函数为：

$$z_{LR} = \min_{p \in P}\left[R + \lambda_{ski}\left(\sum_{j \in Z_k} l_s^p(w_{ki}, w_{kj}) - Q_s^p(w_{ki})\right)\right] \tag{29}$$

其中，z_{LR} 表示拉格朗日松弛问题的解，λ_{ski} 是关于情境 s 和区域 k 的前置仓

i 的约束条件（14）对应的拉格朗日乘子，$\lambda_{ski} \geqslant 0$。拉格朗日松弛问题 z_{LR} 的最优解是原问题的一个下界，而 z_{LR} 的最优解即为其对偶问题的解，因此，找到对偶问题 z_{LD} 的解即找到原问题的最大下界，对偶问题可表示为：

$$z_{LD} = \max_{\lambda} z_{LR}(\lambda_{ski}) \tag{30}$$

对偶问题采用次梯度算法求解，次梯度算法是根据给定的初始点，沿着次梯度的方向对解进行搜索，直到找到最优值。令

$$U_{ski} = \sum_{j \in Z_k} l_s^p(w_{ki}, w_{kj}) - Q_s^p(w_{ki}) \tag{31}$$

其中，U_{ski} 为次梯度，建立的次梯度算法流程如下：

步骤 1：对 β，拉格朗日乘子 λ_{ski}，原问题上界 z_{up} 和下界 z_{lb} 赋初值（上界 z_{up} 可以用可行解的目标函数值表示），设置初始迭代次数 $T = 0$。

步骤 2：求解拉格朗日松弛问题，得到拉格朗日函数的值 $z_{LR}(\lambda_{ski}^T)$，如果 $z_{lb} \leqslant z_{LR}(\lambda_{ski}^T) \leqslant z_{up}$，则更新下界 z_{lb} 的值，令 $z_{lb} = z_{LR}(\lambda_{ski}^T)$。

步骤 3：对于进行了第 T 次迭代的拉格朗日乘子 λ_{ski}^T，对应的次梯度为 U_{ski}^T，设置算法迭代停止的条件：① $z_{up} = z_{lb}$ 或者 $(z_{up} - z_{lb})/z_{up} \leqslant \alpha$（$\alpha$ 为收敛率）；② $U_{ski}^T = 0$ 或者 $\| U_{ski}^T \| \leqslant \varepsilon$（$\varepsilon$ 为一个较小的数）；③迭代次数 $T \geqslant T_{\max}$（$T_{\max}$ 为最大迭代次数）。如果满足上述条件的其中一个，就停止算法，输出 z_{lb}，否则转入下一步。

步骤 4：计算步长 θ_{ski}^T，步长计算公式为：

$$\theta_{ski}^T = \beta^T \frac{z_{up} - z_{lb}}{\| U_{ski}^T \|^2} \tag{32}$$

其中，z_{up} 随着迭代过程更新，如果 $U_{ski}^T \leqslant 0$，则说明该解满足所有约束条件即为可行解，且 $z_{lb} \leqslant z_{LP} \leqslant z_{up}$（$z_{LP}$ 为该可行解代入原问题目标函数的值），更新上界，令 $z_{up} = z_{LP}$；$\beta^T \in [0,2]$，如果在迭代中下界的值一直不更新，则将 β 的值减少为原来的一半。更新拉格朗日乘子，$\lambda_{ski}^{T+1} = \max\{0, \lambda_{ski}^T + \theta_{ski}^T U_{ski}^T\}$，令 $T = T + 1$，转入步骤 2。

五、算例分析

“6·18”活动期间，J 电商企业的 X 商品在其自建物流中订单的备货和调货过程。该企业自建物流在全国共有 7 个大区域，每个大区域都有对应的中心仓，每个区域中有若干个前置仓，X 商品的工厂共有 2 个，分别位于廊坊和南京。

距离数据根据高德 API 获取，查阅资料发现，一单位的 X 商品在两地之间的运价与距离相关，相关系数为 ξ，即各个区域的前置仓之间及前置仓与中心仓和工厂之间的单位运价为距离乘相关系数 ξ。调货时间包含订单反应时间、货物拣选时间、装卸时间、运输时间等，除运输时间以外其他时间加起来算固定时间，运输时间为两地之间的距离除以货车的平均车速。东北区域各个仓库之间的距离如表 2 所示，单位运价如表 3 所示，调货时间如表 4 所示，其他区域的单位运价和调货时间获取方法相同。

表 2　东北区域各仓库间的距离　　单位：千米

仓库	前置仓 1	前置仓 2	前置仓 3	前置仓 4	前置仓 5
前置仓 1	0	274	772	600	564
前置仓 2	282	0	511	338	295
前置仓 3	781	781	0	272	223
前置仓 4	605	605	271	0	48
前置仓 5	564	295	223	48	0
中心仓	572	304	215	55	25
工厂 1	2117	1848	1351	1609	1560
工厂 2	1244	975	477	735	687

表 3　东北区域各仓库间的单位运价　　单位：元/千米

仓库	前置仓 1	前置仓 2	前置仓 3	前置仓 4	前置仓 5
前置仓 1	M	5.49	15.45	11.99	11.29
前置仓 2	5.65	M	10.21	6.76	5.91

续表

仓库	前置仓1	前置仓2	前置仓3	前置仓4	前置仓5
前置仓3	15.61	15.61	*M*	5.44	4.47
前置仓4	12.11	12.11	5.42	*M*	0.96
前置仓5	11.29	5.91	4.47	0.96	*M*
中心仓	11.45	6.07	4.30	1.10	0.50
工厂1	42.34	36.96	27.01	32.17	31.20
工厂2	24.87	19.49	9.55	14.71	13.73

表4　东北区域各仓库间的调货时间　　单位：小时

仓库	前置仓1	前置仓2	前置仓3	前置仓4	前置仓5
前置仓1	0	27.77	34.62	32.24	31.76
前置仓2	27.88	0	31.02	28.64	28.06
前置仓3	34.73	34.73	0	27.74	27.07
前置仓4	32.32	32.32	27.73	0	24.66
前置仓5	31.76	28.06	27.07	24.66	0
中心仓	31.87	28.17	26.96	24.76	24.34
工厂1	53.11	49.41	42.57	46.12	45.45
工厂2	41.10	37.40	30.56	34.11	33.44

在参考实际数据的基础上，对容量限制、安全库存、订单取消成本和库存成本进行假设，东北区域各前置仓的容量限制如表5所示，其他区域的前置仓都存在容量限制，中心仓的安全库存为300件。订单取消的第一个临界时间为20小时，第二个临界时间为55小时，取消来自前置仓或者中心仓调货的单位订单取消成本为16元/件，取消来自中心仓调货的单位订单取消成本为37元/件，前置仓的剩余库存成本为3元/件，中心仓的剩余库存成本为5元/件。

表5　东北区域前置仓的容量限制　　单位：件

仓库	前置仓1	前置仓2	前置仓3	前置仓4	前置仓5
容量	3000	3000	3000	3000	4000

根据历年“双11”X商品在各个前置仓的销售数据，结合商品的降

价幅度、预售情况和前置仓所在地区消费者的购买力，设置X商品在每个前置仓中需求的区间，在区间内生成5个随机数作为5种需求，继而产生5种情境。东北区域每种情境下各个前置仓对于X商品的订单需求量如表6所示，其他区域各个情境下的订单需求获取方法相同。

表6　各个情境下东北区域前置仓的订单需求　　单位：件

情境	前置仓1	前置仓2	前置仓3	前置仓4	前置仓5
情境1	3218	3018	2319	2539	5245
情境2	3933	3856	3521	3419	5645
情境3	3556	2547	2267	2701	5349
情境4	3538	4018	3121	3016	5769
情境5	3298	4016	2543	2951	4539

设置好实例的相关参数以后，再对算法的相关参数进行设置，设置初始值，$\beta = 0$，下界 $z_{lb} = 0$，上界 $z_{up} = 500000$，拉格朗日乘子 $\lambda = 25$，根据拉格朗日松弛算法步骤采用Python编程实现并通过Gurobi9.5.2进行求解，首先计算各个情境下的最优解，在此基础上通过最小最大后悔值鲁棒优化模型计算出鲁棒解，最终计算得到的各个情境下的后悔值结果如表7所示，东北区域各仓库的备货量如表8所示，各个情境下的调货决策如表9所示；华北区域各仓库的备货量如表10所示，各个情境下的调货决策如表11所示。

表7　各个情境下的后悔值　　单位：元

情境	鲁棒优化模型下各情境的总成本	最优成本	后悔值
情境1	5416377	5046481	369897
情境2	6110240	5740343	369897
情境3	5206981	4837082	369898
情境4	6321875	5951977	369898
情境5	6065263	5695368	369895

从表7可以观察到，基于所有情境集 S 的最小最大后悔值鲁棒优化模型的结果为369897元，而各情境下的后悔值相差不大，说明最小最大后悔值鲁

棒优化模型的结果在电商促销需求井喷且难准确预测的情况下具有较强的鲁棒性，能够满足电商促销时不同情境下的备货和调货策略的决策需求。

表 8 东北区域各仓库的备货量 单位：件

仓库	前置仓 1	前置仓 2	前置仓 3	前置仓 4	前置仓 5	中心仓
工厂 1	0	0	0	0	0	0
工厂 2	3000	3000	3000	2701	4000	1019

表 9 东北区域各情境下的调货决策

情境	调出仓	接收仓	调货量/件	订单取消/单	情境	调出仓	接收仓	调货量/件	订单取消/单
情境 1	前置仓 3	前置仓 1	218	58	情境 3	中心仓 1	前置仓 5	616	49
	前置仓 3	前置仓 5	382	49	情境 4	中心仓 1	前置仓 4	315	27
	前置仓 4	前置仓 5	162	14		中心仓 1	前置仓 5	404	32
	中心仓 1	前置仓 2	18	3		中心仓 2	前置仓 1	538	132
	中心仓 1	前置仓 5	701	55		中心仓 2	前置仓 2	1018	181
情境 2	中心仓 1	前置仓 2	719	107		中心仓 2	前置仓 2	1365	147
情境 3	中心仓 2	前置仓 1	933	228		工厂 2	前置仓 3	121	60
	中心仓 2	前置仓 2	137	24	情境 5	前置仓 3	前置仓 5	457	59
	中心仓 2	前置仓 3	521	81		中心仓 1	前置仓 1	298	64
	中心仓 2	前置仓 4	718	83		中心仓 1	前置仓 2	89	12
	中心仓 2	前置仓 5	1645	178		中心仓 1	前置仓 4	250	22
	前置仓 2	前置仓 1	453	65		中心仓 1	前置仓 5	82	6
	前置仓 3	前置仓 5	733	92		中心仓 2	前置仓 2	927	165
	中心仓 1	前置仓 1	103	22					

表 10 华北区域各仓库的备货量 单位：件

仓库	前置仓 1	前置仓 2	前置仓 3	前置仓 4	前置仓 5	前置仓 6	前置仓 7	前置仓 8	前置仓 9	前置仓 10
工厂 1	0	0	0	0	0	0	0	2900	0	0
工厂 2	2000	1429	2000	3000	2519	2865	1987	0	3000	2018

仓库	前置仓 11	前置仓 12	前置仓 13	前置仓 14	前置仓 15	前置仓 16	前置仓 17	前置仓 18	中心仓 2	
工厂 1	0	0	0	0	0	0	0	0	0	
工厂 2	2900	1208	2893	1209	1639	1352	5000	5000	21041	

表 11　华北区域各情境下的调货决策

情境	调出仓	接受仓	调货量/件	订单取消/单	情境	调出仓	接受仓	调货量/件	订单取消/单
情境 1	前置仓 1	前置仓 7	24	6	情境 3	中心仓 2	前置仓 17	265	29
	前置仓 3	前置仓 15	253	40		中心仓 2	前置仓 18	5756	442
	前置仓 3	前置仓 16	178	26	情境 4	前置仓 1	前置仓 17	84	8
	前置仓 5	前置仓 4	209	44		前置仓 3	前置仓 4	155	17
	前置仓 11	前置仓 2	551	76		前置仓 11	前置仓 9	724	76
	前置仓 11	前置仓 8	710	133		前置仓 13	前置仓 8	363	55
	前置仓 13	前置仓 12	550	72		中心仓 2	前置仓 2	440	81
	前置仓 13	前置仓 14	438	74		中心仓 2	前置仓 4	373	55
	前置仓 13	前置仓 17	117	25		中心仓 2	前置仓 6	1034	197
	中心仓 2	前置仓 4	36	5		中心仓 2	前置仓 7	561	132
	中心仓 2	前置仓 6	1115	212		中心仓 2	前置仓 8	1955	470
	中心仓 2	前置仓 7	65	15		中心仓 2	前置仓 9	1566	283
	中心仓 2	前置仓 8	927	223		中心仓 2	前置仓 10	1197	310
	中心仓 2	前置仓 9	2320	419		中心仓 2	前置仓 12	1246	232
	中心仓 2	前置仓 10	219	57		中心仓 2	前置仓 14	1261	282
	中心仓 2	前置仓 15	917	180		中心仓 2	前置仓 15	1681	331
	中心仓 2	前置仓 17	663	73		中心仓 2	前置仓 16	1171	216
	中心仓 2	前置仓 18	2209	169		中心仓 2	前置仓 17	843	93
情境 2	前置仓 3	前置仓 14	174	34		中心仓 2	前置仓 18	2013	154
	前置仓 5	前置仓 14	88	24	情境 5	前置仓 1	前置仓 8	74	17
	前置仓 11	前置仓 4	518	66		前置仓 1	前置仓 14	388	84
	前置仓 11	前置仓 14	363	55		前置仓 2	前置仓 14	160	23
	前置仓 13	前置仓 14	503	85		前置仓 4	前置仓 12	695	96
	中心仓 2	前置仓 1	189	17		前置仓 4	前置仓 14	451	79
	中心仓 2	前置仓 2	703	130		前置仓 5	前置仓 8	532	140
	中心仓 2	前置仓 6	939	179		前置仓 11	前置仓 8	657	123
	中心仓 2	前置仓 7	14	3		前置仓 13	前置仓 8	702	107
	中心仓 2	前置仓 8	2314	556		中心仓 2	前置仓 3	351	40
	中心仓 2	前置仓 9	2310	417		中心仓 2	前置仓 6	146	28
	中心仓 2	前置仓 12	1030	192		中心仓 2	前置仓 7	243	57
	中心仓 2	前置仓 14	66	15		中心仓 2	前置仓 9	2173	392
	中心仓 2	前置仓 15	1331	262		中心仓 2	前置仓 10	75	19

续表

情境	调出仓	接受仓	调货量/件	订单取消/单	情景	调出仓	接受仓	调货量/件	订单取消/单
情境 2	中心仓 2	前置仓 16	1116	206	情境 5	中心仓 2	前置仓 12	415	77
	中心仓 2	前置仓 17	1293	143		中心仓 2	前置仓 15	1411	277
	中心仓 2	前置仓 18	2139	164		中心仓 2	前置仓 16	805	148
情境 3	前置仓 11	前置仓 9	1531	160		中心仓 2	前置仓 17	320	35
	前置仓 13	前置仓 8	1717	262		中心仓 2	前置仓 18	2520	193
	中心仓 2	前置仓 3	218	25					

由表 8 和表 10 可得，东北区域和华北区域各个前置仓的备货基本由工厂 2 完成，且由于受到容量限制和电商促销情境差异，无法满足所有情境下的商品需求，会发生调货；由表 9 和表 11 可得，在调货策略中，由于每个需求情境下的实际需求不同，三个区域各个情境下的调货决策差异显著。因此，在实际情况中，考虑所有可能发生的情境是必要的。

基于最小最大后悔值的鲁棒优化模型与其他方法得到的目标值无法直接比较，但为了体现不同方法对决策结果的影响，本文首先对绝对鲁棒优化模型求解，目标函数由原来的 $c_s(d^p) - c_s(d^{opt})$ 变为 $c_s(d^p)$，约束条件保持不变，对其求解；其次把所有情境下的需求均值作为最优策略；最后把两种方法求得的最优策略代入最小最大后悔值鲁棒优化模型的目标函数。三种方法所得的东北区域最优备货策略如表 12 所示，三种方法所得策略代入最小最大后悔值鲁棒优化模型的目标函数结果如表 13 所示。

表 12　不同方法下的备货策略对比　　单位：件

方法	结果						
	仓库	前置仓 1	前置仓 2	前置仓 3	前置仓 4	前置仓 5	中心仓
最小最大后悔值鲁棒优化	工厂 1	0	0	0	0	0	0
	工厂 2	3000	3000	3000	2701	4000	1019
绝对鲁棒优化	工厂 1	0	0	0	0	0	0
	工厂 2	3000	3000	3000	3000	4000	3762

续表

方法	结果					
	仓库	前置仓 1	前置仓 2	前置仓 3	前置仓 4	前置仓 5	中心仓
需求均值策略	工厂 1	0	0	0	0	0	0
	工厂 2	3000	3000	2754	2925	4000	2608

由表 12 可以看出，最小最大后悔值鲁棒优化模型、绝对鲁棒优化模型和需求均值策略这三种方法最后所得的最优备货策略均受到容量限制，符合实际。虽然个别前置仓的备货量存在差异，但都来自第二个工厂。

表 13　不同方法下的最大后悔值结果对比

方法	结果		
	最小最大后悔值鲁棒优化模型	绝对鲁棒优化模型	需求均值策略
最大后悔值	3.699×10^5	1.117×10^6	5.903×10^5

由表 13 可知，基于最小最大后悔值鲁棒优化模型最终得到的最大后悔值在三者当中是最小的，而绝对鲁棒优化模型所求的最大后悔值比需求均值策略所求的最大后悔值大得多。由此可以得出绝对鲁棒优化模型存在过于保守的情况，而利用执行决策和最优决策之间的偏差衡量决策质量的好坏是更有效的，即最小最大后悔值准则的鲁棒优化模型对于不确定决策来说是有效的。

六、结论和建议

本文主要研究了在电商促销中订单量井喷式增长且需求不确定情况下，考虑前置仓容量限制电商企业备货和调货问题，在刻画不确定需求时利用鲁棒优化方法，在区间内把需求划分成若干种情境，考虑备货成本、调货成本，以及由调货时间过长产生的消费者订单取消成本和库存成本，建立最小最大后悔值鲁棒优化模型。在求解模型时，对模型进行等价转换，并利用拉格朗日松弛算法求解，数值算例结果验证了模型和算法设计的可行性，并与绝对鲁棒优化方法对比，证明了最小最大后悔值鲁棒优化模型更有效，能够为企业开展大型电商促销活动提供理论指导和决策支持。

基于研究结论，本文提出以下相关建议：①企业在进行备货和调货时，除了考虑物流成本以外，还应该考虑调货时间对于退货的影响，从工厂进行调货还应该考虑商品的生产时间，总调货时间过长会引起消费者大量取消订单，造成较大损失，因此，在备货和调货过程中应综合考虑物流成本和时间两种因素对最终策略的影响。②在大型电商促销活动中，企业备货时，应充分考虑需求的不确定性风险。大部分企业习惯根据期望和均值衡量需求量，这样会导致在极端的情境下产生大量调货、退货和库存成本，而基于多情境集的鲁棒决策更加有效，能够更好地规避极端情形造成的经营风险。因此，针对井喷需求下的备货和调货问题，采用鲁棒优化准则得到的策略，在保证收益的同时，具有更好的风险适应性。

本文仍存在很多局限性。首先，对于算例中情境的划分标准考虑不全面，现实中情境的确定较为复杂。其次，本文的模型针对的是单一商品的备货和调货，涉及多商品的调货还需要进一步优化。在未来的研究中，应该将这些局限性考虑进去。

参考文献

[1] LAGODIMOS A G. Multi – echelon service models for inventory systems under different rationing policies[J]. International journal of production research,1992,30(4): 939 – 956.

[2] LI T,FANG W,BAYKAL – GÜRSOY M. Two – stage inventory management with financing under demand updates[J]. International journal of production economics,2021(232): 107915.

[3]HUANG B,IRAVANI S M R. Optimal production and rationing decisions in supply chains with information sharing[J]. Operations research letters,2007,35(5):669 -676.

[4]WANG Y,ZHANG S H. Optimal production and inventory rationing policies with selective - information sharing and two demand classes[J]. European journal of operational research,2021,288(2): 394 -407.

[5]BERTSIMAS D,THIELE A. A robust optimization approach to inventory theory[J]. Operations research,2006,54(1): 150 -168.

[6]SEE C T,SIM M. Robust approximation to multiperiod inventory management[J]. Operations research,2010,58(3): 583 -594.

[7]JACKSON P L,MUCKSTADT J A,LI Y. Multiperiod stock allocation via robust optimization[J]. Management science,2019,65(2): 794 -818.

[8]TAGARAS G,VLACHOS D. Effectiveness of stock transshipment under various demand distributions and nonnegligible transshipment times[J]. Production and operations management,2002,11(2): 183 -198.

[9]KUKREJA A,SCHMIDT C P. A model for lumpy demand parts in a multi - location inventory system with transshipments[J]. Computers & operations research, 2005,32(8): 2059 -2075.

[10]李晓宏,孙林岩,李刚. 需求信息更新条件下零售商间调货策略研究[J]. 系统工程学报,2008,23(6): 689 -695.

[11]陈敬贤,王国华,梁樑. 协调多零售商横向转载的收益共享契约[J]. 中国管理科学,2013,21(3): 79 -87.

[12]但斌,贺庆仁,李宇雨. 易逝品多销售阶段预防性横向调拨与订货决策模型[J]. 管理工程学报,2017,31(1): 133 -141.

[13]VAN WIJK A C C,ADAN I J B F,VAN HOUTUM G J. Optimal lateral transshipment policies for a two location inventory problem with multiple demand classes[J]. European journal of operational research,2019,272(2): 481 -495.

[14]SILVER H J A. Analysis of a two - echelon inventory control system with complete redistribution[J]. Management science,1987,33(2): 215 -227.

[15]崔珊珊,陈宏,徐加胜. 电商促销井喷需求下的应急商品配送研究[J]. 中国管理科学,2013,21(S1): 141 -147.

[16]吕俊杰,冯谦. 基于客户分流策略的电商促销下车辆路径问题研究[J]. 计算机应用与软件,2019,36(5): 29 -34.

政府奖惩机制下企业绿色技术创新三方演化博弈与仿真分析①

郭政芳

摘要：企业绿色技术创新能够提高资源的利用率，节约在产品生产过程中消耗的成本，有助于实现可持续发展的目标。本文旨在探讨政府奖惩机制对企业绿色技术创新的影响，为此构建了政府、金融机构、企业三者之间的演化博弈模型，推算出在决策演化过程中的均衡点，并借助数值仿真验证了均衡点的有效性。本文主要结论包括：①在长期演化过程中，策略最终会朝着政府严格监管、金融机构执行绿色信贷政策、企业积极进行创新演化；②政府的激励型政策，如补贴、环境税等，会促进企业进行绿色技术创新；③政府对金融机构的奖惩机制会促进金融机构执行绿色信贷政策，为企业绿色技术创新提供外部融资渠道。本文的结论能为政府制定完善的环境规制制度提供一定的参考价值。

关键词：政府奖惩；绿色技术创新；绿色信贷政策；演化博弈；仿真

---

① 文本由张文明教授指导完成。张文明，西北大学经济管理学院副教授，博士研究生导师，西部案例中心主任，E－mail：wenming@ nwu. edu. cn。基金项目：教育部人文社科基金项目“基于中国传统理念的和谐社会治理对策的仿真研究”（项目编号：18XJAZH004）。

作者简介：郭政芳，西北大学经济管理学院2022级技术经济及管理专业在读硕士研究生。

一、引言

国新办发布的《新时代的中国能源发展》白皮书显示，目前，我国已成为世界上最大的能源消耗国与二氧化碳排放国。改革开放以来，生态资源的过度使用带来了一系列环境污染问题。保持经济增长和遏制环境恶化之间的矛盾已成为制约我国经济社会发展的关键因素。因此，推动高污染、高耗能企业绿色转型成为亟待解决的问题。绿色技术创新，是指企业在产品设计、生产、包装、销售等一系列过程中进行技术突破，有助于实现节能减排、提高原材料利用率、促进环境可持续发展的目标。企业内部可以通过绿色技术创新降低经营成本，提高市场竞争力。但在实践中，绿色技术开发所需周期较长、费用较高、风险较大、利润较低，加之企业在创新过程中缺乏资金、缺乏人才、缺乏信息，导致大多数企业缺乏创新热情。为了促进企业进行绿色技术创新，政府出台了一系列环境规制政策并运用了众多经济刺激手段。

国家发展改革委、科技部联合印发的《关于进一步完善市场导向的绿色技术创新体系实施方案（2023—2025年）》指出，要强化绿色技术创新引领，加大绿色技术财税金融支持。政府对企业绿色技术创新的奖惩机制可以缓解企业在创新过程中的资金压力、减少“双高”企业破坏环境行为的产生。实践中，政府主要通过补贴、征收环境税激励企业进行绿色技术创新。然而，长期、过度的财政补贴不仅会导致政府财政压力过大，还可能存在资源浪费问题。随着社会对环境治理问题日益重视，各大金融机构，如商业银行、证券公司为企业绿色技术创新提供了绿色信贷服务、绿色基金服务、绿色债券服务、绿色IPO等，这在一定程度上缓解了企业创新的资金压力，但金融机构作为营利性主体，不一定能与政府的目标始终保持一致。因此，研究政府制定怎样的奖惩机制以促进金融机构执行贷款政策，从而为企业绿色技术创新提供资金支持，激发企业创新意愿，具有重要的现实意义。

二、文献综述

（一）企业绿色技术创新

目前，学术界对于政府在企业绿色技术创新过程中作用的研究存在一定争议。“波特假说”认为，适当的环境规制政策能够促进企业进行技术革新，肯定了政府在协调经济增长和环保政策之间的作用。而新古典经济学则认为，环境规制会导致“遵循成本”效应，企业在生产过程中会过度关注成本，降低企业竞争力，从而降低企业的创新意愿。卞晨等（2022）从博弈的角度提出，检验环境规制政策是否合理的重要标准是看环境规制的“创新补偿”效应能否大于“遵循成本”效应。张慧智和孙茹峰（2023）研究发现，政府命令型治理政策和激励型治理政策在不同程度上对企业绿色技术创新起到正向影响作用。命令型治理政策集中表现为政府对企业行为的直接控制，包括各种标准、命令和禁令（Medeiros et al.，2018）。胡壮程（2022）、游达明等（2018）研究发现，命令型环境规制将会引导制造业的清洁结构发生变化，促进碳减排。激励型治理政策主要包括政府补贴和环境税。范丹等（2022）经实证分析得出激励型治理政策是促进企业绿色技术创新的最有效办法；赵巧芝等（2023）通过构建空间面板回归模型，实证研究发现，政府奖励企业的研发补贴对绿色技术创新起到了正向促进作用；刘鹏振等（2022）实证研究发现，政府补贴对企业绿色技术创新存在双门槛效应，只有当政府补贴在一定的阈值时，才会对企业绿色技术创新产生最大影响。甄美荣等（2021）等研究得出环境税与企业绿色产品创新之间存在倒“U”形关系，与企业绿色工艺创新存在“U”形关系，并指出制定合理的环境税区间以及提高政府监管质量能够有效促进企业进行绿色技术创新。刘海英等（2021）经实证分析得出，在政府补贴和环境税双重影响下，更有利于促进企业主动选择绿色技术创新。

（二）绿色信贷政策

由于目前技术水平限制，企业绿色技术创新需要投入大量时间且创新成本较高，政府补贴只能缓解企业资金压力，而不能完全满足企业在研发过程中的资金需求，金融机构提供的绿色信贷服务便成为企业端融资的主要渠道（Soundarrajan and Vivek，2016）。有关绿色信贷对企业绿色技术创新影响的研究中，大多数研究者持认同态度。何凌云等（2019）在考察绿色信贷对节能环保企业技术创新影响中得出，绿色信贷对企业技术创新存在正向影响；赵娜（2021）从地域差别角度入手，经实证研究表明，绿色信贷有助于激励地区绿色技术创新，且研发投入起到部分中介效应。然而，由于金融机构与政府的目标并不总能保持一致，绿色信贷、绿色基金等项目给金融机构带来的收益要远低于其他贷款项目，金融机构会选择性地向一部分企业贷款。针对此，政府陆续出台了对金融机构有规制作用的绿色信贷政策，目的是通过限制贷款条件“倒逼”“双高企业”进行绿色技术创新。目前，有学者对该项政策影响企业绿色技术创新的路径做了研究。于波（2021）、武力超等（2022）经实证分析得出绿色信贷政策会给出口企业的绿色技术创新带来负向影响。在《绿色信贷指引》出台后，污染行业企业的创新成果显著降低，陆菁等（2021）基于技术创新与资源再配置视角探究了绿色信贷政策的微观效应，研究表明，绿色信贷政策并没有实现波特效应，还需要进一步完善激励与约束双重机制。因此，探究政府如何有效推动金融机构实行绿色信贷政策具有实践意义。此外，Wang 等（2019）、韩丰霞等（2017）指出，企业在申请贷款过程中普遍存在虚报信息、捏造技术创新事实等“骗贷”行为，给金融机构带来了一定的损失，导致银行以更加审慎的态度向“双高”企业贷款，这就体现了金融机构与企业之间的博弈关系。

（三）文献评述

综合过往研究可以发现，当政府对企业的监管力度控制在合理阈值时，才能最大限度地促进企业进行绿色技术创新；同时，政府应该继续完善绿色信贷政策，建立完善的绩效评估体系来督促金融机构为企业绿色技术创新提供融资渠道。从研究内容来看，目前，学术界从融资角度对政府对企业绿色技术创新的研究较少；从研究方法来看，现有研究大多是通过实证分析进行的，从博弈视角研究政府、金融机构与企业利益关系的较少。以上不足为本文的模型构建提供了参考建议。本文从融资角度出发，运用三方博弈的研究方法，探讨了在政府推行环保政策（包括研发补贴和环境税）以及绿色信贷政策的背景下，如何规范金融机构执行绿色信贷政策共同助力企业进行绿色技术创新；并且运用Matlab 工具对模型进行动态模拟仿真，以验证演化系统稳定性分析的有效性，从而为政府完善奖惩机制提供理论支撑和对策建议，并扩展该研究领域的文献。

三、模型假设

（一）模型假设

为构建三方博弈模型，分析各方策略和均衡点的稳定性以及各要素的影响关系，本文做出如下假设：

假设 1：在本模型中，政府部门为参与主体 1，金融机构为参与主体 2，企业为参与主体 3。假设三方均是“有限理性”主体，随着长时间推移，三方策略演化逐渐趋于最优。

假设2：政府的策略空间 $\alpha=(\alpha_1,\alpha_2)=$（严格监管，宽松监管），若政府选择策略 α_1 的概率为 x，则有（$1-x$）的概率选择策略 α_2；金融机构的策略空间 $\beta=(\beta_1,\beta_2)=$（执行绿色信贷政策，不执行绿色信贷政策），若金融机构以 y 的概率选择策略 β_1，则选择策略 β_2 的概率为（$1-y$）；企业的策略空间 $\gamma=(\gamma_1,\gamma_2)=$（积极创新，不创新），且选择策略 γ_1 的概率为 z，选择策略 γ_2 的概率为（$1-z$）。

假设3：对于企业而言，如果企业选择积极参与绿色技术创新，不断更新产品生产过程中的技术，所需的成本为 C_1，企业绿色技术创新带来的各类经济效益为 S_1，由于企业进行了绿色技术创新，可向金融机构申请绿色信贷总额为 Q_1。如果企业没有意愿进行绿色技术创新，仍然保留原有的生产方式，则所需成本为 C_2，带来的经济效益为 S_2，向金融机构“骗贷”所得贷款金额为 Q_2。

假设4：对于金融机构而言，执行绿色信贷政策的成本为 C_3。若贷款利率为 θ，则企业可以为金融机构带来的收益为 θQ_1、θQ_2。

假设5：对于政府而言，监管成本为 C_4。在政府实行严格监管的背景下，若企业实行绿色技术创新，则政府给予相应补贴 M，征收环境税 B_1；若企业未进行绿色技术创新，则没有相应补贴，征收环境税 B_2。若金融机构执行绿色信贷政策，则政府给予相应奖励 I；若金融机构选择不执行绿色信贷政策，则政府处以罚款 H。在政府实行宽松监管的背景下，若企业实行绿色技术创新，则政府给予相应补贴 M，以 μ 的概率向企业征收环境税 B_1；若企业未进行绿色技术创新，则政府以（$1-\mu$）的概率给予企业补贴 M，征收环境税 B_2 的概率为 μ。若金融机构执行绿色信贷政策，则政府给予相应奖励 I；若金融机构选择不执行绿色信贷政策，则政府以（$1-\mu$）的概率收取银行罚款 H。

假设6：企业绿色技术创新有利于企业开发新的生产工艺，从而实现节能减排的目标，推动经济可持续发展，为政府带来的社会收益为 A。当政府采取宽松的监管政策时，企业在生产过程中的环保意识降低，若排污量和排碳量严重超标，企业所在地区监管部门就会受到上级政府的处罚，假设处罚额为 T。

（二）演化模型构建

三个参与主体之间的博弈支付矩阵如表 1 所示。

表 1　混合策略博弈支付矩阵

金融机构			政府	
			严格监管 z	宽松监管 $1-z$
企业	创新 x	执行 y	$(\alpha_1,\beta_1,\gamma_1)$	$(\alpha_2,\beta_1,\gamma_1)$
		不执行 $1-y$	$(\alpha_1,\beta_2,\gamma_1)$	$(\alpha_2,\beta_2,\gamma_1)$
	不创新 $1-x$	执行 y	$(\alpha_1,\beta_1,\gamma_2)$	$(\alpha_2,\beta_1,\gamma_2)$
		不执行 $1-y$	$(\alpha_1,\beta_2,\gamma_2)$	$(\alpha_2,\beta_2,\gamma_2)$

策略组合收益值见表 2。

表 2　策略组合收益值

策略	企业	金融机构	政府
$(\alpha_1,\beta_1,\gamma_1)$	$S_1+(1-\theta)Q_1+M-C_1-B_1$	θQ_1+I-C_3	$A+B_1-M-I-C_4$
$(\alpha_1,\beta_2,\gamma_1)$	$S_1+M-C_1-B_1$	$-H$	$A+B_1+H-M-C_4$
$(\alpha_1,\beta_1,\gamma_2)$	$S_2+(1-\theta)Q_2-C_2-B_2$	θQ_2+I-C_3	B_2-I-C_4
$(\alpha_1,\beta_2,\gamma_2)$	$S_2-C_2-B_2$	0	B_2-C_4
$(\alpha_2,\beta_1,\gamma_1)$	$S_1+(1-\theta)Q_1+M-C_1-\mu B_1$	θQ_1+I-C_3	$A+\mu B_1-M-I-\mu C_4$
$(\alpha_2,\beta_2,\gamma_1)$	$S_1+M-C_1-\mu B_1$	$-(1-\mu)H$	$A+\mu B_1+(1-\mu)H-M-\mu C_4$
$(\alpha_2,\beta_1,\gamma_2)$	$S_2+(1-\theta)Q_2+(1-\mu)M-C_2-\mu B_2$	θQ_2+I-C_3	$\mu B_2-(1-\mu)M-I-\mu C_4-\mu T$
$(\alpha_2,\beta_2,\gamma_2)$	$S_2+(1-\mu)M-C_2-\mu B_2$	0	$\mu B_2-(1-\mu)M-\mu C_4-\mu T$

详细模型变量说明见表 3。

表3 模型变量说明

变量	定义	备注
C_1	企业进行绿色技术创新的成本	$C_1 > C_2 > C_3 > C_4$
C_2	企业保持原有生产方式的成本	
C_3	金融机构执行绿色信贷政策的成本	
C_4	政府监管成本	
S_1	企业进行绿色技术创新带来的经济效益	$S_1 > S_2$
S_2	企业保持原有生产方式的经济效益	
Q_1	企业进行绿色技术创新向银行申请的贷款	$Q_1 > Q_2$
Q_2	企业未进行绿色技术创新向银行申请的贷款	
M	企业进行绿色技术创新政府给予的补贴	$M > 0$
B_1	企业进行绿色技术创新支付的环境税	$B_1 < B_2$
B_2	企业未进行绿色技术创新支付的环境税	
I	金融机构执行绿色信贷政策所得政府奖励	$I > 0$
H	金融机构未执行绿色信贷政策所得政府处罚	$H > 0$
A	政府由于企业绿色技术创新获得的社会收益	$A > 0$
T	政府由于监管宽松被上级政府所处罚款	$T > 0$
θ	贷款利率	$0 < \theta < 1$
μ	政府宽松监管的概率	$0 < \mu < 1$

四、模型分析

在系统的长期演化博弈过程中，政府、金融机构、企业三者要根据对方的策略不断调整自己的策略以实现利益最大化。政府在运用政策工具时，要综合考虑三方参与主体的收益函数，考虑到影响各方收益的因素，进而实现博弈系统朝着理想方向稳定演化。

（一）企业的策略稳定性分析

设企业选择创新或者不创新的期望收益以及企业的平均收益分别为 E_{11}、E_{12}、$\bar{E}_1$ 。

$$E_{11} = yz[S_1 + (1-\theta)Q_1 + M - C_1 - B_1] + y(1-z)[S_1 + (1-\theta)Q_1 + M - C_1 - \mu B_1] + (1-y)z(S_1 + M - C_1 - B_1) + (1-y)(1-z)(S_1 + M - C_1 - \mu B_1) \tag{1}$$

$$E_{12} = yz[S_2 + (1-\theta)Q_2 - C_2 - B_2] + y(1-z)[S_2 + (1-\theta)Q_2 + (1-\mu)M - C_2 - \mu B_2] + (1-y)z(S_2 - C_2 - B_2) + (1-y)(1-z)[S_2 + (1-\mu)M - C_2 - \mu B_2] \tag{2}$$

$$\bar{E}_1 = xE_{11} + (1-x)E_{12} \tag{3}$$

企业策略选择的复制动态方程为：

$$F(x) = \frac{\mathrm{d}x}{\mathrm{d}t} = x(E_{11} - \bar{E}_1) = x(1-x)[-C_1 + C_2 + S_1 - S_2 + \mu(B_2 - B_1 + M)] + y(1-\theta)(Q_1 - Q_2) + z(1-\mu)(B_2 - B_1 + M) \tag{4}$$

根据微分方程稳定性定理，企业进行绿色技术创新的概率处于稳定状态需要满足的条件为：$F(x) = 0$ 且 $\mathrm{d}F(x)/\mathrm{d}x < 0$ 。

$$\frac{\mathrm{d}F(x)}{\mathrm{d}x} = (1-2x)[-C_1 + C_2 + S_1 - S_2 + \mu(B_2 - B_1 + M)] + y(1-\theta)(Q_1 - Q_2) + z(1-\mu)(B_2 - B_1 + M) \tag{5}$$

令

$G(y) = -C_1 + C_2 + S_1 - S_2 + \mu(B_2 - B_1 + M) + y(1-\theta)(Q_1 - Q_2) + z(1-\mu)(B_2 - B_1 + M)$

当 $y = y^* = \dfrac{-z(1-\mu)(B_2 - B_1 + M) + C_1 - C_2 - S_1 + S_2 - \mu(B_2 - B_1 + M)}{(1-\theta)(Q_1 - Q_2)}$ 时，$\mathrm{d}F(x)/\mathrm{d}x \equiv 0$ ，企业无法选择创新策略；当 $y \neq y^*$ 时，令 $F(x) = 0$ ，存在 $x = 0$、$x = 1$ 两个稳定点。

企业策略演化相位见图 1。

由图 1 可知，企业选择保持原生产方式，不进行绿色技术创新的概率为 V_{A_1} ，选择进行绿色技术创新的概率为 V_{A_2} 。

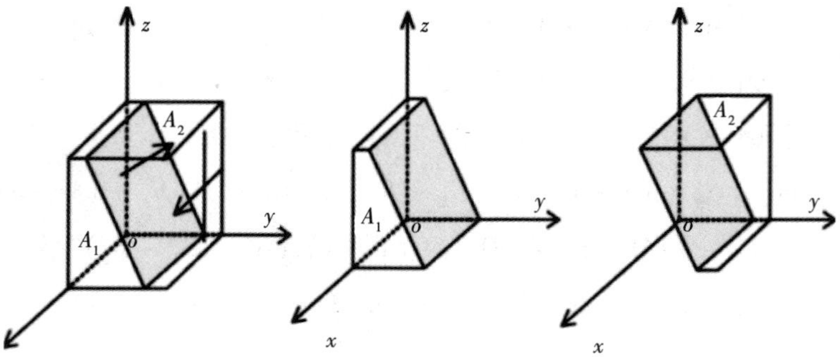

（a）$y=y^*$　　（b）$y<y^*$　　（c）$y>y^*$

图1　企业策略演化相位

其中，$V_{A_1}=\int_0^1\int_0^1\frac{-z(1-\mu)(B_2-B_1+M)+C_1-C_2-S_1+S_2-\mu(B_2-B_1+M)}{(1-\theta)(Q_1-Q_2)}\mathrm{d}z\mathrm{d}x$，$V_{A_2}=1-V_{A_1}$。由此可知，$V_{A_1}$ 和 V_{A_2} 的大小与 y^* 有关，若 μ、B_2、M、S_1 增大，则会导致 y^* 减小，从而导致 V_{A_1} 减小，V_{A_2} 增大，即如果政府的监管力度、环境税、政府给予创新企业的补贴资金、绿色创新为企业带来的收益相关值增大，就会促使企业进行绿色技术创新。

（二）金融机构的策略稳定性分析

设金融机构选择执行或者不执行绿色信贷政策以及金融机构的平均收益分别为 E_{21}、E_{22}、$\bar{E}_2$。

$$E_{21}=-xzH-x(1-z)[-(1-\mu)H] \tag{6}$$

$$E_{22}=xz(\theta Q_1+I-C_3)+x(1-z)(\theta Q_1+I-C_3)+(1-x)z(\theta Q_2+I-C_3)+(1-x)(1-z)(\theta Q_2+I-C_3) \tag{7}$$

$$\bar{E}_2=yE_{21}+(1-y)E_{22} \tag{8}$$

金融机构策略选择的复制动态方程为：

$$F(y)=\frac{\mathrm{d}y}{\mathrm{d}t}=y(E_{21}-\bar{E}_2)=y(1-y)\{I-C_3+\theta Q_2+$$

$$x[\theta(Q_1 - Q_2) + (1-\mu)H] + xz\mu H\} \tag{9}$$

根据微分方程稳定性定理，金融机构选择执行绿色信贷政策概率处于稳定状态需要满足的条件为：$F(y)=0$ 且 $\mathrm{d}F(y)/\mathrm{d}y < 0$ 。

$$\frac{\mathrm{d}F(y)}{\mathrm{d}y} = (1-2y)\{I - C_3 + \theta Q_2 + x[\theta(Q_1 - Q_2) + (1-\mu)H] + xz\mu H\} \tag{10}$$

令

$$J(z) = I - C_3 + \theta Q_2 + x[\theta(Q_1 - Q_2) + (1-\mu)H] + xz\mu H$$

当 $z = z^* = \dfrac{-I + C_3 - \theta Q_2 +- [\theta(Q_1 - Q_2) + (1-\mu)H]}{x\mu H}$ 时，$\mathrm{d}F(y)/\mathrm{d}y \equiv 0$，金融机构无法选择是否执行绿色信贷政策；

当 $z \neq z^*$ 时，令 $F(y)=0$，存在 $y=0, y=1$ 两个稳定点。

金融机构策略演化相位见图2。

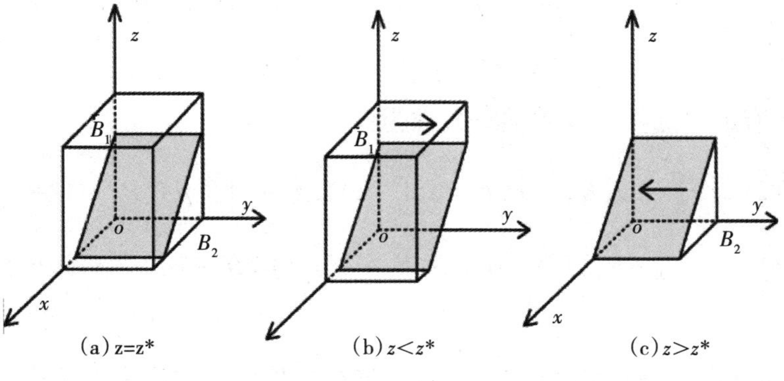

图2　金融机构策略演化相位

由图2可知，B_1 的面积 V_{B_1} 为金融机构选择不执行政府绿色信贷政策的概率，B_2 的面积 V_{B_2} 为金融机构选择执行政府绿色信贷政策的概率。

其中，$V_{B_1} = \int_0^1 \int_0^1 \dfrac{-I + C_3 - \theta Q_2 +- [\theta(Q_1 - Q_2) + (1-\mu)H]}{x\mu H} \mathrm{d}x\mathrm{d}y$，

$V_{B_2} = 1 - V_{B_1}$。因此，V_{B_1} 和 V_{B_2} 的大小与 z^* 有关，当 θ、μ 增加时，V_{B_1} 减

小，V_{B_2} 增加，即当银行的贷款利率上升、政府监管力度加大时，金融机构会倾向于执行绿色信贷政策；当 I、H 增大时，同样会使 V_{B_1} 减小，V_{B_2} 增加，表明企业对金融机构设置的奖惩机制会促进金融机构执行绿色信贷政策。

（三）政府的策略稳定性分析

设政府严格监管或者宽松监管以及政府的平均收益分别为 E_{31}、E_{32}、$\bar{E}_3$。

$$E_{31} = xy(A + B_1 - M - I - C_4) + x(1-y)(A + B_1 + H - M - C_4) + (1-x)y(B_2 - I - C_4) + (1-x)(1-y)(B_2 - C_4) \quad (11)$$

$$E_{32} = xy(A + \mu B_1 - M - I - \mu C_4) + x(1-y)[A + \mu B_1 + (1-\mu)H - M - \mu C_4] + (1-x)y[\mu B_2 - (1-\mu)M - I - \mu C_4 - \mu T] + (1-x)(1-y)[\mu B_2 - (1-\mu)M - \mu C_4 - \mu T] \quad (12)$$

$$\bar{E}_3 = zE_{31} + (1-z)E_{32} \quad (13)$$

政府策略选择的复制动态方程为：

$$F(z) = \frac{\mathrm{d}z}{\mathrm{d}t} = z(E_{31} - \bar{E}_3) = z(1-z)\{\mu T + (1-\mu)(B_2 + M - C_4) + yC_4 + x[(1-\mu)(B_1 - B_2 - M) + \mu(H - T)] - xy(\mu H + C_4)\} \quad (14)$$

根据微分方程稳定性定理，政府选择严格监管的概率处于稳定状态需要满足的条件为：$F(z) = 0$ 且 $\mathrm{d}F(z)/\mathrm{d}z < 0$。

$$\frac{\mathrm{d}F(z)}{\mathrm{d}z} = (1-2z)\{\mu T + (1-\mu)(B_2 + M - C_4) + yC_4 + x[(1-\mu)(B_1 - B_2 - M) + \mu(H - T)] - xy(\mu H + C_4)\} \quad (15)$$

令

$D(x) = \mu T + (1-\mu)(B_2 + M - C_4) + yC_4 + x[(1-\mu)(B_1 - B_2 - M) + \mu(H - T)] - xy(\mu H + C_4)$，当 $y = y^{**} =$

$$\frac{-\mu T-(1-\mu)(B_2+M-C_4)-x[(1-\mu)(B_1-B_2-M)+\mu(H-T)]}{C_4-x(\mu H+C_4)}$$

时，$dF(z)/dz\equiv 0$，政府无法选择实行哪种监管力度。当 $z\neq z^*$ 时，令 $F(z)=0$，存在 $z=0$、$z=1$ 两个稳定点。

政府策略演化相位见图 3。

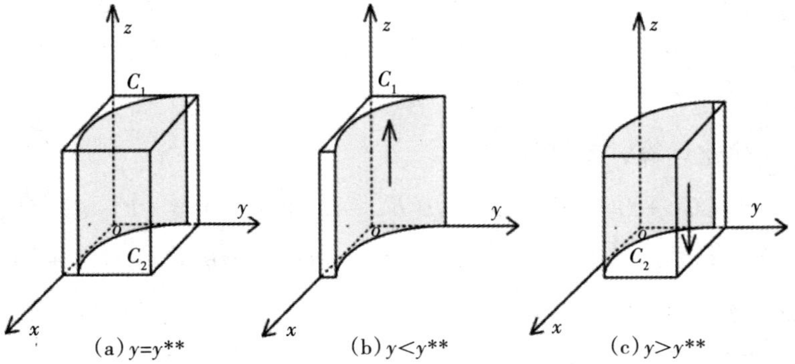

图 3　政府策略演化相位

由图 3 可知，政府选择严格监管的概率为 V_{C_1}，选择宽松监管的概率为 V_{C_2}。

其中，$V_{C_1}=\int_0^1\int_0^1\frac{-\mu T-(1-\mu)(B_2+M-C_4)-x[(1-\mu)(B_1-B_2-M)+\mu(H-T)]}{C_4-x(\mu H+C_4)}\mathrm{d}x\mathrm{d}z$，

$V_{C_2}=1-V_{C_1}$。由此可知，V_{C_1}、V_{C_2} 的大小与 y^{**} 有关。若 C_4 变大，则 V_{C_1} 变小，V_{C_2} 变大，即如果政府的监管成本变大，政府的策略选择就会朝着宽松监管演化。当 M 增大时，V_{C_1} 变大，V_{C_2} 变小。这表明，当政府增加创新企业补贴时，政府会更加注重审核企业的实际创新情况，此时，政府策略会朝着严格监管演化。如果 T 增大，则 V_{C_1} 变大，V_{C_2} 变小，即如果上级监管部门对政府的宽松监管行为罚款增加，那么政府大概率会选择严格监管。

（四）系统的稳定性分析

由 $F(x)=0$、$F(y)=0$、$F(z)=0$ 可得系统的演化均衡点，由政府、

金融机构、企业三个参与主体的复制动态方程得到的复制动态系统为：

$$\begin{cases} F(x) = x(1-x)[-C_1+C_2+S_1-S_2+\mu(B_2-B_1+M)+ \\ y(1-\theta)(Q_1-Q_2)+z(1-\mu)(B_2-B_1+M)] \\ F(y) = y(1-y)\{I-C_3+\theta Q_2+x[\theta(Q_1-Q_2)+(1-\mu)H]+xz\mu H\} \\ F(z) = z(1-z)\{\mu T+(1-\mu)(B_2+M-C_4)+yC_4+ \\ x[(1-\mu)(B_1-B_2-M)+\mu(H-T)]-xy(\mu H+C_4)\} \end{cases} \tag{16}$$

为简化运算，本文设：

$a=-C_1+C_2+S_1-S_2+\mu(B_2-B_1+M)$，$b=(1-\theta)(Q_1-Q_2)$，$C=(1-\mu)(B_2-B_1+M)$，$d=I-C_3+\theta Q_2$，$e=\theta(Q_1-Q_2)+(1-\mu)H$，$f=\mu H$，$g=\mu T+(1-\mu)(B_2+M-C_4)$，$h=(1-\mu)(B_1-B_2-M)+\mu(H-T)$，$i=\mu H+C_4$

则简化后的复制动态系统方程为：

$$\begin{cases} F(x) = x(1-x)(a+by+cz) \\ F(y) = y(1-y)(d+ex+fxz) \\ F(z) = z(1-z)(g+yC_4+hx-ixy) \end{cases} \tag{17}$$

三方演化博弈系统的 Jacobian 矩阵 J 为：

$$J=\begin{pmatrix} J_1 & J_2 & J_3 \\ J_4 & J_5 & J_6 \\ J_7 & J_8 & J_9 \end{pmatrix}=\begin{pmatrix} \frac{\partial F(x)}{\partial x} & \frac{\partial F(x)}{\partial y} & \frac{\partial F(x)}{\partial z} \\ \frac{\partial F(y)}{\partial x} & \frac{\partial F(y)}{\partial y} & \frac{\partial F(y)}{\partial z} \\ \frac{\partial F(z)}{\partial x} & \frac{\partial F(z)}{\partial y} & \frac{\partial F(z)}{\partial z} \end{pmatrix}=$$

$$\begin{pmatrix} (1-2x)(a+by+cz) & bx(1-x) & cx(1-x) \\ y(1-y)\quad(e+fz) & (1-2y)(d+ex+fxz) & fx(1-y) \\ z(1-z)(h-iy) & z(1-z)(C_4-ix) & (1-2z)(g+yC_4+hx-ixy) \end{pmatrix} \tag{18}$$

由于企业绿色技术创新动态系统中影响雅可比矩阵特征值的因素较

多，且异质性参数的变化会影响后续的仿真结果，为不失一般性，研究三方演化博弈系统的稳定，本文假设有关参数满足如下条件：$I - C_3 + \theta Q_2 < 0$。

利用李雅普诺夫第一法：均衡点是渐近稳定点需满足的条件为 Jacobian 矩阵的所有特征值均具有负实部。使用 Matlab 2018a 计算该 Jacobian 矩阵的特征值，分析各均衡点的稳定性，如表 4 所示。

表 4　均衡点稳定性分析

平衡点	Jacobian 矩阵特征值			实部符号	稳定性结论
E_1 (0, 0, 0)	a	d	g	(+, −, +)	不稳定点
E_2 (0, 0, 1)	$a+c$	d	$-g$	(+, −, −)	不稳定点
E_3 (0, 1, 0)	a	$-d$	C_4+g	(+, +, +)	不稳定点
E_4 (1, 0, 0)	$-a-b$	$d+e$	$g+h$	(−, +, −)	不稳定点
E_5 (1, 1, 0)	$-a-b$	$-d-e$	$C_4+g+h-i$	(−, −, −)	*ESS*
E_6 (1, 0, 1)	$-a-b-c$	$d+e+f$	$-g-h$	(−, +, +)	不稳定点
E_7 (0, 1, 1)	$a+c$	$-d$	$-C_4-g$	(+, +, −)	不稳定点
E_8 (1, 1, 1)	$-a-b-c$	$-d-e-f$	$i-g-h-C_4$	(−, −, −)	*ESS*

由表 4 可知，该复制动态系统共存在两个稳定点：E_5 (1，1，0)，即（企业创新、金融机构执行、政府宽松监管）；E_8 (1，1，1)，即（企业创新、金融机构执行、政府严格监管）。

五、数值仿真模拟

为验证上述演化系统稳定性分析的有效性，本部分结合实际情况以及现有数据，对各个参数赋值，并运用 Matlab 2018a 对三方参与主体的策略演化进行仿真，以期观察各种政策工具对各方参与主体演化过程与结果的影响。

（一）系统参数赋值依据

企业未进行绿色创新时所需支付的环境税 B_2、企业进行绿色技术

创新成本 C_1、政府监管成本 C_4 和政府给予创新企业的补贴 M 是需要给系统赋值的四个主要参数。根据《中国环境年鉴 2018》确定这四个参数的值，“企业未进行绿色创新时所需支付的环境税 B_2”的赋值依据为“排污费入库数额”，“当年完成环保验收项目环保投资额”为“企业进行绿色技术创新成本 C_1”赋值，“政府监管成本 C_4”的赋值依据为“当年环境监管部门监管预算”，“政府给予创新企业的补贴 M”的赋值依据为“中央环保专项资金”。经多次抽样计算，确定 $B_2:C_1:C_4:J=1:12:0.2:2.3$，令 $B_2=1$，$C_1=12$，$C_4=0.2$，$M=2.3$。

其余参数根据与主要参数关系确定赋值。最终得到基础参数 $C_1=12$，$C_2=6$，$C_3=0.6$，$C_4=0.2$，$S_1=18$，$S_2=12$，$Q_1=1.2$，$Q_2=0.6$，$M=2.3$，$B_1=0$，$B_2=1$，$I=0.1$，$H=0.1$，$A=10$，$T=0.3$，$\theta=0.5$，$\mu=0.5$。接下来，在该数组的基础上，分析 μ、B_2、M、S_1、I、H、T 的变化对三方参与主体演化博弈过程的影响。

（二）参数赋值模拟

1. 企业技术创新收益对演化博弈的影响

为研究企业绿色技术创新收益 S_1 变化对演化博弈过程和结果的影响，将 S_1 分别赋值 $S_1=12$，18，24，复制动态方程组随时间演化 50 次的仿真结果如图 4 所示。图 4 表明，随着企业进行绿色技术创新带来收益的增加，企业向创新策略演化的速度明显加快，政府严格监管的概率减小。因此，政府在强制企业进行绿色技术创新的过程中，要注意宣传绿色技术创新给企业带来的积极效应，可以在降低自己监管成本的同时督促企业积极创新。

2. 政府补贴对演化博弈的影响

为探讨 M 变化对演化博弈过程和结果的影响，将 M 分别赋值 $M=0.3$，2.3，4.3，复制动态方程组随时间演化 50 次的仿真结果如图 5 所示。图 5 表明，随着政府给予创新补贴的增加，企业选择进行绿色技术

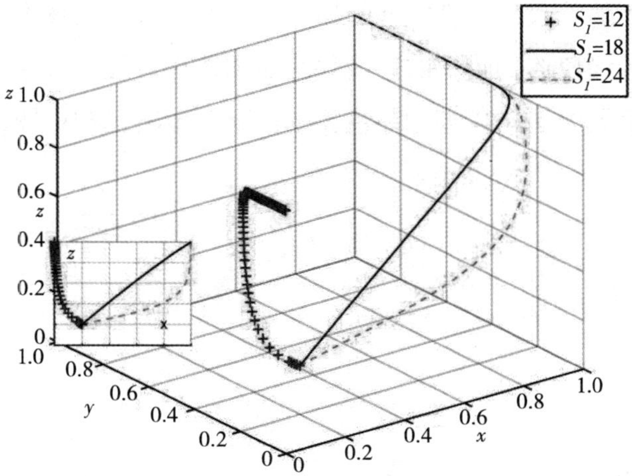

图 4　企业绿色技术创新收益的影响

创新的概率增大，政府严格监管的概率减小。同时，政府也可适当放松监管力度，将注意力集中到其他事件上。

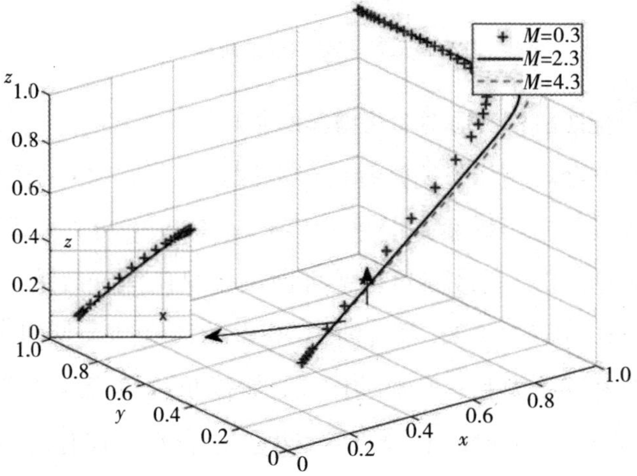

图 5　政府对企业补贴的影响

3. 政府监管力度对演化博弈的影响

为探讨 μ 变化对演化博弈过程和结果的影响，将 μ 分别赋值 μ = 0.2，0.5，0.8，分别表示政府监管水平较低、中等、较高情况下系统演化结果。复制动态方程组随时间演化 50 次的仿真结果如图 6 所示。

由图 6 可知，随着政府监管力度的加大，企业进行绿色技术创新、金融机构选择执行绿色信贷政策的速度都明显加快。且随着政府监管力度的加大，企业更倾向于选择进行绿色技术创新，金融机构更倾向于执行绿色信贷政策。

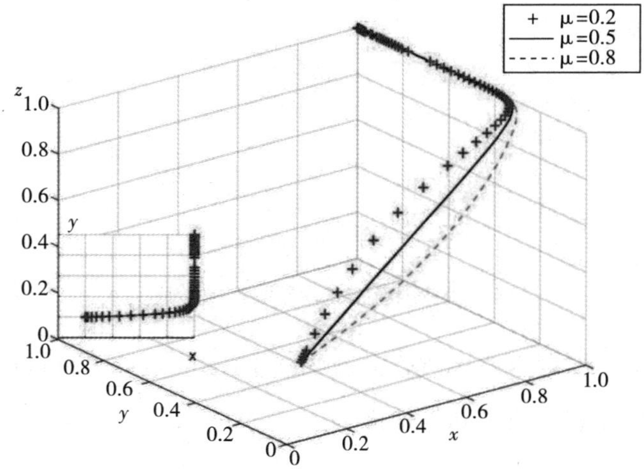

图 6　政府监管力度的影响

4. 政府对金融机构奖惩对演化博弈的影响

为探讨影响金融机构策略选择的影响因素，将政府对金融机构不执行绿色信贷政策行为罚款额 H 分别赋值 $H=0$，0.1，0.2，系统演化 50 次的仿真结果见图 7；将政府对金融机构执行绿色信贷政策行为奖励额 I 分别赋值 $I=0$，0.1，0.2，系统演化 50 次的仿真结果见图 8。图 7 和图 8 表明，随着罚款额和奖励额的增加，金融机构执行绿色信贷政策的概率也增大；同时，政府的监管力度减小。这表明，政府的奖惩机制有助于促进金融机构执行绿色信贷政策。

5. 政府监管不力遭受惩罚对演化博弈的影响

为探讨上级监管部门对政府部门的处罚是否会对系统演化过程造成影响，对 T 分别赋值 $T=0$，0.3，0.6，系统演化 50 次的仿真结果见图 9。由图 9 可以看出，随着上级部门处罚额的增加，政府对金融机

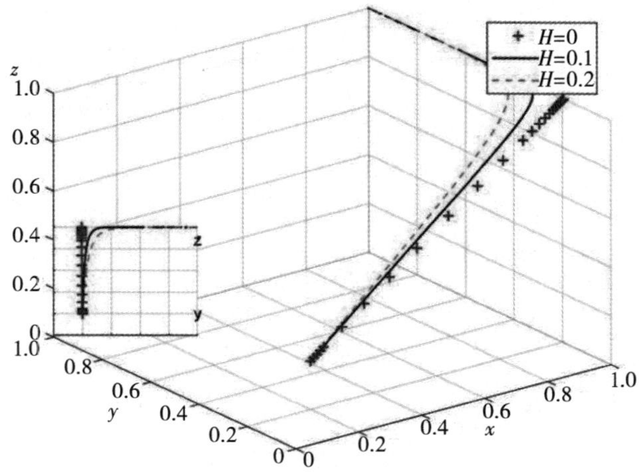

图 7　政府对金融机构罚款额的影响

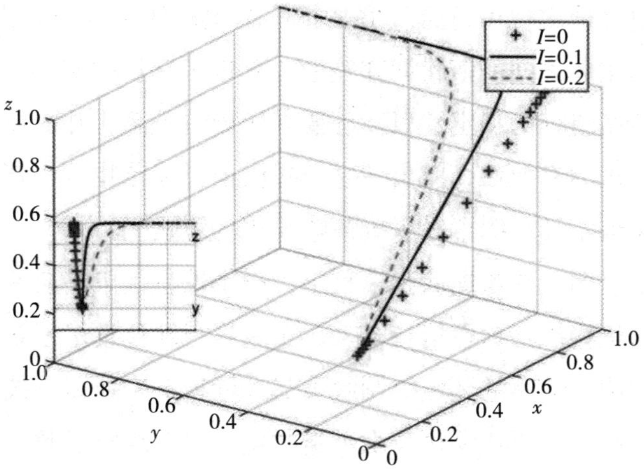

图 8　政府对金融机构奖励额的影响

构与企业的监管力度加大，确保金融机构积极执行绿色信贷政策，打开企业绿色技术创新的融资渠道，激发企业绿色技术创新热情。

六、结论与建议

企业积极进行绿色技术创新有助于提高原材料的利用率，减少资源

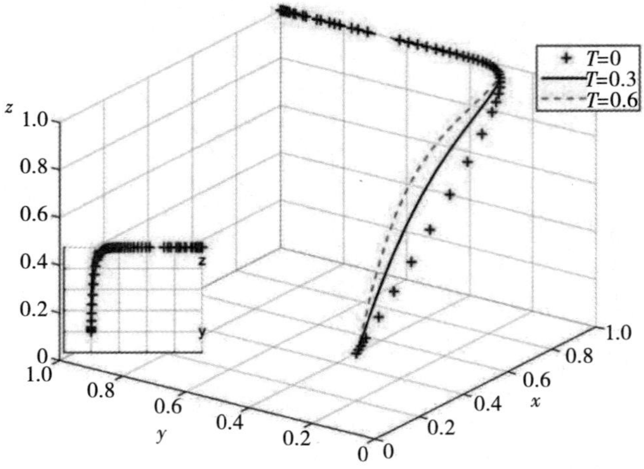

图9　政府监管不力遭受行政处罚的影响

消耗，从而更好地实现可持续发展目标。本文构建了政府、金融机构、企业三个参与主体之间的演化博弈模型，分析了在长期演化过程中，博弈系统均衡策略组合的稳定性以及各要素的影响关系，并通过仿真分析验证了分析结论的有效性，得出了企业积极进行绿色技术创新的策略组合条件，并验证了各个因素对系统策略演化的影响。

研究结果表明，在长期演化过程中，稳定性最优策略会朝向政府严格监管、金融机构执行绿色信贷政策、企业进行绿色技术创新发展。数值仿真结果表明，政府的环境规制政策与环境税对企业绿色技术创新起到促进作用；同时，企业绿色技术创新收益的提高缓解了政府补贴不足与金融机构不愿放贷之间的冲突。对于金融机构而言，政府奖惩力度的加大有助于督促金融机构执行绿色信贷政策，然而并不总是呈正相关趋势，政府的奖惩力度必须在一定的阈值内，才能在不受上级监管部门惩罚基础上，有效促进金融机构放贷；同时，随着绿色信贷利率的增加，金融机构会更愿意向企业贷款。

以上结论为政府制定奖惩机制，促进企业积极进行绿色技术创新提供了以下建议：

第一，实行激励型环境规制政策。政府要增加对主动进行绿色技术创新企业的补贴，在一定程度上缓解企业创新面临的资金压力，针对"两高"企业破坏环境的行为，要加大税收力度，"倒逼"这类企业进行绿色技术创新。此外，企业应给予执行绿色信贷政策的金融机构一定政策补贴，促进金融机构加大绿色信贷的发行力度，为企业绿色技术创新提供更多融资渠道。

第二，适当监管，给予金融机构和企业充足的自由发挥空间。政府应当建立完善的监督管理体系，在最大限度节约监督成本的同时，激励企业进行绿色技术创新。金融机构可以成立绿色信贷服务团队，完成一系列材料收取、资质审核、贷款发放工作，在降低执行成本的同时增加绿色信贷服务效益。企业应当与时俱进，不断通过投入新技术研发提升自身的核心竞争力。

第三，政府要加强宣传绿色技术创新给社会、企业、公众带来的收益，为企业绿色技术创新提供更多的资金、技术、人力支持。支持企业与金融机构、高校、研究所等的合作接头，为其绿色技术创新创造良好的政策环境。

参考文献

[1]《新时代的中国能源发展》白皮书发布：我国提前实现碳排放强度下降目标[J]. 资源节约与环保,2021,230(1):2-3.

[2]本刊讯. 两部门联合印发《关于进一步完善市场导向的绿色技术创新体系实施方案(2023—2025年)》[J]. 招标采购管理,2023,125(1):6.

[3]PORTER M E,VAN DER LINDE C. Toward a new conception of the environment competitiveness relationship[J]. Journal of economic perspectives,1995,9(4):97-118.

[4]NEWTON J. Evolutionary game theory: a renaissance[J]. Games,2018,9(2):1-67.

[5]MEDEIROS J F, VIDOR G RIBEIRO J D. Driving factors for the success of the green innovation market: a relationship system proposal [J]. Journal of business ethics, 2018, 147(2): 327 - 341.

[6]SOUNDARRAJAN P, VIVEK N. Green finance for sustainable green economic growth in India [J]. Agricultural economics, 2016, 62(1): 35 - 44.

[7]苏屹,魏仕鹏. 基于三方博弈的绿色技术创新演化研究[J]. 运筹与管理,2022,31(6):40 - 47.

[8]卞晨,初钊鹏,孙正林. 环境规制、绿色信贷与企业绿色技术创新的政策仿真:基于政府干预的演化博弈视角[J]. 管理评论,2022,34(10):122 - 133.

[9]甄美荣,江晓壮. 环境税对企业绿色技术创新的影响:基于政府质量和绿色购买的调节效应[J]. 大连理工大学学报(社会科学版),2021,42(4):26 - 36.

[10]卞晨,初钊鹏,孙正林. 环境规制促进企业绿色技术创新的政策仿真研究[J]. 工业技术经济,2021,40(7):12 - 22.

[11]刘海英,郭文琪. 环境税与研发补贴政策组合的绿色技术创新诱导效应[J]. 科技管理研究,2021,41(1):194 - 202.

[12]胡壮程. 不同类型环境规制促进碳减排的路径研究:结构变化和清洁技术创新[J]. 工业技术经济,2022,41(12):61 - 67.

[13]汪贤旭. 环境规制影响企业绿色技术创新的文献综述:基于 CiteSpace 的可视化分析[J]. 河北企业,2023,402(1):5 - 9.

[14]张志英,温秋淼. 政府资助、环境规制与绿色技术创新:基于企业异质性的比较[J/OL]. 科学与管理,2024(1):1 - 18.

[15]张慧智,孙茹峰. 政府环境注意力如何影响区域绿色技术创新:基于政府治理视角的研究[J]. 科技进步与对策,2023,40(7):12 - 22.

[16]王韶华,林小莹,张伟,等. 绿色信贷对中国工业绿色技术创新效率的影响研究[J]. 统计与信息论坛,2023,38(4):88 - 102.

[17]赵巧芝,贾丁,向凯. 研发补贴与环境规制的绿色技术创新效应研究:考虑政策耦合的空间杜宾模型检验[J]. 工业技术经济,2023,42(5):114 - 123.

[18]赵娜. 绿色信贷是否促进了区域绿色技术创新:基于地区绿色专利数据[J]. 经济问题,2021,502(6):33 - 39.

[19]WANG F, YANG S Y, REISNER A. Does green credit policy work in Chi-

na? The correlation between green credit and corporate environmental information disclosure quality[J]. Sustainability,2019(11):733.

[20]CVITANIC J,POSSAMAI D,TOUZI N. Moral hazard in dynamic risk management[J]. Management science,2017,63(10):3328 – 3346.

[21]何凌云,梁宵,杨晓蕾,等. 绿色信贷能促进环保企业技术创新吗[J]. 金融经济学研究,2019,34(5):109 – 121.

[22]陆菁,鄢云,王韬璇. 绿色信贷政策的微观效应研究:基于技术创新与资源再配置的视角[J]. 中国工业经济,2021,394(1):174 – 192.

[23]武力超,王锐,方心怡,等. 绿色信贷政策与出口企业绿色技术创新[J]. 研究与发展管理,2022,34(4):66 – 80.

[24]王茹,龚玉霞,张新,等. 政府、银行、企业三者之间绿色信贷演化博弈分析[J]. 科技与管理,2017,19(5):108 – 113.

[25]李善民. 奖惩机制下绿色信贷的演化博弈分析[J]. 金融监管研究,2019,89(5):83 – 98.

[26]HUANG H F,XING X J,HE Y. Combating greenwashers in emerging markets:a game – theoretical exploration of firms, customers and government regulations [J] . Transportation research part E: logistics and transportation review, 2020 (140):101976.

[27]韩丰霞,肖汉杰,彭定洪,等. 经济新常态下绿色金融发展动力问题探究:基于政府、银行和企业三方博弈关系[J]. 经济与管理评论,2017,33(5):88 – 94.

[28]赵昕,朱连磊,丁黎黎. 能源结构调整中政府、新能源产业和传统能源产业的演化博弈分析[J]. 武汉大学学报(哲学社会科学版),2018,71(1):145 – 156.

[29]刘猛,郝琳娜. 绿色发展视角下各参与方演化博弈策略研究[J]. 管理现代化,2018,38(5):95 – 98.

[30]李广培,李艳歌,全佳敏. 环境规制、R&D 投入与企业绿色技术创新能力[J]. 科学学与科学技术管理,2018,39(11):61 – 73.

[31]张一林,林毅夫,龚强. 企业规模、银行规模与最优银行业结构:基于新结构经济学的视角[J]. 管理世界,2019,35(3):31 – 47,206.

[32]游达明,蒋瑞琛. 我国环境规制工具对技术创新的作用:基于 2005—

2015 年面板数据的实证研究[J]. 科技管理研究,2018,38(15):39 – 45.

[33]王林辉,王辉,董直庆. 经济增长和环境质量相容性政策条件:环境技术进步方向视角下的政策偏向效应检验[J]. 管理世界,2020,36(3):39 – 60.

[34]曹洪军,陈好孟. 不确定环境下我国绿色信贷交易行为的博弈分析[J]. 金融理论与实践,2010,367(2):17 – 22.

[35]王朝弟,赵滨,吕苏越. 基于演化博弈视角的绿色信贷实施机制研究[J]. 金融监管研究,2012,6(6):80 – 97.

复杂网络视角下股票市场行业间风险溢出及拓扑结构分析[①]

薛双雨

摘要：随着大数据经济时代的发展，系统性金融风险事件频繁发生，其中表现出的风险溢出效应引起国内外学者的关注。本文通过复杂网络理论和广义方差分解方法，从静态和动态角度研究我国股票市场行业间系统性金融风险溢出特性，并构建风险溢出网络，分析其拓扑结构演化规律。实证结果发现：股票市场行业间的风险是相互影响、相互关联的，且行业间存在显著的风险溢出效应；行业总体风险溢出指数呈现动态性特征，极端事件期间波动性表现得更加明显；基础化工、农林牧渔和商贸零售行业在整个股票市场中不仅是重要的风险节点，而且易受到来自其他行业风险的影响；风险溢出网络的动态演进特征基本符合我国经济发展状况，实体经济行业是行业风险溢出网络的重要节点。

关键词：复杂网络；风险溢出；拓扑结构分析

作者简介：薛双雨（1997—），山西运城人，西北大学经济管理学院2021级技术经济及管理专业硕士研究生。

---

① 本文由贺毅岳教授指导完成。贺毅岳，西北大学经济管理学院副教授，硕士研究生导师，研究方向：金融风险管理与人工智能建模。

一、引言

党的二十大报告指出，有效防范化解金融风险仍需解决很多问题。当前，世界百年未有之大变局加速演进，新冠疫情影响深远，逆全球化思潮抬头，世界经济复苏乏力，全球系统性金融危机事件频发，我国经济发展步入战略机遇与危机并存、经济环境不确定性因素增多的时期，金融监管机制面临重大挑战。同时，在经济全球化与金融一体化的经营背景下，我国股票市场行业间的资源互换越发频繁，上行行业与下行行业业务交叉融合程度不断加深，股票市场行业板块逐渐呈现越来越明显的网络关联特征。这种行业间关联网络不仅提高了经济体系资源配置的效率，也为风险跨行业传递提供了便利，导致单个行业风险沿着行业间关联网络传递扩散，逐步演变成极端风险事件，对整个金融体系的稳定发展和正常运行造成严重的负面冲击。2022 年 12 月，中央经济工作会议指出“要防范化解金融风险，压实各方责任，防止形成区域性、系统性金融风险”。在我国经济面临外部环境复杂变化和改革发展稳定面临新情况新问题新挑战时，如何牢牢守住不发生系统性金融风险的底线，切实维护金融系统的稳定发展，强化金融风险的防控能力仍是当前金融监管的重点。因此，厘清股票市场内部行业间的风险溢出关系，分析行业风险溢出网络的拓扑结构可以有效降低股票市场风险并且维持金融系统长期稳定的发展，而这也是本文要解决的关键问题。

在此背景下，本文通过分析我国股票市场行业间风险溢出关系，结合复杂网络视角和网络可视化技术，研究行业风险溢出网络的动态演变过程，识别不同时期股票市场行业风险溢出的重要风险节点。这不仅有助于从宏观角度综合分析股票市场整个行业的风险溢出信息，考察各行业在风险溢出关联网络中的重要性，也可以通过分析不同时期行业间的风险溢出效应，帮助识别在系统性风险发生时易受影响的主体行业，为相关部门制定监管机制和改进措施提供重要的理论依据，从而有效推动我国新时期经济高质量稳定发展。

二、文献综述和相关理论

（一）金融风险溢出

目前，学者对金融风险溢出的界定仍然存在一定的争议，大多数学者认为应该从现象角度出发，单个国家、金融机构或者金融市场受到风险冲击引起的金融系统异常波动影响其他国家、金融机构或者金融市场，具体包括金融系统的通货膨胀率、银行资本充足率、股票价格以及汇率等指标同步发生升高或降低。世界银行按照条件限定的严格程度将金融风险传染分为三类：一是广义风险传染，表示的是单个金融市场或行业的风险波动到其他市场或者行业，忽视风险波动的原因以及市场或行业之间波动的相关性；二是严格意义上的风险传染，表示金融市场或者行业间的波动性超过风险波动的界定值引起的金融系统风险波动的异常情况；三是非常严格意义下的风险传染，重点关注的是引起金融风险波动的原因，所以风险传染代表的是在金融危机发生期间市场或者行业间的风险相关性异常升高。

风险传染包含风险溢出效应的意义，如 Htart 和 Zingales（2011）表明金融风险传染是由金融体系内的尾部风险引发的冲击在整个金融系统内扩散蔓延，并且导致实体经济遭受危机的风险溢出效应。随着金融市场风险传染研究的不断深入，对于金融风险跨市场溢出效应，包括极端事件发生时风险的传导效应和风险的方向性溢出效应，国内外学者使用的研究方法逐步丰富起来，如相关系数分析法、Copula 函数模型、VaR 以及衍生模型和相关违约法等。目前，从风险溢出和风险传染角度出发，国内外学者运用前沿的技术与方法对金融市场风险进行度量、监测。如 Kaewkheaw 等（2019）使用 Copula 函数研究黄金价格与美元汇率走势之间的风险溢出关系并测量两者关联性的强弱。对于金融子市场之间的风险溢出效应的测量，林娟等（2020）通过时变 Copula - CoVaR 模型研究我国内地股票市场和汇率市场和香港的股票市场与汇率市场两两市场间的风险溢出效应。此外，Balcilar 等（2019）使用 TVP - SVM 模型研究市场波动溢出效应与金属价格之间的关联性。以上方法虽然能估计金融市场间的波动溢出程度，但是不能测量出市场间波动溢出大小，为了测量市场间风险的波动溢出程度以及大小，有学者参考 Diebold 和 Yilmaz（2014）综合 VaR 模型和广义预测误差方差分解模型的方法构建金融市场间的溢出指数，测量金融市场风险溢出的演变规律。如杨子晖等（2020）使用 DY 溢出指数法测量全球金融市场风险溢出效应，研究经济政策的不确定性与系统性金融风险传染的关系。

（二）复杂网络与风险关联网络

复杂网络通过研究复杂系统内个体之间的关联和作用，将系统中的实体定义为节点，将实体之间的关系定义为边，用这些节点和边组成一张关系网络图。为了进一步研究复杂网络的结构和节点间的相关性，有学者根据复杂网络模型的结构性质，将其分为规则网络、随机网络、小世界网络等。近几年，随着金融学和社会学等交叉研究的出现，国内外学者将复杂网络理论运用到金融风险溢出领域，复杂网络模型分析法在金融领域不断发展。

有的学者从复杂网络视角出发，研究金融系统风险关联网络在金融危机时的网络机构、其紧密程度与其是否存在相关性、风险在关联网络中的传播路径等。如杨子晖等（2018）从复杂网络关联视角研究全球金融市场的风险溢出特征以及全球系统性金融风险的时变特征。李政等（2019）基于行业关联视角以及复杂网络模型对中国系统性风险进行测量分析。孟浩等（2021）利用溢出指数模型分析金融市场间风险溢出效应，并基于风险传染网络分析新冠疫情前后金融市场的系统性风险溢出效应。杨子晖等（2023）通过构建中国金融风险溢出网络，从上行风险和下行风险两个视角研究各个时期风险跨行业和跨机构的传染路径及其特性。有的学者先构建不同金融机构或行业间的关联网络，然后在此基础上研究外部冲击对网络结构造成的影响，进而分析各外部冲击因素对关联网络的影响。刘超等（2021）基于复杂网络方法和溢出指数模型分析金融市场风险溢出效应及冲击效应。隋建利等（2021）使用互信息系数构建我国上市公司的行业关联网络，通过 DCCA 系数法、非线性 Granger 因果检验分析网络特性，研究市场风险对行业网络造成的冲击影响。李永等（2022）运用复杂网络模型和关联性时频域分解法，分析分频域的风险溢出网络拓扑，研究极端风险事件各外部冲击指数对我国金融子市场之间的风险关联网络的影响。

文献梳理表明，虽然现有研究对金融风险溢出效应以及金融市场关联网络做了大量研究，但仍存在以下不足：其一，现有研究大多使用传统的计量经济模型测量金融市场风险溢出大小，本文通过将溢出指数方法与复杂网络理论相结合，构建行业风险溢出网络，探究行业间的风险溢出方向以及溢出程度，并深入研究风险溢出的路径。其二，目前的系统性金融风险网络构建多集中于上市公司个体或金融机构，本文将从行业角度构建风险传染网络，深入研究股票市场内部行业之间的关联性。鉴于此，本文将行业风险溢出指数与前沿的复杂网络分析方法相结合，探究我国股票市场行业间风险溢出关系，在对行业关联性进行网络建模及风险溢出测度的基础上，分析行业网络关联程度、分布结构，并比较极端风险事件发生期间的行业网络拓扑结构。

三、模型设定

（一）股票市场行业间风险溢出指数模型

本文通过 Diebold 和 Yilmaz（2014）的广义预测误差方差分解方法

构建行业间风险溢出指数模型，考察在股票市场风险传递过程中各行业的相互作用关系。此方法可以刻画出整个市场内不同行业之间的风险溢出方向和净风险溢出值，结合滚动时间窗口的方法还能分析不同行业之间风险溢出的时变特性。

首先，构建股票市场所有行业指数的 VaR 模型：

$$x_h = \sum_{i=1}^{p} \varphi_i x_{h-1} + \varepsilon_h$$

其中，x_h是由 N 个行业的风险值组成的 N 维列向量，ε_h是 N 维列向量的扰动项，组成预测误差向量的协方差矩阵。系数矩阵 C_i为 N 阶单位矩阵，是上述公式的移动平均形式。

通过行业 j 对行业 i 向前 H 期的预测误差方差的贡献度 λ_{ij}（H）测算行业 j 对行业 i 的影响程度：

$$\lambda_{ij}^{H} = \frac{\sigma_{jj}^{-1} \sum_{h=0}^{H-1} (e_i^T C_h \sum e_j)^2}{\sum_{h=0}^{H-1} (e_i^T C_h \sum C_h^T e_j)}$$

根据此模型，对 λ_{ij}（H）进行标准化处理，进一步测算出股票市场行业间的风险溢出效应，表示行业 j 对行业 i 的风险溢出大小，即

$$\tilde{\lambda}_{ij}^{H} = \lambda_{ij}^{H} / \sum_{j=1}^{N} \lambda_{ij}^{H}$$

根据上述公式，可以计算整个股票市场行业的总体溢出指数 T（H），表示 N 个行业的风险溢出对整个股票市场的影响程度，即

$$T(H) = 100 \times \sum_{i,j=1,j\neq i}^{N} \tilde{\lambda}_{ij}^{H} / N$$

同时，还可以通过计算行业方向性溢出指数衡量某一行业 i 与其他不同行业之间的风险溢出关系，即

$$T_{to} = 100 \times \sum_{j=1,j\neq i}^{N} \tilde{\lambda}_{ij}^{H} / N \text{ 或 } T_{from} = 100 \times \sum_{j=1,j\neq i}^{N} \tilde{\lambda}_{ij}^{H} / N$$

其中，T_{to}代表行业 i 对其他不同行业的风险溢出大小，T_{from} 代表其他不同行业对行业 i 的风险溢出大小，两者的差值称为行业 i 净溢出效

应，即

$$T_{NET} = T_{to} - T_{from}$$

（二）行业间风险传染网络模型构建与分析

1. 股票市场行业间风险传染网络模型构建

在上述模型计算得出相关指数后，将股票市场风险溢出方差分解矩阵用作网络模型的邻接矩阵，如表1所示。其中，第1行表示股票市场风险溢出的来源方，第1列表示股票市场风险溢出的接受方；“*From*”列表示该行非对角线上元素的和，衡量其他行业到行业 i 的风险溢出效应；“*To*”行反之；T（H）可以衡量整个行业网络风险溢出总效应。

表1　行业风险溢出矩阵

变量	Y_1	Y_2	…	Y_N	*From*
Y_1	λ_{11}^H	λ_{12}^H	…	λ_{1N}^H	$\sum_{i=1}^N \lambda_{1i}^H, i \neq 1$
Y_2	λ_{21}^H	λ_{22}^H	…	λ_{2N}^H	$\sum_{i=1}^N \lambda_{2i}^H, i \neq 2$
⋮	⋮	⋮	⋮	⋮	⋮
Y_N	λ_{N1}^H	λ_{N2}^H	…	λ_{NN}^H	$\sum_{i=1}^N \lambda_{Ni}^H, i \neq N$
To	$\sum_{j=1}^N \lambda_{j1}^H, j \neq 1$	$\sum_{j=1}^N \lambda_{j2}^H, j \neq 2$	…	$\sum_{j=1}^N \lambda_{jN}^H, j \neq N$	$T(H)$

2. 行业风险溢出网络特征

根据上述研究得出的风险邻接矩阵，使用网络可视化技术得到有 N 个节点的网络图，然后根据网络的平均加权度、平均路径长度、平均加权聚类系数对比分析不同时期行业风险溢出网络结构，各指标定义如下：

平均加权度是根据边的权重计算节点的度，用来描述网络的分布特征，即

$$k = \frac{1}{N} \sum \omega_i k_{\mathrm{i}}$$

平均路径长度表示节点 i 和 j 之间距离的平均值，代表网络的联系紧密程度，即

$$L = \frac{1}{\frac{1}{2}N(N+1)} \sum_{i \geqslant j} d_{ij}$$

平均加权聚类系数是网络内所有节点的加权聚类系数的平均数，反映行业关联网络整体风险溢出强度，即

$$C = \frac{1}{N} \sum_{i=1}^{N} \frac{1}{p_i(p_i - 1)} \times \sum \sigma_{ij}^{n} 。$$

四、实证分析

（一）数据的选取与处理

本文选取申万一级行业 16 个行业指数作为样本数据，样本时间为 2006 年 3 月 2 日至 2023 年 3 月 27 日，包含了 5 次大的股市震荡，提取在此期间各行业指数的每日最高、最低，开盘、收盘股价，计算各行业指数的风险值 VaR 。数据来源于 Choice 金融终端，具体的行业代码如表 2 所示。

表 2　选取样本的具体情况

行业代码	行业名称	简称
801010	农林牧渔	NLMY
801030	基础化工	JCHG
801040	钢铁	GT
801050	有色金属	YSJS
801080	电子	DZ
801110	家用电器	JYDQ
801120	食品饮料	SPYL
801130	纺织服饰	FZFS
801140	轻工制造	QGZZ
801150	医药生物	YYSW

续表

行业代码	行业名称	简称
801160	公用事业	GYSY
801170	交通运输	JTYS
801180	房地产	FDC
801200	商贸零售	SMLS
801210	社会服务	SHFW
801230	综合	ZH

（二）行业间风险溢出效应研究

1. 行业间风险溢出效应的静态分析

首先，进行 ADF 单位根检验，结果显示，时间序列在 1% 的显著水平上是平稳的，可以建立 VaR 模型。其次，根据 AIC 和 SC 准则设置 VaR 模型最优滞后阶数为四阶。最后，使用广义预测误差方差分解，计算出的风险溢出效应构成一个 $N \times N$ 的矩阵，如表 3 所示。其中，*From* 列表示某个行业受到其他行业风险溢出的影响程度；*To* 行表示某一个行业的风险溢出对其他行业的影响程度；对角线的数值表示行业自身受到风险溢出效应影响的程度；其余数值表示两两行业之间的风险溢出效应。

结果显示，股票市场行业风险总溢出指数为 71.25%，表明我国股票市场行业之间的风险是相互影响、相互关联的，且存在显著的风险溢出效应。从风险溢出方向来看，股票市场行业间的风险溢出存在不对称性，除农林牧渔和基础化工行业外，其他行业受到的外来冲击影响较大；农林牧渔和基础化工行业对其他行业市场的风险溢出效应分别达到了 166.44%、178.56%，说明风险容易通过这两个行业传导到整个股票市场体系中，这与股票市场行业间存在较强的紧密度是有关联的。从风险溢出强度来看，行业内部的风险溢出总是高于两两行业之间风险溢出，行业受自身的风险溢出影响最大。单个行业的风险溢出强度结果显示，

表3 中国股票市场行业风险溢出情况(2006年3月2日至2023年3月27日)

行业	NLMY	JCHG	GT	YSJS	DZ	JYDQ	SPYL	FZFS	QGZZ	YYSW	GYSY	JTYS	FDC	SMXS	SHFW	ZH	*From*
NLMY	57.49	39.15	0.14	0.22	0.27	0.22	0.03	0.11	0.23	0.46	0.20	0.35	0.15	0.39	0.38	0.19	42.51
JCHG	39.97	49.02	1.42	1.63	0.50	0.20	0.30	0.68	0.45	0.17	1.52	1.40	0.20	1.16	0.87	0.51	50.98
GT	6.58	9.62	27.45	6.59	1.42	1.77	0.31	5.25	5.44	1	8.86	9.53	4.04	5.79	1.41	4.94	72.55
YSJS	7.12	9.01	7.81	30.86	2.81	1.68	0.74	5.03	4.64	1.41	5.49	5.92	3.09	6.38	2.58	5.40	69.14
DZ	8.82	8.97	1.48	2.76	24.11	4.06	1.34	6.51	7.86	5.14	4.43	4.23	1.95	7	3.99	7.36	75.89
JYDQ	7.31	6.41	2.31	2.13	4.16	35.90	6.77	3.09	4.28	3.50	3.09	4.38	4.23	4.94	4.97	2.53	64.10
SPYL	9.74	9.16	0.94	1.80	1.93	7.04	49.51	0.34	0.96	3.98	0.31	1.07	0.58	1.31	10.60	0.73	50.49
FZFS	10.67	12.25	3.22	2.45	3.60	1.78	0.24	13.68	8.86	3.45	8.90	7.34	2.83	10.27	1.68	8.77	86.32
QGZZ	12.72	13.39	3.36	2.62	4.27	2.01	0.45	8.67	13.30	3.28	7.16	6.52	2.60	9.02	2.06	8.57	86.70
YYSW	8.39	8.71	1.31	1.87	6.62	5.14	3.05	6.46	6.21	23.17	4.34	4.23	1.80	8.29	4.20	6.21	76.83
GYSY	11.36	12.55	6.22	3.11	2.32	1.55	0.21	7.61	6.65	2.02	19.40	8.82	2.68	7.59	1.14	6.78	80.6
JTYS	8.75	11.34	8.14	4.03	2.17	2.51	0.64	6.52	6.64	1.88	10.55	17.40	3.68	8.07	1.78	5.88	82.60
FDC	6.04	7.21	4.81	3.38	2.27	3.63	0.66	6.49	6.41	1.61	7.22	7.70	25.63	8.17	2.48	6.30	74.37
SMXS	10.84	11.63	3.29	3.34	3.30	2.41	0.50	9.17	7.71	3.53	7.65	7.83	3.18	15.69	2.45	7.48	84.31
SHFW	5.54	6.18	1.60	2.05	3.88	3.90	4.84	3.77	4.73	4.52	2.68	4.04	2.15	5.40	41.23	3.49	58.77
ZH	12.58	12.98	2.66	2.76	4.37	1.11	0.30	9.06	8.98	3.16	7.26	5.73	2.58	8.78	1.61	16.07	83.93
To	166.44	178.56	48.70	40.75	43.89	39.02	20.38	78.78	80.04	39.14	79.66	79.09	35.73	92.56	42.20	75.13	71.25
NET	123.93	127.57	-23.85	-28.39	-32	-25.08	-30.11	-7.54	-6.65	-37.69	-0.94	-3.50	-38.63	8.25	-16.57	-8.80	71.25

农林牧渔行业和食品饮料行业对自身溢出效应最高，分别达 57.49% 和 49.51%，紧随其后的是基础化工行业；两两行业之间的风险溢出效应结果显示，农林牧渔和基础化工行业对其他行业的风险溢出效应最强，分别为 39.57% 和 39.15%，并且农林牧渔和基础化工行业间的双向风险溢出效应也最显著，这与农林牧渔和基础化工行业在股票市场中处于主导性地位紧密相关。

2. 行业间风险溢出效应的动态分析

由于股票市场的风险溢出效应随着时间的推移而发生相应变化，滚动时间窗口技术能够有效地刻画出股票市场行业风险溢出效应的时变特征，选取滚动窗口宽度为 200 天和预测误差步长为 10 天，得到股票市场行业间的动态总体风险溢出效应时变情况，如图 1 所示。总体来看，行业总风险溢出指数波动程度主要集中在 60% ~90%。图 1 显示指数在 2006 年到 2023 年前后经历了 5 次剧烈波动，表明股票市场受极端事件的冲击比较大，当股票市场有剧烈波动时，行业总体风险溢出效应随之增强。

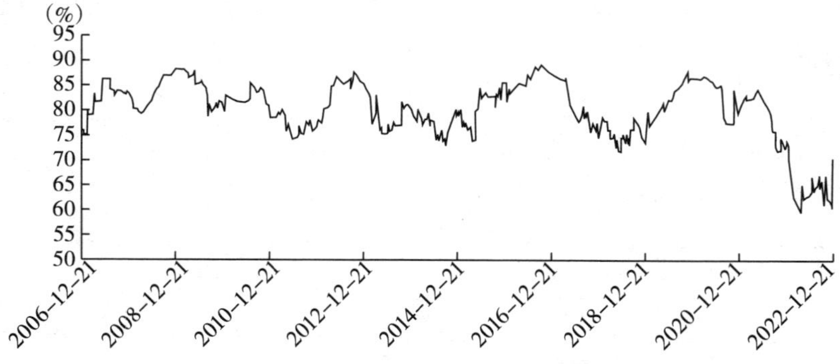

图 1　行业动态总体风险溢出效应时变情况

从图 1 来看，行业总体风险溢出指数在 2007 年后出现峰值高达 85%，之后呈现下降趋势，然后在 2008 年时期高达 90%；受次贷危机影响，2008—2009 年行业总体风险溢出指数不断波动；之后，随着一系列财政政策的实施刺激了全球经济的复苏，我国股票市场的行业总体风险溢出指数在2009年底下降到75%左右；但是，2009年底，欧洲爆发的严重债务危机，给我国股票市场带来了一定的影响，之后行业总体风险溢出指数不断进行波动；随着一系列财政政策的实施，全球经济得到复苏，我国股票市场的行业总体风险溢出指数在2010—2012年呈现上升的趋势，并且在2012年达到90%左右；在2013年为了抑制房价走势引发的一系列银行危机事件导致钱荒事件爆发，我国金融市场剧烈波动，行业总体风险溢出指数呈现出上升趋势；2015年，股票市场发生严重的异常波动，致使行业总体风险溢出指数高达90%，之后我国政府不断采取各种应对措施，行业总体风险溢出指数呈现不断下降的趋势；2019年，受中美贸易摩擦的影响，我国进出口贸易受到冲击，随着年底全球新冠疫情的暴发，全球金融系统遭受严重冲击，我国股票市场行业总体风险溢出指数急剧上升至90%。

3. 行业方向性风险溢出效应和净风险溢出效应分析

通过股票市场动态风险溢出效应的分析，可以得到行业的方向性溢出指数，从而计算得到行业的净风险溢出指数。各行业在不同时期方向性风险溢出见图2、图3，由 T_{to} 和 T_{from} 得出；不同时期各行业的净溢出效应见图4，由 T_{net} 得出。

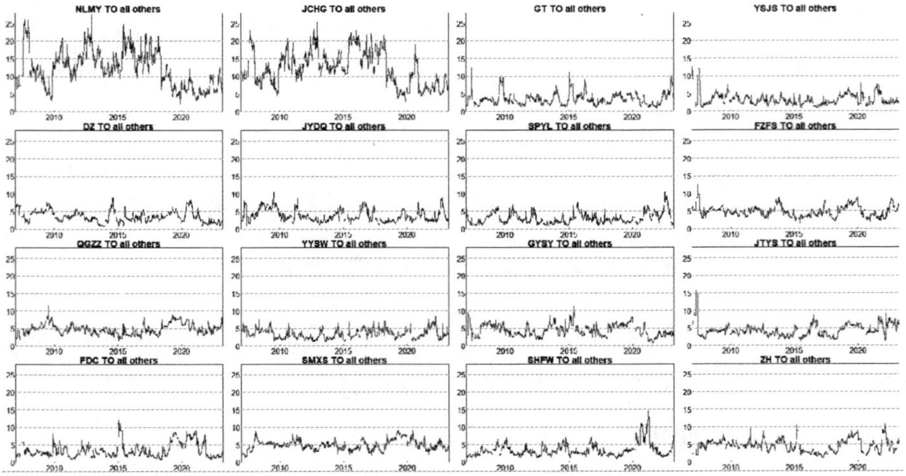

图2　各行业对其他行业风险溢出效应时变情况

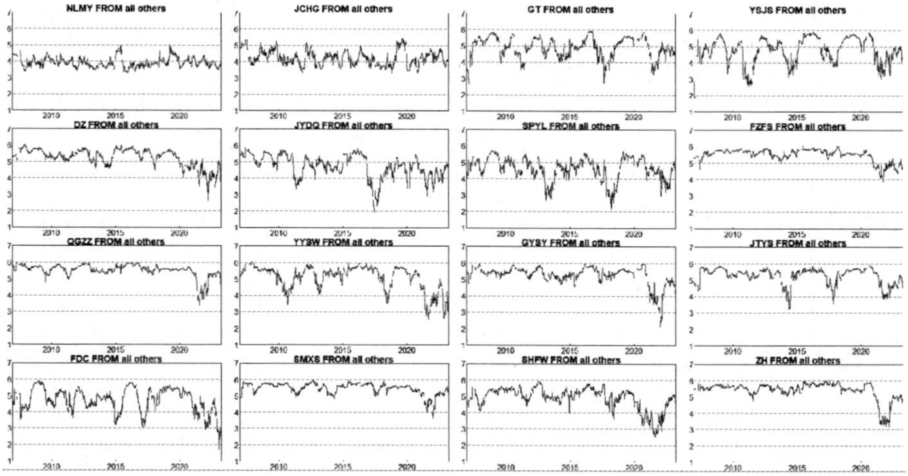

图 3　各行业接受其他行业风险溢出效应时变情况

由图 2 和图 3 可以看出，各行业的方向性溢出指数呈现出明显的波动性，而在次贷危机和股灾等极端事件发生期间波动性表现得更加明显。农林牧渔和基础化工两大实体行业的溢出时变趋势有相似特性，即整体上这两个行业以对外风险溢出为主，且在极端事件发生期间接受来自其他行业风险溢出较少；家用电器、医药生物等行业在极端事件发生期间也有着举足轻重的地位，对其他行业的风险溢出作用不断增强。除此之外，房地产行业的溢出趋势表明其在未来仍会有较高的风险溢出水平，但随着财政政策的转变，房地产行业的风险溢出水平将呈现下降趋势，电子行业、医药生物行业将成为重要的风险溢出行业。

由图 4 可知，我国股票市场中，各个行业的净溢出指数都呈现出明显的波动性特征，这种波动性在极端事件发生时期表现得更加明显；两个行业之间的净风险溢出水平具有不对称性，农林牧渔行业和基础化工行业在整体上以风险溢出为主，并且在极端事件发生期间风险溢出达到峰值，而其余行业多数是风险承受方，说明这两个行业在股票市场中处于风险主导方，即在股票市场上有着举足轻重的地位。从图 4 可以看出，在不同的极端事件发生时期，不同行业的对外风险溢出程度和风险

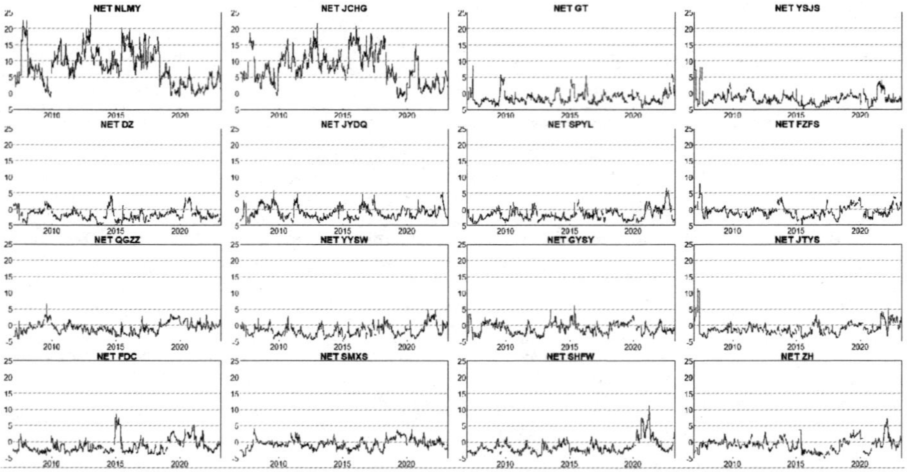

图 4　各行业风险净溢出效应时变情况

承受能力呈现出不同的特征，例如，2015 年股灾事件，房地产行业出现剧烈波动，相较于其他行业风险净溢出效应水平较高。

在此基础上，可以得到样本期内各个行业的风险总输入和总输出水平，并且按照风险净溢出效应水平得出该行业在股票市场上的重要性排名，结果见表 4。

表 4　行业风险净溢出效应水平重要性排名

重要性排名	行业名称	行业简称	*To*	*From*	*NET*
1	基础化工	JCHG	178. 56	50. 98	127. 57
2	农林牧渔	NLMY	166. 44	42. 51	123. 93
3	商贸零售	SMLS	92. 56	84. 31	8. 25
4	公用事业	GYSY	79. 66	80. 60	-0. 94
5	交通运输	JTYS	79. 09	82. 60	-3. 50
6	轻工制造	QGZZ	80. 04	86. 70	-6. 65
7	纺织服饰	FZFS	78. 78	86. 32	-7. 54
8	综合	ZH	75. 13	83. 93	-8. 80
9	社会服务	SHFW	42. 20	58. 77	-16. 57
10	钢铁	GT	48. 70	72. 55	-23. 85
11	家用电器	JYDQ	39. 02	64. 10	-25. 08

续表

重要性排名	行业名称	行业简称	*To*	*From*	*NET*
12	有色金属	YSJS	40.75	69.14	-28.39
13	食品饮料	SPYL	20.38	50.49	-30.11
14	电子	DZ	43.89	75.89	-32.00
15	医药生物	YYSW	39.14	76.83	-37.69
16	房地产	FDC	35.73	74.37	-38.63

由表4可知，在2006—2023年的样本区间内，基础化工、农林牧渔和商贸零售三个行业的风险净溢出水平居于前列，同时这三个行业的风险总输入水平也居于前列，表明这三个行业在整个股票市场中不仅是重要的风险节点，而且易受到来自其他行业风险的影响。同时，其他行业的风险净溢出水平都为负数，表明这些行业均易受到风险的波动，在这些行业中，房地产行业表现尤为明显。

（三）风险溢出网络拓扑结构分析

为了进一步研究我国股票市场行业间风险溢出网络的时变特征，本文以全样本时期、股票市场波动时期为例，分别构建不同时期的行业风险溢出网络，从而分析我国股票市场风险溢出网络结构的演变特征。该部分以上述测算出的行业风险溢出指数为基础，运用网络拓扑学的概念细致刻画行业风险溢出网络的结构性特征，进而对股票市场行业在风险网络中的重要性进行可视化分析，复杂网络拓扑结构各属性的具体定义如表5所示。

表5 复杂网络拓扑结构定义

属性	定义
节点	16个行业
节点的大小	将行业在风险溢出网络中的权重设置为节点的大小，行业在网络中越重要，节点越大
有向边	根据上述分析得出的股票市场行业风险溢出矩阵，矩阵中的方差贡献值为网络的边，行业的风险溢出效应越大，有向边越粗

续表

属性	定义
节点的颜色	将行业风险溢出网络进行模块化处理，节点颜色代表不同的模块，一个模块中节点和边的紧密度较强，而与其他模块的节点和边的相关度相对较低

根据行业风险溢出效应矩阵，利用 Gephi 软件得到股票市场行业风险溢出网络，如图 5 至图 10 所示。总体来看，我国股票市场行业风险溢出网络具有明显的时变特征。在全样本时期，食品饮料的节点出度最

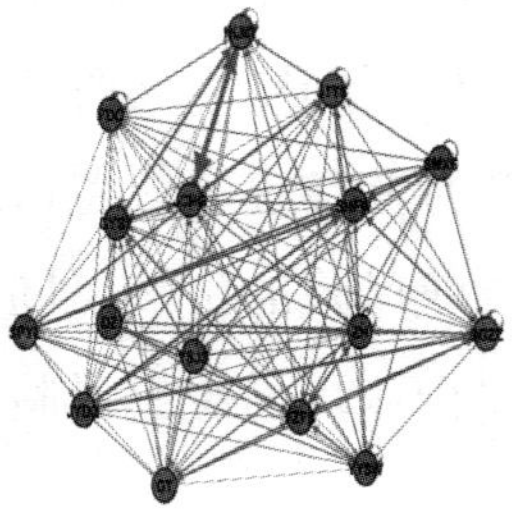

图 5　全样本时期风险溢出网络

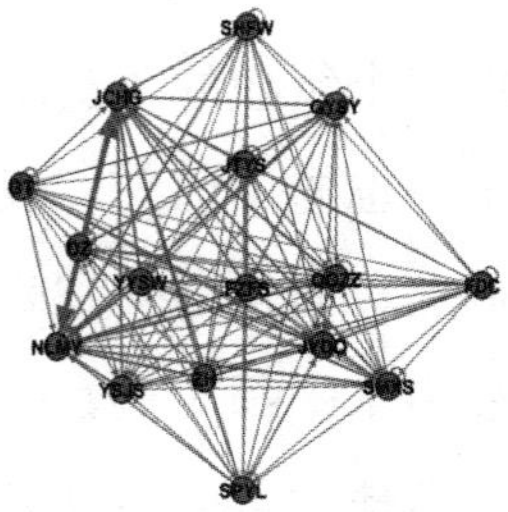

图 6　2008 年风险溢出网络

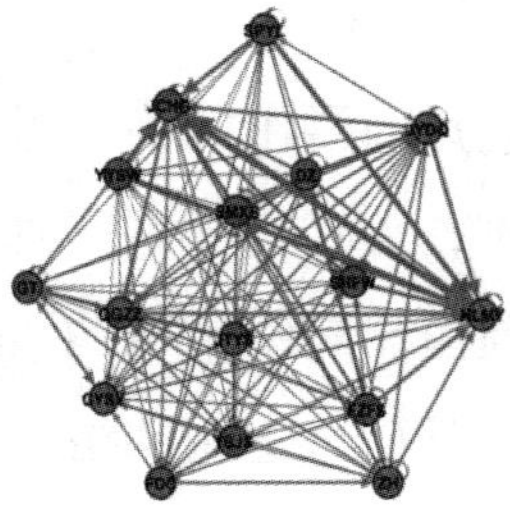

图 7　2009 年风险溢出网络

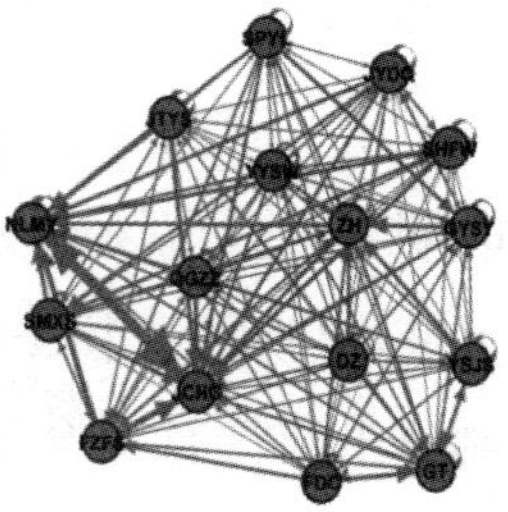

图 8　2013 年风险溢出网络

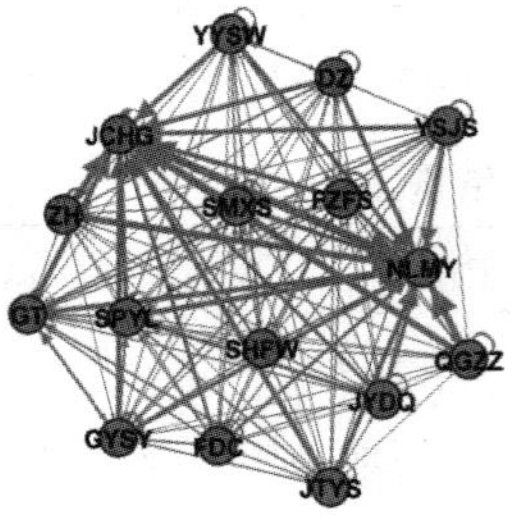

图 9　2015 年风险溢出网络

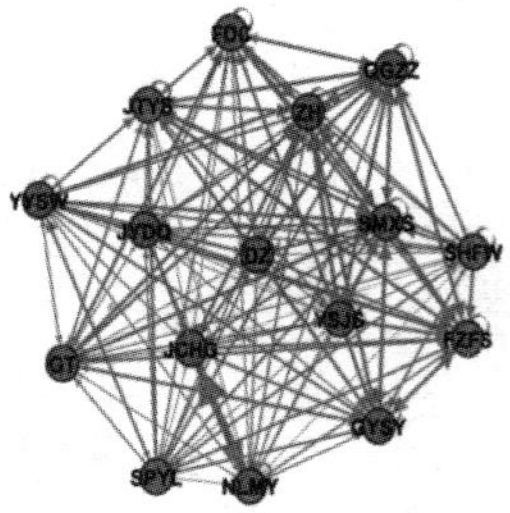

图 10　2019 年风险溢出网络

大，5 个极端事件发生时期农林牧渔节点出度最大，表明了农林牧渔行业在极端事件发生期间是风险传染网络的重要节点，并且与其他行业具有双向的风险传染效应。对比不同时期行业风险溢出网络，发现极端事件导致的经济环境波动与行业风险溢出存在关联性。

2008 年，电子行业对外风险溢出效应极强，对外存在极强的风险溢出关系，说明在次贷危机期间电子行业是较为重要的风险传染源头，其中，它与基础化工、农林牧渔行业的双向风险溢出关系最强。2012 年，农林牧渔、基础化工、医药生物等实体经济行业在系统性风险传递中的重要性逐渐显现，这三个行业不仅相互影响，还受其他行业的风险溢出效应影响。2013 年，农林牧渔和基础化工行业之间的风险溢出效应显著增强，并处于整个风险溢出网络的中心地位，成为当时最重要的风险传染源头。2015 年，由于财政政策发生变动，房地产行业的风险溢出性明显增强，继而影响了其他实体行业。2019 年，新冠疫情暴发，整个行业之间的风险关联度有了明显增强，说明整个股票市场受到风险冲击效应较大。总之，我国股票市场风险溢出网络的动态演进特征基本符合我国经济发展状况，实体经济行业是整个行业风险网络的重要节点，因此，监管部门应及时调整风险应对措施。

不同时期风险溢出网络特征见表 6，平均加权度表示网络中节点的重要性分布情况；平均路径长度表示风险溢出网络中节点之间的分离程度和网络的全局特性；平均加权聚类系数表示行业风险溢出网络的风险溢出强度。从结果来看，与全样本期间的网络特征指数相比，极端风险事件发生期间的网络平均加权度、平均路径长度、平均加权聚类系数都有上升，表明在系统性风险危机事件发生时期，行业间的风险溢出网络各节点风险溢出效应、传染性、网络关联强度增强，行业间的风险传染速度也会随之上升，这与上文分析的极端事件发生期间行业动态总体风险溢出指数呈上升趋势，行业间关联性也增强互为佐证。

表 6　风险溢出网络特征

项目	全样本	次贷危机	欧债危机	钱荒事件	股市异常	新冠疫情
平均加权度	9.453	11.253	10.642	9.941	12.245	15.631
平均路径长度	1.543	2.345	2.157	2.678	2.532	2.943
平均加权聚类系数	0.541	0.673	0.712	0.654	0.747	0.711

五、结论与建议

本文基于复杂网络理论和广义预测误差方差分解等方法，分析了我国股票市场行业风险溢出的大小、方向，并分析全样本时期以及 5 个极端事件发生时期行业风险溢出网络的拓扑结构，深入考察各个时期行业风险溢出的传染方向、路径以及中心性等。

本文研究结论如下：行业风险溢出效应表明我国股票市场行业间的风险是相互影响、相互关联的，并且存在显著的风险溢出效应；行业方向性风险溢出和净风险溢出效应结果表明，极端事件发生时期，不同行业对外的风险溢出程度和风险承受能力呈现出不同的特征，基础化工、农林牧渔和商贸零售三个行业在整个股票市场中不仅是重要的风险节点，而且易受到来自其他行业风险的影响；网络拓扑结构分析结果表明，极端风险事件发生期间，每个时期行业风险都呈现出显著的网络关联性，当某个行业遭受外部风险的冲击时，网络关联效应会使其他行业也在很大程度上遭受风险冲击，甚至对整个金融系统的稳定性和安全性产生显著影响。

基于以上结论，表明金融监管部门防范化解金融风险不仅要集聚股票市场单个行业内部的风险，而且要关注行业之间的风险关联性和传递性。因此，本文提出以下政策建议：

首先，完善股票市场系统性风险监管机制。相关部门不仅需要从宏观视角出发对整体金融市场进行审慎监管，而且需要结合单个行业的关联特征从微观视角出发集聚单个行业进行审慎监管，降低系统性金融风险的扩散速度，维持整个金融系统的稳定性。其次，增强对重点行业的监管，防止风险扩散。在股市异常波动时，切断主要风险溢出行业与接受行业的路径以减弱行业间的震荡和波动性，保护实体经济发展，最大限度发挥实体经济的职能。最后，完善风险预警体系，监测风险溢出行业的波动性。提前识别金融风险，制定措施保护风险接受行业的稳定以保障市场整体的稳健运行，确保危机不扩散、不演变为系统性金融风险。本文研究为监管部门科学防范金融危机提供了依据，对我国股票市场以及整个金融系统的稳定发展具有十分重要的现实意义。

参考文献

[1]林娟，赵海龙．沪深股市和香港股市的风险溢出效应研究：基于时变ΔCoVaR模型的分析[J]．系统工程理论与实践，2020，40(6)：1533－1544.

[2]刘超，刘彬彬．金融机构尾部风险溢出效应：基于改进非对称CoVaR模型的研究[J]．统计研究，2020，37(12)：58－74.

[3]杨子晖，陈里璇，陈雨恬．经济政策不确定性与系统性金融风险的跨市场传染：基于非线性网络关联的研究[J]．经济研究，2020，55(1)：65－81.

[4]杨子晖，周颖刚．全球系统性金融风险溢出与外部冲击[J]．中国社会科学，2018(12)：69－90＋200－201.

[5]刘超，钱存，罗春燕．基于复杂网络的行业动态演化与证券市场风险相关性研究：来自2007—2019年28个行业数据的证据[J]．管理评论，2021，33(3)：29－40.

[6]杨子晖，戴志颖．中国上下行风险的非对称溢出冲击研究：基于高频数据合成网络的分析[J]．中国工业经济，2023，420(3)：77－95.

[7]李政，朱明皓，范颖岚．我国金融机构的传染性风险与系统性风险贡献：基于极端风险网络视角的研究[J]．南开经济研究，2019(6)：132－157.

[8]孟浩，张蕾，程烨．中国金融市场风险溢出效应研究[J]．统计与信息论坛，2021，36(11)：63－75.

[9]隋建利，杨庆伟．国际大宗商品市场与中国金融市场间风险的传染测度与来源追溯[J]．财经研究，2021，47(8)：139－154.

[10]李永，郭逸群，郝凤霞．重大外部冲击如何影响系统性金融风险传染[J]．金融监管研究，2022，(12)：20－39.

[11]HTART O，ZINGALES L A. New capital regulation for large financial institutions [J]. American law and economics review，2011，13(2)：18－35.

[12]KAEWKHEAW M，LEEAHTAM P，CHAIBOOSRI C. An analysis of relationship between Gold Price and U. S. dollar index by using bivariate extreme value copulas[J]. Advances in intelligent systems&computing，2019(251)：455－462.

[13]BALCILAR M，OZDEMIR Z A. The volatility effect on precious metals price returns in a stochastic volatility in mean model with time－varying parameters [J]. Statistical mechanics and its applications，2019(534)：122－140.

[14]HUANG A，QIU L，LI Z. Applying deep learning method in TVP－VAR model under systematic financial risk monitoring and early warning[J]. Journal of computational and applied mathematics，2021(382)：1－16.

[15]ADEKOYA O B，OLIYIDE J A. How COVID－19 drives connectedness among commodity and financial markets：evidence from TVP－VAR and causality－in－quantiles techniques[J]. Resources policy，2021(70)：101－123.

数字经济背景下我国区域创新能力的预测及评价研究

——基于生成对抗网络模型①

陈倩倩

摘要：随着数字经济的高速发展，区域创新能力日益成为测度各地区经济发展水平与国际竞争力的重要指标。然而，数字经济对区域创新能力的影响作用存在区域异质性，因此，预测我国东部、西部以及中部地区的区域创新能力发展趋势，进而深入分析数字经济对各区域创新能力的影响机制，有益于相关机构有的放矢地制定各地区数字经济发展政策以实现不同区域创新能力的协调发展。在此背景下，本文基于2008—2021年15个地区的研究数据，运用WGAN－GP模型，实现对我国东部、西部及中部地区区域创新能力的预测和分析。实证结果表明：WGAN－GP模型的预测精度与性能显著优于其他主流预测方法；以地理位置为划分依据进行深入分析，发现各区域创新能力存在发展不平衡的现象，而贸易环境、基础设施建设以及研发投入是限制东部、中部以及西部地区区域创新能力发展的主要因素。

关键词：数字经济；区域创新能力；深度学习；生成对抗网络

---

① 本文由贺毅岳教授指导完成。贺毅岳，西北大学经济管理学院副教授，硕士研究生导师，研究方向：金融风险管理与人工智能建模。

作者简介：陈倩倩（1999—），河南洛阳人，西北大学经济管理学院2021级技术经济及管理专业硕士研究生。

一、引言

随着经济全球化进程的迅速推进，世界各国的经济发展也呈现持续区域化的特征，各国之间的竞争形势逐渐演变为各区域之间的竞争。在愈加激烈的竞争与挑战下，各国与地区保持、提升自身竞争力的核心战略及根本路径在于提高区域创新能力。伴随着区域创新能力渐渐成为测度和衡量各地区竞争力的重要指标，同时结合国家创新驱动发展战略的实施，发展数字经济成为提升区域创新能力的重要途径（夏杰长等，2021；韩璐等，2021）。然而，数字经济对区域创新能力的影响效果存在一定区域异质性，故预测我国区域创新能力发展趋势、分析数字经济对区域创新能力的影响机制，不仅对追求赶超的发展中地区和竭力保持头部地位的发达地区具有鲜明的理论意义，也有助于实现区域创新能力协调发展（李雪等，2021）。

由于区域创新能力受到大量关注，现有研究也逐步展开。虽然各国家与地区均意识到了创新活动的重要性，也投入了大量人力资源与金融支持以促进区域创新能力的发展，但地区之间的发展不平衡仍然是当今数字经济产业发展需要解决的问题（黄明凤、姚栋梅，2022）。其根源在于各地对提升当地创新能力的影响因素未充分了解，导致政府虽竭智尽力却收效甚微。鉴于此，为预测区域创新能力的变化趋势，重构科学、合理的区域创新能力评价指标体系，开展数字经济背景下我国区域创新能力发展水平的预测及分析研究，具有一定的必要性。

近年来，深度学习模型被广泛应用于各学科领域的预测建模研究中，但其在区域创新能力预测有效性方面鲜少得到验证。为有效捕捉区域创新能力的未来发展趋势，克服传统的计量学方法难以解决区域创新政策调整滞后的问题，本文参考已有数字经济发展水平评价指标体系的构建逻辑，利用深度学习中的 WGAN - GP 模型实现对数字经济背景下我国区域创新能力的预测及分析，进一步通过设置对照实验加以探究各地区区域创新能力的主要影响因素。

二、文献综述

（一）关于区域创新能力的概念界定

对于区域创新能力的概念界定，学者并未对其进行统一定义。其中，国外学者普遍认为，区域内部的基础设施建设、创新配置、创新投入与产出及其内部之间的相互作用对区域创新能力产生较大影响。Gans 等（2000）将区域创新能力定义为生产各类创新产品的潜力，其首要影响因素是 R&D 存量。Riddel 和 Schwer（2003）认为，区域创新能力是区域内持续产生与商业相关联的创新成果的潜力。国内学者基于此观点，对区域创新能力概念的界定受创新过程理论的高度影响。柳卸林等（2002）认为，区域创新能力是一种综合实力，具体指一个地区对知识运用转换的能力，且区域创新能力的构成要素包括知识创造能力、企业技术创新能力、知识流动能力、创新环境以及创新绩效。

（二）区域创新能力研究的历史演进

自我国推动实施区域创新战略以来，关于区域创新能力的研究成为理论界关注的重点，且取得了阶段性成果。本文通过对区域创新能力现有研究的梳理总结，发现其研究主要涉及以下两个方面：

一方面是关于利用不同方法评价区域创新能力并基于此总结其未来变化规律的研究。王家明等（2020）在构建区域创新评价指标体系的基础上，将改进后的 PFHWDTOPS 运用到对山东省 17 个地市区域创新能力的实证评价中，并为山东省的区域创新政策制定提供理论指导。王圣云等（2021）运用全国31个省份的1998—2017年面板数据构建创新能力结构关系模型，通过衡量各省份的创新能力揭示区域创新能力耦合网络的演化规律。杜英和李晥玲（2021）基于三螺旋理论，运用构建的区域科技创新能力评价指标体系对区域科技创新主体与创新要素的交互作用进行实证分析，为区域科技创新能力的评价研究拓宽思路。

另一方面是关于探究区域创新能力提升路径的研究。刘琼和郭俊华（2021）运用2008—2016年我国30个省份的面板数据构建科技公共服务效率评估指标体系以分析科技公共服务效率对区域创新能力的影响，结果发现，科技公共服务效率对于区域创新能力存在正向滞后效应。闫永生等（2022）运用双重差分模型对2005—2019年我国283个地级市面板数据进行实证分析，发现金融改革对促进创新能力提升具有显著作用。

综上所述，本文主要贡献体现为两点：第一，结合我国当前数字经济发展背景，运用深度学习方法实现对数字经济与区域创新能力定量预测评价模型的构建，揭示了我国区域创新能力未来发展呈现扩大趋势；第二，通过设置对照实验，探究了我国影响各地区区域创新能力的首要因素，以实现各地区创新能力的协调发展。

三、研究设计

（一）指标选取与数据来源

随着区域经济的高速发展，影响我国区域创新能力的因素越来越复杂。鉴于已有的数字经济推动区域创新能力发展研究普遍聚焦于贸易环境、基础设施建设、研发投入以及政府支持和经济发展四个变量分类标准，本文参考潘涛等（2022）构建区域创新能力评价指标体系的研究思路，从以上四个维度选取评价模型的输入指标。其中，贸易环境包括社会消费品零售总额、外商投资企业注册资本以及外商投资企业进出口总额；对于基础设施建设（徐丹、于渤，2023），选取客运量、货运量、医疗卫生机构床位数、公共图书馆总流通人数、移动电话年末用户以及互联网宽带接入端口等指标表示；对于研发投入，选取地方财政教育支出、每十万人口高等学校平均在校生数、地方科学技术支出（哈梅芳等，2023）、工业企业 R&D 经费以及工业企业新产品研发经费等指标表示；最后，选取工业企业新产品销售收入（戴魁早、刘友金，2016）、年末参加失业保险人数、年末参加工伤保险人数与第三产业增加值作为政府支持和经济发展维度的测度指标。对于我国区域创新能力的衡量，考虑到已有研究大多采用专利数据作为衡量区域创新能力的指标，同时参考现有研究中区域创新能力的代理变量选取思路，本文选取专利申请授权量作为区域创新能力测度指标（李婧等，2010）。由于我国专利法将专利划分为发明专利、实用新型专利以及外观设计专利三类，均与创新能力高度相关，而专利申请授权量是指获得专利权的数量，故使用专利申请授权量可以客观反映区域创新能力的真实性。进一步，本文选取北京、天津、山东、江苏、上海、浙江、福建、广东、辽宁、陕西、新疆、四川、重庆、河南、湖北 15 个地区作为研究对象，根据地理位置将研究对象划分为东部、西部以及中部三个区域。此外，候选自变量集与因变量数据均来自 2008—2021 年《中国统计年鉴》。

为从上述自变量集中选取后续预测模型的输入特征，首先选择前 70% 的数据用于 LASSO 模型的训练，后 30% 的数据用于评估 LASSO 模型的预测性能。在训练 LASSO 模型的过程中，运用十折交叉验证法确定模型调节参数 λ 的值以得到最优模型，相应的变量选择过程如图 1 所示。当 $\lambda = 0.028$ 时，*MSE* 取最小值，对应的 LASSO 模型筛选出 11 个变量，如表 1 所示。

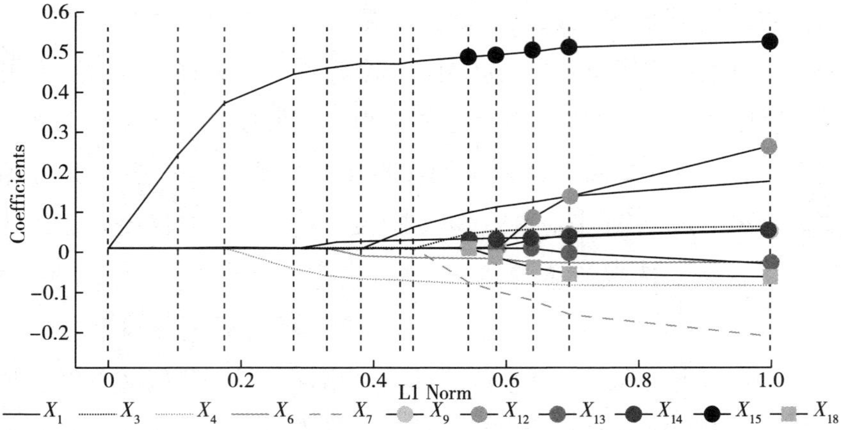

图 1　LASSO 模型的变量选择路径

表 1　基于 LASSO 模型筛选的区域创新能力评价指标体系

类别	符号	指标名称	回归系数
贸易环境	X_1	社会消费品零售总额/亿元	0.1254
	X_3	外商投资企业进出口总额/万美元	0.0542
基础设施建设	X_4	客运量/万人	-0.0914
	X_6	医疗卫生机构床位数/万张	-0.0317
	X_7	公共图书馆总流通人数/万人次	-0.1482
	X_9	互联网宽带接入端口/万个	0.0291
研发投入	X_{12}	地方科学技术支出/亿元	0.1416
	X_{13}	工业企业 R&D 经费/万元	-0.0158
	X_{14}	工业企业新产品研发经费/万元	0.0198
政府支持和经济发展	X_{15}	工业企业新产品销售收入/万元	0.4828
	X_{18}	第三产业增加值/亿元	-0.0527

（二）区域创新能力的预测建模

1. WGAN－GP 模型原理

生成对抗网络（GAN）是一种在深度学习领域中得到迅速发展的模型，主要由生成器 G 和判别器 D 两部分组成。GAN 模型基本框架如图 2所示，生成器 G 旨在根据接受的噪声数据 z，尽可能生成符合历史

数据分布的新数据 $G(z)$，而判别器 D 的目标在于辨认 $G(z)$ 是来源于真实数据的分布 P_r 还是生成器的分布 P_g，以区分专利申请授权量数据 x 与新数据 $G(z)$，其生成的判别结果用于指导生成器 G 与判别器 D 网络参数的更新。

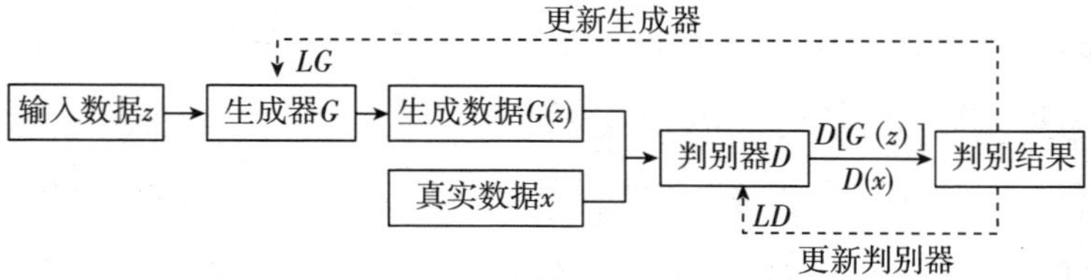

图2　生成对抗网络模型

基于博弈论的思想，生成器 G 与判别器 D 不断进行交互训练。其间，两个模型会不断更新自身参数，进而优化各自网络的特征提取能力，最终训练好的生成器 G 能够生成符合真实数据分布的新样本数据，以达到欺骗判别器 D 这一目的。由于生成数据分布 P_g 和真实数据分布 P_r 间的差异无法通过计算得出，需要判别器 D 通过数据采样计算 P_g 和 P_r 的散度，以此衡量两个数据分布间的差异。判别器 D 的目标函数为：

$$\min_G \max_D V(G,D) = E_{x \sim P_r}[\log D(x)] + E_{Z \sim P_z}[\log(1 - D(G(z)))] \quad (1)$$

其中，$E(\cdot)$ 表示取数学期望；$D(\cdot)$ 表示判别器的输出结果；$Z \sim P_z$ 表示符合正态分布的噪声数据；$x \sim P_r$ 表示符合真实数据分布的原始数据。

在生成器 G 与判别器 D 的博弈竞争过程中，由于生成器 G 的目标为最小化 $V(G,D)$ 的最大值，为了保证 $V(G,D)$ 实现最大化，通常需要先固定生成器 G 以对判别器 D 进行训练，即训练迭代 k 次判别器 D，然后使用较小的学习率迭代更新 1 次生成器 G。当生成器 G 固定时，通过对 $V(G,D)$ 求导可得到最优判别器 D^*：

$$D^* = arg \max_D V(G,D) \quad (2)$$

在求出在最优判别器 D^* 后，生成器 G 的目标函数等价于最小化真实数据分布 P_r 和生成数据分布 P_g 的 JS 散度（Jenson Shannon Divergence，JSD）。最优生成器 G^* 可表示为：

$$G^* = arg\min_G V(G,D) \tag{3}$$

随着训练程度的加深，生成器 G 生成的数据越来越接近实际数据分布，而判别器 D 辨别难度也随之增加，生成器 G 与判别器 D 在对抗中相互提高，又在提高中相互对抗，最终达到二者间的纳什均衡点，即生成样本与真实样本达到了难以区分的地步。

然而，由于传统的 GAN 网络采用 JS 散度作为损失函数，生成器 G 在训练过程中极易出现梯度消失与优化目标混乱等问题，进而引起模式坍塌，最终导致其生成的样本数据多样性和准确性大幅下降。鉴于此，Arjovsky 等（2017）提出了利用 Wasserstein 距离代替 JS 散度以优化目标的生成对抗网络（WGAN），以此作为衡量生成数据分布和真实数据分布间差异的方法。Wasserstein 距离指两个分布之间的成本最小值，即生成数据和真实数据联合分布下样本期望距离的下确界，该距离可以有效度量两个分布间的差异，能够促进模型训练过程的稳定性并解决模式坍塌问题，进而保证生成器 G 输出数据的多样性。Wasserstein 距离公式如下所述：

$$W(P_r,P_g) = \inf_{\gamma \sim \prod(P_r,P_g)} E_{(x,y)\sim\gamma}[\|x-y\|] \tag{4}$$

其中，P_r 表示真实数据分布；P_g 表示生成数据分布；$W(P_r,P_g)$ 表示 P_r 和 P_g 的 Wasserstein 距离；inf 表示取下确界，即最大下界；$\prod(P_r,P_g)$ 为 P_r 和 P_g 所有联合分布的集合，γ 用来表示其中的一个联合分布；$(x,y)\sim\gamma$ 表示 (x,y) 是来自 γ 的采样，得到真实数据 x 与生成数据 y；$\|x-y\|$ 是 x 和 y 之间的 Wasserstein 距离；$E_{(x,y)\sim\gamma}[\|x-y\|]$ 表示样本对距离的期望值。

在训练过程中，为保证判别器 D 的目标函数满足 Lipschitz 限制条件，Gulrajani 等（2017）在 WGAN 的基础上提出了采取权重截断（weight clipping）方法限制模型内权重参数的取值范围。该方法在一定程度上增强了 WGAN 的训练稳定性，但也使 WGAN 的权重参数与偏置系数可能趋于极端情况，这导致神经网络的拟合能力大幅下降。与此同时，当权重裁剪趋于极限时，还会出现梯度爆炸的问题。基于此，为避免梯度爆炸及梯度消失现象的发生，WGAN－GP 模型通过在判别器 D 的目标函数中额外设置一个梯度惩罚项（gradient penalty）代替权重裁剪以满足 Lipschitz 函数约束条件，从而增强梯度的可控性，提高模型训练的稳定性。梯度惩罚公式为：

$$\lambda E_{\hat{x} \sim P_{\hat{x}}}[(\|\nabla_{\hat{x}} D(\hat{x})\|_2 - 1)^2] \tag{5}$$

其中，λ 为惩罚系数；$\hat{x}$ 是对生成数据分布和训练样本数据分布分别采样一个点，在两点连线上再次随机采样一点，作为该分布的采样点；$\|\cdot\|_2$ 表示矩阵的二范数；∇表示求梯度的函数；$P_{\hat{x}}$ 表示计算梯度惩罚的样本的概率分布；$\hat{x}$ 的具体定义为：

$$\hat{x} = \varepsilon x_r + (1 - \varepsilon) x_g \tag{6}$$

其中，x_r 为采样的训练样本数据；x_g 为采样的生成数据；ε 为来自区间［0，1］上均匀分布的随机参数。

梯度惩罚项通过式（4）实现对生成数据与训练样本数据的集中采样后，在式（3）中计算判别器 D 梯度的 Norm 二范数，通过施加不同的惩罚力度将其限制在 1 附近，使判别器 D 的损失梯度变化趋于缓和。由于梯度惩罚项的设置，WGAN－GP 模型训练的目标函数为：

$$\min_G \max_D V(G,D) = E_{x \sim P_r}[D(x)] - E_{z \sim P_z}[D((G(z)))] + \lambda E_{\hat{x} \sim P_{\hat{x}}}[\|\nabla_{\hat{x}} D(\hat{x})\|_2 - 1] \tag{7}$$

基于上述对目标函数的设定，生成器 G 与判别器 D 不断进行交替训练，使生成能力与判别能力不断增强，最终生成器能够较为准确地学习到训练样本空间的特征。

2. 基于 WGAN－GP 模型的区域创新能力预测建模

在时序预测方面，深度学习通过神经网络对信息进行分散式并行处理，依次提取输入数据特征，可实现对研究对象特征的抽象学习。然而，由于我国区域创新能力体系是一个复杂系统，区域创新能力及其影响因素间高度关联，其中充斥着众多错综缠绕的噪声，若仅运用 LSTM 等传统深度学习方法难以有效提取我国区域创新能力评价指标中的丰富信息。随着无监督深度学习模型的发展，WGAN－GP 以其独特的对抗式学习方式脱颖而出，其可以深度挖掘当前指标数据与过去及未来时刻指标数据的内在联系，以提升模型预测效率。因此，本文应用 WGAN－GP 模型对我国区域创新能力进行预测分析，具体过程如下：

将选取的 11 个区域创新能力影响因素共同作为模型输入指标以预测我国区域创新能力，由于各评价指标的特征参数量级存在较大差异，为消除其量纲影响，对 11 个输入指标进行归一化处理。将处理后的指标数据划分为训练集和测试集，其中，前 70% 的数据用于 WGAN－GP 模型的自主学习，后 30% 的数据用于检验 WGAN－GP 模型的学习效果。在模型评估方面，本文采用平均绝对百分误差（Mean Absolute Percentage Error，MAPE）作为区域创新能力预测结果的衡量指标。

如图 3 所示，WGAN－GP 模型的网络结构由门控循环单元神经网络（Gated Recurrent Unit，GRU）与卷积神经网络（Convolutional Neural Network，CNN）组成。由于 GRU 能够应对递归神经网络在训练过程中出现的梯度消失问题，有助于实现训练收敛速度的提升，生成器 G 由三层 GRU 层与两层 Dense 层构建而成。此外，由于 CNN 拥有突出的特征提取能力，能够实现从输入特征到输出结果的功能映射，故判别器 D 由三层 ID 卷积层、Flatten 层以及两层 Dense 层组成。在 WGAN－GP 模型内部结构中，生成器 G 中各 GRU 层与判别器 D 中各 CNN 层的神经元个数作为神经网络的关键参数，对模型自主学习效果与预测精确度起着举足轻重的作用。本文将生成器 G 中各 GRU 层的神经元个数分别设定为｛256，128，64｝，判别器 D 中各 CNN 层的神经元个数分别设定为｛32，64，128｝。在参数设定方面，WGAN－GP 模型训练过程中投入模型的批处理大小（batch_size）设置为 128。另外，WGAN－GP 模型的生成器 G 选取 tanh 作为各层间的激活函数；判别器 D 则采用 LeakyReLU 作为除输出层以外各层间的激活函数，其输出层另选用 sigmoid 作为激活函数。此外，选定 Adam 作为优化器实现参数更新，学习率取值 0.0001，且设定 Dropout 值为 0.02，旨在避免过拟合现象与提升模型鲁棒性。

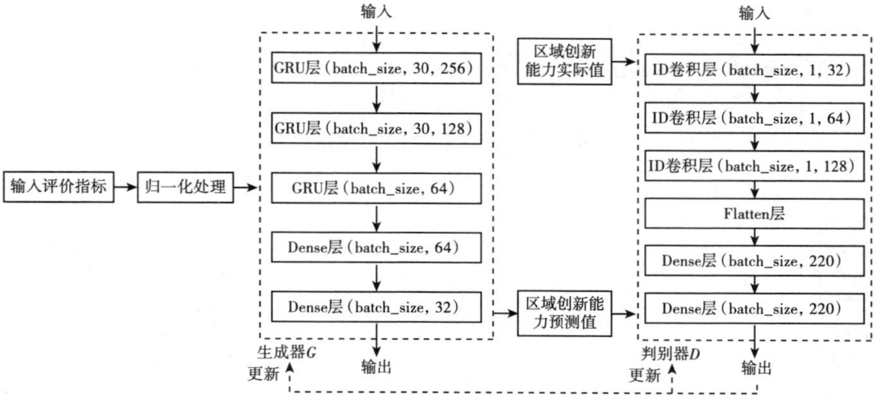

图 3　WGAN－GP 模型的网络结构

四、实验结果与讨论

（一）预测模型有效性分析

为检验目标模型 WGAN－GP 在区域创新能力相关数据序列上的预测性能、预测精度及适用性，分别选取已有研究中发展较为成熟的长短期记忆网络模型 LSTM 以及门控循环单元模型 GRU 作为其预测对比，以实现我国区域创新能力的预测对比分析。图 4 至图 6 呈现了各预测模型对东部、西部与中部地区创新能力的预测对比结果，其中，WGAN－GP 模型在三个区域的预测曲线与实际值高度重合且误差保持在一定区间范围内，其预测准确度较高，而同为深度学习的 LSTM 模型和 GRU 模型在测试数据的预测中出现较大偏离，表明了 WGAN－GP 模型能够有效提取历史时序信息的波动特征，故在整体预测精准度和极端值拟合方面表现更好。

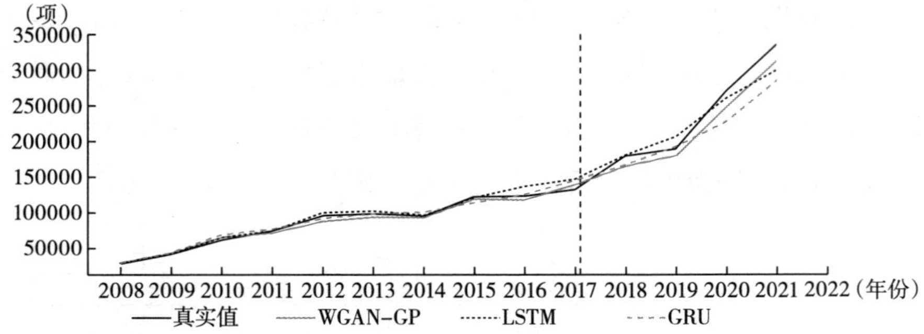

图 4　东部地区创新能力预测结果

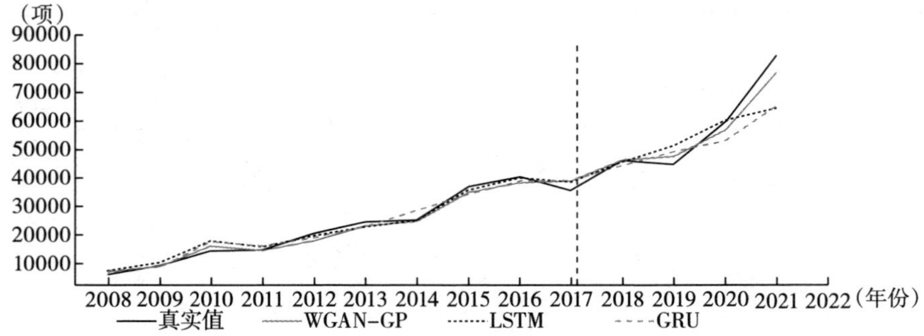

图 5　西部地区创新能力预测结果

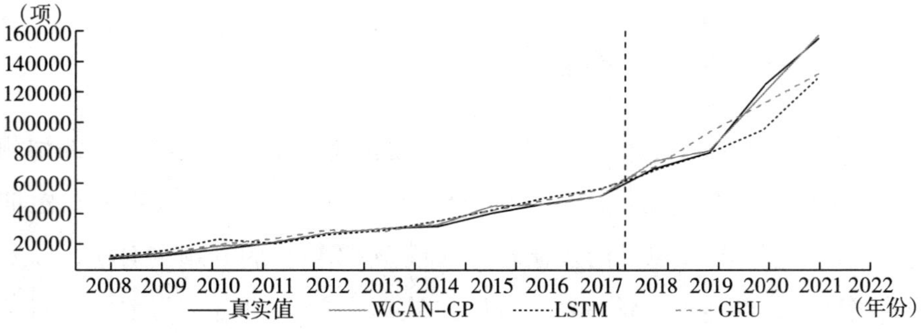

图 6　中部地区创新能力预测结果

表 2 进一步展示了 WGAN - GP、LSTM 以及 GRU 模型对东部、西部与中部地区区域创新能力的预测评估结果，经过模型测试，基于东部地区创新能力的模型预测精度为 4.72%，而基于西部地区和中部地区

区域创新能力的模型预测精度分别为6.03%和4.13%，三个地区预测模型精度均小于10%，表明WGAN-GP模型对于我国区域创新能力预测的拟合效果最佳，其不仅能捕捉我国区域创新能力的未来趋势，而且能提前预测创新能力总体走势中的拐点及变化幅度较大的点。上述结果综合表明，相比主流预测模型，WGAN-GP模型能更加高效地应用于我国区域创新能力的量化预测。

表2 不同建模方法的评估结果 单位：%

预测方法	MAPE		
	东部地区	西部地区	中部地区
WGAN-GP	4.72	6.03	4.13
LSTM	5.57	9.33	9.41
GRU	7.26	10.80	10.90

为定量评价各预测模型的泛化性能，将各测试样本点的绝对误差（Absolute Error，AE）指标进行对比，如表3所示。由表3可知，WGAN-GP模型在精度上较传统LSTM与GRU模型发生显著改进。以东部地区为例，WGAN-GP模型相比其他两个模型在4个测试点的*AE*分别降低了0.0169、0.0364、0.0078、0.035以及0.0031、0.0168、0.0746、0.0802，总体上，鲁棒性明显增强，表明WGAN-GP模型的泛化能力大幅提升。

表3 各预测样本点*AE*值

预测方法		测试样本点			
		2018年	2019年	2020年	2021年
东部地区	WGAN-GP	0.0642	0.0517	0.0843	0.0686
	LSTM	0.0811	0.0881	0.0921	0.1036
	GRU	0.0673	0.0685	0.1589	0.1488
西部地区	WGAN-GP	0.0016	0.0656	0.0441	0.0711
	LSTM	0.0086	0.1471	0.0455	0.2206
	GRU	0.0363	0.0966	0.1054	0.2132

续表

预测方法		测试样本点			
		2018 年	2019 年	2020 年	2021 年
中部地区	WGAN－GP	0.0715	0.0116	0.0651	0.0224
	LSTM	0.0812	0.1609	0.0620	0.1656
	GRU	0.0826	0.0119	0.1922	0.1798

（二）“十四五”期间我国区域创新能力预测结果

本文运用 WGAN－GP 模型对我国区域创新能力水平进行预测，其预测周期设置为“十四五”时期的 2022—2025 年，其预测结果如表 4 和图 7 所示。就“十四五”时期预测结果总体而言，我国各地区的区域创新能力呈现上行趋势。以地理位置为界而言，只有东部地区的区域创新能力发展较为平稳，而中、西部地区的创新能力发展均发生较大波动。首先，东部地区的区域创新能力虽逐年上升，但其专利授权量的增速相对稳定，整体保持在 6% 左右，其专利授权量预测在 2025 年将达到 42.35 万项，遥遥领先中、西部地区。其次，西部地区创新能力虽然在逐年递增，但其波动较为剧烈，预计增速由 2023 年的 9.47% 攀升至 2024 年的 19%，随后在 2025 年跌至 14.88%。最后，中部地区的创新能力发展相对不平稳，其在 2023 年的增速高达 18.07%，但在 2024 年转为负增长，在 2025 年增速又升至 13.92%。此外，观察三个地区的创新能力之间的联系，可知我国东部地区与中、西部地区之间的创新能力差距逐年缩小，且下降速度较为显著，说明数字经济对未来我国区域创新能力的协调发展产生持续有利的影响，具有改善我国区域间发展不均衡现状的优势。

表 4　基于 WGAN－GP 模型的“十四五”期间各地区创新能力预测结果

年份	东部地区		西部地区		中部地区		东部地区与西部、中部地区的差异	
	专利授权量/项	增速/%	专利授权量/项	增速/%	专利授权量/项	增速/%	专利授权量/项	增速/%
2022	355846	6.10	87542	5.92	178243	13.82	90060	－6.31
2023	374857	5.34	95831	9.47	210453	18.07	68573	－23.86
2024	400351	6.80	114036	19.00	231824	10.15	54491	－20.54
2025	423523	5.79	131005	14.88	264084	13.92	28434	－47.82

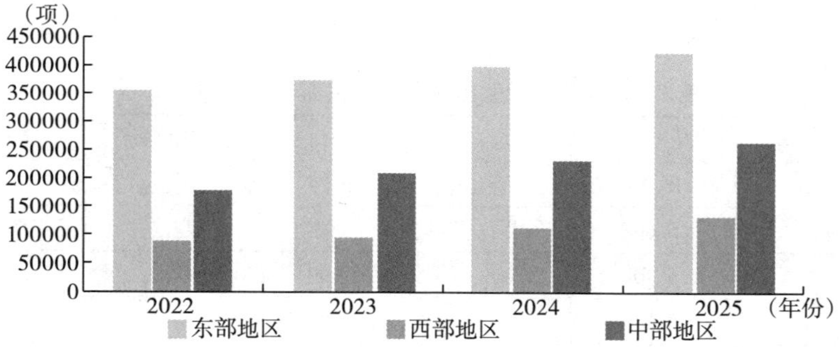

图 7　基于 WGAN－GP 模型的“十四五”期间各地区创新能力预测结果对比

（三）我国区域创新能力影响因素分析

基于对“十四五”时期我国东部、西部以及中部地区创新能力的预测分析，为进一步捕捉三个地区创新能力发展不协调的关键原因，本文通过对其区域创新能力的影响因素进行实证分析，以验证不同输入评价指标对各地区区域创新能力的影响程度。在设置对比实验的基础上，依次减少各输入指标并加以变量控制进而观察对应模型预测精度的变化幅度，实现各输入指标对三个地区创新能力影响程度的验证分析。其中，T_1、T_2以及 T_3实验组分别代表东部、西部以及中部地区创新能力的影响因素实证分析组合，具体实验步骤如下：①$T_{1(a)}$删除输入指标中的社会消费品零售总额；②$T_{1(b)}$删除输入指标中的外商投资企业进出口总额；③$T_{1(c)}$删除输入指标中的客运量；④$T_{1(d)}$删除输入指标中的医疗卫生机构床位数；⑤$T_{1(e)}$删除输入指标中的公共图书馆总流通人数；⑥$T_{1(f)}$删除输入指标中的互联网宽带接入端口；⑦$T_{1(g)}$删除输入指标中的地方科学技术支出；⑧$T_{1(h)}$删除输入指标中的工业企业 R&D 经费；⑨$T_{1(i)}$删除输入指标中的工业企业新产品研发经费；⑩$T_{1(j)}$删除输入指标中的工业企业新产品销售收入；⑪$T_{1(k)}$删除输入指标中的第三产业增加值。同理，按照此思路分别对 T_2和 T_3进行实证分析以探究各输入指标对西部与中部地区创新能力的影响因素，各地区实验结果如表 5 所示。

表 5　我国三个地区区域创新能力影响因素对比分析

实验编号	MAPE/%	实验编号	MAPE/%	实验编号	MAPE/%
$T_{1(a)}$	10.16	$T_{2(a)}$	9.34	$T_{3(a)}$	7.74
$T_{1(b)}$	5.66	$T_{2(b)}$	8.77	$T_{3(b)}$	9.58
$T_{1(c)}$	6.70	$T_{2(c)}$	7.99	$T_{3(c)}$	11.10
$T_{1(d)}$	5.87	$T_{2(d)}$	9.23	$T_{3(d)}$	6.32
$T_{1(e)}$	7.04	$T_{2(e)}$	7.90	$T_{3(e)}$	7.79
$T_{1(f)}$	8.10	$T_{2(f)}$	9.20	$T_{3(f)}$	8.85
$T_{1(g)}$	8.19	$T_{2(g)}$	14.02	$T_{3(g)}$	10.43
$T_{1(h)}$	12.34	$T_{2(h)}$	12.46	$T_{3(h)}$	11.75
$T_{1(i)}$	11.23	$T_{2(i)}$	9.11	$T_{3(i)}$	6.94
$T_{1(j)}$	6.4	$T_{2(j)}$	9.01	$T_{3(j)}$	5.06
$T_{1(k)}$	6.13	$T_{2(k)}$	8.78	$T_{3(k)}$	7.32

对于 T_1组而言，由于 $T_{1(a)}$、$T_{1(h)}$以及 $T_{1(i)}$的 MAPE 值分别高达 10.16%、12.34%以及 11.23%，可知社会消费品零售总额、工业企业 R&D 经费以及工业企业新产品研发经费三个输入指标对于模型精度的影响最为显著，说明对于东部地区而言，贸易环境与研发投入是影响区域创新能力的首要因素。虽然东部地区在基础设施建设方面发展迅速且人才聚集度较高，但鉴于东部地区的数字经济产业兴盛，所需资源相对较多，仍需吸引更多外商投资以获取资金支持与投入，提高自身竞争力。

对于T_2组而言，由于$T_{2(g)}$与$T_{2(h)}$的 MAPE 值分别高达 14.02% 与 12.46%，地方科学技术支出与工业企业 R&D 经费两个输入指标对于模型精度的影响最大，说明对于西部地区而言，研发投入是影响区域创新能力的首要因素。由于区域经济创新活动具有高投入、高产出以及周期长的特征，各地区对于研发投入的需求旺盛。然而，西部地区的数字经济产业发展在各方面仍与东部地区存在一定差距，导致西部地区的企业创新研发投入受阻，其创新能力的发展也处于瓶颈状态。因此，“十四五”期间西部地区应以科技研发投入为基点，加大对其企业创新活动的资金支持。

对于T_3组而言，由于$T_{3(c)}$、$T_{3(g)}$以及$T_{3(h)}$的 MAPE 值分别高达 11.10%、10.43% 以及 11.75%，客运量、地方科学技术支出以及工业企业 R&D 经费三个输入指标对于模型精度发挥的作用最为突出，因此，基础设施建设与研发投入是影响中部地区区域创新能力的显著因素。对于中部地区而言，其基础设施建设程度难以满足数字金融产业发展之需。与此同时，我国基础设施建设的分布与数字经济产业的发达水平呈现出高度协调性与一致性，故中部地区政府除了加大研发投入外，还要合理进行资源配置，进一步完善数字基础设施建设。

五、研究结论

本文从贸易环境、数字基础设施建设、研发投入以及政府支持和经济发展四个维度选取了 11 个影响区域创新能力的因素进行实证，进而采用 WGAN－GP 及其他基准模型进行对比分析，实现对我国区域创新能力的有效预测，同时通过控制变量探究了不同影响因素对我国区域创新能力预测效果的影响程度，最终得到以下结论：

首先，相比已有的主流预测方法，WGAN－GP 模型在预测我国区域创新能力方面具备显著优势，其预测曲线对原始专利申请授权量数据的跟随能力更强、拟合优度更高，且能够较为精准地捕捉历史走势的拐点以及变化幅度较大的时点。

其次，经过对我国各地区的创新能力发展进行比较分析，发现不同地区之间存在发展不平衡的现象。其中，东部地区的创新能力远高于中西部地区，东部地区的专利授权量独占鳌头，而中、西部地区仍处于发展态势。

最后，通过对我国区域创新能力影响因素进行分析，进一步发现选取的 11 个影响因素对不同地区发挥的作用也存在一定差异。总体而言，三个地区的共同点在于研发投入方面的输入指标对于促进各区域创新能力的发展均做出显著贡献。

参考文献

[1]夏杰长,姚战琪,徐紫嫣,等. 数字经济对中国区域创新产出的影响[J]. 社会科学战线,2021,312(6): 67 –78.

[2]李雪,吴福象,竺李乐. 数字经济与区域创新绩效[J]. 山西财经大学学报,2021,43(5): 17 –30.

[3]黄明凤,姚栋梅. 研发要素流动、空间溢出效应与区域创新效率:基于省际面板数据的空间杜宾模型分析[J]. 科研管理,2022,43(4): 149 –157.

[4]GANS J S ,SCOT T S. Incumbency and R&D incentives: licensing the gale of creative destruction[J]. Journal of economics & management strategy,2000,9(4): 485 –511.

[5]RIDDEL M ,SCHWER R K. Regional innovative capacity with endogenous employment:empirical evidence from the U. S. [J]. The review of regional studies, 2003,33(1): 73 –84.

[6]柳卸林,胡志坚. 中国区域创新能力的分布与成因[J]. 科学学研究, 2002(5): 550 –556.

[7]王家明,张云菲,丁浩,等. 山东省区域创新能力时空双维实证评价研

究:基于 PFHWD－TOPSIS 模型[J]. 华东经济管理,2020,34(11):18－28.

[8]王圣云,王振翰,姚行仁,等. 中国区域创新能力测度与协同创新网络结构分析[J]. 长江流域资源与环境,2021,30(10):2311－2324.

[9]杜英,李睆玲. 基于子系统协同度评价的区域科技创新能力测度:以甘肃省为例[J]. 中国科技论坛,2021,298(2):91－99.

[10]刘琼,郭俊华. 科技公共服务效率对区域创新能力的影响:基于省级动态面板数据的 GMM 分析[J]. 科技管理研究,2021,41(15):109－116.

[11]闫永生,李凌飞,邵传林,等. 金融改革与区域创新能力:基于国家金融综合改革试验区设立的准自然实验[J]. 华东经济管理,2022,36(2):32－40.

[12]潘涛,王丽华,郭芳辰,等. 数字经济背景下我国区域创新能力评价:基于科技服务业与先进制造业协同视角[J]. 工业技术经济,2022,41(11):42－47.

[13]徐丹,于渤. 高技术产业专业化集聚与多样化集聚如何影响区域创新能力:基于我国省际数据的模糊集定性比较分析[J]. 研究与发展管理,2023,35(1):118－132.

[14]哈梅芳,王小琴,李建平,等. 政府科技支出如何作用于区域创新能力:区域创新中政府与企业、市场关系的思考[J]. 技术经济,2023,42(2):11－19.

[15]戴魁早,刘友金. 要素市场扭曲如何影响创新绩效[J]. 世界经济,2016,39(11):54－79.

[16]李婧,谭清美,白俊红,等. 中国区域创新生产的空间计量分析:基于静态与动态空间面板模型的实证研究[J]. 管理世界,2010,202(7):43－55＋65.

[17]ARJOVSKY M ,CHINTALAS S ,BOTTOU L . Wasserstein generative adversarial networks[C]//Internetional conference on machine learning,2017:214－223.

[18]GULRAJANI I ,AHMED F ,ARJOVSKY M ,et al. Improved training of wasserstein GANs[C]//Advances in neural information processing systems,2017:5767－5777.